Re-Visionen

CROSS CULTURAL COMMUNICATION

Edited by
Prof. Dr. Dr. Dr. h.c. Ernest W. B. Hess-Lüttich
Prof. Dr. Richard Watts

Vol. 22

Publikationen der
Gesellschaft für interkulturelle Germanistik (GiG)

Vol. 17

PETER LANG

Frankfurt am Main · Berlin · Bern · Bruxelles · New York · Oxford · Wien

RE-VISIONEN

Kulturwissenschaftliche
Herausforderungen
interkultureller Germanistik

Herausgegeben von
Ernest W. B. Hess-Lüttich

gemeinsam mit
**Corinna Albrecht
und Andrea Bogner**

Redaktion: Yannick Walthert & Fermin Suter (Bern)
Franziska Leuenberger & Katarina Baumann (Bern)

PETER LANG
Internationaler Verlag der Wissenschaften

Bibliografische Information der Deutschen Nationalbibliothek
Die Deutsche Nationalbibliothek verzeichnet diese Publikation
in der Deutschen Nationalbibliografie; detaillierte bibliografische
Daten sind im Internet über http://dnb.d-nb.de abrufbar.

Gedruckt mit großzügiger Unterstützung
des Deutschen Akademischen Austauschdienstes.

Gedruckt auf alterungsbeständigem,
säurefreiem Papier.

ISSN 0945-9588
ISBN 978-3-631-62351-0
© Peter Lang GmbH
Internationaler Verlag der Wissenschaften
Frankfurt am Main 2012
Alle Rechte vorbehalten.

Das Werk einschließlich aller seiner Teile ist urheberrechtlich
geschützt. Jede Verwertung außerhalb der engen Grenzen des
Urheberrechtsgesetzes ist ohne Zustimmung des Verlages
unzulässig und strafbar. Das gilt insbesondere für
Vervielfältigungen, Übersetzungen, Mikroverfilmungen und die
Einspeicherung und Verarbeitung in elektronischen Systemen.

www.peterlang.de

Zum Geleit

Es hat sich mittlerweile herumgesprochen, dass die *Gesellschaft für interkulturelle Germanistik* (GiG) eigentlich bestrebt ist, statt (wie früher) Großkongresse in langen zeitlichen Abständen lieber jährlich kleinere themenbezogene Colloquien zu veranstalten. Im Jahr 2010 aber feierte die GiG ihr (mehr als) 25-jähriges Bestehen (genau genommen wurde sie 1984 gegründet) und das Interesse von Mitgliedern und Nicht-Mitgliedern, an einer GiG-Tagung in Deutschland teilzunehmen (wo traditionsgemäß einmal in vier Jahren mindestens eine solche Tagung stattfinden sollte), war am Ende so groß, dass die Organisatorinnen in Göttingen – Corinna Albrecht, Andrea Bogner und Hiltraud Casper-Hehne – ein überaus reichhaltiges Programm zusammenstellen konnten, dessen vollständige Dokumentation die (finanziellen, editorischen, redaktionellen) Kräfte der Gesellschaft bei weitem überstiegen hätte. Überdies sind solche traditionellen 'Tagungsakten' in Zeiten knapper Mittel der Förderinstitutionen (zumindest in den Geisteswissenschaften) und strengerer wissenschaftlicher Konkurrenz auch etwas aus der Mode gekommen. Im wohlverstandenen Interesse der Autoren hat die GiG daher schon seit Jahren eine diesen veränderten Umständen angepasste Publikationspolitik verfolgt und legt in jedem Jahr nur eine Auswahl derjenigen Beiträge vor, die sich dem jeweiligen Rahmenthema subsumieren lassen und ein wissenschaftliches *peer-review*-Verfahren erfolgreich durchlaufen haben, für dessen Durchführung (gemäß § 7, Abs. u. 2 der Satzung) den Mitgliedern des Wissenschaftlichen Beirates der GiG an dieser Stelle herzlich gedankt sei.

So auch diesmal. Dennoch ist auch in diesem Jahr 2012 wieder ein so stattlicher Band daraus geworden wie im vergangenen Jahr 2011, in dem das aus dem GiG-Kongress in Istanbul hervorgegangene Buch über *Metropolen als Ort der Begegnung und Isolation* erschien, das auf 728 Seiten "interkulturelle Perspektiven auf den urbanen Raum als Sujet in Literatur und Film" warf und in der Zunft sogleich großes Interesse weckte. Wie dort wird auch hier den in diesen Band aufgenommenen Beiträgen wieder ein kurzer Bericht über die Tagung vorangestellt, um die Leser über deren faktischen Verlauf zu orientieren. Er ersetzt zugleich die von den Sektionsleitern erbetenen Einführungen in jede Sektion, die (soweit sie vorlagen) aus Gründen der Einheitlichkeit und des Gesamtumfangs in diesen Bericht eingearbeitet wurden. Aus diesem Bericht wird zugleich erkennbar, dass wir (auf der Grundlage der evaluativen Voten und nach den üblichen qualitativen und quantitativen, thematischen und formalen Kriterien) aus den eingereichten Beiträgen – nicht alle der hier erwähnten Vorträge wurde zu Aufsätzen umgearbeitet und zur Publikation eingesandt, einige wurden an anderer Stelle veröffentlicht oder waren bereits anderweitig versprochen – eine strikte Auswahl treffen mussten, die hier nun im Zusammenhang vorgelegt wird. Auch wurden aus Raum- und Kohärenzgründen zwei Sektionen (zur "Wissenschaftskommunikation" und zu aktuellen Forschungsprojekten) ganz herausgenommen, weil sie für eine eigene Publikation vorgesehen sind; schließlich wurden auch Beiträge aus zwei Sektionen kombiniert, sodass wir schließlich neun Themenkreise zu sechs substantiellen Kapiteln konzentrieren konnten. Dabei haben wir uns bemüht, der GiG-Tradition getreu, literatur-, sprach- und medienwissenschaftliche Themen miteinander zu verbinden.

Trotz des großen Umfangs des Typoskripts und obwohl die editorische und redaktionelle Arbeit einem aus Lehrstuhlmitteln finanzierten kleinen Team in Bern oblag, kann das Buch wiederum im Folgejahr nach

Zum Geleit

Erscheinen des letzten GiG-Bandes (s.o.) herausgebracht werden. Dies ist neben den Vorzugskonditionen des Verlags zunächst einem erneuten großzügigen Zuschuss des DAAD zu den Druckkosten zu danken, dann aber auch der uneigennützigen Anstrengung einiger studentischer Hilfsassistenten, die bei der vielfach nötigen Überarbeitung der Beiträge geholfen haben, namentlich Yannick Walthert und Fermin Suter bei der Erstkorrektur sowie Franziska Leuenberger und Katarina Baumann bei der Zweitkorrektur: ihnen sei an dieser Stelle ganz besonders herzlich für ihre enorme Mühe gedankt.

Bern, im Dezember 2011

Prof. Dr. Dr. Dr. h.c. Ernest W. B. Hess-Lüttich
Präsident der Gesellschaft für interkulturelle Germanistik

Vorwort

> Wer sich ‚auf dem Wege zu einer interkulturellen Germanistik' befindet, wird schnell feststellen, daß er sich nicht auf einer ausgebauten Chaussee bewegt, sondern auf Pfaden, die Explorationsaufgaben stellen, und die gelegentlich auf Hindernisse treffen, die erst einmal vermessen werden müssen. Freilich entsteht so ein immer deutlicheres Bild der wissenschaftlichen Topographie, in der interkulturelle Germanistik ihren Platz hat.[1]

Die Gründung der Gesellschaft für interkulturelle Germanistik liegt inzwischen mehr als 25 Jahre zurück. Sie erfolgte im Rahmen der Vierten internationalen Sommerkonferenz von internationalen Germanisten an der Universität Karlsruhe. Unter dem Thema der Tagung „Inlands- und Auslandsgermanistik. Differentiae specificae" wurden Überlegungen vorgetragen, „dass germanistische Lehre und Forschung im nichtdeutschsprachigen Ausland verstärkt ihre fremdsprachenphilologische Dimension" in den Blick zu nehmen habe. Ziel war es, sich mit der kulturvarianten Konturierung des Faches zu befassen und mit diesem Ausgangspunkt zu neuen Fragestellungen und Ausbildungskonzepten zu kommen.

Gemeinsamer Nenner des wissenschaftlichen Austauschs war das Bestreben, die Beschäftigung mit deutscher Sprache, Literatur und gesellschaftlicher Wirklichkeit kulturwissenschaftlich und komparatistisch zu begründen, hermeneutische Ausgangspositionen zu präzisieren und Lehre und Forschung lernerzugewandter zu gestalten als bisher und sich daraus ergebende gemeinsame Frageinteressen der Germanistik als Fremdsprachenphilologie, der Muttersprachengermanistik und des Faches Deutsch als Fremdsprache zu bündeln.

Aufgeworfen waren damit Fragen des Kanons, der Kulturalität von Texten, der vermittlungsrelevanten Eigenschaften von Literatur, der Entwicklung einer Literaturlehrforschung der deutschen als einer fremden

---

1 Bernd Thum 1985: „Auf dem Wege zu einer interkulturellen Germanistik", in: *Jahrbuch Deutsch als Fremdsprache* 11 (1985): 329-341, hier 336.

Literatur, Fragen der Universalität und Kulturspezifik von Wissenschaft und Wissenschaftspraxis, die sich als kommunikatives Handeln in Text und Gespräch konkretisiert. Die selbstreflexive Auseinandersetzung mit Konzepten wie Interkulturalität, Fremdverstehen und Kultur mündete in den Folgejahren in kulturwissenschaftliche Erweiterungen und Transformationen, wie sie sich seit Beginn der 90er Jahren auch in anderen Disziplinen vollziehen. Die Praxis kulturwissenschaftlicher Diskussionen, Konzepte an unterschiedliche Theorietraditionen anzuschließen, sie aktualisierend in neue Bezüge zu stellen und die Reichweiten von in der europäischen Tradition herausgebildeten Begriffen zu überprüfen, hat eine Unabgeschlossenheit und Mobilität von Begriffen erzeugt, die der Kontingenz ihrer Gegenstände entspricht. Das betrifft den zentralen Begriff der Kultur ebenso wie daran angeschlossene Konzepte von Interkulturalität, Transkulturalität und Multikulturalität.

Diese hier nur skizzierten wissenschaftsgeschichtlichen Entwicklungs- und Problemzusammenhänge in der Vielfalt der Perspektiven in den Blick zu nehmen erschien uns als lohnenswertes Projekt, das im Rahmen einer Tagung der Gesellschaft für interkulturelle Germanistik produktiv werden könnte. Unter dem programmatischen Titel *Re-Visionen. Kulturwissenschaftliche Herausforderungen interkultureller Germanistik* stellte sich die von der Abteilung Interkulturelle Germanistik der Georg-August-Universität Göttingen ausgerichtete Tagung die Aufgabe, Ausgangsfragen interkultureller Germanistik in Beziehung zu setzen zu kulturwissenschaftlichen Entwicklungen der letzten zwei Jahrzehnte. Welche neuen Antworten gibt es auf alte Fragen? Welche Fragen sind heute anders zu stellen? Dabei sollten vor allem drei alte Problemzusammenhänge neu in den Blick genommen werden. Das Verhältnis von:

(1) SPRACHE, TEXT, KONTEXT UND INTERKULTURALITÄT
(2) KULTUR – VERMITTLUNG – ÜBERSETZUNG
(3) MEHRSPRACHIGKEIT UND INTERKULTURALITÄT

Um einen intensiven Austausch über diese Zusammenhänge zu ermöglichen, wurden als Arbeitsformen Expertenkolloquien eingerichtet, die von den folgenden konzeptionellen Überlegungen ausgehen konnten.

(1) SPRACHE, TEXT, KONTEXT UND INTERKULTURALITÄT

Wenn als Grundkonsens kulturwissenschaftlicher Orientierungen die sprachliche und im weiteren Sinne mediale Konstruktion und Inszenierung von Wirklichkeiten gelten kann, ist Kultur ein Konzept, das diese Wirklichkeiten wiederum kategorisiert, Identifikationen ermöglicht und Zuschreibungen bedingt. Ein Interkulturalitätsbegriff, der sich diesem Verständnis anschließt, bezeichnet dynamische, sprachlich vermittelte Formationen, die in Interaktionen erst hergestellt oder in Texten inszeniert werden. Diese Zusammenhänge von Sprache, Text und Interkulturalität sind im Kontext interkultureller Germanistik bisher vor allem unter literaturwissenschaftlichen Perspektiven untersucht worden. In der Linguistik hat die kulturwissenschaftliche Orientierung die Weiterentwicklung von Ansätzen befördert, die die Kulturalität von Sprache und die sprachliche Vermitteltheit von Welt zum Ausgangspunkt machen.

Ein erstes Kolloquium sollte sich unter den Schlagworten *Poetiken der Interkulturalität – Interkulturalität der Poetik (E1)* literarischen Verfahren und Repräsentationsformen von Interkulturalität widmen. *Interkulturelle Rezeptionsprozesse (E2)* standen im Zentrum des zweiten Kolloquiums und mit ihnen die Frage, wie in der Interaktion von Leser und Text, Text und Kontext Interkulturalität hergestellt wird. Das Kolloquium *Linguistik der Interkulturalität (E3)* sollte neuere Ansätze der Untersuchung der Zusammenhänge von Sprache(n) und Interkulturalität zur Diskussion stellen, dies sowohl in Bezug auf die Herstellung von Interkulturalität in Interaktionen als auch in der Formulierung von Aufgaben einer interkulturellen Linguistik.

(2) KULTUR – VERMITTLUNG – ÜBERSETZUNG

Interkulturelle Germanistik hat sich seit ihrer Gründung vor allem auch als ein Vermittlungsfach verstanden, dem über philologische Erkenntnisinteressen hinaus, die Aufgabe zukommt, Sprache und Texte in ihren kulturellen (Entstehungs-, Wirkungs- und Verwendungs-)Kontexten zugänglich und die Kulturalität von Texten selbst für Leser und Lerner erschließbar zu machen. Die kulturwissenschaftliche Diskussion hat zur Fundierung dieser Erschließungsaufgaben entschieden beigetragen. Die Übertragung auf konkrete Handlungs- und Aufgabenfelder und die Reflexion dieser Praxis ist im Sinne einer angewandten Kulturwissenschaft weiter zu entwickeln.

Das Kolloquium *Literaturvermittlung als Kulturvermittlung (E4)* sollte entsprechend die alte Frage nach den vermittlungsrelevanten Eigenschaften von literarischen Texten, nach ihrer Relevanz und ihrer Repräsentativität aufgreifen und sie auf die aktuelle Herausforderung beziehen: ‚Was heißt Kulturvermittlung?' und ‚Wie kann Vermittlung angesichts der Veränderung zentraler Begriffe wie Text und Kultur aussehen?'

Können Formen der Vermittlung so angelegt sein, dass sie ‚Interkulturalität herstellen', indem sie z.b. Wahrnehmungsprozesse wechselseitig bewusst machen und Vorstellungen von Kulturen und Identitäten offen halten? Nach neuen Antworten auf diese Fragen zu suchen, war Aufgabe des Kolloquiums *Vermittlungsformen (E5):* Was können Konzepte von interkulturellem Lernen und interkultureller Didaktik als Grundlage fremdsprachlicher Vermittlungsprozesse dafür leisten?

Das dritte Kolloquium *Literarisches Übersetzen (E6)* war einem Praxisfeld gewidmet, dem seit jeher die Aufgabe zukam, zwischen Kulturen zu vermitteln. Zu fragen war, inwieweit die kulturwissenschaftliche Theoriebildung neue Anregungen für die zentrale Aufgabe der Über-Setzung von ‚Kulturen' in Texten in andere kulturelle Kontexte liefert und die übersetzerische Praxis ihrerseits diese Zusammenhänge aufdeckt und modellbildend wirkt.

(3) MEHRSPRACHIGKEIT UND INTERKULTURALITÄT

Zu den konstitutiven Ausgangspunkten interkultureller Germanistik gehörte auch die Frage nach der Standortgebundenheit wissenschaftlicher Begriffe, Methoden und Interessen und der Erkenntnischance, die in der Pluralität unterschiedlicher Ausgangspunkte liegt. Obschon Konzepte wie Heterogenität, Hybridität und Polylog, um nur einige zu nennen, prominente Positionen in kulturwissenschaftlichen Diskursen eingenommen haben und darüber die Diskussion über mehrsprachige Wissenschaftspraxis hätten vorantreiben können, ist diese Praxis bisher weitgehend einsprachig geblieben. Auch jenseits des Bezugsfeldes Wissenschaft ist das Potential von Mehrsprachigkeit im engen wie im weiteren Sinne noch nicht ausgeleuchtet. Das Expertenkolloquium Wissenschaftskommunikation (E 7) sollte die Standortgebundenheit von Wissenschaft zur Diskussion stellen und fragte nach dem Zusammenhang von Wissen, Sprache(n) und Darstellungsformen.

Das Zusammenleben und Aushandeln von Zugehörigkeiten in mehrsprachigen Gesellschaften, spezifische Interaktionsformen und -modalitäten, Fragen von Hegemonie und Dominanz waren als Gegenstand dem Kolloquiums *Mehrsprachigkeit in multikulturellen Räumen (E 8)* zugedacht. Überprüft werden sollten in diesem Zusammenhang die Erklärungsadäquatheit und Reichweite der unterschiedlichen Konzepte von Multikulturalität, Interkulturalität und Transkulturalität. Die Frage nach der Rolle der Sprache(n) für Identitätskonstruktionen stand im Mittelpunkt des Kolloquiums *Mehrsprachigkeit und Identitätskonstruktionen (E 9)*. Ein besonderer Schwerpunkt sollte dabei auf der Erschließung von Potentialen, die veränderte, diskursiv und transitorisch gefasste Identitätskonzepte für ein umfassenderes Verständnis von Mehrsprachigkeit bieten.

Bei der Umsetzung der inhaltlichen Tagungskonzeption haben wir auf eine Vielfalt von Darstellungsformen gesetzt, um Spielräume des wissenschaftlichen Austauschs und kooperativer Erkenntnisarbeit zu schaffen. Vor allem die Form der Expertenkolloquien hat eine Kontinuität und Dichte der Diskussion gewährleistet und eine anregende und konzentrierte Arbeitsatmosphäre geschaffen, die sich auf internationalen Tagungen dieser Größe nicht von selbst einstellt. Die Vorbereitung und Strukturierung im Vorfeld sowie die fokussierende und verknüpfende Leistung der Moderatorinnen und Moderatoren haben entscheidend dazu beigetragen. Das hat nicht zuletzt die Zusammenführung der Ergebnisse der Expertenkolloquien in einem dafür vorgesehenen Abschlussplenum belegt. Als produktives Forum wissenschaftlichen Austauschs hat sich auch eine im Rahmen der GiG-Tagungen innovative Arbeitsform, die Projektwerkstatt, erwiesen, in der fokussierte Frage- bzw. Aufgabenstellungen laufender Forschungsprojekte in die Diskussionsrunde gebracht und an konkreten Materialien gemeinsam bearbeitet und weiterentwickelt wurden.

Zur Fokussierung der gesamten Tagung beigetragen hat zweifelsohne das Podiumsgespräch, das als Auftakt Positionen, Perspektiven, Fragen und Herausforderungen interkultureller Germanistik exponierte. Ganz herzlich gedankt sei an dieser Stelle den Podiumsgästen Michaela Holdenried (Universität Freiburg), Kong Deming (Universität Nanjing), Hinrich C. Seeba (University of Berkeley) und Alois Wierlacher (Walldorf), die die Vielfalt der Zugänge zu einer interkulturellen Wissenschaft verdeutlicht haben.

Ohne die großzügige Förderung des Niedersächsischen Ministeriums für Wissenschaft und Kultur, des Deutschen Akademischen Austauschdienstes (DAAD) und der Sparkasse Göttingen wäre die Ausrichtung dieser Tagung und die Einladung des internationalen Teilnehmerkreises nicht möglich gewesen. Die Universität Göttingen und das Lichtenberg Kolleg haben Raum für diese Tagung und mit den Veranstaltungsorten, Paulinerkirche, Tagungszentrum und Historische Sternwarte die Bedingungen für eine lebendige Wissenschaft geschaffen. Allen unseren Förderern sei an dieser Stelle unser ausdrücklicher Dank ausgesprochen. Ein besonderes Dankeschön an alle MitarbeiterInnen, die Studierenden und das Tagungsteam *Re-Visionen* der Abteilung Interkulturelle Germanistik.

Corinna Albrecht & Andrea Bogner

Inhaltsverzeichnis

Ernest W.B. Hess-Lüttich
Zum Geleit _____ 5

Corinna Albrecht & Andrea Bogner
Vorwort _____ 9

Ernest W.B. Hess-Lüttich (Bern, Schweiz / Stellenbosch, Südafrika)
Re-Visionen. Kulturwissenschaftliche Herausforderungen interkultureller Germanistik – ein Bericht zur Einführung _____ 21

I Poetiken der Interkulturalität – Interkulturalität der Poetik

Hinrich C. Seeba (Berkeley, USA)
Sunt certi denique fines. Über den Versuch der Abgrenzung in Grenzszenen der Literatur _____ 35

Ihmku Kim (Seoul, Korea)
Tertium comparationis als Voraussetzung interkultureller Germanistik – Ein Modell _____ 47

Withold Bonner (Tampere, Finnland)
In der Spree fließt der Nil. Anmerkungen zu Fragen der Interkulturalität interkultureller Literatur _____ 59

Jaqueline Gutjahr (Göttingen, Deutschland)
Von Sprachen als Monstern und Wörtern im Sanatorium. Mehrsprachigkeit und Interkulturalität in der Literatur _____ 75

Ulrike Stamm (Berlin, Deutschland)
Ästhetik der Befremdung und die Logik der kindlichen Wahrnehmung im Werk Herta Müllers _____ 93

Silke Pasewalck (Tartu, Estland)
Interkulturalität als poetisches Verfahren: Vladimir Vertlibs Roman *Das besondere Gedächtnis der Rosa Masur* _____ 107

Johanna Domokos (Los Angeles, USA / Bielefeld, Deutschland)
(Nicht) normale finnische Fahrten. Überlegungen zu den Werken eines interkulturellen Autors in Finnland _____ 123

Carlotta von Maltzan (Stellenbosch, Südafrika)
Zur Literarisierung des Blicks auf den Genozid in Ruanda in Lukas Bärfuss' *Hundert Tage* _____ 137

Manfred Durzak (Berlin, Deutschland)
„Indianness" in deutscher Indien-Literatur. Am Beispiel von Thorsten Beckers Historien-Legende *Die Besänftigung* _____ 147

II Interkulturelle Rezeptionsprozesse

Karl Esselborn (München, Deutschland)
Von der ‚Hermeneutik der Fremde' zur interkulturellen/transnationalen Germanistik/Literaturwissenschaft _____ 159

Julia Augart (Stellenbosch, Südafrika)
Germanistik in Kenia: Interkulturelles Lesen und Verstehen durch Identifikationsmöglichkeiten _____ 179

Michael Ostheimer & Shuangzhi Li (Chemnitz, Deutschland / Nanjing, China)
Ortswechsel des Schreibens. Gegenwartsliterarische Beispiele für deutsch-chinesische Rezeptionsprozesse _____ 195

Pornsan Watanangura (Bangkok, Thailand)
Brechts Parabelstück *Der gute Mensch von Sezuan*, anti-kapitalistisch, anti-buddhistisch? _____ 209

Gesa Singer (Göttingen, Deutschland)
Literaturkritik interkulturell? Zwischen Medienmarkt, Kanon und akademischer Debatte _____ 221

Inhaltsverzeichnis 17

Ingrid Laurien (Stellenbosch, Südafrika)
Emilie Ruete, Prinzessin von Sansibar: *Memoiren einer arabischen Prinzessin* (1886). Ein Selbstzeugnis im kulturellen Zwischenraum _____ 237

Mahmut Karakuş (Istanbul, Türkei)
Aspekte der Rezeption von Zaimoglus Werk im Kontext des türkischen Sprachraums _____ 255

Sidonie Kellerer (Köln, Deutschland)
Zum Anti-Cartesianismus in der Weimarer Republik _____ 269

III Literaturvermittlung als Kulturvermittlung

Vibha Surana (Mumbai, Indien)
Das ‚Inter-' und ‚Trans-' der Kulturen bei der Textvermittlung _____ 285

Henning Westheide (Leiden, Niederlande)
Literatur als Landeskunde: „Geschichte und Gesellschaft in der deutschsprachigen Literatur nach 1945" für niederländische Deutschstudenten aus kritischer Distanz _____ 297

Theo Elm (Erlangen, Deutschland)
Kulturgeschichte eines Betrugs. Der Ehebruch bei Goethe, Fontane und Dieter Wellershoff _____ 313

Nilüfer Kuruyazıcı (Istanbul, Türkei)
Interkulturelle Entwicklung der Migrationsliteratur (anhand der Darstellung des Frauenbildes) _____ 327

Ayalp Talun İnce (Muğla, Türkei)
Kulturvermittlung via Literaturverfilmung. Ziele – Möglichkeiten – Grenzen _____ 339

Zameer Kamble (Pune, Indien)
Mythos und (Inter-)Kultur. Überlegungen zur kulturkomparatistischen Beschäftigung mit Mythos am Beispiel Christa Wolfs *Kassandra* und Chitra Banerjee Divakarunis *Palast der Hoffnung* _____ 357

Michael Dobstad, Renate Riedner (Leipzig, Deutschland)
Vieldeutige Texte – vieldeutige (Kon-)Texte. Von der Dynamisierung der Text-Kontext-Beziehung zur Erweiterung kultureller Handlungskompetenz ___ 371

Feruzan Gündoğar (Marmara, Türkei)
Wieviel Literatur(-wissenschaft) braucht das Fach Deutsch im fremdsprachlichen Diskurs? Grundlegendes, Curriculares, Konkretes ___ 389

IV Vermittlungsformen

Hebatallah Fathy (Kairo, Ägypten)
Überlegungen zur Komparatistik als Ansatz einer interkulturellen Auslandsgermanistik ___ 405

Mohammed Laasri (Fes, Marokko)
Das Märchen der 672. Nacht: Die orientalische Welt und Hugo von Hofmannsthals literarische Kreativität ___ 421

René Kegelmann (Schwäbisch Gmünd, Deutschland)
Vielstimmiger interkultureller Dialog im Turm. Zu Saids Hörspiel *Friedrich Hölderlin empfängt niemanden mehr* (2001) ___ 433

Yasemin Dayıoğlu-Yücel (Istanbul, Türkei)
Frankenstein interkulturell ___ 443

Sarah Schackert (Marburg, Deutschland)
Das Liebeswerben als Ritual in interkulturellen Texten am Beispiel von Feridun Zaimoglus *Liebesbrand* ___ 453

Nilüfer Tapan (Istanbul, Türkei)
Vermittlungskonzepte des interkulturellen Lernens im Deutschunterricht an türkischen Schulen ___ 463

Anastassiya Semyonova (Göttingen, Deutschland)
Argumentationsstrukturen in wissenschaftsorientierten DaF-Texten chinesischer und russischer Studierender am Beispiel des DSH-Prüfungsteils „Textproduktion" ___ 481

Bernd Marizzi (Madrid, Spanien)
Deutsch als Wissenschaftssprache (DaW) in den Lehrwerken des Deutschen für Spanier von Richard Ratti-Kámeke zwischen 1916 und 1943 _____ 491

V Literarisches Übersetzen

Ana Dimova (Schumen, Bulgarien)
Wie viel Verfremdung verträgt die literarische Übersetzung? _____ 515

Marianne Derron (Bern, Schweiz)
„Benz" in Gotthelfs *Neuem Berner Kalender*: „wahr" aber nicht „gutmüthig". Versuch einer *belle infidèle* _____ 531

Ersel Kayaoğlu (Istanbul, Türkei)
Probleme der Übertragung von Intermedialität in literarischen Übersetzungen aus dem Deutschen ins Türkische _____ 553

Eva Maria Hrdinová (Ostrava, Tschechische Republik)
Der religiöse Terminus als ein Kulturgut oder eine Ballade von dem heiligen Freitag, dem Grießkuchen für Verstorbene und der gefressenen Hostie _____ 567

Tamara Janßen-Fesenko (Bad Zwischenahn, Deutschland)
Der übersetzerische Raum als ein synergetisches System? _____ 581

VI Mehrsprachigkeit und Identitätskonstruktion in multikulturellen Räumen

Anita Czeglédy (Budapest, Ungarn)
Márton Kalász, der Dichter im europäischen Kontext. Versuch zur Revidierung einer fremdbestimmten Identitätskonstruktion _____ 593

Szilvia Ritz (Budapest, Ungarn)
„Wer hierher kam, befand sich nicht auf festem Boden". Möglichkeiten und Grenzen des Zusammenlebens in einem multikulturellen Milieu in Doron Rabinovicis Roman *Ohnehin* _____ 607

Thomas Ernst (Duisburg-Essen, Deutschland)
Die deutsche Sprache als Minorität? Multilinguale Gegenwartsliteratur in der deutschsprachigen Gemeinschaft Belgiens und in Luxemburg ___ 621

Tobias Kallfell (Göttingen, Deutschland)
Diskursstrategische Funktionen von Sprachalternationen – verdeutlicht am Gesprächsverhalten von jugendlichen Spätaussiedlern 637

Ewald Reuter (Tampere, Finnland)
Postnationale Identitätskonstruktionen in auslandsgermanistischen Qualifikationsarbeiten ___ 657

Anschriften der Autoren ___ 675

Re-Visionen
Kulturwissenschaftliche Herausforderungen interkultureller Germanistik – Ein Kurzbericht zur Einführung

Ernest W.B. Hess-Lüttich

Nicht jeder, der diesen gewichtigen Band in Händen hält, war dabei: beim internationalen Göttinger Kongress über „Kulturwissenschaftliche Herausforderungen interkultureller Germanistik". Um jedoch dem Leser einen Eindruck zu vermitteln vom tatsächlichen Verlauf des Kongresses, aus dem der vorliegende Band hervorgegangen ist, will ich auf vielfachen Wunsch zahlreicher Mitglieder und nach dem mittlerweile bewährten Vorbild der vergangenen GiG-Tagungen und -Bände in den letzten Jahren auch diesmal in gekürzter Form darüber berichten und dabei der Vollständigkeit halber auch jene Beiträge erwähnen, die jetzt aus verschiedenen Gründen keinen Eingang in den Band gefunden haben.[1]

Ich kann dabei anknüpfen an die programmatische und durch die Tagung eindrucksvoll eingelöste thematische Vorgabe der drei Organisatorinnen in Göttingen, Corinna ALBRECHT, Andrea BOGNER und Hiltraud CASPER-HEHNE sowie einige Kurzberichte der jeweiligen Sektionsleiter(innen), da der Berichterstatter nicht bei allen Vorträgen in den Parallelsektionen gleichzeitig zugegen sein konnte. Das Rahmenthema „Re-Visionen Kulturwissenschaftliche Herausforderungen interkultureller Germanistik" wurde zunächst in einem erhellenden Podiumsgespräch exponiert und in kurzen Beiträgen von Michaela Holdenried (Freiburg), Kong Deming (Nanjing), Hinrich C. Seeba (Berkeley) und Alois Wierlacher (Walldorf) vertieft (s. hierzu das Vorwort).

Ein erstes Expertenkolloquium (E 1) – im folgenden der Einfachheit halber ‚Sektion' getauft – widmete sich unter dem Titel ‚Poetiken der Interkulturalität – Interkulturalität der Poetik' literarischen Verfahren und Repräsentationsformen von Interkulturalität. Die Sektionsleiter Dieter Heimböckel (Luxemburg) und Carlotta von Maltzan (Stellenbosch)

---

1 Eine modifizierte Fassung des Berichtes (ergänzt um die konzeptionellen Leitlinien, die jetzt in das Vorwort eingeflossen sind) erschien in: *Zeitschrift für interkulturelle Germanistik* 2.2 (2011): 187-198

fassen die Ergebnisse sinngemäß folgendermaßen zusammen (ich zitiere in leicht bearbeiteter und stark gekürzter Form aus ihrem Text zur Einführung): Die Sektion schloss an nach wie vor aktuelle Grundsatzarbeiten der germanistischen Interkulturalitätsforschung an und nahm das Anliegen des GiG-Colloquiums ernst, das heute auch in der Germanistik weitgehend akzeptierte Konzept ‚Interkulturalität' einer Revision zu unterziehen und Visionen der Aufgaben einer künftigen Entwicklungen gegenüber offenen GiG zu skizzieren. Die (u.a. den Werken von Herta Müller, Roman Schatz und Vladimir Vertlib gewidmeten) Beiträge zu dieser Sektion zielten zum einen auf die poetische Umsetzung existentieller Fremdheits- und Ausschlusserfahrungen (Ulrike Stamm) und auf Ausprägungen und Spielarten literarischer Inszenierung von Interkulturalität (Silke Pasewalck), zum anderen wurden normalismustheoretisch flankierte Formen interkultureller Gegen-Narrative erkundet (Johanna Domokos). Ihnen standen Beiträge zur Seite, die sich mit der Konstruktion und Dekonstruktion von Fremdbildern in der Gegenwartsliteratur beschäftigen. Das Hauptaugenmerk galt etwa dem Genozid in Ruanda (Carlotta von Maltzan) oder der deutschsprachigen Indien-Literatur am Beispiel von Thorsten Becker (Manfred Durzak).

Den eher auf die Praxis gerichteten Lektüren gingen Beiträge voraus, die das Terrain des Themenfeldes theoretisch und perspektivisch auszuloten vermochten. In ihnen ging es um bekannte Rahmenbegriffe der Interkulturalitätsforschung (Hinrich C. Seeba) und neue analytische Zugriffsweisen (Ihmku Kim) ebenso wie um die kritische Hinterfragung des pädagogischen Mehrwerts interkultureller Literatur (Withold Bonner) und die Bedeutung und Funktion von Mehrsprachigkeit in einer Poetik der Interkulturalität (Jacqueline Gutjahr). „Angesichts der häufig beklagten Unschärfe des Interkulturalitätsparadigmas", meinen die Moderatoren, seien „solche Untersuchungen besonders gut dazu geeignet, zur Schärfung seiner begrifflichen und konzeptionellen Konturen beizutragen, zumal im Wechselspiel mit den praxisorientierten Lektüren die literarischen Verfahren und Repräsentationsformen von Interkulturalität unmittelbar zur Anschauung gebracht werden."[2]

---

[2] Zitiert aus der Vorlage zur Einführung in die Sektion E1 von Dieter Heimböckel und Carlotta von Maltzan; ihnen sei für diese Textvorlage ebenso herzlich gedankt wie Karl Esselborn und Mahmut Karakuş (E2) sowie Ana Dimova (E6) und Neeti Badwe (E8) jeweils für die ihre (die hier aus Gründen

Karl Esselborn (München) und Mahmut Karakuş (Istanbul) leiteten die zweite Sektion zum Thema ‚Interkulturelle Rezeptionsprozesse' (E 2), die sich insbesondere der Frage widmete, wie in der Interaktion von Leser und Text, Text und Kontext Interkulturalität entstehe, denn um die Beschäftigung mit deutscher Sprache und Literatur in anderen Ländern überzeugend zu begründen und alle Möglichkeiten der Vermittlung und Erschließung der fremdsprachigen Literatur zu nutzen, seien die besonderen Bedingungen ihrer Rezeption im jeweiligen Land genauer zu betrachten. Die beiden Moderatoren gingen von der Erwartung aus, dass eine transnational und kulturwissenschaftlich erweiterte interkulturelle Literaturwissenschaft die literarische Rezeption als Interaktion von Leser und Text, Text und Kontext nicht auf eine ästhetische oder philologische Ebene reduzieren dürfe, sondern in den Zusammenhang des gesamten kulturellen Wahrnehmungs- und Handlungsfelds von Literatur stellen müsse. Im fremdkulturellen Kontext sei deutschsprachige Literatur zunächst weniger in ihrer abstrakten und zeitlosen Poetizität von Interesse als im Zusammenhang mit der Kultur(geschichte) der deutschsprachigen Länder und im Blick auf interkulturelle Gemeinsamkeiten und gegenseitigen Austausch (nicht zuletzt auch von Selbst- und Fremdbildern). Eine interkulturelle Rezeption, die den Bedeutungshorizont eines Werkes erweitere, solle von den Voraussetzungen und Erwartungen vor Ort ausgehen und zu einer länderspezifischen Auswahl und Geschichte deutschsprachiger Literatur führen.

Im Sinne dieser Erwartung wurde eingangs die Situation der Vermittlung deutscher Literatur an Germanistikstudenten in Kenia vorgestellt: Julia Augart (Stellenbosch) zeigte auf, wie auch historische Dramen (wie Lessings *Emilia Galotti* oder Zuckmayers *Hauptmann von Köpenik*) Identifikationsmöglichkeiten bieten, zumal wenn sie sich gut auf die Situation der Leser übertragen lassen wie z.B. Brechts *Der gute Mensch von Sezuan*, dessen sozialpolitische Thematik Analogien zur eigenen postkolonialen Gesellschaft erlaube und als episches Theater afrikanischen Theatertraditionen nahe stehe. Probleme einer fremdkulturellen Literaturrezeption wurden von Michael Ostheimer und Shuangzhi Li am Beispiel des literarischen Austauschs zwischen China und Deutschland erläutert. Hölderlin werde in China weniger als Autor des nationalen

---

des Umfangs und der Einheitlichkeit leider nicht in voller Länge aufgenommen werden konnten).

deutschen Kanons mit idealistisch-metaphysischem Anspruch gelesen, sondern eher in seiner Sprache und seinem literarischen Gestus aufgenommen und in die eigene Literatur übertragen. Die Rezeption von Lu Xun sei dagegen vor allem von den ideologischen Prämissen des Ost-West-Konflikts geprägt: in der ‚DDR' als offizieller Repräsentant der Volksrepublik gewürdigt, sei er im Westen allenfalls von einigen maoistischen Studenten wahrgenommen worden.

Pornsan Watanangura verglich westliche und östliche Rezeption an Hand von Brechts *Der gute Mensch von Sezuan*: das Parabelstück könne nicht nur als anti-kapitalistisch, sondern auch als anti-buddhistisch verstanden werden, wenn die sozialpolitisch-ethische Dimension der Brechtschen Dialektik auf Thailand übertragen werde. Gesa Singer hob die Bedeutung der Literaturkritik für die Rezeption deutscher Literatur in Griechenland hervor, auch wenn sie durch zunehmende Kommerzialisierung und durch die Zersplitterung in diverse literarische Milieus inzwischen stark beeinträchtigt sei. Karl Esselborn zeichnete in seinem literaturtheoretischen Überblick die Entwicklung von den Problemen einer kulturspezifischen Lektüre und einer kulturräumlichen ‚Hermeneutik der Fremde' (Krusche) zu den Konzepten von Interkulturalität (Wierlacher), Transkulturalität (Welsch), Hybridität (Bhabha) und ‚Transdifferenz' und ihrer Bedeutung für eine interkulturelle/transnationale Germanistik nach.

Die folgenden Vorträge behandelten Beispiele ‚interkultureller Literatur', die selbst bereits zwischen verschiedenen Kulturen stehen und deshalb besondere Möglichkeiten einer interkulturellen Rezeption bieten, wie etwa die *Memoiren* von Emily Ruete (Sayida Salwe 1844-1920), der „Prinzessin von Zanzibar" (Ingrid Laurien), die türkischen Übersetzungen der Werke von Feridun Zaimoglu (Mahmut Karakuş) oder (mit kritischem Blick auf die multikulturelle Erzählerrolle) Ilija Trojanows *Weltensammler* (Gunther Pakendorf).

In der Abschlussdiskussion wurde u.a. gefordert, das Feld der ‚Interkulturalität' interdisziplinär zu erweitern (Medien!), auch im Blick auf den Literaturbegriff (Trivialliteratur, Kolonialliteratur), und der Multikulturalisierung der Gegenwartsliteratur in Deutschland sowie der Pluralität der ‚Germanistiken' weltweit stärker Rechnung zu tragen. Eine kulturwissenschaftlich fundierte und methodisch entsprechend instrumentierte interkulturelle Germanistik müsse angesichts der Unterschiede zwischen den Grundkonzepten der Kulturen (bis in den Literaturbegriff und die soziale Relevanz von Literatur bzw. in die literarische Rezeption hinein) kulturspezifische Lektüren ins Zentrum ihrer Aufmerksamkeit rücken. Vielleicht sei die sog. ‚Auslandsgermanistik' grundsätzlich durch die Rezeption der jeweiligen Literaturen in Deutschland zu ergänzen.

Die dritte Sektion (E 3) war eine Projektwerkstatt, in der unter der Koordination von Melanie Brinkschulte in vier Projektgruppen aktuelle Projekte interkultureller Germanistik vorgestellt wurden, etwa zum Kommunikationstraining (Lydia Böttger), zur ‚Diversity' der Studentenschaft (Yvonne Henze) und zum Göttinger ‚InterMig'-Projekt (Tobias Kallfell, Elena Lebedeva, Julia Schmidt und Anastassiya Semyonova), zur Sprachvermittlung (Nishant Narayanan), zu Sprachwandelprozessen (Sabine Völker-Horns) und Sprachstandsmessungen (Tobias Kallfell).

Die Sektion ‚Literaturvermittlung als Kulturvermittlung' (E 4) griff unter der Leitung von Corinna Albrecht (Göttingen) und Vibha Surana (Pune, Indien) die alte Frage nach den vermittlungsrelevanten Eigenschaften von literarischen Texten, nach ihrer Relevanz und ihrer Repräsentativität auf und bezog sie auf aktuelle Herausforderungen: ‚Was heißt Kulturvermittlung?' und ‚Wie kann Vermittlung angesichts der Veränderung zentraler Begriffe wie Text und Kultur aussehen?' Können Formen der Vermittlung so angelegt sein, dass sie ‚Interkulturalität herstellen', indem sie z.b. Wahrnehmungsprozesse wechselseitig bewusst machen und Vorstellungen von Kulturen und Identitäten offen halten?

Vibha Surana eröffnete die Sektion mit ihrer kritischen Diskussion der Konzepte ‚Interkulturalität' und ‚Transkulturalität'; Henning Westheide ging am Beispiel literarischer Werke der deutschen Literatur zwischen 1945 bis 1989 der Frage nach, inwieweit literarische Texte eine kulturelle Außenbetrachtung ermöglichen; Theo Elm entwarf anhand von drei Romanbeispielen (Goethes *Wahlverwandtschaften*, Fontanes *Effi Briest*, Dieter Wellershoffs *Der Liebeswunsch*) eine „Kulturgeschichte des Betrugs", in der das literarische Thema des Ehebruchs Einblick in die wechselnde Zeichensprache und die historischen Sinnmuster einer heiklen Erlebniswirklichkeit deutscher Kultur vermittelt; Nilüfer Kuruyazıcı verfolgte in den Romanen der deutsch-türkischen Literatur die Darstellung der türkischen Frau und verband dies mit der Frage, inwieweit die Literatur von Autoren türkischen Ursprungs die Chance zur Vermittlung zwischen den Kulturen nutze und welches Bild sie deutschen Lesern von der fremden Kultur vermittle.

Ayalp Talun İnce fragte nach den Zielen, Möglichkeiten und Grenzen einer Kulturvermittlung via Literaturverfilmung; Zameer Kamble erarbeitete am Beispiel der Schlegel-Hegel Debatte um den indischen mythischen Text *Bhagwad Gita* ein kulturkomparatistisches Analysemodell, das er im Vergleich zwischen Christa Wolfs *Kassandra* und dem *Palast der Hoffnung* von Chitra Banerjee Divakaruni für die literarische Mythenrezeption in Deutschland und Indien fruchtbar machte; Michael Dobstadt und Renate Riedner problematisierten anhand von Sarah Kirschs Gedicht „Naturschutzgebiet" das Verhältnis von Literatur- und Kulturvermittlung; Feruzan Gündoğar diskutierte die Frage, wieviel Literatur oder gar Literaturwissenschaft das Fach Deutsch im fremdsprachlichen Diskurs überhaupt brauche, am Beispiel von DaF-Studiengängen in der Türkei.

Die Sektion ‚Vermittlungsformen' (E 5) wandte unter der Leitung von Jacqueline Gutjahr (Göttingen) und Nilüfer Tapan (Istanbul) die in E 4 geführte Diskussion auf die Frage an, was die bestehenden Konzepte von interkulturellem Lernen und interkultureller Didaktik als Grundlage fremdsprachlicher Vermittlungsprozesse dafür leisteten. Hebatallah Fathy stellte Überlegungen zur Komparatistik an als Ansatz einer interkulturellen Auslandsgermanistik für arabische Deutsch-Studenten; Hala Farrag widmete sich einem Vergleich der deutschen und arabischen Askeselyrik des abbasidischen Dichters 'Abū l-'Atāhiya (748-826) und des spätmittelalterlichen Tiroler Dichters und Sängers Oswald von Wolkenstein (ca. 1377-1445) und arbeitete in luzider Stilanalyse eine ihnen gemeinsame Tendenz zur didaktischen Publikumszugewandtheit heraus, wie sie sich vor allem in direktiven Äußerungen manifestiere.

René Kegelmann analysierte das Hörspiel *friedrich hölderlin empfängt niemanden mehr* (2001) des deutschsprachigen Autors iranischer Herkunft Said. Das dort variierte Grundmotiv der Flucht und der Fremdheit fungiere zugleich als Folie, auf der auch Saids Texte und seine Situation als Exilant lesbar würden. Am Beispiel der Erzählung „Das Märchen der 672. Nacht" analysierte Mohammed Laasri den Einfluss von *Tausendundeine Nacht* auf das Werk von Hugo von Hofmannsthal. Der Roman *Liebesbrand* des deutsch-türkischen Autors Feridun Zaimoglu dient Sarah Schackert zur Erörterung von ‚Regelkonflikten' und Missverständnissen im Vollzug desselben Rituals (Liebeswerben) in stark differenten Kulturkreisen.

Die dritte Sektion des zweiten Expertencolloquiums ‚Literarisches Übersetzen' (E 6) unter der Leitung von Ana Dimova (Schumen, Bulgarien) und Amrit Mehta (Hyderabad, Indien), widmete sich einem Praxisfeld, dem seit jeher die Aufgabe zukommt, zwischen Kulturen zu vermitteln, anhand der Frage, inwieweit die kulturwissenschaftliche Theoriebildung neue Anregungen für die zentrale Aufgabe des Über-Setzens von ‚Kulturen in Texten' in andere kulturelle Kontexte liefere und die translatorische Praxis diese Zusammenhänge aufdecke und ihrerseits modellbildend wirke.

Hier wurde deutlich, dass die Differenzen zwischen Kulturen durch die Vermittlung der Sprachen zwar grundsätzlich zu ‚überbrücken' seien, wenn der Übersetzer als ‚Brückenbauer' die Verantwortung dafür übernehme, wie er sein ‚Baumaterial' zusammenstelle, damit die Brücke trage. ‚Die Brücke' stand bei Assem al Ammary in ihrer arabischen Form als *Qantara* für das Problem der Verfremdung literarischer Texte bei ihrer Übersetzung. Dieses Problem wurde auch von Ana Dimova exponiert, insofern als übersetzte Texte etwas von der vertexteten Fremdheit der Ausgangstexte beibehalten müssten, seien es kulturspezifische Versprachlichungen verschiedener Inhalte oder Darstellungstechniken und Formen ästhetischer Organisation. „Wieviel Verfremdung die literarische Übersetzung" jeweils vertrage, hänge auch ab von den Bedingungen der jeweils eigenen Sprache, Literatur und Kultur, die nicht immer die Bereitschaft aufwiesen, allzu auffällige Fremdheiten aufzunehmen. Dies wurde besonders deutlich im Beitrag von Ayalp Talun İnce über die Übersetzung bosnischer Literatur ins Türkische, aber auch in den Beiträgen von Eva Maria Hrdinová (über deutsch geschriebene Texte der christlichen Orthodoxie) oder von Marianne Derron Corbeliari (zur Übersetzung von Kalendererzählungen Jeremias Gotthelfs ins Französische).

Die kulturwissenschaftliche Theoriebildung habe zwar auch im Bereich der Translationsforschung neue Erkenntnisse zur Verfremdung hervorgebracht, die aber (wie die Moderatoren in ihrer kurzen Einführung kritisieren) von der Praxis kaum zur Kenntnis genommen würden. Das liege freilich nicht immer am übersetzerischen Willen, sondern oft an den Anforderungen des Auftraggebers und an den jeweiligen gesellschaftlichen Bedingungen, die nicht nur die Strategien des literarischen Übersetzens beeinflussen, sondern auch die Auswahl, die Qualität und die Intensität der Übersetzung deutschsprachiger Literatur. Dies wurde besonders bekräftigt durch den kritischen Beitrag von Amrit Mehta über „Die suizidale Literaturpolitik der Kulturzentren deutschsprachiger Länder in Indien", aber auch durch die interessanten Überlegungen Yin Zhihongs über Fragen der Sprachsensibilität, Moralität und translatorischen Qualität im Falle der Übersetzung von Victor Klemperers *Lingua tertii imperii*. Eine wichtige und immer noch viel zu wenig beachtete Anschlußstelle der Diskussion über Literarisches Übersetzen an den text- und medienwissenschaftlichen Diskurs markierte Ersel Kayaoğlu mit seiner Erörterung von Problemen der Intermedialität in literarischen Übersetzungen aus dem Deutschen ins Türkische.

Gemäß dieser Vorgabe stellte die Sektion ‚Wissenschaftskommunikation' (E 7), geleitet von Andrea Bogner und Barbara Dengel (Göttingen), die Standortgebundenheit von Wissenschaft zur Diskussion und fragte nach dem Zusammenhang von Wissen, Sprache(n) und Darstellungsformen. Yeon-Soo Kim umriss das Forschungsfeld der ‚Trans-Humanities' und reflektierte dabei auch das gebietsbildende Präfix; Gesine L. Schiewer stellte die Aufgaben, Methoden und Anwendungsperspektiven der ‚Interkulturellen Linguistik' vor und strich ihre Bedeutung für die moderne Wissensgesellschaft heraus; Shrishail Sasalatti entwarf dazu korrespondierend die Perspektiven einer interlingualen und interkulturellen Pragmatik im Bereich der Wissenschaftskommunikation (Formen, Konzepte, Transfer) und ihrer Funktion in den multilingualen Gesellschaften Indiens und Europas; Sidonie Kellerer präparierte den Anti-Cartesianismus in der Wissenschaftspublizistik zur Zeit der Weimarer Republik und im Nationalsozialismus heraus; Bernd Marizzi diskutierte Konzepte für die Vermittlung des Deutschen als Wissenschaftssprache in den Deutsch-Lehrbüchern für Spanier (zwischen 1916 und 1943) von Richard Ratti-Kámeke; Anastassiya Semyonova untersuchte die Argumentationsstrukturen in wissenschaftsorientierten DaF-Texten chinesischer und russischer Studierender; Julia Schmidt verglich Verfasserreferenz und Autorenrollen in wissenschaftlichen Artikeln.

Das Zusammenleben und Aushandeln von Zugehörigkeiten in mehrsprachigen Gesellschaften, spezifische Verständigungsformen und Interaktionsmodalitäten, Fragen von Hegemonie und Dominanz waren dann Gegenstand der Sektion ‚Mehrsprachigkeit in multikulturellen Räumen' (E 8), die Neeti Badwe (Pune, Indien) und Aoussine Seddiki (Oran, Algerien) moderierten. Hier wurden die Erklärungsadäquatheit und Reichweite der unterschiedlichen Konzepte von ‚Multikulturalität', ‚Interkulturalität' und ‚Transkulturalität' überprüft. In ihrer ausgreifenden Einführung in das Thema der Sektion suchte Neeti Badwe nach den historischen Wurzeln des Paradigmenwechsels von der Nationalsprachenphilologie als Spiegel nationaler Identitätsbildung zur Mehrsprachigkeitsforschung im Dienste multikulturell verfasster Wissensgesellschaften postindustrieller und postkolonialer Prägung.

Die Referenten setzten sich in ihren Referaten unter anderem mit den folgenden Fragen auseinander: Welche Konzepte bietet die Sprachpolitik der EU für der Erhaltung der (mono-)sprachlichen Identität einzelner Staaten (wie Deutschland) und der gleichzeitigen Förderung der Mehrsprachigkeit der EU-Länder insgesamt? Wie wird ‚mehrsprachige Kompetenz' überhaupt definiert? Was bedeutet ‚funktionale Mehrsprachigkeit' und was ‚kollektive Mehrsprachigkeit'? Was genau sind eigentlich ‚multikulturelle Räume'? Wann kann man davon ausgehen, dass Gesellschaften diglossisch, zweisprachig oder mehrsprachig sind? Inwiefern steht Einsprachigkeit in direktem Verhältnis zu Macht und Dominanz? Zeichnen sich hier neue Forschungsbereiche ab für eine kulturwissenschaftlich-linguistische Fundierung von Sprachentwicklung, Sprachplanung, Sprachpolitik?

Solche Fragen wurden von zwei indischen und zwei (nord-)afrikanischen Germanisten erörtert: Shishail Sasalatti aus New Delhi entwarf im Sinne der Vorgaben seiner Kollegin aus Pune eine außereuropäische Perspektive auf den multilingualen Kulturraum Europa aus der Sicht seines traditionell vielsprachigen Subkontinents Indien; Mohammed Laasri plädierte vor diesem Hintergrund für die Entwicklung neuer Lehr- und Lernstrategien für den Deutscherwerb in seinem Lande (Marokko) mit seiner spezifischen postkolonialen Position; Aoussine Seddiki beschrieb die damit vergleichbare Situation der Mehrsprachigkeit in Algerien und deren Konsequenzen für die Konzeption der Deutschstudien in Oran.

Ergänzend zu diesen Beiträgen befasste sich das Referat von Tobias Kallfell mit der Frage, wie die migrationsbedingte Kontaktsituation in Deutschland den Sprachgebrauch von jugendlichen Spätaussiedlern aus Russland beeinflusse, die erst im Zuge ihrer Einreise nach Deutschland die Zielsprache erworben haben. Auf der Basis der Analyse von dafür aufgezeichneten Gesprächen mit jugendlichen Spätaussiedlern der ersten Generation demonstrierte Kallfell, wie der Wechsel zwischen Russisch und Deutsch nicht nur innerhalb eines Gesprächs, sondern auch innerhalb von Redebeiträgen bzw. Äußerungen stattfindet, womit er zu zeigen suchte, dass es sich bei den Sprachalternationen um ein kontextabhängiges Diskursphänomen handele, das im Rahmen bilingualer Sprachpraxis bestimmte kommunikative Funktionen ausüben könne.

Die Frage nach der Rolle der Sprache(n) für Identitätskonstruktionen schließlich stand im Mittelpunkt der Sektion ‚Mehrsprachigkeit und Identitätskonstruktionen' (E 9), die von Astrid Starck-Adler (Mulhouse/ Basel) und Joachim Warmbold (Tel Aviv) geleitet wurde. Ein besonderer Schwerpunkt lag hier auf der sowohl linguistisch als auch literaturwissenschaftlich motivierten Erschließung von Potentialen, die veränderte, diskursiv und transitorisch gefasste Identitätskonzepte für ein umfassenderes Verständnis von Mehrsprachigkeit bieten, sei es im Spracherwerb, sei es in der ästhetischen Reflexion durch literarische Texte.

Zwei ungarische Literaturwissenschaftlerinnen aus Budapest nahmen dies zum Ausgangspunkt ihrer Überlegungen zur Identitätsbildung in literarischen Texten, verstanden als zeichenhafte Objektivationen soziokultureller Praxis. Anita Czeglédy behandelte die Interferenz der ungarischen, ungarndeutschen, deutschen und szeklerischen Kulturelemente im Werk von Márton Kalász und stellte seine vom Schicksalsmythos der Ungarndeutschen abweichende, sich im multikulturell geprägten poetischen Metaraum entfaltende Identitätskonstruktion vor. Szilvia Ritz wandte sich der im 2004 erschienenen Roman *Ohnehin* des in Israel geborenen österreichischen Autors Doron Rabinovici beschriebenen Situation von Juden und Migranten im Wien des ausgehenden 20. Jahrhunderts zu. Ritz arbeitete den politischen Hintergrund des Romans heraus, untersuchte die symbolische Funktion des seit dem Mittelalter existierenden Naschmarkts im Text und legte den Zusammenhang zwischen Antisemitismus und gegenwärtigem Rassismus frei.

In multilingualen Gesellschaften wie Belgien oder Luxemburg hat das Deutsche einen anderen Status als in der (weitgehend) monolingualen Sprachgemeinschaft Deutschlands, was sich auch in den literarischen Texten dieser Regionen niederschlägt. Thomas Ernst zeigte überzeugend, dass Autoren wie Freddy Derwahl und Leo Wintgens weniger eine homogenisierte minoritäre Form eines literarischen Deutsch als vielmehr eine hybride und liminale Literatur schüfen. Während in Roger Manderscheids Roman *Schacko klak* (1988) etwa das Letzebuergische noch als vom Deutschen, der Sprache der Besatzer, abgegrenzt erscheine, ließen sich seine Erzählsammlung *schwarze engel* (2001) oder auch Nico Helmingers Theaterstück *now here & nowhere oder den här io ming pei hätt mueres gär krewetten* (2007) bereits als hybride Beispiele einer luxemburgischen Literatur beschreiben, in der die deutsche Sprache in einer sprachlichen Vielfalt aufgegangen sei.

Die weiteren Beiträge waren linguistisch interessiert: Sedat İnce referierte psycho- und neurolinguistische Implikationen multilingualer Identitätsbildung; Ewald Reuter untersuchte postnationale Identitätskonstruktionen in auslandsgermanistischen Qualifikationsarbeiten in deutsch-finnischem Kontakt; Djamel Eddine Lachachi fragte nach den sprachpolitischen Prämissen der Mehrsprachigkeit in Algerien und deren Auswirkungen auf die kulturelle Identität der Sprecher.

Neben diesem weitgespannten wissenschaftlichen Panorama, das in einer *table ronde* der Sektionsleiter zum Abschluss des wissenschaftlichen Teils der Tagung noch einmal gebündelt wurde und das in diesem Band zu großen Teilen (aber eben leider nicht zur Gänze) entfaltet wird, soll jedoch am Ende auch das kulturelle Rahmenprogramm nicht unerwähnt bleiben. Der erste Abend bot Gelegenheit zu kundig geführten thematisch akzentuierten Rundgängen durch das historische Göttingen und später eine Lesung mit der japanisch-deutschen Autorin Yōko Tawada im schönen Versammlungssaal der Paulinerkirche. Am späten Nachmittag des zweiten Tages brachen die Teilnehmer gemeinsam zur Burgruine Hanstein auf mit ihrem herrlichen Rundblick bis hinein nach Thüringen über den ehemaligen Grenzverlauf hinweg, der den Osten Deutschlands über vier Dekaden lang vom Westen trennte. Im nahen mittelalterlichen Klausenhof ließen sie den Abend bei einem festlichen Dîner ausklingen. Den würdigen Abschluss des Kongresses bot der letzte Abend mit einem Festvortrag des Leibniz-Preisträgers und Göttinger Germanisten Heinrich Detering, der das Auditorium (wiederum in der Paulinerkirche) mit seinem tiefschürfenden und reich illustrierten Vortrag über „Literatur und Geographie: Zum Beispiel Nordfriesland" zu fesseln verstand, mit anschließendem Buffet, das nicht nur leibliche Erquickung, sondern auch gern genutzte Gelegenheit zu Gespräch und Abschied bot.

I Poetiken der Interkulturalität – Interkulturalität der Poetik

Sunt certi denique fines.
Über den Versuch der Abgrenzung in Grenz-Szenen
der Literatur

Hinrich C. Seeba (Berkeley)

Abstract

As the spatial turn in cultural studies has emphasized the discourse of cultural boundaries mostly in order to show how they are permeated in the globalized communication, I want to show how, following the Horatian dictum „sunt certi denique fines," certain boundaries were established for the sake of poetics, starting with Lessing's separating writing from painting and leading in the 19th century to realistic depictions of walls built and lines drawn as exclusionary acts of self-limitation, which prove futile because the boundaries fail to protect the enclosed. But while in the texts by Stifter, Grillparzer and Keller the impact of reality suspends the fiction of literally ‚limited' protection, Rilke turns the table to suggest the existential impact of the fiction on the observer, breaking down the utmost boundary, the border between fiction and reality.

Wer heute mit dem Wort *Grenze* spielt, hat zumindest rhetorisch ein leichtes Spiel. Wohin man in der Kulturkritik der letzten zwanzig Jahre auch blicken mag, überall tauchen *Grenzen*, *borders* und *boundaries* auf, nicht weil man nach dem Fall der Mauer noch auf militärisch geschützte Grenzanlagen stieße und an ihnen gewaltsam zurückgehalten würde, sondern weil man ihre deterritorialisierte Überwindung zum kulturpolitischen Projekt erklärt hat, dem die globalisierte *political correctness* auch den Medienerfolg sichert. Häufige Buchtitel wie *Crossing Boundaries* oder *Crossing Borders* sind, selbst wenn sie keine eigentlichen Kulturgrenzen markieren (z.B. McCarthy 1989, Holub 1992), symptomatisch für die programmatische Verräumlichung eines theoretischen Diskurses, der in der propagierten Grenzüberschreitung die Grenze zwischen unterschiedlichen Regionen der Identitätsbildung überhaupt erst sichtbar macht (cf. Seyhan 1996). Die Spannung zwischen universalistischen und relativistischen Kulturansätzen kommt nicht ohne Reflexion auf die Grenze aus, ob diese nun einerseits für erkenntnistheoretisch irrelevant oder andererseits für eine kulturtheoretische Herausforderung gehalten wird. Als sich vor einem Jahr die *Gesellschaft der süd- und mittelamerikanischen Germanisten (ALEG)* in Cordoba/Argentinien unter dem Begriff der *Liminality* versammelte, da dienten die „Grenzgänge" des Konferenzthemas („cruce de fronteras/grenzgänge/cruzando fronteiras") natürlich vor allem der Überwindung von Grenzen. Und wie könnte erst recht eine Tagung der Gesellschaft für interkulturelle Germanistik etwas anderes wollen?

Das ist aber, bezogen auf die literarischen Texte, in denen sich die Grenze noch nicht zum Theorem eines kulturkritischen Diskurses verflüchtigt hat, nicht selbstverständlich. Sogar das von Claudio Magris entlehnte Motto der *ALEG*-Konferenz (*Literatur lehrt Grenzen zu überschreiten, aber besteht darin, sie zu ziehen*) betont gerade das Gegenteil der ersehnten Brückenbildung.[1] So setzt auch das Horaz-Zitat im Titel dieses Beitrags ein allgemeines Einverständnis darüber voraus, daß „gewisse" Grenzen gewahrt werden müssen und daß die Fraglosigkeit ihrer Einhaltung den Minimalkonsens einer funktionierenden Gesellschaft ausmacht: *Est modus in rebus, sunt certi denique fines.* (Horaz, Sermones I, 1: 106: ‚Es gibt ein Maß in allen Dingen, es gibt schließlich bestimmte Grenzen.') Die als maßlos, unangemessen und unbescheiden angeprangerte Verletzung dieser für selbstverständlich gehaltenen Grenzen und des mit ihnen bezeichneten normativen Verhaltenskodex gilt als unanständig und wird durch soziale Ausgrenzung geahndet. Das rechte Augenmaß, das sich der undefinierten, aber doch „gewissen" Grenzen bewußt bleibt, ist eine sowohl moralische als auch ästhetische Kategorie. Die klassische Maßästhetik – im Griechischen durch den zweiten Orakelspruch von Delphi auch religiös verankert: μηδεν αγαν (‚Nichts zu sehr!') – verrät hier ihren moralischen Impetus, gewissermaßen die Forderung menschlicher Selbstbescheidung im goldenen Schnitt.

Bevor sich im 19. Jahrhundert die nationalen (und in der Wissenschaft die disziplinären) Grenzen verfestigten, um deren kulturkritische Transparenz die methodologischen Aufbrüche der letzten Jahrzehnte ringen, gab es im 18. Jahrhundert poetologische Grenzziehungen, deren wohl bedeutendste die von Lessing ist. Seine Programmschrift *Laokoon oder über die Grenzen der Malerei und Poesie* (1766), die die Grenze schon im Titel führt, diente nicht, wie viele Schriften seiner Nachfolger,

---

[1] Cf. www.llvv.org/daten/material/aleg2009.doc [5.10.2010]

der Nationalisierung der Ästhetik, sondern umgekehrt ihrer übernationalen Anthropologisierung, indem er die synchrone Raumerfahrung der Malerei und die diachrone Zeiterfahrung der Poesie zuschrieb und die ausdrücklich zwischen ihnen gezogene Grenze nutzte, um mit dem Nachahmungsprinzip der horazischen Poetik *ut pictura poesis* aufzuräumen.[2] Dichtung war nicht länger nur die Nachahmung der primären Malerei, sondern eine Kunstgattung *sui generis*.

Zugespitzt könnte man sagen, daß der vornationalen poetologischen Grenzziehung des 18. Jahrhunderts im späteren 20. Jahrhundert eine postnationale Grenzüberschreitung entspricht, die wir mit Wörtern wie *international, interdisziplinär* und *interkulturell* zu bezeichnen gewohnt sind. So reizvoll die Versuchung ist, eine Theorie interkultureller Poetik zu entwickeln und dafür die kulturell je anders definierten Grenzen der Kunstgattungen zu vergleichen (cf. Uerlings 1997), so will ich in dem hier sehr beschränkten Rahmen nur auf ein Moment eingehen, die literarische Darstellung der Grenzziehung selbst, über die sich Interkulturalität und poetologische Reflexion vermitteln lassen.

Eine der ältesten Grenzsicherungen ist die Mauer, von der Mauer zu Troja, die zum dramaturgischen Mittel der Teichoskopie, der in der Poetik des klassischen Dramas unentbehrlichen Mauerschau, den Anlaß gab, zu den Mauern von Jericho und der Klagemauer von Jerusalem, von der Chinesischen Mauer und dem Limes genannten Grenzwall der Römer bis zur Berliner Mauer und deren Nachahmung im Gazastreifen. Die Mauer, auf die man fixiert ist, weil sie eigentlich erst neugierig macht auf das, was sie verbirgt, ist eine dialektische Grenze, die Nachbarn sowohl trennt als auch verbindet – als Projektionsfläche der in ihr doppelt gespiegelten Identität.

Die doppelseitige Durchlässigkeit einer als unüberwindlich geltenden Mauer, die man angeblich wie die Chinesische Mauer sogar vom Weltraum aus hätte wahrnehmen können, ist das 1982 noch utopisch scheinende Thema von Peter Schneiders Erzählung *Der Mauerspringer* (1982). Noch bevor die titelgebende Fiktion des Mauerspringers in Gang

---

2 Horatius Flaccus, Quintus 1961: *De arte poetica liber / Die Dichtkunst. Lateinisch und deutsch*, Einführung, Übersetzung und Erläuterung von Horst Rüdiger, Zürich: Artemis: 36-37: *ut pictura poesis: erit quae, si proprius stes, / te capiat magis, et quaedam, si longius abstes* (V. 361 f.) – ‚Dichtungen gleichen Gemälden: Einzelne Züge ergreifen / Tiefer beim Anblick von nahem und andre beim Anblick von ferne'.

kommt, läßt sich der biographische Autor vernehmen, als schriebe er einen Essay über die kulturelle Bedeutung der Berliner Mauer:

> Als ich nach Berlin zog, wurde die neue Mauer gerade fertiggestellt. Nachdem der erste Schrecken vorbei war, verdünnte sich das massive Ding im Bewußtsein der Westdeutschen immer mehr zur Metapher. Was jenseits das Ende der Bewegungsfreiheit bedeutete, wurde diesseits zum Sinnbild für ein verabscheutes Gesellschaftssystem. Der Blick nach drüben verkürzte sich zu einem Blick auf die Grenzanlagen und schließlich zum gruppentherapeutischen Selbsterlebnis: die Mauer wurde den Deutschen im Westen zum Spiegel, der ihnen Tag für Tag sagt, wer der Schönste im Lande ist (Schneider 1986: 12).

Gerade die fast komödiantische Leichtigkeit, mit der schließlich der Titelheld die Berliner Mauer in beide Richtungen überspringt, als gäbe es keine tödlichen Selbstschußanlagen, und die beiden deutschen Systeme in Ost und West gegeneinander ausspielt, hat – über den tatsächlichen Mauerfall von 1989 hinaus – mehr zur Metaphorisierung der Mauer beigetragen als der westliche Blick, der sich an der „Schandmauer" vor allem das Bewußtsein der eigenen Überlegenheit bestätigte: „Die Mauer im Kopf einzureißen wird länger dauern, als irgendein Abrißunternehmen für die sichtbare Mauer braucht" (ibd: 102). Seit 1989, als die reale Mauer fiel, ist die „Mauer im Kopf" zum Inbegriff eines binnenkulturellen Problems geworden, an dem sich Kategorien interkultureller Grenzüberschreitungen vielleicht ebenso erweisen könnten wie an den europäischen Außengrenzen zu Asien, Afrika, Amerika oder Australien. Vor allem ging es in Peter Schneiders *Mauerspringer* um den grenzüberschreitenden Perspektivenwechsel, um die Fähigkeit, sich „diesseits und jenseits der Zonengrenze" (wie es im Kalten Krieg hieß) in die jeweils andere Position zu versetzen, grundsätzlich also um Perspektivität als friedensfördernde Maßnahme.

Anders als der friedlichere Zaun, der sich wie 1989 an der ungarischen Grenze leichter überwinden läßt, wird die Mauer, die uns als mittelalterliche Stadtmauer immer noch allgegenwärtig ist, oft als Bollwerk der Kultur gegen die feindliche Außenwelt angesehen. Ungewöhnlicher ist, wenn an die Stelle der eingemauerten Bürgerstadt die domestizierte Natur tritt, die durch eine weitläufige Parkmauer geschützt werden muß. So hat Brigitta in der gleichnamigen Erzählung (1844) von Adalbert Stifter einen Kultur-„Park" geschaffen, „der vor zehn Jahren ein wüster

Eichenwald gewesen war; jetzt gingen Wege durch, flossen eingehegte Quellen und wandelten Rehe. Sie hatte durch unsägliche Ausdauer um den ungeheuren Umfang desselben eine hohe Mauer gegen die Wölfe aufführen lassen" (Stifter 1966: 58). Daß es sich bei diesem urbar gemachten Urwald in Ungarn um ein Kolonisationsprojekt im europäischen West-Ost-Gefälle handelt, ist unverkennbar. Die „hohe Mauer", die man sich kilometerlang vorstellen muß, soll die domestizierte Natur gegen die von außen drohende Unnatur schützen. Aber die Verteidigung der abendländischen Kultur scheitert immer wieder am Einfall der bestialischen Horden aus dem Osten, seien es nun die Mongolen oder die Wölfe, dieses im Märchen festgeschriebene Urbild ungezähmter Natur, die im Nebel auf der bereits festgefrorenen Heide Brigittas heimlichen Sohn Gustav anfallen und schwer verletzen. Die Mauern, die zum Selbstschutz gezogen wurden, erweisen sich immer wieder als durchlässig, wenn der Feind wie Odysseus im Trojanischen Pferd von außen eindringt oder umgekehrt die eigenen Bürger, wie an der Mauergrenze der DDR, auszubrechen versuchen.

Um den Einbruch einer Realität, gegen die die eigene Grenzziehung versagt, geht es zur selben Zeit, in der Stifter uns die Gefährdung des Kolonialtraums vorgeführt hat, auch in der, wie ich glaube, wichtigsten realistischen Erzählung der deutschen Literatur, Grillparzers *Der arme Spielmann* (1847), die im Bild einer Grenzlinie den Paradigmenwechsel zwischen dem romantischen und dem realistischen Künstlerbild markiert. Für diese Verstoßung des Künstlers, der von seinen möglichen Zuhörern nur als Störenfried wahrgenommen und kaum geduldet wird, hat Grillparzer den „armen Spielmann" Jakob erfunden, einen Bettelmusikanten aus bürgerlichem Hause, der sich nur durch einseitige Grenzziehungen gegen die Zumutungen einer ihn verletzenden Gesellschaft behaupten kann. Der Horaz zitierende Bettler ist für den „anthropologischen Heißhunger" (Grillparzer 1979: 8) des Ich-Erzählers, der sich auf Motivsuche für seine ausgezehrte Phantasie begibt, ein gefundenes Fressen. Er murmelt den – zum Titel dieser Überlegungen gewählten – lateinischen Spruch „*sunt certi denique fines*" (ibd.: 8 – ‚es gibt schließlich gewisse Grenzen'), nicht um andere, sein mögliches Publikum auf dem Volksfest, darüber zu informieren, daß er genug hat und sein Spiel nun beendet ist, sondern weil er sich selbst eine Grenze zieht, bis zu der er zu gehen bereit ist in dieser erfolglosen Anbiederung an ein Publikum, das für seine Seriosität offenbar keinen Sinn hat. Denn er vertritt, ohne sich darüber

Rechenschaft ablegen zu können, eine intentionale Ästhetik, die den Wert eines Kunstwerks an der allein dem Werk verpflichteten Absicht des Künstlers mißt, und verfehlt damit ein schon modernes Publikum, das seinen ästhetischen Genuß, in der Sprache unserer Zeit: seinen *Spaß*, aus dem Unterhaltungswert des Kunstwerks, aus seiner leicht zugänglichen Wirkung zieht. Dieser Künstler alten Typs, dessen seiner Ansicht nach ‚himmlisches' Geigenspiel von den anderen nur als lästiges Krächzen empfunden wird, ist ein Außenseiter, ein *outcast* wie die anderen Groteskfiguren, denen der arrogante Rahmenerzähler auf der Spur ist, ein überholtes Phänomen der alten Zeit, in der der Geschmack seiner bürgerlichen Herkunft noch nicht obsolet war. In seiner eigenen Zeit ist er isoliert, isoliert er sich selbst, indem er überall Grenzen zieht, einseitige Grenzen, die nur er beachtet, aber nicht die anderen.

Das wird in einer der symbolischsten Grenz-Szenen der deutschen Literatur erschreckend deutlich und sowohl menschlich berührend als auch kunsttheoretisch bedeutsam. Grillparzers armer Spielmann, ausgerechnet dieser unzeitgemäße Individualist am Anfang der Massengesellschaft, dieser inbrünstige Gotteskünstler in einer beginnenden Unterhaltungskultur, muß sein Mietzimmer mit zwei Handwerksgesellen teilen. Um sich auch gegen ihre Zumutungen zu isolieren, hat er, in geradezu rührender Hilflosigkeit, „mit einem dicken Kreidestriche" (ibd.: 16) auf dem Fußboden des von Gerümpel überwucherten Zimmers eine Grenze gezogen, die, wie er sagt, das Chaos der anderen bannen soll – *sunt certi denique fines*: „Man kann sich kaum einen grelleren Abstich von Schmutz und Reinlichkeit denken, als diesseits und jenseits der gezogenen Linie, dieses Äquators einer Welt im kleinen, herrschte" (ibd.: 16 f.). Schließlich kann der Kosmos, auch die bürgerliche Ordnung auf kleinstem Raum, nur gewahrt werden, wenn das von außen immer drohende Chaos „dort drüben" (ibd.: 18) in Schach gehalten wird. Auf die berechtigte Frage des erstaunten Besuchers, ob sich die anderen an seine Grenzmarkierung halten, antwortet er in charakteristisch liebenswerter Weltfremdheit: „Sie nicht, aber ich" (ibd.). So dient auch diese Grenze nur der Selbstbegrenzung und nicht der Ausgrenzung der anderen, die den Spielmann bedrohen. Das Chaos, die aus dem Kunstgenuß verbannte Realität bricht immer wieder in sein mühselig geordnetes und wehrlos ausgeliefertes Leben ein und droht den ästhetischen Schutzraum zu zerstören, den sich das Bürgertum des 19. Jahrhundert als Ort der Gemütlichkeit gegen die Unbill des Lebens eingerichtet hat.

Zur illusorischen Selbstbegrenzung des Bürgertums gehört auch die Ausgrenzung des Anderen, des Fremden, der sich eigentlich so wenig einfügen kann wie der Bettelkünstler. Die Übervorteilung, Ausgrenzung, Vertreibung und schließliche Genugtuung des schwarzen Geigers, hinter dem deutlich das Los entrechteter Juden in der bürgerlichen Besitzgesellschaft aufscheint, hat in Gottfried Kellers Erzählung *Romeo und Julia auf dem Dorfe* (1876) ihr eindringliches Symbol in einer „Grenzscheide" (Keller 2002: 15) gefunden, die sich nur durch die Habgier zweier Nachbarn, der Bauern Marti und Manz, zu einer schließlich die ganze Welt teilenden Grenzmauer auftürmt: „alle Steine der Welt schienen da beisammen zu sein" (ibd.). Zwei reiche Bauern, die ihre Felder beackern, werden die Kumpanen eines himmelschreienden Unrechts, das sie schließlich in den Abgrund reißt: Sie eignen sich immer wieder einen Streifen des zwischen ihnen verwahrlosten Ackers an, dessen Besitzverhältnisse ungeklärt sind, indem sie die auf dem widerrechtlich angeeigneten Boden gefundenen Steine in die Mitte werfen und so allmählich einen Grenzwall wachsen lassen, der sie und ihre ineinander verliebten Kinder, eben die dörflichen Romeo- und Julia-Figuren des Titels, trennen soll. Der als schwarzer Geiger dämonisierte Außenseiter, ein noch ärmerer Bruder des armen Spielmanns, wurde aus seinem Besitz verdrängt und der einst ihm gehörende Acker zum Terrain einer Grenze, die wie die Chinesische Mauer nicht nur die beiden verfeindeten Bauern trennt. Die unrechtmäßige Grenzverschiebung, deren Folge eine Mauer von ungeheurer Tragweite ist, wird zum Symbol der Spaltung und Zerrissenheit einer Welt, in der die Liebe der Kinder Sali und Vrenchen, die „Romeo und Julia auf dem Dorfe" spielen, nur für den Moment ihres utopischen Phantasiespiels gelingen kann, bevor auch sie, wie ihre zerstrittenen Väter, zugrunde gehen.

In dieser allegorischen Erzählung, die im ersten Satz ihre eigenen Voraussetzungen reflektiert, steht die Steinmauer für jene Unversöhnlichkeit der Welt wie das Phantasiespiel der Kinder für jene utopische Entlastung von der Realität, die der Bilderkosmos der Literatur anbietet:

> Diese Geschichte zu erzählen würde eine müßige Nachahmung sein, wenn sie nicht auf einem wirklichen Vorfall beruhte, zum Beweise, wie tief im Menschenleben jede jener Fabeln wurzelt, auf welche die großen alten Werke gebaut sind. Die Zahl solcher Fabeln ist mäßig; aber stets treten sie in neuem Gewande wieder in Erscheinung und zwingen alsdann die Hand, sie festzuhalten" (ibd.: 3).

Die Mythen, Fabeln und Geschichten, die in immer neuen Varianten erzählt werden, sind ein in menschlicher Erfahrung verwurzeltes Reservoir begrenzter Grundmuster des realen Lebens. Hier zieht Keller, indem er mit dem Hinweis auf die „Nachahmung" sogar das Schlüsselwort der Poetik zitiert, die von Lessing vorgezeichnete Grenze der Poetik neu: In seiner bilderreichen, der Malerei nachempfundenen Phantasie geht es nicht mehr um die Abgrenzung gegen die Malerei, sondern um die Begründung einer realistischen Ästhetik, in der die Grenze zwischen Fiktion und Realität wichtig wird, weil das Leben die Geschichten schreibt: „zuweilen stellt das Schicksal ein Exempel auf" (ibd.: 72) Keller, der die Unversöhnlichkeit der Welt im Bild der bis in den Himmel steigenden Grenzmauer symbolisiert hat, versteht Literatur als exemplarische Deutung von Erfahrungsmustern, in denen sich die Leser verstehend wiederfinden. So hat er die Grenze für die Begründung von Poesie überhaupt markiert.

Damit kehren wir zu dem anfangs erwähnten Berührungspunkt zwischen geographischer und poetologischer Grenzziehung zurück, der sich auch für eine interkulturelle Nutzanwendung anbietet.

Good fences make good neighbors. Friedliche Grenzen sind das Ergebnis und die Garantie bilateraler und vertraglich abgesicherter Verständigung. Sie sind aber auch der Ort von wörtlich zu nehmenden Transgressionen, Grenzverletzungen, die mehr als nur eine sichtbare Barriere verletzen. Ich-Konstitution ist eine Grenzziehung, die den Überschreitungen durch andere täglich neu abgerungen werden muß. Grenzsituationen sind existentielle, *sub specie mortis* Grundfesten erschütternde Augenblicke, in denen sich der Blick auf *uncharted territory* öffnet, auf unvermessenes, unerforschtes, unbegrenztes Neuland. Grenzen sind Herausforderungen, in denen der Mensch auf die Probe gestellt wird, wo er sich erweisen muß, wo er – in der Begegnung mit dem Anderen – bekennen muß, wer er ist, was er will und wofür er steht. Der Andere kann ein Mensch sein wie Achill in Kleists *Penthesilea*, das Spiegelbild wie Berthas *Alter Ego* in Grillparzers *Ahnfrau*, das Gesetz wie bei Kafka oder ein Kunstwerk wie bei Rilke. Weil es – diesseits der letzten, tödlichen Grenze, die uns vom Jenseits trennt – vor allem um die Grenze zwischen Realität und Fiktion, zwischen Wirklichkeit und schönem Schein, also um eine wesentlich ästhetische Grenzziehung geht, an der die Rolle und die Wirkung der Kunst zur Diskussion steht, schließe ich die Revue literarischer Grenz-Szenen mit der letzten Grenzbegegnung, der von Rilke festgehaltenen Begegnung mit einer griechischen Plastik. In Rilkes Gedicht *Archaischer Torso des Apoll* (1908) wird an der Grenze von Kunstwerk und Existenz der Betrachter zum Betrachteten, der dem Medusenblick der Kunst nicht ausweichen kann. Nachdem das nicht identifizierte lyrische Ich des Gedichts seinen Gegenstand, den gewaltigen Eindruck eines in den Hüften leicht gedrehten Torso, mit forschenden Augen umspielt und doch, trotz Lessings *Laokoon*, das plastisch-räumliche Nebeneinander nicht im verbal-zeitlichen Nacheinander hat auflösen können, heißt es am Ende des Gedichts: „Da ist keine Stelle, die dich nicht sieht, du mußt dein Leben ändern" (Rilke 1962: 313). Damit hat sich das unlösbare Problem restloser Repräsentation in die Fiktion restloser Überwältigung geflüchtet. Die erschütternde ästhetische Grenzerfahrung stellt, so wird suggeriert, die Sicherheit konventioneller Subjekt-Objekt-Erfahrung so sehr auf den Kopf, daß wir, das erst jetzt angesprochene Du des Gedichts, von dem Kunstwerk nicht weggehen können, als wäre nichts passiert. Das als Betrachter außerhalb der Fiktion konstituierte Subjekt muß sich als Objekt in die Kunst einbezogen, ihr ausgeliefert, von ihr betroffen erfahren. Der grenzüberschreitende Einschnitt betrifft das Leben selbst, wir müssen es ändern, wenn wir denn überhaupt weiterleben wollen.

Solche existentielle Grenzerfahrung ist der Traum des Dichters von der Wirkung seiner Kunst, eine utopische Hoffnung, die oft an der Uninteressiertheit des intendierten Adressaten abprallt, weil der fiktionale Dialog, der hier suggeriert wird, gar nicht stattfindet. *It takes two to tango* – Diese Binsenwahrheit meint den auch pädagogisch zu nutzenden Appell an den Kunstbetrachter, an den Leser, an den Gesprächspartner, an alle Nachbarn auf beiden Seiten der wie auch immer gearteten Grenze, sich auf den Dialog einzulassen, sich vom Gegenüber ansprechen zu lassen, sich von der Begegnung mit dem wie auch immer gearteten Anderen existentiell so anrühren zu lassen, daß wir im äußersten Fall sogar bereit wären, deshalb unser Leben zu ändern, weil wir natürlich klug genug sind zu wissen, daß unser Leben auch ohne unsere Entscheidung zur aktiven Mitwirkung von dem, worauf wir jenseits der Grenze blicken, immer schon mitgeprägt ist.

In Hinblick auf das Leitthema dieser Sektion ist zu überlegen, inwiefern die exemplarischen Mikrostrukturen fiktionaler Grenzziehung, wie wir sie bei Schneider, Stifter, Grillparzer, Keller und Rilke gesehen haben, einerseits für poetologische und andererseits für interkulturelle Überlegungen relevant sind. Indem Grillparzer die selbstgezogene Grenze von außen willkürlich mißachten und durchbrechen läßt, zieht er selbst dem sonst in diesem Text gefeierten Subjektivismus eine Grenze: Im Bild einer entgrenzenden Naturkatastrophe, da die Donau über ihre Ufer tritt und die verheerende Flut alles mit sich und auch den armen Spielmann schließlich in den Tod reißt, bricht die Realität ein in die Selbstinszenierung des nur sich selbst genügenden, sein Publikum ignorierenden, autonomen Künstlers. Mit dem Glauben an die künstlerische Autonomie erschüttert die Flut, dieses archetypische Naturbild sozialen Umbruchs, die durch Grenzen gesicherte Souveränität des Individuums wie die seiner Gesellschaft und des Staates. In den hier vorgeführten Grenz-Szenen der Literatur ist die nationale Selbstbegrenzung schon längst in Frage gestellt, lange bevor sie ihr gewaltsames Potential in den Kriegen des 20. Jahrhunderts entwickelt und somit den Grund zu ihrer internationalen und interkulturellen Überwindung gelegt hat.

Literatur

Grillparzer, Franz 1979: *Der arme Spielmann,* Stuttgart: Reclam
Holub, Robert C. 1992: *Crossing Borders. Reception Theory, Poststructuralism, Deconstruction,* Madison: The University of Wisconsin Press
Horatius Flaccus, Quintus 1961: *De arte poetica liber / Die Dichtkunst. Lateinisch und deutsch,* Einführung, Übersetzung und Erläuterung von Horst Rüdiger, Zürich: Artemis
Keller, Gottfried 2002: *Romeo und Julia auf dem Dorfe,* Stuttgart: Reclam
Lützeler, Paul Michael (ed.) 1983: *Romane und Erzählungen zwischen Romantik und Realismus. Neue Interpretationen,* Stuttgart: Reclam
McCarthy, John A. 1989: *Crossing Boundaries. A Theory and History of Essay Writing in German 1680-1815,* Philadelphia: University of Pennsylvania Press
Rilke, Rainer Maria 1962: *Gesammelte Gedichte,* ed. Ernst Zinn, Frankfurt/Main: Insel
Rilke, Rainer Maria 1962: „Archaischer Torso Apollos", in: Rilke 1962: 311-398

Schneider, Peter ³1986: *Der Mauerspringer,* Darmstadt / Neuwied: Sammlung Luchterhand

Schwarz, Henry & Richard Dienst (eds.) 1996: *Reading the Shape of the World: Toward an International Cultural Studies,* Boulder, CO: Westview Press

Seeba, Hinrich C. 1983: „Franz Grillparzer: ‚Der arme Spielmann' (1847)", in: Lützeler (ed.) 1983: 386-422

Seyhan, Azade 1996: „From Minor Literature, Across Border Culture, to Hyphenated Criticism," in: Schwarz & Dienst (eds.) 1996: 15-29

Stifter, Adalbert 1966: *Brigitta,* Stuttgart: Reclam

Uerlings, Herbert 1997: *Poetiken der Interkulturalität. Haiti bei Kleist, Seghers, Müller, Buch und Fichte,* Berlin / New York: de Gruyter

Tertium comparationis als Voraussetzung interkultureller Germanistik – Ein Modell

Ihmku Kim (Seoul)

Abstract

Intercultural German Studies faces the danger of infinitely producing only partial knowledge of world-wide cultures if we go further without thinking of any integrative theory. We need to adopt a bird's-eye view which could look over the vast information on diverse cultures and help us to see the historical horizon of mankind. The Potential History, a theory contribution of Walter Falk, may meet these requirements. It is a special constitution of tertium comparationis in which the history of all mankind comes to be seen as an equally constituted frame structure.

1

Interkulturelle Germanistik ist mehr und anderes als die Komparatistik bzw. die vergleichende Literaturwissenschaft. Während sich die Komparatistik tendenziell für geistige Affinität und auch Austausch zwischen Autoren unterschiedlicher Herkunft interessiert (cf. Zima 1992: 94-165), thematisiert die interkulturelle Germanistik eher den gegenwärtigen Prozess der gewaltigen Neuformung der Kulturen im Zuge der Emigrationswellen und der Globalisierung, Phänomene, die weltweit eine extrem erhöhte Mobilität zur Voraussetzung haben und die selbst in einem relativ raschen Wandel begriffen sind. Wenn man so will, kann man die Komparatistik als kontemplativ und vergangenheitsorientiert, eine interkulturelle Germanistik hingegen als aktiv und gegenwartsbezogen charakterisieren. Aber im Gerangel um die Kompetenzen werden sich die beiden streitenden Fächer mehr und mehr zum Verwechseln ähnlich. Denn Interkulturalität ist jetzt überall ein hochinteressantes Thema geworden.

Relevanter ist für uns aber immer noch eine methodologische Reflexion darüber, wie wir unsere Gegenstände definieren und konstituieren wollen. Welches Wissen wollen wir eigentlich durch unseren wissenschaftlichen Betrieb letztlich erlangen? Sicher wollen wir mit unserer interkulturellen Lern- und Lehrtätigkeit auf gar keinen Fall einer „machtpolitische[n] Instrumentalisierung und Ökonomisierung der internationalen Beziehungen" (ZiG 2010: 6) zum Opfer fallen. Wir hüten uns davor, zu Handlangern einer Realpolitik zu werden. Vielmehr müssten wir dagegen opponieren und durch den „provozierenden Akt der Transgression von Grenzen [...] Formen der Hierarchisierung und Dominanz" (ibd.) auf internationaler Ebene aufdecken, so ermahnt uns das Editorial in der ersten Ausgabe unserer Zeitschrift.

Diese soziologische bzw. kulturkritische Stoßrichtung des Faches im Geiste der Ideologiekritik ist sicher unverzichtbar, erscheint mir aber als ein bisschen zu negativ und zu defensiv, um die Vision einer interkulturellen Germanistik positiv zu begründen. In der Denktradition der Geistesgeschichte würde ich hier vielmehr dafür plädieren, dass die interkulturelle Germanistik letztlich dazu dienen sollte, *den Sinnhorizont der gesamten Menschheit zu erhellen*. So erst vermag unsere Disziplin Menschen geistig in ihrer alltäglichen Existenz zu orientieren und auch praktisch zu motivieren. Ich meine, dass unser Fach vor lauter Bäumen nicht die Vogelperspektive auf den Wald verlieren darf. D.h., wir sollten uns nicht mit Analysen einzelner interkultureller Phänomene begnügen, wie bedeutsam diese auch sein mögen. Die Einzelphänomene müssen vielmehr stets in großen Zusammenhängen analytisch und integral zugleich betrachtet werden. Ansonsten gerät die interkulturelle Germanistik zu sehr in soziologische Fahrwasser und verliert den Kontakt mit der Sinnfrage der Menschheitsgeschichte. Damit würde sie trotz einer generellen Aufbruchstimmung wohl früher oder später unvermeidlich denselben Schiffbruch erleiden, wie ihn die Germanistik der 60er und 70er Jahre und weit über die 80er Jahre hinaus mit ihren soziologisierenden Tendenzen erlebt hatte.

Der Vorsatz ist lobenswert, könnte man sagen, und dann fragen, wer denn überhaupt noch im Stande wäre, die kolossale Unübersichtlichkeit der Welt zu überblicken? Sind nicht auch die Germanisten selber Verursacher einer derartigen Unübersichtlichkeit im eigenen Hause, dass selbst unter Kollegen theoretisch eine verständnisvolle Kommunikation über den Tellerrand des eigenen speziellen Teilfaches hinaus erschwert ist? Ist denn eine integrale Perspektive in Sicht?

2

Eine interkulturelle Germanistik darf zunächst einmal nicht hinter den Erkenntnisstand der strukturalen Anthropologie eines Lévi-Strauss zurückfallen. Sein wissenschaftliches Verdienst besteht vor allem in der Entdeckung invarianter Strukturen, die über große Zeiträume wie auch über weite geografische Entfernungen hinaus prinzipiell unterschiedslos in vielen Kulturkreisen zur Geltung und zur Realisierung kommen. Ausgehend von dieser Annahme konnte er in seinem Aufsatz *Die Zweiteilung der Darstellung in der Kunst Asiens und Amerikas* (1967) das längst bekannte, rätselhafte Phänomen, dass zwischen der Volkskunst der nordamerikanischen Nordwestküste, Chinas, Sibiriens, Neuseelands, vielleicht sogar auch Indiens und Persiens eine unverwechselbare Ähnlichkeit besteht, wissenschaftlich rational erklären. Eigentlich hatte es ja nahegelegen, den Umstand mit historischen Kontakten der in Rede stehenden Völker untereinander zu erklären; die Historiker hielten aber eine solche Kontaktmöglichkeit von vornherein für ausgeschlossen. Lévi-Strauss nun konnte mit einer Wendung von der genetischen Diachronie zur systembezogenen Synchronie wissenschaftlich fruchtbare Erträge erzielen. Er konnte nämlich die Ähnlichkeit der weit verstreuten Kulturkreise dahingehend erklären, dass diese allesamt einer Art Maskenkultur gleichen Typs anhängen: Die Bemalung bzw. Tatauierung des Gesichts verleiht dem biologischen Individuum einen sozialen Status. Tatauierung des Gesichts ist „nicht nur eine Zeichnung in das Fleisch", sondern graviert auch „alle Traditionen und die Philosophie der Rasse in den Geist" (ibd.: 280) ein. Erst mit der Maskierung erhält die individuelle Existenz eine soziale Funktion, die Person wird so zur Persönlichkeit. Die Maske drückt eine Reihe von Privilegien, Rangzeichen und das Prestige des betreffenden Individuums aus. Da die Gemeinsamkeit dieser Kulturkreise so groß ist, braucht man vorher nicht viel Konkretes von z.B. der altchinesischen Gesellschaft zu wissen, um den „Kampf zwischen Prestigegruppen, die Rivalität der Hierarchien und die Konkurrenz der sozialen und wirtschaftlichen Privilegien wiederzuerkennen" (ibd.: 289); hierfür reicht allein eine Besichtigung ihrer Maskenkunst aus.

Die Funktion der Gesichtsbemalung als Maske ist also in diesem Fall das gesuchte Tertium Comparationis, in dem sich Bemalungskulturen verschiedener, geografisch weit voneinander getrennter Kulturkreise sinnvollerweise miteinander vergleichen lassen. Von dieser invarianten

Struktur ausgehend argumentiert Lévi-Strauss nun, dass die Menschheit im eigentlichen Sinne keinen Fortschritt in der Geschichte erzielt habe, weil ja überall nur Wiederholungen desselben Urmusters zu konstatieren seien. Er sagt: „Unsere Position läuft nämlich auf die Behauptung hinaus, die Menschen hätten immer und überall dieselben Anstrengungen im Hinblick auf dasselbe Ziel unternommen und sich im Laufe der Zeit lediglich verschiedener Mittel bedient" (Lévi-Strauss 1978: 388). Deshalb kann er sogar behaupten, dass die europäische Zivilisation sich weit vom Ursprung der Kultur entfernt habe, während die Primitiven näher am Ursprung geblieben seien. Überlegen sind in dieser Optik nicht mehr die zivilisierten Europäer, weil domestiziert, sondern vielmehr die Primitiven mit ihrem „wilden Denken". Europäisches Geschichtsdenken sei partiell; wildes Denken jedoch universell (cf. Lévi-Strauss 1968: 297; 302 f.). Mit dem Abschied vom Geschichtsdenken aber diskreditiert die strukturale Anthropologie à la Lévi-Strauss sich selbst als eine sich ihrer Verantwortung nicht bewusste Wissenschaft, weil der Sinnhorizont der gesamten Menschheit aus ihrem Blickfeld gerät.

Unsere entscheidende Frage ist nun, ob es eine Struktur gibt, die zwar invariant, aber auch der sich stets wandelnden Geschichte gewachsen und angemessen ist. Sie muss auch universal und ubiquitär sein, um den Sinnhorizont der gesamten Menschheit zu umgreifen. Kann es eine solche Struktur geben?

Wir können uns rasch darauf einigen, dass das Menschsein wesenhaft Möglichkeit ist, dass sich der Mensch deshalb in der Zeit in die noch nicht verwirklichte Zukunft ausstrecken kann und muss. Für Heidegger und Bloch stellt das Möglich-Sein die Grundkategorie der menschlichen Geschichtlichkeit dar (cf. Falk 1973: 119 f.). Falls das Möglich-Sein das gesuchte Tertium Comparationis der Menschheitsgeschichte ausmachen sollte, wie ich hier vorschlage, wird der vom Strukturalismus angefochtene Glaube an die Geschichte als allumfassender menschlicher Sinnhorizont gerettet (cf. ibd.: 131). Der Gewinn erweist sich aber darüber hinaus als beträchtlich; hierauf werde ich später zurückkommen.

Zeichnet sich das Menschsein nun durch eine Möglichkeit aus, die nach einer Realisierung drängt, so muss jedes der menschlichen Produkte, sei es Kunst, ein literarisches Werk oder auch das menschliche Handeln, an sich diese Spur tragen.

Ausgehend vom Möglich-Sein des Menschen bestimmt Heidegger das Dasein als Sorge, deren Struktur er nach dem ihm eigenen Neologismus so formuliert: „*Sich-vorweg-schon-sein-in-(der-Welt-) als Sein-bei (innerweltlich begegnendem Seienden)*" (Heidegger 1993: 191). Dieses Getümmel an Wörtern lässt sich jedoch inhaltlich und zeitlich exakt voneinander abgrenzen. Der Teil *vorweg-schon-sein-in-der-Welt* bezeichnet eine Zukunft des Daseins, während die Bezeichnung „sich" die Gegenwart des Daseins im Visier hat. Dieses Dasein wurzelt in einer innerweltlich definierten Situation und dennoch darf es nicht darin verfangen bleiben. Denn es ist wesensmäßig Sein, das sich bei innerweltlich begegnendem Seienden befindet. Das heisst, dieses Sein fordert es immer dazu auf, sich im Entwurf in die Zukunft hinein zu erstrecken, weil das Sein von sich aus wesentlich „sich-vorweg" ist. In einer derartigen Bewegung des „sich-vorweg" greift das Dasein stets auf einen potentiellen Möglichkeitssinn zurück und realisiert diesen Sinn am Ende des zeithaften Daseinsprozesses und kommt damit erneuert wieder in der innerweltlich konstituierten Jetztzeit an.

Ich gehe davon aus, dass in jedem literarischen Produkt, solange es Ausdruck des Daseins ist, auch die Heideggersche Sorgestruktur zum Ausdruck kommt. Weil der Mensch außerdem ein sprachliches Wesen ist, darf man annehmen, dass in der sprachlich verfassten dichterischen Literatur die Sorgestruktur in eminenter Weise zum Vorschein kommt.

Verallgemeinernd kann ich diese Struktur auf die Literatur angewendet so reformulieren: In einem literarischen Werk konstituiert sich immer dann ein ganzer Sinn, wenn dem bereits bestehenden Wirklichkeitsbereich eine noch nicht realisierte Möglichkeit entgegengestellt wird und aus dieser Konfrontation zwischen Wirklichkeit und Möglichkeit dann ein neuer Zustand hervorgeht. Die literarische Methode, die diesen Ansatz fruchtbar macht, heißt *Literarische Komponentialanalyse*, die schon in den 60er Jahren vom Marburger Literaturwissenschaftler Walter Falk entwickelt wurde. Den Wirklichkeitsbereich nennt man komponentenanalytisch *Aktualkomponente* (=AK); die nach Realisierung drängende Möglichkeit *Potentialkomponente* (=PK). Schließlich wird der neue Zustand als *Resultativkomponente* (=RK) bezeichnet. In dieser prozesshaften Immanenzbewegung der Literatur macht sich das Dasein stets als Sorge bemerkbar.

3

Ich erspare mir hier eine weitergehende theoretische Ausführung der Komponentialanalyse.[1] Vielmehr will ich dem Leser anhand eines deutschen und eines koreanischen Gedichtes die Tauglichkeit des vorgestellten Modells demonstrieren. Danach werde ich auf einige mögliche Anwendungsbereiche hinweisen. Zunächst Stefan George:

Komm in den totgesagten park und schau

Komm in den totgesagten park und schau:
Der schimmer ferner lächelnder gestade ·
Der reinen wolken unverhofftes blau
Erhellt die weiher und die bunten pfade.

Dort nimm das tiefe gelb · das weiche grau
Von birken und von buchs · der wind ist lau ·
Die späten rosen welkten noch nicht ganz ·
Erlese küsse sie und flicht den kranz ·

Vergiss auch diese letzten astern nicht ·
Den purpur um die ranken wilder reben
Und auch was übrig blieb von grünem leben
Verwinde leicht im herbstlichen gesicht.
(George 1982: 12)

Ich möchte hier auf eine Erörterung des formalen Aspektes verzichten und schreite sofort zur Komponentenanalyse des Gedichts fort und frage: Was stellt am Gedicht nun den bestehenden Wirklichkeitsbereich dar? Was die potentielle Möglichkeit? Und was das Resultat? Wenn man mit solchen Fragen an das Gedicht herangeht, kann man sogleich antworten, dass der totgesagte Park die bestehende Wirklichkeit ausmacht. Er steht für die übliche herbstliche Stimmung des Verfalls. Das Gedicht strotzt aber vor Willen, sich ihr nicht zu beugen. Dieser Wille tut sich vor allem in Imperativen kund: „Komm", „Schau", „Erlese", „Küsse", „Vergiss nicht" etc. In der Tat kann man im totgesagten Park noch schöne Dinge

---

[1] Stattdessen verweise ich hier auf die einschlägige Literatur: Falk, Walter 1977: *Der kollektive Traum vom Krieg. Epochale Strukturen der deutschen Literatur zwischen „Naturalismus" und „Expressionismus"*; Falk, Walter 1983: *Handbuch der literaturwissenschaftlichen Komponentenanalyse*.

finden: lächelnde Gestade, Wolken im blauen Himmel. Auch sind im Park noch nicht verfallene schöne Pflanzen zu entdecken: Birken, Buchs und vor allem Astern. Der der herbstlichen Vergänglichkeit trotzende Wille kann sich am Ende des Gedichts über einen Kranz realisieren, der aus dem zu flechten ist, „was übrig blieb von grünem leben". Von diesem visionären Kranz lässt sich vermuten, dass er aus dem üblichen naturhaften Zusammenhang herausgehoben ist, solange der ihn tragende Wille sich dem natürlichen Ablauf der Zeit entgegenstellt. Dem schönen Kranz darf man ein Dauerdasein zusprechen.

Nun kommen wir ohne Verzug zu einem koreanischen Gedicht, das unter den Koreanern eines der beliebtesten ist. Ich hoffe, das Gedicht sprachlich annähernd würdig ins Deutsche übertragen zu haben.[2]

Azaleen

Wenn mein Anblick Dich anekelt,
Und Du mich verlässt,
Lass' ich Dich gehen. Sacht,
Ohne ein einziges Wort.

Bedeckt ist das Yaksan-Tal in Yongbyun
Mit Azaalen voll
Pflücken will ich einen Armvoll
Und streuen auf dem Pfad,
Dass Du wandeln möchtest auf Sohlen sanft.

Schritt für Schritt,
Möchtest Du auf den Blumen
Anmutigst dahinstreifen.

Wenn mein Anblick Dich anekelt,
Und Du mich verlässt,
Nicht einen Tropfen Tränen
Will ich vergießen auf den Tod.

Dieses Gedicht von Kim Sowol wurde im Jahr 1922 publiziert. Auf den ersten Blick scheint das koreanische Gedicht formal wie inhaltlich keine Gemeinsamkeiten mit dem ästhetisierenden Gedicht Georges aufzuweisen. Denn das koreanische Werk behandelt offenbar den Abschied zwi-

---

[2] Ich danke Christoph Seifener für seine Hilfe beim Übersetzen des Gedichts.

schen einem Liebespaar, dem womöglich eine erbitterte Auseinandersetzung vorausgegangen ist.

In Wirklichkeit aber wird hier der Tod als Trennungsmoment von einem nahestehenden Menschen thematisiert. So kann man behaupten, dass das Gedicht aus der Perspektive eines Witwers geschrieben ist. Die Naturmacht des Todes, der über das lyrische Ich schicksalhaft hereingebrochen ist, ist der Grund des Abschieds, der jedem subjektiven Zugriff des lyrischen Ichs entzogen ist. Aber dadurch, dass die Schuld des Abschieds in der menschlichen Qualität des lyrischen Ichs lokalisiert wird („ich bin unschön, du findest mich ekelhaft, ich bin dir ja nicht würdig'), gewinnt das Subjekt die Möglichkeit zurück, das Schicksal gleichsam zu humanisieren und so in sich zu verarbeiten und zu überwinden. Mehr noch: Das lyrische Ich vermag den vom Trauerzug begleiteten Sarg seiner Geliebten mit den schönen Blumen zu zieren. Der Ort der Azaleen wird geografisch namentlich konkretisiert. Sehr wahrscheinlich handelt es sich dabei um einen Ort der gemeinsamen Erinnerung. Im Benennen des Ortes wird das Zeichen der früheren Verbundenheit aktualisiert. Der mit den schönen Blumen aus dem Ort der gemeinsamen Erinnerung geschmückte Trauerzug streift für das lyrische Ich nunmehr jede Hässlichkeit des Todes ab. Die Geliebte ist im Sarg nur noch schön und anmutig anzusehen – sie streift ja anmutigst dahin –, denn die Hässlichkeit bleibt ja bei „mir" zurück. So gesehen stellt das Gedicht eine erfolgreich geleistete Trauerarbeit dar.

Befragt man das koreanische Gedicht auf die drei Komponenten hin, ergibt sich folgende Struktur: Den bestehenden Wirklichkeitsbereich macht die Tatsache der Schicksalsmacht des Todes aus. Dagegen opponiert das lyrische Ich mit dem Willen, den Tod schöpferisch-ästhetisch zu überhöhen. Im Resultat bleibt ein ästhetisch verwandelter Sarg im Herzen des lyrischen Ichs zurück. Man kann durchaus sagen, dass er ein Kunststück der Unvergänglichkeit geworden ist, weil er dem Tod entrissen ist. Deshalb ist es nur logisch, wenn das lyrische Ich keinen Tropfen Tränen vergießen will.

Wenn man nun beide Gedichte auf die drei Komponenten hin zu vergleichen versucht, kann man schon jetzt über die ins Auge springende Ähnlichkeit nur noch staunen. Bei beiden Gedichten wird die Zeit als Moment der Vergänglichkeit problematisiert. Beide Male wird die schöpferische, ästhetisierende Kraft des Subjekts angerufen, um dagegen zu opponieren. Das Resultat besteht in beiden Gedichten in einem ähnlichen, aus den schönen Naturdingen komponierten Phantasieprodukt, welches dem naturhaften Zusammenhang der Zeitlichkeit enthoben ist. Erinnert uns die Problematik der Vergänglichkeit nicht an die Zeit des Barock, wo auch die Vergänglichkeit des Lebens thematisiert wurde? Worin unterscheiden sich unsere Beispielgedichte von denen des Barock? Der Unterschied ist klar: Während im Barock angesichts der Vergänglichkeit an die Transzendenz appelliert wurde, wird in unserer Zeit eben das menschliche Subjekt mit seiner Schöpferkraft aufgerufen.

In summa kann man sagen: Der mit geküßten Rosen geflochtene Kranz bei Stefan George und der mit umarmten Azaleen geschmückte Sarg bei Kim sind beide ein transnaturales Zeichen der Ewigkeit. Sie sind beide dem Wechsel der Zeit enthobene Kunstdinge: ein schönes, mit der Kraft des Eros emporgehobenes Phantasieprodukt. Woher kommt diese starke Verwandtschaft der beiden Gedichte?

Sicher nicht durch Kontaktaufnahme – dies ist ausgeschlossen. Wir sind vielmehr vom Möglich-Sein als der Grundkategorie der menschlichen Geschichtlichkeit ausgegangen. Und unsere Beispielgedichte, die in zwei geografisch weit auseinander liegenden Kulturkreisen entstanden sind, scheinen unsere These zu verifizieren, denn es gibt überhaupt keine historisch nachweisbaren Beweise dafür, dass Kim Sowol irgendwie Stefan George gekannt und rezipiert hätte. Ohne jede Kontaktaufnahme haben die beiden Dichter, ausgehend von ihrem jeweiligen sozialen Umfeld, ganz unabhängig voneinander zwei strukturell völlig homogene, kompatible Gedichte geschrieben.

Diese erstaunliche Tatsache lässt sich nur damit erklären, dass sie beide einfach zu der Gattung Mensch gehören, dem das Möglich-Sein essentiell ist, und dass sie darüber hinaus derselben Epoche mit der gleichen Sinnstruktur angehören. Bedenkt man nun die Arbeiten Lévi-Strauss', etwa den oben behandelten Artikel *Über die Zweiteilung der Darstellung in der Kunst Asiens und Amerikas*, kann man dieses rätselhafte Phänomen vielleicht zur Not und höchstens mit Vorbehalt bejahen.

Von großer Relevanz ist nun eine weitergehende Entdeckung, wonach sich das Möglich-Sein des Menschen bei prinzipieller Invarianz von Epoche zu Epoche strukturell-inhaltlich ändert, und zwar sehr regelmäßig in relativ genau messbaren Abständen. Diese Geschichte nennt Walter Falk *Potentialgeschichte* und er hat aufgrund der geistigen Erzeugnisse Europas eine Reihe von potentialgeschichtlichen Epochenformeln erarbeitet (cf. Falk 1983: 153 ff.). Die Epoche, zu der unsere Beispielgedichte gehören, wird *Kreativistik* genannt. Sie umfasst die Zeit etwa zwischen 1880 und 1910 und ihre Formel lautet folgendermaßen:

> AK: Der durch die Zeitlichkeit bedingte endliche Charakter des Lebens;
> PK: Die Kreativität des Subjekts, getragen von naturhaft-raumbezogenen Kräften;
> RK: Das Transnaturale als das Zeitenthobene.

Ohne jedes parteinehmende Vorurteil kann man konstatieren, dass die Formel der Kreativistik gleichermaßen genau auf unsere Beispielgedichte zutrifft. Neben koreanischer, japanischer und deutscher Literatur ist durch Komponentenanalytiker bislang eine Parallelgeschichte zwischen der deutschen und der ägyptischen Literatur mit leichter Zeitverschiebung festgestellt worden. Komponentenanalytiker sind davon überzeugt, dass eine vergleichbare Potentialgeschichte weltweit konstatierbar ist.

4

Welche Konsequenzen theoretischer wie auch praktischer Art kann man nun aus diesem Befund für eine interkulturelle Germanistik ziehen? Zunächst einmal dies: dass die Geistesgeschichte der Menschheit niemals chaotisch verläuft, sondern in einer geordneten Bahn – zumindest ist dies aus der Vogelperspektive erkennbar.

Zweitens kann man hieraus eine weltweite Solidarität unter der gesamten Menschheit begründen, da die Menschheit ja in der Geschichte immer vor dieselbe Daseinsproblematik gestellt wird. Wird das erkannt, dann wäre eine sinnvolle Kommunikation über diverse Lösungsansätze möglich. So wird ein Nachweis erbracht, dass man „plurikulturelle und heterogene Gesellschaften als ein kompliziertes Netz von Ähnlichkeiten, die einander übergreifen und kreuzen, zu sehen [vermag]. Ähnlichkeit (similarity) wäre somit als universalistische, humanistische Perspektive zu verstehen. [...] Sie beruht auf Solidarität, welche partikularistische Bindungen relativiert, um eine grenzüberwindende, plurikulturelle Kommunikationsgesellschaft zu projizieren" (Bhatti 2005: 16).

Drittens und endlich möchte ich auf die Möglichkeit einer Gegenwartsdiagnose durch die Analyse der Dichtungen hinweisen. Wenn Dichtungen Auslegungen der unbewußten gemeinsamen epochalen Konstellation sind, kann man anhand ihrer Interpretation die kollektive Psyche einer Gesellschaft analytisch begreifen. Dieses Wissen kann Menschen geistig orientieren und praktisch motivieren, weil sie ja verstehen, was der Fall ist. So kann die Interpretation literarischer Texte entgegen der gängigen Praxis, Literatur von der Sozialgeschichte her zu deuten, umgekehrt zur Erhellung der Sozialgeschichte beitragen. Literatur ist Primärquelle der Erkenntnis, die zunächst keiner soziologischen Beihilfe bedarf. Erst im sekundären Arbeitsgang kann man je nach Bedarf soziologisches Wissen konsultieren. Auf dieser Basis ist durchaus eine fruchtbare Zusammenarbeit der Literaturwissenschaft mit anderen Disziplinen möglich und wünschenswert.

Zum Schluss möchte ich auf die Tatsache hinweisen, dass es viel schwieriger ist, die Unterschiede zwischen Kulturkreisen herauszuarbeiten als die Ähnlichkeiten festzustellen. Aber wenn die Verwandtschaft einmal auf gesichertem Boden begründet ist, bestehen sicher mehr Möglichkeiten, die *differentia specifica* treffender herauszuarbeiten.

Literatur

Bhatti, Anil 2005: *Diversität und Homegenisierung. Postkoloniale Anmerkung aus Indien,* im Internet unter http://www.goethezeitportal. de/fileadmin/PDF/kk/df/postkoloniale_studien/bhatti_diversitaet.pdf [20.11.2010]
Falk, Walter 1973: *Die Ordnung in der Geschichte. Eine alternative Deutung des Fortschritts,* Sachsenheim: Burg
Falk, Walter 1976: *Vom Strukturalismus zum Potentialismus. Ein Versuch zur Geschichts- und Literaturtheorie,* Freiburg / München: Alber
Falk, Walter 1977: *Der kollektive Traum vom Krieg. Epochale Strukturen der deutschen Literatur zwischen „Naturalismus" und „Expressionismus",* Heidelberg: Winter
Falk, Walter 1983: *Handbuch der literaturwissenschaftlichen Komponentenanalyse,* Frankfurt/Main / Bern / New York: Peter Lang
George, Stefan 1982: *Sämtliche Werke in 18 Bänden.* 4. Bd., Stuttgart: Klett-Cotta
George, Stefan 1982: „Komm in den totgesagten Park und schau", in: George 1982: 12
Heidegger, Martin 1993: *Sein und Zeit,* Tübingen: Niemeyer

Heimböckel, Dieter et al. (eds.) 2010: *Zeitschrift für interkulturelle Germanistik* (ZiG) 1 (2010), Bielefeld: transcript
Lévi-Strauss, Claude 1967: *Strukturale Anthropologie,* Frankfurt am Main: Suhrkamp
Lévi-Strauss, Claude 1967: „Die Zweiteilung der Darstellung in der Kunst Asiens und Amerikas", in Lévi-Strauss 1967: 267-291
Lévi-Strauss, Claude 1968: *Das wilde Denken,* Frankfurt/Main: Suhrkamp
Lévi-Strauss, Claude 1978: *Traurige Tropen,* Frankfurt/Main: Suhrkamp
Zima, Peter V. 1992: *Komparatistik: Einführung in die vergleichende Literaturwissenschaft,* Tübingen: Franke

„In der Spree fließt der Nil"[1]
Anmerkungen zu Fragen der Interkulturalität interkultureller Literatur

Withold Bonner (Tampere)

Abstract

The article argues for an understanding of interculturality which is based on the mutual relatedness and interconnectedness of different cultures instead on the primacy of national defined boundaries. Intercultural German literature includes, therefore, all texts by authors whose biography is affected by experiences of migration. This allows the inclusion in this genre of texts in which questions of generational affiliation or sexual orientation play a more prominent role than national or ethnical identification, which is often imposed on the authors in question in the shape of *hate speech* by the surrounding society. Furthermore this approach makes it possible to avoid the tendency to define intercultural literature predominantly according to a didactic point of view.

In ihrem Essay *An der Spree*, in dem sie scheinbar elementare Wahrnehmungs- und Differenzierungseinheiten wie Westen und Osten, Nähe und Ferne oder das Eigene und das Fremde dekonstruiert, ist Yoko Tawada eine Vielzahl einprägsamer Bilder gelungen. Darunter ist mir insbesondere das Bild des schreitenden Drachen vom Ischtar-Tor im Berliner Pergamonmuseum im Gedächtnis geblieben:

> An der Spree lebte ein beschuppter Drache des Ischtar-Tors. Ich besuchte ihn jedes Mal, wenn ich in Berlin war. Er hatte die Augen eines Fisches und den Leib einer Katze. Die vorderen Beine erinnerten mich an einen Löwen, während die hinteren eindeutig die eines Adlers waren. Ein Horn und zwei krumme Ohren ragten aus dem Kopf. Seine Zunge war dreifach gespalten, er war also mehrsprachig. Von hier aus ist sein Geburtsort nicht weit entfernt. So war er zu Fuß aus dem Nahen Osten nach Berlin gekommen und wurde „schreitender Drache" genannt (Tawada 2007: 15).

---

1 „In der Spree fließt der Nil. Die Lebensgeschichten des Wassers gehen ineinander über", heißt es im Essay *An der Spree* von Yoko Tawada (2007 a: 15).

Daher, dass dieser Drache aus Fragmenten von Tieren zusammengesetzt ist, die unterschiedlichen Gattungen angehören und sich in den verschiedenen Elementen Land, Luft und Wasser bewegen, aber auch daher, dass der Drache trotz dieses Patchworks zu einem eigenständigen Subjektstatus findet und sich koordiniert bewegend majestätisch dahinschreitet, wurde er für mich zum Symbol einer Grenzen überschreitenden hybriden Existenz, unwiderrufliches Produkt mehrerer ineinandergreifender Geschichten und Kulturen (cf. Hall 1999: 435). Der schreitende Drache entspricht weit mehr dem Welsch'schen Konzept von *Transkulturalität* (cf. Welsch 2000), geprägt durch die wechselseitige Verbundenheit und Verflochtenheit von Kulturen, als dass er das ursprüngliche Konzept von *Interkulturalität* verkörpern würde. Dieses war zunächst vom Primat nationalkultureller Grenzziehungen ausgegangen, wie es sich unschwer im *Handbuch interkulturelle Germanistik* nachlesen lässt.[2] Gleichzeitig muss gesehen werden, dass das Verständnis von Interkulturalität im Laufe der Zeit differenzierter geworden ist. So hält z.B. Mecklenburg (2008: 14) eine kritische Distanz gegenüber einem holistischen Verständnis von Kulturen als geschlossenen Ganzheiten für geboten.[3] Anstatt einer holi-

---

2 Dass dem Begriff der *Interkulturalität* zunächst ein Verständnis von in erster Linie national definierten unterschiedlichen Kulturen zugrunde lag, lässt sich z.b. in dem von Wierlacher verfassten Kapitel zu *Interkulturalität* nachlesen, wo es u.a. heißt, dem Substantiv *Interkulturalität* liege „[...] das prononcierte Diskussionsprinzip der ‚Kulturauseinandersetzung' als Modus einer nationalkulturelle Grenzen überschreitenden Reflexion kultureller Systeme zugrunde [...]" (Wierlacher 2003 b: 257). Cf. hierzu auch Jordan (2006: 494): „Intercultural ‚Germanistik', at least as originally conceived, was dependent on stable notions of national cultures, in this case with the intercultural germanist forming the link or bridge between cultures."

3 Allerdings polemisiert Mecklenburg (2008: 14) im selben Atemzug gegen ein postmodern-dekonstruktivistisches Verständnis von Kulturen, das die Pluralität und Heterogenität von Kulturen in einem grenzenlosen Kontinuum von ‚Transkulturalität' aufgelöst sehe. Er übersieht dabei, dass für Welsch (2000: 346 ff.) der Begriff *Transkulturalität* keineswegs Homogenisierung bedeutet; vielmehr sei Transkulturalität mit der Erzeugung neuer Unterschiedlichkeit verbunden. Es scheint dabei zu einer bestimmten Traditionslinie innerhalb der interkulturellen Germanistik zu gehören, auf die postmoderne bzw. poststrukturalistische Theoriebildung zu schimpfen. Cf. hierzu z.B. Wierlacher (2003 a: 22), der ausführt, mit *inter* in *Interkulturalität* sei keine Einebnung von Unterschieden im Sinne postmoderner, Substanzen auflösender Differenzierungslust gemeint. Gleich zu Beginn desselben Beitrags und damit an heraus-

stisch verstandenen Nationalkultur ist das eigentliche Element der Figur des Drachens vom Ischtar-Tor der Bhabha'sche *Dritte Raum* als ein produktiver poetischer Raum, in dem Kunstwerke entstehen können und in dem die Konstitution von Identität und Alterität weder als multikulturelles Nebeneinander noch als didaktische Vermittlung, sondern als unlösbare und wechselseitige Durchdringung von Zentrum und Peripherie modelliert wird (cf. Dörr 2009: 61).

Auffällig an dem von Tawada aufgerufenen Bild ist, dass es in einem Punkt von seinem Vor-Bild in der außersprachlichen Realität abweicht. Während die Zunge dort einfach gespalten ist, heißt es bei Tawada, die Zunge sei dreifach gespalten, der Drache also mehrsprachig. Die Abweichung des sprachlichen Bildes von seinem Vor-Bild ist signifikant. Ihre Bedeutung besteht darin, dass das sprachliche Bild nicht auf eine problematische binäre Ordnung verweist, wo das Andere lediglich die Negation des Eigenen repräsentiert, somit zur Ziehung unüberschreitbarer Grenzen dient und wobei dem Gesetz vom ausgeschlossenen Dritten eine entscheidende Rolle zukommt.

Doch weiß der Text von Tawada, dass Identität nicht ausschließlich ein „bewegliches Fest" – so Stuart Hall (1999: 396) – frei flottierender wechselnder Selbstzuschreibungen darstellt. Identität oder besser gesagt Identifizierungen werden in erheblichem Maße durch die Wirkungsmacht der Fremdzuschreibung, durch die verwundende Sprache der *hate speech* (Butler 2006) beeinflusst. Mittels der Namensgebung in der Anrede wird der Angesprochene gesellschaftlich konstituiert, ohne sein Wissen und entgegen seinem Willen. „Tatsächlich kann man ein Selbstbild haben, das in einigen Zügen der eigenen gesellschaftlichen Konstituierung diametral entgegengesetzt ist", wie Butler (ibd.: 55) schreibt. Wie diametral entgegengesetzt die gesellschaftliche Konstituierung ausfallen kann, demonstriert Tawada an zwei Beispielen. Da ist zum einen der ältere Herr am Berliner S-Bahnhof Friedrichstraße, der der Ich-Erzählerin erklärt, dass bei ihnen der Zug immer pünktlich ankomme (Tawada 2007: 14), womit er die Angeredete als Mitglied einer differenten Gruppe der Anderen konstituiert, bei denen kein Zug pünktlich ankommt. Gleichzeitig führt die Bemerkung einer Mitreisenden, das stimme nicht, bei ihnen in Berlin hätten die Züge immer Verspätung, den Sinn derartiger binärer

---

gehobener Stelle verweist Wierlacher (2003 a: 1) darauf, die interkulturelle Germanistik verdanke sich keinem Import.

Entgegensetzungen ad absurdum. Im zweiten Beispiel wird die seit ihrer Kindheit mit der Musik Johann Sebastian Bachs eng vertraute, aber asiatisch aussehende Ich-Erzählerin aus der Gruppe derjenigen ausgeschlossen, die Bach als etwas Eigenes ansehen dürfen, und zwar durch eine Frau, die sie fragt, wie sie „unsere" Musik finde, worauf die Ich-Erzählerin mit Entsetzen reagiert (ibd.: 20). Das Verletzende der Anrede wird unterstrichen durch das freundliche Lächeln, mit dem die Frau ihre Frage begleitet und das zeigt, wie wenig sie sich der Wirkung ihrer konventionellen Äußerung bewusst ist.

Wo es Butler vorrangig darauf ankommt zu zeigen, wie der auf verletzende Weise Angerufene in seiner kritischen Erwiderung durch einen Akt bewusster Fehlaneignung das verwundende Sprechen entgegen dessen ursprünglichen Zielsetzungen an den Sprecher zurücksenden kann, zeigt Franz Fühmann, geboren 1922 in Rochlitz (heute Rokytnice in der Tschechischen Republik), gestorben 1984 in Ostberlin, in seiner Erzählung *Die Berge herunter* die andere Seite: Wie eine konventionalisierte, nicht verletzende namentliche Anrede durch Rekontextualisierung und Resignifizierung zu einer verwundenden Anrufung im Sinne der *hate speech* wird, die den so Angesprochenen gesellschaftlich neu konstituiert. Die 1962 erschienene Erzählung Fühmanns behandelt die Besetzung der Sudeten durch deutsche Truppen nach dem Münchner Abkommen im Jahre 1938. In der bis dahin zumindest offiziell zweisprachigen Gegend hatten die Namen nur wenig über die ethnische Zugehörigkeit bzw. Muttersprache der Bewohner ausgesagt, so wie es Bobrowski (1987: 168) analog in *Levins Mühle* für die nach der letzten polnischen Teilung Deutschland zugeschlagenen Gebiete festgestellt hatte, wo die Deutschen „Kaminski, Tomaschewski und Kossakowski und die Polen Lebrecht und Germann" hießen. Bis dahin selbstverständliche tschechische Nachnamen bzw. Berufsbezeichnungen werden in Fühmanns Erzählung aufgrund ihrer Resignifizierung durch die einrückenden deutschen Soldaten in verletzende Anrufungen transformiert. Wie Fühmann ausführt, entspricht die tschechische Endung –ař, gesprochen *arsch*, „dem deutschen Suffix –er: ein Bäcker heißt pekař, ein Zöllner centař, ein Krämer kramař" und der Kürschnermeister eben Kurbelař (Fühmann 1979: 47), was einen der Soldaten zu dem Ausruf veranlasst: „Du meine Fresse, ick lach mir dod – heeßt der Kerl doch wirklich Kurbel-Arsch!" (ibd.: 46) Bei Fühmann führt die Rekonstituierung durch die verletzende Anrede – vielleicht – zu direkt zu einer Korrektur der Selbstidentifizierung, zur Re-Konstruktion der Identität als monolingual und monokulturell.

> [...] so hieß der Kürschner eben Kurbelař, und da er das deutsch schrieb, schrieb er Kurbelarsch, ein gewöhnlicher Name, und wir hatten ihn [...] nie lächerlich gefunden, aber diese Soldaten hatten es entdeckt: Kurbel-Arsch, Mensch, wo hatten wir nur unsere Augen gehabt: Kurbel-Arsch, [...] und Anton Kurbelarsch, der Kürschnermeister, versicherte, Tränen der Scham und der Wut in den Augen, er könne wirklich nichts für seinen Namen, er sei kein Tscheche, er sei ein Deutscher, ein guter Deutscher, und seit Menschengedenken habe es keinen Tschechen in der Familie gegeben und gleich morgen, nein, heute noch, wenn es gelinge, würde er seinen Namen abändern lassen in Kurbelar oder besser gleich noch in Kurbler, ja, Kurbler, oder Kürbler oder Körbler, das wäre ein deutscher Name [...] (ibd.: 47).

Dass ich hier – wenn auch nur kurz – auf diese Erzählung von Fühmann verweise, hat zwei Gründe. Zum einen bin ich der Ansicht, dass wir uns zu schnell und zu selbstverständlich auf Autoren konzentrieren, die im Kontext der Einwanderung zunächst aus Süd- und Osteuropa, später aus der Türkei und Nordafrika ab den 1950er Jahren in die alte Bundesrepublik gekommen sind, wenn wir von interkultureller bzw. Migrantenliteratur[4] sprechen.[5] Demgegenüber geraten im Kontext dieser Literatur Autoren wie z.B. Grass, Bobrowski oder Fühmann leicht in Vergessenheit, obwohl diese sich in ihrem Werk intensiv mit der Zerstörung multikultureller Gesellschaften durch die Politik des Nationalsozialismus befassen bzw. befasst haben. Es sei in diesem Zusammenhang daran erinnert, dass für Rushdie (1991: 278 ff.) Autoren wie Grass auch gerade aufgrund ihrer Biographie Migranten in dem Sinne sind, dass sie dreifach einen scheinbar sicheren Ort hatten aufgeben und einen neuen finden müssen. Da ist zunächst der Verlust der Heimat als eines scheinbar sicheren, „guten" Ortes. Die zweite Dislozierung war sprachlicher Art. Eine Sprache, die durch den Nationalsozialismus kontaminiert worden war,

---

4 Zur Problematik der Begriffe siehe weiter unten.
5 Ähnlich, allerdings bezogen auf die regionalen Literaturen deutschsprachiger Minderheiten in anderssprachigen Ländern, äußert sich Mecklenburg (2008: 32): „Merkwürdigerweise werden diese ehemals ‚auslandsdeutsch' genannten Literaturen mit ihren historischen, sozialen, kulturellen Bedingungen und ihrem – begrenzten – interkulturellen Potenzial von Germanisten, die sich seit dem multikulturellen *turn* auf Minderheiten spezialisiert haben, vollständig zugunsten der Migrantenliteratur ignoriert."

musste Wort für Wort aus ihren Trümmern re-konstruiert werden. Der dritte Bruch war schließlich sozialer Art und betraf die Transformation der nationalsozialistischen deutschen Gesellschaft in eine demokratische.

Zum zweiten verweise ich auf die Erzählung von Fühmann, weil es mir scheint, dass die Überlegungen von Butler zur *hate speech* in der Befassung der Literaturwissenschaft mit interkultureller Literatur einseitig rezipiert wurden. Wo bereits für Butler (2006: 36) im Mittelpunkt ihres Interesses die Möglichkeit des Misslingens verletzender Sprechakte als Bedingung einer kritischen Antwort steht, verstärkt sich diese Schwerpunktsetzung in den Analysen von interkultureller Literatur, wie sie sich z.B. am Fokus auf Texten wie *Kanak Sprak* von Zaimoğlu zeigt. Zu leicht wird vergessen, dass verletzende Sprechakte durchaus gelingen können und dass es genauso wichtig ist, den Folgen eines derartigen Gelingens verletzender Anreden, wie es z.B. Fühmann zeigt, in der interkulturellen deutschsprachigen Literatur nachzugehen. Es ist dieses Interesse, aus dem heraus ich mich im Folgenden mit Texten wie *Einmal Hans mit scharfer Sauce* von Hatice Akyün (2007) oder *Candlelight Döner* von Aslı Sevindim (2009) befassen werde. Dabei geht es mir nicht so sehr darum, was an derartigen Texten problematisch ist, das hat Karin Yeşilada (2009) auf überzeugende Weise gezeigt. Mir geht es hier um die Frage, worauf derartige Texte in so problematischer Weise reagieren.

Wie Leggewie und Zifonum (2010: 20) feststellen, sind es in Deutschland nicht zuletzt die sogenannten Ausländerdebatten, die als symbolische Abwehrdiskurse Einheit und Identität dort zu schaffen versuchen, wo beides nicht (mehr) existiert, und die – so lässt sich hinzufügen – heute vor allem „Türken" und „Moslems" betreffen. Dies weiß auch der Ich-Erzähler in Zafer Şenocaks (2009: 90) Roman *Gefährliche Verwandtschaft*, für den die Grenzen des Deutschseins an „den" Türken getestet werden. Diese – so Şenocaks Ich-Erzähler – würden so in ein dichotomes Verhältnis zu den Deutschen geraten, wobei die Frage nach der deutschen Identität ein mit Klischees und Stereotypen belastetes Thema sei. Dass das auch für den Blick in die entgegengesetzte Richtung gilt, das hatte bereits Rainer Werner Fassbinder während der Dreharbeiten zu seinem 1974 uraufgeführten Spielfilm *Angst essen Seele auf* gewusst. Dieser hatte den Arbeitstitel *Alle Türken heißen Ali* getragen, obwohl sein männlicher Protagonist El Hedi ben Salem M'Barek Mohammed Mustapha weder Türke ist noch Ali heißt.

Den unterschiedlichen Repräsentationen von *Ali* in der deutschtürkischen Literatur, dessen Prototyp der *Ali* aus Wallraffs Reportagenband *Ganz unten* verkörpert, widmet Cheesman (2007) ein eigenes Kapitel. Für ihn ist *Ali* das Gegenteil eines kosmopolitischen Charakters, ihm mangelt es an kulturellem, sozialem und ökonomischem Kapital. Seine Deplatzierung ist traumatisch, Individualität und Humanität werden ihm abgesprochen. Sichtbar wird er lediglich als Objekt von Mitleid und rassistischer Aggression, manchmal auch von erotischer Faszination. Wo Autoren meinen, stellvertretend für ihn die Aufgabe übernehmen zu müssen, seine Humanität für ihn wieder herzustellen, laufen sie Gefahr, ihn zu bevormunden und so seine Ohnmacht lediglich zu bestätigen (cf. ibd.: 145). Wo die Töchter meinen, sich von derartigen Repräsentationen verabschieden zu können, bleiben sie diesen letztlich doch verhaftet. Es ist kein Zufall, dass bei Sevindim der Vater auf den Namen Ali hört und Akyüns Fortsetzungsband zu *Einmal Hans mit scharfer Sauce* den Titel *Ali zum Dessert* trägt.

Es sind die ausschließenden Anreden der *hate speech* als Türken und Ausländer oder z.B. die Fragen, wieso man denn so gut Deutsch spreche oder in welcher Sprache man träume,[6] die die Ich-Erzählerinnen von Sevindim und Akyün, beide in Deutschland groß geworden, in ein binäres System einander ausschließender Identitäten einspannen und die nur zu bekannten Klischees über „Türken" und „Deutsche" reproduzieren lassen, auch wenn sich in ihren klareren Momenten zumindest die Ich-Erzählerin von Akyün der Problematik dieser Selbstverortung durchaus bewusst ist:

Mein akzentfreies Deutsch lässt schon lange nicht mehr auf meine Herkunft schließen. Manchmal fühle ich mich monatelang nicht ein einziges Mal türkisch. Erst wenn ich neue Menschen kennen lerne, die mich fragen, woher ich komme, reißen sie mich aus meiner deutschen Welt. „Aus Berlin", antworte ich. „Nein, ursprünglich?" „Aus Duisburg." Und dann kommt immer die Frage: „Nein, ich meine, wo liegen deine Wurzeln?" Dieser Moment ist dann wieder einmal Anlass für mich, über meine Herkunft nachzudenken. Ich frage mich plötzlich, was türkisch an mir ist und was deutsch? Und wie das eigentlich alles zusammenpasst? (Akyün 2007: 180 ff.)

---

6 Diese stereotype Frage ironisiert Yoko Tawada in ihrer Erzählung *Bioskoop der Nacht*, wo die Ich-Erzählerin die verstörende Entdeckung macht, dass es sich bei der Sprache, in der sie träumt, um Afrikaans handeln muss (cf. Tawada 2002: 65).

Diese Stelle macht deutlich, dass die Selbstverortung in einem binären System entlang der Achse Deutsch-Türkisch in erheblichem Maße der Anrufung durch die Vertreter der Mehrheitsbevölkerung geschuldet ist. Den Texten ist eingeschrieben, dass sie Reaktionen auf die ausschließenden Stereotype in deren Köpfen darstellen.[7] Auffällig ist, dass sich die Ich-Erzählerinnen wider besseres Wissen letztlich doch, entsprechend der Anrufung, als Türken und Ausländer verorten. „Ich bin Türkin", weiß die Ich-Erzählerin von Sevindim (2009: 7), „[i]ch bin Türkin mit deutschem Pass" die von Akyün (2007: 9). Dass etwas nicht stimmt an der Fremd- wie auch der Selbstkonstituierung als Türkin bzw. Ausländerin, ahnt zumindest die Protagonistin von Akyün, um es allerdings umgehend zu vergessen. Auf die Frage, ob sie schon Ausländerfeindlichkeit am eigenen Leib erlebt habe, reagiert sie nach ihren eigenen Worten mit Spott, aber nicht, weil sie keine Ausländerin ist, wie es zutreffend wäre, sondern weil sie sich nicht als Ausländerin fühle und auch nicht fühlen wolle (cf. ibd.: 172). Diese, wenn auch bereits mit Einschränkungen versehene Feststellung, sie sei keine Ausländerin, hat die Ich-Erzählerin zwei Seiten später verdrängt, wenn sie – auch auf sich bezogen – meint, sie wisse ja, dass die meisten Deutschen nichts gegen Ausländer hätten (cf. ibd.: 174).

Aus der Fremdkonstituierung als Ausländer heraus wenden sich die Ich-Erzählerinnen von Akyün und Sevindim explizit an Leser, die die deutsche Mehrheitsbevölkerung repräsentieren.[8] Sie greifen deren stereotypen Vorstellungen von „den Türken" auf, um sich darauf mit teilweise widersprüchlichen Strategien zu beziehen. So wird zum einen diesen stereotypen Bildern widersprochen, indem von beiden Ich-Erzählerinnen betont wird, weder würden sie ein Kopftuch tragen noch seien

---

7 Demgegenüber geht dem mit ähnlich leichter Hand und ebenfalls von einem – diesmal allerdings deutsch-griechischen – Journalisten (Stefanidis 2010) geschriebenen *Beim Griechen. Wie mein Vater in unserer Taverne Geschichte schrieb* diese Selbstverortung entlang der Achse deutsch – nicht-deutsch vollständig ab.

8 Cf. hierzu z.B. Akyün (2007: 11): „Sie kennen meine Familie noch nicht? Dann kommen Sie und setzen Sie sich, und vergessen Sie nicht, etwas zu essen mitzubringen, denn das macht man so bei uns. Und stellen Sie sich auf einen langen und vergnüglichen Nachmittag ein! Ich entführe Sie in ein Deutschland, das Sie unter Garantie noch nicht kennen. Ein Land mit Geschichten aus 1001 Nacht mitten im Ruhrpott […]."

sie zwangsverheiratet.⁹ Dabei wird dem einen stereotypen Bild lediglich mit einem anderen begegnet, indem dem Bild der Kopftuch tragenden, unterdrückten Frau das der heißblütigen, durch und durch erotisierten Türkin, der verbotenen exotischen Frucht in bester orientalistischer Manier, entgegengesetzt wird.¹⁰ Zum anderen werden zumindest von Sevindims Ich-Erzählerin die abwertenden, stereotypen Bilder von „den Türken" teilweise in geradezu masochistischer Weise übernommen, was sich daran zeigt, dass sie den eigenen Vater oder ihre Verwandten in der Türkei wiederholt als Barbaren bezeichnet¹¹ und ihren deutschen Ehemann immer wieder für den Löwenmut lobt, mit dem dieser sich auf die Reise zur Verwandtschaft in der Türkei bzw. auf die Hochzeit à la Turca einlässt: „Das war zuviel für meinen deutschen Mann, das wusste ich. Trotzdem nahm er die Strapazen auf sich. Auch dafür liebte ich ihn" (Sevindim 2009: 159).

Wie auch immer die Bilder geraten, die die Ich-Erzählerinnen von „den Türken" bzw. „den Deutschen" zeichnen, stets fallen sie im Rahmen eines binären Systems eindeutig voneinander abgegrenzter und einander ausschließender Identitäten zwangsläufig auf die altbekannten Stereotype zurück, wobei es letztlich keinen Unterschied macht, dass diese Bilder von ihren Autorinnen in einer eher hilflosen Gegenbewegung teilweise ironisiert werden.

Nur da, wo in ansonsten an Metaphern und Symbolen armen Texten die Autorinnen zu sprachlichen Bildern greifen, erfolgt aus dem binären System ein – wenn auch begrenzter – Ausbruch, der die Ich-Erzählerin eher als Nomadin und damit als etwas ganz anderes zeigt, als im sonstigen Text unterstellt wird. So heißt es an einer Stelle bei Akyün:

Wenn ich meine Situation schon mit einem Bild beschreiben sollte, dann würde ich sagen, ich bin ein Tumblewheat. Tumblewheats sind die Strohge-

---

9 So schreibt Akyün (2007: 7 f.), weder trage sie ein Kopftuch, noch sei sie zwangsverheiratet, weswegen sie noch immer keinen Ehemann habe. Entsprechend heißt es bei Sevindim (2009: 8): „[...] immerhin habe ich dem Klischee entsprechend mit unschuldigen einundzwanzig Jahren geheiratet. Doch mich hat niemand dazu gezwungen!"
10 Cf. hierzu den Beginn des Buchs bei Akyün (2007: 7): „Ich bin Türkin mit deutschem Pass, für Politiker ein Paradebeispiel einer gelungenen Integration, für deutsche Männer die verbotene, exotische Frucht und für deutsche Frauen der Grund, ihre Haare zu hassen."
11 Siehe z.B. Sevindim (2009: 76; 165).

bilde, die man in Westernfilmen manchmal herumfliegen sieht. Sie werden vom Wüstenwind aus ihrer Verwurzelung gerissen und rollen und springen so lange, bis sie dank eines Regengusses irgendwo wieder Wurzeln schlagen. Dann erblühen sie für kurze Zeit, vertrocknen und fliegen weiter ziellos durch die Wüste (Akyün 2007: 180 f.).

Das hier beschriebene Phänomen der *Selbstverortung in einem binären System* macht es einmal mehr erforderlich, die Frage zu stellen, was wir unter interkultureller Literatur verstehen und ob dieser Begriff der Fülle literarischer Texte gerecht wird, denen wir uns mit seiner Hilfe zu nähern versuchen bzw. welches Genre anhand welcher Kriterien wir mittels dieses Begriffs abzustecken versuchen. Wie mir scheint, wird interkultureller Literatur gerne normativ eine pädagogische Rolle zugeschrieben. So meint Michael Hofmann (2006: 196), es gehe in der interkulturellen Konstellation der deutsch-türkischen Literatur „zuerst und dezidiert um die Überwindung klischeehafter Bilder des Deutschen wie des Türkischen." Gleichzeitig und – wie ich meine – im Widerspruch zu dieser Aussage meint Hofmann (ibd.), diese Autoren würden nichts und niemanden repräsentieren. Bedeutend vorsichtiger als Hofmann, wenn auch wohl in eben diesem Sinne, äußert sich Mecklenburg (2008: 19), wenn er schreibt, Kunst sei „besonders geeignet, die Erfahrungswelt ferner und fremder Kulturen näher zu bringen", wobei er allerdings zu einem holistischen Verständnis von Kulturen als geschlossenen Ganzheiten zurückkehrt, von dem er sich an anderer Stelle abgrenzt (siehe oben).

Überhaupt scheint die Versuchung zur Normierung angesichts der hier zur Diskussion stehenden literarischen Erzeugnisse groß zu sein. So unterscheidet Cheesman (2007) sieben Typen von Kosmopolitismus, die mal positiver, mal negativer gesehen werden, wie bereits die Benennungen deutlich zu verstehen geben.[12]

---

12 Im Folgenden zähle ich die von Cheesman (2007: 53 ff.) unterschiedenen sieben Typen des Kosmopolitismus auf, wobei ich die von ihm als Beispiele genannten Autoren in Klammern setze: (1) *Der skeptische Kosmopolitismus der Gelehrtenrepublik* (Kemal Kurt), (2) *der individualistische Kosmopolitismus der Verweigerung* (Akif Pirinçci), (3) *der individualistische Kosmopolitismus der Anpassung* (Renan Demirkan), (4) *der feministische reduktive Kosmopolitismus* (Saliha Scheinhardt), (5) *der triviale Kosmopolitismus* (Selim Özdoğan), (6) *der internationalistische Kosmopolitismus* (Emine Sevgi Özdamar) und (7) *der popkulturelle und interreligiöse Kosmopolitismus* (Feridun Zaimoğlu).

Wie spätestens die Erfahrungen mit der DDR-Literatur gezeigt haben, ist es äußerst problematisch, Literaturen über einen pädagogischen Auftrag zu definieren. Im vorliegenden Fall würde eine derart normativ motivierte Definition durchaus analysierenswerte Texte wie die von Akyün oder Sevindim aus dem Genre interkultureller Literatur ausschließen, da diese lediglich klischeehafte Bilder bestätigen anstatt diese zu überwinden.

In einem früheren Versuch, das in Frage stehende Genre nach außen abzugrenzen und nach innen in seiner zunehmenden Diversifizierung zu erfassen, spricht Cheesman weder von inter- oder transkultureller noch von hybrider, Migranten- oder Diasporaliteratur, sondern schlicht von deutsch-türkischer Literatur. Das entscheidende Ordnungskriterium stellt dabei für ihn die Frage dar, wie sich die jeweiligen Texte im Verhältnis zu dem vom soziokulturellen und politischen Umfeld verursachten Druck positionieren, demzufolge die Autoren bzw. deren Protagonisten dem Leser gegenüber etwas repräsentieren müssten – z.b. „die Türken" oder „die Deutsch-Türken".[13] Für Cheesman (2006: 477 ff.) vertritt eine der möglichen Positionierungen diesem Druck gegenüber der von ihm so bezeichnete axiale Autor, der bevorzugt die Achse von Identität und Differenz erkundet, die Last der Repräsentation der von ihm exemplarisch vertretenen türkischen bzw. deutsch-türkischen Identität annimmt, indem sein Erzähler als Pädagoge dem Leser gegenüber auftritt, um einerseits das Selbstbewusstsein der Minderheit zu stärken und andererseits die Mehrheit für die Probleme der Minderheit zu sensibilisieren. Was z.B. Hofmann unter interkultureller Literatur fasst, macht nur einen Teil dessen aus, was Cheesman als *ein* literarisches Genre sieht, dessen Grenzen letztlich aufgrund der Lebensgeschichte der Autoren gezogen werden. Gleichzeitig lässt die von Cheesman vorgenommene Kategorisierung die pädagogische Orientierung des axialen Autors als problematisch deutlich

---

13 Wie Cheesman (2006: 476) ausführt, ist die Last der Repräsentation dabei eine vielfache, „[…] because to be a writer in Germany of Turkish background or descent is not only to be expected to represent the Turkish minority. It is also to share (potentially) the burden of representation carried by all German writers in the international arena: the burden of representing Germany and Germans. […] But even that is not all. Inasmuch as Turkish-German writers tend to be specifically interested in their reception in Turkey, they are also called upon to represent the Turkish diaspora back in the Turkish homeland."

werden, da diese ihn auf die Rolle des Brückenbauers[14] zwischen zwei als getrennt verstandenen Kulturen reduziert, was Leslie A. Adelson (2006) mit ihrem *Manifest gegen das Dazwischen* zu Recht in Frage gestellt hatte. Als weitere Positionierungen und mögliche Versuche, dem Druck zur Repräsentation zu begegnen bzw. sich ihm zu entziehen, sieht Cheesman zum einen Verweigerung gegenüber diesem Druck, zum anderen parodistische Ethnisierung im Sinne der Butlerschen Rekontextualisierung und Resignifizierung von *hate speech,* und drittens Glokalismus. Vertreter der ersten Kategorie der Verweigerer sind dabei für ihn Autoren wie Akif Pirinçci oder Selim Özdoğan, wichtigster Repräsentant der zweiten Gruppe ist Feridun Zaimoğlu mit *Kanak Sprak*, während Cheesman als Beispiele für die letzte Kategorie Texte von Hilal Sezgin und Kemal Kurt anführt. Wie auch immer man zu dieser von Cheesman vorgenommenen Einteilung stehen mag – mir z.B. erschließt sich die letztgenannte Gruppe des Glokalismus in keiner Weise – so macht sie doch mehreres deutlich: zunächst die Problematik, die sich aus inhaltlich normativen Definitionen von interkultureller Literatur ergibt, dann die negativen Konsequenzen, die der gesellschaftliche Druck zur Repräsentation mit sich bringt, und schließlich den Vorteil, der sich ergibt, wenn sich die Definition dessen, was wir unter interkultureller Literatur fassen, letztlich auf die Biographie der Autoren bezieht. Denn auf diese Weise können exkludierende normative Bestimmungen dessen vermieden werden, was unter interkultureller Literatur zu verstehen sei und was nicht. Weiter kann als *ein* literarisches Genre in all seiner Diversität erfasst werden, was z.B. bei Mecklenburg einerseits in eine inhaltlich bestimmte, zumindest implizit normative und von der Biographie der Autoren unabhängige interkulturelle, andererseits in eine durch die Biographie der Autoren definierte Migrantenliteratur aufgespalten wird, wobei sich letzterer Begriff als problematisch erweist angesichts der Lebensgeschichte der jüngeren Autoren, die selbst keine Migranten mehr sind bzw. sich nicht als solche verstehen, da sie bereits in Deutschland geboren oder in frühem Alter dorthin gekommen sind. Daher spricht Cheesman (2007: 12) von einer *literature of settlement*, wobei das Deutsche mit ‚Niederlassung' nur ein unbefriedigendes Äquivalent für die Vielzahl der Bedeutungen von *settlement* zur Verfügung stellt. Das Problem der Aufspaltung des Genres

---

[14] Cf. zur Rolle der Brückenmetapher in der deutsch-türkischen Literatur McGowan 2004.

in hier interkulturelle Literatur und da Migrantenliteratur zeigt sich z.b. bei einem Autor wie Selim Özdoğan, der mit einem Teil seines Werks zu den Verweigerern gehört, dann aber mit *Die Tochter des Schmieds* den Weg einer Familie von der Türkei nach Deutschland erzählt. Entsprechend den Argumenten, mit denen sich Philippe Lejeune, der anderweitig selbst zu rigiden Definitionen neigt, an einer Stelle gegen eine zu eindeutige Festlegung dessen ausspricht, was wir unter Autobiographie verstehen sollten, meine ich, dass wir nicht ein bestimmtes Genre, wie in diesem Fall interkulturelle Literatur, als isoliert bzw. isolierbar verstehen, sondern vielmehr im Sinne eines organischen Systems von Genres denken sollten, innerhalb dessen Transformationen und gegenseitige Durchdringungen fortwährend auftreten.[15]

Was bleibt, ist die Frage nach der Bezeichnung, mit der das fragliche Genre versehen werden sollte. Wenn moderne Nationen aus disparaten Kulturen bestehen, u.a. aus verschiedenen sozialen Klassen, Geschlechtern, Generationen, ethnischen Gruppen, politischen Orientierungen, und wenn wir daher kulturelle Mischlinge sind, die in ihrer kulturellen Formation durch mehrere kulturelle Herkünfte und Verbindungen bestimmt sind (cf. Welsch 2000: 339), dann scheint dem der Begriff der *Transkulturalität* eher zu entsprechen als der der *Interkulturalität*. Bei Zugrundelegung des ersteren Begriffs ließen sich zu demselben Genre Texte zählen, in denen z.B. Fragen der Generationszugehörigkeit oder sexuellen Orientierung eine weit wichtigere Rolle spielen als Selbstverortungen aufgrund nationaler oder ethnischer Identifizierungen, zumal diese häufig von außen an die Autoren herangetragen werden, wie oben gezeigt werden konnte.

Trotz dieser eigenen Präferenzen bin ich vorsichtig geworden hinsichtlich der Bezeichnung für das in Frage stehende Genre. Wie sich unschwer zeigen lässt, ist für dieses sich fortwährend erweiternde und diversifizierende literarische Gebiet in den letzten Jahrzehnten eine Fülle von Begriffen geprägt worden, die sich fast alle in kürzester Zeit überlebt

---

15 Ich beziehe mich hier auf Olney (1980: 18), der die von Lejeune in *Der autobiographische Pakt* vertretene Auffassung wie folgt wiedergibt: „In his final chapter Lejeune escapes somewhat from the self-imposed rigidities of generic definition when he makes the intelligent point that one should not think of a specific genre as an isolated or isolable thing but should think in terms of an organic system of genres within which transformations and interpenetrations are forever occurring."

haben.[16] Wichtiger als die Bezeichnung finde ich daher die Erzielung eines Einverständnisses darüber, was wir unter dieser Literatur verstehen. Und dazu eignet sich dann doch sehr gut das Bild des schreitenden Drachens vom Ischtar-Tor:

> An der Spree lebte ein beschuppter Drache des Ischtar-Tors. Ich besuchte ihn jedes Mal, wenn ich in Berlin war. Er hatte die Augen eines Fisches und den Leib einer Katze. Die vorderen Beine erinnerten mich an einen Löwen, während die hinteren eindeutig die eines Adlers waren. Ein Horn und zwei krumme Ohren ragten aus dem Kopf. Seine Zunge war dreifach gespalten, er war also mehrsprachig. Von hier aus ist sein Geburtsort nicht weit entfernt. So war er zu Fuß aus dem Nahen Osten nach Berlin gekommen und wurde „schreitender Drache" genannt (Tawada 2007: 15).

Literatur

Adelson, Leslie A. 2006: „Against Between – Ein Manifest gegen das Dazwischen", in: *Literatur und Migration* (= Text + Kritik Sonderband): 36-46

Akyün, Hatice [5]2007: *Einmal Hans mit scharfer Sauce. Leben in zwei Welten,* München: Goldmann

Akyün, Hatice [2]2008: *Ali zum Dessert. Leben in einer neuen Welt.* München: Goldmann

Bobrowski, Johannes 1987: *Gesammelte Werke in sechs Bänden,* ed. Eberhard Haufe, Bd. 3: *Die Romane,* Berlin: Union

Bobrowski, Johannes 1987: „Levins Mühle", in: Bobrowski 1987: 7-222

Butler, Judith 2006: *Haß spricht. Zur Politik des Performativen,* Frankfurt/Main: Suhrkamp

Cheesman, Tom 2006: „Juggling Burdens of Representation: Black, Red, Gold and Turquoise", in: *German Life and Letters* 59.4 (2006): 471-487

---

16 Meine sicherlich nicht vollständige Sammlung weist außer inter- und transkultureller Literatur die folgenden Begriffe auf: Gastarbeiterliteratur, Literatur der Betroffenheit, Deutsche Literatur von außen, Literatur von innen, Migrantenliteratur, Migrationsliteratur, Emigrantenliteratur, Literatur in der Fremde, Brückenliteratur, eine nicht nur deutsche Literatur, neue deutsche Literatur, Literatur in der multikulturellen Gesellschaft, Literatur nationaler Minderheiten, Rand-Literatur in Deutschland, multinationale deutsche Literatur, Diasporaliteratur, Literatur der Niederlassung.

Cheesman, Tom 2007: *Novels of Turkish German Settlement. Cosmopolite Fictions,* Rochester / New York: Camden House

Dörr, Volker C. 2009: „'Third Space' vs. Diaspora. Topologien transkultureller Literatur", in: Schmitz 2009 (ed.): 59-76

Durzak, Manfred & Nilüfer Kuruyazıcı (eds.) 2004: *Die andere Deutsche Literatur. Istanbuler Vorträge,* Würzburg: Königshausen und Neumann

Fühmann, Franz 1979: *Das Judenauto. Kabelkran und Blauer Peter. Zweiundzwanzig Tage oder die Hälfte des Lebens,* Rostock: Hinstorff

Fühmann, Franz 1979: „Die Berge herunter", in: Fühmann 1979: 42-53

Hall, Stuart 1999: „Kulturelle Identität und Globalisierung", in: Hörning & Winter (eds.) 1999: 393-441

Hofmann, Michael 2006: *Interkulturelle Literaturwissenschaft. Eine Einführung,* Paderborn: Wilhelm Fink

Hörning, Karl H. & Rainer Winter (eds.) 1999: *Widerspenstige Kulturen. Cultural Studies als Herausforderung,* Frankfurt am Main: Suhrkamp

Jordan, Jim 2006: „More than a Metaphor: The Passing of the Two Worlds Paradigm in German-Language Diasporic Literature", in: *German Life and Letters* 59.4 (2006): 488-499

Leggewie, Claus & Dariuš Zifonun 2010: „Was heißt Interkulturalität?", in: *Zeitschrift für interkulturelle Germanistik* 1 (2010): 11-31

McGowan, Moray 2004: „Brücken und Brücken-Köpfe: Wandlungen einer Metapher in der türkisch-deutschen Literatur", in: Durzak & Kuruyazıcı 2004: 31-40

Mecklenburg, Norbert 2008: *Das Mädchen aus der Fremde. Germanistik als interkulturelle Literaturwissenschaft,* München: Iudicium

Olney, James 1980: „Autobiography and the Cultural Moment: A Thematic, Historical, and Bibliographical Introduction", in: Olney (ed.) 1980: 3-27

Olney, James (ed.) 1980: *Autobiography: Essays Theoretical and Critical,* Princeton: Princeton University Press

Rushdie, Salman 1991: *Imaginary Homelands. Essays and Criticism 1981 – 1991,* London: Granat Books

Schmitz, Helmut (ed.) 2009: *Von der nationalen zur internationalen Literatur. Transkulturelle deutschsprachige Literatur und Kultur im Zeitalter globaler Migration,* Amsterdam / New York: Rodopi

Şenocak, Zafer [2]2009: *Gefährliche Verwandtschaft,* München: Babel

Sevindim, Aslı ⁷2009: *Candlelight Döner. Geschichten über meine deutsch-türkische Familie,* Berlin: Ullstein

Stefanidis, Alexandros 2010: *Beim Griechen. Wie mein Vater in unserer Taverne Geschichte schrieb,* Frankfurt/Main: Fischer

Tawada, Yoko 2002: *Überseezungen,* Tübingen: Konkursbuch Verlag

Tawada, Yoko 2002: „Bioskoop der Nacht", in: Tawada 2002: 61-91

Tawada, Yoko 2007: *Sprachpolizei und Spielpolyglotte,* Tübingen: Konkursbuch Verlag

Tawada, Yoko 2007: „An der Spree", in: Tawada 2007: 11-23

Welsch, Wolfgang 2000: „Transkulturalität. Zwischen Globalisierung und Partikularisierung", in: *Jahrbuch Deutsch als Fremdsprache* 26 (2000): 327-351

Wierlacher, Alois 2003 a: „Interkulturelle Germanistik. Zu ihrer Geschichte und Theorie. Mit einer Forschungsbibliographie", in: Wierlacher & Bogner 2003: 1-34

Wierlacher, Alois 2003 b: „Interkulturalität", in: Wierlacher & Bogner 2003: 257-264

Wierlacher, Alois & Andrea Bogner (eds.) 2003: *Handbuch interkulturelle Germanistik,* Stuttgart / Weimar: Metzler

Yeşilada, Karin E. 2009: „,Nette Türkinnen von nebenan' – Die neue deutsch-türkische Harmlosigkeit als literarischer Trend", in: Schmitz 2009: 117-142

Von Sprachen als Monstern und Wörtern im Sanatorium. Mehrsprachigkeit und Poetik

Jacqueline Gutjahr (Göttingen)

Abstract

The article follows the question as to how the combination of multilingualism and interculturality is shaped in its poetic enactment. Using the example of intercultural literature it will initially be revealed that multilingualism is an essential feature of intercultural authorship as well as a poetic potential. It will be revealed how multilingualism is enacted as topic, literary form and aesthetic procedure in texts of intercultural literature. Furthermore, varying phenomena of literary multilingualism shall be described and outlined in their functions.

Based on poetological self-reflections of Emine Özdamar and Yoko Tawada the relevance of languages and language shifts for the act of writing shall be illuminated exemplarily. As a last point, how multilingualism in texts by both authors is thematically drafted and formally and stylistically modelled shall briefly be revealed.[1]

1 Poetische Mehrsprachigkeit und Interkulturalität

„Mehrsprachigkeit schafft mehr Sprachlichkeit." – So formuliert Knauth (2004: 265) den Grundsatz mehr- oder mischsprachiger Literatur. Was genau meint aber dieses Mehr an Sprachlichkeit? Wie gestaltet sich die ästhetische Verbindung von Mehrsprachigkeit und Interkulturalität?

Versteht man unter *Interkulturalität* mit Albrecht (1997: 118) den Prozess eines wechselseitigen Aufeinanderbezogenseins verschiedener kultureller – hinzuzufügen wäre: sprachlicher – Kontexte, so eröffnet die Frage, wie dieses Aufeinanderbezogensein in Literatur inszeniert wird, interessante Zugänge zu Texten.

---

[1] A more detailed account of this contribution is published in *Jahrbuch Deutsch als Fremdsprache* 36 (2010), 233-249.

Das Schema zeigt vereinfacht mögliche Zugänge zu Texten aus der Perspektive ihrer Mehrsprachigkeit, wobei sich je nach Zugang unterschiedliche Fragestellungen und Erkenntnisinteressen eröffnen. Im Rahmen dieses Beitrags liegt der Fokus auf Poetik mit dem Ziel, die Sprachlichkeit von Interkulturalität in ihrer poetischen Inszenierung auszuleuchten. Wie gestaltet sich mehrsprachiges Schreiben bzw. wie wird Interkulturalität durch mehrsprachige Schreibverfahren performativ hervorgebracht? Mit welchen poetischen Mitteln werden in literarischen Texten Sprachen und sprachliche Kontexte aufeinander bezogen und wie ist Mehrsprachigkeit in einzelnen Texten als Thema, literarische Form und ästhetisches Verfahren inszeniert? Und welche Konkretisierungen ermöglicht die Untersuchung dieser Fragestellungen im Hinblick auf das *interkulturelle Potential* (cf. Mecklenburg 2008) literarischer Texte? Die folgenden Überlegungen beziehen sich auf die poetische Mehrsprachigkeit interkultureller Literatur.

Jacqueline Gutjahr 77

2 Mehrsprachigkeit als Merkmal interkultureller Autorschaft und Ebenen ihrer Inszenierung

Die Frage, wie mehrsprachiges Schreiben motiviert ist und wie es sich gestaltet, sowie die Frage, mit welchen poetischen Mitteln Mehrsprachigkeit und Interkulturalität performativ hervorgebracht und vorgeführt werden, betrifft in erster Linie Perspektiven der Autorschaft und Literaturproduktion. Als interkulturelle Autoren definiert Mecklenburg (ibd.: 21) „solche, deren interkulturelle Herkunft und Lebensgeschichte ihr Schreiben entscheidend prägt." Hervorzuheben und zu ergänzen ist, dass Mehrsprachigkeit ein konstitutives Merkmal interkultureller Autorschaft darstellt. Sprachenbiographien, Sprachensituationen, Erfahrungen mit Sprache(n), Wahrnehmungen von und Einstellungen zu Sprachen sowie Bedeutungen und Möglichkeiten von Sprachen für das Schreiben beeinflussen interkulturelle Autorschaft maßgeblich und fließen auf unterschiedliche Weise in das Schreiben ein.

Mit *interkultureller Literatur* bzw. *literarischer Interkulturalität* bezeichnet Esselborn (2007: 10) eine Literatur, „die im Einflussbereich verschiedener Kulturen und Literaturen entstanden und auf diese durch Übernahmen, Austausch, Mischung usw. bezogen ist." Der Definition hinzuzufügen ist, dass so definierte interkulturelle Literatur auch im Einflussbereich verschiedener Sprachen entsteht und dadurch vielfältige Formen mehrsprachigen Schreibens angeregt werden. Mit unterschiedlichen Sprachen werden auch vielfältige Referenzschemata und Kontexte verfremdend ins Spiel gebracht, aufeinander bezogen, durchmischt oder auch unterlaufen und es ergeben sich vielfältige Bezüge, die wiederum komplexe Vermittlungsformen erfordern.

Weiter differenziert Esselborn (ibd.: 10 f.) u.a. zwischen *sprachlicher Interkulturalität* und *thematischer Interkulturalität*. Zur *sprachlichen Interkulturalität* zählt er sprachliche Merkmale wie *Mehrsprachigkeit*, *Sprachmischung* und *Sprachwechsel*, zur *thematischen Interkulturalität* Themen wie *Migrations-*, *Exil-*, und *Fremdheitserfahrungen*. Über diese grundlegende Unterscheidung hinausgehend ist es ein Kennzeichen gerade interkultureller Literatur, dass darin sprachliche Phänomene wie Mehrsprachigkeit und Sprachwechsel nicht nur narrativ oder formalstilistisch modelliert werden – und damit jeweils spezifische Funktionen erfüllen und Wirkungen erzielen –, sondern dass Mehrsprachigkeit auch explizit auf thematischer Ebene in poetisch verfremdender Weise verhandelt wird.

In *interkultureller Literatur* werden besonders häufig mit Mehrsprachigkeit verbundene Beobachtungen, Erfahrungen und Vorstellungen ästhetisch umgestaltet. Dazu zählt etwa die poetische Inszenierung von Sprache(n) und Macht; Sprachverlust, Sprachohnmacht, Sprachverwirrung, Sprach(en)gewinn; Sprache(n) und Identität(en) sowie von Fremdheit der Sprache(n).

Identität ist eines der Kernthemen in der interkulturellen Literatur und wird in ganz unterschiedlicher Weise in seiner Interdependenz zu Sprache(n) und Kulturen inszeniert. Ilma Rakusa zum Beispiel, Schriftstellerin, Publizistin und Übersetzerin, beschreibt selbstreflexiv ihre mehrsprachigen Schreibprozesse als mehrstimmige:

> Schreiben ist für mich ein langsamer Vorgang, weil mich so viele innere Stimmen bedrängen, dass ich Mühe habe, sie zu bändigen, zu ordnen, gefügig zu machen. Dass diese Stimmen oft in unterschiedlichen Sprachen reden, macht die Sache nicht leichter. Da will sich etwas, mit kindlicher Penetranz, auf Ungarisch äußern, doch bald schon fährt ihm eine Stimme auf Englisch in die Parade. Dann Beschwichtigungsversuche in Deutsch, sortierende Gesten, Beschwörungen. Wobei die Ruhe sich italienisch zu Wort meldet: „Calma, galma!" – Was tun mit diesem babylonischen Kopforchester? (Rakusa 2008: 76)

Und im Hinblick auf von ihr erworbene und sich in ihr ‚literarisches Sprechen' mischende Sprachen ergänzt sie:

> Jedes Mal beeindruckt von ihren Eigenheiten, ihren spezifischen Möglichkeiten, ihrem Klang. Und fasziniert von jenem Grad der Aneignung, der es erlaubt, ein wenig in eine fremde Haut zu schlüpfen, an einem Andern zu partizipieren, im Sinne einer erweiterten Identität.
> Denke ich an mein vielstimmiges Kopforchester, bin ich in der Tat viele, aber diese Vielheit ist nicht Zerreißprobe, sondern Bereicherung. (ibd.: 77)

Rakusa entwirft Mehrsprachigkeit in dieser poetologischen Selbstauskunft nicht nur anhand ihres poetischen Potentials, ihres wenn auch mühevoll abgerungenen Zugewinns für das Schreiben, sondern auch in ihrer Bedeutung für die Konstruktion und spielerische Vervielfachung der eigenen Identität: „bin ich in der Tat viele". Dies entspricht einem dynamischen Konzept von *Identität*, demzufolge mehrsprachige Subjekte plurielle Identitäten herausbilden können (cf. de Florio-Hansen & Hu 2007).

Weiter wird Mehrsprachigkeit in vielen Texten interkultureller Literatur im Zusammenhang mit Fremdheit der Sprache(n) inszeniert. Sie wird in ihren unterschiedlichen Dimensionen, Relationen und Ursachen poetisch ausgeleuchtet und darüber hinaus durch ästhetische Verfahren und literarische Mittel als verfremdendes Spiel mit Kontexten hervorgebracht, wodurch Spielräume mit Blick auf Kulturalität eröffnet und erweitert werden. Yoko Tawada zum Beispiel stellt Fremdheit her durch das spielerische und experimentelle, thematische und formal-stilistische Aufeinanderbeziehen von Sprachen und sprachlichen Kontexten, die sie durch dieses Schreibverfahren gleichzeitig zitiert und unterläuft, wie im Folgenden noch ausführlicher aufzuzeigen sein wird.

3 Ästhetische Phänomene literarischer Mehrsprachigkeit und ihre Funktionen

Im Hinblick auf Mehrsprachigkeit in der Literatur ist in unterschiedlicher Weise der Begriff *Dialogizität* diskutiert worden.

Amodeo (1996: 120 f.) schreibt der „Literatur ausländischer Autoren"[2] ein „synkretistisches Sprachprofil" zu, eine inhärente Mehrsprachigkeit, die sich nicht nur im Auftauchen mehrerer unterscheidbarer Sprachen äußere, sondern als Dialogizität. In Anlehnung an Bachtin formuliert sie: „die Sprache, in welcher der Text geschrieben ist, dialogisiert mit einer anderen Sprache, d.h. sie lässt eine andere Sprache, auch wenn diese nicht explizit auftaucht, mitklingen." Als Beispiele für im sprachlichen Erscheinungsbild erkennbare Dialogizität nennt sie Interferenzen auf lexikalischer oder syntaktischer Ebene, die bewusst als verfremdende Elemente eingesetzt werden.

Hingegen betont Mecklenburg (2008: 230), dass Dialogizität im Sinne Bachtins als sprachliche Polyphonie und gesellschaftliche Redevielfalt über stilistische Reflexe in Form von Sprachmischung, Interferenz, Mehrsprachigkeit hinausgehe. Sie schließe sowohl die Binnen-

---

2 Inzwischen verwendet Amodeo den Begriff *Migrationsliteraturen* (cf. Amodeo 2008). Unterschiedliche Phasen der Begriffsentwicklung im Zuge von Einordnungs- und Zuschreibungsversuchen hat z.B. Esselborn bereits 1997 in seinem Beitrag *Von der Gastarbeiterliteratur zur Literatur der Interkulturalität. Zum Wandel des Blicks auf die Literatur kultureller Minderheiten in Deutschland* aufgearbeitet.

fremdheit und Heterogenität einer Sprache als Polysystem und Polylog vieler gruppen-, region-, schichtenspezifischen Subsprachen, als Feld der Diskurse – ein als auch Formen poetischer Transformation dieses sprachlichen Pluralismus.

Die ästhetischen Phänomene narrativ oder formal-stilistisch inszenierter Mehrsprachigkeit sind vielfältig. Verschiedene Sprachen werden einander abwechselnd eingesetzt – wobei der Wechsel in eine andere Sprache unterschiedliche Funktionen erfüllen kann –, schöpferisch zu neuen Gebilden zusammengefügt oder treten in einen Mehr- oder Gegenstimmigkeit hervorbringenden Dialog. Elemente anderer Sprachen werden z.B. in einen überwiegend deutschsprachigen Text sichtbar eingeflochten oder klingen in verfremdeter Weise mit, z.B. als Folge oder Vorführung vielfältiger (Rück-)Über-setzungsprozesse. Darüber hinaus werden neue sprachliche Formationen durch Kombination verschiedener Sprachelemente erzeugt, so dass gewissermaßen Kunst- und Phantasiesprachen entstehen:

> [...] sei es, daß neologistische Elemente als Einsprengsel in einen insgesamt normalsprachlichen Kontext eingefügt sind, sei es auch, daß sich die Mischung heterogener sprachlicher Elemente als ein phantastisches neues Idiom präsentiert, in dem allenfalls noch Spurenelemente vertrauter Sprachen wiederzuerkennen sind. (Schmitz-Emans 2004: 15)

Zu Sprachmischungen vielfältiger Art zählen auch aus Mehrsprachigkeit erwachsende Varietäten, wie zum Beispiel das *Gastarbeiterdeutsch*, von Amodeo (2008: 113) definiert als „eine besondere künstlerische Sprache, eine zitierende und intentional eingesetzte Inszenierung einer gesprochenen Sprachvarietät", die Funktionen von Protest und Provokation erfülle.

In ihrem satirischen Text *Karagöz in Alamania Schwarzauge in Deutschland* inszeniert Emine Sevgi Özdamar, worauf bereits der Titel hindeutet, mehrere komplexe hybride Kunstsprachen, in die nur Elemente des *Gastarbeiterdeutsch* hineinfließen:

> „Karagöz in Alamania", „Schwarzauge in Deutschland", auf Türkisch hieße das: „Karagöz Almanya'da". Der Titel ist also sprachlich weder türkisch noch deutsch. Er ist eine Hybridbildung: zitiertes und montiertes ‚Gastarbeitertürkischdeutsch', Originalton und literarische Verfremdung in einem. (Mecklenburg 2006: 85)

4 Poetologische Reflexionen des Sprachenwechsel(n)s sowie thematisch und formal-stilistisch inszenierte Mehrsprachigkeit in Texten von Emine Sevgi Özdamar und Yoko Tawada

Mit Mehrsprachigkeit verbundene Themen, Verfahren, Formen und Funktionen mehrsprachigen Schreibens sowie die Bedeutung von Mehrsprachigkeit für das Schreiben sind letztlich nur über die Analyse einzelner Texte präzisierbar. Im Folgenden sollen zunächst poetologische Überlegungen von Emine Sevgi Özdamar und Yoko Tawada herangezogen werden, die bereits im Titel dieses Beitrags anklingen und individuelle Perspektiven auf Bedeutungen von Sprachen und Sprachwechseln für das Schreiben sichtbar machen. Zum einen ist dies der Text *Meine krank gewordenen türkischen Wörter* von Emine Sevgi Özdamar, zum anderen der (literarische) Essay *Der Schriftkörper und der beschriftete Körper* von Yoko Tawada.

Im Anschluss daran soll kurz veranschaulicht werden, wie in Texten aus den Bänden *Mutterzunge* von Özdamar und *Überseezungen* von Tawada Mehrsprachigkeit thematisch – bereits die Titel sind eine Vorausdeutung auf Sprache(n) als Thema – und ästhetisch-formal inszeniert wird.

4.1 Emine Sevgi Özdamar

„1971. Istanbul. Große Unruhen in der Türkei zwischen Rechten und Linken." (Özdamar 2008: 53) Der politische Kontext, auf den dieser erste, im fragmentarischen Stil gehaltene und dadurch den geschilderten Zerfall untermauernde Satz des Textes *Meine krank gewordenen türkischen Wörter* referiert, deutet auf die Ursache für die im Titel ausgedrückte Feststellung und Empfindung hin. Die Verfasserin rekonstruiert auf poetisch verfremdende Weise die bzw. *ihre* Erfahrung von Sprachohnmacht und Sprachentfremdung. Was geschieht im kommunikativen Raum mit Sprache, Sprechern, Sprechen in Folge politischer Eskalation? – „Wörter wurden verhaftet, Bücher wurden verhaftet. Die Menschen bekamen langjährige Gefängnisstrafen wegen der Wörter, die sie geschrieben oder gesagt hatten." (ibd.: 52) Sprecher sehen sich ihrer sprachlichen Mittel und Ausdrucksmöglichkeiten beraubt und können sich nicht mehr gefahrlos verständigen. Das Leiden unter den politischen

Verhältnissen spiegelt sich in der sich wandelnden Sprachverwendung, in der erkrankenden Sprache:

> Ich sagte mir, ich bin unglücklich in meiner türkischen Sprache. Wir sagen seit Jahren nur solche Sätze: Sie werden sie aufhängen. Wo waren die Köpfe. Man weiß nicht, wo ihr Grab ist. Die Polizei hat die Leiche nicht freigegeben. Meine türkischen Wörter sind krank. Meine Wörter brauchen ein Sanatorium, wie kranke Muscheln. Es gibt eine Stelle am Ägäischen Meer, wo drei Ströme zusammenkommen. Man bringt Säcke mit Muscheln aus Istanbul, Izmir, Italien, die im schmutzigen Meer krank geworden sind, dorthin. Das saubere Wasser aus den drei Strömen heilt in ein paar Monaten die erkrankten Muscheln. Dieses Stück Meer nennen die Fischer Muschelsanatorium. Wie lange braucht ein Wort, um wieder gesund zu werden? Man sagt, in fremden Ländern verliert man die Muttersprache. Kann man nicht auch in seinem eigenen Land die Muttersprache verlieren? Wenn ein Land in Dunkelheit fällt, suchen sogar die Sterne eine andere Sprache.
> Damals hatte ich einen Traum. Ich wollte unbedingt mit einem Brechtschüler arbeiten. Meine kranken türkischen Wörter in ein Sprachsanatorium bringen, zu einem Poeten bringen (ibd.: 54).

Die relationale Fremdheit der Sprache ist in diesem Text als *Fremdwerden* der Sprache und des eigenen Sprechens durch äußere Einwirkung inszeniert. Die Erzählerin führt vor, wie sie ihre Muttersprache (im „eigenen" Land) zunehmend als fremd erlebt. Mit Sprachverlust droht auch ein Identitätsverlust. Migration erscheint in dieser Inszenierung als Weg, der krank machenden Sprachlosigkeit durch Wechsel in eine andere Sprache, die als Sanatorium fungiert, zu entkommen, sich einen neuen kommunikativen Raum zu schaffen und ‚ihre Wörter' zu heilen. Sprachverlust erscheint also als Ursache *für* und nicht als Folge *von* Migration. Der Sprachwechsel wird zu einem therapeutischen Prozess stilisiert. Entwicklungsphasen mehrsprachiger Individuen, wie sie in der Migrationsforschung meist als Folge von Migrationsprozessen beschrieben werden, nehmen in diesem Text bereits *vor* der Migration ihren Anfang. Diese Phasen sind nach de Florio-Hansen und Hu (2007: XI) Identitäts- und Sprachverlust, Rekonstruktion und möglicher Zugewinn. In einem geeigneten Umfeld eröffne sich Individuen die Möglichkeit, mit Hilfe der neuen Sprache ihre (sprachliche) Identität zu reparieren bzw. umzustrukturieren. Zum ‚Sprachsanatorium' stilisiert Özdamar aber nicht die deutsche Sprache per se, sondern poetische Sprache, zunächst die Sprache Brechts bzw. die Sprache des Theaters, über die schrittweise die Hinwendung zur Literatursprache Deutsch erfolgt:

> Die Zunge hat keine Knochen. Wohin man sie dreht, dreht sie sich hin. Ich drehte meine Zunge ins Deutsche und wurde glücklich im Theater [...]. Meine Begegnung mit den deutschen Wörtern hat am Theater stattgefunden. Theater ist ein Dialog zwischen den Körpern. Die deutschen Wörter haben Körper für mich.
> Als ich meinen ersten Roman schrieb, habe ich gar nicht überlegt, in welcher Sprache ich schreiben sollte. Der Rhythmus meines Körpers war deutsch, der Alltag war deutsch, ich hatte in Deutsch einen Traum verwirklicht. (Özdamar 2008: 54)

Der Beweglichkeit des Organs Zunge entspricht die prinzipielle Flexibilität im Wechsel zwischen Sprachen.

In Özdamars Erzählung aus dem gleichnamigen Erzählband *Mutterzunge* findet sich der Satz in ähnlicher Form wieder: „In meiner Sprache heißt Zunge: Sprache. Zunge hat keine Knochen, wohin man sie dreht, dreht sie sich dorthin. Ich saß mit meiner gedrehten Zunge in dieser Stadt Berlin." (Özdamar 1998: 9) Vorgeführt wird auch in dieser Erzählung auf thematischer Ebene die Erfahrung und Empfindung eines Sprachverlusts mitgemeint – denn Özdamar spielt mit dem Konzept Muttersprache – ist über die Muttersprache Türkisch hinaus wörtlich wie symbolisch die Zunge der Mutter und das Sprechen der Mutter.[3] Die Verlusterfahrung ist in dieser Erzählung aber als *Folge* der ‚gedrehten Zunge', als Prozess und Gefühl der Entfremdung durch Distanz inszeniert und verbindet sich mit der Suche nach der verloren geglaubten Mutterzunge und nach allem damit Aufgerufenen. Anders als in dem Text *Meine krank gewordenen türkischen Wörter* ist der Zeitpunkt des Verlustes der Muttersprache offen gehalten und bleibt spekulativ. Unterstrichen wird dies durch die zweifache Wiederholung des irrealen Wunschsatzes: „Wenn ich nur wüßte, wann ich meine Mutterzunge verloren habe" (Özdamar 1998: 9; 11). Eine Vermutung, die sich auf einen erinnerten Moment bezieht, legt jedoch einen Zeitpunkt nach der Migration nahe:

> Ich konnte am Anfang hier den Kölner Dom nicht angucken. Wenn der Zug in Köln ankam, ich machte immer Augen zu, einmal aber machte ich ein Auge

---

3 Özdamar (2007: 296) selbst schreibt in ihrem Text *Lebensunfälle, Schreibunfälle: Von Karawanserei zu Mutterzunge*: „Ich nannte mein Buch ‚Mutterzunge'. Mit Zunge meinte ich nicht die Sprache, sondern die Zunge im Mund meiner Mutter, ein warmes Körperteil, die Liebesquelle meiner Sprache, meiner Gefühle, meiner Kindheit, meiner Jugend."

auf, in dem Moment sah ich ihn, der Dom schaute auf mich, da kam eine Rasierklinge in meinen Körper rein und lief auch drinnen, dann war kein Schmerz mehr da, ich machte mein zweites Auge auch auf. Vielleicht habe ich dort meine Mutterzunge verloren. (ibd.: 12 f.)

In diesem Bild der inneren Einschnitte ist das Abschneiden von mit der Mutterzunge verbundenen Bereichen und Gefühlswelten und damit von sprachlichen Teilen der eigenen Identität entworfen.

Auf formal-stilistischer Ebene ist die *Muttersprache* in dieser Erzählung jedoch vielfältig präsent, wenn auch bruchstückhaft in Form einzelner eingestreuter Wörter oder in verfremdeter Weise. Der auf thematischer Ebene entworfene Versuch der Rekonstruktion der Mutterzunge vollzieht sich in formal-stilistisch im Medium der deutschen Sprache und wird als Spiel wechselseitiger Verfremdung der deutschen wie türkischen Sprache inszeniert.

Die Mutterzunge taucht in unterschiedlicher Weise in Erinnerungen und Träumen der Erzählerin auf, etwa als Sprache/Zunge/Sprechen ihrer Mutter, als „Muttersätze". Vertrautheit in der Erinnerung an diese „Muttersätze" stellt sich aber nur in der Vorstellung der mütterlichen Stimme, ihrer Artikulation der Sätze ein. Die Sätze selbst werden nun als „gut gelernte Fremdsprache" (ibd.: 9) empfunden, was dem Gefühl von Sprachentfremdung Ausdruck verleiht. Auch die durch formal mehrsprachliche Modellierung poetisch verfremdete(n) Sprache(n) lässt/lassen ‚Fremdsprache' als eine entfremdete Sprache erscheinen. Elemente der türkischen Sprache fließen vielfältig in den folglich nur vordergründig deutschsprachigen Text ein: Obwohl sie sich nicht immer als solche identifizieren lassen, scheinen sie doch mitzuklingen, so dass stellenweise eine neue Kunstsprache entsteht. Beispielsweise vermitteln die in direkter Rede eingeflochtenen „Muttersätze" zunächst den Eindruck, als seien sie wörtlich aus dem Türkischen ins Deutsche übertragen worden, wodurch einerseits ein authentischer Gestus des (mütterlichen) Sprechens suggeriert, andererseits ein Effekt der Verfremdung erzielt wird. Die „Muttersätze" sind jedoch in einer sprachlich komplexen, hybriden Form inszeniert, worauf u.a. wieder die Einbindung des eben nicht türkischsprachigen Ausdrucks *Alamania* hindeutet:

„Weißt du, du sprichst so, du denkst, dass du alles erzählst, aber plötzlich springst du über nichtgesagte Wörter, dann erzählst du wieder ruhig, ich springe mir dir mit, dann atme ich ruhig." Sie sagte dann: „Du hast die Hälfte deiner Haare in Alamania gelassen." (ibd.)

Weiter tauchen in der Erinnerung der Erzählerin die Sätze einer anderen türkischen Mutter als Sätze „der Mutter eines Aufgehängten" (ibd.: 11) auf. Auch in diesen vordergründig deutschsprachigen Sätzen scheint in Syntax, und Lexik die türkische Sprache mitzuklingen, ohne dass sie sich wirklich rekonstruieren ließe, so dass eine Art ‚dritte' Kunstsprache entsteht, durch die ein spezifisches Sprechen dieser Mutter über-setzt und vorgeführt wird.

> Ich kam aus dem Krankenhaus vor elf Jahren. Ich hab gesehen: der Garten war voll mit Polizisten, mein Kopf ist aus seinem Platz gesprungen, ich hab Nachbarn gefragt. Wahrscheinlich sind die hier für deinen Sohn, haben sie gesagt. [...] Warum soll mein Sohn geschnappt worden sein, hast du überhaupt Hausdurchsuchungspapier, habe ich gesagt, ich bin Analphabet. Er sagte ja. Also gehe ich ins Haus, such, habe ich gesagt. Das Haus wurde so voll mit ihnen, ich habe auf meinen Beinen gesessen, bin da geblieben, als ich fragte, was ist mit meinem Sohn, haben die gesagt. Dein Sohn ist Anarchist. (ibd.: 10)

In diesen in zweifacher Weise direkte Rede enthaltenden Sätzen stechen Ellipsen und ein ungewöhnlicher Einsatz von Interpunktion hervor, wodurch ein mit dem Erzählten korrespondierender gehetzt wirkender Erzählrhythmus im Stakkatostil entsteht. Dass sich die Ich-Erzählerin auch dieser Sätze nur so erinnert, als ob die Mutter sie „in Deutsch" gesagt hätte (cf. ibd.: 11), erscheint wie eine Art Distanz schaffende Schutzreaktion gegen den Schmerz und fungiert vielleicht als eine Art Verdrängung „krank gewordener türkischer Wörter".

Zur formal-stilistischen Inszenierung von Mehrsprachigkeit in der Erzählung *Muttersprache* zählt auch das Auftauchen einzelner türkischer Wörter im Text. Sie sind als fremdsprachige Einsprengsel durch Kursivdruck besonders hervorgehoben und stellen Erinnerungsfetzen und (identitäre sprachliche) Gebilde des Unterbewussten dar, die durch Zufallsbegegnungen oder Träume hervorgerufen werden: *Görmek* (‚sehen'), *Kaza gecirmek* (‚Lebensunfälle erleben') und *ISCI* (‚Arbeiter') (ibd.: 11f).

Der im Text thematisch inszenierte Verlust der und die Entfremdung von der Mutterzunge wird durch die formal-stilistisch mehrsprachige Modellierung, durch die sichtbaren und mitklingenden türkischsprachigen Elemente und Über-setzungsprozesse im Text relativiert. In dem deutschsprachigen Text ist die ‚Muttersprache' präsent, doch zugleich sind beide Sprachen durch Verfremdung in Bewegung geraten und erklingen in veränderter und neuer Weise zusammen.

4.2 Yoko Tawada

Der Essay *Der Schriftkörper und der beschriftete Körper* von Yoko Tawada kreist ebenfalls um die Phänomene Fremdheit der Sprache(n) und Sprachlosigkeit, die in ihren poetologischen Überlegungen schreibproduktiv erscheinen und als ästhetisches Verfahren wirksam werden. Prozesse des Sprachwechsel(n)s inszeniert sie als Grundvoraussetzung für ihr Schreiben:

> Die meisten Formen sind Mischwesen. Darin findet man verschiedene Sprachen und Gattungen: Ich schreibe auf Japanisch und auf Deutsch, Prosa und Theaterstücke, Literarisches und Theoretisches gleichzeitig. Die meisten Autoren hören auf, in einer Sprache zu schreiben, wenn sie in einer anderen Sprache zu schreiben angefangen haben. Das kann ich gut verstehen, denn eine Sprache versucht eine zweite, die in demselben Kopf wächst, zu zerstören. Jedes Mal, wenn ich intensiv an einem japanischen Text gearbeitet habe, kann ich keinen Text mehr in der deutschen Sprache verfassen. Mühsam krieche ich wieder *in die erneut verfremdete* [Hervorh. nicht im Original] deutsche Sprache hinein, blind und verletzbar, Schritt für Schritt taste ich Wörter ab, bis ich mich wieder im Schreiben befinde. Dann habe ich aber ein Gefühl, als hätte ich nie im Leben auf Japanisch geschrieben. Mir fällt kein japanisches Wort mehr ein, das mich zum Schreiben motivieren könnte. Alle Wörter sind tot, genauer gesagt, nicht die Wörter, sondern ich bin tot in dieser Sprache. Ich setze trotzdem japanische Schriftzeichen aufs Papier, eines nach dem anderen. Langsam fangen die Schriftzeichen an, Bilder, Wörter, Ideen hervorzurufen, um mit ihnen zu kommunizieren. Die Sprachen tun in einem solchen Moment so, als würden sie den Menschen bei einem Ausdruck helfen. Ich glaube aber nicht an den guten Willen der Sprachen. Sie sind die Monster, die am liebsten jeden „Ausdruck" zerstören wollen. Gerade diese Zerstörung habe ich bewußt als ein literarisches Verfahren gewählt. Ich will am Beginn jedes neuen Textes an den Punkt Null zurückgeworfen werden, den Punkt der Sprachlosigkeit, an dem kein Satz selbstverständlich einen Sinn produzieren kann. Mich zieht am meisten die Literatur an, die diese Ohnmacht der Sprachlosigkeit kennt. (Tawada 2000: 71 f.)

Das Schreiben in zwei Sprachen wird zum unaufhörlichen Prozess ihrer wechselseitigen Verfremdung stilisiert. Das Interagieren der Sprachen im Kopf, personifiziert als Monster, die jeden Ausdruck zerstören wollen und auch sollen, steht für ein ästhetisches, mehrsprachiges Schreibverfahren, welches ein Schreiben jenseits vorgefertigter Sinnproduktion erst ermöglicht und Wahrnehmung entautomatisiert bzw. neue Wahrnehmungsmöglichkeiten und Spielräume im Hinblick auf Kulturalität eröffnet. Die Erfahrung der *Ohnmacht der Sprachlosigkeit* wird zum stilistischen Prinzip, das Zurückgeworfenwerden an einen Punkt Null zur Voraussetzung für das Schreiben. So verstandene Sprachlosigkeit sowie die im Wechsel der Sprachen immer aufs Neue erfahrene und hergestellte Fremdheit der Sprachen sind Impuls und Bedingung für das Entstehen der Texte. Im performativen Prozess der Zeichensetzung zwischen Buchstaben und Ideogrammen wird ein Freiraum erdacht, der fortlaufend immer neue Bedeutungen hervorbringt, damit feste Zuschreibungen unterläuft und flüchtige, fortwährend neue sprachlich vermittelte Formationen und Wirklichkeiten schafft. Das Schreiben in zwei Sprachen wird zum Schreiben in zwei Fremdsprachen:

> Es gibt seltsamerweise viele Menschen in Deutschland, die gerne hören, daß man durch Migration etwas verliere.
> In meinem Fall habe ich dadurch, dass ich nach Hamburg kam, eine doppelte Fremdheit gewonnen. Dort bin ich einer Fremdsprache begegnet und habe meine Muttersprache als eine Fremdsprache neu entdeckt. (ibd.: 72)

Das Ausloten der Fremdheit der Sprachen und die Art, wie Yoko Tawada Sprachen und sprachliche Kontexte experimentell und spielerisch aufeinander bezieht und durch dieses poetische Verfahren Fremdheit wechselseitig herstellt, wird zum Beispiel in Texten aus ihrem Band literarischer Essays mit dem Titel *Überseezungen* vorgeführt. Durch die ungewöhnliche Zeichenkombination im Titel („Über*see*zungen") wird ein Spielraum für vielfältige Assoziationen und Mehrfachdeutungen gestaltet. In dem Titel verschmelzen verschiedene Wörter zu einem: *Übersee, Seezungen, Zungen* und damit metonymisch: Sprachen, wodurch zudem die Assoziation *Übersetzungen* evoziert wird. Zugleich wird durch diesen performativen Prozess der Zeichenverwendung ein neues Wort hervorgebracht: Überseezungen, die Zungen Übersees – *euroasiatische, südafrikanische* und *nordamerikanische* Zungen –, zwischen denen in diesem Band literarischer Essays Vorgänge des Über-Setzens spielerisch vorgeführt werden. Die mit der Buchstabenkombination graphisch erzeugte Vieldeutigkeit ist in der Performanz, in der Aussprache des programmatischen Titels nur durch Mehrfachartikulation mit Variation des Wortakzents wiederzugeben: *Über*seezungen – Über*see*zungen. Es entsteht ein „Sprachgefüge, das seine Dynamik gerade dadurch bewahrt, dass es nicht in Eindeutigkeit gerinnen muss." (Ivanovic 2010: 9) Durch dieses ästhetische Verfahren werden feste Zuschreibungen gleichermaßen zitiert und durchkreuzt, und gleichzeitig werden neue Wahrnehmungen ermöglicht.

In dem Text *Die Ohrenzeugin* aus dem Teil *nordamerikanische Zungen* werden vielsprachige Klänge und Stimmen, die u.a. aus einzelnen Bürotüren des Instituts für Fremdsprachen und Literatur in Cambridge klingen, zum Auslöser für Sprachenreflexionen und unterschiedliche Wahrnehmungen, die wiederum einen experimentellen Freiraum eröffnen:

> Hinter Setos Rücken sah ich die weit geöffnete Tür des Raumes Nr. 311. Französische Lautfragmente sprangen aus dem Raum hinaus, die heiter, spontan und reizvoll klangen. Sie drangen durch das Netz aus Setos Stimme und erreichten mich, ohne daß ich sie verstand. Plötzlich konnte ich Setos Englisch nicht mehr verstehen. Englische und französische Wörter vermischten sich, wirbelten in der Luft umher und lösten sich vom Ablauf der Klanggesten, die Bedeutungen zu erzeugen schienen. Eine Wolke aus fremden Lauten entstand und wuchs in meine Ohren hinein, der Materialüberschuß der Sprachen quoll über und rutschte über den Gehörsinn hinweg. Mir fiel das Wort ‚überhören' ein, ich hörte nichts mehr, ich überhörte alles. Aber was ist mit dem Wort „overhear"? Dieses Wort bedeutet doch, dass man zufällig etwas mitbekommt. Also hört man doch etwas, wenn man überhört? Es ist seltsam, daß Zwillinge, wie „überhören" und „overhear" fast gegensätzliche Bedeutungen haben können, nur weil sie an unterschiedlichen Ohren aufgewachsen sind.
> Ich schüttelte meinen Kopf, schüttelte dabei französische Scherben ab und konzentrierte mich auf Setos Stimme. In ihrem Sprachgewebe blieben Löcher, sie bestanden aus Atempausen, Füllwörtern, und auch aus Wörtern, die ich nicht kannte. (Tawada 2002: 105 f.)

Die französischen Lautfragmente bringen englische wie französische Wörter in Bewegung, durchmischen sie, bis sie sich von ihren Bedeutungen in festgelegten Abfolgen zu lösen beginnen. Durch diesen Prozess des Durcheinanderwirbelns werden neue „fremde" Laute sowie ein sprachproduktiver Materialüberschuss hervorgebracht. Im Spiel mit Interferenz (*überhören – overhear*) wird im „Überhören" die Möglichkeit der Wahrnehmung von Verwandeltem inszeniert. Im Gewebe der Sprachen entstehen „Löcher", die als Spiel- und Freiräume, als neues Hören inszeniert werden.

Selbst wenn ich eine Sprache inhaltlich und akustisch vollkommen zu verstehen glaube, gibt es viele Leerstellen. Diese Löcher dürfen aber nicht zugestopft werden, sonst kann man nichts mehr verstehen. Man braucht freie Plätze, auf denen die Bedeutungen zusammengebastelt werden können (ibd.: 106).

Die Zungen Übersees werden in den Texten Yoko Tawadas experimentell aufeinander bezogen als ein spielerisches Ausloten sprachlicher Abstände, Phänomene und Kontexte, als ein Herstellen vielfältiger inter- und intrasprachlicher Relationen und Fremdheiten und als Spiel mit Medialität. Darüber hinaus wird das Aufsuchen von „Löchern" und „Leerstellen" in Sprachen und Klängen über Sprachgrenzen hinweg inszeniert, wodurch von festen Sinnstrukturen befreite Spielräume für das Experimentieren geschaffen werden, in denen immer neue und dadurch in Bewegung gehaltene sprachliche Formationen performativ hervorgebracht werden könnten.

Literatur

Albrecht, Corinna 1997: „Überlegungen zum Konzept der Interkulturalität", in: Bizeul & Bliesener & Prawda (eds.) 1997: 116-122

Amodeo, Immacolata 1996: *„Die Heimat heißt Babylon". Zur Literatur ausländischer Autoren in der Bundesrepublik Deutschland,* Opladen: Westdeutscher Verlag

Amodeo, Immacolata 2008: „Über Sprachgrenzen hinweg. Für eine Ästhetik der literarischen Mehrsprachigkeit", in: Procopan & Scheppler (eds.): 110-121

Arnold, Heinz Ludwig (ed.) 2006: Literatur und Migration, München: edition text + kritik

Bizeul, Yves & Ulrich Bliesener & Marek Prawda (eds.) 1997: *Vom Umgang mit dem Fremden. Hintergrund – Definitionen – Vorschläge,* Weinheim / Basel: Beltz

Deckert, Renatus (ed.) 2007: *Schriftsteller über ihr literarisches Debüt,* Frankfurt/Main: Suhrkamp

De Florio-Hansen, Inez & Adelheid Hu (eds.) 2007: *Plurilingualität und Identität. Zur Selbst- und Fremdwahrnehmung mehrsprachiger Menschen*, Tübingen: Stauffenburg

De Florio-Hansen, Inez & Adelheid Hu 2007: „Einführung: Identität und Mehrsprachigkeit in Zeiten der Internationalisierung und Globalisierung", in: De Florio-Hansen & Hu (eds.) 2007: VII-XVI

Esselborn, Karl 1997: „Von der Gastarbeiterliteratur zur Literatur der Interkulturalität. Zum Wandel des Blicks auf die Literatur kultureller Minderheiten in Deutschland", in: *Jahrbuch Deutsch als Fremdsprache* 23 (1997): 45-75

Esselborn, Karl 2007: „Interkulturelle Literatur. Entwicklungen und Tendenzen", in: Honnef-Becker (ed.) 2007: 9-28

Honnef-Becker, Irmgard (ed.) 2007: *Dialoge zwischen den Kulturen. Interkulturelle Literatur und ihre Didaktik,* Baltmannsweiler: Schneider Verlag Hohengehren

Ivanovic, Christine (ed.) 2010: *Yoko Tawada. Poetik der Transformation. Beiträge zum Gesamtwerk,* Tübingen: Stauffenburg

Ivanovic, Christine 2010: „Vorwort", in: Ivanovic (ed.) 2010: 9-15

Knauth, Alfons K. 2004: „Multilinguale Literatur", in: Schmitz-Emans (ed.) 2004: 265-289

Krupp, Ute-Christine & Ulrike Janssen (eds.) 2000: *Zuerst bin ich immer Leser. Prosa schreiben heute,* Frankfurt/Main: Suhrkamp

Mecklenburg, Norbert 2006: „Leben und Erzählen als Migration. Intertextuelle Komik in „Mutterzunge" von Emine Sevgi Özdamer", in: Arnold (ed.) 2006: 84-96

Mecklenburg, Norbert 2008: *Das Mädchen aus der Fremde. Germanistik als interkulturelle Literaturwissenschaft,* München: Iudicium

Özdamar, Emine Sevgi 1998: *Mutterzunge. Erzählungen,* Köln: Kiepenheuer & Witsch

Özdamar, Emine Sevgi 2007: „Lebensunfälle, Schreibunfälle. Von Karawanserei zu Mutterzunge", in: Deckert (ed.) 2007: 291-297

Özdamar, Emine Sevgi 2008: „Meine krank gewordenen türkischen Wörter", in: Pörksen & Busch (eds.) 2008: 52-54

Pörksen, Uwe & Bernd Busch (eds.) 2008: *Eingezogen in die Sprache, angekommen in der Literatur. Positionen des Schreibens in unserem Einwanderungsland,* Göttingen: Wallstein

Procopan, Norina & René Scheppler (eds.) 2008: *Dialoge über Grenzen. Beiträge zum 4. Konstanzer Europa-Kolloquium,* Klagenfurt et al.: Wieser

Rakusa, Ilma 2008: „Der Tumult des Kopforchesters", in: Pörksen & Busch (eds.) 2008: 76-80

Schmitz-Emans, Monika (ed.) 2004: *Literatur und Vielsprachigkeit* (= Hermeia. Grenzüberschreitende Studien zur Literatur- und Kulturwissenschaft 7), Heidelberg: Synchron Wissenschaftsverlag der Autoren

Schmitz-Emans, Monika 2004: „Literatur und Vielsprachigkeit. Aspekte, Themen, Voraussetzungen", in: Schmitz-Emans (ed.) 2004: 11-26

Tawada, Yoko 2000: „Der Schriftkörper und der beschriftete Körper", in: Krupp & Janssen (eds.) 2000: 70-79

Tawada, Yoko 2002: *Überseezungen,* Tübingen: Konkursbuch Verlag

Ästhetik der Befremdung und die Logik der kindlichen Wahrnehmung im Werk Herta Müllers

Ulrike Stamm (Berlin)

Abstract

The following paper draws a connection between Herta Müller's ideas about the experience of being a stranger and her development of a specific poetic and textual strategy of estrangement which is interpreted as a transformation of these experiences in the field of aesthetics; in the second part of the paper I analyze the realization of these poetic strategies in the early story *Niederungen* and put this in relation to the logic of childlike perception.

Fremdheit ist – neben den Erfahrungen von familiärer und gesellschaftlicher Gewalt – eines der zentralen Themen im Werk Herta Müllers, die als rumänisch-deutsche Autorin nicht nur zwischen zwei Sprachen und zwei Kulturen steht, sondern darüber hinaus in der rumänischen Umgebung insofern doppelt marginalisiert war, als sie gleichzeitig der Minderheit der Banater Schwaben als auch der Opposition angehörte. Fremdheit ist in ihrem Werk aber nicht nur als – teilweise autobiographischer – Erzählinhalt virulent, sondern muss darüber hinaus als Antrieb und Ferment der von ihr entwickelten Poetik verstanden werden. Im Folgenden soll gezeigt werden, inwiefern Herta Müllers Auseinandersetzung mit den Erfahrungen von Fremdheit die von ihr entworfenen poetologischen Verfahrensweisen prägt, die allesamt als Strategien der Verfremdung gekennzeichnet werden können. Zunächst sollen dafür die verschiedenen Kontexte aufgezeigt werden, die für Herta Müller unmittelbar Fremdheit implizieren, um dann in einem weiteren Schritt deren poetologische Umsetzung – vor allem in der Technik des „Sprungs" –genauer zu bestimmen; abschließend soll dann unter Bezug auf den frühen Text *Niederungen* die Realisierung dieser Strategien in Ansätzen nachgezeichnet und in Bezug gesetzt werden zu der dort zentralen Topik kindlicher Wahrnehmung.

1

Herta Müller betont in vielen ihrer Texte den Zusammenhang von Fremdheitserfahrungen und Exklusionsprozessen. So veranschaulicht sie in literarischen und essayistischen Szenen immer wieder, wie eine bestimmte Position des Fremdseins durch Ausschluss- und Abgrenzungsvorgänge allererst geschaffen wird. Derartige Konstruktionen – und dies ist ebenfalls ein wichtiger Erkenntnisgewinn – müssen aber nicht einsträngig ‚politisch' motiviert sein, sondern haben durchaus polykausale Wurzeln. In dem kurzen satirischen Text *Meine Familie* etwa finden sich, repräsentiert durch die Haltung der „Leute im Dorf", grundsätzlich auch Verwandtschaftsverhältnisse innerhalb der Familie in Frage gestellt und dies als Ergebnis einer zwanghaften Abgrenzung gegenüber einem Außen, die in der Aussage gipfelt, „dass man einen Mann, der außerhalb des Dorfes noch eine andere Frau und ein anderes Kind hat, verachten muß, [...] dass das noch schlimmer als die reinste Inzucht ist" (Müller 2010: 16). Herta Müller charakterisiert hier durch ironische Zuspitzung eine Selbstdefinition der Dorfbewohner, die auf einer ins Absurde gehenden Grenzziehung gegenüber dem nächsten Dorf, dem benachbarten ‚Anderen', beruht.

Weitere von ihr beschriebene Ausschlussprozesse hängen mit ihrer marginalisierten Position als Angehörige der Banater Schwaben in Rumänien oder später als Rumänin in Deutschland zusammen. Zugleich analysiert sie die mit der Ausgrenzung einhergehende Internalisierung solcher Zuschreibungen, die die Selbstwahrnehmung verändern und zu einer Spaltung des Subjekts führen. In diesen Kontext fällt natürlich, gewissermaßen als dessen höchste Steigerung, auch ihre Erfahrung mit der Diktatur, in der sie als Oppositionelle verfolgt und schließlich sogar mit dem Tod bedroht wurde. Fremdheit erscheint somit in ihrem Werk immer als Ergebnis von Zuschreibungen und Marginalisierungen, nicht als ein in irgendeiner Weise vorgegebener und statischer Zustand.[1]

---

[1] Aus diesem Grund bestimmt Herta Müller ihre eigenen Fremdheitserfahrungen als durchaus punktuell: „An den Orten, an denen ich bin, kann ich nicht fremd im Allgemeinen sein. Auch nicht fremd in allen Dingen zugleich. Ich bin, so wie andere auch, fremd in einzelnen Dingen. Zu Orten kann man nicht gehören" (Müller 1992: 11).

2

Fremdheit ist für Herta Müller aber nicht nur als Ergebnis von Ausschlussprozessen präsent, sondern ebenso durch ein ‚sich Reiben' an den verschiedenen Sprachen, an denen sie teilhat. So wird ihr Schreiben, wie sie selber sagt, vom Gegeneinander dieser Sprachen bestimmt, also von der Konfrontation des Hochdeutschen mit dem Banater Deutsch und dem Rumänischen; diese verschiedenen Sprachen können und sollen dabei nicht ineinander überführt werden, sondern gerade in einer gegenseitigen Fremdheit verbleiben. Herta Müller geht es darum, dieses Zugleich verschiedener Sprachen auch im Sinne einer inneren Spannung aufrechtzuerhalten, weil dieses Mit- und Gegeneinander der Sprachen die Möglichkeit eröffnet, auch innerhalb der Sprache als ‚befremdende' – und das bedeutet hier auch: als befreiende – Wirkung produktiv zu werden:

> Es wurde immer öfter so, dass die rumänische Sprache die sinnlicheren, auf mein Empfinden besser zugeschnittenen Wörter hatte als meine Muttersprache. Ich wollte den Spagat der Verwandlungen nicht mehr missen. Nicht im Reden und nicht im Schreiben. Ich habe in meinen Büchern noch keinen Satz auf Rumänisch geschrieben. Aber selbstverständlich schreibt das Rumänische immer mit, weil es mir in den Blick hineingewachsen ist (Müller [s.a.]).

Die geschriebene Sprache selbst erscheint somit von einer jeweils anderen affiziert und es gibt keine Äußerung, die ein ungebrochenes sprachliches ‚Heimischsein' ermöglichen würde. Herta Müllers Schreiben ist insofern von dem Bemühen bestimmt, Sprache selbst mit Fremdheit aufzuladen, was nicht zuletzt in ihren sprachspielerischen Gedichten seinen Ausdruck findet. Diese gewissermaßen immer mitlaufende Erfahrung sprachlicher Alterität ist aber vor allem deshalb wichtig, weil sie Verwandlungen – und das heißt hier auch: Verfremdungen – ermöglicht; idealerweise überlagern sich somit in Herta Müllers Texten stets mehrere Ebenen und werden verschiedene Ausdrücke, Bilder oder Stimmen parallel hörbar.

3

Herta Müller analysiert in ihren Texten aber nicht nur, wie Fremdheit durch Ausschluss aus einer Gruppe und deren symbolischer Ordnung entsteht, sondern sie zeichnet auch sehr präzise jenen Prozess nach, durch den – infolge des Ausschlusses oder unabhängig davon – das einst Vertraute zu einem Unvertrauten, Fremden wird. So schreibt sie in *Der fremde Blick*: „Fremd ist für mich nicht das Gegenteil von bekannt, sondern das Gegenteil von vertraut. Unbekanntes muss nicht fremd sein, aber Bekanntes kann fremd werden" (Müller 1999: 11). Hier wird zum einen deutlich, dass Fremdheit für Herta Müller weniger mit irgendwelchen epistemologischen Ordnungen zu tun hat als vielmehr mit gesellschaftlichen Ein- und Ausschlussvorgängen; zum anderen aber erweist sich das Fremde damit als etwas, das gerade in nächster Nähe angesiedelt ist. Aus der Innensicht der Autorin oder ihrer autofiktionalen Figuren ist es nicht das Entfernte, sondern das ‚nahe Liegende', das Allernächste.

Auch diese ‚nahe' Qualität des Fremden ist wiederum eng mit den Erfahrungen der Diktatur verbunden. So kommentiert Herta Müller den ungebetenen Gruß einer Bekannten aus Rumänien:

> Ich kenne die Frau. Deshalb ist sie fremder als jede Fremde. Ich wollte sie nie kennen lernen. Sie hatte die Fremdheit für mich, die Freundschaft nicht zulässt. Die Frau stand für mich auf der anderen, auf der entgegen gesetzten Seite des Grabens, wie das in totalitären Lebensverhältnissen oft geschieht (Müller 1992: 37).

Hier wird der Ausschluss aus einer politisch-gesellschaftlichen Ordnung gewissermaßen aktiv angenommen und vollzogen, so dass Fremdheit als Ergebnis eines bewusst gewählten Abgrenzungsprozesses erscheint.

In ihren Texten schildert die Autorin nun häufig gerade jenen Prozess des Fremdwerdens, durch den das Subjekt aus einem scheinbar vertrauten Bereich vertrieben und das Nahe und Bekannte mit Fremdheit aufgeladen wird. Entscheidend ist aber, dass dieses ständige Fremdwerden von etwas Vertrautem dann auch den Vorgang der dichterischen Wahrnehmung bestimmt, wie Herta Müller in einem Gespräch mit Beverley Driver Eddy verdeutlicht:

> Der Blick fällt auf etwas, und es ist im Auge, und im nächsten Augenblick ist es was anderes. Es bewegt sich in sich, stürzt in eine andere Form. [...] Wenn man so lange Lebensangst hatte oder Todesangst – es ist ja dasselbe, seltsamerweise – die Angst ist der unheimliche Meister der Wahrnehmung. Wenn man Ängste eingeübt hat, weil einem nichts anderes übrig blieb, weil man damit leben musste, gehen sie nicht mehr weg (Eddy 1999: 332).

Die Erfahrung von Angst prägt somit die Wahrnehmung der Autorin und die sich in der Textgestalt kristallisierende „erfundene" Wahrnehmung;[2] sie bewirkt folglich eine ständige Verschiebung, durch die die betrachteten Dinge oder auch Personen immer wieder zu etwas Anderem, Fremdem werden.[3] In diesem fortwährenden Taumeln der Dinge oder Bilder, die in sich rotieren und von einer – durchaus schockierenden – Erfahrung in die nächste stürzen, sich also nicht als geschlossene Entität erweisen, wird jener Riss sichtbar, den Herta Müller als zentralen Aspekt ihres Schreibens postuliert:

> Beim Schreiben, will man dieses Hintereinander und all die Brüche fassen, muß man das, was sich im Fortschreiben des Gedankens zusammenfügt, zerreißen. Man zerrt am Geflecht der Sätze, bis sie durchsichtig werden, bis in der Reihenfolge der Worte im Satz und in der Reihenfolge der Sätze im Text die Risse durchscheinen (Müller 1991: 80 f.).

Herta Müller schildert damit zum einen jene für ihre Texte von Anfang an bestimmende parataktische Form, die den Zweck hat, Abstände und Leerstellen zwischen Worten und Sätzen offen zu halten; zum anderen aber lässt sich das Bemühen um das Sichtbarmachen von Rissen als verfremdende Bewegung deuten, die keine Annäherungen, keine Übergänge, kein Vertrautwerden zulassen will. Indem Worte und Sätze auseinandergerissen werden, setzt ein – im Kunstwerk sich immer erneuernder – Prozess der Verfremdung ein, der zugleich mit dem Riss auch die Differenz, das Unzusammenhängende des Wahrgenommenen und Dargestellten, betont.

Fremdheit wird bei Herta Müller daher in doppelter Weise profiliert – sowohl als poetisches Prinzip als auch als kritische Haltung. So formuliert sie in programmatischer Weise: „Die ideale Beziehung zu einer Umgebung ist aus meiner Sicht eine Fremdheit, an die man sich gewöhnt. Fremdheit kann nicht ausgetragen werden, weil sie eine Modalität der

---

2 Als „erfundene Wahrnehmung" beschrieb Herta Müller in ihren Paderborner Poetikvorlesungen ihr Schreibverfahren; gemeint ist mit diesem Terminus ein „Zusammenwirken von subjektiver und objektiver Welt, von Phantasie und Empirie" (Köhnen 1997: 130).

3 Julia-Karin Patrut macht das Motiv der Angst zum Ausgangspunkt ihrer Analyse der Werke Herta Müllers – dies ist der hier vorgeschlagenen Lektüre vergleichbar, doch wird hier ein anderer Fokus gesetzt, der stärker den Zusammenhang von existentieller und ästhetischer Fremdheit betont.

Wahrnehmung ist. Bewusste Wahrnehmung und kritische Sicht werden immer Fremdheit zur Folge haben" (Haines 1998: 20). Mit dieser Aussage proklamiert sie eine exterritoriale Position als Voraussetzung für kritische Distanz gegenüber gesellschaftlichen Zusammenhängen. Sie sanktioniert diese damit als politische Kategorie, aber eben auch als Wahrnehmungsmodus, der – zugleich mit der Distanz gegenüber dem Wahrgenommenen, dem Erfassen des Unvertrauten – einen freien Blick ermöglicht.[4] Fremdheit ist damit ein Modus der erfunden-wahrgenommenen Welt, die sich fortlaufend verändert und in diesem Uneins-Sein immer wieder neu als fremd erfahren wird. Mit dieser Technik der Verfremdung transformiert Herta Müller die bedrohliche Erfahrung von Verlust und Ausschluss zu einem poetischen Verfahren. Die in ihrem Werk gestalteten Alteritätsszenen führen somit weder zur Vermischung noch zur Abstoßung der aufeinanderstoßenden Elemente, sondern zu einer kontinuierlich erneuerten und literarisch wie sprachlich produktiv gemachten Be- und Entfremdung.

4

Die alterisierende Textbewegung wird aber nicht nur durch das Offenhalten der Risse zwischen Worten und Sätzen erzeugt, sondern ebenfalls durch die von Herta Müller so genannte Technik des „Sprungs", über die sie in *Der Teufel sitzt im Spiegel* schreibt: „Versucht man den Überfall der Unruhe beim Schreiben zu treffen, die Drehung, durch die der Sprung ins Unberechenbare einsetzt, muß man in kurzen Takten seine Sätze schreiben, die von allen Seiten offen sind, für die Verschiebung. Es sind Sprünge durch den Raum" (Müller 1991: 19).

Auch hier wird wieder ein parataktisches Verfahren als schreibtechnisches Äquivalent zur Erfahrung der Dissoziation angewendet. Die Sätze sollen keine ineinander übergehende Abfolge bilden, sondern zwischen ihnen tut sich unwillkürlich und gewissermaßen automatisch ein Ab-

---

4 Friedmar Apel (1991) beschreibt Herta Müllers Schreibverfahren als eines, das im Widerstand gegen die Wirklichkeit zu sich kommt, die versteinerten Verhältnisse auflöst und ins Rutschen bringt. Dies ist allerdings eher ein romantisches Prinzip, während es bei Herta Müller meines Erachtens zum einen um eine kritische Distanz geht, zum andern aber um eine Befremdung, die ein ‚zu sich kommen' gerade verhindert.

grund auf, der nur durch einen Sprung zu überwinden ist. Die Verknüpfung zwischen verschiedenen Elementen des Textes lässt somit keine harmonische Reihung zu, sondern muss die Konfrontation und einen Modus der gegenseitigen Fremdheit suchen, um damit eine grundsätzliche Offenheit des Textes zu ermöglichen. Wenn also – wie Norbert Otto Eke schreibt – Herta Müllers Prosa „die Wirklichkeit in einer kaleidoskopartigen Wahrnehmung fragmentiert" (Eke 1991: 17), oder wenn man wie Friedmar Apel ihr poetisches Prinzip als „Selektion und Kombination von Elementen" (Apel 1991: 27) beschreibt, dann lässt sich dies jeweils spezifizieren als ein Versuch, innerhalb des Textes Relationen herzustellen, die als Alterisierung in Erscheinung treten.

Bei aller Betonung des fragmentierten Charakters von Herta Müllers Prosa gilt es aber zu beachten, dass auch der Sprung eine Verbindung erschafft, wenn auch eine disparate – und zwar in dem Sinne, wie dies Herta Müller mit dem Prinzip der Collagen beschreibt, die ihre Protagonistin Irene in *Reisende auf einem Bein* erstellt:

> Sie musste lange suchen und vergleichen, bis zwei Photos zusammenfanden. Fanden sie einmal zusammen, so taten sie das von selbst. Die Verbindungen, die sich einstellten, waren Gegensätze. Sie machten aus allen Photos ein einziges fremdes Gebilde. So fremd war das Gebilde, dass es auf alles zutraf. Sich ständig bewegte (Müller 1995 c: 47).

An dieser Stelle wird ein weiteres Merkmal der ästhetischen Fremdheit des einzelnen Artefakts angesprochen, nämlich seine gerade durch die grundlegende Fremdheit erzeugte Potenz, allem ähnlich werden zu können. Gerade weil die Elemente der Collage – und das heißt auch des Kunstwerks – durch die Zusammenstellung einer Verfremdungsbewegung unterliegen, können sie sich an alles anfügen; innerhalb des Artefakts ergeben sich gerade aus der Spannung oder Abstoßung der ungleichartig zusammengefügten Teile immer erneuerte Prozesse des Fremdwerdens des literarischen Materials und damit das Paradox einer infiniten Beweglichkeit des literarischen Gebildes selbst.[5]

---

5 Insofern bezeichnet Karl Schulte Herta Müllers Texte zu Recht als Mobile (cf. Schulte 1997: 53 ff.).

5

Im Folgenden soll skizzenhaft gezeigt werden, wie diese Ästhetik des Sprungs und die mit ihr einhergehende Technik der Verfremdung – über den syntagmatischen Bereich und seinen parataktischen Reihungsstil – in der frühen Erzählung *Niederungen* aus dem gleichnamigen Band im Einzelnen gestaltet wird. Meines Erachtens geschieht dies hauptsächlich durch zwei verschiedene Verfahren: Erstens durch einen häufigen Perspektivwechsel ohne jede autorschaftliche Einordnung oder Kommentierung, was wiederum einen „Sprung" zwischen verschiedenen Sichtweisen darstellt, und zweitens durch die gesteigerte Bildhaftigkeit, wobei die unverbundene Abfolge der Bilder ebenfalls eine Verfremdung zwischen diesen bewirkt.

Obwohl in der Erzählung *Niederungen* vornehmlich aus der Sicht des Kindes erzählt wird, gibt es immer wieder einen unvermittelten Wechsel der Perspektive: So findet sich neben Zitaten oder kürzeren Erzählsequenzen der Erwachsenen, die die kindliche Wahrnehmung der Wirklichkeit ordnen oder sogar erst herstellen, auch eine Erzählstimme, die nicht die des Kindes sein kann; mittels dieser wird dann eine Außenperspektive eingeführt, die dem Kind so selbst nicht verfügbar wäre. Gleich im ersten Satz der Erzählung wird genau diese virulent: „Die lila Blüten neben den Zäunen, das Ringelgras mit seiner grünen Frucht zwischen den Milchzähnen der Kinder" (Müller 2010: 17). Der Ausdruck *Milchzähne* verdeutlicht, dass hier nicht das Kind spricht, sondern eine Erzählstimme, die jedoch nicht als übergreifende, ordnende Instanz fungiert, sondern ihrerseits in Partialität verharrt. Der zweite Satz bringt dann als weiteres Realitätsmuster die Stimme eines Erwachsenen ins Spiel, nämlich die des Großvaters, der drohend die Wirklichkeit für das Kind interpretiert: „Der Großvater, der sagte, vom Ringelgras wird man dumm, das darf man nicht essen" (ibd.).

Andererseits findet in dem Text – ebenfalls in der Kategorie des Sprungs erfassbar – ein permanenter Wechsel des Blickobjekts und der Blickrichtungen statt, der von Klaus Hensel auch als Emanzipation des Auges beschrieben wurde, das gewissermaßen autonom agiert: „Die Logik des Erzählens folgt der Bewegung des unverständigen Auges. Das Auge wird mit sich allein gelassen. Abläufe werden zerlegt und im harten Schnitt neu zusammengesetzt" (zitiert nach Eke 1991: 12). Aus dieser ‚Sprunghaftigkeit' des Auges resultiert dann auch das Potential jenes unmittelbaren Blicks, der Einzelnes plötzlich in Vergrößerung zeigt und damit ebenfalls verfremdende Wirkungen entfaltet. Wie Markus Steinmayr zu Recht betont, zerrt Herta Müllers Schreiben auf diese Weise „die Worte in die Bildlichkeit, eröffnet somit einen Raum, in den die Bilder taumelnd stürzen" (1997: 151).

6

Ich möchte abschließend auf eine Besonderheit des hier untersuchten Textes eingehen, nämlich auf die Perspektive des Kindes, die die alterisierende Bewegung des Textes aus verschiedenen Gründen unterstützt. Zum einen ist das Kind in einer gewissermaßen exterritorialen Position gegenüber den Erwachsenen; es bewegt sich scheinbar in der gleichen Welt, aber – wie der Text zeigt – eigentlich in einer ganz anderen Realität, die von eigenen Wahrnehmungsmodellen und Interpretationsmustern bestimmt ist; das Kind steht insofern am Rand eines Geschehens, das es weitgehend nicht beeinflussen kann. In der Kollision zwischen der kindlichen Wahrnehmung und den Deutungen und Vorschriften der Erwachsenen bricht somit eine Fremdheit auf, die deshalb umso eindrücklicher erscheint, als es sich um keine völlige Fremdheit handelt, sondern um eine vertraute Fremdheit.[6] So sind dem Kind die Erwachsenen, mit denen es zu tun hat, nah und fern zugleich, nah, weil sie seinen Weltzugang bestimmen, fern, weil sie unverständlich bleiben und außerdem nicht zugewandt sind, sondern gewalttätig.[7] Der Text kann aufgrund dieser Gleichzeitigkeit von Vertrautheit und Distanz gerade den Prozess der Befremdung, der Kollision zwischen den verschiedenen Perspektiven, aufrufen und dem Leser vor Augen führen.

So spiegeln die im Text inszenierten Risse und Sprünge nicht zuletzt die Abgründe, die sich zwischen der Sichtweise des Kindes und den Anweisungen und Deutungen der Eltern und Großeltern auftun. Gleich zu Beginn der Erzählung wird der kindliche Wunsch nach Einverleibung der

---

6 Astrid Schau verweist darauf, dass das Kind ebenso wie der Fremde nicht in demselben Maß in die symbolische Ordnung integriert ist wie seine Umwelt (cf. Schau 1997: 75).
7 Dies korrespondiert mit der Feststellung Michael Günthers, der in diesem Text eine „Dialektik zwischen einer Distanz im Sinne von Unbeteiligtsein und einer Nähe im Sinne von Betroffenheit" konstatiert (Günther 1991: 52).

Welt indiziert, weder das Essen von Ringelgras noch der Akazien ist erlaubt. Doch der Großvater droht dem Kind nicht nur mit Dummheit und Stummheit, sondern verordnet ihm auch die Kriterien zukünftiger Ziele bzw. Wünsche: „Du willst doch nicht dumm werden" (Müller 2010: 17). Bevor also die Perspektive des Kindes einsetzen kann, erlebt es die eigenen Willensimpulse schon als enteignet. Die Eingriffe der Erwachsenen sind aber, wo diese enteignend agieren, in letzter Instanz verwirrend: So wird der ins Ohr gekrochene Käfer durch Spiritus ausgetrieben, was bei dem Kind zu Schmerz und Schwindel führt; die Interventionen der Erwachsenen wirken somit gerade nicht ordnend, sondern bewirken eine Rotation der Welt und verhindern jede Orientierung.

Aber auch in einer zweiten Hinsicht unterstützt die Logik der kindlichen Wahrnehmung die Poetik der Verfremdung, sie steht nämlich einem Nichtwissen nahe, das die Dinge in einer für den Leser neuen Weise sieht und somit gewohnte Wahrnehmungsweisen durchbricht; da das Kind den Deutungen der Erwachsenen ausgeliefert erscheint, wird in der Kluft zwischen dem vermeintlichen Wissen des Großvaters und dem Verhalten des Kindes eine bedrohliche Be- oder Entfremdung wirksam. Das Nichtwissen des Kindes korreliert zudem mit seiner machtlosen Position in einer Welt, die ihm überlegen und unverständlich entgegentritt. Und nicht zuletzt verhindert die Tatsache, dass das Kind die Verhältnisse nur teilweise durchschaut und außerdem das eigene Erleben noch nicht deuten kann, dass innerhalb des Textes ein selbstreflexiver Kommentar zu einer klaren Deutung oder einer Zentrierung der Perspektive führen würde. Dieses narrativ vorausgesetzte Nichtwissen mag insofern dazu beitragen, dass die Brüche zwischen den Sätzen im Text nicht zu sehr mit Bedeutung gefüllt werden, wie dies in späteren Texten Herta Müllers vielleicht teilweise geschieht, was dann zu jener Mythisierung beiträgt, wie sie etwa Thomas Roberg (1997) für den Text *Der Mensch ist ein großer Fasan auf der Welt* beschreibt.

Drittens bietet die kindliche Perspektive mit ihrer auf Verwandlung zielenden Form der Wahrnehmung eine überzeugende Begründung für jene schon kurz angesprochene frei flottierende Bildlichkeit: Nicht nur imitiert das Kind in seinem Spiel Alltagserlebnisse und verändert diese in surrealer Weise – wie in den mehrfachen Spielen mit den aus Maiskolben gemachten Puppen –, sondern es kennt damit auch keine eindeutige Grenze zwischen Realität und Phantasie. Gerade die kindliche Logik mit ihrer selektiven Wahrnehmung verstärkt somit noch einmal jene Beweglichkeit der Visualität:

> Einzelnes wird bedeutsam, isolierte Elemente werden aus dem Strom des visualisierten Ganzen herausgegriffen; das Detail reiht sich jedoch nicht zur Serie, denn die kindliche Logik ist nicht linear, sondern erlebt im Neben- und Ineinander die Geburt von Wahrnehmung mit, die jeder kategorialen Überformung oder Subsumtion noch widersteht (Dawidowski 1997: 16).

Insofern gewinnen innerhalb der Erzählung alle Arten von Metamorphosen, im Sinne einer kindlichen Realisierung der erfundenen Wahrnehmung, eine geradezu zwingende Logik.[8] Die häufig durch Metaphern bewirkten Verwandlungen der Dinge und Menschen, die den Unterschied von realistisch und phantastisch aufheben und einen „Sprung" von Dingen zu Menschen, von Tieren zu Dingen und Pflanzen, von Fingern zu Spinnen, vom Dorf zur Herde ermöglichen, stehen ebenfalls im Dienste einer Poetik der Alterisierung, erscheinen zugleich aber als überzeugende Folge kindlichen Weltzugangs.

Im Ganzen ist also dieser infantile Blick aufgrund seiner inneren Gesetzmäßigkeit besonders geeignet, Herta Müllers Alteritätspoetik zu realisieren; dieser noch nicht zentrierende und rationalisierende Blick bietet gerade in der Kontinuität seiner proteischen Wandlungsfähigkeit einen Zusammenhang des Erzählten und des Erzählens, der in anderen Texten Herta Müllers – angesichts einer Fülle von fragmentierten Elementen – stellenweise verloren zu gehen droht. Wenn Ralph Köhnen auf die Doppelung verweist „von authentischer Erfahrung einerseits und demgegenüber sich verselbständigenden Sprachbildern, die über die Intentionen

---

8 Dass in diesem ersten Buch schon das Prinzip der „erfundenen" und damit verfremdenden Wahrnehmung zum Tragen kommt, verrät Herta Müller im Rückblick auf die Jahre in Rumänien: „Es waren Jahre des Frosches, die Jahre in Rumänien. [...] Vielleicht war in den Jahren des Frosches die Erfindung der Wahrnehmung die einzige Möglichkeit, die Umgebung zu verändern. Sie wurde nicht erträglicher. Sie wurde bedrohlicher. Doch hatte mindestens dieser Zusatz mit mir selbst etwas zu tun" (Müller 1991: 29). Es mag zudem mit dieser überzeugenden Form surrealer Verwandlungen zu tun haben, dass Herta Müller selbst über ihr erstes Buch sagt: „Bei diesem ersten Buch habe ich die Sprache als etwas Konkretes empfunden, nicht als etwas Abstraktes, als etwas, was ist wie ein Gegenstand, an dem man sich festhalten kann" (Müller 1995 a).

hinauswachsen und sie verzehren, ja autonome Schrifträume begründen" (Köhnen 1997: 137), dann sind diese beiden Pole in *Niederungen* durch den Rekurs auf die kindliche Logik in einer sehr spezifischen Mischung vorhanden und auf der literalen Ebene in selten gelungener Verklammerung und Vermittlung gestaltet.

Literatur

Apel, Friedmar 1991: „Schreiben. Trennen. Zur Poetik des eigensinnigen Blicks bei Herta Müller", in: Eke 1991: 22-32

Dawidowski, Christian 1997: „Bild-Auflösung: Einheit als Verlust von Ganzheit. Zu Herta Müllers ‚Niederungen'", in: Köhnen 1997: 13-26

Eddy, Beverley Driver 1998: „Die Schule der Angst. Gespräch mit Herta Müller, den 14. April 1998", in: *The German Quarterly* 72.4 (1998): 329-340

Eke, Norbert Otto (ed.) 1991: *Die erfundene Wahrnehmung. Annäherung an Herta Müller,* Paderborn: Igel Verlag Wissenschaft

Eke, Norbert Otto 1991: „Augen/Blicke oder: Die Wahrnehmung der Welt in den Bildern. Annäherung an Herta Müller", in: Eke (ed.) 1991: 7-22

Grün, Sigrid 2010: *„Fremd in einzelnen Dingen". Fremdheit und Alterität bei Herta Müller,* Stuttgart: Ibidem

Günther, Michael 1991: „Froschperspektiven. Über Eigenart und Wirkung erzählter Erinnerung in Herta Müllers ‚Niederungen'", in: Eke 1991: 42-60

Haines, Brigid (ed.) 1998: *Herta Müller,* Cardiff: University of Wales Press

Köhnen, Ralph (ed.) 1997: *Der Druck der Erfahrung treibt die Dichtung in die Sprache. Bildlichkeit in Texten Herta Müllers,* Frankfurt/Main: Peter Lang

Köhnen, Ralph 1997: „Über Gänge. Kinästhetische Bilder in Texten Herta Müllers", in: Köhnen (ed.) 1997: 123-139

Müller, Herta 1991: *Der Teufel sitzt im Spiegel. Wie Wahrnehmung sich erfindet,* Berlin: Rotbuch

Müller, Herta 1992: *Eine warme Kartoffel ist ein warmes Bett,* Hamburg: Europäische Verlagsanstalt

Müller, Herta 1995 a: „Der Wind spricht nicht, sondern die Menschen sprechen. Die Erzählerin Herta Müller über menschliches Verhalten, die Macht und die Sprache. Gespräch mit Alexander Dobler", in: *Frankfurter Rundschau* 159 v. 12.07.1995: 7

Müller, Herta 1995 b: *Der Mensch ist ein großer Fasan auf der Welt*, Reinbek: Rowohlt

Müller, Herta 1995 c: *Reisende auf einem Bein*, Reinbek: Rowohlt

Müller, Herta 1999: *Der fremde Blick oder das Leben ist ein Furz in der Laterne*, Göttingen: Wallstein

Müller, Herta (s.a.): „Wenn sich der Wind legt, bleibt er stehen oder Wie fremd wird die eigene Sprache beim Lernen der Fremdsprache", im Internet unter http://www.dhm.de/ausstellungen/goethe/katalog/mueller.htm [10. 11. 2010]

Müller, Herta 2010: *Niederungen*, München: Hanser

Patrut, Julia-Karin 2006: *Schwarze Schwester – Teufelsjunge. Ethnizität und Geschlecht bei Paul Celan und Herta Müller*, Köln: Böhlau

Roberg, Thomas 1997: „Bildlichkeit und verschwiegener Sinn in Herta Müllers Erzählung ‚Der Mensch ist ein großer Fasan auf der Welt'", in: Köhnen 1997: 27-43

Schau, Astrid 1997: *Das Land am Nebentisch*. Ansätze zu einer Poetik der Entgrenzung, in: Köhnen 1997: 63-79

Schulte, Karl 1997: *Reisende auf einem Bein*. Ein Mobile, in: Köhnen 1997: 53-63

Steinmayr, Markus 1997: „‚Ich wollte in der Tiefe der Bilder verschwinden' – Bildlichkeit als Lust am Text. Ein Versuch über ‚Der Teufel sitzt im Spiegel'", in: Köhnen 1997: 139-155

Interkulturalität als poetisches Verfahren: Vladimir Vertlibs Roman *Das besondere Gedächtnis der Rosa Masur*

Silke Pasewalck (Tartu)

Abstract

The use of interculturality as a poetic technique does not focus on the relationships between different cultures as the discipline of intercultural communication does. Poetic interculturality rather construes an alterity that will not tolerate any boundaries or marginalisation. This hypothesis is illustrated by analyzing the contemporary novel *Das besondere Gedächtnis der Rosa Masur* which was written in the German language by Vladimir Vertlib in 2001. The narrative construction, the narration technique and the basic motives of the novel deconstruct the model of homogeneous cultures and biographies by questioning the dichotomy of originality and fabrication as well as authenticity and fiction. Both the identity of the individual as well as that of a cultural community is shown to be unstable and ambiguous.

> Kultur – soweit sie diesen Namen verdient –
> betont ja gerade das Dazwischen unseres Daseins.
> Auch Sprache wird ständig neu erschaffen.
> (Vertlib 2007)

1 Einführung: Zum Begriff der poetischen Interkulturalität

Literarische Texte bilden ihrem besonderen ontologischen Status nach Wirklichkeit nicht ab, sondern erschaffen sie mit literarischen Mitteln neu. Das gilt auch dann, wenn die Literatur ihren Stoff der realen Welt entnimmt und in eine fiktionale Welt überführt. Eine literarische Interkulturalität ist deshalb grundsätzlich von einer kulturellen zu unterscheiden. Norbert Mecklenburg (2008: 213-237) hat die basale Unterscheidung zwischen kultureller und poetischer Alterität eingeführt und aufgezeigt, dass Literatur und andere Künste aufgrund der ihr eigenen Alterität eine besondere Disposition für die Gestaltung kultureller Alterität haben.

Er hat damit zum einen das „interkulturelle Potential" (ibd.: 231) von Literatur in den Blick genommen und dieses zum anderen an deren besonderen Status, nämlich *Literatur* zu sein, gebunden. An diese beiden Gedanken, nämlich dass Literatur eine eigene Alterität bildet und einen eigenen Wirklichkeitsstatus hat, möchte ich mit meinen Überlegungen anknüpfen, die auf die Begründung einer spezifisch literarischen bzw. poetischen Interkulturalität zielen.[1] Wichtig ist dabei meines Erachtens, dass literarische Texte Beziehungen zwischen Kulturen weniger abbilden als inszenieren. Leitend ist deshalb auch nicht so sehr die hermeneutische erkenntnistheoretische Frage nach dem Verstehen fremder Kulturen bzw. der Begegnung mit einer fremden Kultur. Stattdessen geraten die vielfältigen Formen und Spielarten literarischer Inszenierung von Kulturen, deren Konflikten und Interaktionen auf der Textebene selbst in den Blick. Es lassen sich verschiedene Formen von poetisch inszenierter Interkulturalität ausmachen, die heuristisch im Spannungsfeld von Subversion und Konstruktion begriffen werden können. Kulturen werden dabei nicht fixiert, sondern in ihren Formationen durch das Erzählte gleichermaßen infrage gestellt wie aufeinander bezogen. Dabei gilt für eine literaturwissenschaftliche Interkulturalitätsforschung die Prämisse, dass Kulturen nicht essentialistisch, sondern bedeutungsgeneriert und semiotisch begriffen werden.[2]

Im Folgenden möchte ich mein Verständnis von Interkulturalität *als* poetisches Verfahren an einem Romanbeispiel aus der deutschsprachigen Gegenwartsliteratur näher illustrieren: an Vladimir Vertlibs im Jahr 2001 erschienenem Roman *Das besondere Gedächtnis der Rosa Masur*. Erzählkonstruktion, Erzählverfahren und zentrale Motive des Romans dekonstruieren die Vorstellung von homogenen Kulturen ebenso wie die von authentischen Biographien, indem sie die Dichotomie von Originalität und Fälschung sowie die von Authentizität und Erfindung in die Schwebe bringen. Dadurch werden kulturelle Identitäten einerseits subvertiert, andererseits literarisch konstruiert. Der Romananalyse vorange-

---

1 Cf. hierzu auch Pasewalck 2010.
2 Dieses Kulturverständnis ist bei aller Diversität unterschiedlicher Begriffsdefinitionen grundlegend für die heutigen Kulturwissenschaften. „[E]ine fachübergreifende Präferenz für einen semiotischen, bedeutungsorientierten und konstruktivistisch geprägten Kulturbegriff" sei, so Ansgar und Vera Nünning, erkennbar (Nünning & Nünning 2008: 6).

stellt sind Vorbemerkungen zum Autor, zu den Bedingungen seines Schreibens und den Merkmalen seiner Poetik.

2 Vladimir Vertlibs *Lebensgeschichten*

Vladimir Vertlib wurde 1966 in Leningrad geboren und hat 1995 in Österreich mit der Erzählung *Die Abschiebung* debütiert, seither sind vier Romane, zahlreiche Erzählungen und ein Band mit Poetikvorlesungen erschienen: Auf sein Romandebüt *Zwischenstationen* aus dem Jahr 1999 folgte 2001 *Das besondere Gedächtnis der Rosa Masur*, dann der Roman *Letzter Wunsch* (2003) und im Jahr 2009 *Am Morgen des zwölften Tages*. Von seinen Erzählungen wären besonders die im Band *Mein erster Mörder* (2006) zusammengestellten „Lebensgeschichten" hervorzuheben.[3]

Ein Autor wie Vertlib, der einer ironischen Selbstbeschreibung nach ein „deutsch schreibender jüdischer Russe [ist], der zur Zeit in Österreich lebt"[4], lässt sich weder kulturell einordnen noch eindeutig topographisch lokalisieren. Mit der Migrationsliteratur hat er zentrale Themen wie Emigration, Landwechsel, Heimatverlust, wichtige Motive und nicht zuletzt den Sprachwechsel, in seinem Fall vom Russischen zum Deutschen, gemein. Auch liegt eine eigene Migrationserfahrung des Autors vor, die Vertlib wie folgt resümiert:

> Die Emigration meiner Eltern, die 1971 ihr Heimatland verlassen mussten, hatte mehrere Stationen: Israel – Österreich – Italien – Österreich – Niederlande – wieder Israel – wieder Italien – wieder Österreich – USA – und schließlich endgültig Österreich. Der Einwanderungsversuch in die USA endete mit Schubhaft und Abschiebung. Was ursprünglich nur als Übersiedlung aus der UDSSR nach Israel geplant gewesen war, entwickelte sich in der Folge zu einer Anzahl weiterer Emigrationen und Remigrationen, einer mehr als zehn Jahre dauernden Pendelroute zwischen verschiedenen Exilstationen (Vertlib 2007: 13).

---

3 In der literaturwissenschaftlichen Forschung wurde Vertlib bislang noch recht wenig untersucht, auch fehlt ein Eintrag im *Kritischen Lexikon zur deutschsprachigen Gegenwartsliteratur* (*KLG*). Eine positive Ausnahme ist das ebenso ausführliche wie einlässliche Nachwort zu seiner Poetikvorlesung von Annette Teufel und Walter Schmitz (Teufel & Schmitz 2007).

4 Mit diesem Zitat hat Vertlib seine fünfte Dresdner Poetikvorlesung überschrieben (cf. Vertlib 2007: 139-170).

Wenn Vertlibs Erzähltexte – wie für *Das besondere Gedächtnis der Rosa Masur* gezeigt werden soll – poetische Interkulturalität erzeugen, dann ist dies jedoch nicht zwangsläufig an die interkulturelle Biographie des Autors gebunden. Zwar sind Vertlibs biographische Erfahrungen, wie Annette Teufel und Walter Schmitz (2007: 201) zu Recht betonen, „eine Prämisse seines Erzählens",[5] aber eine interkulturelle Biographie ist keine (weder hinreichende noch notwendige) Bedingung für eine poetische Interkulturalität. Oder anders gesagt: Es gibt Vertreter der Migrationsliteratur, die keine interkulturelle Poetik geschaffen haben, während es umgekehrt sehr wohl auch Autoren und Autorinnen gibt, die dem Genre der poetischen Interkulturalität zuzurechnen wären, ohne dass sie eine interkulturelle Biographie vorweisen könnten.

Vertlibs Texten liegen zwar zweifellos biographische Erfahrungen zugrunde, die Texte selbst sind jedoch keine (Auto-)Biographien.[6] Seine fiktiven Geschichten strotzen vor „Lebensgeschichten", aber diese Lebensgeschichten sind mit Vertlibs eigenen Worten „die Erfindung des Lebens als Literatur".[7] Vertlibs fiktionale Welten verweisen zudem auf die politischen Katastrophen des zwanzigsten Jahrhunderts; in einer Nachbemerkung zu *Rosa Masur* schreibt Vertlib: „Der zeitgeschichtliche Hintergrund zu diesem Buch ist größtenteils authentisch. Einzelne historische Ereignisse und Details sind jedoch der Dramaturgie des Romans untergeordnet" (Vertlib 2001: 431). Seine Geschichten zeigen auf, wie die Geschichte sich auf den Alltag der Menschen auswirkt, was Geschichte mit den Menschen gemacht, in ihnen angerichtet hat. Nach abgeschlossener Lektüre seiner Bücher weiß der Leser aber eigentlich nur, dass es sich um Menschen handelt, deren Leben sich nicht so einfach festschreiben lassen kann. Zum einen kommen diese Lebenswege – und Lebenswege alias Lebensläufe darf man sich dabei ganz räumlich vor-

---

5 Annette Teufel und Walter Schmitz gehen näher auf das Verhältnis von Autobiographie und Fiktion bei Vertlib ein (cf. Teufel & Schmitz 2007: 201-209).
6 Vor allem Vertlibs erster Roman *Zwischenstationen* wurde häufig als Autobiographie missverstanden (cf. Teufel & Schmitz 2007: 201).
7 Mit der Fehleinschätzung seiner Texte als Autobiographien, vor allem des ersten Romans *Zwischenstationen,* setzt sich Vertlib in seiner ersten Poetikvorlesung „Die Erfindung des Lebens als Literatur" auseinander (Vertlib 2007: 9-42).

stellen – nicht an ein Ziel, sondern verbleiben zwischen Herkunft und Ankunft. Zum anderen zerbrechen in den Lebensläufen (Biographien) kulturelle Identitäten und Persönlichkeitsentwürfe.

In der Art und Weise, wie Lebensgeschichten und Lebensläufe bei Vertlib erzählt werden, manifestiert sich – wie zu zeigen sein wird – nicht nur die Brüchigkeit von Biographien, sondern auch die von Kulturen.

3 Das besondere Gedächtnis der Rosa Masur

3.1 Die falsche Dokumentation – zur Erzählkonstruktion des Romans

Vertlibs Roman weist in sich verschachtelte Handlungsstränge und unterschiedliche Erzählsituationen auf: So beginnt der Text in einer Kommunalwohnung in Leningrad, wo der Entschluss gefasst wird, zu emigrieren und sich auf den Weg ins Land der eigenen Träume zu begeben, ins französische Aix-en-Provence. Und mit der Ankunft auf dem dortigen Bahnhof, einem „Gebäude mit abbröckelnder Fassade" (ibd.: 429), endet der Roman. Doch diese Vor- und diese Nachgeschichte sind gesperrt durch zwei weitere Handlungsstränge. Denn die Reise von Leningrad führte nicht nach Frankreich, sondern in eine deutschsprachige Kleinstadt. Dort ist die Rahmenhandlung des Romans situiert, in die ihrerseits eine mehrfach unterbrochene Binnenerzählung, die den Hauptteil des Buches füllt, eingelagert ist. In dieser Binnenerzählung wird das Leben von Rosa Masur erzählt. Vor- und Nachgeschichte sowie die Rahmenhandlung des Romans werden auktorial erzählt, während die Binnenerzählung eine Ich-Erzählsituation aufweist.

Im Binnenraum des Romans entfaltet sich die erzählte Vergangenheit Rosa Masurs vom Anfang des zwanzigsten Jahrhunderts bis zum Beginn der 1950er Jahre: Kindheit in einem weißrussischen Stettl, Studium und Berufsjahre als Übersetzerin in Leningrad, Überleben während der Leningrader Blockade, Leben in der Sowjetunion in den Nachkriegsjahren. Fast 50 Jahre von Rosas Leben sind somit nicht erzählt. Der Rahmentext spielt hingegen in der Erzählgegenwart gegen Ende der 1990er Jahre, und zwar in dem fiktiven Städtchen Gigricht,[8] wohin Rosa Masur mit ihrem Sohn Konstantin (Kostja oder Kostik genannt) und dessen Frau Frieda emigriert ist.

Die Rede von Rahmen- und Binnentext ist insofern zulässig, als die Erzählung von Rosa Masurs Lebensgeschichten (Binnentext) durch ein Buchprojekt in Gigricht (Rahmentext) veranlasst wird. Erzählte Vergangenheit und Erzählgegenwart sind damit aufeinander verwiesen. Das bewirkt jedoch, dass Rahmen- und Binnentext sowohl formal auch als inhaltlich auf komplexe Weise ineinander verschränkt sind: In formaler Hinsicht geschieht das dadurch, dass der Binnentext durch den Rahmentext immer wieder unterbrochen bzw. gebrochen wird, was Erzählkontinuität in Rosa Masurs Lebensgeschichten verhindert.[9] Inhaltlich und motivisch sind Rahmen- und Binnentext aufeinander verwiesen, indem Rosa in Gigricht für ein Buchprojekt gewonnen wird, das das Erzählen der Vergangenheit erst anstößt. Das Buchprojekt ist ein geplantes Buch im Buch, „das der Integration und dem Verständnis der Lebenswelt von Zuwanderern dienen" (Vertlib 2001: 35) und den Titel „Fremde Heimat. Heimat in der Fremde" (ibd.) tragen soll. Die Publikation dieses Buches ist anlässlich des bevorstehenden 750-jährigen Jubiläums der Stadtgründung Gigrichts geplant und wird seitens der verantwortlichen Historikerin wie folgt erläutert:

---

8 Auch Vertlibs nachfolgende Romane spielen in Gigricht, wobei auch dort das in der Erzählgegenwart angesiedelte Gigricht zeitlich und räumlich mit dem *Fremden* und *Anderen* auf komplexe Weise verschränkt ist und in einen Verweisungszusammenhang gebracht wird (*Das besondere Gedächtnis der Rosa Masur*: Russland, *Letzter Wunsch*: Israel/Palästina, *Am Morgen des zwölften Tages*: das Verhältnis von Orient und Okzident). Dabei ist es wohl kein Zufall, dass es sich bei Gigricht um einen fiktiven, nicht näher lokalisierbaren Ort (in Deutschland bzw. Österreich) handelt. Die Wahl eines fiktiven Ortes als Schauplatz der Romanhandlung findet sich in der Gegenwartsliteratur etwa auch bei Christoph Hein, der seine Romane mit Vorliebe in dem fiktiven Ort Guldenberg (u.a. in *Horns Ende, Von allem Anfang an, Landnahme*) ansiedelt. Wie im Folgenden noch näher auszuführen sein wird, kann Gigricht als Gegenort eines *dritten Ortes*, einer interkulturellen Utopie, gelesen werden, die in den erzählten Welten von Vertlib ihrerseits – und auch das ist bezeichnend – nicht ausgeführt wird, sondern ex negativo – über Gigricht – und im Erzählen aufscheint.

9 Deutlich wird das gleich zu Beginn der Binnenerzählung (cf. Vertlib 2001: 42 f.).

Darin solle, stellvertretend für andere, jeweils ein Vertreter der in Gigricht lebenden Minderheiten durch einen detaillierten Lebenslauf und die Beschreibung seiner Lebensumstände in Deutschland vorgestellt werden: ein Türke, ein Kurde, ein Kroate, ein Serbe, ein Bosnier (die Stadt hätte zwar aus Kostengründen gerne nur einen einzigen „Jugoslawen" genommen, doch sei dies heutzutage natürlich nicht mehr möglich), ein Kosovoalbaner, ein Nordafrikaner (hier werde wiederum nicht nach den einzelnen Ländern differenziert [...]), ein Roma oder Sinti, ein aus Gigricht stammender Jude (ein Holocaustüberlebender habe sich freundlicherweise bereit erklärt, am Projekt mitzuarbeiten), ein Chinese, eine weitere Person, „die für alle verbleibenden kleineren Minderheiten stehen soll" (in diesem Fall sei es besonders schwierig, sich auf einen geeigneten Kandidaten zu einigen) und natürlich ein russischer Jude, nachdem in den letzten Jahren mehrere Familien aus der ehemaligen Sowjetunion sich in Gigricht niedergelassen hatten (ibd.).

Die Satire ist mit Händen zu greifen: Das Ansinnen, das dem „Integrationsprojekt" zugrunde liegt, einzelne „Vertreter der in Gigricht lebenden Minderheiten" auszuwählen, führt sich da, wo es sich explizieren will, selbst ad absurdum. Dem indirekten Zitat ist in hartem Bruch ein Gespräch „im Vorraum der Gigrichter Synagoge" (ibd.: 37) gegenübergestellt, bei dem sehr unterschiedliche Auffassungen zu dem Buchprojekt geäußert werden, die sich lediglich in der Bewertung einig sind, dass es nicht um die Migranten, sondern um andere Zwecke und Ziele gehe (cf. ibd.: 37 f.). Dabei sind nicht nur die kritischen Äußerungen zum Buchprojekt als direkter Kommentar zu lesen, sondern der Text desavouiert auch selbst die geplante Publikation: Anhand der Sprachunterschiede wird die sehr unterschiedliche Herkunft der „russischen Juden" offengelegt, um damit jene kulturelle Kategorie, unter der die kleine Gesellschaft im Vorraum von den Projektinitiatoren subsumiert wird, ad absurdum zu führen. Es ist die Kategorie „russische[ ] Juden" (ibd.: 37).

Rosa wird schließlich als Repräsentantin der russischen Juden für das Buchprojekt ausgewählt, und es werden Interviews mit ihr in russischer Sprache geführt, in denen sie ihr Leben erzählt. Kurz vor Abschluss der Interviews für das geplante Buch kommt es jedoch zu einem unvermittelten Abbruch des Projekts, und damit auch der erzählten Lebensgeschichte Rosas:[10] Der Chefredakteur des Gigrichter Tagblattes entdeckt

---

10 Cf. dazu Vertlib 2001: 403 f.: Nur mehr im Konjunktiv finden sich Hinweise auf Erlebnisse, die nun nicht mehr erzählt werden können: „Es wäre noch viel zu erzählen gewesen. [...] Vielleicht hätte Rosa von Kostiks Heirat erzählt

per Zufall, dass es sich bei dem Privilegium Gigrichtiacum, der Urkunde, auf die bisher das Stadtrecht zurückgeführt wurde, um eine Fälschung handelt. Diese Entdeckung bringt die Feierlichkeiten um das Stadtjubiläum zum Platzen, mitsamt dem Buchprojekt.

Das Buch im Buch wird also nie erscheinen und somit werden auch Rosa Masurs Lebenserinnerungen in der erzählten Welt nicht veröffentlicht.[11] Die Pointe dieser Konstruktion ist, dass Rosas Erinnerungen nie die Leserschaft erreichen, für die sie intradiegetisch aufgezeichnet wurden. Extradiegetisch erreichen die Erinnerungen eine Leserschaft, aber eben in Form eines literarischen Textes und nicht in Form einer geschichtswissenschaftlich betreuten Dokumentation. Vertlibs Roman ist somit zugleich ein Gegenprojekt zu dem im Roman geplanten Buch. Man könnte es so ausdrücken, dass Rosa Masurs Lebenserinnerungen, wie sie der Roman präsentiert, produktiv oder besser gesagt: konstruktiv an der intradiegetischen Intention, die im Erzählrahmen vorgegeben wird, vorbeierzählen. Und die implizite Aussage des Romans lautet denn auch, dass ein Buch mit dem Titel „Fremde Heimat. Heimat in der Fremde" besser nicht erschienen ist, da dieses Buch kulturelle und nationale Zuschreibungen doch nur bedient hätte, anstatt zur Integration beizutragen, was sein vordergründiges Motiv war. Das vermeintliche Integrationsprojekt hätte kein Ganzes wiederhergestellt, sondern eine Grenze, Abgrenzungen und Ausgrenzungen innerhalb der Gemeinschaft der Gigrichter Bürger bestätigt.

Wie aber sind Rosas Lebenserinnerungen im uns vorliegenden Text erzählt? Was ist der Vorteil der literarischen Gestaltung gegenüber einer geschichtswissenschaftlich betreuten Publikation von Lebenserinnerungen, wie sie seit den 1990er Jahren paradigmatisch von kultur- und geschichtswissenschaftlicher Seite als große Möglichkeit der Tradierung von Vergangenheit beschworen werden?

Denn der satirischen Absage an eine Interkulturalität, die die Grenzen zwischen den Kulturen nur bestätigt, statt sie – nur vorgeblich – zu überschreiten (wie beim Gigrichter Buchprojekt), steht nun das poetologische Programm gegenüber, solche Abgrenzungen zu dekonstruieren und zugleich im Erzählten und durch die Art des Erzählens eine poetische In-

---

und davon, wie die Schwiegertochter ins Haus kam. Aber vielleicht hätte sie gerade darüber geschwiegen."
11 So heißt es recht lapidar: „Leider sei die Publikation auf einen noch nicht feststehenden Zeitpunkt verschoben worden […]" (ibd.: 404).

terkulturalität zu konstruieren.[12] Dieser poetischen Interkulturalität geht es immer um das Zwischen-den-Kulturen und um Brüche innerhalb von Kulturen. Aus der Perspektive des Kindes ließe sich das mit Worten beschreiben, die sich in Vertlibs Romandebüt *Zwischenstationen* finden:

> Ich dachte manchmal, ich sei in Israel, dann wieder, ich sei in Rußland, bis ich verstand, dass beides stimmte. Das Haus war ein Teil Israels und Rußlands, der sich in einer fremden Welt namens Wien befand. Keine Frage, die Welt war wie eine Anzahl von Schachteln aufgebaut, die ineinanderpassten (Vertlib 1999: 31).

Diese Überlegung hat zur Konsequenz, dass es selbst da, wo nur eine Kultur aufgerufen wird, um das Dazwischen *innerhalb* dieser Kultur, also um intrakulturelle Konflikte, geht. Es ist deshalb auch nur konsequent, dass Vladimir Vertlib in seinem nachfolgenden Roman *Letzter Wunsch* intrakulturelle (nämlich innerjüdische) Konflikte zum Hauptthema gemacht hat.

3.2 Lauter falsche Dokumente – ein Leitmotiv und seine Funktion

Der Grund für das Scheitern des Buchprojekts war eine aufgedeckte Fälschung: Die Gültigkeit bzw. die Echtheit der Urkunde, auf die sich das Stadtrecht gründet, wurde infrage gestellt.[13] Die aufgedeckte Fälschung bildet einen Motivzusammenhang mit etlichen im Roman geschilderten Fällen von Urkunden- bzw. Passfälschungen. Fälschungen finden sich auf allen Ebenen des Romans, in der Binnenerzählung, im Rahmentext und in der Vor- und Nachgeschichte: Im Binnentext erzählt Rosa von einer jungen Frau, die sie Anfang der 1920er Jahre darum bittet, ihr einen Pass auf einen falschen Namen auszustellen. Rosa ist damals für die neu

---

12 Es ist eine der gezielten Pointen des Romans, dass ein Buchprojekt, dem die Auffassung voneinander getrennter Kulturen zugrundeliegt, sich als bloße Konstruktion, als Seifenblase erweist, während ein Buch, das Kultur als Dazwischen denkt und konstruiert, trotz oder wegen seiner labilen Konstruktion zu Ende geführt und publiziert werden kann.
13 Ganz ähnlich finden wir diese Motivik auch in *Letzter Wunsch*, wo das Begräbnis des Vaters abgebrochen wird, weil die Gültigkeit bzw. Echtheit eines Dokuments, in diesem Falle die „Übertrittsbescheinigung" der Großmutter zum Judentum, in Zweifel gezogen wird (cf. Vertlib 2003: 132).

eingerichtete Sowjetbehörde ihres Heimatortes tätig. Sie kennt die Frau als „Jewdokija Karaschtschuk", doch fordert diese nun, ihr einen Pass auf den jüdisch klingenden Namen „Rivka Rabinowitsch" auszustellen – was Rosa schließlich auch tut. Die Frau hatte sich von einer jüdischen Identität Vorteile versprochen, jedoch wird sich der (falsche) jüdische Pass später als Verhängnis Rivka Rabinowitschs alias Jewdokija Karaschtschuks erweisen (cf. Vertlib 2001: 112-119). In der Rahmenerzählung wird das Motiv in der Gigrichter Synagoge aufgegriffen, wo Rosa eine gewisse Chawa Rapoport kennen lernt. Chawa erzählt ihr davon, wie sie während des Zweiten Weltkrieges ihre Papiere verloren habe:

> Mit der Nationalität hat das eine ganz besondere Bewandtnis, habe ich dem Deutschen erklärt. Als das Ghetto von Minsk samt meinen Eltern und Geschwistern liquidiert wurde, ist meine Vergangenheit gleich mitliquidiert worden, auch die amtlich registrierte. Da hat man keine Aufenthaltsbestätigungen ausgestellt. Ich kann zwar verstehen, daß die Deutschen Wert auf Genauigkeit legten, und dass alles seine Ordnung haben muß, doch weder Geburtsurkunden noch Pässe oder sonstige Dokumente sind erhalten geblieben. Der ehemalige Partisan, den ich gegen Ende des Krieges geheiratet habe, ist Nichtjude gewesen, und ich habe die Gelegenheit genutzt – damals war das möglich –, um seinen Familiennamen anzunehmen, mir neue Dokumente ausstellen zu lassen und den lästigen Nationalitätenpunkt zu meinen Gunsten zu verändern (ibd.: 226).

In Ermangelung echter Papiere sei sie bei ihren Ausreisebemühungen nur durch Fälschung zu einem Pass gekommen, der sie vor deutschen Behörden als russische Jüdin ausweist. Chawa beschreibt den gefälschten Pass wie folgt:

> Es war verblüffend. Fast genau so einen Ausweis hatte ich vor dem Krieg besessen und sogar mein Name war eingetragen: Chawa Rapoport. [...] Alt und abgegriffen sah er aus, der Ausweis. Die Ränder eingerissen, Schrift und Stempel ausgebleicht. Ein richtiges Kunstwerk (ibd.: 230).

Auch auf der Ebene der Vor- und Nachgeschichte wird das Motiv der Fälschung aufgegriffen, liegt dem Entschluss Kostiks und mit ihm seiner Mutter, nach Deutschland zu emigrieren, doch recht besehen eine Fälschung, ein Betrug zugrunde: Kostik will das Los entscheiden lassen, ob er in Leningrad bleiben oder lieber emigrieren soll. Die Prostituierte Svetlana manipuliert die Entscheidung, indem sie auf beide Loszettel den Satz schreibt: „Fahren Sie" (ibd.: 19). Die Entscheidung zur Emigration ist damit letztlich der Manipulation des Loses geschuldet. Und auch die Reise nach Aix-en-Provence, die in der Nachgeschichte erzählt wird, ist letztlich in doppelter Hinsicht Illusion: Zum einen, da es ja nicht Kostiks originärer Wunsch ist, dem sie mit dieser Reise folgen, sondern Svetlanas Traum, zum anderen, da der Illusionscharakter von Aix-en-Provence angesichts der realen Enttäuschungen auf der Reise nur umso deutlicher hervortritt. So ist Rosas Erzählung eingelagert in eine manipulierte Entscheidung und eine illusionäre Reise.

Das Motiv lässt sich sogar in der satirisch motivierten Erzählkonstruktion auffinden, mithin in der darin begründeten Konkurrenz zweier Buchprojekte: Der Glaube an die Echtheit eines Dokuments bzw. einer Dokumentation liegt dem gescheiterten Buchprojekt im Rahmentext zugrunde. Denn dieses will ja, sanktioniert durch „das Institut für Geschichtsforschung der Stadt Gigricht" (ibd.: 36) die Lebensläufe und Lebensbedingungen der in Gigricht lebenden Minderheiten *dokumentieren*. Die wissenschaftliche Seriosität dieses Anspruchs wird zusätzlich dadurch unterstrichen, dass das Institut für Geschichtsforschung „mit den historischen Fakultäten einiger Universitäten zusammen[arbeite]" (ibd.). Dagegen reklamiert das zweite, dem entgegengerichtete Buch gerade keinen dokumentarischen Charakter für sich. Es ist vielmehr, mit den Worten Chawa Rapoports, „ein Kunstwerk" (ibd.: 230).

Ist hier der Umkehrschluss erlaubt, dass also ein Kunstwerk eine Fälschung ist? Haben wir mit Vertlibs Roman die Fälschung der wissenschaftlichen Dokumentation in Händen? Die Frage ist rhetorisch, denn sie ist falsch gestellt und muss lauten: Was ist überhaupt Fälschung und was Original? Denn das Motiv der Fälschung bildet nicht nur ein Leitmotiv, das übrigens auch im Roman *Letzter Wunsch* eine wichtige Rolle spielt, sondern es subvertiert diese Dichotomie, indem die Form und der Inhalt der Dokumente – literarisch inszeniert – in begriffliche Opposition gebracht werden und somit die Frage, was eine Fälschung und was ein gültiges und echtes Dokument ist, ad absurdum geführt und damit der Charakter von Dokumenten als kulturelle Zuweisungen grundsätzlich infrage gestellt wird. Dies sei am ersten erwähnten Beispiel erläutert: Rosa Masur stellt Jewdokija Karaschtschuk auf deren eigenen Wunsch hin einen Pass auf den jüdisch klingenden Namen Rivka Rabinowitsch aus. Der Inhalt, die kulturelle Zuweisung als Jüdin, ist falsch, aber das Dokument seiner Form nach fortan gültig. Der kulturelle Identitätswechsel ist offiziell vollzogen. Die Ironie der Geschichte ist, dass dem Dokument aufgrund seiner Form und der Funktion, Identität individuell und kulturell zuzuweisen und festzuschreiben, Glauben geschenkt wird. Das falsche Dokument gilt als echt.

„Fälschungen waren im Mittelalter gang und gäbe. Herrscher, Städte, Länder, ganze Regionen, aber auch Zünfte, sicherten sich auf diese Weise Privilegien und Vorrechte, die ihnen angeblich verliehen worden waren" (Vertlib 2001: 400). Diese Erläuterung findet sich in dem Zeitungsartikel über die Aufdeckung der ebenfalls gefälschten Urkunde, die nicht die Identität einer Person, sondern die Existenz einer Gemeinschaft, nämlich die der Stadt Gigricht, verbrieft. Das heißt nicht, dass alle Dokumente Fälschungen sind, sondern dass der Glaube, Dokumente stünden aufgrund ihrer Form immer für die Echtheit ihres Inhaltes, falsch ist. Dokumente sind verbriefte Konstruktionen von individuellen und kulturellen Identitäten. Damit sind kulturelle Identitäten, seien es die einer Gemeinschaft oder einer Person, auf ihren nicht-essentialistischen Charakter hin durchsichtig gemacht worden.

Das desavouiert jedoch nicht jede Rede von Kultur oder kultureller Identität, sondern lediglich jene, die ihrer Form nach Echtheit und Gültigkeit vorgibt. Literatur hingegen bestreitet allein aufgrund ihres ontologischen Charakters diesen Wirklichkeitsanspruch. Kunstwerke können deshalb keine Fälschungen sein. Und im besten Falle schreiben sie auch nichts fest, sondern tragen der grundsätzlichen Problematik kultureller Zuschreibung aufgrund ihrer künstlerischen Gestaltungsmöglichkeiten Rechnung. Wie diese Gestaltungsmöglichkeiten hinsichtlich kultureller Zuweisungen funktionieren, soll abschließend anhand literarischer Verfahren am Beispiel von *Rosa Masur* aufgezeigt werden.

3.3 „Sehe ich so aus, als würde ich solche Geschichten erfinden?"
Zum Verhältnis von Authentizität und Erfindung

Ein spezifisches Dokument und die Frage nach dessen Echtheit verdient in diesem Zusammenhang einige Aufmerksamkeit: Gegen die Konkurrenz anderer „russische[r] Juden" (ibd.: 34) hatte sich Rosa Masur mit einer besonderen Episode in ihrer Biographie durchgesetzt, deren Status – zwischen Authentizität und Fiktionalität – ungeklärt bleibt, gleichwohl sie wiederum durch ein Dokument belegt wird – gemeint ist die Stalinepisode. Sie stellt eine der satirischen Pointen des Romans dar: Um die unglaubwürdige Episode zu beglaubigen, legt Rosa der Kommission „ihren Beweis" (ibd.: 39) für deren Echtheit auf den Tisch – es handelt sich dabei, wie der Leser erst am Ende von Rosas Erinnerungen erfahren wird, um ein von Stalin höchstpersönlich unterzeichnetes Dokument, eine Studienempfehlung für ihren Sohn Kostik:

> Wespe hatte das Papier Silbermann gereicht, jener hatte den Inhalt bestätigt und erklärt, daß es echt aussehe, obwohl es sich natürlich trotzdem um eine Fälschung handeln könnte. Beide wirkten verstört, fassungslos. „Wenn das alles nur ein schlechter Scherz ist, dann ...", hatte Wespe gemurmelt. „Lassen Sie das Papier doch von ihren klugen Universitätsprofessoren analysieren", war ihr Rosa ins Wort gefallen und hatte beinahe Mitleid mit ihren verdutzten Gesprächspartnern empfunden. „Sehe ich so aus, als würde ich solche Geschichten erfinden?" (ibd.)

Das Verhältnis von Authentizität und Erfindung verbindet sich an dieser Nahtstelle der Romankonstruktion mit dem Erzählverfahren, das sowohl Rosas Erinnerungsarbeit betrifft als auch die Art und Weise, wie *Das besondere Gedächtnis der Rosa Masur* erzählt ist.

Die Geschichte basiert auf der sprachlichen Doppeldeutigkeit des Wortes *miteinander schlafen*.[14] In einer existenziellen Notlage behauptet Rosa, mit Stalin geschlafen zu haben. In der Bedeutung des Geschlechtsaktes ist dies eine Erfindung, in der Bedeutung, gleichzeitig zu schlafen, eine Tatsache. Die Behauptung wird jedoch, von Rosa gezielt inszeniert, in der ersten Bedeutung wirksam, und Rosa und ihr Sohn kommen unter den persönlichen Schutz von Stalin, der, obwohl über die *wahre* Bedeutung der Behauptung aufgeklärt, die *unwahre* Bedeutung mit dem persönlich unterzeichneten Dokument verbrieft. Durch die Mehrdeutigkeit der Sprache, mit der Rosa als Übersetzerin vertraut ist, kann ihre Erfindung nicht der Falschheit bezichtigt werden.

Die Stalinepisode bündelt damit zwei zentrale Aspekte: ein sprachliches Mittel (die Mehrdeutigkeit) und das Motiv der Dokumentfälschung (sein Inhalt verbürgt lediglich eine Laune des Diktators).

Doch die subvertierte Dichotomie von Authentizität und Erfindung ist nicht nur in dieser Episode nachzuweisen, sondern Charakteristikum des gesamten Erzählverfahrens, was anhand der Erläuterung des Titels abschließend gezeigt werden soll. Inwiefern handelt es sich um ein *beson-*

---

14 Das funktioniert im Russischen ebenso (*cpat' c kem-nibud'*).

deres Gedächtnis? Bezieht sich das Attribut *besonders* auf die Erinnerungen oder bezieht es sich auf die Art und Weise, sich zu erinnern? Erstere Lesart vertritt im Roman explizit der Bürgermeister Gigrichts, der bei dem Empfang der Projektteilnehmer Rosa mit den Worten schmeicheln will: „Ich finde ihr Leben äußerst beeindruckend" (ibd.: 415), wobei er das insbesondere an der Stalinepisode festmacht, auf die er wiederholt zu sprechen kommt:

> „Übrigens", sagte er [der Bürgermeister] schließlich. „Diese Szene in der Gemeinschaftswohnung in Moskau. Phänomenal! Wenn es nicht wahr wäre, könnte man es nicht besser erfinden." „Vielleicht hab ich's ja erfunden", meinte Rosa. Für einige Sekunden schaute er sie irritiert an, stieg unschlüssig von einem Bein auf das andere, bevor er schließlich zu lachen begann. „Nein, so etwas kann man nicht erfinden. Es wäre ja viel zu absurd, um nicht wahr zu sein!" (ibd.: 416)

Letztere Lesart, nämlich dass sich der Romantitel auf das Erinnern selbst bezieht, markiert wiederum einen Kontrast zwischen der Erzählintention im Rahmen- und den Erzählungen Rosas im Binnentext. *Besonders* ist das Gedächtnis der Rosa Masur dann insofern, als es keine bruchlose Biographie verbürgen will, sondern zwischen authentischer Erinnerung und Erfindung changiert und Brüche weniger kittet als mit Mut und Ironie in Szene setzt, wie bei der Stalinepisode schon gezeigt wurde. Rosa Masur, so könnte man sagen, beginnt, indem sie sich erinnert, zu erzählen. An die Stelle von authentischer Lebensgeschichte schieben sich Geschichten. Dabei vermischen sich eigene mit fremden Erinnerungen, Erfindungen mit Erlebnissen. Perspektivwechsel, Gegenstimmen (wie besonders die der verstorbenen Freundin Mascha), Brüche und absichtsvoll erzeugte Mehrdeutigkeiten und Widersprüche dienen diesem Erzählen im Angesicht von Brüchigkeit und Ambiguität.

4 Resümee

Das Konzept homogener Kulturen, Nationen oder Religionsgemeinschaften wird bei Vertlib gleichsam infrage gestellt. Seine literarischen Figuren sind Mehrfachidentitäten, wie etwa Rosa Masur, die sowohl Russin als auch Jüdin, aber vor allem Rosa Masur in Gestalt ihrer Geschichten ist. Dasselbe gilt für Gabriel Salzinger, den Protagonisten von

Vertlibs drittem Roman *Letzter Wunsch* (2003), der zwischen kulturelle Konstruktionen gerät und schließlich, von den Juden zum nichtjüdischen Deutschen erklärt, von den Deutschen als Jude ausgegrenzt wird. Man könnte sagen, dass Vertlibs Romane Benedict Andersons Konzept der *Imagined Communities* bzw. der *vorgestellten Gemeinschaften*[15] bestätigen, indem sie die essentialistische Vorstellung von homogenen kulturellen Gemeinschaften infrage stellen und stattdessen Menschen in den Blick nehmen, die *zwischen* kulturellen (auch religiösen) Gemeinschaften leben. Die Pointe ist dabei, dass Vertlib die innere Inhomogenität und Instabilität sogenannter homogener Kultur- und Religionsgemeinschaften freilegt. Die Identität der Menschen als in eine Gemeinschaft Eingeborene oder Zugewanderte werden ebenso dekonstruiert wie ein vermeintlich essentialistischer Kern dieser Gemeinschaften. Sowohl die Identität des Einzelnen als auch die einer kulturellen Gemeinschaft erweisen sich als instabil, brüchig, ambigue und uneindeutig.[16]

Literatur kann aufgrund ihres besonderen ontologischen Charakters sowie ihrer poetischen Verfahren kulturelle Identitäten – wie etwa das Leben der Rosa Masur – mit ihren Brüchen und Widersprüchen erzählen: Dem können Relativierungen, unterschiedliche Perspektiven, Paradoxien und Ambiguitäten in ihrer Form und Gestalt entsprechen.

Bei der aufgezeigten poetischen Interkulturalität geht es mir also nicht um Texte, die Beziehungen zwischen den Kulturen im Sinne einer interkulturellen Kommunikation thematisieren würden. Vielmehr hinterfragt (oder stärker: dekonstruiert) poetische Interkulturalität die kulturelle Alterität und konstruiert eine Alterität, die Abgrenzungen und Ausgrenzungen nicht zulässt.

---

15 Cf. Anderson 1983.
16 Annette Teufel und Walter Schmitz betonen in Bezug auf Vertlibs frühe Erzählung *Abschiebung* – aber dies ließe sich auch auf seine nachfolgenden Texte beziehen –, dass Vertlibs „Spiel mit Masken […] nichts mit jenem Spiel mit Identitäten zu tun [habe], wie es die sogenannte ‚Postmoderne' kultivierte. Vertlib ist ein moderner, kein postmoderner Erzähler. Die Masken, in denen der Ich-Erzähler sich präsentiert, sind dessen einzig vermittelbare, wenngleich instabile Identität" (Teufel & Schmitz 2007: 205). Dieser Einschätzung möchte ich mich anschließen.

Literatur

Anderson, Benedict 1983: *Imagined Communities. Reflections on the Origin and Spread of Nationalism*, London / New York: Verso

Joachimsthaler, Jürgen & Eugen Kotte (eds.) 2010: *Kulturwissenschaft(en). Beiträge verschiedener Disziplinen*, München: Meidenbauer

Mecklenburg, Norbert 2008: *Das Mädchen aus der Fremde. Germanistik als interkulturelle Literaturwissenschaft*, München: Iudicium

Mecklenburg, Norbert 2008: „Das Mädchen aus der Fremde. Über das Verhältnis von kultureller und poetischer Alterität", in: Mecklenburg 2008: 213-237

Nünning, Ansgar & Vera Nünning (eds.) 2008: *Einführung in die Kulturwissenschaften. Theoretische Grundlagen – Ansätze – Perspektiven*, Stuttgart: Metzler

Pasewalck, Silke 2010: „Literarische Interkulturalität – Überlegungen am Beispiel von Paweł Huelles Roman ‚Castorp' (2004)", in: Joachimsthaler & Kotte 2010: 159-172

Teufel, Annette & Walter Schmitz 2007: „Wahrheit und ‚subversives Gedächtnis'. Die Geschichte(n) von Vladimir Vertlib", in: Vertlib 2007: 201-253

Vertlib, Vladimir 1999: *Zwischenstationen*, Wien / Frankfurt/Main: Deuticke

Vertlib, Vladimir 2001: *Das besondere Gedächtnis der Rosa Masur*, Wien / Frankfurt/Main: Deuticke

Vertlib, Vladimir 2003: *Letzter Wunsch*, Wien / Frankfurt/Main: Deutikke

Vertlib, Vladimir 2006: *Mein erster Mörder. Lebensgeschichten*, Wien: Deuticke

Vertlib, Vladimir 2007: *Spiegel im fremden Wort. Die Erfindung des Lebens als Literatur. Dresdner Chamisso-Poetikvorlesungen 2006*, Dresden: Thelem

Vertlib, Vladimir 2009: *Am Morgen des zwölften Tages*, Wien: Deuticke

(Nicht) normale finnische Fahrten[1]
Überlegungen zu den Werken eines interkulturellen Autors in Finnland

Johanna Domokos (Los Angeles / Bielefeld)

Abstract

> This paper starts with a short overview of the manifold but fragmented developments in literary theory dealing with cultural interference. The four proposed modalities of inter-systemic cultural interference – pluricultural, intercultural, multicultural and transcultural – will be demonstrated through intercultural Finnish authors and their literary works. Positioning Roman Schatz into this context, his works are examined through the perspectives of normalismus studies. The last part of the paper considers the role of intercultural literature in expanding the normalcy spectrum of the Finnish literary field.

„Literatur beschränkt sich keineswegs darauf, in der Gesellschaft vorhandene Normalitätsvorstellungen lediglich zu affirmieren, sondern als eine Form von Probehandeln hat gerade Literatur die Möglichkeit, Normalitätsvorstellungen zu durchbrechen, das heißt, Normalitätsspektren und mit ihnen die Grenzen zwischen „normal" und „nicht normal" zu verschieben" (Parr 2011).

1 Literaturtheorien und die kulturelle Interferenz

Die Zunahme der mit *Welt-* zusammengesetzten Wortbildungen begann mit der Wende zum 19. Jahrhundert (siehe die damals entstandenen Worte *Weltwirtschaft, Weltverkehr, Weltmarkt, Weltöffentlichkeit, Weltpolitik, Weltliteratur* bei Koch 2005: 53). Gegenwärtig erleben wir eine ähnliche Flut in Bezug auf Komposita, die auf *-kultur* enden (z.B. aus dem Englischen *crosscultural, pluricultural, multicultural, metacultural, intercultural, transcultural* usw.). Während des 18. und 19. Jahrhunderts hatte die Globalisierung gerade den öffentlichen Diskurs erreicht. Heute

---

[1] Der Titel des Artikels ist eine Anspielung auf den Titel der Studie Gerhard 2003.

jedoch, immer noch tief eingetaucht in die Ideologie der homogenen Nationalkultur, müssen wir unsere intersystemische *-kultur*-Aufmerksamkeit verstärkt schulen. In Bezug auf die Literaturwissenschaft besteht die theoretische Herausforderung darin, den methodologischen Nationalismus zu minimieren und stattdessen die performativen theoretischen Begriffe *der Relationalität, der Symbiose, der Vielfalt* und *der Gleichzeitigkeit* zu stärken (z.B. Amelina 2010).

Literaturwissenschaftliche Theorien der letzten Jahrzehnte haben verschiedene Wege gefunden, um diesem Wandel zu begegnen und eine angemessene theoretische und terminologische Differenzierung der kulturellen Interferenzen zu finden für den größeren sozialen Kontext, mit dem sie in Verbindung stehen (z.B. multikultureller, transkultureller oder interkultureller Literaturdiskurs, Postkolonialismus, Queer Studies). Diese Forschung stellt sich als vielgestaltig, fragmentarisch und bisweilen verwirrend dar. Die Verwirrung ist eng verbunden mit den verschiedenen Akzentuierungen bei der Konzeptualisierung des Phänomens der kulturellen Interferenz. Mit der Wende vom 20. zum 21. Jahrhundert haben die lokalen Schulen ihren Bereich weit ausgedehnt und ihre Methodologien bekamen Anwendungsgebiete in literarischen Bereichen, an die man vorher nicht gedacht hatte. Das hat nicht nur mit der Verbreitung der hervorstechenden theoretischen Arbeiten zu tun, sondern auch mit den radikalen Veränderungen in den sozialen Bereichen, deren Teil die Literatur ist. Für einige wurden die Themen aus dem Nichts heraus in den literarischen Diskurs befördert, während andere wiederum lange darauf gewartet hatten; so etwa die Transkulturalität in der schwedischen, Multikulturalität in der finnischen und der Postkolonialismus in der samischen Literatur. Auf der anderen Seite waren die vier Modalitäten der kulturellen Interferenz, die interkulturelle, die multikulturelle, die transkulturelle und die plurikulturelle Interferenz, immer präsent in der Dynamik jedes einzelnen literarischen Gebietes, ob nun explizit oder implizit.

2 Finnische Gegenwartsliteratur und die verschiedenen Modalitäten der kulturellen Interferenz

Um die eben vorgeschlagenen Modalitäten zu veranschaulichen und den Autor, über den ich weiter unten sprechen will, einzuordnen, gebe ich einige Beispiele aus der Gegenwartsliteratur Finnlands. Das literarische Gebiet Finnlands ist aus verschiedenen, traditionell autonomen Feldern zusammengesetzt: dem finnischen, dem finnland-schwedischen, dem samischen, dem tatarischen und dem russischen. Im vorigen Jahrhundert besaßen diese Gebiete eine starke Identifikation über die Sprache, in der ein Autor publizierte, und so gab es eine enge Verbindung zwischen Sprache, Kultur, Literatur und Gesellschaft. Die sozialen Veränderungen der letzten zwei Dekaden (Immigration, Emigration, Remigration und ethnische Assimilation) haben dazu geführt, dass sich die Felder nunmehr als multilingual und kulturell divers definieren und ihre territoriale Referenz flexibler geworden ist. Migranten treten auch vermehrt als Autoren in Erscheinung und haben im letzten Jahrzehnt bei diesem Wandel eine immense Rolle gespielt. Auch wenn wir darin das Entstehen neuer ethnischer oder multiethnischer literarischer Felder ausmachen können, agieren die Autoren mit vielfachen kulturellen Scripts in der Praxis allein (z.B. Umayya Abu-Hanna, Roman Schatz, Alexis Kouros, Wilson Kirwa, Tao Lin und Yousif Abu al Fawz). Das hat, neben anderen Dingen, mit der geringen Anzahl Autoren aus derselben ethnischen Gemeinschaft zu tun, mit der relativ jungen Migrationsgeschichte des Landes, aber auch mit der vertikalen Achse (cf. Kap. 4) der finnischen Literatur. Die Tatsache, dass diese Autoren mit hybriden Modellen und fluiden Identitäten, mit mehrfachen kulturellen Ordnungen und Loyalitäten operieren, können wir als Abwendung von einem totalitätsorientierten, homogenen Kulturkonzept und als Hinwendung zu einem sogenannten bedeutungs- und interferenzorientierten Kulturkonzept interpretieren[2]. Diese Autoren haben einen paradigmatischen Wechsel in Gang gesetzt, zu dem traditionelle ethnische Literaturen nicht fähig waren (auch dies ein interessanter Punkt, den man näher analysieren sollte).

Die diachrone Multikulturalität sowie die zunehmende horizontale Diversifikation des literarischen Gebietes in Finnland manifestieren sich in vier Modalitäten an folgenden Beispielen:

1. Plurikulturell: wenn verschiedene kulturelle Ordnungen parallel zueinander existieren, aber Teil eines durchgreifenden Konstrukts sind, z.B. die finnischen und finnland-schwedischen literarischen Felder

---

2 Zu der differenzierungstheoretischen, totalitätsorientierten und bedeutungsorientierten Definition von Kulturen siehe Reckwitz 2000.

des zwanzigsten Jahrhunderts oder die ethnischen Positionen in den Romanen von Zinaida Lindén.
2. Interkulturell: wenn kulturelle Interferenzen zwischen definierten Aktanten dargestellt werden, z.b. zwischen den „Deutschen" und den „Finnen" in dem Buch *Der König von Helsinki* von Roman Schatz oder zwischen Esten und Russen in Sofi Oksanens international gefeiertem Buch *Puhdistus* (2008, dt. *Fegefeuer,* 2010).
3. Transkulturell: wenn kulturelle Ordnungen sich in einer Person oder einem Kollektiv überlappen und so zu einer kulturellen Hybridisierung oder einer ethnischen Fragmentierung im Kontext der kosmopolitischen Globalisierung führen, z.B. in Ranya ElRamlys *Auringon asema* (2002, dt. *Der Stand der Sonne,* 2004) oder Olavi Palttos *Juohkkásan várri* (1995, ‚Geteilter Hügel').
4. Multikulturell[3]: wenn Individuen oder Kollektive mehrere kulturelle Ordnungen in relativer Stabilität, aber oft geprägt durch nicht ausbalancierte Machtverhältnisse, ausüben, z.b. Kirsti Palttos *Guhtoset dearvan min bohccot* (1987, dt. *Zeit der Zerstörung,* 1997), Inger-Mari Aikio-Arianaicks Gedichte in Aikio-Arianaicks and Timars Buch, *Sámi suonat* (2009, dt. *Lebensrad,* 2009).

Poetologisch, wie es für die deutsch-türkische Literatur Özkan Ezli (cf. Ezli [s.a.]) konstatiert hatte, lassen sich auch in diesen in Finnland veröffentlichten Werken drei Modifikationen festmachen, die von einer *repräsentativ-interkulturell* getragenen Identitätskrise, in der die Herausforderung an die Einwanderer das Thema der literarischen Auseinandersetzung ist (Roman Schatz, Philippe Guicheteau), über eine *selbstreferentiell-transkulturelle* Schreibweise, die die kulturellen Interferenzen auf eine metasprachliche Ebene verlagert (Ranya ElRamly), bis zu einer *ethnographischen* Poetik reichen, die nun das Wesen der kulturellen Interferenzen über die Biografien der älteren Generationen erzählt (Sofi Oksanen, Kirste Paltto).

Im Folgenden werden die literarische Laufbahn sowie ein repräsentativ-interkulturell angelegtes Werk von Roman Schatz näher beleuchtet.

---

3 Bezüglich der Differenzierung von *multi-* und *transkulturell* siehe Sommer 2001: 48.

Johanna Domokos 127

3 Der literarische Werdegang von Roman Schatz

Roman Schatz ist 1960 in Überlingen geboren, studierte in Berlin Germanistik und Romanistik. 1985 verliebte er sich in eine Finnin und zog 1986 nach Helsinki. Damals gab es etwa 17'000 Ausländer in Finnland, heute sind es etwa 150'000, das heißt 2,7% der Einwohner. Schatz verfasste Deutschlehrbücher und Drehbücher für das finnische Fernsehen YLE sowie Rundfunksendungen für ein deutsches Publikum; heute arbeitet er als Schriftsteller, Sachbuchautor, Fernsehproduzent, Regisseur, Fernsehmoderator und auch als Schauspieler. Als Autor debütierte Schatz in Finnland 2005 mit dem zweisprachigen Werk *From Finland with love – Suomesta rakkaudella,* wo er im Namen aller kürzlich nach Finnland Eingewanderten spricht. In seinem zweiten Buch präsentiert er sich dem finnischen Publikum auf Finnisch mit dem Aufruf *Rakasta Minut* (2006, ‚Liebe Mich') und mit dem gleichen Buch für das deutsche Publikum als *Der König von Helsinki,* mit dem Untertitel *Oder wie ich der berühmteste Deutsche Finnlands wurde* (2008). Neben seinen autobiografischen Büchern sind zahlreiche literarische Werke bei auf Unterhaltungsliteratur spezialisierten Verlagen wie WSOY und Johnny Kniga in Finnland und beim Eichborn Verlag in Deutschland erschienen, z. B. *Euro* (2007, dt. *Telewischn!,* 2009), *Osta vokaali* (2008, ‚Kauf einen Vokal'), ein Band mit finnischen monovokalischen Nonsensgedichten, *Pravda* (2008) auf „Cowboy-Finnisch, -Deutsch und –Englisch", *Zoo – eläimellinen tarina* (2009, ‚Der Zoo – eine tierische Geschichte') sowie die 2010 erschienenen Bücher *Parturi* (‚Der Frisör') und *Käsikirja* (‚Das Handbuch').[4] Roman Schatz setzt durch seine multimedialen Werke der zur Einförmigkeit neigenden gesellschaftlichen Normalität interkulturelle (ethnische und sexuelle) Provokationen entgegen, um damit seine Texte und Filme für ein breiteres Publikum spannend und interessant zu gestalten.

In biografischer und ideologischer Hinsicht kann Schatz als Nachfolger von Neil Hardwick[5] angesehen werden; er hat, ebenfalls als Einwanderer – allerdings aus England kommend und zwei Jahrzehnte früher – ähnliche Wege genommen. Hardwick startete seine Karriere in der Mitte

---

4 Weitere filmische und musikalische Werke finden sich auf der Homepage von Roman Schatz unter http://roman.schatz.de/.
5 Für den Hinweis möchte ich mich bei Ewald Reuter bedanken.

der 1970er Jahre als Sprecher auf englischen Schulkassetten für die Elementar- und Sekundarstufe. In seinen zahlreichen bei YLE gesendeten Revuen und Humoresken erwies er sich als ein hervorragender Beobachter und Darsteller des finnischen Alltagslebens. Ebenso erfolgreich wirkte er als Kulturmediator zwischen England und Finnland. Neben Hardwick sind auch der in Polen lebende Steffen Möller sowie der in Berlin ansässige Wladimir Kaminer als interkulturelle Agenten der multimedialen Kunst zu nennen. In Finnland selbst gibt es außer der zweisprachigen Übersetzerin Tanja Roinila und Veera Kaski, ebenfalls eine zweisprachige junge Übersetzerin und Autorin, kaum Beispiele. Höchstens der außer in Kanada und Deutschland auch in Finnland lebende Wolfram Eilenberger bliebe noch zu erwähnen. In seinem ersten Roman *Finnen von Sinnen. Von einem, der auszog, eine finnische Frau zu heiraten* (2010) zeigt er eine ähnliche Schreibweise wie Roman Schatz. Eine vergleichende Analyse erscheint lohnenswert.[6]

Schatz' Werke tragen definitiv dazu bei, eine interkulturelle Perspektive in Finnland zu etablieren, die auf eine weitere Radikalisierung der Annahmen über universelle, ethnische und individuelle Merkmale von Ästhetik, Stil, Sprache, Epistemologien und Wertesystemen zielt. Seine Art von interkultureller Poetik fungiert wie ein Counter-Narrativ, ein Reflektor, ein Spiegel und Kanal von Transitwelten, in denen Kategorien wie kollektive und sexuelle Identität, Zugehörigkeit und kulturelles Erbe permanent subversiv unterlaufen werden. Während die verschiedenen Auto- und Heterostereotypen de- und rekonstruiert werden, hört auch die Suche nach Beziehungen mit Einzelnen und Gemeinschaften im speziellen Falle Schatz' nicht auf.

4 Interkulturalität bei Roman Schatz aus normalismustheoretischer Perspektive

Da die Analyse intersystemischer kultureller Interferenzen in der Gegenwartsliteratur Finnlands aus einer normalismus- und interdiskurstheoretischen Perspektivierung lohnend erscheint, soll Roman Schatz anhand des Schemas, das Rolf Parr im Artikel *Normalistische Positionen und*

---

6 Siehe noch die vor Kurzem erschienenen Bücher von Eberhard Apffelstaedt: *Finnen? Finnen!* (2009) und *Mehr Finnen? Mehr Finnen!* (2010).

Transformationen im Feld der deutschen Gegenwartsliteratur (2011) entwickelt hat, in der Matrix der finnischen Gegenwartsliteratur Finnlands so verortet werden, dass auf flexible Vorstellungen von Normalität Bezug genommen wird[7]. In seinem zweiten Schema führt Parr die beiden Achsen von Bourdieu – horizontal die der *Heteronomie* versus *Autonomie*, vertikal die der *Avantgarde* versus *Orthodoxie* – mit den Abstufungen der unterschiedlichen normalistischen Positionen zusammen. Als Beispiele für die höchste Ausformung des Hypernormalismus auf der Achse der Avantgarde dienen Parr dabei Charlotte Roche (Hypernormalismus der Unterbietung mit Pseudo-Normalisierung) und Sybille Berg (Abdeckung des gesamten Spektrums von flexiblem Normalismus bis Überbietungs-Hypernormalismus). Auf der gleichen Achse, allerdings näher in Richtung des Schnittpunktes der Bourdieuschen Achsen, ist für die Grenzen der expandierenden Durchbrechung nach unten (*Subnormalismus*) und nach oben (*Supernormalismus*) bei Parr John von Düffel als Beispiel für Überfüllung zu finden. Für die flexibel-normalistische Stufe (Orientierung an der Normalitätserfüllung) stehen Wilhelm Genazino und Urs Widmer (flexibler Normalismus). Die Autoren Dieter Wellershoff und Peter Weiss sind mit ihren normalistischen Positionen aber schon unter der horizontalen Achse von *Heteronomie* versus *Autonomie* angesiedelt, sie werden jedoch bei Parr noch in den Autonomiebereich gezählt. Zwischen den untersten zwei Positionen (proto-normalistische und normative) in den Achsenbereichen von *Orthodoxie* und *Heteronomie* lokalisiert, wird Rosamunde Pilcher als Beispiel genannt.

Die moderne Gesellschaft Finnlands lässt sich als flexibel-normalistisch (im Gegensatz zu normativ) charakterisieren; mit den Migrationsbewegungen der letzten zwei Jahrzehnte erlebte sie einen besonderen Anschub in Richtung kreative Grenzüberschreitungen. Neben Print- und AV-Medien ist auch die Migranten- und Minderheitenliteratur an der Dekonstruktion und Reproduktion normalistischer Subjektivitäten beteiligt, so dass sie ständig ihr eigenes kulturelles Verhalten wie auch das der ‚Fremden' hinterfragen und damit sich und andere anschaulich machen.

Gegenwartsliteratur, geschrieben von Autoren mit mehreren Hintergrundsprachen, stellen die Normalitätsvorstellungen der finnischen Gesellschaft verstärkt in Frage und versuchen, die Normalitätsvorstellungen

---

[7] Zum Konzept des Normalismus siehe die ausführliche historische und systematische Darstellung bei Link 1999.

zu erweitern, insbesondere in Hinsicht auf das Finnentum und auf die Grenzen von Inklusion und Exklusion. Werke finnischer Gegenwartsautoren und -autorinnen, die über mehrfache Kulturkompetenzen verfügen und mit stark nationenbezogenen Fremd- und Selbstbildern arbeiten, lassen sich in Parrs Schema, das er auf der Grundlage der Feldtheorie und der interdiskurstheoretisch fundierten Normalismustheorie entwickelt hat, hineinprojizieren und können dann vor dem finnischen Hintergrund ins Verhältnis gesetzt werden zu Sofi Oksanen, wobei dabei die Position von Hypernormalismus eine Rolle spielt, zu Zinaida Lindén als grenzüberschreitende Übererfüllung/Überbietung, und zu Ranya ElRamly als flexibler Normalismus oder Philippe Guicheteau als normalistische Exemplifizierung. Beispiele für Normativität und Protonormalismus können eher ältere interkulturell agierende Autoren geben (wie z.B. Otto Manninen). Rolf Parrs vorgestellte Matrix normalistischer Positionen kann komparatistisch arbeitenden LiteraturwissenschaftlerInnen als Grundlage für weitere interessante Analysen dienen.

Als Autor veröffentlicht Roman Schatz Texte, die ausnahmslos am Denkmodell flexibler Normalität mit einer interkulturellen Perspektive orientiert sind, wenn in der jeweiligen Akzentuierung auch durchaus verschieden. Sein Werk deckt sämtliche Positionen des flexiblen Normalismus bis hin zu einer geradezu programmatisch vorgetragenen hypernormalistischen Über- oder Unterbietung des Normalspektrums ab. Typisch für die Ästhetik seiner Texte sind dabei die Wiederholungsstrukturen im Kontext ethnischer und sexueller Alterität. Konzeptuell wie bei Charlotte Roche (cf. Parr 2011), bildet die ganze Reihe von beschriebenen Einzelerlebnissen und -erfahrungen bei Schatz ein Normalfeld, in dem trotz aller weiterhin durchgespielten De-Normalisierungen die einplanbare, deswegen tendenziell monotone Position des Überschreitens der Mittelmäßigkeit der vorgestellten „finnischen Normalität" bevorzugt wird. Mit solchen Szenarien stellen die Texte von Roman Schatz eine symbolische Umwertung dominanter Literaturformen im Feld der Gegenwartsliteratur Finnlands dar, durch die das Spektrum der Normalitätspositionen um die des Hypernormalismus (nach „oben" und nach „unten") erweitert wird. Dazu zwei Beispiele aus *Der König von Helsinki*:

Durchbrechung nach unten:

> Was ich wohl mache, wenn meine Popularität in Finnland irgendwann verblasst und sich niemand mehr für mich interessiert? Am besten, ich mache es

wie meine finnischen Promikollegen: Ich steche jemanden ab. Im Wochenendaffekt. Oder vielleicht doch lieber Sex mit Minderjährigen? Besoffen Auto fahren? Religiös werden? Oder nach Russland ziehen? (Schatz 2008: 248)

Durchbrechung nach oben:

Wie soll ich das Beste aus den beiden Kulturen machen? Vielleicht so wie die Gründerväter Finnlands, die sagten: „Schweden sind wir nicht, Russen wollen wir nicht werden, lass uns also Finnen sein!" Meine Version wäre dann: „Deutscher bin ich nicht mehr, Finne will ich nicht werden, also bin ich Europäer! (ibd.: 250)

5 *Der König von Helsinki* als Beispiel der (nicht) normalen finnischen Fahrten

Im Folgenden soll das auf Tabubrüche angelegte autobiografische Buch *Der König von Helsinki. Oder wie ich der berühmteste Deutsche Finnlands wurde* in einigen Details in den Blick genommen und seine experimentell-avantgardistische Position im Feld der finnischen Gegenwartsliteratur herausgestellt werden.

Dieses zweite Buch von Schatz trägt einen Titel, bei dem der Autor sich selbst zum König von Helsinki ernennt. Als interkulturell angelegte biografische Erzählung lässt sich Roman Schatz' Werk hinsichtlich der Titelauswahl mit Emily Ruetes *Memoiren einer arabischen Prinzessin* oder Bertolt Brechts *Der gute Mensch von Sezuan* in Bezug setzen. Kurz nach Erscheinen von Schatz' Buch gab der Eichborn Verlag 2008 einen interkulturellen Roman, *Der König von Mexiko* von Stefan Wimmer, heraus. Aber für Schatz war eher der Erfolg seines ersten Buches *From Finland with love* der entscheidende Anlass, das autobiografisch konzipierte zweite Buch als einen neuen Bestseller zu platzieren. Der rote Faden des Werks führt entlang der Sexualgeschichten des Ich-Erzählers namens Roman Schatz und seiner Familienmitglieder, abwechselnd in Deutschland und Finnland. Es beginnt mit der Beschreibung der ersten Selbstbefriedigungen und des Todes der Mutter, dann folgt die Liebesaffäre mit einer Finnin und die Übersiedlung nach Finnland; und schließlich endet der Erzähler nach mehreren Liebesaffären mit bisexuellen Geschichten und nach der Veröffentlichung des ersten Buches, das ein

Bestseller wurde, mit einem Monolog über seine tote Mutter. Daraus ein kurzes Zitat:

> Liebe Mama! [...] Ich bin ein großer Mann geworden, fast zwei Meter lang, obwohl du immer geraucht hast wie ein Schlot. Inzwischen bin ich Vater von mindestens zwei Kindern, Schriftsteller, Journalist, bekannt aus Funk, Fernsehen, Presse, Kino, Internet... ich bin berühmt am Arsch der Welt. Bist du stolz auf mich? [...]
> Finnisch spreche ich genauso gut wie die Finnen, und das erzeugt eine gefährliche Illusion. Die Menschen um mich herum glauben, dass ich genauso denke wie sie, nur weil ich genauso sprechen kann. Wenn ich merke, dass die trostlose finnische Lebensphilosphie in meinem Kopf Fuß zu fassen versucht, fliege ich sofort nach Hamburg zu Konrad. Ach stimmt ja, Mama, du hast meinen kleinen Bruder ja nie kennen gelernt. Prost!
> Hier in Finnland überlegt man sich ständig, woher man kommt, wohin die Reise gehen soll, wer man ist. Die Deutschen sind ein Haufen von versagten Konsumenten, die keine Ahnung haben, wo's langgeht. Eine Diskussion über Identität ist in Deutschland immer noch verboten" (Schatz 2008: 249 f.).

Wie der zitierte Text zeigt, arbeitet Roman Schatz in seinem Buch mit groben monokulturellen Zuschreibungen, fluide, hybride Räume lässt er kaum zu. Alle beschriebenen Charaktere sind mit einer klaren nationalen Identität ausgestattet, und wo Transkulturation ernsthafter der Fall ist (z.B. bei den Kindern), wird darüber nicht reflektiert.

In den medialen Selbstinszenierungen des Autors sehen wir einen Mann (siehe das Cover des deutsches Buches, das den Autor vor einer Saunatür auf der finnischen Nationalflagge sitzend zeigt), der, wenigstens mit den Händen sein Geschlechtsorgan bedeckend, offen in die Kamera, d.h. in die Augen der Leser blickt und mit einer ‚ehrlich' angelegten Stimme seine Erlebnisse, sexuellen Erfahrungen und seine national gefärbte Kritik an der finnischen Gesellschaft zum Ausdruck bringt. Beide Male, im Text wie auch in der Selbstinszenierung, wird Normalität zugleich unterlaufen und reproduziert. Die Taschenbuchausgabe (2010) des Bastei Lübbe Verlags zeigt eine deutliche Zurücknahme der Provokation gegenüber dem Cover von 2008. Die Darstellung der ausgewählten nationalen Stereotype haben eine eher unterhaltsame als kritische Referenz. Eine ähnliche Abmilderung weisen auch die jeweils beigefügten Lebensläufe im Vergleich auf, was nicht zuletzt auf eine Professionalisierung seines literarischen Weges zurückzuführen ist.

Wie der „König von Helsinki" das Beste aus seinem Leben macht, um sein persönliches Glück zu finden, ist aber nicht nur unter normalismustheoretischer Perspektive interessant. Der Text und seine Rezeption sind zudem geeignet, den Autor verschieden zu positionieren. Für Schatz' Text lässt sich hervorragend zeigen, dass er sich von den Spezialdiskursen der kulturellen Alterität und Sexualität inspirieren lässt und diese noch einmal durch korrespondierende Alltags- und Interdiskurse ergänzt. Die breite Rezeption des Textes und des Autors in den finnischen Medien fragt eben nicht bei dieser Gesamtstruktur nach, nimmt ganz selektiv einzelne der den Text ernährenden Spezialdiskurse auf und setzt sich mit deren jeweiligen Grenzen auseinander. So kann Schatz beispielsweise für die spezifische Migrantenposition im Erfolgsmodell Finnland vereinnahmt werden.[8] Letztlich aber führen die Indienstnahme solcher Spezialdiskurse, die im Text verarbeitet werden und die der Text verarbeitet, dazu, den literarischen Charakter dieses Textes gänzlich zu mißachten und damit Roman Schatz eine Autorposition im literarischen Feld vorzuenthalten.

Auch der Verkaufserfolg des zweiten Buches wurde gegenüber z. B. Sofi Oksanen (eine andere Erfolgsautorin) mit dem Verlust des kulturellen Kapitals ‚Hochkunst' erkauft. Wie bei Charlotte Roche (cf. Parr 2011) ist Schatz' Buch nicht mehr vom ‚massenmedialen' Umfeld der Literatur trennbar und kann daher fast einwandfrei in Journalismus transferiert werden.

6 Einige Schlussfolgerungen

Kritische Perspektiven, die auf kulturelle Interferenzen fokussieren und in plurikulturellen, interkulturellen, transkulturellen sowie multikulturellen Prozessen zu finden sind, stellen Antworten und Beiträge dar in einem schwerwiegenderen Sinn, sie zeigen, dass die kulturellen Normen, Werte, Glaubensvorstellungen und Haltungen ebenso wie die literarischen Gebiete relative und ephemere menschliche Konstruktionen sind: Es gibt nicht mehr – und es hat sie eigentlich nie gegeben – eine Welt der

---

8   Als Beleg für seine Erfolgsstory siehe die Website des führenden kommerziellen Career und Recruitment Service in Finnland: http://www.uranus.fi/en/opportunities/success/open.php?id=48219.

ewigen Wahrheiten, sondern lediglich eine Folge von relationalen und zeitgebundenen Konstruktionen.

Kulturelle Interferenz unterstreicht die Bedeutung des ‚zentralen Unterschieds' und der Diversität, die am Diskurs und an den sinnstiftenden Aktivitäten beteiligt sind, welche die literarischen Praktiken anleiten. Sie erinnert uns daran, dass wir Praktiken inkludieren sollen, die uns vor Vereinfachungen und vor Mechanismen der homogenen kulturellen Ideologie bewahren und die multikulturelle, interkulturelle, plurikulturelle und transkulturelle Diskurse öffnen.

Die interkulturellen Autoren Finnlands versuchen Komik, Humor, Satire, Parodie in den Dienst ihrer kritischen Kunst zu stellen. Zu ihnen zählt auch Roman Schatz, der mit burlesk-satirischer Verfremdung das „Gesellschaftlich-Komische" zu inszenieren versucht, um eine die gesellschaftliche Klarsicht fördernde Distanz zu schaffen. Diese Distanzierungstechnik kommt bei den Lesern in Bezug auf deren eigenes kulturelles Umfeld kaum durch und distanziert die Leser vom Text, da er die Ansprüche an eine interkulturelle Poetik nicht erfüllt.

Neben den hier erwähnten AutorInnen gibt es noch viele weitere, die sich als Agenten einer neuen dominanten Wissens- und Subjektivierungsform, die transformierend auf die Gesamtstruktur des literarischen Feldes der finnischen Gegenwartsliteratur wirkt, erweisen. Als Schriftsteller kann man in eine oder sogar mehrere Nationalliteraturen ‚einwandern' und sie noch nationaler und/oder internationaler gestalten. Diese Einflussnahme wurde bislang weder in der finnischsprachigen Literatur- und Kulturwissenschaft noch in den Feuilletons in seiner ganzen Beschaffenheit realisiert.

Literatur

Amelina, Anna 2010: „Searching for an Appropriate Research Strategy on Transnational Migration: The Logic of Multi-Sited Research and the Advantage of the Cultural Interferences Approach", in: *Forum: Qualitative Social Research/Sozialforschung* 11:1 (2010), im Internet unter http://www.qualitative-research.net/index.php/fqs/article/viewArticle/1279 [22.10.2010]

Apffelstaedt, Eberhard 2009: *Finnen? Finnen!*, Grevenbroich: Heiner Labonde

Apffelstaedt, Eberhard 2010: *Mehr Finnen? Mehr Finnen!*, Grevenbroich: Heiner Labonde
Bogdal, Klaus-Michael et al. (eds.) 2011: *Transformationen des literarischen Feldes in der Gegenwart: Sozialstruktur, Diskurse, Medienökonomien, Autorpositionen* (= Diskursivitäten 14), Heidelberg: Synchron (erscheint demnächst)
Ezli, Özkan (s.a.): „Narrative Diaspora in der deutsch-türkischen Literatur und im deutsch-türkischen Film. Eine andere deutsche Literatur- und Kulturgeschichte", im Internet unter http://www.exc16.de/cms/550.html#nav-function [22.10.2010]
Gerhard, Ute et al. (eds.) 2003: *(Nicht) normale Fahrten. Faszination eines modernen Narrationstyps*, Heidelberg: Synchron
Heintz, Bettina et al. (eds.) 2005: *Weltgesellschaft. Theoretische Zugänge und empirische Problemlagen*, Stuttgart: Lucius und Lucius
Koch, Manfred 2005: „Goethes ‚Weltliteratur' – Ein ambivalenter Erwartungsbegriff", in: Heintz 2005: 51-67
Link, Jürgen ²1999: *Versuch über den Normalismus. Wie Normalität produziert wird*, Opladen: Westdeutscher Verlag
Parr, Rolf 2011: „Normalistische Positionen und Transformationen im Feld der deutschen Gegenwartsliteratur", in: Bogdal 2011 (erscheint demnächst)
Reckwitz, Andreas 2000: *Die Transformation der Kulturtheorien. Zur Entwicklung eines Theorieprogramms*, Göttingen: Velbrück Wissenschaft
Schatz, Roman 2008: *Der König von Helsinki*, Frankfurt/Main: Eichborn
Sommer, Roy 2001: *Fictions of Migration. Ein Beitrag zur Theorie und Gattungstypologie des zeitgenössischen interkulturellen Romans in Großbritannien* (= Studies in English Literary and Cultural History 1), Trier: Wissenschaftlicher Verlag
Uranus.fi (s.a): „Roman Schatz – Foreign Integration", im Internet unter http://www.uranus.fi/en/opportunities/success/open.php?id=48219 [22.10.2010]

Zur Literarisierung des Blicks auf den Genozid in Ruanda in Lukas Bärfuss' *Hundert Tage*

Carlotta von Maltzan (Stellenbosch)

Abstract

> Lukas Bärfuss' novel *Hundert Tage* (2008; ‚A Hundred Days') describes events in Ruanda that led to genocide in 1994. They are narrated from the perspective of the Swiss development aid worker David Hohl who cannot help but locating these events both in a historical and global context. Taking Robert Stockhammer's observation that writing on the genocide in Ruanda is inevitably linked to writing Africa in general this paper investigates in what manner this novel draws on a wider Africa discourse and how the genocide is narrated.

Hundert Tage, der erste Roman des bis dahin vor allem als Dramatiker bekannten Schweizers Lukas Bärfuss über den Genozid in Ruanda 1994, erschien 2008. In ersten Einschätzungen wurde der Roman als „lesenswerter Unterhaltungsroman über die vielfältigen Irrtümer des ‚guten' Menschen und die Schwierigkeiten, das Fremde einzuschätzen" (Auffermann 2008: 3) eingestuft, er zeige aber auch,

> wie Afrika mit der Zeit ein Teil von uns wird – ein Teil der globalisierten Welt, in der das, was die entwickelten Nationen als Außenpolitik betreiben, zusehends auf ihre Innenpolitik zurückwirkt. Afrika wird zu einem Zerrspiegel des sich selbst unsicher werdenden Europa (Böttiger 2008).

In einer dritten Rezension heißt es sogar: „Das Wagnis, einen Genozid zu erzählen, meistert [Bärfuss] in dem Roman mit Bravour, weil er aus einer begrenzten, distanzierten Perspektive darauf blickt" (Magenau 2008). Diese drei Beurteilungen treffen den Kern der bisherigen Lesarten des Romans, dem trotz einiger formaler Schwächen, auf die verschiedene Rezensenten und ausführlicher Paul Michael Lützeler hingewiesen haben, allemal zugebilligt wird, „die Wirklichkeit des Bürgerkriegs in einem afrikanischen Land" (Lützeler 2009: 125) eingefangen zu haben. Im ersten des insgesamt in 29 Abschnitte gegliederten Romans gibt es einen

Ich-Erzähler, der, während draußen der Schnee in einem abgelegenen Gebiet des Schweizer Jura fällt, Zuhörer der Geschichte des Entwicklungshelfers David Hohl, seines aus Ruanda zurückgekehrten Jugendfreunds, wird. Er beobachtet Davids „innere Zerrüttung" (Bärfuss 2008: 5) und stellt fest: „er *ist* ein gebrochener Mann, muss einer sein, nach allem, was er erzählt und – was noch wichtiger ist – nach allem, was er mir verschweigt" (ibd.). Zwar wird die Rahmenerzählung am Ende des Romans (ibd.: 197) noch einmal aufgenommen (cf. Lüdemann 2010: 250), jedoch ohne dass der Erzähler nach dem ersten Abschnitt je wieder zu Wort kommt, ein Formfehler, der dem Roman von Lützeler und anderen zwar angelastet wurde, aber dennoch eine interessante Wirkung hat. Denn unvermittelt wird so der Leser selbst in die Position eines Zuhörers versetzt, der sich nun ein Bild von David Hohl und den geschilderten Ereignissen machen muss. Erzählt wird nämlich fortan aus der Ich-Perspektive des Schweizers, der voller Idealismus für die schon seit über 30 Jahren in Ruanda tätige Schweizer Direktion im Sommer 1990 im Alter von 24 Jahren in der Hauptstadt Kigali und dem kleinen Bergland Ruanda mitten im Herzen Afrikas eintrifft. Seine Erlebnisse, Erfahrungen und Begegnungen mit anderen Expats und Einheimischen während der folgenden vier Jahre seines Aufenthaltes machen den größten Teil des Romans aus, während nur indirekt und im letzten Viertel des Romans über die 100 Tage zwischen April und Juni 1994 berichtet wird, als die regierenden Hutus an der minderheitlichen Bevölkerung der Tutsis in ganz Ruanda und vor allem in der Hauptstadt Kigali Massaker verübten, denen etwa 800'000 Menschen zum Opfer fielen.

In seiner einschlägigen Studie *Ruanda. Über einen anderen Genozid schreiben* von 2005 stellt Robert Stockhammer u.a. fest, dass mit der Ratlosigkeit und Empörung über diesen Völkermord in den meisten Interpretationsmustern nicht das Land Ruanda in den Mittelpunkt rücke,

> obgleich das wirklich Unheimliche dieses Genozids ja darin besteht, daß Menschen gleicher Sprache, Tradition, Nation und Religion sich gegenseitig ermordet haben – sondern ‚Afrika' – obgleich dieser Kontinent in seiner Gänze so viele verschiedene Sprachen, Traditionen, Nationen und Religionen umfaßt, daß man enge Verwandtschaftsrelationen zwischen ihnen allen kaum postulieren kann (Stockhammer 2005: 134 f.).

Daneben bemerkt Stockhammer auch, trotz der Problematik eines Vergleichs zwischen dem Genozid in Ruanda und dem Holocaust, dass dieser nicht „ebenso als ein ‚europäischer' Genozid begriffen [wird] wie der Genozid in Ruanda als ein ‚afrikanischer'" (ibd.: 135), denn im Falle des Holocausts werden weder die Täter noch die Opfer als ‚Europäer' markiert. Dieser Vergleich, so Stockhammer (ibd.), mache deutlich, „wie stark das Schreiben über den Genozid in Ruanda mit dem Schreiben über ‚Afrika' im allgemeinen verschränkt" sei. Ausgehend von dieser Beobachtung Stockhammers soll im Folgenden untersucht werden, ob und auf welche Weise sich der Roman auf gängige Afrikabilder stützt, wobei auch die Frage erörtert werden soll, wie der Genozid im Roman erfasst und festgehalten wird.

Dass sich Bärfuss gängiger und tradierter Afrikabilder und Stereotypen durchaus bewusst ist, die sowohl zur Verklärung wie zur Verteufelung des Kontinents und seiner Einwohner, zur Identifizierung mit dem Programm der Befreiungskämpfer gegen die Kolonialmächte und Europas kolonialistische Verstrickung in die afrikanische Geschichte sowie zu den daraus resultierenden Schuldgefühlen führen, ist im Roman an dem Entwurf des Protagonisten David Hohl deutlich abzulesen. Er hat die „Autoren der Négritude gelesen, Cesaire und Senghor" (Bärfuss 2008: 18), auch Arthur Haleys *Roots,* und sagt: „Durch die Lektüre hatte ich begriffen, weshalb man den Anfängen wehren musste und sich Zivilcourage nie auf einen passenderen Zeitpunkt verschieben ließ" (ibd.). Doch schon in Brüssel beim Einchecken in die Maschine nach Ruanda, als David Hohl beobachtet, wie eine afrikanische Frau an der Passkontrolle wegen ihrer Nationalität und „Pigmentierung" (ibd.: 15) belästigt und beschimpft wird, und er intervenieren will, wird er nicht nur von den belgischen Zollbeamten abgeführt, sondern von ihr auch mit einem missbilligenden Schnalzen der Zunge abgetan, was ihn zutiefst verletzt. Diese Begegnung mit Agathe, die später in Ruanda seine Freundin wird, wird zu einem Schlüsselereignis des Romans, denn sie bestimmt sein Verhalten, ja seine Einstellung zu Ruanda und bestärkt ihn in dem Beschluss, nicht wie die anderen Expats in Kigali zu letzter Stunde im April 1994 „wie Ratten das sinkende Schiff [zu] verlassen. Ich bin hier, und ich werde bleiben. Bin kein Feigling. Werde nicht abhauen" (ibd.: 160). Von Anfang an ist David Hohl nämlich mit dem Widerspruch konfrontiert, trotz bester Absichten seine Ideale zurückstecken zu müssen, weil er wiederholt feststellen muss, dass „die Schwachen sich nicht helfen lassen wollten und die Hand zurückwiesen, die ich ihnen reichte" (ibd.: 18). Interessanterweise werden somit gleich zu Anfang des Romans Deutungsmuster und die Frage der Interpretation einer Situation, die dem eigenen kulturellen und sozialen Verständnis zuwiderläuft, zur Sprache gebracht. So versucht sich David Hohl das abblitzende Verhalten und „das abschätzige Grinsen" (Bärfuss 2008: 17) von Agathe damit zu erklären, dass sie

> keine Afrikanerin sei. Keine richtige. Bestimmt war sie von irgendwelchen Innenarchitekten adoptiert worden, die sich ein schokoladenbraunes Baby ins Interieur stellen wollten. Ihr war das fehlende soziale Bewusstsein nicht vorzuwerfen; sie verleugnete ihre Herkunft wie jeder Paria, der zum Parvenü geworden ist, zu einem Menschen, der jede Selbstachtung verloren hatte (ibd.: 19).

Zwar gehört die vor allem auf gegenseitiger Lust basierende Beziehung zwischen David Hohl und der Ruanderin Agathe, und damit zwischen „einem männlichen Europäer und einer Frau aus (ehemaligen) Kolonialgebieten, zu den oft variierten Topoi der abendländischen Literatur seit der Zeit um 1700" (Lützeler 2009: 116). Doch obwohl die Beziehung mit Agathes Tod an der Cholera in einem Flüchtlingslager endet, hat sie einen anderen Stellenwert als den unter Beweis zu stellen, dass sich „koloniales Denken [...] im festgelegten Mann-Frau-Schema durch-[setzt], in dem die Frau zum Opfer wird" (ibd.: 120). Vielmehr veranlasst die Beziehung zu Agathe den Ich-Erzähler von Anfang an, einerseits über seine Faszination für Agathe, die sich mit Lust und Gier, einem Gefühl der Liebe sowie mit Unverständnis und Abscheu paart, andererseits über die eigenen Beweggründe, seine Einstellung zum Land Ruanda und seinen Bewohnern zu reflektieren. Schritt für Schritt rekonstruiert er erinnernd seine eigene allmähliche Veränderung angesichts des drohenden Unheils des Genozids und sein eigenes Unvermögen, angemessen auf die sich anbahnenden Geschehnisse im Land zu reagieren. Seine Erzählung beginnt David Hohl nämlich mit dem Kommentar:

> Ich beschloss, die Vorfälle am Flughafen auf sich beruhen zu lassen, das niederträchtige Verhalten der Frau nicht dem gesamten schwarzen Kontinent anzulasten und den Afrikanern eine zweite Chance zu geben. Wenn ich klug genug gewesen wäre, hätte ich die Lektion gelernt und meine Ideale und Gründe, aus denen ich mich dieser Arbeit widmen wollte, in Zweifel gezogen (Bärfuss 2008: 20).

Er fügt hinzu: „Mein Land brauchte mich nicht, doch dort, in Afrika, war noch ein Tausendstel meines bescheidenen Wissens ein Reichtum, und diesen wollte ich teilen" (ibd.: 21). Als er Agathe endlich so weit hat, dass sie seiner Lust nachgibt, macht David Hohl sich vor, sich nicht nur sexuell mit ihr zu vereinigen: „Wir hatten das Kaff unserer Herkunft verlassen, waren ausgezogen, um alle Hindernisse der Herkunft und kulturellen Unterschiede zu überwinden" (ibd.: 109). Doch ohne dass David es recht merkt, entwickelt sich Agathe vor seinen Augen von einer an ihrem Land desinteressierten, in Europa ausgebildeten Studentin, die eigentlich so schnell wie möglich dorthin zurück möchte, in ihren Reden und ihrem Aussehen – sie rasiert sich den Kopf – zunehmend zu einer Anhängerin der radikalen Partei ihres Bruders. Ihre Radikalisierung, gekennzeichnet in politischen Reden und diffamierenden Äußerungen über Hutus, hält David jedoch nicht davon ab, sie mehr denn je zu begehren, auch wenn sie die Haushälterin Erneste in seiner Gegenwart zunächst ohne sein Einschreiten demütigt. Es ist also kein Wunder, dass sie sein Gerede über die Charta der Menschenrechte (cf. ibd.: 128) ignoriert und sich später über ihn lustig macht. Sie findet ihn sentimental und ritterlich, als er einen Bussard, den er davor bewahrt hatte, von seinem Gärtner Théoneste und dessen Neffen erschlagen zu werden, pflegt. Erst mit dieser abschätzigen Reaktion ist sie für ihn nicht mehr die Frau, die in Brüssel studierte „und abgesehen von ihrer Hautfarbe mir ziemlich ähnlich war. Jetzt gehört sie einer anderen Kultur an, ich sah die Nachfahrin afrikanischer Bauern, die in einem ewigen Kampf mit der Natur stehen" (ibd.: 132 f.).

Auf sehr subtile Art relativiert der Roman an dieser Stelle die Frage angeblich kultureller Unterschiede zwischen Europäern und Afrikanern in doppelter Hinsicht, und zwar am Beispiel des moralischen oder ethischen Bewusstseins, das für die Gleichheit aller einsteht und für Menschenrechte plädiert. Ein solches veranlasst nämlich David Hohl zum einen dazu, den Bussard zu retten, weil er seinem Gärtner und dessen Neffen zeigen will, „wie kostbar das Leben war, jedes Leben" (ibd.: 131). Doch als er feststellt, dass der Bussard sich an den Leichen, die während der 100 Tage vor seinem Haus liegen, gesund gefressen hat, hackt er ihm mit der Machete kurzerhand den Kopf ab. Zum anderen schickt David Hohl Théoneste, der, wie er wohl weiß, wie alle an dem Morden in Kigali teilnimmt, ihn aber dennoch in seinem Versteck mit Lebensmitteln und Wasser versorgt, und dem er die Kostbarkeit des Lebens, jeden Lebens, hatte beweisen wollen, bewusst in den Tod, weil er die Haushälterin Erneste, eine Tutsi, umgebracht hat: „Weil ich gerecht sein wollte, wurde ich schuldig, und als ich mich schuldig machte, fühlte ich mich gerecht" (ibd.: 184). Der Roman endet mit der Erinnerung an seine Missdeutung von Agathes Sterben. Das Schnalzen der Zunge im Todesmoment führt ihm endgültig sein Verkennen nicht nur ihrer Person, sondern auch seines eigenen Unvermögens und der Unsinnigkeit, ihr seinen Wert unter Beweis stellen zu wollen – Faktoren, die seinen Aufenthalt in Ruanda in großem Maße bestimmt haben –, vor Augen. Denn Agathe „sollte recht behalten, in allem" (ibd.: 196), weil sich die unüberbrückbare Differenz zwischen ihm als Europäer und Agathe als Afrikanerin nicht in ihren Erfahrungen und Wahrnehmungen, in ihrer möglichen kulturellen Differenz, sondern in der Frage nach der Berechtigung von Schuldzuweisungen und Erklärungsmustern zeigt. Diese Differenz wird deutlich, wenn David Hohl in die Schweiz zurückkehrt, „in das Land der Unschuldigen, und wen es aufnimmt, der wird auch unschuldig" (ibd.: 196). Aber so einfach ist es eben nicht, und das will der Roman von Lukas Bärfuss ebenfalls zeigen.

Es geht in diesem Roman nämlich auch um die Anprangerung der Entwicklungshilfe und ihrer Aufgaben, und insbesondere um eine Kritik an der angeblich neutralen Haltung der Schweiz und ihre Verstrickung in das diktatorische Hutu-Regime nach der Unabhängigkeit von 1962 und damit um Mitschuld an dem Genozid 1994. Lützeler (2009: 121) bezeichnet deshalb den Roman als „Anti-Entwicklungsroman im doppelten Sinne" insofern, als sich einerseits der Protagonist von einem produktiven und aktiven gesellschaftlichen Engagement am Ende desillusioniert verabschiedet und andererseits die Vorstellungen von ‚Entwicklung' und der Idee des Fortschritts im westlichen Sinne im Roman thematisiert und hinterfragt werden. Auch wenn durch die „monologische Erzählstruktur des Romans" (ibd.) andere Figuren nur aus der Perspektive Davids wahrgenommen werden, so werden doch am Beispiel seiner Kollegen in der Direktion, dem pflichtbewussten und engagierten Paul und dem zynischen, nach seinen eigenen Maßstäben lebenden Außenseiter Missland, Haltungen dargelegt, die die Verstrickung der Entwicklungshilfe in den Genozid zeigen. Paul wird beschrieben als einer, der Ruanda „vorbehaltlos liebt, und was er zuhause abgelehnt hätte, entschuldigte er hier großzügig" (Bärfuss 2008: 37). Als sich der Konflikt zwischen den Rebellen und Regierungstruppen zuspitzt, richtet sich Pauls Zorn auf die Rebellen (cf. ibd.: 89), weil er die Projekte und Arbeit von vierzig Jahren gefährdet sieht. Er stellt sich auf die Seite des Präsidenten, weil dieser schließlich für Ruhe und Ordnung sorgen würde. Ein Straßenbau wird genehmigt, Geld fließt in den Aufbau einer Radiostation, die, wie sich später herausstellt, für die Hetzpropaganda gegen die Tutsis verantwortlich war:

> Gut, es war nicht unsere Absicht gewesen, die Völkermörder das Handwerk zu lehren, es war gewiss nicht unsere Schuld, wenn sie das Radio zu einem Mordinstrument machten, aber irgendwie wurde ich trotzdem nie das Gefühl los, einem sehr erfolgreichen Projekt der Direktion zu lauschen (ibd.: 119).

Dem missionarischen Eifer Pauls und seiner Begeisterung für das Land setzt Missland Zynismus entgegen. Das ruandische Volk schätzt er im Grunde nicht anders ein als Paul, nämlich „als afrikanische Preußen, pünktlich, die Ordnung liebend, von ausgesuchter Höflichkeit" (ibd.: 50). Während Paul kurz vor Ausbruch der Massaker, als es bereits keine funktionierende Regierung mehr gibt, fassungslos auf die vielen Jahre seiner Tätigkeit in Ruanda zurückblickt, mit dem Gefühl „an der Nase herumgeführt" (ibd.: 151) worden zu sein, und die ganze politische Misere und das von der Entwicklungshilfe in Millionenprojekte investierte Geld, das keine Erfolge zeigt, auf „die verdammte Negermentalität" (ibd.) zurückführt und zudem noch feststellen muss, dass er an Aids erkrankt ist (cf. ibd.: 157), ist Missland derjenige, der die Lage in Ruanda realistischer einschätzt als alle anderen in der Direktion, denen aufgrund eines Berichtes der Internationalen Menschenrechtsföderation nun klar wird, dass die Morde in anderen Teilen des Landes „keine zufälligen Gewaltausbrüche, sondern von oberster Stelle organisiert waren" (ibd.: 142). Missland kommentiert diese Nachricht mit der Ansicht, dass die Geschichte des Landes seiner Meinung nach eine „große Lüge" (ibd.) sei:

> Kommen Sie mir nicht mit Stammesdenken, ethnischen Spannungen, Landnot und so weiter, das ist alles Mumpitz. In der europäischen Presse entrüsten sie sich darüber, weil es offensichtlich keinen plausiblen Grund für diese Morde gibt. Ja, braucht es denn das? Ich meine, würde ein guter Grund die Sache besser machen? Ein Blutbad, na, wenn es denn unbedingt sein muss, aber bitte liefert mir eine Erklärung dafür. Den Kerlen auf dem Balkan sehen sie die Vertreibungen, Vergewaltigungen irgendwie nach, schließlich steckt eine Idee dahinter, großserbischer Nationalismus, ethnische Säuberungen […], aber zumindest sterben sie nicht grundlos, sondern für eine Idee. Und vor allem jagt man ihnen eine Kugel durch den Kopf. So denken doch die intellektuellen Schreiberlinge in ihren wohlgeheizten Redaktionsstuben. Sie halten

die Mörder im Bugesera für Tiere, weil sie Macheten benutzen. Hat man Karl den Großen einen Barbaren genannt, weil er seine Feinde mit Äxten und Speeren tötete? (ibd.: 143 f.)

Von Missland, im Roman der einzige Expat, der Tutsi-Flüchtlinge rettet und in Sicherheit bringt, nämlich seine Tutsi-Frau Denise und 29 ihrer Angehörigen, wird hier eine Gegenüberstellung und ein Vergleich zwischen der Wahrnehmung von vergleichbaren Zuständen in Europa und in Afrika vorgenommen. Es ist an dieser Stelle, wo implizit der wirkungsmächtigste europäische Topos *Herz der Finsternis*, Titel von Joseph Conrads gleichnamigem Roman von 1899, und damit die Rede vom ‚dunklen Kontinent' in den Vordergrund rückt. Hier kann auch ein Bezug hergestellt werden zur expliziten Erwähnung des Topos gleich zu Anfang des Romans, ebenfalls im Kontext eines Gesprächs mit Missland. Dieser klärt David darüber auf, warum 200 verschiedene Organisationen gerade in Ruanda und beispielsweise nicht im benachbarten Katanga (im Kongo) arbeiten, warum es auf jedem Hügel ein Entwicklungsprojekt gibt und man dem Präsidenten das Geld sozusagen in den Hintern stopft. In Katanga nämlich herrsche Malaria, Krankheit und Hoffnungslosigkeit in jedem Gesicht und Missland beantwortet seine rhetorischen Fragen: „Niemand, auch nicht der größte Menschenfreund, tauscht freiwillig das Paradies gegen die Hölle" (Bärfuss 2008: 49). Ruanda ist im Gegensatz zu Katanga das „Land des ewigen Frühlings […], alles andere als das Herz der Finsternis" (ibd.). Zum dritten Mal aufgegriffen wird der Topos, als David Hohl, nun allein in Kigali zurückgeblieben, sich im Haus Amsar vor dem Morden draußen versteckt, Radio hört, in dem von dem Chaos in Kigali, „über die Hölle, die über das Land hereingebrochen war" (ibd.: 168), berichtet wird. Er erinnert sich daran, „dass man jenes Höllenland auch die Schweiz Afrikas nannte, nicht nur der Hügel und der Kühe wegen, sondern auch wegen der Disziplin, die in jedem Lebensbereich herrschte, und ich weiß jetzt, dass jeder Völkermord nur in einem geregelten Staatswesen möglich ist" (ibd.: 168 f). Die Mitschuld der Entwicklungshelfer und im erweiterten Sinne der Schweizer und Europäer an dem Genozid kommt zum Ausdruck, wenn David weiter reflektiert:

> Nichts liebt das Böse mehr als den korrekten Vollzug einer Maßnahme, und darin, das muss man doch zugeben, gehören wir zu den Weltmeistern. Das ist unser Stolz, die Voraussetzung für alles, was uns auszeichnet und was wir als so verbreitungswürdig betrachten, dass wir es ins Herz des schwarzen Kontinents trugen (ibd.: 169).

Wenn Bärfuss sich in der hier angeführten dreifachen Konstellation in Verbindung mit der Beschreibung des sich anbahnenden Genozids in Ruanda in den Jahren 1990 bis 1994, dessen Hintergründe und Vorgeschichte inklusive der Schweizer Beteiligung in Form von Entwicklungshilfe er akribisch recherchiert hat, auf den Topos von Afrika als dem dunklen Kontinent bezieht, dann dient ihm dieser nicht als Rekurs der unkritischen bzw. unreflektierten Aufnahme tradierter Afrikabilder in seinen Roman. Durch Ironisierung in der Gegenüberstellung der Aussagen verschiedener Figuren werden diese Bilder bewusst zitiert, reflektiert und damit zurückgewiesen. Stattdessen können sie als Mittel gelten, einen globalisierungs- und kapitalismuskritischen Blick zu entwickeln, der darauf hinweist, dass zwar alle Welt mit mehr als 200 Organisationen in Ruanda Entwicklungspolitik betrieb, aber keines der entwickelten Länder und keine der völkerrechtlichen Organisationen wie die UNO im entscheidenden Moment eingriff, als es darum ging, den Genozid in Ruanda einzuschränken oder gar zu verhindern. Wie Stockhammer im Verweis auf Michael Hardt und Antonio Negri darlegt, sind

> Globalisierungsprozesse [...] nicht länger eine bloße Tatsache, sondern auch Grundlage des Rechts. Auf der Basis einer Konzeption des ‚Ewigen Friedens', hat sich ein Interventionsrecht entwickelt, mit dem „das Recht oder die Pflicht" kodifiziert wurde, „auf dem Territorium anderer Subjekte zu intervenieren, um humanitäre Probleme zu verhindern oder zu lösen, die Einhaltung von Abkommen zu garantieren oder Frieden zu schaffen" (Stockhammer 2005: 142).

Die Art und Weise, in der Bärfuss nämlich den Genozid nie direkt, sondern in der gefilterten Sichtweise des Protagonisten David Hohl schildert, der zudem in einem Versteck überlebt, weil die Mörder ihn versorgen, legt ganz konkret das „Loch in der Globalisierung" (ibd.: 142) als denjenigen Ort offen, in dem die Verantwortlichen nicht intervenierten. In dieser Konstellation ist über die im Roman vorgenommene Kodifizierung der Genozid in Ruanda ein ‚dunkler Kontinent' oder ‚Herz der Finsternis' im doppelten Sinne, nämlich in der Verletzung von Menschenrechten *und* in der von den Verantwortlichen versäumten Verpflichtung, alles zu versuchen, um die Verletzung der Menschenrechte zu verhindern.

Es ist diese Einsicht in das doppelte Versagen, nämlich sowohl der Menschen Ruandas als auch der Weltöffentlichkeit, die David zu schaffen macht und die ihn zum Rückzug in den Schweizer Jura bewogen hat. Diesem Zusammenhang verleiht er Ausdruck, wenn er einerseits sagt: „Das Schlimmste ist der Gedanke, den ich in den hundert Tagen immer wieder hatte und der mich bis heute quält, dass es eine Symbiose gab zwischen unserer Tugend und ihrem Verbrechen" (Bärfuss 2008: 145) und sich andererseits fragt, ob „wir im Gegenzug auch das Ruanda Europas werden könnten" (ibd.: 169). In diesem Kontext wird die den Roman abschließende Äußerung des Protagonisten David Hohl, die bereits häufiger zitiert wurde, weil sie als die bisher schärfste Formulierung eines Schweizer Schriftstellers über Schweizer Zustände gilt, verständlich als eine Frage nach dem Zusammenhang von Verantwortung und Schuld:

> Unser Glück war immer, dass bei jedem Verbrechen, an dem je ein Schweizer beteiligt war, ein noch größerer Schurke seine Finger im Spiel hatte, der alle Aufmerksamkeit auf sich zog und hinter dem wir uns verstecken konnten. Nein, wir gehören nicht zu denen, die Blutbäder anrichten. Das tun andere. Wir schwimmen darin. Und wir wissen genau, wie man sich bewegen muss, um obenauf zu bleiben und nicht in der roten Soße unterzugehen (ibd.: 197).

Literatur

Auffermann, Verena 2008: „Krieg und Liebe in Kigali", in: *Die Zeit* 12/2008 v. 13.03.2008

Bärfuss, Lukas 2008: *Hundert Tage,* Göttingen: Wallstein

Böttiger, Helmut 2008: „Afrika, der tierhafte Abgrund. ‚Hundert Tage': Lukas Bärfuss' Roman über den Bürgerkrieg in Ruanda", in: *Süddeutsche Zeitung* v. 30.04.2008

Lüdemann, Lena 2010: *Zwischen Geschichte und Fiktion. Literarische Auseinandersetzungen mit dem Völkermord in Ruanda am Beispiel von Hans Christoph Buchs „Kain und Abel in Afrika",* Wissenschaftliche Hausarbeit zur Erlangung des akademischen Grades Bachelor of Arts der Universität Hamburg, im Internet unter http://www.slm.uni-hamburg.de/ifg2/pdf/BA-Arbeit_Lena_Luedemann.pdf [20.06.2010]

Lützeler, Paul Michael 2009: *Bürgerkrieg global. Menschenrechtsethos und deutschsprachiger Gegenwartsroman,* München: Wilhelm Fink

Magenau, Jörg 2008: „In der perfekt organisierten Hölle", in: *TAZ* v. 12.03.2008

Stockhammer, Robert (2005): *Ruanda. Über einen anderen Genozid schreiben,* Frankfurt/Main: Suhrkamp

Indianness in deutscher Indien-Literatur. Am Beispiel von Thorsten Beckers Historien-Legende *Die Besänftigung*

Manfred Durzak (Berlin)

Abstract

The concept of *Indianness* (Meenakshi Mukherjee) implies that Indian novels published outside of India in English contain a special structure of Indian elements for non-Indian readers. Their purpose is to legitimize the Indian character of the narration. Consequently novels written in India in one of the main Indian languages do not need these elements. My paper tries to analyze whether this is somehow also true for the novel *Die Besänftigung* by the German writer Thorsten Becker. His narration about the ancient Indian king Ashoka who created with brutal military force his grand kingdom Maurya 300 years B.C. and later as a Buddhist changed to a wise and human emperor enforcing Buddhism in Asia, depicts one of the central chapters of ancient Indian history. Becker's story is narrated by an elephant and overloaded with an abundance of Indian elements which instead of enlightening the reader confuse his way of understanding. I try to prove that his novel shows therefore all the signs of an aesthetical failure the Indian literary historian Meenakshi Mukherjee characterizes as *Indianness*.

Indianness als literarisches Wertungskriterium ist mit der Arbeit der indischen Literaturwissenschaftlerin Menakshi Mukherjee verbunden, die, kürzlich verstorben, sich in ihren kritischen Arbeiten vor allem mit den englischen Romanen indischer Autoren beschäftigt hat. Diesen Englisch schreibenden Schriftstellern unterstellt sie, mit den indischen Sujets ihres Schreibens in einer nichtindischen Sprache auf ein globales Publikum zu zielen. Durch suggestive Signale versuchten sie gleichsam, ein der historischen Realität enthobenes synthetisches Indien-Bild in ihrem Schreiben zu entwerfen, dessen ästhetische Berechtigung für indische Leser mehr als zweifelhaft sei. Zur Verdeutlichung bezieht sie sich in ihrem Essay *Divided by a Common Language* auf eine Beobachtung des argentinischen Autors Jorge Borges, dass im Koran, dem Inbegriff eines arabischen Buches, nirgendwo ein Kamel auftauche, weil das Kamel ganz selbstverständlich zur natürlichen Lebensumgebung des Propheten und seiner ursprünglichen Leser gehört habe. So verhielten sich auch die regionalen indischen Erzähler gegenüber den faktischen Details ihrer erzählten natürlichen Lebensumgebung, während für die Englisch schreibenden indischen Autoren gelte: „Since novels in English are read in many regions across the globe, there is perhaps an urgency to announce the specificity of India fairly early in the novel, or in the chapter headings, if not in the title itself" (Mukherjee 2000: 201). In ihren Augen ist das zweifelsohne ein ästhetischer Defekt. Und so wurde dieser Vorwurf der *Indianness* auch von einem prominenten Englisch schreibenden indischen Autor wie Vikram Chandra empfunden, dem sie nach einer Lesung in Delhi genau dies vorwarf. Chandra hat diesen Vorwurf in dem langen Artikel *The Cult of Authenticity. India's cultural commissars worship „Indianness" instead of art* in der *Boston Review* aufgegriffen. Er hat ihre Thesen ironisch zu widerlegen versucht, nicht nur im Blick auf Borges durch den Hinweis auf das andere arabische Buch, das als Inbegriff dieser Literatur gilt, nämlich *Tausendundeine Nacht*, wo Kamele und viele andere Tiere eine unübersehbare Rolle spielen, sondern auch durch die Feststellung, die Mukherjees erwähntem Zitat von Borges gilt:

> But an earlier draft of this essay was recently being discussed online, and two friends told me about a posting by a properly sceptical Fatima Hussain. Ms. Hussain searched on online Koran and found no less than eighteen mentions of the unprepossessing camel. So there is local color even in the holy book [...] (Chandra 2009).

Man könnte an dieser Stelle sicherlich die Frage stellen: Was hat der deutsche Autor Thorsten Becker[1] in diesem Kontext zu suchen, ein Autor, der zwar zu den reisefreudigsten Vertretern der schreibenden Zunft in Deutschland gehört und neben einigen anderen asiatischen Ländern auch Indien besucht und ein knappes halbes Jahr dort verbracht hat? *Indianness* erscheint bei Becker in dem Missverständnis, die Konkretheit und Nähe zur indischen Wirklichkeit und indischen Geschichte lasse sich dadurch erreichen, dass man in den eigenen Text möglichst viele sprachliche und historische Details des indischen Sujets ungefiltert aufnimmt, den eigenen Text geradezu mit entliehenen, punktuell indischen Mo-

---

1 Zu Thorsten Becker cf. den Essay von Peter Langemeyer (s.a.) in: *Kritisches Lexikon der deutschsprachigen Gegenwartsliteratur*: 2-11.

menten aufgeschwemmt, um zu dokumentieren, wie sehr man mit Indien und dem indischen Thema vertraut ist. Statt Anschaulichkeit und Einsicht in die indische Geschichte entsteht so ein verwirrender sprachlicher und historischer Flickenteppich, mit einem Wort: erzählerische Konfusion. Das zentrale Thema des Erzählprojekts wird bis zur Unkenntlichkeit verwischt, und es stellt sich eine Wirkung ein, die beim Erscheinen des Buches zu Urteilen wie dem folgenden in der *Süddeutschen Zeitung* geführt hat:

> Ist „Die Besänftigung" eine Erregung wert? Lohnt es sich, den Roman wegen seiner Uneinheitlichkeit und Sentimentalität, wegen seiner allzu unbekümmerten Anlehnung an große Vorbilder als ein Ärgernis zu geißeln? Nein, es lohnt sich nicht. Zu harmlos ist er, zu unverbindlich und nett.[2]

Dabei waren die Voraussetzungen vielversprechend. Thorsten Becker war, als *die Deutschen Festspiele in Indien* 2000-2001 stattfanden, einer der deutschen Schriftsteller, die in der Zeit zwischen November 2000 und April 2001 vom Goethe-Institut zu einem Indienbesuch eingeladen worden waren, um für Lesungen an verschiedenen Orten Indiens zur Verfügung zu stehen und gemeinsam mit indischen Autoren an einem Abschluss-Symposium in Mumbai teilzunehmen.[3] Martin Kämpchen, einer der wichtigen Vermittler indischer Kultur in Deutschland, berichtet über Becker: „Nach Ablauf des offiziellen Reiseteils wird er [Becker] sich ins südindische Kerala zurückziehen, um Elefanten zu beobachten, zu reiten, zu hüten und im Sommer mit einer fertigen Erzählung zurückzukehren" (Kämpchen 2002: 165). Diese fertige Erzählung stellt der Roman *Die Besänftigung* dar, der 2003 erschien. Diese Entstehungsbedingungen sprechen auf den ersten Blick für den Autor, der keinen erzählerischen Schnellschuss liefert, sondern sich die Mühe macht, mit dem Wirklichkeitsrahmen seines Erzählprojekts vertraut zu werden, sich gleichsam in einer empirischen Feldstudie mit der Spezies der Elefanten bekannt zu machen, die in seinem Buch eine zentrale Rolle spielen, zumal der Haupterzähler selbst ein Elefant ist. Es lässt sich auch nicht verkennen, dass Becker sich intensiv in die Geschichte Indiens vertieft hat und sich

---

2 So Christoph Haas in seiner Besprechung in der *Süddeutschen Zeitung* v. 15.9.2003.
3 Cf. dazu den Bericht von Martin Kämpchen „Über Grenzen schreiten" in der von ihm mit herausgegebenen Anthologie *Ausblicke von meinem indischen Balkon. Neue Reisen deutscher Schriftsteller in Indien* (2002).

eines der interessantesten Kapitel dieser Geschichte ausgewählt hat: nämlich die Wirkungsgeschichte des Königs Ashoka[4], der zwischen 300 und 200 v. Chr. mit brutaler Waffengewalt einen Eroberungskrieg führte, das indische Großreich der Maurya ausdehnte und später unter dem Einfluss Buddhas der Verführung durch politische Gewalt abschwor und als ein moralisch vorbildlicher Herrscher sich für seine Untergebenen verantwortlich fühlte. Er hat die Verbreitung der menschlich weisen Religion Buddhas im asiatischen Raum entscheidend gefördert. Seine in Steinsäulen eingemeißelten Glaubenssätze, die er überall in seinem Riesenreich anbringen liess, sind Zeugnisse einer menschlichen Größe, die die Jahrhunderte bis heute überdauert hat. Die vierköpfige Löwensäule, die man als Kapitell einer Säuleninschrift Ashokas und als ein Kultzeichen des Buddhismus in der heiligen Stätte Buddhas in Sarnath fand und die zum offiziellen Staatssiegel des heutigen Indiens wurde, lässt sich als eine symbolische Anknüpfung an die Weisheit Ashokas lesen.

Wie und wodurch hat Becker sich dieses große Thema künstlerisch anzueignen versucht? Zunächst spricht nichts dagegen, dass er den Stoff der indischen Geschichte nicht in einem historischen Roman aufarbeitet, sondern die zeitliche Distanz zu dem jahrtausendealten Stoff in das märchenhafte Ungefähr einer Legende einbettet. Die verfremdende Tierperspektive des Erzählens ist in der deutschen Literatur vertraut. Schon Carl Sternheim nutzte dieses Kunstmittel 1921 in seiner Erzählung *Libussa. Des Kaisers Leibroß* zu einer satirischen Demaskierung des entthronten Kaisers Wilhelm II. aus der Perspektive seines Lieblingspferdes. Günter Grass hat im Zuge seiner Wiederbelebung einer märchenhaften Erzählhaltung sowohl einen Plattfisch in seinem Roman *Der Butt* als auch eine Ratte in seinem Roman *Die Rättin* in den Status von Erzählern erhoben. Ästhetisch am aufschlussreichsten ist der Übergang von der Form des dokumentarischen Romans zu afrikanischen Erzählformen in Uwe Timms Roman *Morenga* (1978), wo der Missionar Gorth die Sprache der Ochsen lernt und der Leitochse, der Rote Afrikaner, zum Erzähler der Geschichte seines Zuggespanns wird:

> Was Gorth am meisten erstaunte, war später, daß es ihn gar nicht überrascht hatte, einen Ochsen reden zu hören. Er hatte lediglich seinen Schritt etwas verlangsamt und ging, damit der keuchende Rote Afrikaner nicht so laut sprechen mußte, schließlich neben ihm (ibd.: 125).

---

4 Cf. zu Ashoka die Ausführungen in Kulke & Rothermund 1998: 83-91.

Timms Roman, ein frühes Beispiel für interkulturelles Erzählen, integriert Stilzüge afrikanischen Erzählens in eine tradierte europäische Erzählform und verändert sie dadurch. Auf den ersten Blick sieht es so aus, als lasse sich ein vergleichbares Moment des Erzählens auch in Beckers Text erkennen. Denn auch für Ashoka gilt, was der Erzähler durch den Schwarzen Makhna, der in seinem Elefantengedächtnis die Erfahrungen von Jahrhunderten gespeichert hat, seinem Publikum, den versammelten Tempelelefanten im Elefantenhain eines Tempels in Kerala, erzählt:

> Ich weiß, liebe Anakottaner, es klingt wie ein Märchen, und es ist schon eine Zumutung der härteren Art, wenn ich Euch bitte, dem, was ich jetzt sage, euren uneingeschränkten Glauben zu spenden: Aschoka lernte von Ayyeppan die Sprache der Elefanten (Becker 2003: 156).

Doch welche Konsequenzen sind damit für Beckers Erzählform verbunden? Der Erzähltext beginnt ganz traditionell mit einem anonymen übergeordneten Erzähler, der über den Amoklauf eines Tempelelefanten anlässlich eines Elefantenfestes berichtet. Bereits hier machen sich zwei Stilelemente störend bemerkbar: einerseits ein verkanteter hypotaktischer Stil und andererseits stilistische Ausflüge in eine preziöse Bildersprache. Für beides im Folgenden zwei Beispiele:

> Dieser Zwischenfall, der den Bewohnern Pattambis dies Ezhunnallippu zur legendären Erinnerung machte, wurde nun auch in der Schankwirtschaft zu Guruvayur gegenüber dem Busbahnhof, wo die Mahuts, wie wir erwähnten, nach einer ausgedehnten Phase stummer Bedrücktheit endlich ihre Zähne auseinanderbekamen, in all seinen Facetten zerlegt (ibd.: 19).

Diese Periode ist mit vier indischen Wörtern durchsetzt, deren Semantik zwar dem Leser zumeist beim ersten Auftreten durch eine Apposition erläutert wird, aber im weiteren Erzählverlauf dennoch häufig ein Fremdkörper bleibt. Preziös hingegen wirkt das folgende Beispiel bildlichen Sprechens:

> Über dem Anakotta, dem Elefantengarten, in einem Außenbezirk Guruvayurs etwa sechs Kilometer vom Krishna-Tempel gelegen, hatte sich der Himmel, der tropischen Mode entsprechend, in seine elegante Nachtrobe von schwarzvioletter Seide geworfen. Der neue Mond lag rücklings darauf und schien wie eine vergoldete Wiege sachte zu schaukeln (ibd.: 25).

Im vierten Kapitel, als Susima, der Schwarze Makhna, schließlich in der Elefantenrunde erscheint, die durcheinandergackert wie ein Hühnerhaufen, wird dieser Erzählduktus des übergeordneten Erzählers von dem Elefanten-Erzähler übernommen, der nun die Geschichte seines gleichnamigen Ururahnen, des Lieblingselefanten des Kaisers Ashoka, als Summe elefantenhafter Geschichtserfahrung in der „zweiundsiebzigsten Generation" (ibd.: 52) detailliert erzählt. Es findet jedoch nicht so etwas wie eine Anverwandlung indischen Erzählens statt, sondern lediglich ein Wechsel der Erzählermasken. Die Sprache des Erzählens bleibt austauschbar. Susima erzählt mit der gleichen gravitätischen Umständlichkeit wie der Rahmenerzähler. An einer Stelle wird das so auf den Punkt gebracht:

> Susima der Jüngere [...] hatte den Anakottanern bis hierhin alles in der bewunderungswürdigsten Flüssigkeit und mit der geübten Artikulation und Intonation eines berufsmäßigen Erzählers zu Gehör gebracht, wobei die Gewähltheit seiner Ausdrücke bis in die Modalverben und Präpositionen sowie das sinnreich gebastelte grammatische Gefüge seiner Perioden, was wir mit den bescheidenen Mitteln unserer Übersetzung freilich nur anzudeuten vermochten, es unwahrscheinlich machten, daß er aus dem Stegreif vortrug (ibd.: 72 f.).

Metaphorisch gesprochen könnte man sagen, der Erzähler Becker habe nicht die Elefantensprache, die Sprache seines indischen Sujets, gelernt, sondern turne stilistisch, vor allem in den Anwandlungen von allzu bemühter Ironie, an einem Sprach-Barren, der auf sein Vorbild Thomas Mann zurückweist.[5]

Es gibt gewiss auch einige Erzählsequenzen, die sich dem Gedächtnis des Lesers einprägen. Das gilt für die Geschichte Abramus, der Urmutter des Elefantengeschlechts, zu dem auch der gegenwärtige Elefanten-Erzähler Susima gehört. Als sie von ihren menschlichen Wächtern kurzzeitig in den Urwald entlassen wird, um sich mit einem Elefantenbullen zu paaren, stößt sie auf den während einer Schlacht ausgerissenen Ayyepan, den noch in seine metallene Rüstung gehüllten Kampfelefanten von Ashokas Vater. Dieser Brautgang der beiden Elefanten ist eines der Glanzstücke des Textes. Doch diese Idylle ist vorbei, als der „goldbe-

---

5 Cf. dazu auch das deutlichste Zeugnis seiner stilistischen Nacheiferung Thomas Manns in seinem Roman *Der Untertan steigt auf den Zauberberg* (2001).

deckte Lieblingselefant" (Becker 2003: 117) Ayyepan wieder zur Armee seines Herrn, des Königs Bindusara, Ashoks Vater, vor den Toren der Hauptstadt Pataliputra zurückfindet, im Triumph willkommen geheißen, aber zugleich von seiner Begleiterin Abramu getrennt wird, da man sie den anderen gefangenen Elefanten zuordnet. Erst später findet sie wieder zu der Herde zurück, die sie vor ihrem Brautgang im Urwald aufgenommen hatte. Der junge Ashoka schließt sich dem Lieblingselefanten seines Vaters immer intensiver an, erlernt von ihm die Elefantensprache und würde ihn gern von seinem Vater als seinen persönlichen Elefanten erhalten. Als Bindusara es ablehnt, setzt er sich über das Verbot des Vaters hinweg und macht sich auf die Suche nach Abramu und ihrer Herde, wo er den jungen Elefanten findet, den Sohn von Abramu und Ayyeppan, der sich hier „auf den etwas albernen Namen ‚Gogul' zu hören gewöhnte" (ibd.: 141), aber später, als er hilft, den Thron-Rivalen Ashokas, seinen Bruder Susima, auszuschalten, dem er mit einem kurzen Rüssel-Ruck das Genick bricht, zu Susima wird: „[...] nämlich bei einer gewaltsamen Tötung geht die Seele des Getöteten auf denjenigen über, der ihn tötet, [so] trug Gogul von Stund an den Namen Susimas" (ibd.: 183). Susima wird in der Fiktion Beckers künftig zum Mentor und Alter Ego Ashokas, zu seinem Ratgeber und Lehrmeister, der sein weiteres Leben bestimmt.

Im dreizehnten Kapitel versucht Becker die Verbindung herzustellen zwischen der Geschichte der Elefanten und der Wirkung Buddhas im Leben Ashokas. Der Erziehungsweg Ashokas, der zu Anfang der Candaschoka ist, also Ashoka der Schreckliche, der mit unbeugsamer Gewalt seine Herrschaft sichert, erfährt unter dem Einfluss der Elefanten seine Wandlung und „Besänftigung", wird zum menschenfreundlichen und aller Gewalt abschwörenden weisen Herrscher, der sich zur vorbildlichen Menschlichkeit des Weisheitslehrers Buddha bekennt. Der Schwarze Makhna fasst es am Ende so für die ihm lauschenden Tempelelefanten zusammen:

> Damit, liebe Anakottaner, habt ihr es vernommen aus meinem Munde, wie sie wirklich stattfand, die Bekehrung des Candaschoka, seine Läuterung zum Dharmaschoka, die Besänftigung des Grausamen. Von uns hat er es gelernt, daß man stark sein kann und zugleich sanft, groß und doch gütig (ibd.: 196).

Denn die Elefanten, die ihn anfänglich bei seinen Eroberungszügen und vor allem bei der grausamen Niederwerfung des Reiches Kalinga geholfen haben, geben ihm durch Susima zu verstehen:

Unmißverständlich hatte Susima es Aschoka zur Kenntnis gegeben, daß er sich diesem Töten – gleich, ob es vom manuscherischen Standpunkt nun für sinnlos erachtet wurde oder für sinnvoll –, daß er sich zu dieser systematischen Verbreitung von Schrecken und Jammer nie wieder zur Verfügung stellen würde, und er hatte hier stellvertretend für alle Elefanten gesprochen. Die Eroberung Kalingas musste Ashoka als seine unwiderruflich letzte betrachten, bei einem weiteren Angriff auf einen Nachbarn würden die Elefanten ihm nicht mehr beistehen, sich sogar, wo er es versuchte, gegen ihn gestellt haben (ibd.).

Die Elefanten stellen ihm sozusagen ein Ultimatum und zwingen ihn zur Friedfertigkeit. Das hat etwas von einer märchenhaften naturgeschichtlichen Utopie an sich, die um die Sympathie des Lesers buhlt. Aber Becker agiert als Erzähler nicht konsequent auf einer reinen Märchenebene, in der das Wünschen noch hilft. Er beschäftigt sich zugleich auf einer historischen Darstellungsebene mit einer authentischen Gestalt der indischen Frühgeschichte, die durch ihr Bekenntnis zur Lehre Buddhas und durch ihre verbürgten Aktivitäten zur Verbreitung dieser Lehre die Bewusstseinsgeschichte Asiens in den folgenden rund zweitausend Jahren maßgeblich beeinflusst hat.

Becker hat zwar einige zaghafte Versuche gemacht, eine Bedeutungsverbindung zwischen den Elefanten und den Buddhisten herzustellen. So erwähnt er an einer Stelle, dass Buddha mitunter „in der Gestalt eines weißen Elefanten" (ibd.: 167) verehrt wurde, oder macht darauf aufmerksam, dass einer der einflussreichsten Götter in der hinduistischen Religionsüberlieferung der elefantenköpfige Gott Ganesha ist. Aber das sind bemühte Hilfskonstruktionen[6], die an keiner Stelle seine willkürliche Ineinssetzung der Elefanten-Weisheit mit der Weisheit Buddhas legitimieren können.[7] Ganz im Gegenteil könnte man ihm den Vorwurf machen, dass er die moralische Vorbildlichkeit der Wendung Ashokas zur menschlichen Weisheit Buddhas nicht nur simplifiziert, sondern in letzter Konsequenz zu einem erzwungenen Scheinmanöver erklärt, was durch alle historischen Fakten, nicht zuletzt durch die in Stein gemeißelten Säulenedikte Ashokas, widerlegt wird. Auch in den Details seines

---

6 Cf. dazu auch die umfangreiche Kulturgeschichte des Elefanten bei Gröning & Saller (1998).

7 Auf eine gewisse Nähe zwischen Buddha und der kultischen Bedeutung des Elefanten machen Gröning und Saller (1998: 130 f.) im Abschnitt *Buddhas Elefanten-Inkarnation* aufmerksam.

Textes verwickelt sich Becker angesichts dieser Zwiespältigkeit seiner Konstruktion laufend in Widersprüche. So erwähnt er zwar, dass Ashoka statt der

> üblichen Ausflüge der Könige vom Palast in die Provinzen mit großangelegten Treibjagden und prunkenden Festivitäten [...] für sich und den Hofstaat eine Pilgerreise anordnete zu dem Baum, unter welchem der Buddha seine Erleuchtung gehabt [...] (Becker 2003: 194).

– dass Ashoka also nach Bodh Gaya im heutigen Bihar pilgert, was sich ja nur als eine Verehrungsgeste Buddha gegenüber deuten lässt. Aber auch hier sei, so lautet Beckers Unterstellung, nicht Ashoka, sondern der Elefant Susima der eigentliche Anlassgeber gewesen. Das läuft auf die unfreiwillig komische Insinuation hinaus, die Elefanten seien in gewisser Weise bekennende Buddhisten gewesen.

Die Kritik an Beckers Erzähltext betrifft also nicht nur seine Technik, *Indianness* herzustellen durch zahlreiche mit der indischen Sprache und dem indischen Ambiente verbundene Einsprengsel, die nicht als Verständnisbrücken fungieren, sondern im Gegenteil seinen Text intransparent werden lassen. Die Kritik gilt auch für seine naive Fabulier-Selbstherrlichkeit, mit der er – sicherlich in subjektiv guter Absicht – mit verbürgten Fakten der indischen Geschichte umspringt und sozusagen in unfreiwillig neokolonialer Manier diese Fakten umbiegt und zu neuen Bedeutungszusammenhängen arrangiert. Wenn es gegen Ende über Ashoka heißt, daß er die Kenntnis der Elefantensprache wieder einbüßt, so gilt das, nochmals metaphorisch gesprochen, erst recht für den Erzähler Becker, der nirgendwo den Versuch macht, diese Sprache zu lernen, d.h. kulturelle Impulse der indischen Tradition produktiv aufzunehmen, die sein eurozentrisches Bewusstseins-Passepartout erweitern könnten. Dieser Mangel wiegt umso stärker, als sich Becker ja mit einem zentralen Kapitel der indischen Frühgeschichte beschäftigt, dessen humane Vorbildlichkeit auch aus heutiger Perspektive beeindruckend bleibt. In diesem Sinne hat der Erzähler Becker das Thema, das er in seinem Erzähltext *Die Besänftigung* behandelt, in jeder Hinsicht verschenkt.

Literatur

Arnold, Heinz L. (ed.) (s.a.): *Kritisches Lexikon der deutschsprachigen Gegenwartsliteratur* (CD-Rom-Edition), München: edition text + kritik

Becker, Thorsten 2001: *Der Untertan steigt auf den Zauberberg,* Reinbek: Rowohlt

Becker, Thorsten 2003: *Die Besänftigung,* Reinbek: Rowohlt

Chandra, Vikram 2009: „The Cult of Authenticity. India's cultural commisars worship ‚Indianness' instead of art", in: *Boston Review* v. 30.08.2009, im Internet unter http://www.bostonreview.net/BR25.1/chandra.html [22.09.2010]

Gröning, Karl & Martin Saller 1998: *Der Elefant in Natur und Kulturgeschichte,* Köln: Könemann

Haas, Christoph 2003: „Der quelläugige Obermahut. Thorsten Beckers indischer Fabelroman ‚Die Besänftigung'", in: *Süddeutsche Zeitung* v. 15.09.2003

Kämpchen, Martin 2002: „Über Grenzen schreiten", in: Stukenberg & Kämpchen (eds.) 2002: 163-167

Kulke, Hermann & Dietmar Rothermund ²1998: *Geschichte Indiens. Von der Induskultur bis heute,* München: Beck

Langemeyer, Peter (s.a.): „Thorsten Becker", in: Heinz (ed.) (s.a.): 2-11

Mukherjee, Menakshi 2000: *The Perishable Empire. Essays on Indian Writing in English,* New Delhi: Oxford University Press

Mukherjee, Menakshi 2000: „Divided by a Common Language", in: Mukherjee 2000: 187-203

Sternheim, Carl 1964: *Gesamtwerk,* Bd. 5, ed. Wilhelm Emrich, Neuwied: Luchterhand

Sternheim, Carl 1964: „Libussa. Des Kaisers Leibroß", in: Sternheim 1964: 5-61

Stukenberg, Marla & Martin Kämpchen (eds.) 2002: *Ausblicke von meinem indischen Balkon. Neue Reisen deutscher Schriftsteller in Indien,* Bremerhaven: Wirtschaftsverlag NW

Timm, Uwe ²1978: *Morenga,* Königstein: Athenäum

II Interkulturelle Rezeptionsprozesse

III Interkulturelle Rezeptionsprozesse

Von der ‚Hermeneutik der Fremde' zur interkulturellen/ transnationalen Germanistik/Literaturwissenschaft

Karl Esselborn (München)

Abstract

The article retraces in a historical retrospective the positions of intercultural/ transnational German literature studies concerning the reception of texts from different cultural backgrounds. Based on the problems of a culturally specific reading of German-language texts, a culturally and spatially bound „hermeneutics of the Foreign" (Krusche) emerged. Later on, this developed into concepts of „interculturality" (Wierlacher), „transculturality" (Welsch), hybridity (Bhabha et al.) and „trans-difference". In this context, the contrast between culturally specific (and at the same time socially and gender-specific) individual readings and a classical academic, purely aesthetic, de-contextualizing analysis of texts which excludes cultural differences is an important issue.

1 „Kulturraum-Fremde" als neues Paradigma der literarischen Hermeneutik

1982 wurde Dietrich Krusche in München Professor für „Literaturwissenschaft im Fach Deutsch als Fremdsprache", was 1993 umbenannt wurde in „Interkulturelle Hermeneutik", um das Vermittlungshandeln zwischen den Kulturen zu betonen. Als ehemaliger Auslandslektor (1961-63 an der Universität Peradeniya) in Ceylon/Sri Lanka und (1966-68 an der Universität Okayama) in Japan suchte er nach einer ‚angewandten Philologie des Deutschen', die im Blick auf die fremdsprachige Rezeption der deutschen Literatur andere Aufgaben und Funktionen als die Inlandsgermanistik wahrnehmen sollte[1] – darin einig mit Alois

---

1 Cf. Dietrich Krusche, Interkulturelle Literaturwissenschaft am Institut für Deutsch als Fremdsprache der Universität München, in: Alois Wierlacher, Andrea Bogner (ed.): Handbuch interkulturelle Germanistik, 2003, S. 634-636; ders./ Alois Wierlacher (ed.): Hermeneutik der Fremde, München: Iudicium 1990, S. 7; Krusche war Mitbegründer der Gesellschaft für Interkultu-

Wierlacher (mit dem er seit 1970 bekannt war), der damals in Heidelberg das Konzept *Deutsch als Fremdsprachenphilologie* für ausländische Studenten entwickelte und in der Folge die „interkulturelle Germanistik" begründete. Ausgehend von seinen Erfahrungen mit den Problemen einer fremdsprachigen und fremdkulturellen literarischen Lektüre versuchte er systematisch, die Folgen kulturräumlicher Distanz bei der Literaturrezeption in allen ihren Aspekten zu erfassen[2]: von der fehlenden Sprachkompetenz und Nähe zur deutschen Literatur bis zu den je kulturspezifischen Lesebedingungen, wie sie bestimmt sind von den Besonderheiten von Klima und Naturraum, Gesellschaftsstruktur und Geschichte, von den Besonderheiten der jeweiligen Sprachstruktur, der nationalen Literatur, der Religions- und Philosophietradition, dem Verhältnis zur eigenen Tradition allgemein, den Bildungskonzepten usw.; zudem durch das Verhältnis zu den deutschsprachigen Ländern, den historischen Beziehungen, Abhängigkeiten, Dominanzen usw., die in der europäischen Nachbarschaft von ganz besonderer Bedeutung sind. Er entwickelte dafür das Projekt einer ‚literarischen Hermeneutik der Differenz', einer ‚nicht-eigenen' (‚fremden') Literatur im Rahmen der neuen thematisch vergleichenden „interkulturellen Germanistik" und zur Überbrückung unterschiedlicher Perspektiven das „interkulturelle Lesergespräch" und die systematische Reflexion der kulturdifferenten Zugangsweisen, um so die Vermittlung deutscher als fremdsprachiger Literatur zu erleichtern. Voraussetzung war als Erkenntnisbeginn die grundsätzliche Anerkennung der „Fremde", wie sie als neue Kategorie dann zum Gegenstand einer eigenen Wissenschaft, der Xenologie, werden sollte.[3]

---

relle Germanistik (GIG), Mitherausgeber (1983-1996) und wichtiger Beiträger des Jahrbuchs Deutsch als Fremdsprache/ Intercultural German Studies.
2 Dietrich Krusche: Literatur und Fremde. Zur Hermeneutik kulturräumlicher Distanz. München: iudicium 1985, etwa S. 173-183: Die Transportierbarkeit von Literatur über kulturelle Grenzen. Zu einer fremdkulturellen literarischen Hermeneutik (Jahrbuch Deutsch als Fremdsprache 10/1984); S. 139-160: Lese-Unterschiede. Zum interkulturellen Leser-Gespräch (1981); Leseerfahrung und Lesergespräch. München: Iudicium 1995.
3 Dietrich Krusche: Die Kategorie der Fremde. Eine Problemskizze, in: A. Wierlacher: Fremdsprache Deutsch 1980, dann in Literatur und Fremde, 1985, Hermeneutik der Fremde 1990. Vgl. Alois Wierlacher (ed.): Kulturthema Fremdheit. Leitbegriffe und Problemfelder kulturwissenschaftlicher Fremdheitsforschung, München: Iudicium 1993 (darin D. Krusche: Erinnern, Verstehen und die Rezeption kulturell distanter Texte, S. 433-449), wo die

Anzuknüpfen war dabei an die neue Rezeptionsästhetik (Jauss, Iser)[4], die von den Bedingungen des Leseakts, der historischen Positionalität des literarischen Textes und den Grenzen seiner „Vereindeutigung" ausging und die historische Distanz zwischen Text und Leser (in der Kontinuität der eigenen Tradition) zum Thema machte. Nun musste darüber hinaus die für die Fremdliteratur-Philologie entscheidende Distanz des (Kultur-)Raums ins Auge gefasst werden, die zu einer anderen Sicht von außen und leicht auch zu Missverständnissen und Widersprüchen führen konnte. Krusche hat diese am Beispiel der Lektüre von Goethes Naturgedichten in Sri Lanka beschrieben, wo nach ersten Irritationen deutlich wurde, dass der emphatische pantheistische Naturbegriff dem buddhistischen Konzept der Natur als täuschendem Schein und Ablenkung vom Weg ins reine Nichtsein diametral widersprach und keine Möglichkeit zur Identifikation bot, jedoch eine Abgrenzung und Erarbeitung des Unterschieds und der eigenen Andersheit ermöglichte. Und ähnlich konnten japanische Studenten in Brechts Lehrstücken die Spannung zwischen Individuum und menschlicher Gemeinschaft nicht unmittelbar nachvollziehen, da in Japan aufgrund seiner Sozialgeschichte kein vergleichbares Bewusstsein eines solchen Antagonismus besteht. Um irreführende Vergleiche zu vermeiden, mussten erst die unterschiedlichen kulturspezifischen Begriffe geklärt und die kulturräumliche Distanz verdeutlicht werden. Die damaligen Erfahrungen zeigten aber auch, dass Auslandsgermanisten eher dazu neigten, die kulturelle Fremde der Texte durch Rückgriff auf das scheinbar universale Konzept einer zeitlosen, das ‚Allgemeinmenschliche' gestaltenden Literatur zu unterlaufen und unter dem Legitimitätsdruck der deutschen Germanistik den hermeneutischen Rahmen des eigenen wissenschaftlichen Arbeitens nicht zu hinterfragen (und

---

transdisziplinäre Begründung einer kulturwissenschaftlichen Xenologie in einem Bayreuther Symposium über Fremdheitsbegriffe verschiedener Wissenschaften dokumentiert ist.
4 Dietrich Krusche: Rezeptionsästhetik und die Kategorie der Veränderung. In: Jahrbuch Deutsch als Fremdsprache 1 (1975), S. 17-26. Die Rezeptionsästhetik trug wesentlich zur Auflösung der alle realen Bezüge ausschließenden ästhetizistischen Autonomieästhetik bei, die nach 1945 in dem Postulat der Werkimmanenz zu einer Ideologie des selbstgenügsamen schönen sprachlichen Kunstwerks (Staiger) verkommen war, vgl. Sun-Mi Tak: Das Problem der Kunstautonomie in der literaturwissenschaftlichen Theoriedebatte der BRD, Frankfurt u.a.: Lang, 1994 (Europ. Hochschulss., R 1: Deutsche Sprache und Literatur, Bd. 1468).

z.B. keine japanische Interpretation neben eine deutsche zu stellen, obwohl durch einen solchen guten hermeneutischen Zirkel die Wirkungsmöglichkeiten der Literatur weltweit zu überprüfen wären). Weitere Versuche zu den Leseunterschieden, auch im „interkulturellen Leser-Gespräch" in unterschiedlich national zusammengesetzten Studentengruppen in München, zeigten, dass Texte wie z.b. Kafkas *Die Heimkehr* oder *Das Urteil* u.a. in ihren vieldeutigen thematischen Vorgaben je nach kulturellem Hintergrund durchaus unterschiedlich gedeutet wurden,[5] speziell die charakteristischen ‚Leerstellen' (Iser) der Texte, die dem Leser die Deutung überlassen. Wenn die Lese-Akt-Theorie davon ausgeht, dass das ästhetische Kunstwerk (als fremde vorstrukturierte Erfahrung) den Leser in seiner Ganzheitlichkeit und als Subjekt anspricht (Mukařowsky), so ist beim Lesen ein Dialog von Fremd- und Selbsterfahrung zu erwarten. Auch wenn Bedenken, die eigene (abweichende) Erfahrung anderen mitzuteilen und sich zur eigenen Kulturtradition zu bekennen, zu Verstummen oder zu Verallgemeinerungen führen können. Die Lese-Unterschiede lassen die eigenen Positionen deutlicher werden und schon die Annahme der Distanz kann zur Leseerleichterung und zu größerer Offenheit gegenüber dem Text sowie abweichenden Lese-Erfahrungen führen und zur Überbrückung der Gegensätze anregen. Das erinnert daran, dass die Literatur allgemein eine wichtige Rolle bei der Vermittlung (von Bildern) der Fremde spielt, die Krusche in verschiedenen Aufsätzen zur außereuropäischen Fremde in der deutschen Literatur als „Verführung der (exotischen) Ferne", als kulturelle Konstruktion und Projektion, als „Utopie und Allotopie" oder als „Metapher" vorgestellt hat.[6]

---

5 Lese-Unterschiede. Zum interkulturellen Leser-Gespräch (1981); Die Transportierbarkeit von Literatur über kulturelle Grenzen, in: D. Krusche, Literatur und Fremde, 1985, S. 139-160 und S. 173-183.
6 Vgl. Dietrich Krusche: Nirgendwo und anderswo. Zur utopischen Funktion des Motivs der außereuropäischen Fremde in der Literaturgeschichte (1985), in: Krusche/Weinrich 1990, S. 143-174; und: Literatur und Fremde (1985), Teil 1: Literatur als Vermittlung, vgl. den Hinweis auf die Macht der Projektion und Saids Orientalismus-Begriff, ibd., S. 209-213; als Beispiel eines produktiven Missverständnisses von Autorenseite wird Brechts Übernahme eines Nō-Spiels in ein Lehrstück beschrieben.

Karl Esselborn 163

2 Der Pluralismus kulturdifferenter Lektüren

Die Grundannahme der interkulturellen Germanistik von einer kulturspezifisch verschiedenen Rezeption deutscher Literatur[7] wurde in einem weltweit angelegten Praxisvergleich der Lektüre des gleichen literarischen Textes, Gottfried Kellers *Pankraz, der Schmoller* (1856), in verschiedensten Ländern zu belegen und zu überprüfen versucht.[8] Die Ergebnisse der diversen Lektüren zeigen deutliche Unterschiede in der Rezeption und Interpretation des Schweizer Textes, die allerdings nicht nur kulturspezifisch, sondern sehr häufig auch schichten- und geschlechtsspezifisch bzw. durch institutionelle Voraussetzungen bedingt zu sein scheinen. Am eindeutigsten war der Versuch einer nigerianischen Textlektüre ausgefallen[9], die den Helden und seine Identifikation mit der europäischen kolonialen Ordnung im Kampf mit der eigenen Psyche in der (nicht wirklich wahrgenommenen) exotischen Fremde grundsätzlich auf die historische Situation der europäisch-afrikanischen Begegnung (und die Dritte Welt) bezog (soweit die nigerianischen Germanisten nicht, um ein positives Verstehen bemüht, die Distanz zum bewunderten Westen übersprangen). Der nigerianische Leser sieht sozusagen im Text sein eigenes Bild und seine Geschichte und nimmt an kolonialer Mentalität und fehlender Entwicklung Anstoß. Die Interpretation des indischen Germanisten Talgeri[10] verstand das Schmollen als verfremdete Entfremdung und – aus Sicht eines dargestellten Landes – die Fremde als insze-

---

7 Wierlacher/Eichheim verweisen einleitend auf eine GIG-Erklärung von 1984 bzw. auf eine Rede des IVG-Präsidenten Jörg Schönert von 1985. Als Gründe dafür, dass ein literarischer Text in verschiedenen Referenz- und Verstehensrahmen jeweils anders spricht, sehen sie die kulturelle Dimension der Identität und des kollektiven Gedächtnisses. Die Alteritäten des Textes wie die kulturdifferenten Lektüren sind Konstruktionen eines Blickwinkels (Krusche: „Fremdheitsprofile"). Die zentralen literaturwissenschaftlichen Begriffe (Literatur, Text, Kultur) und das Konzept Ich als 'Individuum` könnten spezifisch westlich sein.

8 Die 1991 auf einer Tagung in Thurnau vorgestellten Ergebnisse sind im Jahrbuch Deutsch als Fremdsprache 18 (1992) ausführlich dokumentiert.

9 Edith Ihekweazu: Versuch einer nigerianischen Textlektüre von Gottfried Kellers *Pankraz, der Schmoller*, in: Jahrbuch Deutsch als Fremdsprache 18 (1992), S. 465-471.

10 Pramod Talgeri: Schmollen als verfremdete Entfremdung. Fremde als Kulisse – Fremde als Freiraum. Pankraz' Reisen in die Fremde, ibd., S. 500-505.

nierte stereotype Exotik, bloße Kulisse und Freiraum für den an ihr nicht interessierten Helden, und nicht als Herausforderung. Eine chinesische Lektüre[11] beschränkte sich auf eine Beurteilung des Helden und besonders seines Fehlverhaltens gegenüber der Familie nach offenbar traditionellen chinesischen gesellschaftlichen, moralischen und ästhetischen Konventionen. Das Kolonialismusthema spielte keine Rolle in Mexiko[12], wo Keller kaum bekannt ist und die Schweiz vertraute stereotype Bilder aufruft. Die Reaktionen bewegten sich im Rahmen der Interpretationen aus der Fachliteratur (Wander- und Heimkehrmotiv, Bildungsroman) und „universeller Lebenserfahrungen": „Die Prägung durch westliche/europäische Wertvorstellungen und ästhetische Vorgaben ist nicht zu übersehen" (Rall: 482), nur einige Rezeptionsdetails wie die Hervorhebung der Beziehung zur Familie oder ein gewisses Unverständnis für den Außenseiter schienen kulturell begründet. Für eine amerikanische Dozentin war es zunächst ein Problem, den eigenen kulturellen Standort zu beschreiben.[13] Da in ‚German Departments' meist europäische oder westliche Methoden des Lesens und Verstehens praktiziert und vermittelt werden, gab es keine einheitliche und kulturtypische Interpretation von *Pankraz* (verglichen mit einer gedachten deutschen Interpretation), abgesehen von einigen typischen Kommentaren zu der als negativ empfundenen Einstellung des Helden zur Arbeit, zu seiner Abgeschiedenheit und Spaltung oder zu seinen weiblichen Zügen. Auch die britische und schottische Lektüre[14] zeigten wenig kulturellen Abstand zum Text (die Schweiz konnte als zweites Schottland erscheinen) und blieb im Rahmen des ‚common sense'; nur die unerwartete Ironie und Details wie die Tiersymbolik oder die Deutung des Schlusses als bewusste Selbstbeschränkung riefen eigene Reaktionen hervor. Ein besonders fortgeschrittener Student reagierte mit einer Interpretation in literarhistorischen Kategorien und verstand den Text letztlich als Selbstreflexion des Kunstwerks und Allegorie des Schöpfertums – offenbar im Sinne der „Selbstreflexivität" als ästhetisches Kriterium.

---

11 Zhang Yushu: *Pankraz, der Schmoller*, von einem Chinesen gelesen, ibd., S. 506-513.
12 Dietrich Rall: Leseerfahrungen mit Kellers *Pankraz* in Mexiko, ibd., S. 472-483.
13 Gail K. Hart: *Pankraz* in Amerika: Ein Bericht, ibd., S. 484-489.
14 Susan Sirc/Roger H. Stephenson: *Pankraz, der Schmoller* – mit britischen, bzw. schottischen Augen gelesen, ibd., S. 490-499.

Der Vergleich türkischer und deutscher Lektüreprotokolle[15] machte deutlich, dass „das Spektrum *individueller* ästhetischer Lektüren viel breiter war als der Abstand zwischen potentiell kulturdifferenten Lektüren und dass die kulturelle Differenz häufig gegenüber der historischen, sozialen und geschlechtsspezifischen eine sekundäre Rolle spielte"(S.463). Auch bei der spezifisch türkischen Deutung von Schmollen und Sozialdisziplinierung (im Blick auf den Modernisierungsprozess) schien die kulturelle Differenz sekundär gegenüber der sozialen. Auffälliger waren die Niveauunterschiede der Leseformen oder ein deutscher Einspruch gegen eine kulturspezifisch *westliche* oder *moderne* wissenschaftliche Lektüre und die Betonung des ‚moralistischen Diskurses'.

Ein Sonderfall ist Böhlers Versuch der Simulation einer kulturspezifischen schweizerischen Lektüre[16] des „intrakulturellen" Texts mit Referenz zur eigenen Kultur und Lebenswelt, besonders im Blick auf den kanonisierten nationalen Klassiker (mit Vorbildfunktion bei Identitätsbildung, Eigen- und Fremdbildern), auf den historischen Kontext des Söldnerwesens und der Auswanderung in der Schweiz, die symbolische Topographie im Gegensatz von (enger, antizivilisatorischer) Heimat und (mythisierter) Fremde, die kulturpsychologische Deutung von Pankraz als nationale Schweizer Identifikationsfigur und des Schmollens als Schweizer Eigenschaft (wie die Verweigerung und Selbstkritik der Intellektuellen bei gespaltenen kulturellen und nationalen Loyalitäten) und schließlich auf die ästhetische Verfremdung Seldwylas als lokaler Referenz und Parabel für die allgemeine Entwicklung der Welt (wobei der belehrende Fabelgestus Kellers durch Widerspruchs- und Ironiesignale relativiert ist). Eine universalistische ästhetische würde allerdings eine spezielle Schweizer Lektüre erübrigen.

Bei der kritischen Begründung und Beschreibung „kulturdifferenter Lektüren" gehen Mecklenburg und Böhler von einer grundsätzlichen Unterscheidung kultureller, ästhetischer und historischer Differenz aus, die sie in unterschiedlicher Weise den verschiedenen Formen der Lektüre zuordnen. Die Stufenskala umfasst: 1. affirmativ-identifikatorisches, unkritisch nachvollziehendes Lesen, 2. kritisch-distanzierendes, dem Sinn-

---

15 Zehra İpşiroğlu/Norbert Mecklenburg: „Und wenn er nicht gestorben ist, dann schmollt er auch noch heute" Türkisch-deutsche *Pankraz*-Notate, ibd., S. 449-464.
16 Michael Böhler: Gottfried Kellers *Pankraz, der Schmoller*. Versuch einer schweizerischen Lektüre, ibd., S. 514-540.

potential folgendes, 3. ästhetisch-kritisches, den Text als literarischen problematisierendes Lesen. Im unkritisch nachvollziehenden Lesen, das am stärksten vom eigenen (außertextlichen) kulturellen „Referenzrahmen" als 'kulturelles Wissens-Repertoire'[17] bestimmt ist, werden kulturelle Differenzen oft gar nicht wahrgenommen. Sie spielen eher bei der differenzierten Texterfassung und bei der ästhetischen Lektüre eine Rolle, welche aber gerade durch Dekontextualisierung, die Ausblendung von Referenzen, Unbestimmtheiten offenhält, um die ästhetische Wirkung nicht durch Repragmatisierung zu blockieren. Setzt man das ästhetische Lesen (in einer unabhängigen Leser-Rolle) als Zielvorstellung grundsätzlich ab von einer individuellen, kulturgeprägten Lektüre, so bleibt unklar, wie kulturdifferente Lektüren überhaupt zustande kommen. (Sie scheinen dann auch eher von didaktischem als von hermeneutischem Wert zu sein.) Hält man eine Erklärung des transkulturellen ästhetischen Wirkungspotentials von Literatur aus textexternen kulturellen, sozialen und historischen Zusammenhängen für nicht adäquat und zu kurzschlüssig, dann geht andererseits eine universalistische Erklärung mit ihren Generalisationen und Abstraktionen meist zu weit. Mecklenburg hat dieses Grundproblem der Vermittlung zwischen kultureller und ästhetischer Alterität literaturtheoretisch zu lösen versucht, indem er beide soweit in eins setzt, dass das poetische zum interkulturellen Potential der Dichtung wird, ohne dass er die Autonomie der Kunst aufgeben muss. „Kunst bewegt sich immer, ebenso wie in der Dialektik von autonomem Werk und *fait social*, in einer solchen von Universalität und Kulturalität."[18] Und Literatur inszeniert subjektive und kulturelle Alterität immer als poetische. Literaturverstehen ist „Sinnverstehen nur als Formverstehen". Entscheidend für ein interkulturelles Verstehen sind deshalb für ihn kulturelle und literarische Universalien, wobei er auf einen nicht-metaphysischen kritischen Universalismus einer modernen Wissenschaft setzt, die

---

17 Böhler (S. 520) verweist auf vergleichbare Konzepte wie: *kollektives Gedächtnis* (Halbwachs), *kulturelles Gedächtnis* (Assmann), *sozio-kulturelles Wissen* (Ort), *Kontextbildung* (Schönert), *Archiv*, *Dispositiv* (Foucault, Meyer).

18 Norbert Mecklenburg: Über kulturelle und poetische Alterität. Kultur- und literaturtheoretische Grundprobleme einer interkulturellen Germanistik (1987), in: Krusche/Wierlacher 1990, S. 80-102; cf. ders.: Das Mädchen aus der Fremde. Germanistik als interkulturelle Literaturwissenschaft, München 2008, S. 49ff.

aus allen Kulturen gespeist wurde. Gegen einen Kulturrelativismus wie ihn die Differenzphilosophie oder die Poetik der Hybridität vertreten, hält er an einer Dialektik von Differenz und Identität fest. Gegen ‚kulturdifferente Lektüren' stellt er die interkulturelle ästhetische Kommunikation.

Schon im theoretischen Rahmen zu den Lektüreberichten aus aller Welt war eine Abgrenzung der Rezeption als individueller Lesevorgang von der Interpretation als literaturwissenschaftlichem Verfahren vorgegeben worden.[19] Dabei erschien die Lektüre in ihrer Deutungsvielfalt (da das Ideal einer ‚richtigen' und ‚adäquaten' Interpretation zur „authentischen Bedeutung" eines literarischen Werks unerreichbar bleibt) bestimmt von der Verbindung zwischen dem Referenzrahmen, dem subjektiv gewählten Standpunkt des nichtwissenschaftlichen Lesers, und dem Text, während die Entscheidung des Interpreten rational-wissenschaftlich überprüfbar sein sollte. Um die kulturellen Differenzen an der ästhetischen Lektüre festzumachen, wären aber erst ein Konzept für eine (transkulturelle?) ästhetische Kompetenz und andere Kriterien für Kulturunterschiede zu finden. Dass der Literaturbegriff und die ästhetischen Begriffe und Wertkategorien nicht universal sind, sondern z.B. für Japan und andere ostasiatische Kulturen die europäische Autonomie-Ästhetik – und ebenso das Wissenschaftsmodell der europäischen Philologien – keine Bedeutung hatten, haben Wolfgang Ruttkowski und neuere Versuche zu einer globalen Literaturgeschichte gezeigt (die übrigens nicht Bezug auf die interkulturelle Germanistik nehmen).[20] Nach Meinung Böhlers (S.520) ließe sich ohnehin zeigen,

---

19 Horst Steinmetz (in Abstimmung mit Böhler und Schönert): Kulturspezifische Lektüren. Interpretation und fremdkulturelle Interpretation literarischer Werke, in: Jahrbuch Deutsch als Fremdsprache 18 (1992), S. 384-401, cf. ders.: Interkulturelle Rezeption und Interpretation, in: HbiG 2003, S. 461-467. Für eine interkulturelle Interpretation, die den wissenschaftlichen Kriterien der Germanistik entspricht, ist hier noch kein Modell in Sicht.
20 Wolfgang Ruttkowski: Kanon und Wert. Zur Kritik leitender Annahmen. Neun Thesen mit Kommentaren. In: Jahrbuch Deutsch als Fremdsprache 27 (2001), S. 71-103; Anders Pettersson: Concepts of Literature and Transcultural Literary History. In: ders. (ed.): Literary History: Towards a Global Perspective. Bd. 1 Notions of Literature Across Times and Cultures, Berlin, New York: de Gruyter 2006, S. 1-35.

dass z.B. die Praxis einer ästhetisch-autoreferentiellen Konkretisation, welche den Rekurs auf die Referenzstruktur und eine extratextuelle Kontextbildung mehr oder weniger radikal ablehnt, nicht nur ein Kulturspezifikum der modernen europäischen Gesellschaft ist, sondern innerhalb derselben noch schichtenspezifisch diskriminiert.

Hinzu kommen Zweifel, ob Germanisten durch Sozialisation und Professionalisierung nicht schon zu universalistisch ‚abgeschliffen' und internationalistisch deformiert sind, um spezifisch kulturelle Perspektiven zu verfolgen.[21]

Zu erinnern ist auch daran, dass die Diversität von Lektüren innerhalb einer Kultur nicht minder groß sein kann als zwischen den Kulturen, dass Text und Leser in variablen und pluralen kulturellen Zusammenhängen (von Makro- und vielfältigen Mikrokulturen) stehen und Lesevarianten viel häufiger individueller Art oder sozial- und milieubedingt als kulturspezifisch sind. Der Leser hat seine eigene soziale und geschlechtsspezifische Identität (zu denen er in der ästhetischen Lektüre auch auf Distanz gehen kann) und die Freiheit der Perspektivenwahl.[22] Die empirische Konkretisationserhebung und -analyse ist zudem schwierig und komplex (so dass Böhler auf den Leseversuch verzichtete), der individuelle Leseprozess kaum nachvollziehbar, wie auch die neuere Lesepsychologie und die empirisch-psychologischen Erhebungsmethoden der Leserforschung zeigen.[23] Beim Unterscheiden hilft andererseits auch kaum die problematische Annahme eines Lesens nach verschiedenen Modernitätsgraden

---

21 Bei der Unsymmetrie im interkulturellen Lesergespräch zwischen fremdkulturellem Leser und dem aus der Selbstgewissheit eigenkultureller Kompetenz Lesenden (dem wissenschaftlich Professionelleren mit deutschem Deutungsprivileg) wird meist das Selbst-gelesen-Haben übersprungen und die Texte und die zugeschriebene Bedeutung werden zum (unvermittelten) Bildungsgegenstand. Der Dominanz der deutschen Germanistik und ihrer Deutungshoheit entspricht die Zurückhaltung der Auslandsgermanistik.
22 Auch das eigene Lesen und Wiederlesen ist ein sich wandelnder Prozess. Die postmoderne Rezeptionstheorie stellt sogar die individuelle Identität des Lesers in Frage und definiert Lesekulturen institutionen- und gruppensoziologisch als *interpretive communities*.
23 Man cf. Handbuch Lesen. Im Auftrag der Stiftung Lesen und der Deutschen Literaturkonferenz hrsg. von Bodo Franzmann u.a., München: Saur 1999 und Karl Esselborn: Lesen, in HbiG 2003, S. 287-293. Empirisch-statistische Verfahren überwiegen, auch wenn mit qualitativen Interviews gearbeitet wird, bleiben die Ergebnisse äußerlich und allgemein.

der (Lese-)Kulturen und Texte, was leicht als „Entwicklung" auf ein europäisches Niveau hin missverstanden werden kann.

Die wenig greifbaren und nicht sehr eindeutigen Ergebnisse des interkulturellen Lektüre-Vergleichs[24] haben offenbar zu dem Schluss verleitet, dass kulturspezifische Lektüren philologisch gesehen kaum von Bedeutung seien, und die geplante Fortsetzung der Diskussion verhindert. Zu erinnern wäre aber an die zahllosen weiteren Aufsätze zur Rezeption deutscher Literatur weltweit, etwa am Beispiel einzelner Autoren und Werke wie *Brecht in Afrika, Hesse in Indien* usw. oder an das Projekt von Nayhauss u.a. zur Rezeptionsgeschichte deutscher Literatur in einzelnen Ländern.[25] Konsequenter wäre deshalb die Folgerung, dass die Rezeption fremdkultureller Literatur nicht auf eine (professionelle) ästhetische Lektüre beschränkt werden darf (deren Abhängigkeit von der idealistischen Autonomieästhetik erst noch zu überprüfen wäre und die zum Ausschluss der meisten Leser und zur gesellschaftlichen Bedeutungslosigkeit der Literatur führen würde), sondern den ganzen Bereich des literarischen Lebens umfasst, von der Übersetzung, Verbreitung und der öffentlichen Wahrnehmung der fremden Autoren (z.B. in der Literaturkritik) bis zu den individuellen Lektüren und der schulischen und akademischen Vermittlung.[26] Hier wäre Krusches Devise zu folgen, „die Deutung der Texte nicht nur als gegenstandsbezogenes Verfahren zu begreifen, sondern auch als Verständigungshandeln, als Gespräch"[27], und

---

24 Statt an einem einzigen Text eine „kulturdifferente" ästhetische Interpretation (nach den Standards europäischer Literaturwissenschaft) demonstrieren zu wollen, wäre es sinnvoller gewesen, die Aufnahme der gesamten deutschen Literatur bzw. ihres Bildes und ihre Rezeptionsgeschichte in einem anderen Land zu thematisieren, speziell die wechselseitigen literarischen Beziehungen, Nähe und Ferne usw. Beim IVG-Kongress in Warschau 2010 wurde von Werner Wintersteiner/Neva Šlibar (Klagenfurt/Ljubljana) ein gelungenes Leseexperiment mit einem literarischen Text vorgestellt, der auf die eigene historische Erfahrung der Slovenen in Triest bezogen war und unterschiedliche Reaktionen bei den slovenischen, österreichischen u.a. Studenten hervorrief.

25 Hans-Christoph Graf von Nayhauss (ed.): Dokumentation zur Rezeption und Didaktik deutschsprachiger Literaturen in nichtdeutschsprachigen Ländern. München: Iudicium 1993. Beispiele für länderspezifische Rezeptionen sind vor allem auf den GIG- oder IVG-Kongressen beliebte Themen.

26 Cf. Karl Esselborn: Interkulturelle Literaturvermittlung zwischen didaktischer Theorie und Praxis. München: Iudicium 2010.

27 Krusche: Leseerfahrung und Lesergespräch 1995, Zitat, S. 7.

statt das 'kulturell Andere' zum Erkenntnisobjekt zu machen, die Relationen zu ihm als ebenbürtigem Kultursystem und die Möglichkeiten der Interaktion, die Dialogik der Vermittlung mit kulturell geprägten gleichberechtigten Partnern zu thematisieren.

3 Hermeneutik der Fremde. Dialektik des Eigenen und Fremden

Neben dem kulturspezifischen Prozess der Rezeption fremder Literatur wäre auf dem Weg zu einer ‚Hermeneutik der Fremde' auch der Vermittlungsvorgang zwischen Fremdem und Eigenem im engeren Sinne zu untersuchen. Krusche hatte neben dem „Referenzrahmen" einer Lektüre bereits auf „vermittlungsrelevante Eigenschaften" der literarischen Texte verwiesen[28] und dabei unterschiedliche Formen der Wahrnehmung der „Fremde" als einer kulturell markierten und (noch) unbegriffenen Andersheit in Relation zum Eigenen herausgearbeitet. Deutsche Fremde erschien danach im Ausland besonders von Interesse als: (1) „Fremde der Nachbarschaft", d.h. etwa als abstrakter, polarer Gegensatz zum Eigenen; (2) als Modell für sozialen Wandel, speziell in Kolonialländern, wo Konzepte, Ideologien Handlungsanweisungen für eine Praxisänderung erwartet wurden; (3) als „Traditionsfremde" eigener Kultur bei deutschen Auswanderern und Minderheiten, die an einem positiven und traditionellen Deutschlandbild interessiert waren; und (4) als „kompensatorische Fremde", die das Eigene ergänzt etwa als Beispiel für Weltliteratur oder fremde Verstehensprozesse.

Für den Lesevorgang hatte Krusche auf die Text-Hermeneutik und die Ansätze zur Einbeziehung auch des Rezipienten seit dem 18. Jahrhundert verwiesen, die über Schleiermacher und Dilthey bis zu Gadamer, Heidegger und Habermas weiterwirkten. Das idealistische Modell einer dialektischen Aneignung des historisch Fremden (eigener Tradition) durch das Eigene kam allerdings für die Hermeneutik der gleichzeitigen kulturräumlichen Fremde nicht in Frage. Wichtiger war die Rezeptionstheorie und Wirkungsästhetik, die das Lesen/die Rezeption als Interaktionsprozess zwischen Text und Leser und Lesen als Erfahrungsprozess bei der

---

28 Krusche: Vermittlungsrelevante Eigenschaften literarischer Texte (1985), in: Krusche/Wierlacher 1990, S. 103-125; ders.: Warum gerade Deutsch? Zur Typik fremdkultureller Rezeptionsinteressen (1987), ibd. S. 126-139.

Konstitution der Textbedeutung sowie die Wirkung und Deutung des Textes aus seiner besonderen „Referenzstruktur" erklärten. Als wichtigste Referenzbereiche und Referenzschemata sah Krusche die Autorenvita, das Werk, die kulturgeschichtliche Reihe, die Lebenspragmatik, aber auch menschliche Universale, wobei gerade die Übergänge zwischen kulturhistorischen und universellen Schemata (die sog. „Leerstellen") zur Rezeptionsschwelle werden. In einem „disjungierenden Interpretieren" sollte das vom Text als ‚zu wissen' Vorausgesetzte dem Leser vermittelt und sollten zugleich die „Leerstellen", Bestimmtheiten und Unbestimmtheiten herausgearbeitet werden. Die Verlangsamung des Lesens aus kultureller Distanz nähert es einem ästhetischen Lesen an.

Wichtig ist das Angebot auf eigene Erfahrungsbildung, die im ‚Lesergespräch' thematisiert wird, und nicht nur die ‚Vergabe von Information'. Beim Umgang mit der Fremde und dem Sprechen über ‚andere Kultur' unterschied Krusche zwei ältere Vorgehensweisen[29], einmal die Absicht, das System der Fremdkultur als solches zu erkennen wie in der Ethnologie/Anthropologie, die dabei ihre Daten nach eigenen ‚objektiven', als transkulturell und international verstandenen Begriffen auswertet, ohne ihre Verstehensbedingungen zu reflektieren und den beschriebenen Anderen in eine Interaktion einzubeziehen, oder wie im Dekonstruktivismus, der die Uneinheitlichkeit und Vieldeutigkeit des Subjekts wie des Textes demonstriert, dabei aber im rationalisierenden Vorgriff auf Textbedeutungen das Lesen und seine Unterschiede überspringt. Dem gegenüber steht die Erschließung der Fremdkultur für den praktischen Umgang wie in den Vermittlungsfächern, etwa den Fremdsprachenphilologien. Im Sprechen über die ‚andere Kultur' bedingen sich gegenseitig Differenz, Kontrasti-vität und Vergleichbarkeit als Verstehensbedingung im Dialog der Partner. In der transkulturellen Praxis und Erfahrung wirkt die Dialektik eines Interesses am Anderen und an sich selbst, die beide bleiben müssen, was sie sind, und sich zugleich gegenüber dem Anderen selbst finden können. Wenn für die „interkulturelle Literaturwissenschaft" entscheidend die Ausweitung des literarischen Vergleichs zu einem von kulturell „Fremdem" ist, dann muss sie über die binäre Opposition hinweg einen Zugang zur Perspektive des Anderen

---

29 D. Krusche: Fremderfahrung und Begriff oder Vom Sprechen über ´andere Kultur`, in: Alois Wierlacher/Georg Stötzel (ed.): Blickwinkel, München 1994, S. 65-80.

finden, vor allem durch den Vergleich, der aber – anders als das traditionelle komparatistische Vergleichen thematischer und struktureller Ähnlichkeiten aus universalistischer Sicht – die Dominanz westlicher Konzepte und Verfahren bei der Konstruktion einer Vergleichsbasis (tertium comparationis) durch eine „mehrdimensionale *Wechselseitigkeit* des Vergleichens" (Matthes) ersetzt.[30]

Die neue ‚Hermeneutik der Fremde' wurde in einem Aufsatz A. Wierlachers[31] in kurzer Zusammenfassung folgendermaßen definiert:

Die zu entwickelnde interkulturelle Hermeneutik deutscher Literatur wurde skizziert als Hermeneutik des Komplements differenter kultureller Innen- und Außensichten auf die zu erforschenden Texte. Als Modus der Erfahrung fremdkultureller Wirklichkeiten wurde an das Modell der asketischen peregrinatio erinnert. Den Begriff der Alterität faßte ich als Gegenstands- und Wahrnehmungskategorie auf. Den Verstehensbegriff bestimmte ich mit Plessner vorläufig als Vertrautwerden in der Distanz, die das Andere als Anderes und Fremdes – und mit ihm das Eigene – zugleich sehen und gelten läßt. Die hermeneutische Situation des Faches Deutsch als Fremdsprache wurde bestimmt als kulturelle Überschneidungssituation. Im Miteinander-Verstehen sah ich die Möglichkeit eines Besserverstehens, das Selbstverstehen einschließt, weil es eine wechselseitige Fremdstellung des je Eigenen impliziert. Verstehenspositionen wurden als Erwartungsrollen erläutert.

Wieweit ein gleichberechtigter Dialog bereits realisiert wurde, ist eine andere Frage. Krusche hat sich zu Recht gegen ein Missverstehen der „Dialektik des Eigenen und Fremden" gewehrt, das zeitweise zu einer

---

30 Joachim Matthes: Vergleichen, in: HbIG 2003, S. 326-330.; Karlfried Knapp: Kulturelle Unterschiede, in: HbIG 2003, S. 54-60. Knapp empfiehlt interkulturelle Analysen konkreter Interaktion statt Vergleiche von kulturellen Einheiten und Kulturen als statischer Systeme. cf. Jürgen Straub: Verstehen, Kritik, Anerkennung. Das Eigene und das Fremde in der Erkenntnisbildung interpretativer Wissenschaften. Göttingen: Wallstein (Essener Kulturwissenschaftliche Vorträge, Bd 4) zum akkomodierenden Verstehen und der relationalen Erkenntnis des Fremden sowie zur Problematik des Vergleichs, der Wertung, Geltung und Anerkennung; man cf. auch die europäische Tradition von „Kritik" und „Dialog": Alois Wierlacher: Kritik (HbIG 2003, S. 264-271), Karl Esselborn: Dialog (HbIG 2003, S. 214-221).
31 Alois Wierlacher: Mit fremden Augen oder: Fremdheit als Ferment. Überlegungen zur Begründung einer interkulturellen Hermeneutik deutscher Literatur (1983), in: Krusche/Wierlacher 1990, S. 51-79, Zitat S. 69.

Polemik gegen eine europäische Wissenschaftsarroganz der interkulturellen Germanistik führte.[32] Nur ein konfliktabweisender Begriff von Kultur und ein positivistischer Begriff von ‚Identität' als gelungene „Selbstgewissheit im erkannten Eigenen" konnten die europäische Position als Selbstzufriedenheit gegenüber einem von Europa überwältigten Afrika ohne Identität und Selbstverständnis erscheinen lassen. Bei der Vermittlung der deutschen Literatur können „Negativität der Bezugnahme, Rekonstruktion von Überwältigung und Formulierung von Konflikt" selbstverständlich nicht ausgeklammert werden, wie gerade die Perspektive einer „afrikanischen Germanistik"[33] zeigt.

4 Transkulturalität, Hybridität, Transdifferenz und das Konzept einer 'interkulturellen Literaturwissenschaft'

Wenn die ‚Hermeneutik der Fremde' vor allem eine andere wissenschaftliche Einstellung und Interaktion, ein „kulturbewusstes Mitdenken des Anderen und Fremden", ein „Wechselspiel kulturdifferenter Wahrnehmungen", „kooperative Selbstaufklärung und wissenschaftliche Partnerschaft" sowie ein „kreatives Milieu aktiver Toleranz" (Wierlacher) forderte[34], so war dabei ihr Ausgangspunkt das (wissenschaftliche) Subjekt im Sinne einer idealistischen Erkenntnistheorie und eine dichotomische Dialektik des Eigenen und Anderen/Fremden. An ihr wurde bald kritisiert, dass sie das Eigene in der abstrakten Absetzung vom Fremden konstituiere und die Differenz damit festschreibe und zu wenig die empirischen Formen der Fremdartigkeit und des Umgangs mit ihnen unter-

---

32 D. Krusche: Fremderfahrung und Begriff oder Vom Sprechen über 'andere Kultur' (s. Anm. 28), S. 76, cf. Peter Zimmermann (ed.): Interkulturelle Germanistik: Dialog der Kulturen auf Deutsch?, Frankfurt/M ²1991.
33 Zu erinnern ist an die Ansätze von Ndong, Sow, Diallo u.a. und die afrikanischen germanistischen Zeitschriften wie Etudes germano-africaines oder Weltengarten u.a.; Albert Gouaffo: La reception de la littérature allemande au Cameroun (1976-1998): essai d'analyse à partir de la notion de transfert culturel. In: Germanistik in und zwischen den Kulturen. Fs. für David Simo, hrsg. von Esaïe Djomo und Albert Gouaffo, Leipzig: Universitäts Verlag, 2004, S. 9-29.
34 A. Wierlacher: Interkulturalität, in: HbiG 2003, S. 257-264.

scheide.[35] Aus der Perspektive einer „Germanistik der Nachbarschaft" forderte z.B. Maria K. Lasatowicz (1999), den moralisch-normativen Begriff von Interkulturalität (als interkulturelles Verhalten) durch eine „empirische Interkulturalität" (auch des literarischen Gegenstands, der Texte) zu ersetzen, wie sie längst in der real vorfindbaren Wirklichkeit, etwa in Grenzräumen, existiert. Noch konsequenter ist Wolfgang Welschs Konzept der „Transkulturalität", das „die Kulturen jenseits des Gegensatzes von Eigenkultur und Fremdkultur zu denken" versucht (Welsch 2000: 332) – eine Opposition, die auch das Konzept der ‚Multikulturalität' unterschiedlicher Kulturen *innerhalb einer Gesellschaft* sowie das der 'Interkulturalität` noch bestimmt. Da im Zeitalter der Migration und der Globalisierung die Kulturen mit ihren vielfältigen Verflechtungen, Überschneidungen und Übergängen zwischen den diversen Lebensformen ebenso „transkulturell" geprägt sind wie die Individuen, wäre weniger das Verstehen anderer Kulturen als die pragmatische Interaktion mit den Anderen hilfreich (Welsch 2000: 346 f.). Welsch verweist auch wie Foucault und der Postkolonialismus auf die fehlende Gleichheit der Kommunikation in den von Machtverhältnissen dominierten Diskursen. Und sein Transkulturalitäts-Konzept entspricht sowohl dem gegenwärtigen Globalisierungs- wie dem Partikularisierungsdiskurs[36], da transkulturelle Netze stets Gemeinsamkeiten wie Unterschiede enthalten, kulturelle Integration und Homogenisierung und zugleich Diversität fördern. Der Begriff Transkulturalität rückte inzwischen ins Zentrum politisch akzentuierter (postkolonialer) Diskurse von Multikulturalität und Hybridität und wurde gleichzeitig Hauptgegenstand der Ethnologie. Für eine transnationale, komparatistische und kulturwissenschaftlich erweiterte Ger-

---

35 Klaus P. Hansen: Interkulturalität. Eine Gewinn- und Verlustrechnung, in: Zur Theoriebildung und Philosophie des Interkulturellen. Hrsg. von Andreas Cesana und Dietrich Eggers. Themat. Teil in Jahrbuch Deutsch als Fremdsprache26 (2000), S. 289-306; ibd., S. 327-351: Wolfgang Welsch: Transkulturalität. Zwischen Globalisierung und Partikularisierung; Andrea Leskovec: Fremdheit und Literatur. Alternativer hermeneutischer Ansatz für eine interkulturell ausgerichtete Literaturwissenschaft (*Kommunikation und Kulturen/Cultures and Communication* Bd. 8), 2009.
36 Cf. Bernd Wagner (ed.): Kulturelle Globalisierung, zwischen Weltkultur und kultureller Fragmentierung, Essen: Klartext 2001; Manfred Schmeling (ed.): Literatur im Zeitalter der Globalisierung, Würzburg : Königshausen & Neumann 2000.

manistik[37] gewinnt die Literatur dadurch eine neue entscheidende Dimension. Sie wird im ständigen Prozess der kulturellen Kontakte und Transfers zur wichtigen symbolischen Form kultureller Inszenierung von Selbst- und Fremdbildern, von Eigenerfahrung und interkulturellen Verhältnissen – als transnationale Literatur im historischen Kontext, als transkulturelle Migrations- und Minderheitenliteratur oder als ‚neue Weltliteratur'. Die literarische Interkulturalität ist in allen ihren Aspekten Gegenstand der Literaturwissenschaft, als synchron oder diachron, direkt oder indirekt, in verschiedenen Varianten und Beziehungen, im Blick auf Leitkulturen, kulturelle Emanzipation, Dissoziierung, Assoziierung, Identifikation, Verwandtschaft, Ähnlichkeiten usw. Die inzwischen auch an deutschen Universitäten etablierte „interkulturelle Literaturwissenschaft"[38] versteht entsprechend als ihren Gegenstand die interkulturellen Aspekte der Literatur, Themen und Motive von Kulturbegegnungen und -konflikten und die literarischen Formen der Mehrsprachigkeit, der Interkulturalität, der Intertextualität und Hybridität. Die Diskussion um die Perspektiven einer „europäischen Germanistik" nach Bologna[39] bzw. ei-

---

37 die auch Cultural Studies, Mentalitätsgeschichte und die Interkulturalitätsforschung zu methodischen Paradigmen macht (s. KulturPoetik 1/ 2001); cf. Doris Bachmann-Medick (ed.): Kultur als Text. Die anthropologische Wende in der Literaturwissenschaft, Frankfurt 1996; zur kritischen Distanzierung einer innovativen Inlandsgermanistik von einer monokulturellen deutschen „Nationalphilologie" Dietrich Harth: Nationalphilologien – Neue Philologie, in: HbiG 2003, S. 47-50; cf. Konrad Ehlich: Transnationale Germanistik, München: Iudicium 2007.
38 Norbert Mecklenburg: Das Mädchen aus der Fremde. Germanistik als interkulturelle Literaturwissenschaft. München: Iudicium 2008; Michael Hofmann: Einführung in die „Interkulturelle Literaturwissenschaft", Paderborn: Fink/UTB 2006.
39 Eva Neuland / Konrad Ehlich / Werner Roggausch (ed.) im Auftrag des Deutschen Akademischen Austauschdienstes und des Deutschen Germanistenverbandes: Perspektiven der Germanistik in Europa. Tagungsbeiträge. München: Iudicium 2005, darin S. 70-79 Jürgen Wertheimer: Goethe oder Globalisierung? – Zur Reorganisierung der „Germanistik", der am konsequentesten für eine internationale Öffnung und Reorganisation der „Germanistik", etwa in einem Studium „Europäische Literaturwissenschaft" oder „Internationale Literatur" plädiert. Nicole Colin/ Joachim Umlauf / Alain Lattard (ed.): *Germanistik – eine europäische Wissenschaft?* Der Bologna-Prozess als Herausforderung. München: iudicium 2006; darin: Ortrud Gutjahr: Interkulturelle Literaturwissenschaft als europäische Kulturwissenschaft., S. 110-145.

ner „Interkulturelle[n] Literaturwissenschaft als europäische Kulturwissenschaft" (Gutjahr) weist in die gleiche Richtung. Damit hat sich – nach der Wiederentdeckung der historischen europäischen Gemeinsamkeiten seit der Wende 1989 und angesichts der Literatur der Migranten und Minderheiten bzw. mit dem postkolonialen Blick auf die transkulturelle und hybride Seite der modernen Literatur im Zeitalter der Globalisierung – das Konzept der literarischen „Fremde" noch weiter aufgelöst. ‚Interkulturalität' meint in der interkulturellen Literaturforschung nicht Austausch von je kulturell Eigenem, sondern zielt auf ein intermediäres Feld, das sich im Austausch der Kulturen als Gebiet wechselseitiger Differenzerfahrung wie zugleich Identifikationsmöglichkeiten herausbildet (Gutjahr). Der neueste Begriff der „Transdifferenz"[40] – für einen „multivalenten aber labilen Zwischenzustand inmitten binärer Ordnungen" – bezieht sich auch auf intrakulturelle bzw. alle Prozesse kulturellen Wandels und geht davon aus, dass das irreduzible Anderssein des Fremden angesichts der Phänomene der individuellen und kollektiven Mehrfachzugehörigkeit, der Überlagerung, der relativen Unentschiedenheit, der vagen oder oszillierenden Zwischenbefindlichkeit nicht mehr nur im binären Schema einer essentialistischen ‚Kulturhermeneutik von ‚wir' und die ‚Anderen' zu fassen ist. Auch der Blick auf eine multikulturelle Gesellschaft wie Indien bestätigt, wie Anil Bhatti[41] (beim Internationalen Germanistenkongress 2005 in Paris) verdeutlichte, dass es um eine „operative Kunst des Aneignens und des Miteinander-Auskommens" und nicht mehr um eine dichotomische fremdkulturelle Hermeneutik geht, die durch eine Unterscheidung nationaler homogenisierter Kulturen die Trennung trotz eines (Schein-)Dialogs nur noch verstärkt, statt neben den Differenzen auch Ähnlichkeiten und Zusammenhänge zu akzeptieren. Allerdings sind die Begriffe des ‚Eigenen' und des ‚Fremden' – die schon immer als kulturelle Konstruktionen verstanden wurden

---

40 Cf. Ernst, Christoph / Sparn, Walter/ Wagner, Hedwig (ed.): KULTURHERMENEUTIK. Interdisziplinäre Beiträge zum Umgang mit kultureller Differenz. München: Fink 2008; <u>Lars Allolio-Näcke</u>, <u>Britta Kalscheuer</u> , <u>Arne Manzeschke</u> (eds.): Differenzen anders denken: Bausteine zu einer Kulturtheorie der Transdifferenz. Frankfurt/M: Campus 2005.
41 Anil Bhatti: Nationale Philologie, kulturelle Homogenisierung und postkoloniale Diskurse. Einige Aspekte, in: Akten des XI. Internationalen Germanistenkongresses Paris 2005 „Germanistik im Konflikt der Kulturen", Bd. 1, hrsg. Von Jean-Marie Valentin, Bern u.a.: Lang 2007, S. 95-109.

– keineswegs überflüssig geworden, wie schon ein Blick auf die Realität der internationalen Beziehungen und die neuesten nationalistischen Kampagnen gegen Immigranten zeigt. „Transkulturalität", wie sie zuletzt beim IVG-Kongress in Warschau als quasi selbstverständliche Voraussetzung der Germanistik international gehandelt wurde, sollte auch nicht als eine neue Gemeinsamkeit und Einheitlichkeit, als eine Art neuer Universalismus missverstanden werden. So wenig wie „Hybridität" bezeichnet sie den Zustand eines abgeschlossenen Ausgleichs, sondern eher eine komplexe und konfliktreiche Gleichzeitigkeit im interkulturellen Prozess.

5 Unterschiede kulturspezifischer Rezeptionsprozesse

Versucht man die unterschiedlichen Varianten der kulturspezifisch geprägten literarischen Rezeption auf ihren jeweiligen Referenzrahmen zu beziehen, dann müsste noch systematischer als bisher die historische Vielfalt der Vermittlungs- und Überlagerungssituationen und der historischen Formen von Interkulturalität, Transkulturalität und Hybridität berücksichtigt und vielleicht nach bestimmten Grundtypen unterschieden werden. Der Austausch unter Nachbarn mit gemeinsamen europäischen Traditionen und Grenzregionen oder mit Ländern mit deutschsprachigen Minderheitenliteraturen bzw. mit besonderen literarischen Beziehungen über Migration und Migrantenliteratur (wie bei der Türkei) folgt anderen Regeln als europaferne Begegnungen wie in Fernost oder in Afrika, die z.T. durch (post-) koloniale Traditionen belastet sind. Dabei geht es nicht nur um Einstellungen und Verhalten der Vermittler und Rezipienten, sondern auch um die historisch-empirische Transkulturalität der kulturellen und literarischen Gegenstände, von der regionalen Literatur über die Exil- und Migrationsliteratur bis zur transkulturellen „neuen Weltliteratur". Und je nach räumlicher und kultureller Nähe und Ferne, nach historischen Gemeinsamkeiten und Konflikten, nach den jeweiligen kulturellen und literarischen Traditionen usw. wird eine interkulturelle Literaturwissenschaft auch methodisch ganz unterschiedliche Herangehensweisen entwickeln müssen: von einer europäischen kulturgeschichtlichen „Anrainergermanistik" über den Migrations- und Minderheitendiskurs, die Diasporaforschung, die Hermeneutik der ‚kulturräumlichen Fremde', die Postkolonialismusforschung, die Theorien der Hybridisierung und Kreolisierung bis zu den Ansätzen einer „afrikanischen Germanistik" oder anderer länderspezifischer Germanistiken, wie sie im Handbuch interkulturelle Germanistik (2003) für Polen, Dänemark, Portugal, die USA, Australien, China und Indien zusammengestellt sind.[42] Und nicht zuletzt sollte auch die Rezeption der Literatur des jeweiligen Herkunftslandes in den deutschsprachigen Ländern als die andere Seite der kulturellen Wahrnehmung miteinbezogen werden.

---

42 Länderspezifisches Ansätze interkultureller Germanistik, in: HbiG 2003, S. 595ff.; cf. Jürgen Joachimsthaler: Philologie der Nachbarschaft. Erinnerungskultur, Literatur und Wissenschaft zwischen Deutschland und Polen. Mit einem Nachwort von Marek Zybura. Würzburg 2006; Dieter Rall / Marlene Rall: Zur Rezeption der deutschsprachigen Literatur in Mexiko. In: Literatur im interkulturellen Dialog (Fs. Nayhauss), hrsg. von M. Durzak und B. Laudenberg, Berlin u.a.: Lang, 2000, S. 460-472; Aoussine Seddiki: Zur Rezeption deutscher Literatur in Algerien, ibd., S. 473-476; Adrian Hsia/ Sigfrid Hoefert: Ostasiatische Brückenschläge. Deutsch-chinesische Literaturbeziehungen im 20. Jahrhundert. Bern u.a.: Lang (Euro-Sinica 3), 1992; Monika Schmitz-Emans (ed.): Transkulturelle Rezeption und Konstruktion. Transcultural reception and/et Constructions transculturelles. Festschrift für Adrian Hsia. Heidelberg: Synchron 2004; Gabriele Müller-Peisert: Zum Verstehen fremdkultureller Literatur: ein Vergleich der Konventionen im Gabriele Umgang mit literarischen Texten am Beispiel Deutschland und China. Kassel: Kassel Univ. Press 2006; Suk Zong Han: Die Rezeption der deutschen Literatur in Korea – im Zusammenhang mit der gesellschaftlichen Entwicklung. In: Akten des VIII. Internationalen Germanisten Kongresses Tokyo 1990, Bd. 6, S. 388-394; Horst Turk / Anil Bhatti (ed.): Kulturelle Identität?: deutsch-indische Kulturkontakte in Literatur, Religion und Politik. Berlin: E. Schmidt 1997 (Göttinger Beitr. zur interkult. Übersetzungsforschung, 15); Thomas Bleicher: Ein Modell der „Interkulturalität": das Paradigma euro-arabischer Literaturbeziehungen. In: Eva Kushner / Haga Torn (ed.), Dialogues des cultures = Dialogues of cultures, Bern u.a.: Lang 2000, S. 21-33 u.a.

Germanistik in Kenia: Interkulturelles Lesen und Verstehen durch Identifikationsmöglichkeiten

Julia Augart (Stellenbosch)

Abstract

Teaching literature in German as a foreign language classes is a topic which has been widely discussed. The advantages and disadvantages for learners of German of being confronted with literary texts have been pointed out, especially regarding canonized German literature. In the non-German speaking countries literature is usually part of the curriculum and students have to read texts from the age of Enlightenment to the present, also if they study in a country far away from Germany and often in a very different cultural context. Within the field of intercultural literature, understanding of the other and foreign has become also a field for German literature in Africa. According to critics, in countries outside the European or Western region not only the cultures and values differ, but also ideology and historical understanding of German literature. The paper discusses how students can be familiarized with German literature by learning to understand texts through analogies and with the help of identification through their own culture. This will be exemplified with Lessing's *Emilia Galotti*, Brecht's *Der gute Mensch von Sezuan* and Keller's *Kleider machen Leute*, which have been read with Kenyan students of German. The selection of texts will be explained as well as the different possibilities of identification as a first step towards an understanding of the other culture and literature.

1 Germanistik in Afrika: Fremdverstehen durch Identifikation

Die ‚Phoenix Players' haben vor ein paar Jahren eine hochriskante Auswahl getroffen. Das älteste kenianische Theaterensemble brachte Carl Zuckmayers Stück *Der Hauptmann von Köpenick* in Nairobi auf die Bühne. Das kann nur schiefgehen, war mein erster Gedanke. Doch nach der Premiere war ich eines Besseren belehrt. Die ‚Phoenix Players' interpretierten den Stoff so, als hätte Zuckmayer die hundert Jahre alte wilhelminisch-preußische Geschichte für das heutige Kenia geschrieben (Dohrenbusch 2010: 9).

Wim Dohrenbusch, langjähriger WDR-Korrespondent in Nairobi, beschreibt hier eine Skepsis, die viele mit ihm teilen.[1] Gleichzeitig zeigt er

---

1 Siehe hierzu auch Sadji 1994: 78.

aber auch, dass die deutsche Literatur Entsprechungen im kenianischen Kontext findet, sich zur Adaption eignet und einige Identifizierungsmöglichkeiten bietet; auch wenn die Kulturen scheinbar unterschiedlicher nicht sein könnten. Im Zusammenhang von Literatur und Fremdsprachenunterricht sind zwei Ansätze zu unterscheiden: Einerseits wird Literatur im DaF-Unterricht und in den darin eingesetzten Lehrwerken bei der Fremdsprachenvermittlung verwendet, andererseits gibt es den fremdsprachlichen Literaturunterricht, das Lesen von Literatur bei fortgeschrittenen Fremdsprachenlernern (cf. Esselborn 2010: 43). Auf beide soll im Folgenden nur kurz eingegangen werden, besonders aber im Zusammenhang mit Germanistik in Afrika sollen einige Überlegungen skizziert werden.

Literatur im DaF-Unterricht hat sich seit den 1980er Jahren fest etabliert, um Lernenden Gesprächsanlässe zu bieten und gleichzeitig Kultur und Landeskunde zu vermitteln (cf. Ehlers 2001). Seit den 1990er Jahren dient sie im Kontext des interkulturellen Lernens auch dem Fremdverstehen (cf. Nünning 2000; Bredella 2000). Eine Analyse der Literaturvermittlung in Burkina Faso leistet Jean-Claude Bationo in seiner detaillierten Analyse des Lehrwerks *Ihr und Wir* (Bationo 2007) sowie einem Anhang mit Vorschlägen zu Literatur mit Afrikabezug.

Im fremdsprachlichen Literaturunterricht wird ein anderer Ansatz verfolgt. Das primäre Ziel in diesen Kursen ist nicht das des Spracherwerbs oder der kulturellen Vermittlung, sondern das Verstehen der deutschen Literatur. Literaturseminare sind ein elementarer Bestandteil des Curriculums in der afrikanischen Germanistik. Diese orientierte und orientiert sich, wie die meisten Auslandsgermanistiken, meist an der Inlandsgermanistik (cf. Esselborn 2010: 32), obwohl es große Interferenzen durch die „Ferne [...] der fremdsprachlichen Kultur" (Stierstorfer 2002: 119) gibt, oft ein anderer bzw. „weiterer [...] Literaturbegriff" (Esselborn 2010: 44) vorliegt sowie eine andere oder keine Lesetradition, wie beispielsweise in Kenia (cf. Laurien 2010: 171), existieren. Dies stellt im Literaturunterricht an sich und besonders im fremdsprachlichen Literaturunterricht eine Herausforderung dar und erfordert eine andere Literaturauswahl und Herangehensweise bzw. Didaktik.

Bereits in den 1980er Jahren wurde eine afrikanische Germanistik gefordert (cf. Ihekweazu 1984; Sadji 1984), die ihre eigene Beschreibung und Zielsetzung formulieren müsste, um den kulturellen Unterschieden und den Beziehungen zwischen Afrika und Europa/Deutschland gerecht zu werden und um deren Interrelation ins Zentrum der literaturwissenschaftlichen Auseinandersetzung zu rücken. Die interkulturelle Literaturwissenschaft, die kulturelle und interkulturelle Aspekte literarischer Texte hervorhebt sowie der Frage nach kultureller Identität nachgeht, bietet hier Möglichkeiten für eine Auseinandersetzung, die auch vom Verständnis der Lehr- und Lerninhalte abhängen (cf. Diop 2010: 319).[2] Wierlacher formulierte am Anfang der interkulturellen Hermeneutik-Diskussion den Begriff der *fremden Augen* (Wierlacher 1985: 3 f.); das Lesen der Literatur durch einen fremdkulturellen Blick. Ndong, mit dem Versuch, eine afrikanische Germanistik zu definieren, modifizierte diesen durch einen, wie man sagen könnte, wechselseitigen Blick, unter dem er das Lesen der eigenen (nationalen) Literatur neben (und nicht im Vergleich) mit der deutschen Literatur versteht (Ndong 1993: 106 f.). Besonders die westafrikanische Germanistik hebt die Reflexionsmöglichkeiten für afrikanische Germanisten bzw. Germanistikstudierende hervor (cf. Sadji 1984; Sow 2003; Diallo 2003), fordert die Auseinandersetzung mit Texten, die einen expliziten Afrikabezug haben (cf. Sadji 1984) und sieht im kontrastiven und komparatistischen Lesen mit der afrikanischen Literatur ein interdisziplinäres Vorgehen (cf. Diop 2000).

Der folgende Beitrag soll eine weitere Perspektive aufzeigen – die der Identifikation mit deutscher Literatur ohne expliziten Afrikabezug, denn erfolgreiches Fremdverstehen erfolgt auch über Identifikation, wie Bredella (1980; 1995; 2000) ausführt und wie bereits Gadamer formulierte, wenn er im „Fremden das Eigene" (Gadamer 1975: 11, zit. in Wierlacher 1985: 10) sieht. Das Vorverständnis, die Voraussetzung für das Verstehen (cf. Bredella 1980: 12), findet hier nicht mit dem Wissen der deutschen Literatur und Kultur, sondern dem der eigenen Kultur statt und somit durch eine „Integration in den Bezugsrahmen des Lesers" (ibd.: 18). Denn, so Bredella, „wir können nur vom Verstehen der Handlung ausgehen, wenn wir sie nachvollziehen können" (ibd.: 31), und zwar durch eine „Perspektivenübernahme" (Bredella 1995: 17). Durch den Zugang zum Text entsteht gleichzeitig eine Lesemotivation. Erstaunli-

---

2 Diop gibt in seinem Aufsatz *Germanistik im subsaharischen Afrika* einen guten und umfassenden Überblick über die Germanistik in Afrika bzw. die afrikanische Germanistik auch im Zusammenhang mit der deutschen Kulturpolitik. Allerdings konzentriert er sich hier auf Westafrika und in Teilen auf das südliche Afrika. Ostafrika wird, wie in den meisten Publikationen, nicht thematisiert.

cherweise war dies weniger in der Gegenwartsliteratur möglich, sondern in Texten des 18. und 19. Jahrhunderts (cf. Esselborn 2010: 46), wie die folgenden Beispiele zeigen[3], die nach kultureller Adäquatheit und Identifizierungsmöglichkeiten ausgewählt bzw. erprobt wurden. Im idealen Fall, wie in der Auslandsgermanistik, sollte es eine einheitliche kulturelle Gruppe und der Lehrende „mit deren Tradition [...] beschäftigt und vertraut" (Ndong 1991: 48) sein und nicht durch eigene Vorstellungen der fremden Kultur Annahmen stellen (cf. Ihekweazu 1984: 95). Das bedeutet aber nicht, dass „der muttersprachliche Germanist nicht zu einem interkulturellen Germanisten" (Ndong 1991: 40) werden kann, wie Ndong dies verabsolutiert.[4]

An Lessings *Emilia Galotti*, Lessing 1970 und Brechts *Der gute Mensch von Sezuan*, Brecht 1973 sowie Kellers *Kleider machen Leute*, Keller 1961 soll deutlich werden, dass diese, werden die Texte im „Verhältnis zur außerästhetischen Lebenswelt" (Bredella 1980: 9) gelesen, in der kenianischen Welt des 20. und 21. Jahrhunderts verstanden werden können.

2 Lessing: *Emilia Galotti*

Texte aus der Aufklärung erscheinen häufig am schwierigsten durch die zeitliche Distanz und der obsolet scheinenden Inhalte (cf. hierzu auch Esselborn 2010: 46), dennoch sind sie häufig Teil des Curriculums. Das Drama *Emilia Galotti* ist zwar sprachlich nicht einfach, wird aber sukzessive und analog zum Spannungsaufbau im Drama interessant. Das Motiv einer Frau zwischen zwei Männern und deren Intrigen ist nicht nur ein altes in der westlichen Kultur sowie in afrikanischen Mythen; es ist auch ein zeitgemäßes, welches jedes Fernsehpublikum aus den täglich ausgestrahlten ‚Soaps' kennt, die in Kenia ebenso häufig wie beliebt

---

3 Gegenwartsliteratur von Judith Hermann, Christian Kracht, Benjamin von Stuckrad-Barre oder Zoë Jenny waren den kenianischen Studierenden oft weniger zugänglich und nachvollziehbar, besonders die Orientierungslosigkeit, ‚Spaßgesellschaft' und Auseinandersetzung mit den Eltern.

4 Wissen über die allgemeine kenianische gegenwärtige Kultur und Gesellschaft kann ein nicht-kenianischer Germanist durch eigene Erfahrung und eine Sensibilität für kulturelle Andersartigkeit und interkulturelle Begegnung gewinnen. Literatur zur kenianischen Kultur gibt es allerdings derzeit kaum oder nur für Touristen auf einem relativ allgemeinen Niveau.

sind. Damit ist zunächst das Interesse der Studierenden geweckt; sie haben, wenn sie sich bis zum Ende des zweiten Akts durchgekämpft haben, nun Interesse, weiterzulesen, um zu sehen, was weiter geschehen wird. So manchem Studenten und Schüler in Deutschland mag das Verständnis für die Charaktere des 18. Jahrhunderts fehlen. In Kenia sind Figuren wie der korrupte Prinz von Guastalla, der Patriarch Odoardo und die keusche, ihre Unschuld bewahrende Emilia den Studierenden sehr viel näher. Auch Sadji stellt für Senegal fest, dass die deutsche Literatur, insbesondere die ältere, es „viel mehr verdien[t] (...) studiert zu werden" (Sadji 1984: 80), weil sie den afrikanischen Staaten, die sich zu „modernen Gesellschaften heraus[]bilden" (ibd.), näher steht. Die Nähe zu den Figuren soll aber nicht den Eindruck erwecken, dass hier Germanistik, wie Sow kritisiert, als „Entwicklungs-Wissenschaft" (Sow 1986) betrieben wird, also „Entwicklungen in Afrika unzulässigerweise als Vorstufe europäischer Prozesse" (Ndong 1998: 13) behandelt und historische Entwicklungen in Deutschland mit heutigen in Afrika gleichgesetzt werden. Sie soll vielmehr Studierenden Identifikationsmöglichkeiten und damit eine Verstehensbasis bieten, auf der dann nach einer immanenten Interpretation eine kulturelle und historische Einordnung und Verortung stattfinden kann und muss. Die Willkür und Machtpotenz des Prinzen wird besonders deutlich in der Anfangsszene, in der er einer Emilia ihre Bitte gewährt, weil sie Emilia heißt (Lessing 1970: 129). Dies können kenianische Studierende nachvollziehen, aus einem Land und auch Bildungssystem kommend, das von Korruption und Begünstigungen durch Beziehungen geprägt ist; eine Tradition, aber auch ein aktuelles Problem der meisten afrikanischen Staaten (cf. Richmond 1998: 123). Nicht der Prinz, aber die Opfer, die von dessen Handeln abhängen, sorgen hier für Identifikationsmöglichkeiten. Auch Odoardo, der Familienpatriarch, kommt dem traditionellen kenianischen Familienoberhaupt sehr nahe, ist es doch häufig immer noch der Vater, der alle Entscheidungen trifft. Ein Aufbrechen der Rollenmuster ist in kenianischen Familien zwar zu erkennen, aber was hier unter Geschlechtergleichheit oder Emanzipation verstanden wird, so Mayer, unterscheidet sich häufig vom westlichen Konzept (Mayer 2003: 56f.). Emilia, die von der Familie verheiratet wird und deren Unschuld ihr höchstes Gut ist, scheint im heutigen Kenia nicht obsolet, wo in einigen Ethnien, besonders auf dem Land, Mädchen verheiratet werden und ein guter Brautpreis bzw. Wohlstand des zukünftigen Ehemannes und nicht Liebe ausschlaggebend sind (cf. auch Laurien

2010: 127). Emilias Angst, dass sie ihre Unschuld verlieren könnte (Lessing 1977: 202), ist, wenn auch anders motiviert, in Zeiten von HIV/AIDS aktuell und wurde im Jahr 2005 von der Regierung mit einer Kampagne, die zu Enthaltsamkeit und der Absage an vorehelichen Sex aufrief, propagiert.

Verortet man das Drama in seinem Kontext und stellt Bezüge zur deutschen Geschichte bzw. Mentalitätsgeschichte sowie Ideen der Aufklärung her, lässt sich auch hier feststellen, dass es keine fremden Konzepte sind: Die Hierarchie und Gesellschaft der Aufklärung kann von kenianischen Studierenden in Analogie zur eigenen Welt und Kultur gelesen und verstanden werden, die bis heute in vielen Bereichen den Gehorsam und Achtung der Autorität erwartet (cf. Mayer 2003: 37). In ihrer modernen, aufklärerischen Haltung jedoch, ihren eigenen Willen – „[a]ls ob wir, wir keinen Willen hätten" (Lessing 1977: 202) – zu haben, sich vom Hof des Prinzen zu lösen und nicht länger dessen Macht zu unterstehen, sind Odoardo und auch Graf Appiani vergleichbar mit der kenianischen Gesellschaft. Gerade nach den Wahlen von 2003 entwickelte sich Kenia vom „father of a nation syndrom" (Mutua 2008: 181) der ‚Kenyatta Ära' und aus der Diktatur Daniel Arap Mois zu einem demokratischen Land, in dem die eigene Meinung gefragt ist, ein neues Selbstbewusstsein aufkommt und die Regierung und deren Handeln nicht mehr hingenommen wird, sondern Rechenschaft und Aufklärung gefordert werden. Auch wenn sich die Hoffnungen nach 2003 nicht erfüllt haben, so hat es doch zu Veränderungen geführt, wie Mutua in seiner Analyse zur Demokratisierung Kenias statuiert:[5]

> The press was more vigilant in spite of attacks on it by the state. Civil society operated in a relatively open political environment. These were signs that democratic practices and a culture of accountability were being implanted in spite of government efforts to thwart reform (Mutua 2008: 4).

Die Studierenden, die das Ende des Einparteien-Regimes Mois und den Umbruch 2003 zu einer offeneren Gesellschaft, einer Dezentralisierung sowie einer demokratischeren Machtverteilung (cf. Mwiria: 2007: 1)

---

5 Auch die Unruhen nach den manipulierten Wahlen 2007/2008 können in diesem Zusammenhang gesehen werden, die allerdings, von den politischen Drahtziehern missbraucht, eskalierten und der Demokratie Kenias eine Absage erteilten.

miterlebten und miterleben, können sich hier auch mit dem Motto der Aufklärung, *Sapere aude! Habe Mut, dich deines eigenen Verstandes zu bedienen!*" (Kant 1784: 481), identifizieren, aber auch mit den damit verbundenen Schwierigkeiten. Lessings Verlagerung des Schauplatzes nach Italien, um die in dem Werk enthaltene Kritik zu entschärfen, findet Entsprechungen in der kenianischen Nationalliteratur: Jahrzehntelang wurde sie zensiert, ihre Autoren wurden verfolgt, so dass diese emigrierten, wie beispielsweise N'gugi wa Thiongo. Noch heute wird Kenia als Land mit einer unfreien Presse kategorisiert (cf. Brüme 2006: 314).

Die Aufgabe der Literatur der Aufklärung, zu belehren und zu erfreuen (*prodesse et delectare*), ist nicht fremd, sondern prägt die beliebte Form der Theater- und auch Gedichtpräsentation in Kenia, die zum einen in der afrikanischen, oralen Tradition verankert („[t]hrough stories, dances and songs history was taught by one generation to the next generation" [Björkmann 1989: 48]) und zum anderen eine Fortführung der angelsächsischen Wettbewerbskultur ist. Beim jährlichen ‚National Drama Festival' und ‚National Music Festival' tragen Schüler und Studierende selbst Stücke mit moralischer Belehrung bzw. Beispielen unmoralischen Handelns, Warnungen zu HIV/AIDS vor „to articulate their concerns on national issues" (Mshaï 2007: 153). Abgesehen von der lateinischen Wortwahl ist das Konzept damit kein neues oder gar unbekanntes, sondern ein traditionell afrikanisches, das in Kenia zusammen mit kolonialen Traditionen ein beliebtes und erfolgreiches Medium darstellt.

3 Brecht: *Der gute Mensch von Sezuan*

Brecht ist seit Ende der Kolonialzeit in den meisten afrikanischen Ländern ein viel gelesener, rezipierter und auch adaptierter Autor (cf. Bationo 1999: 73f.). Besonders in Tansania durch die Förderung von Autoren und Dozenten in der und durch die DDR (cf. Riesz 2000: 250f.) sowie in den stark westlich orientierten Staaten Kenia und Nigeria (cf. Ihekweazu 1983: 30) gibt es hierfür viele Zeugnisse. Das Drama *Der gute Mensch von Sezuan*, das die Unmöglichkeit darstellt, ein guter Mensch in der Gesellschaft zu sein, ist symptomatisch für die kenianische bzw. afrikanische Gesellschaft. Es ist auch das Theaterstück, wie Bationo bemerkt, das „von afrikanischen Autoren am häufigsten aufgegriffen wurde" (Bationo 1999: 102), in Kenia selbst adaptiert und in Suahli übersetzt wurde (cf. Fiebach 1980: 74). N'gugi wa Thiongo, kenianischer Schriftsteller und Literaturwissenschaftler, setzte sich in den 1970er Jahren mit Brecht auseinander und rückte, wie die Literaturwissenschaftlerin Ihekweazu schreibt, „mit marxistischem Instrumentarium dem Neokolonialismus seines Landes zu Leibe" (Ihekweazu 1983: 42). Nachdem er wegen seiner Kritik an der postkolonialen Regierung Kenias inhaftiert wurde, zitierte er in seinen Stellungnahmen und Essays Brecht (cf. Bationo 1999: 106; Ihekweazu 1983: 42). Mehrfach wurde untersucht, weshalb Brechts Dramen und Gedichte sowie ihre Rezeption in Afrika so beliebt waren und sind. Kreutzer verweist auf Brechts Darstellung der allgemeinen „kulturübergreifenden sozialen Grundprobleme Unterdrückung, Ausbeutung und Erniedrigung" (Kreutzer 1990: 4, zit. in Ndong 1993: 156), die durch Imperialismus bzw. Kolonialismus (cf. Ihkeweazu 1983: 32 f.) die gesellschaftlichen Verhältnisse vieler afrikanischer Staaten prägten und prägen (cf. Fiebach 1980: 71). Die Adaptionen können hier als Indiz für eine Identifikation gesehen werden.

Shen Te, die, um zu leben und zu überleben, sich und ihren Körper prostituiert, ist Teil der afrikanischen Realität „propagated by the European colonialization" (Homaifar 2008: 173) und eine „tactic [...] for survival" (Homaifar 2008: 173), die auch in der afrikanischen Literatur thematisiert wird (cf. Homaifar 2008: 173f.). Shen Tes Versuch auszusteigen, als die Götter ihr für ihre Gastfreundschaft – und auch hier lässt sich in Shen Tes Handeln eine afrikanische Tradition erkennen (cf. Richmond 1998: 96) – das Grundkapital für ihren Tabakladen geben, ist nachvollziehbar. Shen Te, nun Besitzerin eines Ladens und damit zumindest scheinbar wohlhabend, wird um Hilfe und Unterstützung gebeten. Die Bittsteller sehen es als Selbstverständlichkeit, dass sie aufgenommen und versorgt werden. Shen Te fühlt sich verpflichtet zu helfen, wie sie in ihrer Publikumsansprache kommentiert (Brecht: 1973: 20). Sie befindet sich in der Situation, dass sie als Bessergestellte nun für die Versorgung der „extended familiy" (Richmond: 1998: 3), zu der auch Personen gezählt werden, die nicht unbedingt verwandt sind, zuständig ist bzw. sich zuständig fühlt. „[U]m den Kreis der Familienhaushalte legt sich der Kreis der Nachbarschaft, der zwar ein minder verpflichtendes System von Kontakten erfordert, aber doch die Gemeinschaft des Zusammenlebens und gegenseitiger Hilfe angibt" (Mayer 2003: 141). Der Einzelne wird zum „communitarian self" (Gyekye 1992: 298), d.h. „the being and the life of the individual person totally depend on the activities, values, projects, practices and ends of community" (Gyekye 1992: 298), und wie Jomo Kenyatta, erster Präsident Kenias, formuliert, war der „spirit of collectivism [...] much ingrained in the mind of the people" (Kenyatta 1965: 180, zit. in Gyekye 2002: 298).

Shen Te, die auch wirtschaftlich denken muss, ist in einem Dilemma, aus dem sie sich durch die Erfindung des Vetters, einer männlichen Unterstützung, zu befreien versucht. Dieser Vetters ist eine Notlüge – ebenfalls ein gängiges Vorgehen, um das Gesicht nicht zu verlieren – entstanden aus der Situation und aus den Vorschlägen der achtköpfigen Familie, sozusagen aus dem afrikanischen „consensus" (Richmond 1998: 84). Er wird als Figur eingeführt, um die Bittsteller zurückzuweisen, sodass Shen Te weder unhöflich sein muss, indem sie die Gesuche ablehnt, noch die negative Rezeption erhält oder sich auf eine Konfrontation mit ihren Mitmenschen einlassen muss. Der eigene Konflikt wie auch der gesellschaftliche wird durch Shui Ta entschärft, er ist als Mann und Vetter Shen Tes in der Gemeinschaft höher angesehen und respektiert (Mayer 2003: 39f.).

Der Flieger Sun wird als opportunistischer Mensch dargestellt, der zum verhassten Vorgesetzten wird, wenn er zum Manager von Shui Tas Tabakfabrik aufsteigt. Als Vorgesetzter hat er scheinbar seine Herkunft vergessen, was auf eine Mentalität hinweist, die auch in Kenia häufig zu beobachten ist und im zeitgenössischen Theater, Film und Literatur thematisiert wird. Suns späteres Verhalten gegen Shui Ta und sein Interesse an Shen Te und ihrem Kind wurde von den kenianischen Studierenden nicht als wahres Interesse und Sorge interpretiert, sondern als Bestrebung, seine Position zu sichern.

Shen Tes Verhalten, alle zu bedienen, es allen Recht machen zu wollen, ein guter Mensch zu sein, entspricht der kenianischen/afrikanischen Tradition. Ihr Konflikt mit sich selbst, ihr Dilemma entspricht dem des modernen Afrikaners, weshalb sich kenianische Deutschstudierende sehr wohl mit der Situation, aber auch mit Shen Tes Reaktion identifizieren können.

Fiebach, Ihekweazu wie auch Bationo führen die Beliebtheit des Brechtschen Theaters auch auf die Nähe des epischen Theaters zum afrikanischen Theater (Bationo 1999: 91 f.) und den afrikanischen Theatertraditionen zurück. Die Literaturwissenschaftler Chambulikazi (1980) und Ihekweazu (1983: 26 f.) legten dies bereits in den 1980er Jahren dar. Bationo geht in seiner umfangreichen Analyse weiter darauf ein und verweist auf Entsprechungen wie Publikumsansprachen, ‚Songs' sowie den Einsatz von Masken (Bationo 1999: 80 ff.). Diese Elemente heben im afrikanischen wie im epischen Theater das System Zuschauer-Schauspieler auf und führen beim Leser, der das klassische aristotelische Theater gewohnt ist, zu Irritation. Kenianische Studierende müssen daher eher auf die Unterscheidung dieser Elemente im Gegensatz zur klassischen Dramenstruktur aufmerksam gemacht werden.

Brechts *Der gute Mensch von Sezuan* bietet folglich Identifikationsmöglichkeiten und bekannte Elemente sowohl auf struktureller wie auch auf inhaltlicher Ebene. Die Situation und Charaktere sind den Studierenden geläufig und sehr viel näher als deutschen Schülern und Studierenden, die durch die immer größer werdende Kluft zwischen Text und Leser weniger Identifikationsmöglichkeiten haben. Auch Brechts Ansatz, dass die Veränderung der Gesellschaft dem Menschen andere Entfaltungsmöglichkeiten gibt, ist gerade vor dem kolonialen Hintergrund – so die häufige Rezeption Brechts – gut verständlich, aber auch vor dem heutigen Hintergrund der postkolonialen Regierungen.

4 Keller: *Kleider machen Leute*

Kellers *Kleider machen Leute* ist sicherlich in vielen Kulturen einsetzbar und bietet einigen Anlass zur Reflexion und Diskussion. Wenngleich die Erzählung durch die Sprache des 19. Jahrhunderts sowie durch die detaillierten Beschreibungen des Realismus auf hohem Sprachniveau ist, sind das Identifikationsniveau und der Unterhaltungswert hoch, sodass ohne viele Erklärungen das humoristische Element des poetischen Realismus erkannt und thematisiert wird. Dass der Schneider Strapinski unfreiwillig und zunächst ohne sein Tun als Graf gesehen und auch als solcher behandelt wird, ist auf sein edles Aussehen zurückzuführen (Keller 1961: 293) und wenn er aus Angst nicht spricht, so interpretiert man dies als „Vornehmheit!" (Keller 1961: 295). Ebenso werden seine Essmanieren als Zeichen gesehen, dass er „ein Herr von großem Hause" (Keller 1961: 298) ist, obwohl es seine Unsicherheit und seine Sorgen sind, die ihn so „schüchtern und zimperlich mit der silbernen Gabel daran herum[hantieren]" (Keller 1961: 298) lassen. Dass er nur sehr zögerlich in seine Rolle hineinfindet, macht ihn als Aufschneider zunächst sympathisch, ebenso in der demütigenden Demaskierung am Ende (Keller 1961: 320f.).

Kleidung hat in Kenia einen hohen Stellenwert und wird als „statement about identity, a practical and immediate means of expression" (Martin 2004: 227) benutzt. Ungleich der westlichen Welt geht es nicht unbedingt um Kosten und Marken sowie neuste Mode, sondern um angemessene Kleidung, besonders in Leit- und Vorbildfunktionen (cf. Mayer 2003: 127). So wird beispielsweise erwartet, „dass Lehrer wie leitende Angestellte mit hellem Hemd, gebügelter Hose und Jackett erscheinen" (ibd.: 130), von Frauen wird erwartet, dass sie Röcke tragen. Die offizielle Kleidung bringt Autorität und betont den gesellschaftlichen oder beruflichen Rang. So kleiden sich die Studierenden bewusst und der Kleiderordnung entsprechend auch in ihren Praktika an Schulen und werden – durch Kleidung und damit verbundenem Auftreten – über Nacht von Studierenden zu Lehrenden. Von Seiten der zu unterrichtenden Schüler wird der erwartete Respekt gezollt, was den Stellenwert von Kleidung sowie die damit verbundene Stellung in der Gesellschaft verdeutlicht.

Die Studierenden waren alle der Meinung, dass Kleidung und was sie in bestimmten Situationen tragen für sie wichtig sei und dass gerade Kleidung und Erscheinungsbild häufig als Möglichkeit wahrgenommen werden, sich als jemand anders zu geben resp. eine andere Rolle anzunehmen. Dies sollte jedoch nur der Situation entsprechend und angemessen genutzt und nicht ausgenutzt werden, wie es in Kellers *Kleider machen Leute* praktiziert wird. Diese Erzählung ist ein relativ universelles Beispiel für ein nach wie vor aktuelles Thema, das in vielen Ländern auf Verständnis stößt und im fremdsprachlichen Literaturunterricht aufgegriffen werden kann.

5 Zusammenfassung und Ausblick

Es wurde deutlich, dass ausgesuchte literarische Texte, wenngleich sie in einem afrikanischen Kontext zunächst eher unzugänglich, unpassend und eurozentrisch wirken, sehr wohl eine passende Lektüre sein können, wenn sie unter kulturellen und inhaltlichen Aspekten ausgesucht werden, die einen Afrikabezug herstellen lassen. So bieten Texte wie Lessings *Emilia Galotti*, Brechts *Der gute Mensch von Sezuan*, Kellers *Kleider machen Leute* und auch Zuckmayers *Der Hauptmann von Köpenick,* wie Dohrenbuschs Beobachtung der gelungenen Adaption verdeutlicht (cf. Dohrenbusch 2010: 9), viele Identifikationsmöglichkeiten und gehören gleichzeitig auch zum Kanon der Inlandsgermanistik.[6] Die Analogien und Identifikationsmöglichkeiten helfen den kenianischen Studierenden, einen Zugang zum Text zu finden, wenn man sie vor dem kenianischen Hintergrund auswählt. Die Studierenden lesen, um mit Wierlachers Terminologie zu sprechen, mit ihren „eigenen Augen" und müssen zunächst nicht mit fremden oder anderen Augen lesen, nur weil der Text aus dem deutschen Kulturkreis stammt. Durch die Identifikationsmöglichkeiten erkennen Studierende, da sie mit ihren „eigenen Augen" lesen, die Bedeutung des Textes und sind nicht durch ‚das Fremde' abgeschreckt. Durch das eigene Verstehen werden Ängste, aber auch Blockaden verhindert oder abgebaut. Ohne auf direkte Bezüge im kenianischen Umfeld zu verweisen, kann der Text gelesen und von den Studierenden verstanden werden. Nach einer solchen immanenten Interpretation sollten die Texte dann in der deutschen Literatur und Literaturgeschichte verortet werden.

Die Behandlung der drei Werke war in meinem Literaturunterricht in Kenia erfolgreich. Dies zeigte sich darin, dass alle Klassen, in denen die Texte behandelt wurden, den Vorschlag machten, die Texte zu adaptieren bzw. zu kenianisieren. Darin lässt sich eine Umkehrung des didaktischen Modells ‚durch Spielen zum Verstehen' sehen: Das Spiel bzw. die dramatische Umsetzung kann hier als Zeichen des Verstehens und die kenianische Adaption als Zeichen der Identifizierung bzw. der Aktualität und des Interesses gewertet werden.

---

6 Im Zuge der Globalisierung und der Mobilität von Studierenden, die mitunter ihr Germanistikstudium im Ausland fortsetzen bzw. auch in ihrem Germanistikstudium mit Auseinandersetzung und Verweisen auf den klassischen Kanon konfrontiert werden, bieten kanonisierte Texte eine Grundlage. Auch wenn ich der Argumentation zustimme, dass sich eine afrikanische Germanistik positionieren sollte und die Beziehungen zwischen Afrika und Europa/Deutschland auch im Germanistikstudium Thema sein sollten, so sollte es jedoch nicht ausschließlich das Curriculum bestimmen.

Literatur

Allman, Jean (ed.) 2004: *Fashioning Africa. Power and the Politics of Dresses*, Bloomington: Indiana University Press

Bationo, Emmanuel 1999: *Die afrikanische Rezeption von Brecht im Lichte der Literaturtheorien*, Frankfurt/Main: Peter Lang Verlag

Bationo, Jean-Claude 2007: *Literaturvermittlung im Deutschunterricht in Burkina Faso*, Frankfurt/Main: Peter Lang Verlag

Björkman, Ingrid 1989: *Mother, sing for me. Peoples Theatre in Kenya*, London: Zed Books

Brecht, Bertolt 1973: *Der gute Mensch von Sezuan*, Frankfurt/Main: Suhrkamp Verlag

Bredella, Lothar 1980: *Das Verstehen literarischer Texte*, Stuttgart: Kohlhammer Verlag

Bredella, Lothar et al. (eds.) 1995: *Didaktik des Fremdverstehens*, Tübingen: Narr Verlag.

Bredella, Lothar et al. 2000: *Wie ist Fremdverstehen lehr- und lernbar?*, Tübingen: Narr Verlag

Bredella, Lothar 2000: „Fremdverstehen mit literarischen Texten", in: Bredella et. al. 2000: 133-163

Brüne, Stefan 2007: „Weltregionen im Vergleich, Afrika (südlich der Sahara)", in: Thomaß (ed.) 2007: 314-325

Chambzlikazi, Eberhard 1980: „Probleme der Brecht-Rezeption", in: Hecht et al. (eds.) 1980: 79-84

Chiellino, Carmine (ed.) 2000: *Interkulturelle Literatur in Deutschland. Ein Handbuch*, Stuttgart: Metzler Verlag

Cotzee, Pieter & Abraham Roux [2]2001: *Philosophy from Africa. A Text within Readings*, Cape Town: Oxford University Press

Diallo, Moustapha M. & Dirk Göttsche (eds.) 2003: *Interkulturelle Texturen. Afrika und Deutschland im Reflexionsmedium der Literatur*, Bielefeld: Aisthesis

Diallo, Moustapha M. 2003: „,Weisse Sclaven' Der deutsche Sozialroman des Vormärz als Reflexionsmodell afrikanischer Entwicklungsprozesse", in: Diallo & Göttsche (eds.) 2003: 311-346

Diop, El Hadj Ibrahima 2000: *Das Selbstverständnis von Germanistikstudium und Deutschunterricht im frankophonen Afrika*, Frankfurt/Main et al.: Peter Lang Verlag

Diop, El Hadj Ibrahima 2010: „Germanistik im subsaharischen Afrika",
in: *Wirkendes Wort* 60 (2010): 317-334
Dohrenbusch, Wim 2010: *Reportage Kenia. Einmal Nairobi und retour*,
Wien: Picus Verlag
Ehlers, Swantje 2001: „Literarische Texte im Deutschunterricht", in:
Helbig (ed.) 2001: 1334-1346
Esselborn, Karl 2010: *Interkulturelle Literaturvermittlung. Zwischen didaktischer Theorie und Praxis*, München: Iudicium
Fiebach, Joachim 1980: „Anmerkungen zur Bedeutung Brechts im subsaharischen Afrika", in: Hecht et.al. (ed.) 1980: 67-78
Gyekye, Kwame 2001: „Person and Community in African Thought", in: Cotzee & Roux ²2001: 297-312
Hecht, Werner et al. (eds.) 1980: *Brecht 80. Brecht in Afrika, Asien und Lateinamerika*, Berlin: Henschelverlag
Helbig, Gerhard (ed.) 2001: *Deutsch als Fremdsprache. Ein internationales Handbuch*, Berlin et al.: de Gruyter
Homaifar, Nazaneen 2008: „The African prostitute: an everyday debrouillard in reality and African fiction", in: *Journal of African and Cultural Studies* 20.2 (2008): 173-182
Ihekweazu, Edith 1983: „Brecht Rezeption in Afrika: Die Adaption vom Lehrstück und Parabelstück im zeitgenössischen afrikanischen Theater", in: *Monatshefte* 75 (1983): 25-43
Ihekweazu, Edith 1984: „Erschwerte Verständigung. Deutscher Literaturunterricht in der Dritten Welt", in: *Jahrbuch Deutsch als Fremdsprache* 10 (1984): 86-106.
Kant, Immanuel 1784: „Beantwortung der Frage. Was ist Aufklärung?", in: *Berlinische Monatsschrift. Dezember-Heft* (1784): 481-494
Keller, Gottfried 1961: *Sämtliche Werke in acht Bänden*, Bd. 6: *Kleider machen Leute*, Berlin: Aufbau
Laurien, Ingrid 2010: *Kenia, Ostafrika für Neugierige*, Berlin: Links Verlag
Lessing, Gotthold Ephraim 1970: *Emilia Galotti*, München: Hanser
Martin, Phyllis M. 2004: „Afterword", in: Allman (ed.) 2004: 227-230
Mayer, Claude-Helene et. al. 2002: *Beruflich in Kenia und Tansania*, Göttingen: Vandenhoeck & Ruprecht
Murunga, Godwin & Shadrack Nasong'o 2007: *Kenya. The Struggle for Democracy*, London: Zed Books

Mutua, Makau 2008: *Kenya's Quest for Democracy. Taming Leviathan*, London: Boulder
Mwangola, Mshaï S. 2007: „Leaders of Tomorrow? The Youth and Democratisation in Kenya", in: Murunga & Nasong'o 2007:129-163
Mwira, Kilemi et.al. 2007: *Public and Private Universities in Kenya*, Nairobi / Oxford: Partnership for Higher Education in Africa
Ndong, Norbert 1993: *Entwicklung, Interkulturalität und Literatur. Überlegungen zu einer afrikanischen Germanistik als interkultureller Literaturwissenschaft*, München: Iudicium
Nünning, Ansgar 2000: „,Intermisunderstanding': Prolegomena zu einer literaturdidaktischen Theorie des Fremdverstehens: Erzählerische Vermittlung, Perspektivenwechsel und Perspektivenübernahme", in: Bredella 2000: 84-131
Richmond, Yale & Phyllis Gestrin 1998: *Into Africa. Intercultural Insights*, Yarmouth: Intercultural Press
Riesz, János 2000: „Autor/innen aus dem schwarzafrikanischen Kulturraum", in: Chiellino (ed.) 2000: 248-262
Sadji, Amadou Booker 1994: „Deutschunterricht und Germanistik in Senegal", in: *Jahrbuch Deutsch als Fremdsprache* 10 (1994): 75-85
Stierstorfer, Klaus 2002: „Literatur und interkulturelle Kompetenz", in: Volkmann (ed.) 2002: 119-142
Sow, Alioune 1986: *Germanistik als Entwicklungs-Wissenschaft? Überlegungen zu einer Literaturwissenschaft des Faches „Deutsch als Fremdsprache" in Afrika*, Hildesheim: Olms
Sow, Alioune 2003: „Wilhelm Meisters Wanderjahre. Bilder einer vormodernen und Vorscheiner einer modernen Gesellschaft", in: Diallo & Göttsche (eds.) 2003: 285-310
Thomaß, Barbara (ed.) 2007: *Mediensysteme im internationalen Vergleich*, Konstanz: UVK
Volkmann, Laurenz (ed.) 2002: *Interkulturelle Kompetenz*, Tübingen: Narr Verlag
Wierlacher, Alois (ed.) 1985: *Fremde und das Eigene. Prolegomena zu einer interkulturellen Germanistik*, München: Iudicium
Wierlacher, Alois 1985: „Mit anderen Augen oder: Fremdheit als Ferment. Überlegungen zur Begründung einer interkulturellen Hermeneutik deutscher Literatur", in: Wierlacher (ed.) 1985: 3-28

Ortswechsel des Schreibens
Gegenwartsliterarische Beispiele
für deutsch-chinesische Rezeptionsprozesse

Michael Ostheimer (Chemnitz) und Shuangzhi Li (Nanjing)

Abstract

Drawing on the concept of the „relocation of thought", from the Chinese-European cultural comparative work of French philosopher and sinologist François Jullien, this article considers the mutual reception processes of German and Chinese literatures. It outlines the reception of works by Lu Xun in the contemporary German novels *1979* by Christian Kracht *and Die fünf Farben Schwarz* by Michael Roes, as well as the use of Hölderlin by the Chinese poet Haizi, and of Kafka by Yu Hua. The article argues that Haizi and Yu Hua appropriate modern European aesthetic concepts and that Kracht and Roes deploy experiences from „foreign" cultures in order to reflect on the dominance of the search for truth and meaning in Western thought.

Die wirtschaftliche Globalisierung ist inzwischen eine Selbstverständlichkeit. Doch bahnt sich nach der wirtschaftlichen Globalisierung auch so etwas wie eine kulturelle Globalisierung an? Eine kulturelle Globalisierung freilich hätte einen intelligenten Dialog zwischen den Kulturen zur Voraussetzung, der mehr leistet als ein höfliches Nebeneinander der Kulturen. Kurz, ein Dialog zwischen den Kulturen, wenn er nicht banal und oberflächlich sein soll, basiert auf einer produktiven Begegnung unterschiedlicher Denkweisen, auf einem wechselseitigen Prozess, in dem sich unterschiedliche Vorstellungen und Konzepte gegenseitig reflektieren und erhellen. Als Beispiele für produktive Begegnungen betrachten wir interkulturelle Rezeptionsprozesse wie diejenigen, die wir hinfort anhand von je zwei deutsch- und chinesischsprachigen Gegenwartsautoren vorstellen wollen, anhand von Christian Kracht, Haizi, Michael Roes und Yu Hua. Intertextualität verstehen wir mit Renate Lachmann hauptsächlich als Gedächtnis der Literatur (cf. Lachmann 1990: 35). D. h. intertextuelle Relationen wie der Bezug auf vorgängige Texte, auf Gattungen, Formen, Strukturen und Topoi etablieren in unserem Zusammenhang einen transkulturellen Gedächtnisraum sowie, pragmatisch perspektiviert, einen transkulturellen Interaktionsraum. Um die kulturkomparatistische Perspektive dieser Interaktionen herauszustellen, greifen wir auf François Julliens Konzept vom *Ortswechsel des Denkens* zurück.

1 François Julliens Konzept vom *Ortswechsel des Denkens*

Die unterschiedlichen kulturellen Ausprägungen zwischen China und Europa produktiv zu vergleichen, ist das Lebensprojekt des 1951 geborenen französischen Philosophen und Sinologen François Jullien – wozu er in den letzten 15 Jahren über ein Dutzend Bücher vorgelegt hat. Intelligenter Kulturdialog entsteht nach Jullien gerade dann nicht, wenn man einfach zum vermeintlich Allgemeinen der Kulturen übergeht und die Differenzen kleinredet. Vielmehr müssten die Differenzen zwischen den Kulturen überhaupt erst einmal offengelegt werden (cf. Jullien 2009). Sein Angebot eines europäisch-chinesischen Kulturdialogs auf Augenhöhe nennt Jullien „Ortswechsel des Denkens". Es beinhaltet den Versuch, mittels eines „Umwegs über China" die in der abendländischen Kultur anerkannten Denkkategorien und Handlungsstrategien zu verrücken, zumindest in ein neues Licht zu setzen.

Jullien geht es darum, das abendländische Denken seinen angestammten Ort wechseln zu lassen, um ihm andere Kohärenzformen oder Intelligibilitäten zugänglich zu machen, die gleichermaßen möglich wären. Diese – vom Standpunkt des Westens aus – anderen möglichen Arten der intelligiblen Kohärenz meint Jullien in China gefunden zu haben. Dafür führt er drei Gründe an: Erstens gehört das Chinesische nicht zu den indo-europäischen Sprachen. Zweitens entdeckt Jullien in China einen Zivilisationskontext, der bis in die jüngste Zeit keine gemeinsame Geschichte mit der westlichen Zivilisation aufweist. Als dritten Grund erklärt Jullien, dass das chinesische Denken bereits sehr früh in Texten formuliert worden ist. Man brauche deshalb lediglich zu diesen Texten zurückzukehren, um hier eine Alternative zur abendländischen Philosophie zu finden.

Das Fremde ist bei Jullien sowohl Ausgangspunkt eines *Umwegs*, der eine Distanz zum eigenen Denken ermöglichen soll, als auch Gegenstand der eigentlichen Untersuchung, zu dem man einen *Zugang* finden muss. Über eine Vielzahl von Umwegen versucht Jullien also einen Zugang zu den für uns fremden Grundlagen des chinesischen Denkens zu eröffnen (cf. Jullien 2002). Er beschäftigt sich mit politischen Strategien und Umgangsformen, mit rhetorischen Figuren, mit Techniken der Interpretation und der sozialen bzw. politischen Relevanz von Literatur, mit moralischen Haltungen und philosophischen Anschauungen. Während der Westen, so Jullien, die Wirklichkeit vorwiegend mittels der Begriffe *Sein*, *Sinn/Wahrheit* und *Enthüllung/Offenbarung* denkt, nähert sich China der Wirklichkeit eher über die Strategien *Prozess*, *Kohärenz* und *Regulierung* (cf. Jullien 2000). Die Grunddifferenz zwischen dem abendländischen und dem chinesischen Denken sieht Jullien darin, dass sich in China die für das Abendland wesentliche Verdopplung der reflektierten Wirklichkeit in eine sinnlich zugängliche Realität und eine transzendente intelligible Welt der Wesenheiten nicht finden lässt. Für Jullien ist diese Abwesenheit jedoch kein Mangel, sondern Ausdruck von konkreter kultureller Differenz. Während das Abendland im Logos eine rational überprüfbare Möglichkeit für die Annäherung an einen transzendenten Sinngehalt findet, versucht der chinesische Diskurs eine allusive Distanz zu seinen Gegenständen zu halten, um die Immanenz einer Welt erscheinen zu lassen, die stets zwischen fixierbaren Polen anzusetzen ist. Das Denken der Immanenz stellt Jullien der abendländischen Metaphysik entgegen, um im Zuge seiner Beschreibung der Andersartigkeit des chinesischen Denkens eine seiner provokantesten Thesen aufzustellen: dass das chinesische Denken keine Ontologie, also keine Lehre vom Sein, entwickelt hat. Es hat an den Begriffen *Gott*, *Sein*, *denkendes Subjekt* und *Freiheit* gleichsam vorbei gedacht und ein anderes erkenntnismäßiges Raster und entsprechend andere Denkgewohnheiten ausgebildet.

In einer Reihe kulturwissenschaftlicher Studien, die im Laufe der letzten zehn Jahre ins Deutsche übersetzt worden sind, geht Jullien einzelnen Aspekten jenes für Europa fremden Immanenzdenkens nach (die Privilegierung des Indirekten vor dem Direkten [cf. Jullien 1999], die Allusion vor der Definition [cf. Jullien 2000], das Denken der Regulierung vs. den Moralkodex [cf. Jullien 2001 und Jullien 2003], die Gangbarkeit vs. das Glück [cf. Jullien 2006]).

Auf der Grundlage einer von ihm Stück für Stück erarbeiteten „eurochinesischen Lexik des Denkens" (Jullien 2008: 105) strebt Jullien einen Dialog zwischen den Kulturen an, wobei er versucht, dem Begriff des *Dialogs* das zurückzugeben, was er als ursprünglichen Sinn in sich trägt: ein Gegenüber verschiedener diskursiver Kohärenzformen. Jullien unterstreicht deshalb das Gegensätzliche und definiert den Begriff des *Vergleichs* neu, denn für ihn gibt es kein Tertium comparationis, das vom Eigenen determiniert wäre. Daraus ergibt sich ein kulturwissenschaftlich-philosophisches Projekt, das Jullien selbst als eine „Dekonstruktion von außen" charakterisiert. Anders gesagt: Es geht um eine wechselseitige Erhellung und Durchdringung der intelligiblen Ressourcen zwischen Europa und China, wobei es grundsätzlich keine Rolle spielt, ob man den Ausgangspunkt in Europa setzt und die Perspektive zunächst auf China richtet oder eben in China beginnt und die Blickrichtung zunächst nach Westen lenkt. Julliens Konzept eines *Ortswechsels des Denkens* erlaubt beide Möglichkeiten – beide Perspektiven möchten wir nun exemplarisch verdeutlichen.

2 Christian Kracht: *1979*

In dem 2001 veröffentlichten Roman mit dem Titel *1979* präsentiert Christian Kracht einen kaum zu steigernden Desillusionierungsprozess. Erst verliert der haltlose Ich-Erzähler, ein schwuler Innenarchitekt mit dandyhaften Zügen, im Teheran der Revolutionswirren (auf das Jahr der iranischen Revolution bezieht sich der Titel) seinen Freund durch eine Drogen-Überdosis. Dann begibt er sich – auf Anraten eines undurchsichtigen Mentoren namens Mavrocordato – auf eine Reise zum heiligen Berg Kailasch in Tibet, „um das aus den Fugen geratene Gleichgewicht wiederherzustellen" (Kracht 2001: 117). Doch weder stellt sich eine „plötzliche Einsicht" ein noch erfolgen „großartige Gedanken" oder gar eine Reinwaschung:

> Ehrlich gesagt fühlte ich mich nicht besonders anders, während ich um den heiligen Berg herummarschierte. Mavrocordato hatte entweder gelogen oder einfach nur übertrieben. Es kam keine plötzliche Einsicht, ich hatte nicht das Gefühl, etwas zu geben oder einen Tausch zu vollbringen, wie er es genannt hatte, oder die Welt reinzuwaschen von ihren Sünden. Es war, wenn ich das sagen darf, reichlich banal (Kracht 2001: 140).

Die Sehnsucht des Ich-Erzählers nach einer plötzlichen Erkenntnis oder einer Offenbarung der Wahrheit bzw. nach einem augenblicklichen Glücksgefühl, wie es für das westliche Denken typisch ist, wird enttäuscht. Stattdessen nähert er sich der chinesischen Denkweise an; er erfährt, mit den Worten Julliens, eine „prozesshafte Erkenntnis", die es ihm ermöglicht, sich mit dem Lauf der Dinge zu vereinen (cf. Jullien 2008: 101). „Die Reise war kein großes Ereignis. Ich dachte daran, daß es aber nicht schade war. Im Gegenteil – eigentlich war es ganz gut so, wie es jetzt war, denn ich hatte es wenigstens versucht" (Kracht 2001: 141).

Je länger er zusammen mit tibetischen Pilgern unterwegs ist, um nach dem exakt vorgeschriebenen Ritual des Hinwerfens den Kailasch zu umrunden, desto mehr verabschiedet er sich von dem punktuellen Glücksverlangen als dem höchsten Ziel. Dafür freundet er sich mit dem an, was Jullien als das chinesische Gegenstück zur Sinn- oder Glückskonzeption bezeichnet, mit der *Kohärenz* oder der *Gangbarkeit*. Während der Westen bei der ‚Sinnsuche' das Moment der Finalität, also des Abschlusses akzentuiert, betont das Konzept der *Kohärenz*, was die Welt zusammenhält, wie die Dinge sich verbinden und wie sie in Interaktion sind, z. B. im Gedanken der Harmonie (cf. Jullien 2008: 100). In Ergänzung dazu zielt die Gangbarkeit darauf, dass man in Form bleibt und dass die Energie ständig mit der Welt kommuniziert (cf. Jullien 2008: 102):

> Ich brannte darauf, gleich am nächsten Tag die langsame Kreiselbewegung um den Berg zu wiederholen, ich war regelrecht süchtig danach geworden. Jetzt die nächsten Monate so zu verbringen, mit diesen Pilgern, deren Sprache ich nicht verstand, vielleicht sogar Jahre, schien mir eine perfekte Lebensaufgabe. Und warum auch nicht? Ich hatte mich von allem Unwichtigen frei gemacht, selbst von Mavrcocordatos Belehrungen, ich wollte nichts mehr, ich war frei (Kracht 2001: 146).

Nach einer kruden Wendung der Ereignisse gelangt der Erzähler schließlich in ein chinesisches Arbeitslager und magert dort bis auf die Knochen ab. In den letzten Worten des Buches nun preist er sein Verhalten als moralische Größe: „Ich war ein guter Gefangener. Ich habe immer versucht, mich an die Regeln zu halten. Ich habe mich gebessert. Ich habe nie Menschenfleisch gegessen" (Kracht 2001: 183).

Damit schließt Kracht an Lu Xuns *Tagebuch eines Verrückten* aus dem Jahr 1918 an. Lu Xuns wohl wirkungsmächtigster Text ist nicht nur, da er mit ihr einer Literatur der Umgangssprache den Weg geebnet hat, verantwortlich für seinen Nimbus als Begründer der modernen chinesischen Literatur; mit der Erzählung beginnt auch der literarische Diskurs über Chinas Hang zur ‚Kannibalisierung' der eigenen Bevölkerung (vgl.

Keefer 2001: ii). Lu Xun markiert als erster im literarischen Diskurs die Gewaltökonomie in der chinesischen Gesellschaft, indem er seinen Protagonisten sagen lässt: „Da ich ohnehin nicht schlafen konnte, las ich aufmerksam die halbe Nacht, bis ich zwischen den Zeilen die zwei Worte erkannte, aus denen jedes Buch bestand: ‚Menschen fressen'!"(Lu 1994 a: 20) Mit dieser Formel begründet Lu Xun die rezeptionsgeschichtlich bedeutsame Zuschreibung der chinesischen Gesellschaft als einer von Menschenfressern. Sicher zielt Lu Xun dabei nicht auf einen wörtlichen Sinn der Vokabel *Kannibalismus*, sondern auf einen symbolischen: dergestalt, dass der Konfuzianismus eine Gesellschaft etabliere, die sich selbst erhält auf Kosten ihrer Bürger. Nun könnte man im Anschluss an Lu Xuns Diagnose der geistigen Krankheit von Chinas Kultur Folgendes vermuten: Während sich Lu Xuns Protagonist der kannibalistischen kulturellen Ordnung verweigert, betont Kracht mit seinem verhungernden Helden die Unmöglichkeit, angesichts einer omnipräsenten – hier kommunistischen – Staatsmacht sogleich moralisch integer zu bleiben und das physische Überleben zu sichern.

So ließe sich die konkrete intertextuelle Lesart akzentuieren. Diese beschreibt bereits insofern neue Wege, als sie die bislang im deutschen Sprachraum übliche politisch-instrumentelle Lu-Xun-Rezeption hinter sich lässt.[1] Dem möchten wir aber noch eine symptomatische hinzufügen. Eine Lesart nämlich, die die deutsch-chinesische Intertextualität als Indiz dafür versteht, dass sich das kulturelle Bezugssystem der Literatur öffnet und dadurch nicht zuletzt selbst transformiert wird: sei es durch explizite fremdkulturelle Anleihen, sei es durch die Darstellung von Interaktionen zwischen den Kulturen – was zuvor am Beispiel von Krachts Erzähler und seiner Hinwendung zu Konzepten wie der *Prozesshaftigkeit der Erkenntnis* bzw. *der Kohärenz und der Gangbarkeit* verdeutlicht wurde.

---

1 Während Lu Xun in der DDR bis 1960 (als der Bruch zwischen Peking und Moskau besiegelt wurde) vor allem der Völkerfreundschaft wegen übersetzt und rezipiert wurde, entdeckte die bundesrepublikanische Linke um 1968 den politischen Lu Xun für sich. Eine undogmatischere Lu-Xun-Rezeption im deutschen Sprachraum zeichnet sich erst ab 1979 ab (cf. zur deutschsprachigen Lu-Xun Rezeption bis zum Ende der 1980er Jahre Bieg: 1989); an diese Entwicklung schließt Kracht an.

3 Haizi: *Der Dichter, den ich liebe – Hölderlin*

Während bei Kracht sich eine Pilgerfahrt jenseits der europäischen Gedankenwelt auf der intratextuellen Ebene vollzieht, geht es bei seinen chinesischen Kollegen vielmehr um eine imaginäre Reise in die poetische und poetologische Welt der deutschen modernen Literatur und zurück. Dabei erfahren sie gleichsam eine Offenbarung. Eine Offenbarung, die aber erst im Kontext ihres eigenen Strebens nach einer neuen Ästhetik besonders seit den 1980er Jahren deutlich wird und nur insofern ihre literarische Praxis beflügelt, als bestimmte Figuren, Motive, Topoi und Bilder, transponiert und manchmal gar stark verzerrt, eine neue literarische Qualität in dem fremden Kontext erzeugen.

Zum Beispiel bei dem chinesischen Lyriker Haizi (1964-1989), der in einer bekannten Rezension Hölderlin als seinen Lieblingslyriker bezeichnet. In seiner Lektüre und seinem Verständnis von Hölderlin versucht er nichts weniger, als ein poetologisches Programm zu entwerfen, das für seine Dichtung zentral ist. Anders gesagt, diese Rezeption enthält von Anfang an ein produktives Moment. Ferner ist seine Produktion auch eine Transformation der für das damalige China neuen Ästhetik, die er Hölderlin zuschreibt. Dies geschieht in einem Kontext, wo die chinesischen Dichter nach dem Abschluss der Kulturrevolution in der Abgrenzung von der ideologisch gleichgeschalteten Sprache den Blick öfters auf die klassisch-moderne Lyrik aus Europa werfen, um die authentische Darstellung des persönlichen Leidens und Glücks zurückzuholen, erneuert zu fundieren und dabei eine Heiligkeit der Kunst und Poesie in einem neuen Horizont zu beschwören. Die Faszination für Hölderlins Lyrik und auch seine leidenvolle Biographie bei Haizi ist daher gar nicht so singulär. Desto interessanter ist die individuelle Art und Weise, wie Haizi durch seine eigene Interpretation Hölderlins poetische Sprache aufzufassen und sich anzueignen versucht.

In der Rezension fallen Klassifikation und Identifikation zusammen, wenn Haizi Hölderlin als einen von ‚der Liebe zur Landschaft' gekennzeichneten Dichtertypus definiert und später Hölderlins poetologischen Grundsatz so zusammenfasst:

> Als ein Dichter sollst du das Geheimnis der Menschen lieben, von Land zu Land ziehen in heiliger Nacht. Liebe den Schmerz und das Glück der Menschen. Halte aus, was auszuhalten ist, und singe, was gesungen werden muß (Haizi 2000: 339).

Zweifelsohne zielt das *du* vor allem auf Haizi als Inkarnation des berufenen Lyrikers selbst und der Imperativ weist den Weg für eine neue Poetik von Haizi: Nach der Begegnung mit Hölderlin sieht er seine dichterische Berufung bestätigt und will von nun an seine ‚heilige Nacht' auf dem chinesischen Land erfahren.

Bemerkenswert ist dabei, dass Haizi in seiner Konzeption *der Heiligkeit und der Liebe zur Landschaft* bei Hölderlin weniger den ursprünglich antiken bzw. christlichen Kontext berücksichtigt, als vielmehr seine Verbundenheit mit der chinesischen Landschaft zum Ausdruck bringt. Dennoch eröffnet er mittels dieser in China zuvor unbekannten Denkfigur der Heiligkeit neue Möglichkeiten, eine äußerst erhabene Idealwelt und zugleich das gleichsam melancholische Bewusstsein der Unerreichbarkeit dieser Welt darzustellen. Mit Jullien lässt sich sagen, dass hier eine kulturelle Wechselwirkung zwischen dem europäischen Konzept der *Enthüllung/Offenbarung* und dem chinesischen der *Regulierung* am Werk ist.

Eine komparatistische Sicht auf zwei konkrete Stellen aus Haizi und Hölderlins Werk soll uns helfen, diesen Mechanismus der Inspiration und Transformation genauer zu beobachten:

> Der Herbst ist tiefer nun, die Adler versammeln sich im Haus der Götter.
> Die Adler sprechen in der Heimat der Götter.
> Der Herbst ist tiefer nun, ein König schreibt Gedichte.
> In dieser Welt ist der Herbst tiefer nun.
> Was zu erreichen war, ist noch nicht erreicht;
> Was zu verlieren ist, ist längst verloren (Kubin 2009: 188).

Das Adler-Symbol im Zusammenhang mit dem Gott ruft gleichsam die Parallele bei Hölderlin auf, z. B. im Gedicht *Patmos. Dem Landgrafen von Homburg*:

> Nah ist
> Und schwer zu fassen der Gott.
> Wo aber Gefahr ist, wächst
> Das Rettende auch.
> Im Finstern wohnen
> Die Adler, und furchtlos gehn
> Die Söhne der Alpen über den Abgrund weg
> Auf leichtgebauteten Brüken. (Hölderlin 1951: 165)

So unverkennbar das Zusammenspiel zwischen Adler und Göttlichkeit in den beiden Gedichten ist (wobei es nicht klar ist, ob Haizi der Ganymed-Mythos bekannt war), so sichtbar wird die Differenz zwischen einer größenwahnhaften Phantasie des Lyrikers bei Haizi und einem Glauben an das Rettende bei Hölderlin. Hier lässt sich zeigen, wie Haizi die Götterwelt mit dem Symbol des Adlers von der platonischen Transzendenz und Erlösungsfunktion in Hölderlins Lyrik abkoppelt und zu einer eigenartigen Apotheose der Poesie und des Poeten transformiert. Dies wird noch stärker akzentuiert, wenn er diese Welt in die für die chinesische traditionelle Lyrik vielbedeutende Jahreszeit des Tiefherbsts integriert.

4 Michael Roes: *Die fünf Farben Schwarz*

Was, so lautet die Frage, die *Die fünf Farben Schwarz*, der 2009 erschienene Roman von Michael Roes aufwirft, passiert einem erfolgreichen deutschen Geisteswissenschaftler, nachdem sein Sohn entführt wurde? Antwort: Er verliert seine Frau, lernt über einen chinesischen Studenten die Kultur Chinas kennen, nimmt eine Gastprofessur in Nanjing an und büßt dort Stück für Stück seine alteuropäischen Gewissheiten ein. Nachdem er auch von dem Verkauf seines Blutes nicht mehr leben kann, ernährt er sich als Obdachloser von Abfällen, um schließlich von einer chinesischen Jugend-Gang in der Manier eines Splatter-Films einem Kettensägemassaker zugeführt zu werden.

Gemäß dieser Kurzzusammenfassung könnte man das Buch als eine Art interkulturellen Anti-Bildungsroman präsentieren, als Desillusionsroman vor deutsch-chinesischer Kulisse. Einerseits. Andererseits hätte man dann aber etwas Entscheidendes vergessen. Das Buch umfasst nämlich darüber hinaus nicht nur einen philosophischen Essay über den Tod in 59 Teilen, sondern auch unzählige Beobachtungen über das Alltagsleben in China, an die sich oft grundsätzliche Reflexionen über die europäisch-chinesischen Kulturunterschiede anschließen. So wundert es auch nicht wirklich, dass *Die fünf Farben Schwarz* auf Lu Xun rekurriert. Roes lässt eine Figur mit der Wendung: „Läuft ja alles aufs selbe hinaus!" (Roes 2009: 449) genau die Wendung zitieren, mit der Lu Xuns Erzählung *Das Drachenbootfest* beginnt: „Seit einiger Zeit bediente sich Fang Xuanchao mit Vorliebe der Redensart ‚Läuft alles aufs selbe hinaus'." (Lu 1994 b: 165) Da es sich bei *Die fünf Farben Schwarz* um einen ausgesuchten intertextuellen Roman handelt[2], der nur so gespickt ist mit literarischen und philosophischen Zitaten, Verweisen und Anspielungen, wollen wir nicht bei einem einzelnen intertextuellen Bezug verweilen, sondern grundsätzlicher nach dem Stellenwert fragen, den für den Protagonisten die Interaktion mit der Fremdkultur einnimmt.

Roes verklammert die narrative und die diskursive Ebene durch den Kunstgriff, kulturelle Fremdheitserfahrungen – hier eines Deutschen in China – mit der Annäherung an den Tod zu parallelisieren. „Der Tod ist dieser Andere, dieser ‚Barbar' in seiner äußersten Form. Aber der Andere, der Fremde ist auch das notwendige Gegenüber, um mir meiner selbst bewußt zu werden" (Roes 2009: 31).

Mit dieser Parallelisierung von kultureller Alterität und Tod bringt Roes eine Erfahrung auf den Punkt, die auch schon für den Protagonisten von Krachts *1979* grundlegend ist. Wenn man sich ernsthaft, gleichsam mit Haut und Haaren, einer fremden Kultur und ihren Herausforderungen aussetzt, so birgt das die Gefahr der Todesnähe; andererseits enthält gerade diese gefährliche Extremerfahrung die Chance zur Selbsterkenntnis. In dem Buch gibt es eine Reihe von Passagen, die sehr stark mit zentralen Überlegungen von François Jullien übereinstimmen. So heißt es einmal:

> Der Irrtum liegt in dem Glauben, westliches und östliches Denken seien einander entgegengesetzt. Wir alle verfügen über eine ähnliche Vielfalt von Denkwerkzeugen, unter denen die Logik nur eines ist. Es sind womöglich nur die Einsatzbereiche, in denen wir unsere Werkzeuge zur Anwendung bringen, die Kulturen voneinander unterscheiden (Roes 2009: 116).

Und ähnlich: „Wenn unserer menschlichen Wahrnehmung ein universelles Merkmal zukommt [...], dann jene Fähigkeit, mit den Augen des Anderen zu sehen!" (Roes 2009: 118). Der Roman enthält eine Reihe von Signalen, dass wir das blutige Ende nicht wirklich für bare Münze nehmen, sondern eher als eine ins Monströse kippende Übertreibung bzw.

---

[2] So ähnelt Viktor Holz durchaus derjenigen Figur, die sich ergäbe, wenn man den dandyesken Ich-Erzähler aus Christian Krachts *1979* mit dem ehemaligen Konsul Geoffrey Firmin aus Malcolm Lowrys Roman *Unter dem Vulkan* kreuzen würde. Beiden widerfährt ein schonungsloser Entindividualisierungsprozess, an dessen Ende sich Krachts Erzähler in einem chinesischen Arbeitslager willenlos dem Tod entgegenhungert, während Lowrys Held, alkoholsüchtig und der Welt völlig abhanden gekommen, zuletzt von einer Bande mexikanischer Faschisten gefangengenommen und erschossen wird.

als Allegorie lesen sollen. Etwa, so lautet unser Deutungsvorschlag, als eine von dem Protagonisten traumhaft imaginierte Selbstbestrafung – um in der Vorstellung für die Vernachlässigung seiner Familie zu büßen. So bekennt Viktor Holz zu Ende des Buches auch: „Die Strafe ist gerecht" (Roes 2009: 563). Wenn man den Desillusionierungsprozess in der chinesischen Fremde bis hin zur körperlichen Verstümmelung als Selbstbestrafungsphantasie von Holz versteht, so schließt sich der Kreis aus extremierter Fremdheitserfahrung und Todesnähe. Roes treibt mit seinem interkulturellen Erkenntnismodell gleichsam Julliens Konzept vom *Ortswechsel des Denkens* auf die Spitze. Das Andere, sprich das Fremde und der Tod, bilden das Spiegelbild für die Erkenntnis des Eigenen.

5 Yu Hua: *Das Erbe von Kawabata und Kafka*

Angesichts der Hochkonjunktur der Kafka-Rezeption in den chinesischen Avantgarde-Romanen der 1980er und 1990er Jahre lässt sich Kafkas Werk als eine der wichtigsten Inspirationsquellen der chinesischen literarischen Moderne bezeichnen. Am Beispiel von Yu Hua möchten wir aber darauf hinweisen, dass auch hier die fremde Literatur als ein Umweg zur Selbstkenntnis etabliert wird. In einem Interview hat Yu Hua seinen ersten Kontakt mit Kafka als eine selbstbezügliche Extremerfahrung formuliert:

> Dass Kafka einen äußerst großen Einfluss auf mich ausübt, habe ich vielmals in der Öffentlichkeit geäußert. Ich habe immer wieder den folgenden Vergleich angestellt: Als ich zu schreiben angefangen habe, hat nicht Kafka, sondern ein japanischer Autor namens Yasunari Kawabata mich sehr beschäftigt. Nachdem ich vier Jahre von ihm nachgerade besessen war, kam ich mir vor, als ob ich in seine Falle geraten wäre. Und hier ein weiterer Vergleich: Als ich tief in der Falle laut nach Hilfe gerufen habe, kam Kafka vorbei und riss mich heraus. So bedeutet Kafka für mich eine entscheidende geistige Emanzipation, d.h. er hat meine Kreativität befördert. [...] Kafka lässt sich nicht nachahmen. Niemand kann dies. Aber er kann bei Schriftstellern kreative Potentiale freisetzen (Yu 2009: 7).

Aufgrund des immer wieder erneuerten Bekenntnisses Yu Huas zur Bedeutung Kafkas für sein Schreiben wird in der chinesischen Yu-Hua-Forschung nachhaltig versucht, dem kafkaschen Erbe in seinem Werk nachzuspüren.³ Tatsächlich lassen sich unschwer Gemeinsamkeiten bei beiden finden, sei es unter dem motivischen Aspekt der Gewalt, des Todes und des Körpers, sei es in der stilistisch-rhetorischen Figur des schwarzen Witzes, der Parabel usw.

Hier kommt es uns aber darauf an, die Umwandlung des aufgrund der Fremdheit erlittenen Schocks in eine neue Motivation für die literarische Produktion zu beleuchten. In dem oben genannten Zitat betont Yu Hua, Kafka sei nicht nachahmbar. Und was er durch die Lektüre Kafkas erfahre, sei weniger die Inspiration für konkrete Themen oder Motive als vielmehr eine Emanzipation. Unter dem Einfluss von einem japanischen Autor sieht sich Yu Hua in seiner Autonomie als Dichter gefährdet. Anders als bei Roes kann sich Yu Hua gerade durch die intensive Auseinandersetzung mit Kafkas Schreiben der Gefahr der Selbstentfremdung entziehen. Denn die extreme Fremdheit von Kafkas dichterischer Welt bietet Yu Hua die Chance, eine zur Selbsterkenntnis notwendige Außenperspektive jenseits des asiatischen Kulturraums zu gewinnen. Und in der Distanz erst sieht er die Möglichkeit, ein neues Selbstverständnis als Autor auszubilden. Einerseits. Andererseits ist Kafka gerade wegen seiner solitären Stellung in der europäischen Literaturgeschichte von besonderer Bedeutung. So bahnbrechend und unerhört sein Werk in der europäischen, ja, Weltliteratur erscheint, so viel – potentiellen – Freiraum erkennt Yu Hua in der Analogie für sein eigenes literarisches Schaffen.

Kühn gesagt, Yu Hua hat bei Kafka gelernt *nothing is impossible*. In diesem Zusammenhang steht auch Kafkas Überlegung über die besondere Qualität von Büchern: „ein Buch muß die Axt sein für das gefrorene Meer in uns" (Kafka 1999: 36). Diese Axt, die seine eigenen Bücher für seine Nachfolger in China verkörpern, wird dann auch von diesen, mit Yu Hua als einem hervorragenden Repräsentanten, übernommen, um in der Verarbeitung der traumatischen Kulturrevolutions- und Gegenwartserlebnisse das gefrorene Meer im chinesischen Publikum des 21. Jahrhunderts zu durchbrechen. Ohne Übertreibung lässt sich hier sagen, dass Yu Hua gleichsam durch Kafkas Optik seine eigene Art und Weise findet, die Absurdität und Grausamkeit der historischen Prozesse und die Ohnmacht des Einzelnen pointiert auszudrücken. Als Beispiele dafür können seine grotesken Geschichten in den Romanen *Leben* und *Der Mann, der sein Blut verkauft* gelten.

---

3 Cf. etwa Fang 2006.

6 Fazit

Einerseits bringt der derzeit boomende China-Roman (zu nennen wären neben Kracht und Roes beispielsweise noch *Der fliegende Berg* von Christoph Ransmayr, *Der Kaiser von China* von Tilmann Rammstedt und *Berlin Palace* von Jörg-Uwe Albig) durchaus ernst zu nehmende interkulturelle Bildungsromane hervor. Romane, die die subjektiven Einschreibungen fremdkultureller Erfahrungen reflektieren, also Protagonisten präsentieren, deren Denk- und Erfahrungsmuster sich in der fremdkulturellen Auseinandersetzung erheblich verschieben. Andererseits besitzt die chinesische Gegenwartsliteratur mit Namen wie Haizi und Yu Hua Autoren, die die Rezeption deutscher Dichtung dazu nutzen, sich originär europäische Denkformen und ästhetische Konzepte anzueignen.

Um diese interkulturellen Wechselwirkungen präzise auf den Punkt zu bringen, liefert François Jullien mit seinem Projekt einer europäisch-chinesischen Kulturkomparatistik unseres Erachtens ein konzeptuell wie begrifflich attraktives Rüstzeug. Und für eine an deutsch-chinesischen Rezeptionsprozessen und Interaktionsräumen interessierte Literaturwissenschaft ergäbe sich eine reizvolle, aber auch anspruchsvolle Aufgabe, nämlich eine Erforschung der Literatur in einer doppelten Absicht: Zum einen, um die eigene Denkweise für die Andersartigkeit der chinesischen bzw. der europäischen Denkweise zu öffnen; zum andern, um in der Anwendung eine euro-chinesische Lexik des Denkens auf ihre Gebrauchsfähigkeit hin zu reflektieren und mit literarischen Beispielen zu differenzieren bzw. zu erweitern.

Literatur

Albig, Jörg-Uwe 2010: *Berlin Palace*, Berlin: Tropen
Bieg, Lutz 1989: „Lu Xun im deutschen Sprachraum", in: Kubin (ed.) 1989: 177-184
Fang, Aiwu 2006: „A Comparative Study of the Metaphorical Meaning of Being and Death in Yu Hua and Kafka's Fiction", in: *Foreign Literature Studies* 28 (2006): 156-162
Haizi 2000: „Der Dichter, den ich liebe – Hölderlin", in: *Hölderlin-Jahrbuch* 31 (1998-1999): 335-341

Hölderlin, Friedrich 1951: *Sämtliche Werke*, Bd. 2, Stuttgart: Kohlhammer
Hölderlin, Friedrich 1951: „Patmos. Dem Landgrafen von Homburg", in: Hölderlin 1951: 165
Jullien, François 1999: *Über die Wirksamkeit*, Berlin: Merve
Jullien, François 2000: *Umweg und Zugang. Strategien des Sinns in China und Griechenland*, Wien: Passagen
Jullien, François 2001: *Der Weise hängt an keiner Idee. Das Andere der Philosophie*, München: Hanser
Jullien, François 2002: *Der Umweg über China. Ein Ortswechsel des Denkens*, Berlin: Merve
Jullien, François 2003: *Dialog über die Moral. Menzius und die Philosophie der Aufklärung*, Berlin: Merve
Jullien, François 2006: *Sein Leben nähren. Abseits vom Glück*, Berlin: Merve
Jullien, François 2009: *Das Universale, das Uniforme, das Allgemeine und der Dialog zwischen den Kulturen*, Berlin: Merve
Kafka, Franz 1999: *Briefe 1900-1912*, ed. Hans-Gerd Koch, Frankfurt/M.: Fischer
Keefer, James Robinson 2001: *Dynasties of Demons. Cannibalism from Lu Xun to Yu Hua*, Vancouver: Diss. phil.
Kracht, Christian 2001: *1979*, Köln: Kiepenheuer & Witsch
Kubin, Wolfgang (ed.) 1989: *Aus dem Garten der Wildnis. Studien zu Lu Xun (1881-1936)*, Bonn: Bouvier
Kubin, Wolfgang et al. (eds.) 2009: *Alles versteht sich auf Verrat. Gedichte von Yu Jian, Zhai Yongming, Wang Xiaoni, Ouyang Jianghe, Wang Jiaxin, Chen Dongdong, Xi Chuan, Haizi*, Bonn: Weidle
Lachmann, Renate 1990: *Gedächtnis und Literatur. Intertextualität in der russischen Moderne*, Frankfurt/M.: Suhrkamp
Lu, Xun 1994 a: *Das Tagebuch eines Verrückten*, in: Ders.: Werke in sechs Bänden, Bd. 1, Applaus. Erzählungen, Zürich: Unionsverlag, 16-32
Lu, Xun 1994 b: *Das Drachenbootfest*, in: Ders.: Werke in sechs Bänden, Bd. 1, Applaus. Erzählungen, Zürich: Unionsverlag, 165-178
Ransmayr, Christoph 2006: *Der fliegende Berg*, Frankfurt/Main: S. Fischer
Rammstedt, Tilmann 2008: *Der Kaiser von China*, Köln: DuMont
Roes, Michael 2009: *Die fünf Farben Schwarz*, Berlin: Matthes & Seitz
Yu, Hua 2009: „Das Schwere und Leichte von Musik und Literatur", in: *Xinan Wanbao* [Abendblätter des neuen Chinas] vom 28.12.2009: 7

Brechts Parabelstück *Der gute Mensch von Sezuan*, anti kapitalistisch, anti-buddhistisch?

Pornsan Watanangura (Chulalongkorn Universität, Bangkok)

Das Parabelstück *Der gute Mensch von Sezuan* von Bertolt Brecht hat in der letzten Zeit mit seiner Hauptfragestellung nach der Moral des Handelns lebhafte Diskussionen unter Literaturwissenschaftlern aus unterschiedlichen Kulturkreisen eröffnet. In dem Parabelstück dreht es sich um die Frage, wie ein Mensch, der gut sein will, dennoch ‚böse', ‚herzlos' und ‚egoistisch' handeln kann. Indem Shen Te, als Prostituierte der gute Mensch von Sezuan, dreimal in die Gestalt des erdachten, jedesmal zweckmäßig sich verhaltenden Vetters Shui Ta flüchtet, zeigt, dass sie sich stets moralischen Widerspruch mit sich selbst befindet. Mit den gegenstätzlichen Positionen der Moral, repräsentiert durch Shen Te und Shui Ta, stellt Brecht grundsätzlich die europäisch-dialektische Position der Moralforderungen in Frage.

Der Grund für die Bosheit Shui Tas aus der Sicht Shen Tes, wie sie im Gericht vor den drei Göttern klagt, ist einfach:

„Ach, eure Welt ist schwierig! Zu viel Not, zu viel
　　Verzweiflung!
Die Hand, die dem Elenden gereicht wird
Reißt er einem gleich aus! Wer den Verlorenen hilft
Ist selbst verloren! [...]

(Brecht, *Der gute Mensch von Szuan, Parabelstück*, Suhrkamp Verlag, Frankfurt a.M. 1964, S.139)

Mit der Frage nach der Moral hat Brecht sich in seinen früheren Dramenstücken mehrfach beschäftigt: In *Dreigroschenoper* (1928, Berlin) wird die Absurdität der bösen und unmoralischen Taten des Räubers Mackie Messer parodiert. *Die heilige Johanna der Schlachthöfe* (abgeschlossen 1930, Berlin) und *Die Ausnahme und die Regel* (1930, Berlin,) gelten als die anti-kapitalistische Stücke ‚par excellence'. *Leben des Galilei* (1938-39, Skandinavien,) wirft spannende Fragen über die moralische Verantwortung eines Naturwissenschaftlers unter dem Einfluss der Katholischen Kirche auf. Galilei hat aber offenbar einen Ausweg gefunden, um gleichzeitig für seine Existenz und den naturwissenschaftlichen Fortschritt Sorge zu tragen. In *Mutter Courage und ihre Kinder* (1941-43, Zürich) werden die Zuschauer von dem Unsinn des Krieges überzeugt, der wie ein ‚Bumerang' bei einem Wurf zum Werfer zurückkehrt. Es zeigt sich, dass in allen gennanten Theaterstücken Brechts – im Gegensatz zu *Der gute Mensch von Sezuan* (1938/1941, Skandinavien)[1] – der kapitalistische Rahmen mit dessen Moralfragen bzw. die gesellschaftlichen Verhältnisse jeweils so klar dargestellt sind, dass er den Zuschauern die Forderung zur Lösung der Sozialprobleme nahe legt.

Mit der Re-Vision dieser komplexen moralischen Frage versucht der Beitrag, im Rahmen der transkultuellen Literaturvermittlung eine Erklärungsalternative zu dem moralischen Konflikt aus buddhistischer Sicht zu geben. Dabei stellt sich insbesondere die Frage nach dem Schluss, den Brecht in seinem Drama dem Publikum selbst ausdenken läßt, und der doch immer noch offen bleibt.

Da Brecht in seiner Parabel die Protagonistin Shen Te bestimmten Sozialbedingungen aussetzt, sodass die Parabel oft als Kapitalismuskritik verstanden wird, ist der ernsthafte Moralkonflikt in Zusammenhang mit den Sozialfragen zu analysieren. Die Arbeit setzt sich dann mit der Frage auseinander, ob *Der gute Mensch von Szuan* als ein anti-kapitalistisches, vor allem aber als ein anti-buddhistisches Stück, zu betrachten ist.

Ausgangspunkt für das Schicksal des guten Menschen von Sezuan, Shen Te, ist die Suche der Götter nach einem guten Menschen, denn

„[...] Seit zweitausend Jahren geht dieses Geschrei, es gehe nicht weiter mit der Welt, so wie sie ist. Niemand auf ihr könne gut bleiben. Wir müssen jetzt endlich Leute namhaft machen, die in der Lage sind, unsere Gebote zu halten.
(Brecht, *Der gute Mensch von Szuan, Parabelstück*, Suhrkamp Verlag, 1. Auflage 1964, S.10)

Shen Te, eine Postituierte von Sezuan, wird als der gute Mensch befunden, weil sie die einzige in der Stadt ist, die den Göttern Obdach gegeben hat. Die Worte der Götter suggerieren weitere Fragen nach der Qualität

---

1 Zur Entstehung der Dramen siehe Oldenbourgs Interpretation, *Bertolt Brecht, Der gute Mensch von Sezuan*, (1992), interpretiert von Wolf-Egmar Schneidewind und Berhard Sowinski, München-Düsseldorf-Stuttgart: Oldenbourg, S. 9-11.

von ‚Gut' und ‚Böse'. Wann kann ein Mensch als „gut" bezeichnet werden? Was ist unter ‚Güte' zu verstehen? Wer sind im Parabelstück Vertreter von ‚guten' und ‚bösen' Menschen? Welche Rolle spielt die Religion, repräsentiert von den drei Göttern, die sich wünschen, dass die Menschen ihre Gebote halten?

1. Die Qualität von ‚gut' und ‚böse'

Der gute Mensch von Sezuan umfasst einen Zeitraum, der sich von 1926 bis 1941, also in die Exiljahre Brechts (1939-1941) hinzieht. Im Stück finden sich Berührungspunkte mit anderen Quellen und Motiven: mit Goethes Faust, dort mit der Bibelgeschichte über die Belohnung und Zerstörung von Sodom und Gomorrha sowie mit der europäischen und chinesischen Philosophie unter dem Einfluss des Rousseauismus, Konfuzianismus[2] und Eudämonismus im Hinblick auf der Bewahrung der natürlichen Güte.[3]

Mit dem Auftritt von Göttern auf der Erde wird im Vorspiel als ein seit der Antike[4] beliebtes Motiv der Kerngedanke vom guten Menschen entfaltet. Shen Te wird von den Göttern als der einzige gute Mensch in Sezuan bezeichnet, weil sie den Göttern ein Nachtquatier bietet. Dies zeigt ihre Gutherzigkeit, für die Shen Te von den Göttern ein kleines Vermögen (1000 Silberdollar) erhält. Mit dieser Belohnung soll die Frau sich eine Existenz ausbauen und, nach dem Wunsch Gottes, weiteren Menschen behilflich sein können. Shen Te hat tatsächlich allen Armen aus ‚Not' mit Geld Nahrung und Obdach geholfen, die zu ihr kamen, *weil sie nicht nein sagen kann*: der früheren Ladenbesitzerin, ihren früheren Wirtsleuten und deren Angehörigen und einem heruntergekommenen Mann. Die Not scheint unendlich und die Hilfsbedürftigkeit grenzenlos zu sein, während die Mittel zur Hilfe begrenzt sind. Um die Gebote der

---

2 Der Philosoph des Konfuzianismus, Mong Dsi (Meng-zi, Meng-Tse, Mencius 372-289 v. Christus.

3 Vgl. Zuan Tan, *Der Chinese in der deutschen Literatur Unter bsonderer Berücksichtung chinesischer Figuren in den Werken von Schiller, Döblin und Brecht*. Göttingen: Cuvillier Verlag, 2007, S.208-211.

4 Siehe Günther Mahal, Faust in Sezuan, Brechts Parabelstück als ‚Kontrafaktur' zu Goethes Tragödie, in: *Zur Ästhetik der Moderne*, Für Richard Brinkmann zum 70. Geburtstag. Tübingen: Max Niemayer, 1992, S.183-215.

„Nächsten Liebe" erfüllen zu können, steht Shen Te durch ihre Mitmenschen alsbald vor dem Ruin und muss mehrmals lügen. Aus ihrem Mitleid mit Wang, dem Wasserverkäufer, den der Barbier Shu Fu mit der Brennschere auf die Hand geschlagen hat, erklärt Shen Te sich bereit, vor dem Gericht als falsche Zeugin des Vorfalls auszusagen.- eine Tat, die in den *Zehn Geboten* des Christentums und auch in den buddhistischen *Fünf Geboten* verboten ist. Ihre Liebe zu dem Piloten Yang Sun verschlechtert ihre wirtschaftliche Lage. Shen Te verspricht ihrem Geliebten 500 Silberdollar, die sie eigentlich für die Mietvorauszahlung braucht. Damit unterstützt sie eine unmoralische Handlung, da die Summe als Bestechungsgeld für den Hangarverwalter in Peking zur Beschaffung einer Pilotenstelle gedacht ist. Aus ihrer Liebe zu Sun gibt Shen Te für einen Schal leichtsinnig Geld aus und kann ihr Versprechen gegenüber dem ältlichen Ehepaar nicht einhalten.

Offenbar wird Shen Te durch ihre Gutherzigkeit immer leichtsinniger, unvernünftiger und verwickelt sich letzlich in Sünden. „Der Engel der Vorstädte" bzw. der „gute Mensch" ist nicht in der Lage, „sich auf der dunklen Erde ... zurecht finden" und keineswegs wird ihre „Kraft ... wachsen mit der Bürde", wie die Götter fest glauben. Sie fordern von Menschen, dass er in seiner Welt gut sei und ihre moralische Gebote befolge, dürfen sich aber grundsätzlich nicht einmischen, vor allem in wirtschaftliche Angelegenheiten, wo für die Menschen die Probleme besonders nahe liegen.

Nach Brechts These ist der Mensch ist an sich von Natur aus ‚gut'. Die Bosheit der Menschen kommt grundsätzlich *von außen*. Aus Hunger und Not brauchen sie die Härte und müssen schlecht sein. So wird nach Brecht in dieser Welt die Tugend durch materielle Not und soziale Verhältnisse wertlos. Daher wird es für Shen Te „anstrengend, den Mitmenschen zu treten",: viel eher ist es für sie eine „Verführung, zu schenken! Wie angenehm ist es doch, freundlich zu sein!".[5] Dass der Mensch von Natur aus gut ist, steht im Einklang mit der Philosophie des Aristoteles[6]

---

5 Bertolt Brecht, *Der gute Mensch von Szuan, Parabelstück*, Suhrkamp Verlag, 1.Auflage 1964, S.101.
6 Siehe Hans Werner, *Bertolt Brecht „Der gute Mensch von Sezuan", Materialien*, 2004. ONLINE-BESTELLUNG GBV, Lieferbibliothek Universität Oldenburg. M 1.2, Aristoteles über das Gutsein, S. 18:
Nach Aristoteles: „Tugendhafte Handlungen seien „an sich genußreich, überdies aber auch gut und schön [...] und zwar dieses alles im höchsten Maße."

und Rousseaus[7] und mit der Auffassung Goethes in seiner Tragödie *Faust*[8]. Aus ihrer Nächstenliebe hat sich Shen Te für ihre Mitmenschen geopfert und steht deshalb vor dem Ruin. Aus ihrer Liebe zu dem Geliebten Yang Sun wird die arme Frau ausgebeutet. Als Braut wird siebei ihrer Hochzeit ohne Heirat verlassen, weil der Bräutigam Sun sie eigentlich nicht liebt, sondern auf ihr Geld spekuliert. Von ihm erwartet Shen Te ein Kind und aus der Liebe zu ihrem noch nicht geborenen Kind ist sie fest entschlossen, das Kind, nicht in Armut leben zu lassen. Shen Te muss sich aus dieser scheinbar ausweglosen Situation heraus helfen und eine Lösung finden. Diese Lösung bietet Brecht in der *männlichen* Figur Shui Ta an, dem Vetter Shen Tes, der durch Hartherzigkeit und Rücklosigkeit den Mitmenschen gegenüber ihre Existenz zu retten versucht.

Warum gerät Shen Te trotz ihrer Güte in Not? Für einen Buddhisten ist die Antwort klar. Shen Te gerät in Schwierigkeit, weil ihre Güte und Barmherzigkeit **nicht** von *bewusstem Erkennen der Dinge* (สติ) und von *Weisheit* (ปัญญา) begleitet sind. Angesichts eines dialektischem Schema von „gut" und „böse" ist die Qualität von „gut" in *Der gute Mensch von Sezuan* nicht klar definiert. Auch die doppelte Erscheinungsform der Figuren Shen Te und Shui Ta steht ungeklärten Widerspruch zueinander. Shen Te, eine Frau, wird aufgrund ihrer guten Taten in eine unmögliche und unrealistische Situation versetzt, sodass sie sich in ihrer Ratlosigkeit in eine andere männliche Figur Shui Ta verwandeln muss.

Der gute Mensch Shen Te kann jedoch aus buddhistischer Sicht *anders* betrachtet werden. Sie ist eine Frau, die plötzlich ein kleines Vermögen von den Göttern als Belohnung in der Hand hat und weiß nicht genau, wie man das Geld verwaltet. Anstelle eines Tabakladens hätte die arme Frau z.B. ein Lebensmittelgeschäft aufmachen können, was für die armen Verhältnisse der Stadt Sezuan nötiger und vernünftiger gewesen wäre. Statt der bloßen Spende hätte die Frau den armen Mitmenschen Arbeitsplätze in ihrem Laden anbieten sollen. Den Leuten grenzenlos zu geben, gilt nicht immer als gute Tat, weil Shen Tes Hilfe sich letzlich als Schaden füe andere herausstellt. Sieübt keine Hilfe, die ihre Nachbarn zur Selbsthilfe führt. Insofern bleibt Shen Tes Tat ohne das bewusste Erkennen der Dinge und Weisheit falsch im Sinne des Buddhsimus: Die

---

7 Nach Rousseau: „Der Mensch war an sich gut, das Schlechte kam von außen."

8 „Ein guter Mensch in seinem dunklen Dranger / Ist sich des rechten Weges wohl bewußt", aus: Goethes *Faust*, V.328 f.

Shin bekommen Reis und haben nie genug davon. Das ältliche Paar und dessen Familie bleiben unbegrenzt in Shen Tes Tabakladen. Sie bleiben faul und werden immer fauler. Der Arbeitslose bettelt statt Brot um Zigaretten, um ein ‚neuer Mensch' zu werden. Er bleibt arbeitslos und begehrt immer noch nach Luxus ohne Tätigkeit. Durch die sogenannten „guten Taten" Shen Tes bleiben diese gierigen Armen arm und werden noch ärmer und fauler. Die Hilfe, die schadet, ist buddhistisch unsinnig und kaum von Wert.

Bei jeder Handlung führt erst ein bewusstes Erkennen der Dinge zur Weisheit. Jede Tat soll soll sich selbst und den anderen nicht schaden. Den anderen zu helfen, um etwas zu bekommen, wie dem Piloten Yang Sun, gilt grundsätzlich als keine echten Wohltat, kann vielmehr schädlich sein. Buddhistisch gesehen ist jeder Mensch für *seine eigenen Taten* verantwortlich, und er kann dem Resultat seiner Handlungen nicht entkommen. Shen Te muss deshalb für ihre unvernünftigen Taten verantwortlich sein, und darf die Schuld nicht auf die Götter oder die schlechten sozialen Verhältnisse schieben. Dass die Menschen in vielen Fällen den Folgen ihrer Taten in dieser Welt nicht entkommen können, ist für sie, auch für Shen Te, unverständlich. Buddhistisch heißt es:

(Pali-Text) ยาทิสํ วปเต พีชํ   ตาทิสํ ลภเต ผลํ
(Thai-Übersetzung) บุคคลใดหว่านพืชเช่นใด ย่อมได้รับผลเช่นนั้น
กลํ ยาณการี กลํ ยาณํ   ปาปการี จ ปาปํ   (ฉันใดก็ฉันนั้น) ผู้ทำกัลยาณ ย่อมได้รับผลเช่นนั้น[9]

(Meine Übersetzung) Welches Saatgut man sät, welche Ernte man erhält.
(Analoge dazu) Wer das Gute tut, gedeiht dem entsprechend.

Dieses Naturgesetz für den Menschen ist nicht durch bloßes Hören zu verstehen. Es setzt als Grundkenntnis eine Weisheit voraus, die man lediglich in der Praxis durch genaue Naturbeobachtung (Meditation) erwerben kann.Dieses Wissen is auf keinen Fall allein mit Hilfe der naturwissenschaftlichen Methode zu erwerben. Dieses Naturgesetz, entdeckt von Prinz Siddhartha, dem Gotama Buddha, bleibt oft missverstanden und unverständlich für viele, weil das Leben des Menschen auf der Welt zu kurz ist, um ihn mit den Folgen seiner Güte zu belohnen. Daher ihre häufige Klage, dass es bösen Menschen noch gut geht, und guten Menschen nicht geholfen werden kann. So ist Shen Te von dem Schicksal der

---

9 *Phra Suut Tantrapidok*, in: Tripitaka, Version Pali-Siamrat (1930), Band 27, Seite 84

Bewohner in Sezuan betroffen. Aus ihrer Enttäuschung wird Ärger. Aus Ärger beschwert sich Shen Te über die Schwäche der Götter und wirft sie ihnen vor. („Das Lied von der Wehrlosigkeit der Götter und Guten"). Sie selbst findet einen Ausweg nur in der Figur des Shui Ta.

2. Die Vertreter von ‚guten' und ‚bösen' Menschen und die Rolle der Götter

Shui Ta, Sun, und Herr Shu Fu, der Barbier, werden in *Der gute Mensch von Sezuan* als tätige „böse" Menschen präsentiert. Sie gelten auch in der literaturwissenschaftlichen Diskussionen als unmoralisch, wobei oft die Frage gestellt wird, ob die Figuren Shen Te und Shui Ta ein „Doppelrollenspiel", oder als ein „gespaltener Charaktere", „Schizophrenie" und „Ich-Spaltung" zu betrachten sind.[10]

Buddhistisch gesehen ist Shen Te und Shui Ta *die selbe Person*. Auf eigenen Wunsch verkleidet Shen Te als Shui Ta, um sich aus Armut und Not zu verhelfen. Enttäuscht von ihren guten Taten schiebt Shen Te die Schuld auf die schlechten Sozialverhältnisse und klagt den Göttern ihr Leid.

„Die Guten
Können in unserem Lande nicht lang gut bleiben.
Wo die teller leer sind, raufen sich die Esser.
Ach, die Gebote der Götter
Helfen nicht gegen den Mangel.
    Warum erscheinen die Götter nicht auf unsern
        Märkten
Und verteilen lächelnd die Fülle der Waren?
[...]

Aus Enttäuschung wird Ärger, weil die Götter den Menschen nicht helfen.

---

10 Walter H. Sockel; *Brechtsgespaltene Charaktere und ihr Verhältnis zur Tragik*. In: Volkmar Sander (Hg.), *Tragik und Tragödie*. Darmstadt 1962, S. 381-396, hier S. 381. Auch Zuan Tan, Der Chinese in der deutschen Literatur. Göttingen: Cuvillier Verlag, 2007, S. 216-228.

„[…]
In unserem Lande
Braucht der Nützliche Glück. Nur
Wenn er starke Helfe findet
Kann er sich nützlich erweisen.
　Warum haben die Götter nicht Tanks und Kanonen
Schlachtschiffe und Bombenflugzeuge und Minen
Die Bösen zu fällen, die Guten zu schonen?
Es stünde wohl besser mit uns und mit ihnen."

(Brecht, *Der gute Mensch von Szuan, Parabelstück*, Das Lied von der Wehrlosigkeit der Götter und Guten. Suhrkamp Verlag, 1. Auflage 1964, S.65)

Shen Te fordert ebenfalls die Stadtbewohner zum Aufruhr und verdammt die Stadt, wenn kein Aufstand gegen Unrecht erhoben wird.

Oh, ihr Unglücklichen!
Euerm Bruder wird Gewalt angetan, und ihr kneift die
　　　Augen zu!
Der Getroffene schreit laut auf, und ihr schweigt?
[…]
Was ist das für eine Stadt, was seid ihr für Menschen!
Wenn in einer Stadt ein Unrecht geschieht,
　　muß ein Aufruhr sein
Und wo kein Aufruhr ist, da ist es besser,
　　daß die Stadt untergeht
Durch ein feuer, bevor es Nacht wird!

(Brecht, *Der gute Mensch von Szuan, Parabelstück*, Suhrkamp Verlag, 1. Auflage 1964, S. 61)

Der Gedankengang Shen Tes stellt einen Prozess dar: Gute Absicht → Enttäuschung → Ärger → Schuld auf andere schieben → Ärger → Rachegefühl. Der Vorgang entspricht die Verarbeitung des „mind", das sich von Natur aus nicht mit einem Wissen begnügt und nicht ruhig bleibt, sondern macht sich so viele Gedanken, einen nach dem anderen, dass ein Mensch sie nicht zählen bzw. bewusst erkennen kann.[11] Durch die fünf Sinne empfängt der *Mind* die Gefühle (รับอารมณ์), verarbeitet ihre

---

[11] Siehe Pornsan Watanangura, *Zur Rezeption des Buddhismus bei Hesse, Thomas Mann und Gjellerup*. Vortrag gehalten bei der Asiatischen Germanistentagung, Kanazawa 2008, Kanazawa-Seiryo University, 26 – 30 August 2008 (in Kürze erscheinend)

Bedeutung (เทียบเคียงหาความหมาย), bearbeitet sie (ปรุงแต่ง) und lebt sie aus (เสวยอารมณ์). Dieser Prozess erklärt schließlich auch die Flucht Shen Tes in die Figur Shui Ta.

Der Charakter Shui Tas in seiner Härte und Herzlosigkeit sowie seinem Egoismus den von Shen Te geholfenen Menschen gegenüber wird eigens akzentuiert. Shui Ta hat alle Versprechen und alle Hilfe Shen Tes auf seine Weise rückgängig gemacht, und läßt allen Armen keine andere Wahl als seine Angebote unbefriedigt zu akzeptieren. Er stoppt den Kuchendiebstahl, lehnt die ungerechte Arbeit und das Preisangebot des Schreiners hartnäckig ab. Mit der Hausbesitzerin Mi Tzü verhandelt Shui Ta die Miete, bis der Preis bezahlbar ist. Letztlich hat Shui Ta das Versprechen Shen Tes zu Gunsten von Sun ausgelöst, weil er ihn durchschaut hat. Der Vetter kauft sich den Laden zurück, füllt den Blankoscheck des Babiers Shu Fu mit der Summe von 10,000 Silberdoller aus, kassiert, richtet eine kleine Tabakfabrik ein und wird innerhalb von einigen Monaten als der „Tabakkönig" bezeichnet. Damit schafft er Yang Sun und den Stadtbewohnern von Sezuan Arbeitsplätze. Er, als tüchtiger Ladenbesitzer und Geschäftsmann, schließt Freundschaft mit dem Polizisten zum Schutz seines Tabakgeschäfts.

An dieser Stelle ist zu bemerken, dass Brecht die Verkörperung der Schwäche in der Frauenfigur Shen Te, die „nicht nein sagen kann" und die Verkörperung der Stärke und des Durchsetzens in der männlichen Figur Shui Ta bevorzugt, der zu seinem Gunsten immer „nein" sagt, bewusst angelegt hat. Auch Sun verfügt über die Fähigkeit zu wissen, was er will. Zu Shui Ta hat Sun Vertrauen, weil sie beide „Männer" sind. Auch Suns Charakter ist interessant. Sun, im Unterschied zu Shen Te, ist der einziger, der seinen Fehler akzeptiert. Er kommt zu Shui Ta, baut nach dem Scheitern mit dem Fliegen seine Existenz neu auf und kommt trotz Heuchelei aufgrund seiner Klugheit und Schlauheit sehr bald im neuen Beruf vorwärts. Die Verhältnisse zwischen dem Arbeitsgeber Shui Ta, seinem Arbeiter Sun und den anderen stellen sich nicht als schlecht dar, wie es bei Brecht in anderen anti-kapitalistischen Stücken: *Die Ausnahme und die Regel, Die heilige Johanna der Schlachthöfe*, vorkommt. Allein Shen Tes Motiv für den Aufbau des kleinen Tabakgeschäfts bzw. der Tabakfabrik ist nicht kapitalistisch: Shen Te bzw. Shui Ta will die Zukunft ihres Kindes sichern und ihm ein gutes Leben gewähren. Gerade in dieser Angelegenheit sind sich Shen Te und Shui Ta ausnahmsweise ganz einig.

Im Gericht vor den Göttern gesteht Shen Te:

„[…] Verdammt mich: alles, was ich verbrach
Tat ich, meinen Nachbarn zu helfen
Meinen Geliebten zu lieben und
Meinen kleinen Sohn vor dem Mangel zu retten."
(Brecht, *Der gute Mensch von Szuan, Parabelstück*, Suhrkamp Verlag, 1. Auflage 1964, S.140)

Diese Gutherzigkeit findet man auch bei Herrn Shu Fu, dem reichsten Mann von Sezuan und Vereehrer Shen Tes. Der Babier ist von der Güte des Fräuleins berührt und möchte ihr mit seinen unglaublichen Angeboten bei ihrem guten Werk – freie Baracken für die Obdachlosen – behilflich sein. In den Baracken wird später von Shui Ta eine kleine Tabakfabrik eingerichtet. Besonders großzügig ist ein Blankoscheck, den das gute Fräulein nach Belieben in jeder Höhe ausfüllen kann. Eine Spekulation des Barbiers auf Shen Tes Vermögen ist daher zu bestreiten, denn es ist in der Stadt wohl verbreitet, und es wird durch die Shin bekanntgemacht, dass Shen Te ruiniert ist. Die einzige Bosheit des Herrn Shu Fu ist sein Schlag mit der Brennschere auf Wangs Hand – wiederum aus ungeklärtem Grund, wofür er keine Verantwortung tragen will. Der Vorfalls beleuchtet die Inkonsistenz seines Charakters, wie der Widerspruch zwischen der Machtlosigkeit und Wehrlosigkeit der Götter und ihrem Einfluss auf die Menschen: Die Götter schenken Shen Te einmal ein Vermögen und lassen sie danach im Stich. Die Enttäuschung der Menschen drückt sich in der Klage und Forderung Shen tes aus:

„Die Guten
Können sich nicht helfen, und die Götter sind
    machtlos.
Warum haben die Götter nicht Tanks und Kanonen
Schlachtschiffe und Bombenflugzeuge und Minen
Die Bösen zu fällen, die Guten zu schonen?
Es stünde wohl besser mit uns und mit ihnen."
(Brecht, *Der gute Mensch von Szuan, Parabelstück*, Suhrkamp Verlag, 1. Auflage 1964, S.65)

Diese Stelle zeigt nicht nur die Wehrlosigkeit und Machtlosigkeit der Götter, sondern auch die Ratlosigkeit des Autors. Wenn die Götter nach dem Wunsch Shen Tes ausgerüstet wären, würden sie selbst die Bösen sein. Als Richter sind die Götter genau wie die Menschen ratlos voller Entsezen und wollen schließlich zurückkehren:

„Laß und zurückkehren. Diese kleine Welt
Hat uns sehr gefesselt. Ihr Freud und Leid
Hat unserquickt und uns geschmerzt. […]
(Brecht, *Der gute Mensch von Szuan, Parabelstück*, Suhrkamp Verlag, 1. Auflage 1964, S.141)

Erstaunlicherweise erlauben die Götter Shen Te den Zugang zur Bosheit. In der Verhandlung zwischen ihnen erfahren die Leser, dass der „guter" Mensch von Sezuan nach Empfehlung der Götter als Shui Ta *einmal im Monat* „böse" sein kann. Jedoch verhandelt Shen Te, zumindest *jede Woche* die böse Maske anzunehmen. Eine mögliche menschliche Forderung, aber abgewiesen von den der Göttern.

3. Die Verfremdung der Güte

In dem Parabelstück *Der gute Mensch von Sezuan* wird das „episches Theater" als „dialektisches Theater" *par excellence* firmiert. Durch die epischen Züge in dem Bericht Frau Yangs über die vergangenen Vorfälle in den letzten drei Monaten läßt Brecht die Szene jeweils zu typischen Vorfällen ausweiten. Im Stück werden durchgängig thematische Diskrepanzen versinnbildlicht: Nächstenliebe, Gutes-Tun, Freundlich-Sein gegenüber Kampf ums Überleben, Rücksichtslosigkeit, Gier, Lüge, Schlechtes-Tun, Ausbeutung, Konkurrenz, Aufstieg durch List und Schlauheit. Das Sinnbild ist jedoch höchst „künstlich" und wird auch künstlerisch bewusst eingegrenzt.[12] Diese „Künstlichkeit" verweist aber *nicht* zugleich auf die Realität, wie Jan Knopf behauptet hat. Die vorangegangene Analyse des Parabelstücks erweist die Gegensätzlichkeit, Widersprüchlichkeit und verschiedentlich auch die Unmöglichkeit der situativen Vorbedingungen des gesamten Vorgangs, die die Handlung der Charaktere unrealistisch, unerklärlich, unter Umständen sogar unmöglich

---

[12] Vgl. Jan Knopf, *Bertolt Brecht Der gute Mensch von Sezuan, Grundlagen und Gedanken zum Verständnis des Dramas*. Frankfurt/Main: Verlag Moriz Diesterweg, 5. Auflage 1982, S.21.

machen. Die moralische Frage wird mit Hilfe des dialektischen Denkschemas ironisiert und parodisiert. Aus buddhistischer Perspektive führen die „guten" Taten Shen Tes zu „bösen" Folgen. Darüber hinaus widerspricht die Annahme Brechts und auch der Literaturwissenschaftler, die die sozialen Verhältnisse für die Bosheiten verantwortlich machen, dem Naturgesetz des *Kama*. Shen Te hätte sich anders verhalten können, wenn ihre Taten von Weisheit bestimmt gewesen wären. Die Ursache der Schlechtigkeit ist daher nicht die Außenwelt, sondern der Mensch selber durch seine Gier und Unbefriedenheit mit allen Dingen. Das Parabelstück ist anti-buddhistisch par excellence. Das Drama stellt weniger die Vorbedingungen des Kapitalismus dar, da von Anfang an die Armut, Hunger und Not in der Stadt im Vordergrund stehen. Die Tabakfabrik Shui Tas ist zu klein und die Arbeitsverhältnisse in der Fabrik zu mild, so dass von einer Ausbeutung der Arbeiter kaum die Rede sein kann. Die Fabrik bietet sogar den faulen und Nichttätigen von Sezuan Arbeitsplätze, eine gute Folge der scheinbar „bosen" Tat Shui Tas.

In der wissenschaftlichen Diskussion sind sich viele darüber einig, dass Brecht die Unnützlichkeit der Tugend im Zusammenhang mit der Religion, vertreten durch die Götter, und damit die neuen Verhältnisse des menschlichen Lebens in Europa Anfang des 20. Jahrhundert kritisiert und ironisiert. Nach Hans Werner „zeigt die (letzten beiden) Bilder den unbefriedigenden Ausgang der Handlung, den Brecht intendiert, um die Zuschauer innerlich zu provozieren".[13] Günter Kunert kritisiert deshalb „die Simplifikation der Brecht'chen Parabel, weil sie nur Gewusstes bestätigt, aber nicht das bis dato Ungesagte, Unsagbare, Unsägliche durch sprachliche Einkleidung erst sichtbar werden läßt, sondern vielmehr komplexe Tatbestände in Vereinfachungen übersetzte, wodurch sie scheinbar verständlich würden".[14] In allen Diskussionsbeirägen wird aber eine klare Antwort verweigert, weil den Beteiligten, auch Brecht selbst, die Naturgesetz der Ursache und Folge im Sinne des Buddhismus unbekannt ist, und sie unter diesen unrealistischen und verfremdeten Vorbedingen der Situation keine klare Antwort abgewinnen können. Die Gerichtsszene zeigt die Auswegslosigkeit der Götter und damit gleichsam die Auswegslosigkeit des Autors.

---

13 Hans Werner,
14 Günter Kunert, zit. n. Jan Knopf (1982) (Anm. 11), S. 20.

Literaturkritik interkulturell? – Zwischen Medienmarkt, Kanon und akademischer Debatte

Gesa Singer (Thessaloniki)

Abstract

Germanistic research studies and lecturing are experiencing rapidly changing conditions, to which the intercultural germanistics are the greatest contribution. Social changes, the Bologna Process, changing educational requests, the influence of the media within Europe all require an intercultural perspective in the pedagogical and scientific discourses of German Studies in the country and abroad. While the steadfast given realities seem to dissolve, new forms of international cooperation networks are given, which can be used in the service of international competence.

The most recent controversy concerning the difficult relation between literature as a scientific cultural item and the publicity and reality shows of the media in Germany found its apogee with the public refusal of the German Television Award by Marcel Reich-Ranicki, who frequently appears in the Media and is well-known and praised in public (where he sometimes is refered to as the »Pope of Literature«). He is fond of polemics, occasionally controversial (ref. to the break up with Günter Grass after: *Ein weites Feld* 1995), unyielding (ref. to the defiance to Sigrid Löffler) and made fun about (literarily made a caricature of: Martin Walser: *Tod eines Kritikers* 2002). In my essay, I would like to bring forward the self-referential and institutionally donated mechanisms in the fields of literature and Media and illustrate their practises with actual examples. The literary treatment of some themes will also illustrate their intrinsic connections (cf. Kehlmann 2009). Then I would like to present a practical example of how the theme of *literary criticism* in the German Studies for foreigners can contribute to the intercultural teaching.

1 Medien und Literaturkritik oder: der Fall Elke Heidenreich

Der jüngste Streit um das unausgewogene Verhältnis von Literatur als geistigem Kulturgut und den Werbe- und Eitelkeitsmechanismen der Medien in Deutschland fand ihren Höhepunkt in der – durchaus medienwirksamen – öffentlichen Ablehnung des Deutschen Fernsehpreises durch den ebenso anerkannten und verehrten (sogar „Literaturpapst" genannten) wie auch streitlustigen, durchaus umstrittenen (vgl. den Verriß von Günter Grass: *Ein weites Feld* 1995), unnachgiebigen (vgl. die Fehde mit Sigrid Löffler) und angefeindeten (vgl. Martin Walsers literarische Karikatur: *Tod eines Kritikers* 2002) Marcel Reich-Ranicki. Er hatte als Zentralfigur zwischen 1988 und 2001 die Fernsehsendung *Das Literarische Quartett* geleitet, welcher er durch seinen kontroversen und polemischen Diskussionsstil ein Gepräge gab, das ihm ein großes Publikum sicherte, nachdem er sich freilich schon als Literaturkenner und Leiter der Literaturredaktion der *FAZ* einen Namen gemacht hatte.

Den Deutschen Fernsehpreis, den Reich-Ranicki am 11. Oktober 2008 verliehen bekommen sollte, lehnte er ab, nachdem er sich über den „Blödsinn, den wir hier heute Abend zu sehen bekommen haben", live beschwert hatte; zur Verwunderung und Bestürzung fast der gesamten versammelten Medienwelt.

In dessen Folge hat abermals eine öffentliche Debatte über die Macht des Fernsehens im Bezug auf die Literatur (Literatursendungen als Werbeveranstaltungen; Bestsellerorientierung und Quotenjagd vs. geistiger bzw. Bildungsanspruch von Literatursendungen) stattgefunden, die mit Elke Heidenreichs Entlassung durch ihren Sender (beim ZDF moderierte die Journalistin und Autorin einige Jahre das Literaturmagazin *Lesen!*) vorläufig endete.

> Man schämt sich, in so einem Sender überhaupt noch zu arbeiten. Von mir aus schmeißt mich jetzt raus, ich bin des Kampfes eh müde. Ich schäme mich, ich entschuldige mich stellvertretend für alle Leidenden an diesen Zuständen, und derer sind auch in diesen verlotterten Sendern noch viele, bei Marcel Reich-Ranicki für diesen unwürdigen Abend (Heidenreich 2009).

Außer dem Fernsehen bieten die neuen Medien ihrerseits neue Formen der Literaturkritik an: neben den Onlinejournalen und Foren wie *Literaturkritik.de*, *Berliner Literaturkritik*, *Journalistische Praxis* und weiteren existieren Blogs und Rezensionsmöglichkeiten, die für alle zugreifbar sind, bis hin zur Amazon-Kundenrezension, wo jeder Käufer schnell einige mehr oder minder qualifizierte Worte über sein online erworbenes Buch abgeben kann.

2 Literarischer Kanon?

An einem anderen Schauplatz werden indessen an deutschen Universitäten sowie am Ladentisch der Buchhändler teils akademische, teils bildungsbürgerliche Diskussionen über *den* Literarischen Kanon geführt, die seit dem großen Erfolg der Sendung *Das literarische Quartett* und einigen Nachfolgesendungen sowie populärwissenschaftlichen Publikationen über Kanonwissen auf reges Interesse des Publikums stoßen. Offenbar wollen viele Leser wissen, was sie lesen sollen; sie wollen von „Experten" gesagt bekommen, welche Lektüre sich lohnt, und wenn möglich auch warum. Sie wollen möglicherweise verstehen lernen, warum etliche andere Leser und Leserkreise bestimmte Lektüren wichtig, bildsam, provokativ, exemplarisch finden; sie sind bereit, Literatur zu konsumieren, weil „man das einfach gelesen haben muß", um mitreden zu können oder sich einer bestimmten Gruppe zugehörig zu fühlen, und sie wollen vielleicht sogar in ihrem persönlichen Geschmacksurteil von höheren Mächten bestätigt oder bekehrt werden. Und trotz zahlreicher Pluralisierungsbestrebungen in unserer Gesellschaft gab es immer und gibt es wieder ein starkes Bedürfnis nach verbindlichen Werten, seien es moralische, religiöse, politische, oder eben literarische. Bildungsbürgerliche Kanonsicherung funktioniert v. a. auf der Basis von Klassikerausgaben, Jubiläen und dergleichen. Der Kanonbegriff ist insgesamt jedoch inzwischen fragwürdig geworden. Zudem kann man, zumindest im akademischen Sektor, mit Winko (1998: 596) feststellen: „Kanonbildung als Durchsetzung zeitloser literarischer Qualität nach eigenen Gesetzen – dieser Auffassung wird heute ein differenzierteres Modell entgegengestellt."

Das Vorhandensein von kritischen Werkausgaben und Monographien einerseits, Seminarangeboten und Vorlesungen andererseits entscheidet mit darüber, ob bestimmte Literaturen im akademischen Kontext als kanonisch angesehen werden können. *Zeitgenössische Literatur* wird hingegen im Germanistik-Studium im In- und Ausland bisher nur vereinzelt zum Thema gemacht.

Kanones für verschiedene kulturelle, Gruppen- und Diskurszusammenhänge müssten eigentlich den inzwischen sehr vielfältigen literarischen Welten unserer heutigen Zeit besser entsprechen als die bloße Konservierung bereits vorhandener literarischer Wissensbestände.

Relevant für das Studium sind nach wie vor die literarischen Texte und Autoren, auf die sich andere Autoren bezogen und die auf die Entwicklung der Literatur – in formaler wie inhaltlicher Hinsicht – maßgeblich eingewirkt haben (Winko 1998: 599).

Im Hinblick auf literarisches Kanonwissen exemplarisch ist wohl Reich-Ranickis Reihe *Kanon*[1], welche alle literarischen Genres zu erfassen versucht. Natürlich blieben kritische Stimmen gegenüber diesem Werk nicht aus, die ihm wie auch seinen berühmt-berüchtigten Verrissen eine gewisse Einseitigkeit und persönliche Tendenz nachsagten:
Aber auch die, wenn vielleicht auch nicht als verbindlicher Kanon konzipierten, aber vom Publikum so verstandenen Sammlungen *ZEIT-Bibliothek der 100 Bücher* (Feuilletonsammlung seit 1978, Essaysammlung 2009) sowie Thomas Rommels *50 Klassiker der Weltliteratur* (Rommel 2006) wurden nicht nur positiv aufgenommen.
Noch weiter ging das durchaus provokative Unterfangen des Anglisten Dietrich Schwanitz, eine Art komprimierte Form des Kompendienwissens des Abendlandes zu erstellen, was schon der reißerische Titel *Bildung, alles was man wissen muss* (Schwanitz 2002) zu erkennen gibt. (cf. Manfred Fuhrmann *Der europäische Bildungskanon des bürgerlichen Zeitalters* 2004.)

> Auf 500 Seiten dampfte Schwanitz 2500 Jahre abendländischer Geschichte ein. Vereinfachung bis zur Unkenntlichkeit war der Generalvorwurf, der damals ertönte – dabei wollte der Autor sein Kompendium allenthalben als Anregung verstanden wissen. Mochte die Abhandlung des Alten Testaments auf knapp sechs Seiten und die Einordnung des „Don Quijote" gerade mal auf einer auch keck gewesen sein bis zur Dreistigkeit – Schwanitz jedenfalls brachte jene Kanon-Debatte in Gang, die den Verlagen lukrative Buchreihen und den Feuilletons neue Kontroversen bescherte (Haas 2004).

Die gesamte Kanondebatte der letzten 20-30 Jahre hat für viel kontroversen Gesprächsstoff, aber auch hohe Absatzzahlen auf dem Buchmarkt gesorgt. Bei vielen unerfahrenen Lesern – und dazu gehören u. U. sogar Philologiestudenten – haben die Diskussionen über den literarischen Kanon mit oder neben den obligatorischen Leselisten ihrer Seminare und Vorlesungen zu einiger Verunsicherung geführt.

---

1 Reich-Ranicki, Marcel: Der Kanon. Die deutsche Literatur. 2002 ff.; Vgl. http://www.derkanon.de/index2/ranicki_kanon.html.

Ein unterhaltsames und auch aufschlussreiches Experiment habe ich vor einigen Jahren einmal mit den mir anvertrauten Studentinnen und Studenten im ersten Studiendurchgang der Zusatzqualifikation ‚Interkulturelle Germanistik' an der Universität Göttingen durchgeführt, die ich beim Gespräch über die Problematik literarischer Kanones einfach gebeten habe, ihre persönlichen Favoriten für eine Art ‚internen Kanon' aufzuschreiben, nach dem Motto: alles ist erlaubt. Heraus kam eine ganz ansehnliche Sammlung von interessanten, auch etwas abseitigen, z. T. mit klassischen Kanonvorstellungen durchaus harmonierenden, aber alles in allem – das war eine Grundbedingung – persönlich favorisierten Texten verschiedener Genres und jedweder Provenienz, z. B. J. D. Salinger: *Der Fänger im Roggen*, Arthur Miller: *The Crucible*, Friedrich Dürrenmatt: *Die Physiker*, Günter Grass: *Katz und Maus*, Michael Ende: *Momo*, Dan Brown: *Der Da Vinci Code*, Paulo Coelho: *Veronika beschließt zu sterben* und manches andere. Diese Herangehensweise kann eine Ausgangsbasis für weiterreichende Überlegungen über literarische Wertungskriterien bieten.[2]

3 Literaturkritik in Griechenland

Griechenland hingegen weist kaum Traditionen von öffentlichen oder gar gelehrten Debatten über Literatur auf; meist findet nur marktgerechte Bewerbung von literarischen Neuerscheinungen statt, indem das Fernsehen hin und wieder einzelnen Schriftstellern Gelegenheit bietet, sich im Interview mit der einfühlsamen Moderatorin vorteilhaft zu präsentieren.

Ausnahmen bilden z.B. die Sendung Άξιον Εστί in ET3 mit Βασίλης Βασιλικός, und auch anderes hie und da zu nachtschlafender Zeit. In einer Fernseh-Diskussionsrunde vom 20.02.2010 auf ET1 wurde aber auch genau dieser Marktcharakter von Literatursendungen im Fernsehen kritisiert und das verbreitete Desinteresse der Mehrheit an anspruchsvoller Literatur bemängelt.

Die Rubriken und die wöchentlichen Einlagen der Zeitungen *Kathimerini*, *Vima*, *Avgi* und *Eleftherotypia* sowie einige literarische Zeitschriften wie z.B. *Εστία*, *Εντευκτήριο*, *Ποίηση* etc. berichten über neue

---

[2] Cf. Gelfert 2006; Engel 2007; Charlier & Lottes 2009.

Bücher auf dem Markt.³ Fraglich ist aber, von wem und in welcher Weise diese wahrgenommen werden. Eine kleine informelle Umfrage unter meinen Studenten in Griechenland hat ergeben, daß diese von ihnen kaum oder gar nicht rezipiert werden. Auch von einer ‚Bestenliste' weiß man nichts: Beim Buchkauf orientiert man sich daher an eigenen Geschmacksvorstellungen, persönlichen Empfehlungen, wohl auch Literaturpreisen, deren Verleihung dem Buch weithin erkennbar als aufgeklebtes Signal mitgegeben wird.

Mit Literatur werden unsere Studierenden an der Abteilung für Deutsche Sprache und Philologie der Aristoteles Universität Thessaloniki vor allem im literaturwissenschaftlichen Zweig konfrontiert, wo das Unterrichtsangebot mittelbar eine gewisse Kanonorientierung reflektiert und entsprechende Leselisten ausgegeben werden. Ähnliches gilt für die Germanistik der Kapodistrias Universität Athen. Behandelt werden vor allem die Hauptvertreter der Literatur des 19. und 20. Jahrhunderts, v. a. Goethe, Kleist, Hölderlin; Brecht, Kafka, Thomas Mann. Verschwindend wenige Seminarangebote beziehen zeitgenössische Literatur mit ein. Daneben gibt es Pflichtveranstaltungen zur Einführung in die Literaturtheorie und Literaturgeschichte, die aber eher auf Abfragewissen bezüglich literarischer Werke und Daten im historischen Zusammenhang abzielen (inklusive Multiple Choice Tests). Unter diesen Voraussetzungen ist der Zugang zur deutschsprachigen Literatur für viele verstellt, da die Hemmschwellen nicht genommen, sondern eher erhöht werden. Mein Anliegen ist es daher, den Studierenden Zugangswege zur Beschäftigung mit Literatur zu verschaffen, die an ihre Erfahrungswelt anknüpfen und die Auseinandersetzung mit kulturellen Differenzen anregen.

In meinem Seminar zum Thema *Fremdheit in der deutschsprachigen Literatur*⁴ sowie zur *Literaturgeschichte anhand von Gedichten* ist dies weitgehend geglückt und hat viel eigenständige Arbeit der Teilnehmer gefördert. Beim Thema *Literaturkritik* nun waren die Vorkenntnisse der Teilnehmer sehr gering, sodaß ich an vielen Stellen durch Dozentenvortrag, Textlektüren und auch Videobeispiele erst einmal einen Eindruck von dem Themenkomplex ermöglichen mußte, bevor sie selbst in die Materie einsteigen konnten.

---

3   Ich danke Anthi Wiedemayer, Abteilung für Deutsche Sprache und Philologie an der Aristoteles Universität Thessaloniki, für diesen Hinweis.
4   Singer 2008; 2009.

Gesa Singer

Verwirrung hatte schon meine (obligatorisch auch auf Griechisch erscheinende) Seminarankündigung ausgelöst, da es offenbar kein gebräuchliches neugriechisches Wort für Literaturkritik gibt: ‚Βιβλιοκριτική' könnte man am ehesten benutzen, was von dem altgriechischen Verb ‚κρίνω': (unter)scheiden, (be)urteilen herrührt. Heute bedeutet ‚κριτική βιβλίων' eigentlich Rezension. Der ursprünglich von einer Kollegin vorgeschlagene Begriff: ‚βιβλιοκρισία' wird hingegen eher mit dem Wort ‚Zensur' assoziiert.

4 Seminar *Literaturkritik*

Um die Hemmschwelle beim Lesen fremdsprachiger Literatur zu senken, nutze ich in meinen Seminaren gern Themen, die einen persönlichen Bezug der Teilnehmer zum Inhalt begünstigen können. Darüber hinaus sind folgende didaktische Prinzipien für mich als Lektorin für Deutsch als Fremdsprache handlungsleitend, die zuletzt Karl Esselborn festgehalten hat:

> Als didaktische Prinzipien müssten Anschaulichkeit, Anknüpfen an Bekanntes, Selbsterfahrung (Geschichte zunächst als Lebensgeschichte, überschaubare Zeiträume usw.), Selbstbeteiligung durch Einbeziehung der eigenen aktuellen Interessen und Perspektiven, exemplarisches Arbeiten, Einbindung in den sozial- und kulturhistorischen Kontext, kulturvergleichender Ansatz, produktiver und kritischer Umgang mit Literatur u. ä. gelten, wodurch die didaktische Phantasie nichtdeutschen Rezipienten trotz aller individueller und institutioneller Beschränkungen einen Zugang zur historischen deutschen Literatur und ihrer Geschichte zu eröffnen vermag (Esselborn 2010: 129).

In meinem Seminar *Literaturkritik*, das im Wintersemester 2009/10 als freies Wahlfach an der Aristoteles Universität stattfand, wollte ich die Studierenden für Fragen der Literaturkritik sensibilisieren, ihnen im landeskundlichen Sinne die öffentliche Kultur von Literaturkritik in Deutschland nahebringen und sie schließlich auch zum Schreiben von kurzen Buchrezensionen anregen.

Zunächst haben wir uns mit folgenden Einstiegsfragen beschäftigt: Was ist Literaturkritik? Wer macht Literaturkritik und wozu? Wer sind die Adressaten? Welche Formen der Literaturkritik gibt es?

Schwerpunktmäßig haben die Studierenden Literaturrezensionen in gedruckter Form und im Internet kennen gelernt und vor allem erst einmal die Textform *Literaturkritik* näher betrachtet und bearbeitet, die eigentlich allen gänzlich unbekannt war. Ein ‚Aha'-Erlebnis vermittelte zunächst einmal die Analyse exemplarischer Waschzettel-Kurzkritiken auf den Buchrücken und deren Kaufanreiz-Funktion. Darüber hinaus haben die Teilnehmer etwas über die Entstehung der institutionellen Literaturkritik aus der Kunstbeurteilung erfahren und mehrere Analysekriterien und Funktionen von Literaturkritik herausgearbeitet, wie z. B. informierende, selektierende, didaktische, sanktionierende etc. (cf. Anz & Baasner 2007).

Außerdem blieb Raum für intensive Textlektüren und deren Interpretation, nicht zuletzt, um im Gespräch über unterschiedliche (literarische) Kulturen und deren Bewertungsinstanzen Problemfelder, Modelle und Anregungen für unser interkulturelles Miteinander zu entdecken.

5 Eine Literaturkritik schreiben

Besonders schwierig war es, die Studierenden zum Schreiben einer Literaturkritik zu bewegen, was auch nur in Einzelfällen geglückt ist, zumal große Unsicherheit darüber bestand, wie und was da überhaupt geschrieben werden darf – ganz zu schweigen von der zuvor erwähnten, mangelnden literarischen Sozialisation vieler Studentinnen und Studenten, beklagenswerterweise ausgerechnet in philologischen Studiengängen. Dennoch haben die Studierenden an der Idee Gefallen gefunden, daß sich grundsätzlich jeder über seine Leseerlebnisse mit anderen austauschen kann und es fast für jeden Geschmack besonders im Internet verschiedene Foren gibt. Vor den Kriterien der ‚anspruchsvollen' Literaturkritik als akademischer Expertise sowie dem breit gefächerten Fachwissen, das dem zugrunde liegen sollte, äußerten sie verständlicherweise einige Berührungsängste. Insofern wirkte folgender Ausspruch eines kurzen online-Rezensionsratgebers wie ein Tür- bzw. Fensteröffner:

Bücher dürfen auch mal in hohem Bogen aus dem Fenster fliegen

Zu einem Buch muss man etwas zu sagen haben – andernfalls schreibt man besser nichts darüber. Wenn man etwas zu sagen hat, ist das aber immer noch nicht die halbe Miete. Nun gilt es, die Balance zu finden zwischen Angaben zum Inhalt (schliesslich will man weder eine Nacherzählung schreiben noch eine Inhaltsangabe liefern), Interpretation und Analyse (die Literaturkritik ist keine wissenschaftliche Arbeit) und Folgerungen (die Literaturkritik ist zwar immer subjektiv, sollte sich aber in einem gewissen Maß um Objektivität bemühen) (Stein 2009).

Nicht zuletzt diente dieses Seminar auch zur Sprach- und Stilübung in der Fremdsprache sowie als Leseanregung: und so wurde ich doch auch in einigen Fällen nach weiterführender Literatur gefragt.

Ziel war es, die Studierenden ihr eigenes spontanes Urteil über das Gelesene nach folgender Maßgabe durch einige Argumente begründen zu lassen, die sich auf das Thema, den Stil oder andere Elemente der Lektüre beziehen sollten:

> Am Ende einer Kritik sollte man als Leser ‚irgendwie' (das genaue ‚Wie' unmerklich zu sein lassen, ist die grosse Kunst) einen Eindruck davon bekommen haben, um was es in dem Buch geht, was warum seine Stärken und Schwächen sind – und man sollte, wer will es bezweifeln, einen mitreissenden, sprachlich ausgezeichneten und neue Horizonte eröffnenden Text gelesen haben, den man weglegen kann mit dem Satz: Mensch, das Buch muss ich unbedingt lesen! Oder: Gut, dass ich es mir nicht schon gekauft habe! Einem Buch sollte ein Kritiker nämlich die Fahne halten, oder sollte es über Bord schmeissen, Facettenreichtum hin oder her (Stein 2009).

Den von mir vorgeschlagenen Roman *Heißer Sommer* von Uwe Timm haben einige Teilnehmer sich für eine Kurzkritik vorgenommen; und zwar im Hinblick auf die Szene, wo die zum sozialistischen deutschen Studentenbund formierten Studenten sich im Audimax treffen und über Politik und vor allem die eigene Debattenkultur diskutieren. Bei der ersten Lektüre haben die Teilnehmer die komischen Überzeichnungen dieser 68er-Aufbruchstimmung zum Teil nicht ganz erfassen können, da wildes Debattieren in eigentlich allen gesellschaftlichen Schichten zum griechischen Alltag gehört; Fernsehnachrichten und studentische Organisationen inklusive. Dennoch gab es ganz unterschiedlich ausfallende Rezensionen der Studenten, die auch inhaltlich verschiedene Schwerpunkte setzten (einmal war es *die Liebesgeschichte*, die betont wurde, einmal *die Studentenrevolte als historisches Thema*, einmal *die Darstellung der gesellschaftlichen Szenerie durch Dialog*) und auch für weiteren Gesprächsstoff sorgten.

Ich gebe hier schlaglichtartig einige kurze (sprachlich leicht verbesserte) Zitate aus diesen studentischen Arbeiten:

1) Im Text geht es um zwei Kommilitonen und Freunde, die sich in der Universität befinden und darauf warten, dass die Vorlesung beginnt. Stattdessen aber kommt der SDS auf das Rednerpult und versucht die Studenten zu drängen, über Bildung zu protestieren. Als ich zum ersten Mal den Text gelesen habe, erinnerte ich mich daran, dass ich auch an solchen Situationen teilgenommen habe. Also obwohl das Buch vor 30 Jahren geschrieben wurde, reflektiert es genau die heutige Situation in den Universitäten, aber auf eine humorvolle und romantische Weise.
2) Ulrich ist ein interessenloser Germanistikstudent, der anfangs ein politisch Außenstehender zu sein scheint, aber sich im Verlauf der Zeit zu einem politischen Aktivisten verwandelt. Die 68er Geschichte läuft wie ein Film vor Augen ab; durch die detailgetreue und authentische Erzählweise der gesellschaftlichen Ereignisse wird der Leser in diese große Zeit hineingezogen und erwirbt Kenntnisse, die er auf andere Weise wohl kaum entnehmen kann.
3) Viele Details geben dem Leser eine genaue Übersicht von dem Saal, so dass man den Eindruck bekommt, dabei zu sein. Details wie *er versuchte über die Köpfe hinweg zu sehen, in den Saal, der nach unten, zum Podium hin, flach abfiel.* – Fällt ein Hörsaal nicht flach ab? Sonst wäre es kein Hörsaal. […] Außerdem gibt es fast keinen längeren Dialog. Es werden längere Textpassagen voller Einzelheiten aufgeführt, bis der nächste Dialog kommt. Das macht den Text nicht sonderlich attraktiv. […] Es geht hier mehr um die große Liebe eines Studenten als um den Eindruck einer Zeit, die Deutschland sehr geprägt hat. Deswegen würde ich den Text nur als Unterhaltung empfehlen.

6 Literatur und Medien

Das enge Verhältnis von Literatur und Medienmarkt wurde im Seminar ebenfalls thematisiert:

6.1 Ruhm

In Daniel Kehlmanns Roman *Ruhm* (Kehlmann 2009), der eigentlich aus neun locker miteinander verwobenen Episoden besteht, wird das Spiel mit den modernen Medien und das Schielen auf Publizität literarisch verarbeitet. Die innere Verbundenheit der Erzählungen durch Motive, Personen und Handlungsschemata kulminiert, abstrakt gesehen, in der Frage, wer wessen Ruhm oder gar Existenz eigentlich durch Kommunikationsprozesse herstellen und wieder verwerfen kann. Es tauchen auch einige Schriftstellerfiguren auf, wobei die Schilderung von deren Umfeld (dümmliche Leserschaft, altbackene Institutsleiterin) Kehlmann Gelegenheit zu einigen karikaturhaften Darstellungen bietet; so beispielsweise die Geschichte *In Gefahr*, in welcher die Angst der Ehefrau eines Schriftstellers, zu einer seiner Romanfiguren zu werden, thematisiert wird: „Mach dir kein Bild von mir. Steck mich nicht in eine Geschichte", bittet sie ihn (Ruhm 2009: 49). Der Schriftsteller spielt in dieser Episode seinerseits seine Bekanntheit sarkastisch aus und scherzt, indem er öffentlich verkündet, er bekomme seine literarischen Ideen in der Badewanne.

Auf der Basis von Ausschnitten aus diesem Buch haben die Studierenden sich mit den kontroversen Kritiken dazu auf der Website *perlentaucher.de* auseinandergesetzt, die ja verschiedene Feuilletonrezensionen zusammenträgt und pointiert gegenüberstellt. Auch in anderen Fällen habe ich die *perlentaucher*-Kurzrezensionen genutzt, um verschiedene Aussageabsichten und Kategorien von Rezensionen zu verdeutlichen. Darüber hinaus haben die Studierenden die selbstreferentiellen Mechanismen des Literaturmarktes kennen gelernt, indem sie sich mit der Veröffentlichungsgeschichte dieses Buches auseinandersetzten. Nicht zuletzt hatte ja der unter Strafe gestellte Vorabdruck von Passagen aus Kehlmanns Buch vor dem medienwirksam angekündigten Veröffentlichungsdatum für einiges Aufsehen und natürlich noch höhere Verkaufszahlen gesorgt. Die Inszenierung des eigenen Ruhms ist Kehlmann somit gelungen und die beteiligten Medien (Zeitungen, Zeitschriften) und nicht zuletzt der Verlag selbst haben von diesem selbstgeschaffenen Effekt profitiert. Heterogenität, eine starke Sektorierung des literarischen Marktes und vor allem eine immer weiter zunehmende Kommerzialität bestimmen wohl europaweit, besonders deutlich spürbar aber in Deutschland, wo ja die zunächst bildungsbürgerlich geprägte Öffentlichkeit von jeher Wertungskriterien für Literatur zu bestimmen bestrebt war, die Produktion, Verbreitung und Rezeption von Literatur. Dabei ist mit Bogdal die „polemisch-ironische Formulierung der Suche nach dem Super-Autor [...] eigentlich ernst gemeint. Sie soll auf eine Leerstelle hinweisen, die im deutschen Literatursystem als Folge des Zerfalls einer homogenen literarischen Öffentlichkeit entstanden ist" (Bogdal 2004: 87).

6.2 Literaturstreit

Anhand von Videobeispielen habe ich die Studierenden die verschiedenen Gesprächskonstellationen und Konzeptionen z. B. der Sendungen ‚Das literarische Quartett' und ‚Lesen' analysieren lassen. Es ging darum, zu zeigen, auf wie unterschiedliche Weise dort über Literatur gesprochen wurde: Einerseits im Expertenkreis um Reich-Ranicki: fachliche, engagierte und polemische Streitgespräche; andererseits mit prominentem Besuch bei Elke Heidenreich: fast privat anmutende, meist einvernehmliche Geschmacksbildung.

Am Beispiel der heftigen und schließlich ganz unsachlichen Auseinandersetzung zwischen Reich-Ranicki und Sigrid Löffler im Jahr 2000 – Anlaß waren etwas derb-erotische Darstellungen in dem Roman *Gefährliche Geliebte* von Haruki Murakami, die Ranicki für wertvoll und Löffler für abstoßend hielt, was sich zu einem persönlich verletzenden Schlagabtausch ausweitete und zum Austritt Löfflers aus der Runde führte – konnte neben Ranickis Attackierlust gezeigt werden, daß literarische Wertungskriterien immer auch mit persönlichen Vorlieben einhergehen, hinter welche objektive Maßstäbe manchmal zurückfallen. Rückblickend bewertete Löffler Ranickis Vorgehen als „Radau zum medialen Selbstzweck".

7 Revisionen: Interkulturelle Literatur im Fremdsprachenunterricht

Das vorgestellte Praxisbeispiel hat einen wichtigen Aspekt nicht berücksichtigt, den ich an anderer Stelle schon behandelt habe und künftig näher erforschen sowie praktisch erarbeiten werde: Interkulturelle Literatur im Fremdsprachenunterricht.

Die Beschäftigung mit Literatur als sprachlich verfasster Kultur bietet gegenüber bloßen Belehrungen über interkulturelle Kompetenzen den Vorteil, dass sie offen für Interpretation ist, die ihrerseits im reziproken Gespräch entwickelt, verworfen und erweitert werden kann: Literarische Texte als Ausgangsbasis für Verständigung über Fremdheitswahrnehmungen, Kulturunterschiede, Differenzen und Konflikte, geglückte und misslungene interkulturelle Begegnungen bieten die Möglichkeit, über den reinen Alltagsbezug hinaus kulturelles Wissen und kulturelle Erfahrung miteinander auszutauschen. „Für Deutsch als moderne Fremdsprachenphilologie steht die deutschsprachige Literatur der Gegenwart im Zentrum – als Teil des aktuellen kulturellen Systems" (Esselborn 2010: 120). Ich möchte ergänzen: unter Einbeziehung der interkulturellen Literatur, wobei der Gegenstand jeweils in Hinblick auf die Teilnehmerschaft und die Ziele näher zu bestimmen ist. Die herkömmlichen kanonisch verbreiteten Literaturen im Fremdsprachenunterricht bedürfen der Erweiterung um interkulturelle Literaturen, die auf die Lesenden und Lernenden abgestimmt werden können und sollen.[5] Das Ziel sollte sein, Studierende überhaupt an Literatur und ihre Beschreibungsmethoden heranzuführen. Die audiovisuelle und digitale Literaturvermittlung kann dabei ebenfalls eine Rolle spielen.[6]

In der Forschungsperspektive ist bezüglich der Verbreitung von interkultureller Literatur auch die Frage nach den Verlagen zu stellen, die durch die Aufnahme bestimmter Autoren sowie entsprechender Werbung und Lesereisen Neuerscheinungen fördern und somit Einfluß auf die öffentliche und mediale Aufnahme eines Autors nehmen können; ebenso wie entsprechende Förderpreise. Außerdem wäre es interessant zu untersuchen, in welchen Fällen die Aufnahme interkultureller Literatur in schulische Lehrpläne und die universitäre Lehre bildungspolitischen Zielen entspricht etc. Meiner Meinung nach kann auch die Beschäftigung mit Literaturkritik als Teil des literarischen Feldes auf vielfältige Weise zu einem interkulturellen Lernprozeß beitragen, der Teil einer modernen Fremdsprachengermanistik sein sollte.

8 Anhang: Seminarplan Wahlfach *Literaturkritik*

Organisation

- regelmäßige aktive Mitarbeit wird vorausgesetzt
- Bei guter bis sehr guter Referatsleistung: 1-2 Pluspunkte auf die Basis

---

5 Cf. Wierlacher 2000; Wierlacher & Bogner 2003.
6 Esselborn (2010: 256 ff.) gibt dazu wertvolle Anregungen und aktuelle Hinweise. Wichtig erscheint mir auch seine Bemerkung, daß zu dem schier unüberschaubaren Angebot in diesem Bereich die wissenschaftliche Diskussion (noch) weitgehend fehle (ibd.: 269). Die Findigkeit und Selbständigkeit des Vermittelnden scheint hier ein entscheidendes Kriterium der geeigneten Themen- und Medienwahl zu sein.

- Klausur am Ende des Semesters
- kein Skript, sondern Materialsammlung

Einstiegsfragen

Was ist Literaturkritik?
Wer macht Literaturkritik und wozu?
Wer sind die Adressaten?
Welche Formen der Literaturkritik gibt es?

Programmplanung

1. Einführung & Einstiegsfragen, Lektüren, Referatsthemen
2. Geschichte der Literaturkritik I
3. Geschichte der Literaturkritik II
4. Kritikformen und Funktionen
5. Kritikerpersönlichkeiten I
6. Kritikerpersönlichkeiten II
7. Literaturkritik in den Massenmedien und der literarische Markt
8. Filmkritik
9. Literaturstreit
10. Kritikprojekte I
11. Kritikprojekte II
12. Abschluß: Wiederholung & Evaluation

Literatur

Anz, Thomas & Rainer Baasner (eds.) ²2007: *Literaturkritik. Geschichte, Theorie, Praxis*. Beck'sche Reihe, München: Beck

Arnold, Heinz-Ludwig & Heinrich Detering 1997: *Grundzüge der Literaturwissenschaft*, dtv: München

Blioumi, Aglaia (ed.) 2002: *Migration und Interkulturalität in neueren literarischen Texten*. München: Iudicium

Bogdal, Klaus-Michael 2004: „Deutschland sucht den Super-Autor. Über die Chancen der Gegenwartsliteratur in der Mediengesellschaft", in: Kammler & Pflugmacher (eds.) 2004: 85-94

Bredella, Lothar 2002: *Literarisches und interkulturelles Verstehen* (= Giessener Beiträge zur Fremdsprachendidaktik), Tübingen: Narr

Charlier, Robert & Günther Lottes (eds.) 2009: *Kanonbildung. Protagonisten und Prozesse der Herstellung kultureller Identität,* Hannover: Wehrhahn

Engel, Manfred 2007: „Kanon – pragmatisch. Mit einem Exkurs zur Literaturwissenschaft als moralischer Anstalt", in: Saul & Schmidt (eds.) 2007: 23-33

Esselborn, Karl 2010: *Interkulturelle Literaturvermittlung zwischen didaktischer Theorie und Praxis,* München: Iudicium

Gelfert, Hans-Dieter ²2006: *Was ist gute Literatur? Wie man gute Bücher von schlechten unterscheidet.* München: Beck

Haas, Daniel 2004: „Zum Tod von Dietrich Schwanitz. Der professionelle Besserwisser", in: *Spiegel Online,* im Internet unter http://www.spiegel.de/kultur/literatur/0,1518,334073,00.html [22.12.2004]

Heidenrich, Elke 2008: „Reich-Ranickis gerechter Zorn", in: *FAZ.NET,* im Internet unter http://www.faz.net/aktuell/feuilleton/medien/elke-heidenreich-reich-ranickis-gerechter-zorn-1715340.html [11.11.2011]

Kammler, Clemens & Torsten Pflugmacher (eds.) 2004: *Deutschsprachige Gegenwartsliteratur seit 1989,* Heidelberg: Synchron

Raddatz, Fritz J. (ed.) 1980: *ZEIT-Bibliothek der 100 Bücher,* Frankfurt/Main: Suhrkamp

Rommel, Thomas 2006: *50 Klassiker der Weltliteratur,* Hamburg: Merus

Saul, Nicholas & Ricarda Schmidt (eds.): *Literarische Wertung und Kanonbildung,* Würzburg: Königshausen & Neumann

Seibt, Gustav 1997: „Literaturkritik" , in: Arnold & Detering (eds.) ²1997: 623-637

Singer, Gesa 2008: *Literary approaches to ‚otherness'. Didactics of German Literature with respect to ‚Fremdheit',* Referat anlässlich des internationalen Kongress im Fachbereich französische Sprache und Literatur an der Aristoteles Universität Thessaloniki: 2008, Aneé européenne du dialogue intercultural: communiquer avec les langues-cultures': 493-506

Singer, Gesa 2009: „Literarische und dialogische Annäherung an das ‚Fremde'. ‚Fremdheit' in der deutschsprachigen Literatur als didaktisches Projekt", in: *XIV. Internationale Tagung der Deutschlehrerinnen und Deutschlehrer 2009 Jena / Weimar, IDV-Magazin* 82 (2010):

246-252, im Internet unter: http://www.idvnetz.org/publikationen/ma gazin/IDV-Magazin82.pdf [31.3.2011]

Stein 2009: *Eine Literaturkritik schreiben. Bücher dürfen auch mal im hohen Bogen aus dem Fenster fliegen*, im Internet unter: http://buch undhaltung.ch/2009/07/eine-literaturkritik-schreiben [12. 12. 2010]

Wierlacher, Alois (ed.) 2000: *Das Fremde und das Eigene. Prolegomena zu einer interkulturellen Germanistik*, München: Iudicium

Wierlacher, Alois 2000: „Mit fremden Augen oder: Fremdheit als Ferment. Überlegungen zur Begründung einer interkulturellen Hermeneutik deutscher Literatur", in: Wierlacher (ed.) 2000: 3-29

Wierlacher, Alois & Andrea Bogner (eds.) 2003: *Handbuch interkulturelle Germanistik,* Stuttgart: Metzler

Winko, Simone [2]1997: „Literarische Wertung und Kanonbildung", in: Arnold & Detering 1997: 623-637

Witte, Arnd: *Das Verstehen des fremdkulturellen Kontextes – eine vernachlässigte Komponente im Fremdsprachenunterricht* (eDUSA 2, 2007:1, 7-17), im Internet unter http://www.sagv.org.za/eDUSA/ eDUSA_2-07-1/Witte_Verstehen.pdf [05.02.2011]

Emily Ruete, Prinzessin von Sansibar:
Memoiren einer arabischen Prinzessin (1886).
Ein Selbstzeugnis im kulturellen Zwischenraum.

Ingrid Laurien (Stellenbosch)

Abstract

This article introduces the *Memoirs of an Arabian Princess* (1886) by Emily Ruete/Princess Salme as a transcultural text that transgresses the boundaries of German autobiographical tradition. Meant as a dissenting voice in contemporary discussions on the ‚Orient', the cultural complexity of the *Memoirs* was not recognized in its full complexity but subsumed under the dominating orientalistic patterns of reception of the time.

Starting from a short analysis of four text levels, the main structure of the text is understood as defined by a topographical description of ‚places of the self' and not by chronological sequences of self-constructions, and its function is defined as a ‚third space' between rigid concepts of the ‚Oriental' and the ‚Occidental'. To its author, who felt alienated as well from her origin as from life in the German Empire, the text could only become an ‚asylum in fictional space' because she cut off a fifth textual level, namely the description of her traumatic experiences and her fears in Germany, and banned them into a second complementary text that was never published during her lifetime.

Am 17. März 1924 erschien im Lokalteil der *Jenaischen Zeitung* ein Nachruf auf die 80-jährig verstorbene „Witwe und Rentnerin" Emily Ruete. Dort war zu lesen:

> Die Verstorbene war die älteste Tochter des regierenden Sultans von Zanzibar, der gleichzeitig Herrscher des Fürstentums Oman in Südarabien war. Die Prinzessin war von märchenhafter Schönheit und unermesslichem Reichtum und bestimmt, dermaleinst die Krone ihres Landes zu tragen. Umso größeres Aufsehen erregte es, als sie damals, als erste arabische Prinzessin, einem Europäer [dem Hamburger Großkaufmann Ruete] die Hand zum Bunde für das Leben reichte [...] und [...] ihrem Gemahl nach Deutschland [folgte] (Schneppen 2007: 422).

Die *Illustrierte Zeitung* hatte bereits im Mai 1885 „streng wahrheitsgetreu" über Emily Ruete berichtet:

> So lebte die Prinzessin in Luxus, Prunk und Glanz, bis eines Tages die Bekanntschaft mit einem jungen Deutschen namens Ruete eine entscheidende Wendung in ihrem Glück herbeiführte. Sie wurde Christin und folgte dem ihr angetrauten Gatten in dessen ferne Heimat. Hier wurde die Afrikanerin Schritt für Schritt in das Wissen der modernen europäischen Zivilisation eingeführt [...].So hat sich das Los der arabischen Prinzessin mit einem deutschen Namen und einer echt deutschen Gesinnung zu einem durchaus beneidenswerten gestaltet (*Illustrierte Zeitung* 2.5.1885)[1].

Die so märchenhaft Geschilderte war höchst real: Emily Ruete war tatsächlich eine geborene Sayyida Salme bint Sai'd ibn Sultan von Sansibar und Oman. Als fiktionale Abziehfigur bediente sie – je nachdem – die orientalistischen Sehnsüchte oder antiorientalischen Vorurteile vieler Deutscher und blieb für viele von ihnen bis zu ihrem Tod (und darüber hinaus) eine Art orientalische Märchenprinzessin, deren ‚Entführung aus dem Serail' zum festen Bestandteil eines ‚Mythos Sansibar' wurde.

Salme/Emily wehrte sich allerdings gegen solche Fiktionen, indem sie dem deutschen Lesepublikum ihre eigene Version des ‚Orients'[2] entgegenhielt. 1886 veröffentlichte sie ihre *Memoiren einer arabischen Prinzessin*[3] – nicht in erster Linie, um ihre eigenen persönlichen Lebensentscheidungen zu rechtfertigen (wie es der Titel *Memoiren*[4] vielleicht nahelegt), sondern um dem ihrer Ansicht nach selbstgerechten Blick des ‚aufgeklärten' Europas auf den Rest der Welt etwas entgegenzusetzen, weil

> es für mich immer eine offene Frage geblieben ist und bleibt, ob man eigentlich Recht hat, wenn Europäer ein noch nicht ‚aufgeklärtes' Volk bedauern, und ob sie gar mit äußerer Gewalt einem solchen Volke ihre Aufklärung beibringen dürfen. [...] jedenfalls kann ich mit großer Bestimmtheit konstatieren, dass diejenigen sehr im Irrtum sind, welche glauben, es liege im Interesse dieser Völker selbst, ihnen Bildung und Aufklärung zu bringen (Nippa 1989:75)[5].

---

1 Schneppen 1999: 172 f.. So auch Kersten (1869): „Ihr klarer Verstand ließ sie das Schöne und Gute der europäischen Sitten bald erkennen" (Nippa 1989: 274).
2 Zur Orientalismus-Debatte, deutschlandbezogen, nach Said 1978: Polaschegg 2005 und die theoretischen Passagen in Berman 1996.
3 Ruete 1886.
4 Immer noch Neumann 1970; Holdenried 2000.
5 Die folgenden Seitenangaben der *Memoiren* beziehen sich auf die von Annegret Nippa besorgte Neuausgabe (Nippa 1989).

Diese von Salme aufgeworfene kritische Fragestellung berührte auch Grundfragen ihres persönlichen Lebens. War sie denn eine Araberin geblieben oder eine Europäerin geworden? Emeri Van Donzel, der 1993 ihre Schriften edierte[6], sieht Salme als eine Verlorene, die in einem Niemandsland existierten musste. Sie selbst scheint dem zuzustimmen, wenn sie resigniert in den *Memoiren* schreibt: „Ich verließ meine Heimat als vollkommene Araberin und als gute Mohammedanerin und was bin ich heute? Eine schlechte Christin und etwas mehr als eine halbe Deutsche" (Nippa 1989: 252). Allerdings ist dieser Satz in ihrem Arbeitsexemplar, in dem Salme nach 1888 offenbar eine Neuauflage ihrer *Memoiren* vorbereitete, gestrichen.[7] Es ist nicht bekannt, durch welche Formulierung sie ihn ersetzen wollte. Ihre Identität zwischen dem ‚Orient' und dem ‚Westen' klärte sie nie. Aber war sie deshalb eine Verlorene, eine Heimatlose? Ich möchte im Folgenden zeigen, dass es ihr im Gegenteil mit Hilfe ihrer *Memoiren* gelang, für sich selbst einen imaginierten ‚dritten Raum'[8] zu schaffen, von dem aus sie beide kulturelle Kontexte kritisch sichten konnte. Angesichts der damals festgeschriebenen bipolaren Zuschreibungen von ‚Orient' und ‚Okzident', die wenig Raum für Differenzierungen zu lassen schienen, war dies eine erhebliche Leistung.

Zunächst einige biografische Informationen: Salme, 1844 als Tochter des Sultans Sayyed Said und einer tscherkessischen Nebenfrau geboren, beschreibt sich selbst als ein ‚wildes' Mädchen, das Lesen und Schreiben lernte, Ausritte liebte und fechten konnte (Nippa 1989: 127). Nach dem Tod des Sultans als Zwölfjährige für volljährig erklärt, verwaltete sie nach eigener Aussage selbst ihr väterliches Erbe, welches unter anderem eine Gewürznelkenplantage einschloss. Später verwaltete sie auch das Erbe ihrer Mutter, drei weitere Plantagen. Darauf wurde sie in eine Palastrebellion involviert, nach deren Scheitern sie in ihrer Familie isoliert war.[9] Offenbar fasziniert vom westlichen Leben suchte sie Anschluss bei

---

6 Van Donzel 1993.
7 Van Donzel 1993: 32.
8 Der Begriff des *dritten Raums* zwischen unterschiedlichen Kulturen, in dem kreative Hybridität möglich ist, wurde zum ersten Mal von Homi Bhabha (2000 [1994]) beschrieben und hat seitdem die Diskussion um Interkulturalität entscheidend beeinflusst.
9 Zu den Vorstellungen, Haremsbewohnerinnen seien passiv und unterwürfig gewesen, siehe Mernissi 2000.

den auf der Insel lebenden Ausländern.[10] Sie begann die besagte Affäre mit dem Kaufmann Heinrich Ruete aus Hamburg, von dem sie schwanger wurde.[11] Darauf konvertierte sie zum Christentum, heiratete Ruete und lebte im großbürgerlich-hanseatischem Milieu Hamburgs. Nach dem frühen Unfalltod ihres Mannes 1870 war die gerade 26-jährige Salme mit drei Kindern auf sich allein gestellt.[12] Zeit ihres Lebens versuchte sie, ausstehende Erbansprüche an die sansibarische Sultansfamilie geltend zu machen.[13] Dass sie diese durch ihre Ehe und mehr noch durch ihren Übertritt zum Christentum nach muslimischem Recht unwiederbringlich verwirkt hatte, wollte sie nie akzeptieren.[14] Nach einer Odyssee durch verschiedene deutsche Städte ließ sie sich in Berlin nieder, wo sie zeitweilig Arabischunterricht gab. Wiederholt wandte sie sich sowohl an die sansibarischen Sultane Majid und Bargash als auch an die Reichsregierung und Kaiser Wilhelm II. selbst und bot sich als politische und kulturelle Vermittlerin an.[15] Als 1885 das Deutsche Reich vom Sultan den

---

10 Van Donzel 1993:11 f. Kontakte mit englischen Missionaren der UMCA ab 1866 sind belegt: „Steere's diary for 13.1.1866 notes that Bibi Salimi [sic] sent to the mission asking for a New Testament. Another entry for 17.4.1866 records Steere as giving Salam [sic] a copy of Agathos." (von Sicard 2000: 120). Dort wird auch von Kontakten Salmes und ihrer Halbschwester Choles mit einer Missionarin, Mrs. Toker, berichtet.

11 Van Donzel (1993: 18 f.) und Nippa (1989: 277) machen darauf aufmerksam, dass es auch in der arabischen Kultur ein Modell für Salmes Verhalten gab: Liebe als Besessenheit, als Krankheit, die zu Grenzüberschreitungen führt (Leila und Madschnun). Nippa (1989: 277) nimmt an, dass Salmes Lieblingsbruder Sultan Madjid das so verstand. So ließe sich seine sehr zurückhaltende Reaktion auf ihre Flucht erklären, während Sultan Bargash später auf dem unverzeihlichen Aspekt ihrer Flucht bestand: Sie war zum Christentum übergetreten.

12 Dramatisch von ihr selbst geschildert in den *Briefen* (Schneppen 1999: 57-90).

13 Es handelte sich um Ansprüche, die durch den Tod von Halbgeschwistern entstanden waren. Zur Höhe des Erbes siehe van Donzel (1993: 31).

14 Sultan Bargash nach Van Donzel (1993: 79): „She asks for her inheritance according to Muslim law. This law allows her nothing because she has abandoned her religion and has separated herself from us. And thus, according to Muslim law, she has no right whatsoever."

15 Briefe in Arabisch und Englisch bei Van Donzel (1993: 48-63). Salmes Brief an den Kaiser in englischer Übersetzung bei van Donzel (1993: 92-94). Van Donzels Kommentar: „The real reasons why nothing came of this letter, nor of any other of Frau Ruete's endeavours, were Muslim religious feelings on

Zugang zur ostafrikanischen Küste erzwingen wollte, war sie an Bord eines deutschen Kriegsschiffs vor Sansibar. Der Sultan erkannte unter dem Eindruck dieser Bedrohung die Ansprüche des Deutschen Reichs sofort an und Berlin war nicht mehr an Salme interessiert.[16] 1888 unternahm Salme eine zweite Reise nach Sansibar. Es gelang ihr aber nie, Kontakt zum Sultan herzustellen.[17] Danach lebte sie mehr als zwanzig Jahre in Jaffa und Beirut.[18] Zu Beginn des Ersten Weltkriegs holten ihre inzwischen verheirateten Töchter die alt gewordene Mutter zu sich nach Deutschland.

Mit der Niederschrift der *Memoiren einer arabischen Prinzessin* muss Salme etwa 1875 begonnen haben, bevor sie das Buch dann 1886 veröffentlichte.[19] Zu dieser Zeit herrschte nicht nur in England und Frank-

---

the one hand, and German East African politics on the other" (Van Donzel 1993: 94).

16 Der Vorschlag, auf einem deutschen Kriegsschiff nach Sansibar zu fahren, soll ursprünglich von ihr selbst stammen „[...] falsch wurde ihre Idee interpretiert, mit einem deutschen Geschwader in Zanzibar zu landen. Ihr ging es nämlich darum, nicht als Bettlerin zuhause anzukommen, sondern als Bittstellerin, deren Auftreten zeigt, dass man sich ihrer nicht zu schämen braucht" (Nippa 1989: 279). Bismarck: „Frau Ruete ist für uns lediglich ein Anlass zu Forderungen dem Sultan gegenüber [...]. Für ihr Schicksal und ihre beaux yeux können wir die Reichsinteressen nicht einsetzen. Nötigt uns der Sultan durch sein sonstiges Verhalten zu militärischer Gewalt, so ist die deutsche Bürgerin Ruete mit ihren Rechten ein nützliches Argument für uns, um Gewalt zu rechtfertigen" (Nippa 1989: 284). In der historiografischen Literatur ist diese Episode häufig dargestellt worden, etwa in Waldschmidt 2005.

17 Die zweite Sansibar-Reise endete katastrophal für Salme. Von allen Seiten, von dem Sultan, der deutschen Gemeinde und den englischen Diplomaten wurde ihr bedeutet, dass ihre Anwesenheit unerwünscht war (Van Donzel 1993: 81-88).

18 Bei Van Donzel (1993: 526) ein kurzer Text Salmes in englischer Übersetzung *Syrian Customs and Usages*, der vermuten läßt, das Salme sich nach dem Erfolg ihrer *Memoiren* womöglich als Reiseschriftstellerin betätigen wollte.

19 Zur Editions- und Übersetzungsgeschichte siehe van Donzel (1993: 6-8). Dort auch zu den zahlreichen zeitgenössischen Rezensionen. 1988 gab es bereits zwei englische Übersetzungen, eine in London (Ward & Downey), eine in NY (Appelton). Eine französische Übersetzung erschien 1905, eine dritte, englische Übersetzung 1907 in New York. Salme muss sich immer wieder mit dem Text beschäftigt haben, sie machte Randnotizen und der englischen Überset-

reich, sondern auch im Deutschen Reich eine ‚Orientmode', die den ‚Orient' in Literatur, Architektur, Interieurs und Kleidung zur Projektionsfläche romantischer Sehnsüchte und schwüler Phantasien machte. Politisch begann mit der Reichsgründung gewissermaßen auch eine „Deutsche Gründerzeit des Orients" (Schöllgen 2000), die sich auch in einem wachsenden Interesse in der Öffentlichkeit niederschlug. Reiseberichte aus dem ‚Orient', gerne auch von reisenden Damen, waren sozusagen publizistische Selbstläufer. Von dieser Orientwelle profitierte offenbar auch Salmes Veröffentlichung.[20] Salme sah dieses Genre allerdings selbst mit Skepsis.

> Der Orient ist eben trotz der erleichternden Verbindungen noch viel zu sehr das alte Fabelland, und über ihn darf man ungestraft erzählen, was man will […].Wenn ein Buch nur amüsant und interessant geschrieben ist, so wird es sicher mehr gelesen, als wahrheitsliebendere, die weniger Pikantes bieten, und beherrscht dann das Urteil der großen Menge (Nippa 1989: 131).

Mehr noch als Klischees, märchenhafte Ausschmückungen und halbrichtige Informationen störte sie das, was heute mit dem *kolonialen Blick* bezeichnet wird. Kritisch benennt Salme „Stolz und Geringschätzung", mit denen die „Nordländer" auf ihre „Antipoden" herabblickten (Nippa 1989: 48). Sie wollte eine andere Sichtweise darlegen.

---

zung scheint ein anderer als der veröffentlichte deutsche Text zugrunde zu liegen.
20 Siehe Schlieker 2003 und Lewis 2006. Der Herausgeber der englischsprachigen Ausgabe von 1980, G. S. P Freeman-Grenville, beschreibt Salmes Text noch als „unique in the literature of the Arabs": „Salme was the first Arab woman to write an autobiography, even if she wrote it in German. […] no other Arab princess had ever given an account of her youth, or the court where she was brought up […]. In our times the emancipation of women is commonplace. In nineteenth century Europe it was a rarity. Among Muslims it was all but unthinkable. In her emancipation she was ahead of her time" (http://www.al-bab.com/bys/articles/shipman00.htm). Dagegen führt schon Van Donzel (1993: 7) etliche Gegenbeispiele an, und Reynolds (2001: 249) bemerkt: „Long before the genre had taken hold in European literatures in its modern, most recent form, the idea of writing an account or an interpretation of one's life was an accepted intellectual endeavor in Arabo-Islamic culture." Ähnlich Lewis 2004.

Ich will kein gelehrtes Buch schreiben, sondern nur versuchen, dem europäischen Leser für die wichtigsten Anschauungen und Sitten des Orients ein richtigeres Verständnis zu ermöglichen (Nippa 1989: 131).

So präsentieren sich die *Memoiren einer arabischen Prinzessin* gewissermaßen auch als eine frühe postkoloniale (oder besser: anti-koloniale) Kritik.
Der Termin der Veröffentlichung des Buches legt die Vermutung nahe, Salme habe auch ganz konkret in die damals aktuelle kolonialpolitische Diskussion eingreifen wollen, in deren Zentrum die Insel Sansibar – geographische Schnittstelle zwischen dem ‚Orient' und ‚Afrika' – stand. In Deutschland wandelte sich ab Mitte der 1880er Jahre die vorherrschende Gleichgültigkeit bis Skepsis gegenüber dem Erwerb deutscher Kolonien in Afrika in eine wachsende Kolonialbegeisterung auch außerhalb der entsprechenden Zirkel. Die ostafrikanischen ‚Erwerbungen' Carl Peters wurden 1884 durch einen kaiserlichen Schutzbrief garantiert. Sansibar, die vorgelagerte Insel, war schon seit Anfang des 19. Jahrhunderts ein Knotenpunkt des Handelsraums im Indischen Ozean gewesen. Hier endeten die großen Karawanen aus dem Inland, hier war der wichtigste Stützpunkt und Umschlaghafen für den Indienhandel. Alle großen Handelsnationen besaßen hier Vertretungen. Nun sah sich die Insel aufgrund ihrer geografischen Lage in einer Schlüsselposition für die koloniale Erschließung des Festlandes. Alle großen Expeditionen in das noch weitgehend unerschlossene Inland starteten von hier. Im Deutschen Reich erschienen mehrere Bücher über Sansibar innerhalb kürzester Zeit.[21] Spannungen an der Küste verwiesen bereits auf den so genannten ‚Araberaufstand', der ab 1889 zum ersten kolonialen Krieg des Deutschen Reiches führte. Salme nimmt auf diese Spannungen indirekt Bezug, wenn sie die ostafrikanischen Araber gegen den Vorwurf des religiösen Fanatismus verteidigt.

Nein, nicht Religionshass ist es, vielmehr der Trieb der Selbsterhaltung, der sich bei ihnen [meinen Landsleuten] um so schärfer geltend macht, je mehr sie in ihrem wichtigsten Lebensinteressen von rücksichtslosen, nicht orientierten und oft unwürdigen Vertretern der Zivilisation und des Christentums bedroht werden (Nippa 1989: 197).

---

21 Neben dem bereits erwähnten Buch von Kersten 1869 auch z.B. Schmidt 1888 und v. Bülow 1889.

Mit letzteren, den „unwürdigen Vertretern der Zivilisation und des Christentums", kann niemand anders als Carl Peters selbst und Konsorten gemeint sein, die in dem neuen Schutzgebiet eine Willkürherrschaft ausübten, die selbst in kolonialen Kreisen umstritten war.[22]

Salme wägt in ihren *Memoiren* vergleichend deutsche und orientalische Sitten und Gebräuche ab, und immer wieder spricht sie den Europäern das Recht ab, ihre so genannt ‚höhere Zivilisation' anderen Völkern mit Gewalt aufzuzwingen. Gerade im Islam sieht sie ein kulturelles Element, das in vieler Hinsicht mit westlicher Lebensweise nicht zu vereinbaren ist.

> Bei andersgläubigen Völkern, welche selbst nach europäischer Bildung Verlagen tragen, wie bei den Japanern, liegt die Sache anders; mögen sie sich hineinfinden, so gut sie vermögen. Dem Muhamedaner aber treten in der europäischen Bildung unendlich viele Elemente entgegen, die mit seiner strengen religiösen Anschauung absolut unvereinbar sind. [...] Zivilisation lässt sich eben nicht mit Gewalt erzwingen, und man sollte billig auch anderen Völkern das Recht zugestehen, frei und ungehindert ihre nationalen Ansichten und Einrichtungen, wie sie sich im Laufe der Jahrhunderte doch sicher nicht ohne den Einfluss gereifter Erfahrungen und praktischer Lebensweisheit herausgebildet haben, weiter kultivieren zu dürfen (Nippa 1989: 75 f.).

Ob das zeitgenössische Lesepublikum Salmes europakritische Dimensionen allerdings überhaupt zur Kenntnis nahm, ist eine andere Frage. Rezensionen lassen das kaum vermuten. Wenn Adolphe Burdo ihr Buch im *Figaro* als „une idylle de sérail à Zanzibar" bezeichnet, kann das kaum den explizit geäußerten Intentionen der Autorin entsprochen haben.[23]

Der Text der *Memoiren* selbst zerfällt in mehrere Teile, die nicht eindeutig voneinander getrennt sind. Vier Ebenen lassen sich unterscheiden:

Die erste Ebene enthält die Beschreibungen verschiedener Institutionen und des Alltaglebens auf Sansibar, meist im Vergleich zu entsprechenden deutschen Institutionen. Detailreich werden Mahlzeiten, Kleidung, Interieurs, Architektur der Häuser, sozialer Verkehr der Frauen und der Männer, die Stellung der Frau, Hochzeiten, Schule und Kinderpflege, medizinische Versorgung, Sklavenhaltung, Ramadan und Opferfest etc.

---

22 Perras (2004: 205-230). Peters wurde 1897 nach einem Disziplinarverfahren unehrenhaft aus dem Reichsdienst entlassen.
23 Adolphe Burdo in *Le Figaro* vom 21.8.1886: „Autour du monde. Une idylle de sérail à Zanzibar". (cf. Van Donzel 1993: 7).

behandelt, ohne dass immer ein Bezug zum erzählenden Ich ersichtlich ist.[24] Diese Beschreibungen machen den größten Teil des Buches aus. Eingewoben sind Informationen über Salmes Leben auf Sansibar und dessen Wendepunkte.

Die zweite Ebene besteht aus in kurzen, in sich geschlossenen biografischen Vignetten bestehenden Charakterisierungen von Frauen und Männer aus Salmes damaligem Umfeld.

Die dritte Ebene enthält in sich abgeschlossene dramatische Abenteuergeschichten. So beispielsweise den Tod des Vaters auf dem Rückweg von Oman und die missglückte Intrige gegen Sultan Majid, an der Salme beteiligt war. Nicht dramatisch geschildert wird allerdings ihre eigene Fluchtgeschichte. Die gesamte Affäre mit Ruete – das eigentliche Skandalon – und Salmes weiteres Leben in Deutschland sind auf etwa drei Seiten in dürren, nüchternen Worten zusammengefasst.

Die vierte Ebene bildet das Vorbringen ihres eigenen Anliegens, nämlich das der Rehabilitierung durch den Sultan und die Anerkennung ihrer Erbansprüche. Als letzte Kapitel an die *Memoiren* angehängt, wirken diese Teile unverbunden mit dem übrigen Text und müssen Lesern, die mit Salmes Lebensgeschichte nicht vertraut sind, unmotiviert erscheinen.

Auch wenn Salme gelegentlich offensichtliche Zugeständnisse an orientalistische Leseerwartungen des deutschen Publikums macht, etwa wenn sie sich von dem „bunten Treiben" in *Beit il Sahel* an „das Marktgewoge in der Operette ‚Der Bettelstudent'" erinnert fühlt oder Feste und Gesellschaften beschreibt als „ein Bild, […] ganz entsprechend den märchenhaften Schilderungen in ‚Tausend und Eine Nacht'" (Nippa 1989: 180), bleiben solche Passagen oberflächlich und beeinflussen nicht die Grundstruktur des Textes.

Ein subjektives Element ist im Text der *Memoiren* durchaus vorhanden, aber eine persönliche Konfession als Kern der *Memoiren* zu sehen, sie insgesamt als „Selbstanalyse und Therapie einer leidvollen Fremdheit" (Nippa 1989: 280) zu interpretieren, wie es bei Annegret Nippa heisst, hieße, den Text an einem westlichen Genre, dem der Autobiografie, zu messen. Deren Anforderungen, einen zwar nicht widerspruchslo-

---

24 Wahrscheinlich sind solche Passagen gemeint, wenn Vize-Admiral Karl-August Deinhardt in seiner Rezension die *Memoiren* als „weitschweifig" bezeichnet (in: *Kunst, Wissenschaft und Leben* [Köln], 15.6.1886. [van Donzel 1993: 6]).

sen, aber letztlich linearen Bildungsprozess eines ‚inneren Selbst' zu beschreiben, erfüllt Salmes Text nicht bewußt. Hier scheint der Begriff des *Selbstzeugnisses* geeigneter (von Krusenstjern 1994). Weniger als ‚Individualität' im westlichen Sinne[25] denn als ‚Person' (cf. Jancke & Ulbrich 2005: 8), die erst in der Repräsentation gegenüber anderen Mitgliedern einer Gesellschaft eigentlich ihre Konturen erhält, ist Salme in ihren *Memoiren* präsent. Bruchstücke einer nur rudimentären Chronologie werden durch allgemeine Kommentare und Reflektionen ergänzt.

Salme schreibt in einem Raum zwischen den Kulturen (cf. Bähr & Burschel & Jancke 2007). Mit der Ortsbezeichnung „hier", die sie häufig unkommentiert benutzt,[26] bezieht sie sich immer auf Europa, während das Pronomen *wir* sich immer auf die Sultansfamilie bezieht – die sich ja aber nicht ‚hier' befindet, sondern ‚dort'. Zwischen dem geografischen Bezugsraum und dem sozialen Bezugsraum besteht eine Kluft – deutlicher lässt sich ihre Ortlosigkeit nicht artikulieren.

Die Beschreibung ihrer Lebensstationen folgt keinem zeitlichen Prinzip. Das textkonstituierende Prinzip ihres Textes sind vielmehr Orte, genauer gesagt, die Orte ihres Lebens. Statt einer chronologischen Lebenslinie zeichnet sie eine Landkarte ihrer sozialen Beziehungen, an deren Knotenpunkten sich die ‚Häuser' (‚Beit') befinden, in denen sie wohnte. Die biografischen Vignetten[27] fügen sich erklärend in diese ‚Soziogramme'. Es sind diese Orte, die die vier Ebenen ihres Textes zusammenhalten und ihm Struktur geben.

Alle diese Häuser, die oft fast „tausend Köpfe" (Nippa 1989: 10) beherbergen mit „zahllosen [...] Gängen und Korridoren" (Nippa 1989: 7), „zahlreichen Treppen, ungezählt[en] Zimmern" (Nippa 1989: 8-9) bilden einen streng hierarchisch gegliederten sozialen Kosmos. Sie sind jeweils abgeschlossene Welten für sich, reich ausgestattet mit kostbaren Interieurs, Innenhöfen, Bädern und Gärten, und vor allem mit komplexen

---

25 Ohnehin ist zu fragen, ob das Konzept einer spezifisch und ausschließlich nur okzidentalen Individualisierung überhaupt grundlegend zu halten ist, wenn man nicht nur von einem westlichen, sondern von einer Vielzahl von unterschiedlichen, aber miteinander verwobenen Modernisierungsprozessen in unterschiedlichen Gesellschaften ausgeht. So Randeria 2000 nach Jancke & Ulbrich (2005: 9).
26 „Alles wie hier!" (Nippa 1989: 149).
27 Möglicherweise ein Rückgriff auf ein arabisches Genre (*tarjama*) (cf. Reynolds 2001: 42 f.).

Beziehungen zwischen den dort lebenden Menschen – Frauen und Männern der Sultansfamilie, Eunuchen und Sklaven ,– die ausführlich geschildert werden. Das Gebiet zwischen den einzelnen Häusern ist dagegen ein Niemandsland, dem keinerlei Aufmerksamkeit geschenkt wird; und fern, auf der anderen Seite des Meeres, liegt der Ort der Herkunft, Oman.

An keiner Stelle des Textes gibt es, wie bei europäischen Sansibar-Besucherinnen wie Frieda von Bülow, panoramaartige Beschreibungen von weiten Landschaften (cf. Hammerstein 2010), allenfalls einen Ausblick aufs Meer. Das Verlassen eines Hauses, auch wenn es nur ein kurzer Ausflug ist, bedeutet immer ein großangelegtes Ereignis mit aufwendigen Ritualen.[28] Ein Ortswechsel steht jeweils für einen neuen Lebensabschnitt und führt zu einem mehr oder weniger radikalen Bruch mit dem bisherigen geographischen und sozialen Umfeld. Wie ‚Container' enthalten die einzelnen Orte Räume für Reflektionen und Vergleiche zwischen ‚Orient' und ‚Okzident', sei es die Koranschule in Beit il Watoro, an deren – durchaus kritischer – Beschreibung sich eine Kritik des deutschen Schulwesens anschließt, oder die Nelkenplantage ‚Kisimbani', die zu Reflektionen über Sklavenhaltung und Sklavenarbeit sowie über die britische Antisklavereipolitik Anlass gibt und zu Überlegungen zur miserablen Lage der Arbeiterklasse in Europa überleitet. Ein ganzes Kapitel ist Krankheiten, Besessenheit und Aberglauben auf der Insel gewidmet und schliesst mit dem Vorschlag, in Europa ausgebildete Ärztinnen in den ‚Orient' zu schicken – Jahrzehnte bevor es den ersten Frauen in Deutschland möglich war, Medizin zu studieren! (Nippa 1989: 192)

Solche engagierten, kritisch abwägenden Beschreibungen – durchaus nicht immer zugunsten der ‚orientalischen' Lebensweise – erfolgen aus einer distanzierten Perspektive, von einem Raum her, in dem eine imaginierte hybride Gesellschaft existiert, die durch die Vorteile, nicht aber durch die Nachteile von ‚Orient' und ‚Okzident' verbunden ist – eine

---

28 Diese Raumerfahrung mag den Erfahrungen einer im Harem lebenden Sultanstochter entsprechen und wird von Salme auch so reflektiert. Sie ist sich bewusst, wie sehr sie von den Haremstraditionen geprägt ist, als sie schildert, dass sie sich später mit der Besatzung des deutschen Kriegsschiffs – also in Begleitung von Männern – frei und unverschleiert in den Straßen von Sansibar Stone Town bewegt (Nippa 1989: 253). Mit diesem Spaziergang demonstriert sie, äußerlich jedenfalls, dass sie „hier" (in Europa) angekommen ist und im „Dort" (auf Sansibar) keinen Ort mehr hat.

utopische Verschmelzung von ‚hier' und ‚dort' und damit ein imaginierter ‚dritter Raum'. Mit den *Memoiren einer arabischen Prinzessin* konstruierte Salme sich ihren eigenen fiktiven Raum zwischen den realen Räumen, die keine Aufenthaltsoption mehr für sie boten. Dieser Raum bot ihr die Möglichkeit, gewissermaßen aus dem ‚Off' die beiden Gesellschaften zu kommentieren, die ihr – jede für sich – ein Leben als integriertes Mitglied verweigerten.

Die *Memoiren* enden mit einem Gedicht, das in einem eigenständigen Diskurs die Empfindungen der Autorin zusammenfasst (cf. Nippa 1989: 266). Als ein „arabischer Abschiedsbrief" beschreibt es die Gefühle einer Freundin, die von Salme in Sansibar zurückgelassen wurde. Es steht für die Sehnsucht der Insel Sansibar selbst nach der verlorenen Tochter und verweist verschlüsselt auf eine andere – fünfte – Ebene von Salmes Text, den sie von den anderen abtrennt und nie veröffentlicht.

Nach Salmes Tod fand sich in ihrem Nachlass ein weiterer umfangreicher Text, ebenfalls abgefasst in deutscher Sprache, mit dem Titel *Briefe nach der Heimat*.[29] Dieser Text blieb Zeit ihres Lebens und noch lange nach ihrem Tod privat und erschien erst 1993 in englischer Übersetzung (Van Donzel 1993), erst 1999 dann auch in Deutsch (Schneppen 1999). Ohne die *Briefe* bleiben die *Memoiren* allerdings unvollständig; die einen sind das komplementäre Gegenstück der anderen[30]. Thema ist hier, was in den *Memoiren* fehlt: Die *Briefe* beschreiben Salmes Leben nach dem Verlassen Sansibars als eine Kette von traumatischen Erfahrungen. In fiktiven *Briefen* an eine nicht identifizierte Freundin auf Sansibar schildert Salme ihre Existenz in Deutschland bis gegen Mitte der

---

29 In den *Memoiren* werden diese *Briefe* bereits erwähnt: „Ich gewöhnte mich bald in die fremdartigen Verhältnisse ein und lernte mit Eifer alles, was für mein neues Leben nötig war. Mein unvergesslicher Gatte verfolgte mit lebhaftem Interesse die verschiedenen Stufen meiner Entwicklung, und ganz besondere Freude bereite ihm stets, die ersten Eindrücke zu beobachten, welche das europäische Leben und die Gebräuche der zivilisierten Welt auf mich machten; ich habe dieselben in pietätvoller Erinnerung aufgezeichnet und nehme vielleicht später Gelegenheit, auch hiervon zu berichten" (Nippa 1989: 237).

30 Schneppen (1999: 162 f.): „Wenn sie in ihren Memoiren" über Sansibar schreibt, denkt sie an Deutschland. Schreibt sie in ihren „Briefen" über Deutschland, ist Sansibar der Bezug. Beide Texte leben vom Vergleich. Beide gehören zusammen."

1880er Jahre – also zur Zeit der Abfassung der *Memoiren*.[31] „Ihr" heißt es nun, wenn Salme sich auf die Sultansfamilie bezieht, nicht mehr, wie in den *Memoiren*, „wir". Das „ihr" befindet sich in einem vagen, niemals näher bezeichneten „dort", und aus dem „wir" ist ein „ich" geworden. Die „Freundin", die immer wieder angesprochen wird, ist der in Sansibar zurückgelassene, von ihr schmerzhaft abgeschnittene Teil ihrer eigenen Person. Aus allen sozialen Bezügen gefallen, kommuniziert Salme hier nur noch mit sich selbst. Die Einsamkeit drängt sie in einen Raum, den man sich als Privatheit, ja Innerlichkeit vorstellen muss: aus der ‚Person' wird ein ‚Individuum', das auf sich selbst zurückgeworfen ist und alle Ansprache, alle Bewertungen, allen Trost aus sich selbst holen muss.

In Hamburg findet sich Salme in einem neuen ‚Raum' wieder – eigentlich in einem ‚Un-Raum', gekennzeichnet von Angst und Einengung. Hamburg, das Deutsche Reich überhaupt, sind verstellt, es bleibt nicht die geringste Möglichkeit für die Entfaltung einer anderen, von einer gutbürgerlich-hanseatischen Existenz abweichenden Lebensweise. Die Angst zu ersticken, nicht mehr zu existieren, manifestiert sich in der Beschreibung des neuen ‚Ortes' ihres Lebens, des Hauses in Uhlenhorst, Schöne Aussicht 29, das Salme mit ihrem Mann bewohnte. Im krassen Gegenbild zu den luftigen Räumen der Häuser auf Sansibar ist es eine dunkle Höhle, die keinerlei sozialen Kosmos beherbergt. Niedrige Stuben sind mit nützlichen und unnützen Möbeln unnötig vollgestellt. Dicke Gardinen sperren das graue Tageslicht aus, unbequeme Stühle zwingen zum steifen Sitzen, Korsett und Krinoline engen den Körper ein „wie in einem Schraubstock" (Schneppen 1999: 22). In der Küche wird mit einer Unmasse von Hausrat und Geräten hantiert, das Bad ist unsauber, da es kein fließendes Wasser gibt. In den Zimmern steht die verbrauchte schlechte Luft, Türen und Fenster sind geschlossen. Nachts erstickt sie fast unter dem Gebirge eines riesigen Federbettes. Salme breitet ihre arabische Kleidung und den Schmuck auf der Bettdecke aus und streicht über die kostbaren Stoffe. Stundenlang betrachtet sie die Schildkröte, die in der Badewanne gehalten wird, bis sie für ein Dinner zu Suppe verkocht wird. Als ihr Mann ihr einmal einen Granatapfel mitbringt, bricht

---

31 Über die genaue Zeit der Abfassung ist nichts bekannt, sie wird sich jedoch zumindest teilweise mit der Zeit der Abfassung der *Memoiren* überschnitten haben. Im Text entschuldigt sich Salme für das verspätete Aufschreiben, da sie sich „fast fürchtete, noch einmal in Einzelheiten im Geiste alles durchzumachen." (Schneppen 1999: 9).

sie in Tränen aus. Nur wenige Sitten und Gebräuche in Deutschland empfindet Salme nicht als angsteinflößend, unverständlich oder abstoßend. Den Höhepunkt erreicht ihre Verlassenheit mit dem tödlichen Unfall ihres Mannes. Die Schilderung ihrer Depressionen füllt mehrere Kapitel. Sie lassen sie bis zu ihrem Tod nicht mehr los.

Hans Christoph Buch, der eine fiktionalisierte ‚Emily' in seinen 2008 erschienenen, burlesken Roman *Sansibar Blues. Oder wie ich Livingstone fand* als eine seiner drei Erzählfiguren einbaut, benennt dort anhand von drei Fotos, die Salme in unterschiedlichen Lebensphasen zeigen, die drei Dimensionen ihres Lebens:

- Die orientalistische Märchenfigur, die sie in der öffentlichen Wahrnehmung weitgehend blieb, aufgenommen von einem Hamburger Fotografen 1866,
- die private Emily, in das Korsett der westliche Kultur Gezwängte, auf einem Foto von 1868,
- und die älter gewordene, wache, kritische Beobachterin, die Grenzgängerin, die sich ihren kritischen Bick nicht nehmen ließ, auf einem Foto von 1915 (Buch 2008: 43 f.).

Dies sind auch die drei Dimensionen ihres Schreibens. Nur im Schreiben konnte Salme ihre auseinanderdriftenden Lebensräume zusammenbringen in einem fiktionalen ‚dritten Raum', und auch dann nur, indem sie eine Dimension, die des persönlichen Leidens, abschnitt und getrennt thematisierte. Es zeugt von der großen Stärke, die in Salmes eigenständiger Persönlichkeit und ihrer Kritikfähigkeit lagen, dass sie sich diesen ‚dritten Raum' zwischen sich abgrenzenden Kulturen erkämpfte.[32] Er hatte nur einen Preis: Es war sehr einsam dort.

---

32 Die emanzipatorische und kulturüberbrückende Leistung Emilys / Salmes, die in ihren *Memoiren* zum Ausdruck kommt, wurde erst in den 1980er Jahren neu entdeckt, eher im englischsprachigen und arabischen Raum als in Deutschland. 1981 erschien ein Neudruck in London, 1985 – unter Auslassung einiger Kapitel – auch eine Übersetzung ins Arabische (Van Donzel 1993: 1 ff.). Die 1989 in Deutschland erschienene Neuausgabe wurde damals eher als Kuriosität gesehen (cf. Mayer-List 1989). Dagegen gibt es in Sansibars Palastmuseum einen „Prinzessin Salme-Raum" und an der „London School of Oriental and African Studies" gründete der Sansibari- und Swahili-Lektor Said el Geithy 1994 das „Princess Salme Institute". Er kuratierte eine Ausstellung *Behind the Veil. The Life and Writings of Sayyida Salme, A Pioneering Writer and Teacher*, die nicht nur in London und Sansibar, sondern

Literatur

Bähr, Andreas & Peter Burschel & Gabriele Jancke (eds.) 2007: *Räume des Selbst. Selbstzeugnisforschung transkulturell*, Köln: Böhlau
Bhabha, Homi 2000 (engl. 1994): *Die Verortung der Kultur*, Tübingen: Stauffenberg
Berman, Nina 1996: *Orientalismus, Kolonialismus und Moderne. Zum Bild des Orients in der deutschsprachigen Kultur um 1900*, Stuttgart: Metzler
Buch, Hans Christoph 2008: *Sansibar Blues oder Wie ich Livingstone fand*, Frankfurt/M: Eichborn
Bülow, Frieda von 1889: *Reiseskizzen und Tagebuchblätter aus Ostafrika*, Berlin: Walther & Apolant
Burdo, Adolphe 1886: „Autour du monde. Une idylle de sérail à Zanzibar", in: *Le Figaro* vom 21.8.1886
Donzel, Emeri van (ed.) 1993: *An Arabian Princess between two Worlds. Memoirs, Letters Home, Sequels to the Memoirs, Syrian Customs and Usages*, ed. Sayyida Salme & Emily Ruete, Leiden: Brill Academic Publications
Hammerstein, Katharina von 2010: „,[...] diese orientalische Märchenwelt vor meinen Augen [...].' Visualität und koloniale Konstruktion in Frieda von Bülows Reiseberichten aus Deutsch-Ostafrika", in: *Acta Germanica* 38 (2010): 40-64
Heyden, Ulrich van der & Joachim Zeller (eds.) 2007: *Kolonialismus hierzulande. Eine Spurensuche in Deutschland*, Erfurt: Sutton

---

auch in verschiedenen arabischen Ländern, darunter Oman, gezeigt wurde und den Vorbildcharakter Salmes als selbstbewusste und selbstbestimmte arabische Frau betonte (http://www.soas.ac.uk/gallery/salme/). In Deutschland ist eine solche Rezeption noch neu, auch wenn die oben erwähnte Ausstellung 2009 auf der „Sansibar-Woche" in Hamburg gezeigt wurde (http://www.hamburg.de/nachrichten/1167652/sansibar-woche.html) und die Filmemacherin Tink Diaz 2007 einen vielbeachteten Dokumentarfilm über das Leben der sansibarischen Prinzessin drehte, der sie als „Grenzgängerin und Kulturbotschafterin" zeigte, als „eine, die sich nicht einordnen lässt" http://www.zenithonline.de/kultur/film/?article=747&cHash=40f34f509e. Der Tourismus auf Sansibar allerdings profitiert vom orientalistischen Flair der berühmten Prinzessin (http://de.hostelbookers.com/hotels/tansania/sansi bar/25321/), und auch der jüngste deutsche Prinzessin-Salme-Roman (Vosseler 2010) lebt von einem noch ganz ungebrochenen Orientalismus.

Heyden, Ulrich van der & Jürgen Becker (eds.) 2000: *Mission und Gewalt. Der Umgang christlicher Missionen mit Gewalt und die Ausbreitung des Christentums in Afrika und Asien in der Zeit von 1792-1918/19*, Stuttgart: Steiner

Holdenried, Michaela 2000: *Autobiografie*, Stuttgart: Reclam

Jancke, Gabriele & Claudia Ulbrich 2005: *Vom Individuum zur Person. Neue Aspekte im Spannungsfeld von Autobiographietheorie und Selbstzeugnisforschung* (= Querelles – Jahrbuch für Frauen- und Geschlechterforschung 10), Göttingen: Wallstein

Kersten, Otto 1869: *Baron Carl Claus von Deckens Reisen in Ostafrika in den Jahren 1859-1861,* Leipzig: Winter

Krusenstjern, Benigna von 1994: „Was sind Selbstzeugnisse?", in: *Historische Anthropologie* 2 (1994): 462-471

Lewis, Reina 2006: *Gender, Modernity, and Liberty. Middle East and Western Women's Writigs. A Critical Sourcebook*, London: Tauris

Lewis, Reina 2004: *Rethinking Orientalism: Women, Travel and the Ottoman Harem*, London: Tauris

Mayer-List, Irene 1989: „Mit 75 Nebenfrauen. Aber rechtlos waren die Haremsdamen des Sultans keineswegs", in: *DIE ZEIT*, im Internet unter http://www.zeit.de/1989/45/mit-75-nebenfrauen [11.11.2011]

Mernissi, Fatima 2000: *Harem. Westliche Phantasien, östliche Wirklichkeit*, Freiburg: Herder

Neumann, Bernd 1970: *Identität und Rollenzwang, Zur Theorie der Autobiografie*, Frankfurt/M.: Athenäum

Nippa, Annegret (ed.) 1989: *Emily Ruete, geb. Prinzessin Salme von Oman, Leben im Sultanspalast*, Frankfurt/M: Athenäum

Perras, Arne 2004: *Carl Peters and German Imperialism. A Political Biography*, Oxford: Clarendon

Polaschegg, Andrea 2005: *Der andere Orientalismus. Regeln deutschmorgenländischer Imaginationen im 19. Jahrhundert*, Berlin: de Gruyter

Randeria, Shalini 2000: „Geteilte Geschichte und verwobene Moderne", in: Rüsen & Leitgeb & Jegelka (eds.) 2000: 87-96

Reynolds, Dwight F. (ed.) 2001: *Interpreting the Self, Autobiography in the Arabic Literary Tradition,* Berkeley / Los Angeles: University of California Press

Ruete, Emily 1886: *Memoiren einer arabischen Prinzessin*, Berlin: Luckhardt

Rüsen, Jörn & Hanna Leitgeb & Norbert Jegelka (eds.): *Zukunftsentwürfe. Ideen für eine Kultur der Veränderung*, Frankfurt am Main / New York: Campus

Said, Edward 1979: *Orientalismus,* Frankfurt/M.: Fischer

Schlieker, Kerstin 2003: *Frauenreisen in den Orient zu Beginn des 20. Jahrhunderts*, Berlin: Wiku

Schmidt, Karl Wilhelm 1888: *Sansibar, Ein ostafrikanisches Culturbild*, Leipzig: Brockhaus

Schneppen, Heinz 2007: „Jena: Emily Ruete, eine Prinzessin aus Sansibar", in: Heyden & Zeller (eds.) 2007: 422-426

Schneppen, Heinz (ed.) 1999: *Emily Ruete, geb. Prinzessin Salme von Oman und Sansibar, Briefe nach der Heimat*, Berlin / Bodenheim bei Mainz: Philo

Schöllgen, Gregor 2000: *Imperialismus und Gleichgewicht, Deutschland, England und die orientalische Frage 1871-1914*, München: Oldenbourg

Sicard, Sigvard von 2000: „Missionary Attitudes and Approaches to Muslim Zanzibar 1864-1890", in: Heyden & Becker (eds.) 2000: 113-138

Vosseler, Nicole C. 2010: *Sterne über Sansibar*, Köln: Lübbe

Waldschmidt, Julius 2005: *Kaiser, Kanzler und Prinzessin. Ein Frauenschicksal zwischen Orient und Okzident*, Berlin: trafo

Aspekte der Rezeption von Zaimoglus Werk im Kontext des türkischen Sprachraums[1]

Mahmut Karakuş (Istanbul)

Abstract

The intercultural literature writing in Germany has been discussed since its first publication in different forms. The universities have shown interest on said literature. The scientists discussed role of the intercultural literature on different congresses. After the long discussion in Germany on this intercultural literature, scientists in other countries showed their concern for the above-mentioned literature. In this paper, the controversial views on the intercultural literature in Turkey will be examined. The paper will confine to the reception of Zaimoglu's work in Turkish literary criticism as well as in mass media. The question is how Zaimoglu's work is received in Turkey and which aspects of his work stand out.

Seit den ersten Veröffentlichungen der deutsch-türkischen Literatur stand die betreffende Literatur in Deutschland auf unterschiedlichen Ebenen im Zentrum des Interesses. Die Rezeption erstreckt sich von der einfachen Lektüre durch die Leserschaft bis hin zu den wissenschaftlichen Auseinandersetzungen sowohl in den Seminaren als auch in den Publikationsorganen und auf den Kongressen. Rezeption in dem genannten Sinne meint „die Aufnahme (Reproduktion, Adaption, Assimilation, kritische Beurteilung) eines belletristischen Produkts oder die seiner Elemente mit oder ohne Einbettung in weitere Zusammenhänge" (Grimm 1977: 22). Parallel zu der Beschäftigung mit der deutsch-türkischen Literatur in Deutschland setzt eine Auseinandersetzung mit dem betreffenden Phänomen auch in der Türkei ein, auch wenn die Ausmaße der erwähnten Hinwendung zu der genannten Literatur nicht die gleichen sind wie die in Deutschland.

---

1 Dieser Beitrag ist im Rahmen des internationalen TÜBITAK-Projekts *Türkisch-Deutsche Kulturbeziehungen und Kulturtransfer* mit der Nummer 108K375 entstanden. Bu bildiri 108K375 numarali ve *Türk Alman Kültür Iliskileri ve Kültür Aktarimi* baslikli uluslararasi TÜBITAK projesi cercevesinde olusmustur.

Dieser Sachverhalt betrifft auch die Werke eines der renommiertesten deutsch-türkischen Autoren, nämlich die von Feridun Zaimoglu. Die Auseinandersetzung mit der deutsch-türkischen Literatur in der Türkei hat schon relativ früh angefangen. Als eine der möglichen Rezeptionsformen erweist sich die Rekurrenz auf die betreffende Literatur in den akademischen Veranstaltungen an verschiedenen Universitäten. Das betrifft sowohl die Veranstaltung auf der Ebene des BA-Studiums als auch auf der Ebene des Magister- und Doktorandenstudiums. Veranstaltungen mit den Bezeichnungen wie *Interkulturelle Studien* oder *Interkulturelle Literaturwissenschaft*, die man im Vorlesungsverzeichnis der Germanistik-Abteilungen verschiedener Universitäten finden kann, zeugen von regem Interesse am betreffenden Phänomen. In solchen Veranstaltungen werden verschiedene Aspekte der deutsch-türkischen Literatur unter die Lupe genommen. Die Beschäftigung mit den Werken von Zaimoglu nimmt hier keinen geringen Platz ein.

Ein weiteres Forum der Auseinandersetzung mit der betreffenden Literatur bilden – wie dies ja auch international der Fall ist – die Kongresse, die in der Türkei zu verschiedenen Anlässen organisiert werden. Eine der wichtigsten Kongressreihen ist der *Türkische Germanistikkongress*, der regelmäßig stattfindet. Die Formenvielfalt der Deutschabteilungen, die neben der traditionellen Germanistik auch die Abteilungen für Deutschlehrerausbildung und Übersetzungswissenschaft umfasst, spiegelt sich auch in den Beiträgen in den betreffenden Kongressen wider. In den genannten Kongressen werden mit zunehmendem Maße die deutsch-türkische Literatur und ihre unterschiedlichen Aspekte zum Gegenstand der Diskussion gemacht. Schon in den ersten Kongressen setzte man sich unter anderem mit der genannten Literatur auseinander. Während im vierten Germanistiksymposium, das im Jahre 1993 in Izmir an der Dokuz Eylül Universität stattfand, noch keine Rede von der deutsch-türkischen Literatur war (Kinsiz 1994), widmete man sich in den nächsten Kongressen immer intensiver der betreffenden Literatur. Beiträge mit den Titeln *Der Beitrag der Emigrantenliteratur zur Interkulturellen Germanistik* (Öztürk 1996), *Der Beitrag türkischer Autoren zur zeitgenössischen deutschen Kinder- und Jugendliteratur* (Özyer 1996), *‚Orientalische Märchentradition' als Literatur – Deutschsprachige Literatur von Türken* (Kocadoru 1996), *Ein Wanderer zwischen den Kulturen: Nevfel Cumart* (Gültekin 1996), die im Kongressband des fünften türkischen Germanistiksymposiums zu finden sind, zeugen von beginnendem Interesse der türkischen GermanistInnen an der deutsch-türkischen Literatur. Auch die Kongresse der türkischen Komparatistik, die seit 2001 gelegentlich mit internationaler Beteiligung durchgeführt werden, bilden ein weiteres Forum der Auseinandersetzung mit der deutsch-türkischen Literatur. Ferner hat ein Kongress, der im März 2003 von Nilüfer Kuruyazici an der Istanbul Universität unter dem Motto *Die* andere *Deutsche Literatur* organisiert wurde und zu dem mehrheitlich ausländische Wissenschaftler eingeladen waren, die deutsch-türkische Literatur zu seinem Gegenstand erklärt.

Nicht nur Kongresse bilden ein Forum der Beschäftigung mit der deutsch-türkischen Literatur. Es werden auch Bücher und Sondernummern bzw. Beilagen der Zeitschriften herausgebracht, die sich ausschließlich der erwähnten Literatur widmen. Eine Sondernummer der Literaturzeitschrift *Gösteri* (*Gösteri* 144) setzt sich als eine der ersten Zeitschriften in der Türkei mit verschiedenen Aspekten der betreffenden Literatur auseinander. Der größte Teil der Beiträge der betreffenden Sondernummer wird von den Wissenschaftlern der Istanbul Universität getragen. In der Sondernummer werden neben unterschiedlichen Aspekten der deutsch-türkischen Literatur auch einzelne Autoren ins Blickfeld der breiten Öffentlichkeit gerückt. Wiederum von der Istanbul Universität kommen die Herausgeber eines Buches zum angeführten Thema, das im Verlag des Kultusministeriums erschienen ist. Die Rede ist vom Buch *Gurbeti Vatan Edenler. Almanca Yazan Almanyali Türkler* (‚Fremdes Zuhause: Deutschschreibende Deutsch-Türken') (Karakus & Kuruyazici 2001), das von Mahmut Karakus und Nilüfer Kuruyazici herausgegeben wurde. Auch hier werden neben allgemeinen Darstellungen zum übergreifenden Thema *deutsch-türkische Literatur einzelne* Autoren unter die Lupe genommen.

Bisher war allgemein von den Überblicksdarstellungen bzw. von den Beiträgen über die einzelnen Autoren der deutsch-türkischen Literatur die Rede. Im Folgenden soll jedoch nicht die ganze Palette von Aufsätzen, Arbeiten und Kongressbeiträgen zu verschiedenen Aspekten der genannten Literatur dargestellt werden. Es soll die Rezeption von Zaimoglus Werk in der Türkei im Mittelpunkt des Interesses stehen. Als wichtigste Foren der Auseinandersetzung mit den Werken von Zaimoglu erweisen sich wiederum Kongresse und andere wissenschaftliche Arbeiten wie Magister- oder Doktorarbeiten, vor allem aus den Germanistikabteilungen. Dabei soll chronologisch verfahren werden, um mögliche Akzentuierungen in der Rezeption von Zaimoglus Werk zum Vorschein kommen zu lassen. Wenn man das von Karakus und Kuruyazici herausgegebene Buch mit dem Titel *Deutschschreibende Deutsch-Türken* betrachtet, so wird man konstatieren, dass Zaimoglu nicht nur mit einem Beitrag gewürdigt wird, sondern auch in allgemeinen Darstellungen zur deutsch-türkischen Literatur nicht unerwähnt bleibt. In seinem Beitrag *Yazin Acisindan Almanya'nin Birlesmesi – Türk ve Alman Topluluklarinin Kaynasmasinda Ayrisim* (‚Wiedervereinigung unter literarischer Perspektive – Differenzierung in der Integration der deutschen und türkischen Gesellschaft') (Pazarkaya 2001) versucht Pazarkaya zunächst, die Autoren der deutsch-türkischen Literatur unter dem Aspekt der Generationenentwicklung zu differenzieren. Er schreibt in dieser Differenzierung Zaimoglu eine Zwischenstellung zwischen den Generationen zu. Pazarkaya rückt die beiden Werke *Kanak Sprak* und *Koppstoff* von Zaimoglu in den Vordergrund, um zu pointieren, dass Zaimoglu das Leben der türkischen Jugendlichen in Deutschland darstelle, die am Rande der Gesellschaft situiert seien und daher den Abschaum im Lande bilden würden (Pazarkaya 2001: 69).

Im oben erwähnten Band von Karakus und Kuruyazici ist ein Beitrag von Karakus mit dem Titel *Sira Disi Bir Yazar: Feridun Zaimglu* (‚Ein außergewöhnlicher Autor: Feridun Zaimoglu') dem Autor Zaimoglu gewidmet (Karakus 2001). Karakus unterstreicht, dass Zaimoglus Werke, vor allem *Kanak Sprak*, *Koppstoff* und *Abschaum*, sich auf der einen Seite mit den Werken der ersten Autorengeneration der deutsch-türkischen Literatur treffen, auf der anderen Seite jedoch von ihnen unterscheiden. Er hebt hervor, dass es zwar in den genannten Werken von Zaimoglu, ähnlich wie in den Werken der anderen Autoren der deutsch-türkischen Literatur, vor allem um das Leben der Migranten geht, dass hier jedoch diese Migranten nicht nur die Außenseiter der deutschen Majoritätsgesellschaft darstellen, sondern auch die Außenseiter der türkischen Minorität sind. Darüber hinaus werden in der Arbeit die besondere Schreibtechnik und die Spezifik der Sprache in den Werken von Zaimoglu in den Vordergrund gestellt.

Ein weiterer Beitrag von Karakus über Zaimoglus Werke ist ein Jahr später in einem Kongressband erschienen, der auf einen Kongress zurückgeht, der im Jahre 2001 in Eskisehir von der Komparatistik-Abteilung an der Osmangazi Universität unter dem Titel *I. Ulusal Karsilastirmali Edebiyat Sempozyumu* (‚I. Nationaler Komparatistik-Kongress') veranstaltet wurde. Karakus vergleicht in seinem Beitrag mit dem Titel *Merkez-Cevre Iliskisi Acisindan M. Kacan'in 'Agir Roman' ve F. Zaimoglu'nun 'Döküntü' Adli Yapitlari ('Cholera Blues' von M. Kacan und 'Abschaum' von F. Zaimoglu unter dem Aspekt der Beziehung zwischen Zentrum und Peripherie)* (Karakus 2002 a) die beiden Werke *Cholera Blues* von M. Kacan und *Abschaum* von F. Zaimoglu miteinander. Dabei konstatiert er, dass das Verbindende beider Werke das Phänomen *Migration* sei. Im Roman von Kacan handle es sich um die Binnenmigration in der Türkei in den 60er Jahren, infolge derer zahlreiche Menschen als eine Erscheinung der Landflucht in die Großstädte, vor allem nach Istanbul, kamen. Allerdings macht die Migration in den Großstädten in der Türkei keinen Halt, sondern setzt sich bis in die Großstädte der europäischen Industrieländer fort. Hier nun beginnt der Roman *Abschaum* von Zaimoglu, in dem es um die periphere Stellung der türkischen Migranten in Deutschland aus der Perspektive von Ertan Ongun geht. Karakus konstatiert, dass beide Romane auf der einen Seite die gesellschaftliche Außenstellung der Migranten, auf der anderen Seite die Parallelen zwischen den beiden Migrationsbewegungen, zuletzt die Entstehung einer besonderen Sprache, die die betreffenden Menschen in der Peripherie auf Grund ihrer Lebensumstände entwickeln, zur Darstellung bringen.

Der nächste Beitrag von Karakus mit dem Titel *Die Stimme des Randes: Zaimoglus 'Koppstoff' und 'Kanak Sprak' als Artikulation differenter Randgruppen* (Karakus 2002 b) fokussiert diesmal auf die Vermittlung, auf die sogenannte Übersetzung der Kulturen, bei der nach Karakus die Migration eine besondere Rolle spielt, die sich dann in der Literatur manifestiert. Infolge der Deterritorialisierung sind nach Karakus die Migrantenjugendlichen mit einer Internationalisierung konfrontiert, die sich sowohl in ihrer Sprache als auch in ihrer Lebensweise niederschlägt, die in den erwähnten Werken Zaimoglus ihren Ausdruck finden (Karakus 2002 b: 265).

Eine weitere Studie von Karakus mit dem Titel *'Kanak Sprak' als Ensemble kultureller Mehrdimensionalität und der Prozess der Kulturvermittlung* (Karakus 2003) widmet sich diesmal dem Werk *Kanak Sprak* von Zaimoglu. Ausgehend vom genannten Werk versucht Karakus, die Auswege der Migranten (vor allem der letzten Generation) zu beschreiben, die diese aus ihrer „benachteiligten Situation" (Karakus 2003: 81) zu finden versuchen. Karakus konstatiert, dass Zaimoglu Sprachrohr für viele sprachlose Außenseiter der türkischen Minderheit wird und ihre Probleme an die breite Öffentlichkeit trägt. Eine weitere Etappe der wissenschaftlichen Rezeption der deutsch-türkischen Literatur in der Türkei bildet der oben erwähnte Kongress über die genannte Literatur, der im März 2003 von Nilüfer Kuruyazici an der Istanbul Universität veranstaltet wurde und dessen Ergebnisse von Manfred Durzak und Nilüfer Kuruyazici im Jahre 2004 in einem Kongressband mit dem Titel *Die andere Deutsche Literatur. Istanbuler Vorträge* (Durzak & Kuruyazici 2004) dokumentiert wurden. Im genannten Kongress war kein Beitrag eigens für Zaimoglus Werk vorgesehen. Allerding implizieren drei Beiträge Rekurrenzen auf Zaimoglus Werke. Der Einstiegsbeitrag von Karl Esselborn mit dem Titel *Deutschsprachige Minderheitenliteratur als Gegenstand einer kulturwissenschaftlich orientierten, interkulturellen Literaturwissenschaft* (Esselborn 2004), der als Überblicksdarstellung zum Rahmenthema verstanden werden kann, lenkt die Aufmerksamkeit auf den Wandel in der deutsch-türkischen Literatur, für den die „Umwertung des negativen deutschen Fremdbildes" (Esselborn 2004: 18) durch Zaimoglus Begriff des „Kanaken" symptomatisch stehe. Esselborn pointiert den genannten Aspekt von Zaimoglus Werk folgendermaßen:

> Auch wenn die Authentizität der ‚übersetzten' und stilisierten Sprache und der Realitätsgehalt dieses Bildes stark umstritten sind, ist seine außerordentliche Wirkung auf gleichgesinnte Gruppen wie auf die deutsche Öffentlichkeit, verstärkt durch Lese-Auftritte, Interviews, den Film ‚Kanak Attak' und vor allem das Internet (z. B. kanak-attak.de) nicht zu leugnen. (Esselborn 2004: 18).

Der nächste Beitrag im genannten Band ist der Artikel von Maria Brunner mit dem Titel *Migration ist eine Hinreise. Es gibt kein ‚Zuhause', zu dem man zurück kann. Der Migrationsdiskurs in deutschen Schulbüchern und in Romanen deutsch-türkischer Autorinnen der neunziger Jahre* (Brunner 2004). Ähnlich wie Esselborn fokussiert sie auf den Begriff des *Kanaken*. Dabei hebt sie sowohl die besondere Sprache der betreffenden Minderheitengruppe als auch die Minderheitenkultur, in der diese Sprache sich konstituiert, hervor. Der letzte Beitrag im genannten Kongressband, der sich unter anderem Zaimoglus Werk widmet, stammt von Pazarkaya, der unter dem Titel *Generationswechsel – Themenwandel* (Pazarkaya 2004) die Konvergenz zwischen dem Generationswechsel und dem Themenwandel in der deutsch-türkischen Literatur unter die Lupe nimmt.

Eine umfangreiche komparatistische Studie über Zaimoglus Werk ist an der Uludag Universität in Bursa entstanden, die eine Magisterarbeit von Ilknur Gürpinar mit dem Titel „*Metin Kacan'in ‚Agir Roman' ve Feridun zaimoglu'nun ‚Abschaum' (Döküntü) Adli Romanlarinin Dil ve İcerik Acisindan Karsilastirilmasi*" (*Inhaltlicher und Sprachlicher Vergleich der Romane ‚Cholera Blues' von Metin Kacan und ‚Abschaum' von Feridun Zaimoglu*) ist (Gürpinar 2006). Gürpinar setzt sich das Ziel, die beiden Werke, die jeweils das Andersartige als das Periphere zu ihrem Gegenstand haben, unter der Perspektive ihrer Ähnlichkeiten und Unterschiedlichkeiten miteinander in Beziehung zu setzen (Gürpinar 2006: III).

Eine weitere komparatistische Magisterarbeit an der gleichen Universität hat Arzu Tekin mit dem Titel *Feridun Zaimoglu'nun* Oniki Gram Mutluluk' (‚Zwölf Gramm Glück') *ve Murathan Mungan'in ‚Erkeklerin Öyküleri' Adli Eserlerinde Erkek Imgesi* (Das Männerbild in den Werken *Zwölf Gramm Glück* von Zaimoglu und *Die Geschichte der Männer* von Murathan Mungan) (Tekin 2007) vorgelegt. Sie analysiert zunächst die beiden Werke unter dem Aspekt des Verhältnisses zwischen Mann und Frau, der Religion, der Tradition und des Brauches, des Drucks der Frau auf den Mann und des Drucks des Mannes auf die Frau. Sie vergleicht dann beide Werke unter den genannten Aspekten. Sie konstatiert, dass in den beiden erwähnten Werken die Welt aus der Perspektive des Mannes erzählt wird. Als Schlussfolgerung konstatiert Tekin, dass in beiden Werken die Männerperspektive dominiert, dass in ihnen Männer auf der Suche nach dem ‚Etwas' sind und dass dieses ‚Etwas' sich auflösen würde, sobald die Frau gewonnen ist (Tekin 2007: 81).

Die nächste umfangreiche Studie über Zaimoglus Werk stammt von Özber Can und ist eine unveröffentlichte Dissertation mit dem Titel „*Feridun Zaimoglu'nun* Leinwand (Perde) *ve* Zwölf Gramm Glück (Oniki Gram Mutluluk) *Adli Eserlerinde Sözdizimsel ve Anlamsal Öncelemeler*" (Syntaktische und semantische Transpositionen in den Werken *Leinwand* und *Zwölf Gramm Glück* von Feridun Zaimoglu) (Can 2007).

In seiner Arbeit geht Can davon aus, dass die Bedeutungskonstitution in den Werken von Zaimoglu durch seine eigentümliche Syntax der Wörter und Wortgruppen erfolgt. Durch diese besondere syntaktische Eigentümlichkeit seiner Sprache, die im Grunde genommen der Sprache seiner Protagonisten Ausdruck verleiht und die von ihm intendierten Inhalte hervorbringt, soll sich nach Can zugleich die Lebensweise der betreffenden Protagonisten den Lesern vermitteln lassen, die eigentlich keine gewöhnliche sei. Nach Can korrespondieren daher die Syntax und die Semantik der Sprache von Zaimoglu miteinander (cf. Can 2007: V).

In seinem Aufsatz *Feridun Zaimoglu'nun* Koppstoff *Adli Eserinde Kimlik Sorunsali* (Identitätsproblematik im Werk *Koppstoff* von Zaimoglu) (Can 2008), der als ein Kongressbeitrag in einem Kongressband erschienen ist, setzt sich Can mit der sogenannten Identitätsproblematik auseinander, mit der sich die Migranten, vor allem die Jugendlichen, konfrontiert sehen. In seinem Beitrag konzentriert sich Can auf die Probleme der weiblichen Jugendlichen, die die Protagonistinnen von Zaimoglus genanntem Werk sind.

Die bis dahin letzte wissenschaftliche Rezeption von Zaimoglus Werken geht auf Yasemin Dayioglu-Yücel zurück, die in ihrem Artikel mit dem Titel *Die Plagiats-Debatte um Zaimoglus* Leyla *und Özdamars* Karawanserei *– kulturelles Kapital oder geistiges Eigentum?* (Dayioglu-Yücel 2008) einen kritischen Blick auf die in der deutschen Öffentlichkeit geführte Diskussion wirft. Sie kritisiert, dass die Plagiats-Debatte sich zu sehr auf gemeinsame kulturelle Inhalte konzentriere, wobei das Literarische zu kurz komme (Dayioglu-Yücel 2008: 113). Sie fasst zunächst die Plagiats-Debatten zusammen, um dann der Frage nachzugehen, „ob es sich lediglich um inhaltliche oder um gestalterische Ähnlichkeiten handelt und wie diese begründet werden können" (Dayioglu-Yücel 2008: 114), wobei sie entscheidende Stellen in beiden Romanen in Bezug auf die erwähnte Debatte unter die Lupe nimmt.

Zuletzt sei eine weitere Form der Rezeption von Zaimoglus Werk erwähnt, die man unter dem Begriff *reproduktive Rezeption* subsumieren könnte. Gemeint sind damit die Übersetzungen von Zaimoglus Werken ins Türkische. Man muss sich nicht unbedingt der Profession des Übersetzers verpflichtet fühlen, um die Schwierigkeit des Unterfangens, Zaimoglus Werke in eine andere Sprache zu übertragen, einschätzen zu können, wenn man sich die Sprache vor allem seiner ersten Werke vor Augen hält. Dennoch liegen zur Zeit zwei Übersetzungen von Zaimoglus Werken im Türkischen vor. Das sind die Werke *Koppstoff* und *Leyla*, von denen der eine unter dem Titel *Kafa Örtüsü* (Zaimoglu 2000) und der andere unter dem Originaltilel *Leyla* (Zaimoglu 2009) im Türkischen erschienen sind.

Wenn man die Sprache von *Koppstoff* unter die Lupe nimmt, so kann konstatiert werden, dass sie, genauso wie die Sprache von *Kanak Sprak* (Zaimoglu 1995) und *Abschaum* (Zaimoglu 1997), ein besonderer Jargon ist, den die Jugendlichen türkischer Herkunft, die eigentlich am Rande der Gesellschaft situiert sind, entwickelt haben.

Das Werk soll hier zwar nicht einer übersetzungskritischen Analyse unterzogen werden, allerdings sollen an dieser Stelle, von den ersten Eindrücken bezüglich der Sprachverwendung ausgehend, der Frage nachgegangen werden, inwiefern die oben beschriebene Sprache von *Koppstoff* eine angemessene Entsprechung im Türkischen gefunden hat. Die Besonderheit der Sprache des Werkes wird schon am Anfang durch Anmerkungen des Lektoren in den Fußnoten dem Leser eingehend nahegelegt. Durch den Eingriff in den Fußnoten wird zwar eine Hürde auf dem Wege der Übertragung des deutschen Textes ins Türkische überwunden, allerdings war dies die leichtere Aufgabe, die man bei der Übersetzung von *Koppstoff* vom Deutschen ins Türkische zu lösen hatte. Die schwierigere Aufgabe bei der Übersetzung des Textes besteht darin, den oben beschriebenen Jargon der türkischstämmigen Jugendlichen, der das ganze Werk beherrscht, als Ganzes angemessen ins Türkische zu übertragen. Wenn man die beiden Texte in dieser Hinsicht einander gegenüberstellt, wird man ohne große Schwierigkeiten feststellen können, dass hier – sprachlich betrachtet – zwei unterschiedliche Texte vorliegen. Während der Text von Zaimoglu durchgehend vom genannten ‚Kanaken-Jargon' geprägt ist, scheint dessen Übersetzung ins Türkische eigentlich ein Text in einer Standardsprache zu sein, der stilistisch dem Original nur stellenweise zu entsprechen scheint. Daher kann die verfremdende Funktion der Sprache im Türkischen den Leser nur partiell in Staunen versetzen.

Wenn man *Leyla* in Bezug auf die sprachlichen Besonderheiten betrachtet, so kann festgehalten werden, dass der Roman in dieser Hinsicht kaum mit den oben genannten Werken des Autors verglichen werden kann; auch wenn der Vater Halid Bey in seiner Sprache hier eine Ausnahme bildet. Daher fällt auch die Übersetzung des Werkes nicht besonders auf.

Die Rezeption der Werke von Zaimoglu in der türkischen Presse scheint relativ dürftig auszufallen. Nach der Übersetzung von *Koppstoff* scheint kaum eine Reaktion in der Presse eingetreten zu sein. Die bis dahin erste und ausführlichste Rezeption der Übersetzung von *Leyla* in der türkischen Presse ist von Asuman Kafaoglu-Büke in der Buchbeilage der Zeitung *Radikal* (Kafaoglu-Büke 18.12.2009: 8) erschienen. Sie geht zunächst auf den Kontext ein, macht auf die Besonderheit der deutsch-türkischen Literatur in Deutschland aufmerksam und konstatiert, dass die betreffende Literatur für den türkischen Leser im Bezug auf seine Sprache fremd, jedoch vertraut in Bezug auf ihre Thematik sei. Dahingegen sei die genannte Literatur für den deutschen Leser vertraut in Bezug auf ihre Sprache, jedoch fremd in Bezug auf ihre Thematik. Drei weitere Rezensionen sind in der Buchbeilage der Zeitung *Cumhuriyet* anzutreffen. Am 07.01.2010 ist ein Artikel erschienen, der eigentlich eine Übersetzung eines Textes ist, der nach einem Fernsehprogramm von Zaimoglu am 27.03.2006 in der Zeitschrift *Spiegel* erschienen war (Gümüs Yüzükler ve Sözcükler, 07.01.2010). Eine relativ längere Rezension von Metin Celal mit dem Titel *Leyla* ist wiederum in der Buchbeilage der Zeitung *Cumhuriyet* erschienen (Celal 21.01.2010: 12). Dabei geht er davon aus, dass der Roman *Leyla* die Geschichte der Mutter des Autors erzähle, um dann auf die Diskussion über das behauptete Verhältnis des Romans zu Özdamars Roman *Karawanserei* einzugehen. Interessant ist die Annahme von Celal, dass der Roman einen eklektischen Charakter aufweise, weil er wie *Tausendundeine Nacht* eine Art Märchensammlung sei, die aus westlicher Perspektive erzählt werde.

Zuletzt soll hier kurz auf ein Interview mit Zaimoglu und seiner Mutter Güler Zaimoglu eingegangen werden, welches anlässlich der Veröffentlichung der Übersetzung des Romans *Leyla* in der Boulevard-Zeitschrift *Yeni Aktüel* erschienen ist (Dinc 4-17.02.2010: 60-63). Das Interview schildert zunächst die Lebensgeschichte des Autors, dann erzählt die Mutter, wie Zaimoglu zunächst mit dem Lesen, darauf mit dem Schreiben angefangen hat (Dinc 4-17.2.2010: 62) Der Autor Zaimoglu rekapituliert erneut, dass er beim Schreiben seines Romans zwar von der Geschichte seiner Mutter ausgegangen sei, die Figur ‚Leyla' allerdings eine fiktionale Gestalt sei (Dinc 4-17.2.2010: 63). Die Worte des Autors werden auch von der Mutter bestätigt, indem sie mit der rhetorischen Frage antwortet, ob sie das alles erzählt habe.

Aus der bisherigen Darstellung der Formen der Rezeption von Zaimoglus Werk in der Türkei bzw. in türkischer Sprache kann die Schlussfolgerung gezogen werden, dass die Rezeption der deutsch-türkischen Literatur, damit auch des Werks von Zaimoglu, in der Türkei zunächst in den Seminaren an den türkischen Universitäten einsetzt, die dann in wissenschaftliche Beiträge sowohl in den Kongressen als auch in den Zeitschriften oder Sammelbänden wie auch in den selbständigen Arbeiten wie Magister- und Doktorarbeit mündet. Darüber hinaus initiiert die Übersetzung der Werke von Zaimoglu auch die populäre Rezeption in den Zeitungen bzw. Zeitschriften. Die obige Darstellung hat gezeigt, dass sich die meisten wissenschaftlichen Rezeptionen auf die Identitätsproblematik in den Werken von Zaimoglu konzentrieren, wobei die Sprache hier einen relevanten Platz einnimmt. Die Formen der erwähnten Rezeption der Werke von Zaimoglu geben allerdings wenig Aufschluss über ihre Rezeption durch die breite Leserschaft. Aufschluss darüber könnten die Übersetzungen geben. In diesem Zusammenhang ist der Leser mit zwei Übersetzungen von Zaimoglus Werken konfrontiert, die in großen Zeitabständen erschienen sind. Die erste Übersetzung – die Übersetzung von *Koppstoff* – ist 2000 erschienen, hat allerdings seither keine zweite Auflage erfahren. Die zweite Übersetzung – die Übersetzung von *Leyla* – ist vor kurzer Zeit erschienen und erlaubt keine angemessene Beurteilung seiner Rezeption. Immerhin sind anlässlich der Veröffentlichung von *Leyla* in der Türkei mehrere Rezensionen in der türkischen Presse erschienen, was eigentlich der Veröffentlichung der Übersetzung von *Koppstoff* nicht zuteil geworden war. Sowohl die Erfahrung mit den Übersetzungen der anderen Werke aus der deutsch-türkischen Literatur als auch die wenigen Reaktionen auf die Übersetzungen von Zaimoglus Werken in der Presse könnten einen Eindruck über die Rezeptionslage der Werke sowohl der deutsch-türkischen Literatur allgemein als auch der Werke von Zaimoglu im Besonderen vermitteln.

Literatur

Brunner, Maria E. 2004: „,Migration ist eine Hinreise. Es gibt kein ‚Zuhause', zu dem man zurück kann.' Der Migrationsdiskurs in deutschen Schulbüchern und in Romanen deutsch-türkischer Autorinnen der neunziger Jahre", in: Durzak & Kuruyazici (eds.) 2004: 71-90

Can, Özber 2007: *Feridun Zaimoglu'nun* Leinwand (Perde) ve Zwölf Gramm Glück (Oniki Gram Mutluluk) *Adli Eserlerinde Sözdizimsel ve Anlamsal Öncelemeler*, Doktora Tezi, Eskisehir

Can, Özber 2008: „Feridun Zaimoglu'nun *Koppfstoff* Adli Eserinde Kimlik Sorunsali", in: *Bir Bilim Kategorisi Olarak „Kadin" Ulus-*

lararasi Sempozyumu. Edebiyat, Dil ve Kültür Çalismalarinda Kadin (29 Nisan-2 Mayis 2008), Eskisehir, Eskisehir: 156-163
Celal, Metin 2010: „Leyla", in: *Cumhuriyet Kitap*, Nummer 1040, 12
Dayioglu-Yücel, Yasemin 2008: „Die Plagiats-Debatte um Zaimoglus *Leyla* und Özdamars *Karawanserei* – kulturelles Kapital oder geistiges Eigentum?", in: *Alman Dili ve Edebiyati Dergisi (Studien zur deutschen Sprache und Literatur)* 2008: 113-128
Dinc, Gökcen B. 2010: „Feridun ‚Yazar olacagim' dediginde tüylerim diken diken oldu", in: *Yeni Aktüel* 2010: 60-63
Durzak, Manfred & Nilüfer Kuruyazici (eds.) 2004: *Die andere Deutsche Literatur. Istanbuler Vorträge*, Würzburg: K&N
Esselborn, Karl 2004: „Deutschsprachige Minderheitenliteratur als Gegenstand einer kulturwissenschaftlich orientierten ‚interkulturellen Literaturwissenschaft", in: Durzak & Kuruyazici (eds.) 2004: 11-22
Gösteri 1992: *Almanya'da Yazan Türkler* Eki 144, İstanbul
Grimm, Gunter 1977: *Rezeptionsgeschichte. Grundlegung einer Theorie. Mit Analyse und Bibliographie*, München: Wilhelm Fink Verlag
Gültekin, Ali 1996: „Ein Wanderer zwischen den Kulturen: Nevfel Cumart", in: *Tagungsbeiträge des V. türkischen Germanistiksymposiums*, 1-2 Juni 1995 Eskisehir, Eskisehir: 465-478
Gümüs Yüzükler ve Sözcükler 2006: „Cumhuriyet Kitap", in: *Der Spiegel* vom 27.03.2006, im Internet unter http://www.cumhuriyet.com.tr/?hn=105996 [07.01.2010]
Gündogdu, Mehmet & Canan Ülkü (eds.) 2003: *Germanistische Untersuchungen aus türkischer Perspektive. Festschrift für Prof. Dr. Vural Ülkü zum 65. Geburtstag*, Aachen: Shaker Verlag
Gürpinar, Ilknur 2006: *Metin Kacan'in ‚Agir Roman' ve Feridun zaimoglu'nun ‚Abschaum' (Döküntü) Adli Romanlarinin Dil ve İcerik Acisindan Karsilastirilmasi*, Bursa
Kacan, Metin 1999: *Agir Roman*, Istanbul: Gendas Yayinlari
Kafaoglu-Büke, Asuman 2009: „Cocukluktan Kadinliga, Leyla", in: *Radikal Kitap* 8 (2009)
Karakus, Mahmut 2001: „Siradisi Bir Yazar: Feridun Zaimoglu", in: Karakus & Kuruyazici (eds.) 2001: 273-284
Karakus, Mahmut 2002 a: „Merkez-Cevre Iliskisi Acisindan M. Kacan'in ‚Agir Roman' ve F. Zaimoglu'nun ‚Döküntü' Adli Yapitlari", in: *I. Karsilastirmali Edebiyat Sempozyumu*, 06-08 Aralik 2001, Osmanga-

zi Universitesi Fen Edebiyat Fakültesi Karsilastirmali Edebiyat Bölümü, Eskisehir: 97-103.

Karakus, Mahmut 2002 b: „Die Stimme des Randes: Zaimoglus ‚*Koppstoff*' und ‚*Kanak Sprak*' als Artikulation differenter Randgruppen", in: *Ege Alman Dili ve Edebiyati Arastirmalari Dergisi (Ege Forschungen zur deutschen Sprach- und Literaturwissenschaft)*, Izmir: 261-268

Karakus, Mahmut 2003: „‚*Kanak Sprak*' als Ensemble kultureller Mehrdimensionalität und der Prozess der Kulturvermittlung", in: Gündogdu & Ülkü (eds.) 2003: 78-87

Karakus, Mahmut & Nilüfer Kuruyazici (eds.) 2001: *Gurbeti Vatan Edenler. Almanca Yazan Almanyali Türkler*, Ankara: Kültür Bakanligi Yayinlari

Kinsiz, Mustafa (ed.) 1994: *4. Germanistik Sempozyumu*, 20-22 Mayis 1993, Izmir

Kocadoru, Yüksel 1996: „‚Orientalische Märchentradition' als Literatur – deutschsprachige Literatur von Türken", in: *Tagungsbeiträge des V. türkischen Germanistiksymposiums*, 1-2 Juni 1995 Eskisehir, Eskisehir: 460-464

Leyla & Feridun Zaimoglu, Ceviren 2010: Vedat Corlu / Imge Kitabevi Yayinlari, in: *Cumhuriyet Kitap*: 602 S.

Öztürk, Kadriye 1996: „Der Beitrag der Emigrantenliteratur zur Interkulturellen Germanistik", in: *Tagungsbeiträge des V. türkischen Germanistiksymposiums*, 1-2 Juni 1995 Eskisehir, Eskisehir: 82-92

Özyer, Nuran 1996: „Der Beitrag türkischer Autoren zur zeitgenössischen deutschen Kinder- und Jugendliteratur", in: *Tagungsbeiträge des V. türkischen Germanistiksymposiums*, 1-2 Juni 1995 Eskisehir, Eskisehir: 75-81

Pazarkaya, Yüksel 2001: „Yazin Acisindan Almanya'nin Birlesmesi – Türk ve Alman Topluluklarinin Kaynasmasinda Ayrisim", in: Karakus & Kuruyazici (eds.) 2001: 61-71

Pazarkaya, Yüksel 2004: „Generationswechsel – Themenwandel", in: Durzak & Kuruyazici (eds.) 2004: 148-153

Tekin, Arzu 2007: *Feridun Zaimoglu'nun „Oniki Gram Mutluluk"* (Zwölf Gramm Glück*) ve Murathan Mungan'in „Erkeklerin Öyküleri" Adli Eserlerinde Erkek Imgesi*, (Yüksek Lisans Tezi), Bursa

Zaimoglu, Feridun 1995: *Kanak Sprak. 24 Mißtöne vom Rande der Gesellschaft*, Hamburg: Rotbuch

Zaimoglu, Feridun 1997: *Abschaum. Die wahre Geschichte von Ertan Ongun*, Hamburg: Rotbuch
Zaimoglu, Feridun 2000: *Kafa Örtüsü*, cev. Metin Zaimoglu, Istanbul: Iletisim Yayinlari
Zaimoglu, Feridun 2009: *Leyla*, cev. Vedat Corlu, Ankara: Imge Kitabevi

Zum Anti-Cartesianismus in der Weimarer Republik

Sidonie Kellerer (Köln)

Abstract

This paper examines the remarkable but not much analyzed phenomenon of anti-Cartesianism in the Weimar Republic, which was fueled by philosophers as well as by literary scholars, such as Ernst Robert Curtius. The outright rejection of Descartes needs to be seen within the context of the deep social and political crisis of a defeated Germany between the two World Wars. Rejection of rationality in favour of a perceived deeper German grasp of reality was part of the conservative backlash against the national humiliation. Descartes as both the ‚father of modernity' and the epitome of French ‚civilisation' served as the perfect antagonist to what was extolled as the German authentic mode of being. Implanting this anti-Cartesianism into his nationalist elitist philosophical discourse Heidegger amplified it, and under the slogan „German philosophy resists" he channeled it into the national-socialist ideology. In a strange turn of events it was the surge of interest he encountered in post-war France that reestablished Heidegger's intellectual standing and paved the road to his comeback in Germany around 1950.

1

In den *Meditationen* schildert Descartes die Suche nach grundlegenden Gewissheiten als furchterregendes Abenteuer, als radikalen Bruch mit der Tradition und als absoluten Neuanfang. Das denkende Ich des Autors zerstört im heroischen Kampf gegen sich selbst die eigenen Meinungen und Erkenntnisse, um sie von Grund auf neu aufzubauen und einen Weg zu finden zu selbsterworbener Gewissheit (Descartes ³1992). Ein Jahrhundert später übernimmt eine Nation, und wenig später ganz Europa, die Idee der sich selbst aufklärenden universellen und zeitlosen Vernunft. René Descartes wird zum Symbol dieses Umsturzes.

Zu Beginn des 19. Jahrhunderts ist Descartes' Denken Symbol der Neuzeit geworden. In seinen in Tübingen gehaltenen Vorlesungen zur Geschichte der Philosophie erklärt Hegel, mit Descartes seien „wir zu Hause und können wie der Schiffer nach langer Umherfahrt auf der ungestümen See ‚Land' rufen" (Hegel ²1993: 120). Hegels Metapher der heimatlichen Geborgenheit weist hin auf den Vater der Neuzeit und der Rationalität, den Wegweiser zum Zuhause aller aufgeklärten Menschen gleich welcher Nation.

Ausgerechnet als Descartes zum Vater der Neuzeit geworden ist, kommt der Augenblick, da sich mit wachsendem Geschichtsbewusstsein das Bewusstsein geographischer sowie sprachlicher und kultureller Besonderheiten verstärkt und sich damit Widerstand erhebt gegen die Vorstellung universeller, nicht zeitgebundener Rationalität. Dieser geschichtliche Zusammenstoß und seine bis in unsere Tage reichende Wirkung legen es nahe, in Hinblick auf Fragen des Kulturtransfers, der Standortgebundenheit von Wissenschaft und der Wissenschaftskommunikation über Descartes zu sprechen.

Dass die so vertraute Vorstellung eines Begründers der Neuzeit aus den Vorgaben einer universell geltenden Rationalität tatsächlich ein kulturell bedingtes Konstrukt ist, hat Hans Blumenberg betont. Er hat erklärt, dass die scheinbare Evidenz der absoluten und heldenhaften Neubegründung geradezu aus dieser Bedingtheit erwächst. Der an Descartes geknüpfte „Mythos vom radikalen Anfang der Vernunft", die „vorgebliche Spontaneität" (Blumenberg 1966: 150 u. 153, Fußnote 86) einer sich gegen alle Tradition behauptenden Vernunft, ist in seinen Augen ein gänzlich historisch bedingter Ausdruck des neuzeitlichen Kampfes gegen die Scholastik.

Im Lichte einer als verlässlich angesehenen Rationalität erscheint es paradox, dass ausgerechnet der Philosoph der nationenübergreifenden Ratio im 19. Jahrhundert zum „nationalen Identitätsmythos" (Azouvi 2002: 9) werden sollte. Dort aber, wo in den Umbrüchen der Neuzeit der Boden zu schwanken beginnt, erweist sich, wie Roland Barthes es in seiner Mythenanalyse formuliert, der Mythos vom „Vater der Neuzeit" als in nur scheinbare Natürlichkeit gekleidetes Konstrukt (cf. Barthes: 2003). So darf es nicht überraschen, dass dieses Konstrukt wiederum in den Dienst anderer Konstrukte gestellt wird.

In dieser Komplexität wurde Descartes zu weit mehr als dem Protagonisten der abendländischen Geistesgeschichte. Er wurde in einem doppelten Sinne zum Mythos: Vater der Neuzeit und Nationalmythos. An ihm lassen sich zahlreiche diskursive Strategien im Sinne Michel Foucaults ablesen, und sie sind nicht zuletzt im Hinblick auf Mechanismen des Kulturtransfers aufschlussreich. Es soll hier versucht werden, das Phänomen des Anti-Cartesianismus, wie es in der Zeit der Weimarer Republik und des Nationalsozialismus zutage trat, zu beleuchten. Zunächst sei hierfür die Vorgeschichte dieses Anti-Cartesianismus skizziert.

2

Im Jahrhundert der Aufklärung entstand eine historisierte Figur Descartes' und des Cartesianismus, dessen Wesen in der Unterscheidung von Methode und System, von Geist und Lehre gesehen wurde. Des Philosophen lediglich methodologisches Verdienst bestand demnach darin, eine neue Kritikfähigkeit vermittelt zu haben, die es ermöglichte, die Mängel seines eigenen noch nicht gänzlich von den Fesseln der Scholastik befreiten Denkens offenzulegen (cf. Thern 2003). Diese Unterscheidung war insofern produktiv, als sie, wie es der französische Philosoph François Azouvi nennt, den Weg eines Prozesses der *décomposition-recomposition* (Azouvi 2002: 96) Descartes' und seines Denkens ebnete. Da mit Descartes gegen Descartes zu denken eine fortan allgemein akzeptierte Einstellung wurde, konnte der französische Philosoph zum Begründer einer Neuzeit erhoben werden, die sich als Ära des Neuanfangs und des steten Fortschritts legitimiert. Dieses Verständnis der Neuzeit kulminierte mit Hegel, der, so Jürgen Habermas, „der erste [war], der den Prozeß der Ablösung der Moderne von den außerhalb ihrer liegenden Normsuggestionen der Vergangenheit zum philosophischen Problem" (Habermas 1988: 31) machte.

Als zu Beginn des 19. Jahrhundert Descartes bereits zum Fanal der Neuzeit geworden war, wurde Frankreich zudem Schauplatz einer „politischen Vereinnahmungsaktion" (Azouvi 2002: 182. [Übers. S.K.]: „cette opération de captation politique"), die ihn zum Repräsentanten einer liberal gedeuteten Revolution machte. In den Jahrzehnten nach der *Grande Révolution* wurde Descartes zum wichtigen Bezugspunkt der französischen Politik. Indem die bürgerlich-liberal gewordene Ideologie der Revolution auf die bereits nationalistisch interpretierte, verklärte Figur der französischen Geistesgeschichte projiziert wurde, ließ sich der gesellschaftliche Konsens fördern. Maßgebend war dabei der als Philosoph wie Politiker ebenso umtriebige Victor Cousin, der in Descartes ein ideales Leitbild sah, um die konstitutionelle Monarchie als legitime Erbin der Französischen Revolution erscheinen zu lassen. Er rückte die Revolution in das gemäßigte Licht administrativer Lenkung und bemühte sich, einen liberalen Descartes als ihren Begründer geschichtsphilosophisch glaubhaft zu machen. Zugleich charakterisierten die sogenannten ‚Doktrinäre', zu denen Cousin gehörte, die vermeintlich cartesianische Einstellung der ‚ausgewogenen Mitte' als spezifisch französische Haltung und verbanden diese mit dem Begriff der ‚Zivilisation'. So behauptete der Politiker François Guizot Ende der zwanziger Jahre: „Ich glaube, man kann ohne Eigenlob sagen, dass Frankreich das Zentrum, das Herz der Zivilisation in Europa gewesen ist" (Guizot ^{6}1851: 6. [Übers. S.K.]: „je crois qu'on peut dire sans flatterie que la France a été le centre, le foyer de la civilisation de l'Europe."). Dieser besondere Zivilisationsgrad wurde auf die vermeintlich französische Eigenschaft des ‚gesunden Menschenverstandes' (*bon sens*) zurückgeführt, welche einen Zustand des Ausgleichs zwischen verschiedenen Fähigkeiten befördere: zwischen Theorie und Praxis, Geistigem und Gesellschaftsbezogenem, Individuellem und Kollektivem. Gerade das gebe es in Deutschland nicht, in dem Land, in dem das Intellektuelle über Gebühr entwickelt sei und in dem es kaum Platz für Politisches gebe (Guizot 1829: 18-25. cf. Rosanvallon 1985: 160 f.).

Mit diesem Begriff der ‚Zivilisation' verwendete Guizot einen, wie Georg Bollenbeck es formuliert, „modernen Wert- und Bewegungsbegriff", der in Frankreich „eine mobilisierende Amalgamierung von nationalem Sendungsbewusstsein, universalistischem Pathos und Exklusionspotential gegenüber den ‚Barbaren' enthält" (Bollenbeck 2007: 114). Wenn auch in dieser Vereinfachung noch nicht ausgedrückt, lassen sich bei Guizot und Cousin bereits Konturen eines begrifflichen Gegensatzes erkennen, der besonders nach dem Ersten Weltkrieg eine maßgebliche Rolle im deutsch-französischen Verhältnis spielen sollte: die Gegenüberstellung von ‚Kultur' und ‚Zivilisation'.

3

Das bisher Gesagte legt nahe, dass die ideologischen Grabenkämpfe, die den Ersten Weltkrieg in Deutschland und Frankreich begleiteten, durch die Nationalisierung der Neuzeitlegende vorbereitet wurden: Deutsche Autoren glaubten, sich im Namen der ‚Kultur' gegen eine für genuin neuzeitlich gehaltene wissenschaftlich-technische ‚Zivilisation' wenden zu müssen, deren Ursprung jenseits des Rheins zu verorten war. Tatsächlich lud sich, während die europäischen Völker tiefer in die Katastrophe des Ersten Weltkrieges stürzten, das Begriffpaar ‚Kultur' und ‚Zivilisation' so sehr nationalistisch auf, dass es zur fest verankerten polemischen Antithese wurde (cf. Hilgers-Schell & Pust 1967: 1-30; Fisch 1992: 679-774; Bollenbeck 1996: 268 f.; Bollenbeck 2004: 1366-1379). In Deutschland lag dem nicht allein das gespannte Verhältnis zum französischen Nachbarn zugrunde, sondern mehr noch eine Zivilisationsskepsis, die sich hier zu Ende des 19. Jahrhunderts verbreitet hatte. Ausdruck dieser Skepsis war die Abwertung der Neuzeit und damit auch die Abwertung Descartes' als ihres Repräsentanten. Unter dem Sammelbegriff ‚Zivilisation' wurden nun Aufklärung und Cartesianismus mit all dem verbunden, was die Dekadenz der Gegenwart auszumachen schien.

Wie sehr mit Ausbruch des Ersten Weltkrieges die Begriffe ‚Kultur' und ‚Zivilisation' nationalistisch verstanden und für politische Zwecke usurpiert wurden, zeigt sich an allen Fronten: Für oder gegen die Kultur bzw. die Zivilisation wurde nun gekämpft. Beide Begriffe standen für vermeintlich nationale, sich gegenseitig ausschließende Eigenheiten. Sie artikulierten die Selbstzweifel der Epoche.

In Frankreich wurde der französische, und das bedeutete zugleich der cartesianische, Geist zur Bastion des ‚Menschlichen' und zur Waffe gegen das, wie es Denys Chochin, Mitglied der *Académie française*, zu Beginn des Krieges formulierte, „Riesenhafte" oder „Rigide" (*l'énorme ou le rigide*) des deutschen Geistes (Denys Cochin zitiert nach Azouvi 2002: 295. Cf. dazu auch: Hanna 1996: v. a. Kap. 4). Kurz nach dem Krieg zog Henri Berr, Philosoph und Begründer der angesehenen *Revue de synthèse historique*, nicht weniger chauvinistisch und selbstgefällig folgenden Schluss: „Der französische Geist hat Frankreich und die Menschheit an der Marne gerettet." Die Verkörperung des *esprit français* war dabei wie selbstverständlich niemand anderes als Descartes, der „Heilige des französischen Denkens" (Berr 1919: XV. [Übers. S.K.]: „Descartes est notre partron intellectuel, le Saint de la pensée française. [...] L'Allemagne clamera qu'elle a succombé à un 'monde d'ennemis'. En réalité c'est l'esprit français qui l'a vaincue. C'est l'esprit français qui a sauvé la France et l'humanité, sur la Marne.").

Währenddessen ließ es sich Rudolf Eucken, ein in Deutschland zu Beginn des Krieges als Literatur-Nobelpreisträger gefeierter Intellektueller, angelegen sein, den eigentlich wenig kriegerischen Immanuel Kant unbeschränkt kriegsverwendungsfähig zu machen. Dessen „herber und kräftiger Idealismus, ein Idealismus der Tat", bilde die Grundlage, um „allen Gegnern draußen und drinnen zu trotzen" (Eucken 1915: 69).

An den ideologischen Vereinnahmungen Descartes' wird deutlich, wie sehr Descartes zu diesem Zeitpunkt zum nationalen Symbol geworden und damit Gegenstand vielfacher Projektionen war. Folgt man Roland Barthes in seiner Aussage, im Prinzip könne jeglicher Gegenstand zum Mythos werden, so erstaunt es nicht, dass im chauvinistischen Kontext des Ersten Weltkrieges ausgerechnet ein Philosoph, traditionell Wissensträger schlechthin, zur Diskreditierung des Nachbarn herhalten musste. Bemerkenswerter ist, dass die nationalen Stereotypen in Deutschland selbst in den wissenschaftlichen Debatten wiederkehren. Das ist im Folgenden am Beispiel der deutschen Philosophie und Romanistik zu zeigen.

4

Die Lebensphilosophie, die sich in Deutschland über die Philosophie hinaus in den neunziger Jahren des 19. Jahrhunderts zu einem regelrechten Modephänomen entwickelte, war in nicht geringem Maße eine Gegenreaktion auf den Neukantianismus, der in Deutschland bis dahin tonangebend gewesen war. Die Rezeption des französischen Philosophen Henri Bergsons in Deutschland ist ein Unterkapitel dieses lebensphilosophischen Enthusiasmus, dem Gérard Raulet eine Untersuchung gewidmet hat (Raulet 2005: 23-54). Das „gewaltig[e]" (Raulet 2005: 24) Interesse, das der Philosophie Bergsons in den Jahren um 1905 in Deutschland zuteil wurde, war Symptom der wachsenden Skepsis gegenüber dem Industriekapitalismus und seinen Folgen. Bergson wurde in Deutschland als Denker des unmittelbaren Zugangs zum Leben und der Abwendung vom rein Theoretischen begrüßt. Da schien ein Franzose den kalten wissenschaftlichen Blick auf den Menschen aufzugeben und stattdessen den lebendigen, ganzen Menschen zu beschreiben. Die philosophische Auseinandersetzung mit Bergson bestand nicht nur darin, sich vitalistisch auf das „Leben selbst, das in uns fliesst" (Keller 1914: 3), zu berufen. Bergsons Gegenüberstellung von ‚schöpferischer Kraft' (*force créatrice*) und ‚Intellekt' wurde in Deutschland insofern auch zum Anknüpfungspunkt, als gewisse deutsche Intellektuelle in der Vermittlung, ja der Versöhnung von Leben und Vernunft die eigentliche Herausforderung sahen.

War es denn nicht möglich, das Leben begrifflich zu erfassen? Es musste, so Georg Simmels Formulierung, um die „Eroberung eines Begriffes vom Leben" gehen, „mit dem dieses sich wirklich jenseits jener Gegensätze [Form/Leben, Festes/Fließendes usw., S.K.] stellt" (Simmel 1922: 145: „Vielleicht wird die Philosophie ihren nächsten Schritt mit der Eroberung eines Begriffes vom Leben tun, mit dem dieses sich wirklich jenseits jener Gegensätze stellt."). Bergson hatte zwar wichtige Impulse in diese Richtung gegeben, war dabei jedoch gewissermaßen auf halber Strecke stehengeblieben. Es galt nun, seine Ansätze weiterzuführen. In diesem Sinne ist der Ausspruch des Begründers der Phänomenologie – Edmund Husserl – aus dem Jahre 1911 zu verstehen, den sein Schüler Jean Hering überlieferte: Die Phänomenologen seien die eigentlich konsequenten Bergsonianer (cf. Raulet 2005). Die Aufgabe, den gegenwärtigen Pragmatismus zu überwinden und so den Menschen wieder mit sich zu versöhnen, begriff Max Scheler, ebenfalls ein Anhänger der Phänomenologie, darüber hinaus als eine spezifisch deutsche Aufgabe. So bezeichnete er in einem Essay von 1913 die Phänomenologie als eine „genauer[e], strenger[e] – und deutscher[e] Art des Verfahrens", von der er sich nicht weniger versprach als eine *„Umbildung der europäischen Weltanschauung* und *darum* auch des *Weltbegriffs"* (Scheler 1955: 339). Diese Aussagen sind in Verbindung zu bringen mit der im Aufsatz „Das Nationale im Denken Frankreichs" (1916) artikulierten Skepsis gegenüber der „eigenartige[n] Werbekraft der französischen Kultur", die dafür verantwortlich zu machen sei, dass der Cartesianismus noch heute „die Grundlage der Weltauffassung des Durchschnitts der wissenschaftlich Gebildeten Europas" bilde. Der in Descartes zu „einzigartige[r] Klassizität" gekommene „gallische Genius" birgt nach Schelers Dafürhalten nicht zu unterschätzende Gefahren. Denn das cartesische „Ich", Korrelat des *cogito ergo sum*, hat „keinerlei Heimatgefühl mehr", es ist „entfremdet", die „eisige Helle" seines Blickes ist „analysierend, scheidend, richtend" (Scheler ²1963: 141). Die „deduzierenden und zentralisierenden Tendenzen des französischen Geistes" fänden ihren höchsten Ausdruck in Descartes (Scheler ²1963: 142). In seinen „gewaltsamen Dualismen" trete „jene maßlose Neigung des französischen Geistes zur *Antithetik* hervor" und eben nicht die spezifisch deutsche „synthetische Kraft, zu zeigen, wie denn nun eine Zusammenwirksamkeit, eine Kooperation der Substanzen möglich sei, in die er [Descartes, S.K.] das Weltall einteilt" (Scheler ²1963: 143). Dass es dabei letztlich um politische Urteile und

Vorurteile geht, wird deutlich, wenn Scheler den „gallische[n] Freiheitsbegriff" sodann für die „Tragik" des französischen Volkes mitverantwortlich macht: Ihr „ungestümer Freiheitsdrang" führe doch immer wieder „einheitliche Gewalt an die Spitze [...] die neue Knechtschaft bewirkt" (Scheler ²1963: 144). Dem gegenüber wird Deutschland als dasjenige zukunftsweisende Land dargestellt, das in der Lage sei, das ursprünglich Erlebte zu erfassen und zu bestimmen.

Nicht weniger bemerkenswert ist, dass sich auch die deutschen Romanisten am anticartesianischen Diskurs beteiligten. 1930 schrieb der an der Universität Bonn lehrende Ernst-Robert Curtius im Zusammenhang einer Ausführung zu Descartes: „In Deutschland kann die geistige Kultur philosophisch sein, in Frankreich kann sie nur literarisch sein" (Curtius ²1975: 75). Eine wahrlich bemerkenswerte Aussage ausgerechnet aus der Feder eines wichtigen Vermittlers der französischen Kultur in Deutschland. Ausgehend von dieser Prämisse erklärt Curtius, Descartes sei kein Philosoph im eigentlichen Sinne zu nennen, da sein „abgrenzende[r], schematisierende[r] Einheits- und Ordnungssinn" einen allzu deutlichen Gegenpol bilde zum „unendlichen Drang" des deutschen Geistes mitsamt seiner Fähigkeit, „gleichzeitig viele Dinge im Blickfeld [zu, S.K.] behalten" (Platz 1930: 38). Insofern sei der Franzose ein Denker der dem Leben nicht gerecht werdenden Vereinfachung. Wie vor ihm Scheler, verbindet Curtius das kulturkritische Argument der vermeintlichen Einseitigkeit des französischen Rationalismus zugleich mit einem politischen Argument, wenn er Descartes „Anspruch auf Weltherrschaft, Gewaltpolitik, Militarismus, Universalität nur unter Führung Frankreichs" (Grautoff 1923: 137) unterstellt.

Dieser Bezug auf nationale Stereotypen ist, wie Gérard Raulet am Beispiel des Umgangs der deutschen Romanisten mit der französischen Aufklärung (*Lumières*) gezeigt hat, nur scheinbar widersprüchlich (Raulet 1993: 317-347). Raulet spricht in diesem Zusammenhang von „fehlgeschlagene[r] Modernisierung", insofern als die deutsche Romanistik in der Zeit der Weimarer Republik sich zwar um Wissenschaftlichkeit bemühte, in Wirklichkeit aber auf „kulturelle Typologien" und „Völkerpsychologie" rekurrierte und damit in alte Interpretationsmuster verfiel. Dieses Verhalten der Romanisten ist im Zusammenhang mit der *Kulturkritik* zu sehen, also einer bestimmten „antibürgerlichen" (Heidbrink 2007: 153-176), nach Ursprünglichkeit trachtenden Haltung bezüglich der Moderne. Diese Haltung bzw. dieser Affekt zeichnen sich insbesondere durch Ablehnung des aufklärerischen Rationalismus aus. Im Grunde ist es also die „ideologische Funktion" des Bezugs auf Descartes, eine Antwort zu geben auf die Frage, ob Deutschland fähig sei, sich den Herausforderungen der Moderne zu stellen. In der anti-cartesianischen Haltung geht es um die „Behauptung oder Wiederbehauptung einer problematisch gewordenen nationalen Identität" (Raulet 1993: 335).

5

In gewissermaßen metaphysischer Überhöhung lässt sich dies sogar bei einem scheinbar vom Politisch-Ideologischen noch gänzlich distanzierten Martin Heidegger beobachten. 1927 schrieb Heidegger in *Sein und Zeit*, die cartesianische Tradition müsse ‚destruiert' werden. Nur scheinbar hat man es hier mit ausschließlich erkenntnistheoretischen Überlegungen zu tun. Die verkappte ideologische Dimension wird im Vortrag „Der gegenwärtige Kampf um eine historische Weltanschauung" (1925) deutlich. Dieser Vortrag ist das zweite Hauptwerk Heideggers aus der Marburger Periode, und eine seiner Hauptlinien ist die Descartes-Kritik und die Kritik an der Philosophie des Ich. Ähnlich wie bei Scheler wird Husserl dabei sein Cartesianismus vorgeworfen. Auffällig ist hier, dass diese Kritik einhergeht mit dem Vorwurf, Husserl fehle es an „Boden". Wenn man weiß, wie antisemitisch das Fehlen eines Bodens beim Grafen Yorck von Wartenburg gedacht ist, bei einem, den Heidegger bewunderte und dessen Briefwechsel mit Wilhelm Dilthey er einige Jahre zuvor sehr ausführlich und zustimmend rezensiert hatte, dann stellt sich die Frage, in welchem Maße das Argument des fehlenden Bodens bei Heidegger erkenntnistheoretisch ist, und ob nicht Heideggers vermeintlich epistemologischer Anti-Cartesianismus schon Mitte der zwanziger Jahre nationalistische Assoziationen hat.

Die ideologische, ja politische Bedeutung des Anti-Cartesianismus Heideggers wird spätestens in der NS-Zeit überdeutlich, und zwar nicht zufällig in einer Vorlesung, die Heidegger 1933 als Rektor der Universität Freiburg hielt. Das Unterrichten von Descartes an deutschen Universitäten, so Heideggers Botschaft an seine Studenten, sei eine nicht hinnehmbare Verlotterung der deutschen Universität, ein zu überwindendes Erbe der Weimarer Republik. Dass diese Aussage in gewisser Kontinuität mit dem Destruktionsvorhaben von *Sein und Zeit* steht, liegt nahe.

Damit bestätigt das Phänomen des Anti-Cartesianismus auch exemplarisch, wie eine schon in der Weimarer Republik wachsende Tendenz zum Missbrauch der Philosophie im Nationalsozialismus zu ihrer vollständigen Perversion wird. Der offene Bruch mit den europäischen Traditionen und den Prinzipien der Aufklärung lässt sich beispielhaft bei Carl Schmitt beobachten, der 1933 in seinem Buch S*taat, Bewegung, Volk* schreibt:

> Dieser Begriff von Führung stammt ganz aus dem konkreten, substanzhaften Denken der nationalsozialistischen Bewegung [...] Er stammt weder aus barocken Allegorien und Repräsentationen, noch aus einer cartesianischen *idée générale* (Schmitt 1934: 41).

Als 1937 das 300. Jahr nach Entstehung des *Discours de la méthode* begangen wurde, trat der deutsche Anti-Cartesianismus in aller Deutlichkeit zutage. Eine deutsche Delegation in Braunhemden begab sich auf den internationalen Descartes-Kongress in Paris. Heidegger, der ursprünglich die Delegation leiten wollte, trat zwar nach internen Querelen die Reise nicht an, veröffentlichte dafür jedoch einen Aufsatz in einem durch und durch linientreuen Sammelband (cf. Farías 1989: 331 f). Sein Titel, *Wege zur Aussprache*, scheint eine um Versöhnung bemühte Reflexion zur Wissenschaftskommunikation zu sein (Heidegger 1983: 15-22). Bei der Lektüre aber wird deutlich, dass es darum geht, Frankreich als cartesianischem Land seine geistige Überlebtheit und Unterlegenheit beizubringen. Damit befand sich Heidegger auf gleicher Linie wie Alfred Bäumler, der als einer der führenden Ideologen des NS in *Die Dialektik Europas. Antwort an Jules Romains*, ebenfalls im Jahre 1937, schrieb: „Wir sind uns bewusst, dass uns das Griechische nicht durch die römische Tradition vermittelt wurde, sondern von uns in immer neuen Ansätzen selbstständig erobert worden ist" (Baeumler 1937: 53).

6

Nach dem Zusammenbruch des Dritten Reiches publizierte Heidegger bei Vittorio Klostermann in den *Holzwegen* (1950) seinen Vortrag „Die Begründung des neuzeitlichen Weltbildes durch die Metaphysik" aus dem Jahre 1938 und verwandelte durch kunstvolle Auslassungen, Umformulierungen und Einfügungen seinen damaligen Anti-Cartesianismus in eine scheinbare Kritik an der Ideologie des NS (cf. Kellerer 2011). Zwei überraschende Pointen können jedoch, auch ohne auf diese Dinge einzugehen, den Fortgang des geschilderten Rezeptions- und Abstoßungsprozesses beleuchten.

Gerade Martin Heidegger, der bereits in den zwanziger Jahren der Vertreter eines entschiedenen Anti-Cartesianismus schlechthin war und der seine anti-cartesianische Linie in den folgenden Jahren immer deutlicher herausstellte, erfuhr nach dem Zweiten Weltkrieg in Frankreich den Erfolg, der ihm damals in Deutschland auf Grund seiner Verstrickungen mit dem NS-Regime noch verwehrt blieb. Diesem wichtigen rezeptionsgeschichtlichen Phänomen nachzugehen, wäre hinsichtlich der Mechanismen des Kulturtransfers außerordentlich aufschlussreich. Dieses Kapitel der deutsch-französischen Rezeptionsgeschichte ist komplex und es gibt bisher nur einen kritischen Interpretationsversuch dieses Phänomens (Givsan 2001. Dominique Janicauds Studie ist vor allem eine hilfreiche, detaillierte Beschreibung der Rezeption Heideggers in Frankreich, die jedoch kaum Interpretationsansätze bietet: Janicaud 2001). So verwundert es nicht, dass es bisher kaum interpretiert, sondern vor allem beschrieben wurde. Dabei wäre besonders Heideggers Veröffentlichungsstrategie in den unmittelbaren Nachkriegsjahren in den Blick zu nehmen (Zu Heideggers Veröffentlichungsstrategie vor allem in Deutschland, aber mit einigen Hinweisen auch zu Frankreich bisher nur: Mehring 1992 und Mehring 2009: 298-315).

Die zweite Pointe betrifft die Gegenwart. Ausgerechnet im Zusammenhang mit der im Jahre 2005 in Frankreich neu ausgelösten Debatte um Heideggers Rolle im NS, die auch in Deutschland mit Interesse verfolgt wurde, gebrauchen einige deutsche Intellektuelle Argumente aus dem alten zivilisationskritischen, anti-cartesianischen Arsenal. So ließ der Philosoph Dieter Thomä in der *Neuen Zürcher Zeitung* verlauten, die Franzosen bräuchten im Grunde Heidegger, um erst wirklich philosophieren zu können. Metaphysik könne man eigentlich nur in Deutschland studieren, in Frankreich bleibe sie, wie die Debatte um Heidegger zeige, letztendlich doch immer recht oberflächlich (Thomä 2005: 63).

Literatur

Azouvi, François 2002: *Descartes et la France*, Paris: Fayard
Baeumler, Alfred 1937: „Die Dialektik Europas. Antwort an Jules Romains", in: Baeumler 1937: 50-56
Baeumler, Alfred 1937: *Politik und Erziehung: Reden und Aufsätze*, Berlin: Junker Duennhaupt
Barthes, Roland 2003: *Mythen des Alltags*, Frankfurt a. M.: Suhrkamp
Berr, Henri 1919: *La guerre allemande et la paix française: le Germanisme contre l'esprit français. Essai de psychologie historique*, Paris: Renaissance du livre
Blumenberg, Hans 1966: *Die Legitimität der Neuzeit*, Frankfurt a. M.: Suhrkamp
Bollenbeck, Georg 1996: *Bildung und Kultur. Glanz und Elend eines deutschen Deutungsmusters*, Frankfurt a. M.: Suhrkamp
Bollenbeck, Georg 2004: „Zivilisation", in: Ritter, Joachim et al. (eds.) 2004: 1366-79
Bollenbeck, Georg 2007: *Eine Geschichte der Kulturkritik. Von Rousseau bis Günther Anders*, München: C. H. Beck
Brunner, Otto et al. (eds.) 1992: *Historisches Wörterbuch der Philosophie*, Darmstadt: Wissenschaftl. Buchgesellschaft
Curtius, Ernst Robert [2]1975: *Die französische Kultur*, Bern / München: Francke
Denker, Alfred & Holger Zaborowski (eds.) 2009: *Heidegger und der Nationalsozialismus II*, Freiburg / München: Carl Alber
Descartes, René [3]1992: *Meditationen über die Grundlagen der Philosophie: mit den sämtlichen Einwänden und Erwiderungen*, Hamburg: Felix Meiner
Eucken, Rudolf 1915: *Die Träger des deutschen Idealismus*, Berlin: Ullstein
Farías, Victor 1989: *Heidegger und der Nationalsozialismus*, Frankfurt a. M.: S. Fischer
Fisch, Jörg 1992: „Zivilisation, Kultur", in: Brunner et al. (eds.) 1992: 679-774
Givsan, Hassan 2001: *Eine bestürzende Geschichte: Warum Philosophen sich durch den ‚Fall Heidegger' korrumpieren lassen*, Würzburg: Königshausen & Neumann

Grautoff, Otto 1923: *Die Maske und das Gesicht Frankreichs. In Denken, Kunst und Dichtung*, Stuttgart / Gotha: Friedrich Andreas Perthes
Guizot, François 1829: *Histoire de la civilisation en France depuis la chute de l'Empire Romain jusqu'en 1789*, Paris: Pichon et Didier
Guizot, François 1851: „Cours d'histoire moderne (1827)", in: Guizot ⁶1851
Guizot, François ⁶1851: *Histoire de la civilisation en Europe depuis la chute de l'Empire Romain*, Paris: Victor Masson
Habermas, Jürgen 1988: *Der philosophische Diskurs der Moderne. Zwölf Vorlesungen*, Frankfurt a. M.: Suhrkamp
Hanna, Martha 1996: *Mobilization of Intellect. French Scholars and Writers during the Great War*, Cambridge: Harvard University Press
Hegel, Georg Wilhelm Friedrich ²1993: *Vorlesungen über die Geschichte der Philosophie III*, Frankfurt a. M.: Suhrkamp
Heidegger, Martin 1983: „Wege zur Aussprache", in: Heidegger 1983: 15-22
Heidegger, Martin 1983: *Aus der Erfahrung des Denkens (1910-1976)*, Gesamtausgabe Bd. 13, Frankfurt a. M.: Vittorio Klostermann
Hilgers-Schell, Hannelore & Helga Pust 1967: „Culture und Civilisation im Französischen bis zum Beginn des 20. Jahrhunderts", in: Knobloch et al. (eds.) 1967: 1-30
Janicaud, Dominique 2001: *Heidegger en France*, Paris: Albin Michel
Keller, Adolf 1914: *Eine Philosophie des Lebens (Henri Bergson)*, Jena: Diederichs
Kellerer, Sidonie 2011: „Verlegte Spuren. Heideggers ‚Zeit des Weltbildes'. Eine philologische Nachfrage", in: *Zeitschrift für Ideengeschichte* V/2 (2011): 109-120
Knobloch, Johann et al. (eds.) 1967: *Europäische Schlüsselwörter. Wortvergleichende und wortgeschichtliche Studien*, Bd. 3: *Kultur und Zivilisation*, München: Hueber
Mehring, Reinhard 1992: *Heideggers Überlieferungsgeschick. Eine dionysische Selbstinszenierung*, Würzburg: Königshausen & Neumann
Mehring, Reinhard 2009: „Von der Universitätspolitik zur Editionspolitik. Heideggers politischer Weg", in: Denker & Zaborowski (eds.) 2009: 298-315
Merlio, Gilbert & Gérard Raulet (eds.) 2005: *Linke und rechte Kulturkritik: Interdiskursivität als Krisenbewusstsein* (= Schriften zur politischen Kultur der Weimarer Republik 8) Frankfurt a. M.: Peter Lang

Platz, Hermann 1930: *Deutschland und Frankreich. Versuch einer geistesgeschichtlichen Grundlegung der Probleme*, Frankfurt a. M.: Moritz Diesterweg

Raulet, Gérard 2005: „Histoire d'un malentendu fécond. La réception de Bergson en Allemagne", in: Merlio & Raulet (eds.) 2005: 23-54

Ritter, Joachim et al. (eds.) 2004: *Historisches Wörterbuch der Philosophie*, Darmstadt: Wissenschaftl. Buchgesellschaft

Rosanvallon, Pierre 1985: *Le moment Guizot*, Paris: Gallimard

Scheler, Max 1955: „Versuche einer Philosophie des Lebens. Nietzsche – Dilthey – Bergson", in: Scheler 1955: 311-39

Scheler, Max 1955: *Vom Umsturz der Werte. Abhandlungen und Aufsätze*, Bern / München: Francke

Scheler, Max [2]1963: „Das Nationale im Denken Frankreichs", in: id.: *Schriften zur Soziologie und Weltanschauungslehre*, Bern / München: Francke Scheler [2]1963: 131-57

Schmitt, Carl 1934: *Staat, Bewegung, Volk: die Dreigliederung der politischen Einheit*, Hamburg: Hanseatische Verlagsanstalt

Simmel, Georg 1922: „Henri Bergson", in: id.: *Zur Philosophie der Kunst. Philosophische und kunstphilosophische Aufsätze*, Potsdam: Gustav Kiepenheuer:

Thern, Tanja 2003: *Descartes im Lichte der französischen Aufklärung. Studien zum Descartes-Bild Frankreichs im 18. Jahrhundert*, Heidelberg: Palatina

Thomä, Dieter 2005: „Alle zwanzig Jahre wieder. Eine neue französische Debatte über Heidegger und den Nationalsozialismus", in: *Neue Zürcher Zeitung* (30.07.2005): 63

III Literaturvermittlung als Kulturvermittlung

10 Literaturvermittlung als Kulturvermittlung

Das *Inter-* und *Trans-* der Kulturen bei der Textvermittlung

Vibha Surana (Mumbai)

Abstract

This paper seeks conceptual clarity of seminal terms like *culture, interculturality* and *transculturality*. With the help of Ralph Linton's ironical description of the interculturally configured American culture, the constitutive interculturality of culture is emphasized upon. Just as intertextuality is the integral part of a text, so is interculturality also an intrinsic constitutive element of culture. It is not the origin of an idea or a method, which is of prime importance, but the interpretative space, the aesthetic possibilities it opens up and brings into play. Transculturality is shown as an inherently self contradictory concept and is therefore not of much use. Interculturality proves its mettle as a concept as it invariably entails insightful reciprocity. The world-civilizational common grounds go hand in hand with the culture specific and the intercultural plains of text interpretation. These common features of the world-civilization today are English language, the primacy of technology, media, aesthetics, the capital goals and worldwide values like *humaneness, friendliness, cleanliness* etc.

Whereas culture specific and intercultural comparative approaches may be fruitful for the analysis of literary and intermedial texts, it is the commonalities which invariably kickstart understanding and interpretation of aesthetic texts.

Wie alles sich zum Ganzen webt, Eins in dem Anderen wirkt und lebt! (Goethe, *Faust I*)

Im kulturwissenschaftlichen Diskurs der letzten Jahre wird die Interkulturalität hin und wieder als vage und unklar oder zugunsten der Transkulturalität als passé abgetan. Der epistemologische Wert der Dichotomien von Eigenem und Fremdem wird aber schon seit Jahrzehnten angesichts der augenfälligen pluralen kulturellen Identitäten nicht nur angefochten, sondern auch für illegitim erklärt.

Das Durcheinander beim Gefecht um die Präfixe *Inter* und *Trans* ist eigentlich nur ein Scheinproblem, das aus einem unbefriedigenden Kulturverständnis resultiert. Weil dessen Fundament wackelig ist, ist das Gerüst darauf auch wackelig. Die Wissenschaft braucht randscharfe und kernprägnante Begriffe (cf. Weinrich 1990: 5); wer sich mit Schwammigem begnügt und vergnügt, beeinträchtigt die Wissenschaft. Der gegenwärtige Begriffsnebel verlangt, sich über Grundbegriffe wie *Kultur*, *Trans-* und *Interkulturalität* Klarheit zu verschaffen, um deren Stellenwert bei der Textvermittlung abwägen zu können.

Kultur umfaßt die Lebens-, Verhaltens-, Glaubens-, Denk- und Ausdrucksweisen einer bestimmten Gruppe im Prozeß (Surana 2009: 25). Aufgrund gemeinsam erlebter Faktoren wie *Geschichte* (*shared histories*) oder / und *Sprache, Klima, Religion, Region, Beruf, Schicht, Alter, politische Einstellung* u.a. entwickelt sich jeweils eine Gruppendynamik, die sich von anderen analogen kulturellen Dynamiken unterscheidet. Die dynamischen Manifestationen einer kollektiven Entität machen eine Kultur aus, in der die genannten kohäsiven Faktoren bei jedem Menschen in verschiedenen Konstellationen zusammenwirken. Die dynamische Verflochtenheit pluraler kultureller Identitäten zu einem höchst komplexen kulturellen Palimpsest verbietet, die singulare Auffassung von Kultur bei aller Bedeutung als „die einzige Bestimmungsgröße unseres Lebens und unserer Identitäten" (Sen 2007: 122) zu betrachten.

Die Sehweise muß perspektivisch statt holistisch sein. Der komparatistische interkulturelle Blickwinkel trägt bei der Vermittlung ästhetischer Texte nicht nur zur Horizonterweiterung bei, sondern vertieft auch deren Verständnis und läßt sie im kulturellen Kontext in einem neuen Licht erscheinen.

Angesichts der Komplexität pluraler kultureller Kontexte ist es angebracht, bei kulturellen und interkulturellen Studien zu spezifizieren, was genau die kohäsive Kraft der verschiedenen Kulturen in spezifischen Konstellationen ausmacht. Dem jeweiligen kulturellen Kontext entspricht, auf die Nation bezogen, eine *tibetische / chinesische / französische* Kultur; auf die Sprache bezogen die *deutsche / Marathi-/ Tangkhu-/ Suaheli-Kultur* u.a.; der Religion nach die *islamische / hinduistische / jüdische / buddhistische / christliche Kultur* u.a.; der Region nach die *asiatische / bayerische / europäische / südindische Kultur* u.a.; dem Beruf nach eine Kultur der *Ärzte, Universitätsprofessoren, Minenarbeiter* bzw. eine *Kultur der Mittelschicht, der niederen Schicht* u.a. Vom Alter her ist die *Jugendkultur* von der *Ü-30-Kultur* zu unterscheiden; von der politischen Einstellung her eine *marxistische* von einer *kapitalistischen Kultur*; der Ethnik nach die *Kultur der Parsen in Mumbai, der Tamil in Sri Lanka* u.a. Sogar in Bezug auf die Firma ist von einer *Siemens-/ Bose-/*

Tata-Kultur zu sprechen. An der *deutschen Kultur* interessiert, was genau die kohäsive Kraft für das Bewußtsein der Nation ausmacht, die *deutsche Sprache* oder *Deutsch und Türkisch, Christentum und Islam* oder die *mitteleuropäische Gemengelage* u.a. Ästhetische Texte zeichnen sich durch *kulturspezifische Merkmale aus*, die bei ihrer Vermittlung zu thematisieren sind.

Das Forschungsparadigma *Interkulturalität* (Gutjahr 2002: 345) setzt zwei oder mehrere Kulturen voraus, die sich gegeneinander abgrenzen und zugleich einander öffnen und damit voneinander lernen. Das *Inter-* der Interkulturalität bleibt mit seinen Bedeutungsnuancen von *mit, zwischen* und *Reziprozität* (im Sinne von *voneinander lernen*, wie Wierlacher [2010 a] sie im Podiumsgespräch zur Eröffnung der Tagung kurz und prägnant formulierte) unter neueren kulturwissenschaftlichen Ansätzen geradezu unübertroffen. Das relationale *Inter-*, d.h. das *mit, zwischen* und die *Reziprozität*, findet auf gleicher Augenhöhe zwischen zwei oder mehreren Kulturen statt, die jeweils eine eigentümliche hybride Konfiguration sind. So wirklich und epistemologisch ertragreich die Differenzrelation zwischen einzelnen kulturellen Dynamiken auch ist, die kulturelle Grenzziehung bleibt nach wie vor problematisch. Im Sinne Goethes gegenüber Eckermann am 28. März 1827, „Das Gleiche läßt uns in Ruhe. Der Widerspruch ist es, der uns produktiv macht" (Schlaffer 1986: 540), betrachtet Wierlacher Grenzen als sinnstiftend für den Menschen, obschon sein auf Glückseligkeit gerichtetes Wunschdenken gerade deren Aufhebung erstrebt. Sinnvolle Begrenzung und potentielle Offenheit schließen einander nicht aus, wenn Kulturen als freie Gestaltungsmöglichkeiten mit bestimmten Spielregeln ausgelegt werden.

> Wären die Menschen nicht vergleichbar begrenzte Wesen, gäbe es genau genommen weder Möglichkeiten ihres friedlichen Zusammenlebens noch ihrer Konkurrenz. Kulturen lassen sich als Spielsysteme auffassen; die vielen Grenzen des menschlichen Lebens sind unsere Spielbedingungen und Spielregeln [...] (Wierlacher 2010 b: 20).

Kulturen sind nicht so sehr als Spielsysteme, sondern eher als Spielräume aufzufassen, die wechselnde Spielregeln zulassen. Können sie aber auch als bloßes Spiel, als `play´ im Unterschied zu `game´ betrachtet werden, das ganz ohne Spielregeln auskommt? Die kulturelle Identität wird an einem Ende des Spannungsbogens fixiert und unentrinnbar „unter der Haut getragen", wie der indische Kulturpsychologe Sudhir Kakar uns nahelegen will (Kakar 2006: 7). Am anderen Ende ist sie dagegen absolut beliebig und ersetzbar, für Ilija Trojanow an-, um- und ausziehbar wie Schuhe und Kleider. Heimat ist für ihn das „Umfeld, in dem man sich wohl fühlt" (Trojanow 2002: 34). Letzten Endes kommt es auf die kulturelle Freiheit an (cf. Sen 2007: 123). Sie beruht darauf, aus dem weiten Spektrum der Möglichkeiten zwischen den entgegengesetzten Konstatierungen von kulturellen Identitäten auszuwählen, statt das vermeintlich Eigene bei radikaler Negation des Fremden engstirnig zu behaupten. Der Spielraum ist offen dafür, daß die Differenzrelation dynamisch bleibt und keineswegs als solche erstarrt. Eine kulturelle Identität schließt die anderen kulturellen Identitäten in den diversen Konstellationen nicht aus. Sowohl das Eigene als auch das Fremde setzen sich diachronisch und synchronisch zu einem sich fortwährend verändernden Palimpsest mehrfacher kultureller Prägungen zusammen. Die kulturelle Identität ist insofern dialektisch zu konstruieren, als zu der These – *ich bin Inderin* – die Antithese – *ich habe aber die Freiheit, keine Inderin zu sein* – und die Synthese – *ich bin in dem Sinne Inderin und zugleich auch keine Inderin* – gehören.

In rigoroser Ablehnung der Multi- und Interkulturalität hat Wolfgang Welsch Anfang der 90er Jahre den vermeintlich neuen Begriff der *Transkulturalität* postuliert (cf. Mecklenburg 2010: 28-39)[1], der das Problem kultureller Grenzziehungen auch nicht löst. Man muss ihm allerdings zugutehalten, daß er zumindest die zeitgenössischen Kulturen als hybrid, mit stetigen Übergängen und Durchdringungen, betrachtet. Als ob Kulturen früher monochrom und kugelartig, inselhaft gewesen wären, wie er es in Anlehnung an und in Abgrenzung zu Herder dem interkulturellen Ansatz unterstellt:

> Nur ist die Beschreibung heutiger Kulturen als Inseln bzw. Kugeln deskriptiv falsch und normativ irreführend. Unsere Kulturen haben längst nicht mehr die Form der Homogenität und Separiertheit, sondern sind weitgehend durch Mischungen und Durchdringungen gekennzeichnet. Diese neue Struktur der Kulturen bezeichne ich, da sie über den traditionellen Kulturbegriff *hinaus*- und durch die traditionellen Kulturgrenzen wie selbstverständlich *hindurchgeht*, als *transkulturell* (Welsch 2000: 335 f.).

---

[1] „Manche Leute, verführt von einem wenig durchdachten Vorschlag des Philosophen Wolfgang Welsch, sagen statt ‚interkulturell' lieber ‚transkulturell'" (Mecklenburg 2010: 38 f.).

Kulturen waren nie monochrom, sondern stets interkulturell konfiguriert. Die Hauptthese der interkulturellen Germanistik, statt der ständigen Reibung undurchlässiger Kugeln die Fremdheit als Ferment für die Prozeßabläufe auszumachen, ist von der transkulturellen Kritik übersehen worden.

Kulturen werden längst nicht mehr als statisch und in sich geschlossen, sondern als offen und porös aufgefaßt, als Prozesse, die Verluste, Selektionen, Neuentdeckungen, Übernahmen, Verflüssigungen, Verwischungen, Verflechtungen und Neuformationen mit sich bringen. Wenn Kulturen selbst schon hybride Prozesse sind, worüber geht man hinaus und wohin? Wenn die Kulturen von vornherein interkulturell angelegt sind, wozu dann *trans*?

Mit *Trans – über etwas hinaus* oder *hindurch* – wird also entweder eine hybride Kultur überwältigt oder eine monochrome Kulturalität überwunden, die es in Wirklichkeit nie gab, die es nicht gibt. Worin soll die Kulturalität eigentlich bestehen, über die die *Transkulturalität* hinausgehen will? Wenn bisher von einem falschen Kulturverständnis ausgegangen wurde, wie Welsch unterstellt, was ist dann richtiger? Gibt es Kulturen oder nicht? Soll es keine Gruppenzugehörigkeiten mehr geben, keine deutsche Kultur, geschweige denn eine deutsche Leitkultur? Und auch keine französische Kultur? Wenn ja, worin besteht dann die Transkulturalität? Wie Eberhard Scheiffele jüngst bei einer Paneldiskussion auf dem IVG Kongress intervenierte, geht eine Trans-Bewegung immer nur in eine Richtung. Ist nicht das dialogische, relationale *Inter* oder *Zwischen* eher wünschenswert? Mecklenburg gebraucht *transkulturell* im Sinne von Elmar Holenstein, der die von Welsch geleugneten Gemeinsamkeitsebenen in den achtziger Jahren als transkulturelle Invarianz bezeichnet hat (cf. Mecklenburg 2010: 38 f.).[2]

Mit dem Zuwachs solcher gemeinsamen Räume, öffentlichen kosmopolitischen Sphären kommt eine Weltzivilisation auf, in der kulturelle Grenzen und Markierungen, wenn überhaupt, nur mehr eine marginale Rolle spielen. Daya Krishna sieht „a universal civilization" (Krishna 2005) weltweit durch die Verschriftlichung – sie gilt ihm als ein ausgeprägt konstitutives Merkmal der Zivilisation im Unterschied zur Kultur – in Englisch als internationaler Kommunikationssprache begrün-

---

2 Mecklenburg 2010: 38 f.: „,Transkulturell' sollten wir nennen, was über einzelne Kulturen hinausgeht, unbestimmt oder unbegrenzt."

det.[3] Mehrsprachigkeit und Kulturenpluralismus spielen in der weltzivilisatorischen Symphonie die zweite Geige. Literatur und Musik aus verschiedenen Kulturen, vor allem in englischer Sprache, neue Techniken[4] und Medien, das Monopol des wirtschaftlichen Erfolgs, Werte wie *Menschlichkeit, Freundlichkeit und Sauberkeit, internationale Kulinarik, die allgegenwärtige Ästhetik*[5] als „die Schlüsselkategorie unserer Zeit", das *veloziferische Zeitbewußtsein* u.a. geben heute den Ausschlag.

Das *transkulturelle* Kulturverständnis, das Welsch in den 90er Jahren als *neu* verkaufen wollte, war schon seit mehreren Jahrzehnten eine Binsenweisheit in der Kulturanthropologie. In seinem Essay *One hundred percent American* hat Ralph Linton schon 1937 die konstitutive Interkulturalität seiner Nationalkultur im amerikanischen Alltag prononciert auf den Punkt gebracht. Als frühe Einsicht in die intrinsische interkulturelle Textur der vermeintlichen Monokulturen ist dieser kulturanthropologische Text heute noch von zentralem Stellenwert für interkulturelle Kulturalität. *The American Mercury* vom 21. Juli 2010 hat ihn neu ausgegraben, und er soll hier auch auf Deutsch fast in toto wiedergegeben werden:

> Der Nationalstolz eines Durchschnittsamerikaners steht außer Verdacht, ebenso wie sein Wunsch, dieses kostbare Erbe um jeden Preis beizubehalten. Jedoch haben sich einige fremde Ideen in diese Zivilisation heimtückisch hineingezwängt, ohne dass ihm (nämlich dem Durchschnittsamerikaner) bewusst wurde, was im Gange war. So steht ein ahnungsloser Patriot in Pyjamas auf, die ostindischer Herkunft sind, steigt aus einem Bett, dessen Muster aus Persien oder Kleinasien stammt. Vom Scheitel bis zur Sohle ist er in Stoffen angezogen, die allesamt nicht aus Amerika stammen: Baumwolle aus Indien, Leinen aus dem Mittleren Osten, Wolle von einem Tier, das in Kleinasien ge-

---

3 Krishna 2005: „Today, the pan-global language that is emerging is […] English. […] If a universal civilization, or a larger civilization is emerging, then it must have a language of its own. And this language gradually has become English."

4 Wie stark vereinheitlichend sie wirken, zeigt die Werbeanzeige einer Firma der amerikanischen Telekommunikation in der *New York Times* vom 31.1.1999: „*1729 Languages, 196 Cultures, 143 Religions. One Phone*" (Weinrich 2007: 221).

5 Sowohl die öffentlichen als auch die privaten Sphären – etwa Stadtarchitektur, Büroausstattung, Wohnmöbel, Lifestyle – präsentieren heute weltweit ähnliche Ästhetiken „in der Lebenswelt und Politik, in Kommunikation und Medien, in Design und Werbung, in Wissenschaft und Erkenntnistheorie" (Welsch 1993: 7 f.).

funden wird, oder Seide, deren Gebrauch zuerst von den Chinesen entdeckt wurde. Alle diese Materialien wurden durch ein Verfahren zu einem Kleiderstoff transformiert, der in Südwestasien erfunden wurde. Falls das Wetter kalt genug ist, schläft er wahrscheinlich unter einem Federbett, das in Skandinavien erfunden wurde. Beim Erwachen wirft er einen Blick auf die Uhr, eine Erfindung aus dem europäischen Mittelalter. Im Badezimmer ist das Glas aus Altägypten, das Porzellan aus China. Er wäscht sich mit Seife, erfunden von den alten Galliern. Als nächstes putzt er sich die Zähne, ein subversiver europäischer Brauch, der Amerika erst in der zweiten Hälfte des 18. Jahrhunderts unterwanderte.

[...] Beim Frühstück verwendet er eine Gabel, die ihren Ursprung im italienischen Mittelalter hat, und einen Löffel, der eine Abbildung des römischen Originals ist. Den Tag beginnt er mit einem Kaffee aus einer abessinischen Pflanze, die die Araber entdeckten. Den Kaffee braucht der Amerikaner wohl als Antidot für die morgendlichen Nachwirkungen vom übermäßigen Konsum der fermentierten Getränke, die im Nahen Osten erfunden wurden, oder der destillierten, die die Alchemisten des mittelalterlichen Europas erfanden. Wo die Araber den Kaffee schwarz und ungesüßt zu sich nahmen, wird er wohl Zucker dazu tun, der in Indien entdeckt wurde, und mit Sahne abschwächen – beides, die Domestizierung von Vieh und die Technik des Melkens, hatten ihren Ursprung in Kleinasien. Falls unser Patriot altmodisch genug ist, an dem sogenannten amerikanischen Frühstück festzuhalten, wird der Kaffee von einer Orange begleitet oder von Orangensaft, zuerst kultiviert im Mittelmeerraum, einer Honigmelone aus Persien oder Trauben aus Kleinasien [...].

Nach dem Frühstück trägt er, falls es nach Regen aussieht, Gummistiefel, die von Altmexikanern erfunden wurden, oder einen Regenschirm, der in Indien erfunden wurde. Er beeilt sich dann, um den Zug zu erwischen, der (wiederum) eine englische Erfindung ist. Am Bahnhof hält er einen Augenblick inne, um eine Zeitung zu kaufen, die er mit Münzen bezahlt, die in Altlydien erfunden wurden. [...] Er liest die Tagesnachrichten, die durch ein Verfahren produziert werden, das in Deutschland erfunden wurde, auf ein Material aus China in Buchstaben aufgedruckt, die von den Altsemiten stammen [...] (Linton 1937).

Der Begriff der *Interkulturalität*, bei der die einzelnen Kulturen nicht ausgeblendet, sondern von ihnen als unerläßliche Voraussetzung konstituiert werden, läßt an die *Intertextualität* als integrale, elementare Voraussetzung des Textes denken: Der Text wird durch die Intertextualität nicht kompromittiert, sondern erst erzeugt. Edgar Wibeau, der geniale Protagonist aus Ulrich Plenzdorfs Roman *Die neuen Leiden des jungen W.*, kommentiert die intrinsische intertextuelle Struktur der Texte mit tiefsinniger poetischer Einfalt:

> Alle Bücher kann kein Mensch lesen, nicht mal alle sehr guten. Folglich konzentrierte ich mich auf zwei. Sowieso sind meiner Meinung nach in jedem Buch fast *alle* Bücher. Ich weiß nicht, ob mich einer versteht. Ich meine, um ein Buch zu schreiben, muß einer ein paar tausend Stück andere gelesen haben. Ich kann's mir jedenfalls nicht anders vorstellen. Sagen wir: dreitausend. Und jedes davon hat einer verfaßt, der selber dreitausend gelesen hat. Kein Mensch weiß, wieviel Bücher es gibt. Aber bei dieser einfachen Rechnung kommen schon ...zig Milliarden und das mal zwei raus. Ich fand, das reicht (Plenzdorf 1973: 24).

Damit wird Julia Kristevas Definition der *Intertextualität* von 1966 eingeholt: „[E]very text is constructed as a mosaic of citations, every text is an absorption and transformation of other texts" (Sebeok 1986). Es ergibt sich also ein fein verwickeltes Geflecht von gegenseitigen Einflüssen, wie auch jede Kultur ein Mosaik von Einflüssen aus der Transformation anderer Kulturen darstellt und die Interkulturalität damit die jeweilige Kultur ausmacht wie die Intertextualität den Text.

Die intrinsisch interkulturell konfigurierte kulturelle Identität ist weder essentialistisch noch deterministisch, sondern perspektivisch ins Spiel zu bringen, wie bereits im ursprünglichen Konzept der interkulturellen Germanistik konstatiert. Plurale kulturelle Dynamiken können, müssen aber das Denken und Handeln nicht tangieren. Soziale und wirtschaftliche Aufstiegschancen wirken oft eher als Antrieb als kulturelle Faktoren. Diese werden aber politisch extrem manipuliert und stigmatisiert und medial zu sensationellen Scheinkontroversen erhoben. Amartya Sen rechnet mit einer Gefährdung des ganzen Menschen und der Weltgemeinschaft, sollten kulturelle Identitäten nicht möglichst plural, sondern singular essentialistisch determiniert werden:

> Unser gemeinsames Menschsein wird brutal in Frage gestellt, wenn man die vielfältigen Teilungen in der Welt auf ein einziges, angeblich dominierendes Klassifikationsschema reduziert, sei es der Religion, der Gemeinschaft, der Kultur, der Nation oder der Zivilisation – ein Schema, dem Krieg und Frieden jeweils einzigartige Wirkung zugeschrieben wird. Die Aufteilung der Welt nach einem einzigen Kriterium stiftet weit mehr Unfrieden als das Universum der pluralen und mannigfaltigen Kategorien, welche die Welt prägen, in der wir leben [...] (Sen 2007: 9; Sen 2009: 246 f.).

Neuere Ansätze wie Homi Bhabhas *Hybridität* und *Third Space,* Stephen Greenblatts *New Historicism,* die verschiedenen *cultural turns (the ethical turn, the iconic turn, the spatial turn* u.a.), dazu neuerdings Spivaks

Plädoyer für Mehrsprachigkeit und Planetarität haben der kulturwissenschaftlichen Landschaft von heute sicherlich ein beachtliches kritisch-reflexives Potential beschert. Keiner dieser Ansätze stellt jedoch einen Erkenntnisgewinn der Art in Aussicht, wie ihn die Interkulturalität durch interaktiven Wechseltausch zwischen gleichgestellten Kollektiven als *modus operandi* erzielt.

Der Mensch ist und bleibt sozial vernetzt, Teil und Akteur in mehreren Kollektiven. Mit jedem Wechsel zu einer anderen Nation, Sprache, Religion, Region, zu einem anderen Beruf oder Alter kommt trotz weltzivilisatorischer Vereinheitlichung die eigenartige Realität dieser spezifischen kollektiven Entitäten oder Gruppen zur Geltung, die weder als bloße Konstrukte noch als amorphe Vorstellungen abzutun sind. Nur überlagern und vermischen sich die verschiedenen Kulturen und gehen mit interkulturellen und mit weltzivilisatorischen Prozessen Hand in Hand.

Damit kommen wir zum Rahmenthema der Textvermittlung als Kulturvermittlung. Darunter ist zwangsläufig zu verstehen, daß dabei die latente Pluralität der Kultur, ihre Multi-, ja Interkulturalität zu thematisieren ist, wie sie diesbezügliche Studien und Forschungen aus dem Alltag, dem Denken, der Arbeit, den ästhetischen Texten und den Medien erarbeiten. Die interkulturelle Textvermittlung stützt sich mit Gewinn auf Krusches Begriffe der *Referenzstruktur und Referenzschemata* und Mecklenburgs *kulturelle und poetische Alterität*.

Die Intermedialität hat in diesem Bereich eine wichtigere Rolle zu spielen als je zuvor. Medien wie Literatur, Bilder, Filme, Radio, DVD, Fernsehen, Computer sind in kreativem Zusammenspiel ein Angebot sowie eine Herausforderung für die Kulturvermittlung und die etwaige Lösung gemeinsamer Probleme. Zum Beispiel stellt Dennis Gansels Film *Die Welle* einen aktuellen, über einzelne Kulturen hinausgehenden Bezug zum Phänomen des *Faschismus* her. Ausschlaggebend ist nicht in erster Linie, woher der Ansatz für die Textvermittlung stammt, sondern welchen interpretativen Spielraum, welche ästhetischen Möglichkeiten er eröffnet.

Bei der Vermittlung ästhetischer Texte aus fremdkulturellen Kontexten empfiehlt es sich, von den kleinsten gemeinsamen Nennern auszugehen. Nach wie vor gilt hier die didaktische Faustregel: vom Bekannten zum Unbekannten. Heute beschränken sich die kleinsten gemeinsamen Nenner nicht nur auf allgemein menschliche Befindlichkeiten, *Liebe, Tod, Triebleben, Gefühle, Vernunft* u.a., sondern sind auch in gemeinsamen, weltzivilisatorischen Alltagserscheinungen auszumachen. So geht es in Jelineks Texten etwa um die verheerende Allmacht der Medien, in Daniel Kehlmanns *Der Ruhm* um die existentielle Abhängigkeit vom Handy. Neueste technologische Fortschritte wie der Vaterschaftstest sorgen für Spannung in Lukas Bärfuss' *Die Probe,* und das veloziferische Zeitbewußtsein wird in Sten Nadolnys Roman *Die Entdeckung der Langsamkeit* unterlaufen. Bei der Textvermittlung ist das Kulturspezifische ebenso ins Spiel zu bringen wie die interkulturellen Gemeinsamkeitsebenen.

Obwohl *Deutsch* als Sprache und Text in der interkulturellen Germanistik immer den Schwerpunkt bilden wird, könnten die nichtdeutschsprachigen Germanistiken durch den komparatistischen Einbezug ihrer muttersprachlichen Begriffe, Texte und literarischen Herangehensweisen, Diskurse durch die interkulturelle Geschichte verschiedener Textsorten (Drama, Haiku, Kurzgeschichte u.a.) *transpositionäres Verstehen* (cf. Sen 2009) erzielen. Die Resonanz deutscher Literatur und Filme im Ausland bleibt nach wie vor ein wichtiges Arbeitsfeld. Übersetzungsarbeiten dürften beträchtlichen interkulturellen Erkenntnisgewinn mit sich bringen, da Probleme wie das Fehlen bestimmter Wörter in der einen oder anderen Sprache oft auf kulturspezifische Merkmale hinweist. Die *interkulturelle Lehre und Forschung* vermitteln der Wissenschaft, kulturellen Institutionen und dem internationalen Kulturaustausch ästhetische, intermediale und interkulturelle Kompetenzen. Andererseits trägt das Übermaß des Wissens in veloziferischen Zeiten auch zum inflationären Gebrauch von Konzepten und Begriffen wie *Intermedialität* und Inter- oder Transkulturalität bei, sodass sie sich mit der Zeit entleeren. Der Kulturbetrieb verlangt stets das Neue als einen nicht mehr hinterfragbaren Wert, und die Wissenschaft steht dem problematischen Ich dabei zur Selbstprofilierung zu Diensten. In der Wissenschaftsgesellschaft sieht Peter Strohschneider auch die Germanistik dem herrschenden hochtechnisierten Analphabetentum und Reflexionsdefizit ausgesetzt (cf. Strohschneider 2010). Dem kann sie nur entgegenwirken, indem sie den Aufruf von Wilhelm Voßkamp zur Entschleunigung und den Vorschlag zur Hinwendung *zurück zu Texten* ernst nimmt (Voßkamp 2010). Aus literarischen und intermedialen Texten sind kreative Energie und kulturkritische Kraft zu schöpfen.

Literatur

Benthien, Claudia & Hans Rudolf Velten (eds.) 2002: *Germanistik als Kulturwissenschaft. Eine Einführung in neue Theoriekonzepte*, Reinbek bei Hamburg: Rowohlt

Eckermann, Johann Peter 1986: *Johann Peter Eckermann: Gespräche mit Goethe in den letzten Jahren seines Lebens*, ed. Heinz Schlaffer, München: Hanser

Geier, Manfred 1985: *Die Schrift und die Tradition. Studien zur Intertextualität*, München: Wilhelm Fink

Gutjahr, Ortrud 2002: „Neuere deutsche Literatur. Alterität und Interkulturalität", in: Benthien & Velten (eds.) 2002: 345-369

Ihwe, Jens (ed.) 1971: *Literaturwissenschaft und Linguistik. Ergebnisse und Perspektiven. Zur linguistischen Basis der Literaturwissenschaft, II.2*, Frankfurt/Main: Athenäum

Kakar, Sudhir & Katharina Kakar ^{3}2006: *Die Inder. Porträt einer Gesellschaft*, München: Beck

Krishna, Daya 2005: *Civilizations Past and Future*, Lecture No. 1, Indian Institute of Advanced Study, Shimla, Transcript

Kristeva, Julia 1971: „Probleme der Textstrukturation", in: Ihwe 1971: 484-501

Linton, Ralph 1937: „One Hundred Percent American", in: *The American Mercury*, 40 (1937): 427-29, im Internet unter http://theamericanmercury.org/2010/07/one-hundred-percent-american/ [11.11.10]

Mecklenburg, Norbert 2010: „Theater in interkultureller und transkultureller Sicht. Zehn Thesen", in: *Zbliżenia Interkulturowe. Interkulturelle Annäherungen. Polen. Deutschland. Europa* 7 (2010): 38–43

Plenzdorf, Ulrich ^{2}1973: *Die neuen Leiden des jungen W.*, Rostock: VEB Hinstorff

Scheiffele, Eberhard 2010: *Diskussionsbeitrag zum Panel: „Transkulturalität als Herausforderung" am XII. Kongress der Internationalen Vereinigung für Germanistik vom 30.7. –7.8.10 an der Universität Warschau unter dem Titel „Vielheit und Einheit der Germanistik weltweit"*

Sebeok, Thomas A. (ed.) 1986: *Encyclopedic Dictionary of Semiotics*, Bd. 2, Berlin / New York: de Gruyter

Sen, Amartya 2007: *Die Identitätsfalle. Warum es keinen Krieg der Kulturen gibt*, München: Beck

Sen, Amartya 2009: *The Idea of Justice*, London et al.: Allen Lane
Strohschneider, Peter 2010: *Eröffnungsvortrag „Germanistik in der Wissenschaftsgesellschaft"* am XII. Kongress der Internationalen Vereinigung für Germanistik vom 30.7. −7.8.10 an der Universität Warschau unter dem Titel „Vielheit und Einheit der Germanistik weltweit"
Surana, Vibha 2009: *Die Europhonie der Kultur. Deutsch-indische Aha-Momente*, München: Iudicium
Trojanow, Ilija 2003: „Es gibt keine `Inder´. Vibha Surana im Gespräch mit Ilija Trojanow", in: *Meine Welt* 20.1 (2003): 33-35
Voßkamp, Wilhelm 2010: *Panelbeitrag zum Panel: „Transkulturalität und Intermedialität in der Germanistik des globalen Zeitalters"* am XII. Kongress der Internationalen Vereinigung für Germanistik vom 30.7. −7.8.10 an der Universität Warschau unter dem Titel „Vielheit und Einheit der Germanistik weltweit"
Weinrich, Harald 1990: „Formen der Wissenschaftssprache", in: *Wissenschaftssprache und Sprachkultur* (=15. Bayerischer Hochschultag. Tutzinger Materialien) 61 (1990): 3-21
Weinrich, Harald 2007: *Wie zivilisiert ist der Teufel? Kurze Besuche bei Gut und Böse*, München: Beck
Welsch, Wolfgang (ed.) 1993: *Die Aktualität des Ästhetischen*, München: Fink
Welsch, Wolfgang 2000: „Transkulturalität", in: *Jahrbuch Deutsch als Fremdsprache* 26 (2000): 327-351
Welsch, Wolfgang 2010: „Standbeine dürfen nicht zum Klumpfuss werden. Wolfgang Welsch im Gespräch über eine transkulturell orientierte Gesellschaft – und wie Musik zusammenführen kann", in: *Musikforum* 8.1 (2010): 8
Wierlacher, Alois & Andrea Bogner (eds.) 2003: *Handbuch interkulturelle Germanistik*, Stuttgart: Metzler
Wierlacher, Alois 2010 a: *Podiumsgespräch. Re-Visionen. Alte Fragen – neue Antworten? Ausgangspositionen und Entwicklungsperspektiven interkultureller Germanistik. 23.9.10. GIG-Tagung, Re-Visionen. Kulturwissenschaftliche Herausforderungen interkultureller Germanistik, Göttingen (23.9.-27.9.2010)*
Wierlacher, Alois 2010 b: „Grenzen sind nicht nur Grenzen", in: Zbliżenia Interkulurowe. Interkulturelle Annäherungen. Polen. Deutschland. Europa. 7. (2010): 18-27

Literatur als Landeskunde:
Geschichte und Gesellschaft in der deutschsprachigen Literatur nach 1945 für niederländische Deutschstudenten aus kritischer Distanz

Henning Westheide (Leiden)

Abstract

By discussing examples of German literature from 1945 till 1989 the question is addressed of to what extent it is possible to gain an appreciation of a foreign culture from outside it by means of literary texts. The depictions of historical events given in the texts chosen, while evidencing a considerable degree of consensus in the critique of political and societal development in Western Germany, indicate also, however, discontinuities in German self-perception associated with the end of WWII, the division of Germany and the turnaround (Wende) of 1989.Although the historical depictions are in no way representative of the whole of society, they nonetheless allow, by means of the dialogue evident in the literary texts, primarily an empathetic access to the defining questions of those times.

1 Literatur und Landeskunde

Die Anregung zu den folgenden Ausführungen bekam ich durch eine Besprechung des Buches *Epos Zeitgeschichte. Romane des 20. Jahrhunderts in zeithistorischer Sicht* in *der Süddeutschen Zeitung*[1]. Dort wird als Resümee des Autors zu Koeppens *Treibhaus* ausgeführt: „Das *Treibhaus* biete allenfalls ein ‚Zerrbild', und Koeppens Kritik an der Restauration sei ‚überzogen'." Auf den Kommentar des Rezensenten zu diesem Urteil werde ich am Schluss noch einmal zurückkommen.

Die Vorlesung *Geschichte und Gesellschaft in der deutschsprachigen Literatur nach 1945*, die ich 2001 an der Leidener Universität gehalten habe, war nach Auswahl und Analyse der Texte nicht literaturwissen-

---

[1] Willi Winkler: „Verlässliche Nörgler. Leidenschaft und Kritik: Was Romane Zeithistorikern verraten," in: *Süddeutsche Zeitung* vom 1. Juni 2010: 14.

schaftlich, sondern landeskundlich konzipiert. Literatur als Quelle historischer Betrachtung ist in der Zeitgeschichte eher auf Memoiren politischer Persönlichkeiten beschränkt, doch besteht bei Historikern, die von der Textualität von Geschichte ausgehen, nicht nur ein Interesse an der Literaturwissenschaft als Wissenschaft von Texten, sondern auch an der Literatur selbst. So fragen Fulda und Tschopp in der Einleitung ihres Kompendiums *Literatur und Geschichte*: „Welchen Anteil haben literarische Repräsentationen von Historie – narrativ, dramatisch oder lyrisch – an den Geschichtsbildern einer Gesellschaft?" (Fulda & Tschopp 2002: 1). Die Literatur tritt also nicht an die Stelle der herkömmlichen historischen Quellen, sondern ergänzt diese für ein erweitertes geschichtliches Interesse an den Geschichtsbildern einer Gesellschaft oder eines Teils derselben. Im Paradigma interkultureller Betrachtung hat sich die Beschäftigung mit Literatur als „Brücke zur kulturellen Außenbetrachtung" (Wierlacher 1993: 112) seit längerem etabliert, ist man doch an Selbst- und Fremdbildern als Regulativ interkultureller Kommunikation interessiert. Die Literaturbetrachtung tritt in den Fremdsprachenphilologien häufig an die Stelle der traditionellen Landeskunde, nachdem andere Ansätze der Landeskunde stofflich an Einzeldisziplinen wie Geographie, Geschichte, Soziologie oder an Lernzielkatalogen orientiert an Akzeptanz verloren haben.

Leggewie und Zifonun (2010) entwickeln ein Konzept von Interkulturalität, das den Begriff der Kultur nicht mehr allein an Sprache und Nation bindet, sondern auch die Diversität innerhalb kultureller Räume einbezieht. Die „sozialen Welten" mir ihren „geteilten Wissensbeständen, Routinen und Interaktionsmustern" (Strauss)[2] sind über ihre sprachlichen Repräsentationen „reflexiv zugänglich" (Leggewie & Zifonun 2010: 12).

Geschichtswissenschaftliche Untersuchungen, die sich auf die Literatur nach 1945 beziehen, analysieren die Texte vornehmlich im Zusammenhang mit der Rolle der nationalsozialistischen Vergangenheit und insbesondere der Shoa.[3] Literatur wird dann als Zugang zu dem kollektiven Gedächtnis bestimmter Generationen bzw. anderer sozialer Gruppen verstanden. Auch in dem von Schütz und Hardtwig (2008) herausgegebenen Sammelband *Keiner kommt davon. Zeitgeschichte in der Literatur nach 1945* liegt der Fokus auf kulturellen Mechanismen der Verarbeitung

---

2 Strauss nach Leggewie & Zifonun 2010: 17.
3 Siehe die Beiträge von Butzer und Günter in Fulda &Tschopp (2002).

von historischen Fakten in literarischen Fiktionen. Mit dieser Fragestellung gerate die Literatur als ein Medium der Erinnerung ins Zentrum der Erörterung, meint der Rezensent Dominik Orth.[4] „Nach New York der eigenen Geschichte wegen. Erzählen und Erinnern in Uwe Johnsons *Jahrestage*", nennt Müller-Michaels (1998) seinen Beitrag, der die Formen des Erinnerns an Drittes Reich, DDR, Bundesrepublik und USA in den *Jahrestagen* behandelt. Im Zentrum des Romans sieht er den „Akt des Erinnerns selbst" (Müller-Michaels 1998: 315).

Mein Ausgangspunkt war ein völlig anderer, nämlich meine Wahrnehmung, dass Literatur in den Niederlanden häufig als Spiegel der bundesrepublikanischen Gesellschaft genommen wurde, so z. B. bei der Behandlung Brechts als Kritiker des deutschen Kapitalismus oder Koeppens als Kritiker der bundesrepublikanischen Restauration. Die niederländischen Mediatoren dieser Literatur kennzeichneten sich für mich durch eine widersprüchliche Haltung, indem sie diese Kritiken losgelöst von den jeweiligen Kontexten auf die gesamte bundesrepublikanische Wirklichkeit bezogen und auch sich selbst nicht in den Kontext mit einbezogen; so geriet die Behandlung der Literatur über die politischen Bezüge der Autoren zur Vermittlung eines unter Umständen sehr einseitigen Geschichtsbildes.

Durch die Darstellung von Geschichte und Gesellschaft in Deutschland nach 1945 in der Literatur wollte ich zweierlei erreichen: einmal die unterschiedlichen gesellschaftlichen und politischen Wahrnehmungen einer Gruppe von Schriftstellern vermitteln und miteinander in Beziehung setzen, die im Kanon der deutschen Literatur einen allgemein anerkannten Platz einnehmen. Ich ging dabei davon aus, dass die literarischen Werke einen in der Kunst sublimierten Zugang zu ihren historischen Deutungen von Wirklichkeiten ermöglichten. Zum anderen sollte der fremdkulturelle Rezipient diese Repräsentation von Geschichte als stellvertretend für die Kultur gesellschaftlicher Gruppen erfahren, die unterstellte Uniformität der restaurativen Bundesrepublik infrage stellt. Wie man am Beispiel Bölls zeigen kann, werden dessen Bewertungen von größeren Gruppen geteilt. Durch die Bezüge fiktionaler Texte auf geschichtliche Wirklichkeiten wird der Rezipient zum Miterlebenden und damit zum Teilnehmer in einem Prozess der Erstellung einer intersubjektiven Kulturwelt, die ständiger Erweiterung und Modifizierung zu-

---

4 Cf. *Literaturkritik.de* Nr.4, April 2009.

gänglich ist. Eine dezidiert landeskundliche Hinterfragung eines solchen Ansatzes fehlt aber bisher meines Wissens. Zu dieser möchte ich im Folgenden beizutragen versuchen.

2 Umfang und Auswahl der Texte der Vorlesung

Die Vorlesung behandelt folgende Texte:

- Wolfgang Borchert: *Draußen vor der Tür*. 1947
- Wolfgang Koeppen: *Das Treibhaus*. 1953
- Martin Walser: *Ehen in Philippsburg*. 1957
- Heinrich Böll: *Ende einer Dienstfahrt*. 1966
- Hermann Kant: *Die Aula*. 1965
- Christa Wolf: *Was bleibt*. 1978/1990
- Uwe Johnson: *Jahrestage. Aus dem Leben der Gesine Cresspahl*. 1970
- Max Frisch: *Tagebuch 1946 – 1949*. 1950
- Thomas Bernhard: *Auslöschung*. 1986

Frisch und Bernhard will ich aus den folgenden Ausführungen als nichtdeutsche Autoren ausschließen. Bis auf Johnson und Wolf sind dann die Texte in der Nachkriegszeit, in der Zeit des Aufbaus beider deutschen Staaten, angesiedelt. Die Auswahl erfolgte unter dem Gesichtspunkt, dass die Helden in der Auseinandersetzung mit gesellschaftlichen und politischen Entwicklungen ihrer Umwelt dargestellt werden. Die Politisierung der westdeutschen Nachkriegsautoren und die damit verbundene Linkslastigkeit dieses Teils der westdeutschen Intellektuellen wird einhellig konstatiert. Der Text von Johnson nimmt mehr oder minder explizit auf die Weltsichten der anderen Romane Bezug, schien mir also eine intersubjektive Analyse zu berücksichtigen. Seine Rezeptionsgeschichte weist auf Brüche und Wandlungen in der deutschen Selbstwahrnehmung, die die betrachtete Literatur bestimmen und für den Leser erfahrbar machen. Zu den Brüchen gehört als erster die ‚Stunde Null': Der totale Sieg über das nationalsozialistische Deutschland mit der Aufhebung aller staatlichen Macht resultiert in Besetzung und Entmündigung, die erst langsam durch Ansätze zur Selbstbestimmung in den beiden deutschen Staaten ersetzt werden. Diese Entwicklung von zwei deutschen Staaten ist wiederum Folge des Bruchs durch die Gegensätze zwischen den Siegermächten in der sowjetischen und in den westlichen Besatzungszonen.

Der Text von Borchert gehört noch ganz zum ersten Bruch, während die Texte von Koeppen, Walser und Böll auf der einen und Kant auf der anderen den Aufbau der beiden deutschen Staaten in West und Ost repräsentieren. Die Texte von Wolf und Johnson deuten schon auf den dritten Bruch, der zur Überwindung der Teilung im Zusammenbruch der sozialistischen Systeme führt. War der Bruch mit der nationalsozialistischen Vergangenheit eine gemeinsame Grundlage für den Wiederaufbau in Ost und West, so führte die Teilung zu einer reziproken Ablehnung des anderen Systems, die aber auf beiden Seiten durchbrochen wird; im Osten in zunehmendem Maße. Hier führt die Ablehnung des realen Sozialismus durch weite Kreise der Bevölkerung im Zusammenspiel mit anderen politischen Entwicklungen zur Vereinigung. Ob aber der als Wende bezeichnete erneute Bruch in der deutschen Nachkriegsgeschichte das politische Bewusstsein parallel zur politischen Vereinigung in gemeinsamen Geschichtsbildern vereinigt, muss die Zukunft zeigen.

3 Das Geschichtsbild in den Werken von Borchert, Koeppen, Walser, Kant und Wolf

Borcherts Drama *Draußen vor der Tür* von 1947 schildert die Rückkehr eines Kriegsheimkehrers in eine zerbombte deutsche Stadtlandschaft. Der Held sieht sich materiell, aber auch gesellschaftlich in einer äußersten Notlage. Zu der physischen Bedrohung kommt eine metaphysische Leere, beides treibt den Helden in den Tod. Die geschilderte gesellschaftliche Wirklichkeit lässt in ihrer Zerrüttung kein Gesellschaftsbild entstehen, nur andeutungsweise kann man eine pazifistische und antikapitalistische Einstellung ausmachen. Erste restaurative Tendenzen werden in den Kriegsgewinnlern und sich anpassenden hohen Militärs angedeutet. Die ‚Stunde Null' wird nicht als Überwindung des Nationalsozialismus erfahren, sondern als ein Überlebenskampf, in dem alte Eliten sich am ehesten wieder zurechtfinden.

Auch Koeppens Held in *Das Treibhaus* von 1953, der Abgeordnete des Bundestages Keetenheuve, sieht letztendlich keinen Ausweg aus seiner gesellschaftlichen und persönlichen Erfahrung der Sinnlosigkeit und endet im Selbstmord. In den ausführlich charakterisierten politischen Führern sind unschwer Adenauer und Schumacher zu erkennen. Der Politologe Sontheimer zählt den fiktiven Helden Keetenheuve wegen

Koeppens eindringlicher Darstellung wie Adenauer, Schumacher und Heuß zu den „Repräsentanten der Ära".[5] Die Schilderung der jungen Bundesrepublik lässt so auch ein deutliches Geschichtsbild erkennen, das die Andeutungen bei Borchert scharf ausleuchtet. Der neuen Gesellschaft liegt ein Wunschbild zugrunde, dessen Konturen nur aus dem Scheitern deutlich werden. Zunächst ist dies eine pazifistische Gesellschaft, die sich den Bestrebungen der parlamentarischen Mehrheit nach Aufnahme in die westliche Völkergemeinschaft durch die Wiederbewaffnung widersetzt. Zudem soll diese Gesellschaft den Einfluss von Kapitalinteressen auf die Meinungsfreiheit in den Parteien und der Presse verhindern. Auch Einflüsse der westlichen Konsumgesellschaften und die Bejahung eines auf den Ergebnissen der Naturwissenschaften basierenden Fortschrittsglaubens werden als Bedrohung gesehen. Selbst Keetenheuves eigene Fraktion, die SPD, und die Gewerkschaften sind in alten Denk- und Handlungsmustern befangen und zu einem wirklichen Neuanfang nicht in der Lage. Die Kontinuitäten nationalsozialistischer Mentalitäten werden mit Motiven wie muffige Provinz, Kontinuität der Eliten und Kritik an den Kirchen verbunden. Die Verbrechen der nationalsozialistischen Vergangenheit sind ständig präsent. Selbst die Naturschilderungen vermitteln häufig mit Motiven aus Wagners Opern ein an die Nazizeit gemahnendes düsteres Bild. Das Bild eines Hobbymalers „mit viel Edelweiß und mit drohenden Wolken" kommentiert der Erzähler: „ [E]s war eine Natur, die Heidegger erfunden und die Ernst Jünger mit seinen Waldgängen beschreiben konnte" (*Das Treibhaus* 1954: 240). In der Auseinandersetzung um die Wiederbewaffnung der Bundesrepublik scheitert der positive Held als Vertreter der parlamentarischen Opposition auch an eben diesem System. Eine Alternative wird aber nicht deutlich. Das vernichtende Urteil über die junge Bundesrepublik endet in der Feststellung, dass der Held die Meinung der alliierten Generäle, dass die Teilung Deutschlands das einzig positive Ergebnis des Zweiten Weltkrieges sei, verständlich findet.

Auch in Walsers Roman *Ehen in Philippsburg* von 1957 endet das Leben des Nebenhelden Klaff, eines Alter Ego des eigentlichen Helden Hans Beumann, mit einem Selbstmord. Wie Beumann kommt dieser aus armen Verhältnissen und wohnt wie dieser bei derselben Arbeiterfamilie zur Miete. Klaffs kompromissloses Festhalten an seinen Idealen führt in

---

5 Zitiert nach „Verlässliche Nörgler", cf. Anm. 1.

die Erfahrung der Sinnlosigkeit und damit in den Tod. Anders Beumann: In zynischer Anpassung, wenn auch in dem Bewusstsein, dass er seine Prinzipien verrät, macht er in einer Provinzstadt Karriere, indem er die Liebe der Tochter eines reichen Medienunternehmers zu seinem Fortkommen missbraucht. Der Roman vermittelt ein niederschmetterndes Bild der Oberschicht:

> Weil wir keinen Gott und auch sonst nichts haben, dem zuliebe oder dem zum Gehorsam wir verzichten, schießen wir ungehemmt in die Höhe, wachsen durcheinander, bis wir uns alle doch wieder zu Boden ziehen, bis noch rücksichtslosere Gewächse über uns hinwegwachsen, worauf wir im Schatten verfaulen (*Ehen in Philippsburg* 1957: 107).

Der Verlust des Glaubens wird mit der Verwahrlosung der herrschenden Gesellschaftsschicht in Zynismus und Zügellosigkeit als Vollzug eines ethischen Wandels verbunden. Die mediale Scheinwelt, schon bei Koeppen am Versagen der Gesellschaft mit schuld, ist ein Hauptträger dieses Systems.

Korrumpierte Presse ist auch in Bölls *Ende einer Dienstfahrt* von 1966 ein Thema, auch Provinz, Macht des Kapitals, Kirche und Glaube und natürlich Pazifismus, aber dies alles in humorvoller Relativierung in einer scheinbar harmlosen Provinz. Aber wie in Komödien häufig scheint schon am Horizont die weniger harmlose gesellschaftliche Realität späterer Werke auf. Bei Böll werden aber in den positiven Helden, die durch die Verbrennung eines Bundeswehrjeeps ihren Protest gegen Nutz- und Sinnlosigkeit der Bundeswehr zum Ausdruck bringen, die gesellschaftlichen Gruppierungen fassbar, an die sich diese Kritik an der jungen Bundesrepublik wendet bzw. die sich von dieser angesprochen fühlen. In der Außerparlamentarischen Opposition (APO) organisiert sich eine mächtige soziale Bewegung gegen Aufrüstung und Notstandsgesetzgebung in dieser frühen Bundesrepublik, die sich im Geschichtsbild dieser Literatur wiederfinden konnte.

Denn wenn wir die junge Bundesrepublik im Blick dieser Autoren zusammenfassen, ergibt sich ein recht einheitliches Bild: eine Gesellschaft, die aus der Vergangenheit nicht gelernt hat, die mit dieser nicht gebrochen hat und ziellos zu einer demokratischen Erneuerung nicht in der Lage ist. Die Helden erfahren als Außenseiter oder in zynischer Anpassung bei Walser die Wirklichkeit durch kapitalistisch gelenkte Gewinner manipuliert und zu deren Gunsten gelenkt.

4 Exkurs: Über die Gefahr, sein politisches Wissen vom Nachbarlande durch die Literatur zu beziehen

In seiner Rede *In Deutschland hat sich alles geändert, nur nicht die Sprache* zur Eröffnung einer niederländischen Ausstellung im Haus der Geschichte in Bonn 2001 hatte Harry Mulisch, der auch in Deutschland hoch angesehene niederländische Autor, eine populäre niederländische Sicht auf deutsche Geschichte formuliert: „[A]ll diese Motive – Faust, der Teufel, Luther, die Musik, der deutsche Nationalismus, endend in Tod und Verderben – sind in Thomas Manns Doktor Faustus wiederzufinden, in dem der Erzähler Serenus Zeitblom unverkennbar die humanistischen Züge von Erasmus trägt."[6] An anderer Stelle werden zu diesen Motiven wie bei Koeppen Wagner, Nibelungen und Heidegger hinzugefügt, so wie etwa in seinem Roman *Siegfried – eine schwarze Idylle* aus dem Jahre 2001. In einer niederländischen Rezension des Romans heißt es: „Der Intertext, auf den ich verwies, ist ‚Doktor Faustus' von Thomas Mann, wo von Nietzsche, Wagner und Hitler wie auch in ‚Siegfried' gesprochen wird, solch ein Zusammenhang liegt mehr oder minder auf der Hand" (Westheide 2009: 740). Dieser „Intertext" könnte auch *Das Treibhaus* sein: „Elke, das war ein Name aus der nordischen Mythologie, er erinnerte an Wagner und seine hysterischen Helden, an eine verschlagene, hinterlistige und grausame Götterwelt, und siehe, Elke war die Tochter eines Gauleiters und Statthalters des Herrn" (*Das Treibhaus* 1954: 18).

In meiner Analyse der niederländischen Sicht auf deutsche Kulturgeschichte (Westheide 2004: 52 f.) hatte ich vor allem Plessner und Habermas als Quellen dieser sehr einseitigen Deutung ausgemacht. Wäre es nicht möglich, dass es vor allem literarische Quellen waren, die wie Thomas Mann bei Mulisch bei niederländischen Rezipienten auf eine faschistoide Kontinuität in der deutschen Kulturgeschichte schließen lassen? Auch die vor der Wende in den Niederlanden bei Intellektuellen weit verbreitete Meinung, dass man in der DDR die Vergangenheit besser bewältigt habe, findet sich immer wieder in der deutschen Nachkriegsliteratur, natürlich besonders in der der DDR, wenn die Werke die dortige Zensur überstanden hatten wie Kants Romane.

---

6 Zitiert aus der *NRC* vom 23. November 2000, siehe Westheide (2009: 731).

Auch in Kants *Die Aula* von 1965 geht es um Vergangenheitsbewältigung, auch seine Helden lehnen die Religion ab, aber der Grundton ist ein völlig anderer als im Westen: Es ist die trotz kleinerer Mängel rückhaltlose Bejahung des sozialistischen Aufbaus der DDR. Erzählt wird die Geschichte der Insassen des Zimmers *Roter Oktober* der Arbeiter-und-Bauern-Fakultät (ABF) an der Greifswalder Universität. In der ABF sollten Arbeiter und Bauern für das Studium vorbereitet werden, um eine Elite zu bilden, die nicht in der bürgerlichen Kultur, die für die faschistische Vergangenheit verantwortlich gemacht wird, befangen sind. In der Haupthandlung geht es darum, dass zwei der Gemeinschaft auf die vielleicht nicht uneigennützige Initiative eines dritten hin verheiratet werden, um auf ein Angebot Chinas hin dort als Sinologen ausgebildet zu werden. Was im Vergleich zur westdeutschen Literatur, die wir bisher betrachtet haben, auffällt, sind der positive Grundton und manchmal sogar Pathos in der Wahl der Sprache, wenn es um die Bildungsgüter und die neue Gesellschaftsordnung geht. Der Untergang der alten Ordnung ist geradezu die Vorbedingung für den Aufbau einer neuen, die uneingeschränkt bejaht wird. Die Kritik an Zuständen und Ereignissen führt nicht zu grundsätzlichem Zweifeln. So stellt sich die Zwangsheirat zum Schluss als letztlich einem sinnvollen Ziel dienend dar. In der Szene, in der das Paar vor der Parteikommission den Auftrag erhält, erinnert die Diktion des Vorsitzenden deutlich an kirchliche Sprache:

> So frage ich dich denn, Rose Paal, bist du gewillt, auf sieben Jahre nach China zu gehen, und zwar als die Ehefrau deines Genossen und Studienkameraden Gerd Trullesand? Ja? Du nickst, sprachlos zwar, aber du nickst, und wie mir scheint, kommt dir dieses Nicken vom Herzen? Das ist schön, das ist wunderschön, so haben wir es erhofft, so haben wir es erwartet, so zeigen wir es denen, die uns Jahrhunderte lang als unmündig und nicht reif verschrien haben, dies sind die Entschlüsse, die die Welt verändern! (*Die Aula* 1965: 311)

Die Verurteilung der Naziverbrechen gleicht der westlicher Autoren, der Bruch aber wird als endgültig vollzogen dargestellt; dies im Gegensatz zu den Passagen, wo über die Bundesrepublik gesprochen wird. In der *Aula* wird nicht nur akzeptiert, dass die Partei in das private Leben der Menschen eingreift, sondern auch dass sie kontrolliert; auch der Held muss sich wegen der Republikflucht seiner Schwester verteidigen: „Wir haben hier einen Bericht" (*Die Aula* 1965: 97).

Diese Kontrolle wird von der Heldin, der Ich-Erzählerin in Wolfs *Was bleibt* ganz anders erfahren. Die Gängelung und Bespitzelung im realen Sozialismus wird nicht mehr als dem guten Ziel dienend dargestellt, sondern höchstens als eine Form des Überlebens resignierend ertragen. Wie bei Koeppen resultiert die Erfahrung der gesellschaftlichen Wirklichkeit in eine existenzielle Bedrohung durch die Angst der Sinnlosigkeit, diese Angst wird aber als individuell überwindbar dargestellt. Erst nach der Wende erschienen, ist der Leser inzwischen mit dieser DDR-Wirklichkeit vertraut.

Dass die Erzählung schon mit dem dritten Bruch durch die Wende in Verbindung steht, darauf deutet die Kritik an Brecht hin, an den „armen B.B. mit seinem Glauben an den Unglauben" (*Was bleibt* 1990: 31), der auch diese Missachtung von Menschenrechten rechtfertige: Der Glaube an die Macht der wissenschaftlichen Erkenntnis und der Dialektik als der Waffe, die sie zum Sieg führt (cf. ibd.: 30). Die Kritik an Brecht verbindet *Was bleibt* mit den *Jahrestagen*. Doch Johnsons Kritik geht weiter, indem er Brecht vorwirft, sich den Nationalpreis der DDR durch Verdrehung von Tatsachen erkauft zu haben. In der typisch halbdokumentarischen Art der *Jahrestage* wird die ‚Brotarbeit' für den Preis dargestellt: Bei Brecht werde das Vorgehen der westdeutschen Polizei gegen Teilnehmer am Deutschlandtreffen in der DDR 1950 – nach zweitägiger Weigerung hatte man ihnen ihre Ausweise mit „erledigt" oder „in Ordnung" abgestempelt – eine große Sache:

> Daraus war bei dem Dichter Brecht geworden, sie hätten die Fahne der F.D.J. auf das Dach des Lübecker Hauptbahnhofs >gepflanzt< und gesiegt, mit einem Befund über zwei Parteivorsitzende in der Bundesrepublik:
>
> Schuhmacher, Schuhmacher, dein Schuh ist zu klein,
> In den kommt ja Deutschland gar nicht hinein.
> Adenauer, Adenauer, zeig deine Hand,
> Um dreißig Silberlinge verkaufst du unser Land.
>
> Das wurde aufgeführt zu den III. Weltjugendspielen der F.D.J. in Berlin [...] (*Jahrestage* 1993: 1819)

5 Johnsons *Jahrestage* von 1970 als Korrektiv

Soweit die westlichen und die zwei östlichen Perspektiven auf deutsche Selbstbildnisse. Bei Johnson haben wir zumindest den Versuch einer unbefangeneren Außensicht als Ergänzung zu den Tagebuchaufzeichnungen aus den Jahren 1967 und 1968. Von New York aus wird, hervorgehoben durch die regelmäßige Publikation von Texten in der *New York Times* und von Schilderungen New Yorker Milieus, in Dialogen der Heldin mit Ihrer Tochter und dem „Genossen Autor" die Familiengeschichte erzählt. Diese Geschichte beleuchtet das Leben im nationalsozialistischen Deutschland, die Ereignisse während und nach der Besetzung Deutschlands durch die Sowjetunion und das Leben in der DDR. Auch die Bundesrepublik kommt einerseits durch Berichte in der *New York Times* und deren Kommentierung durch den Erzähler, andererseits als Zwischenstation der republikflüchtigen Heldin ins Bild. Das Bild des nationalsozialistischen Deutschlands entspricht in der vorbehaltlosen Verurteilung dem Urteil der anderen Autoren, doch die Darstellung ist vielschichtiger, da auch Versuche des Widerstands gezeigt werden. Die sowjetischen Besetzer sind nicht nur Befreier, sondern auch Unterdrücker, und die DDR wird vor allem in der Verfolgung Andersdenkender angeklagt. Johnson stützt seine Anklage auf Zitate aus authentischen Quellen, wie er auch durch Zitate aus der amerikanischen Zeitung die Kritik bundesrepublikanischer Wirklichkeit mit einer Außensicht konfrontiert. Johnson bedient sich in der Verwendung von Quellen historiographischer Verfahren. Fiktionen sind aber, wie Müller-Michaels (1989: 326) es ausdrückt, „keine objektivierbaren historischen Wahrheiten, aber sie begründen unter Verwendung authentischen Materials wahrscheinliche Versionen von Wahrheit". Aber auch die Präsupposition der Aussage: „Auch das ist als Anspielung auf die Wirtschaftswundergartenlaube der westdeutschen Nachkriegszeit zu verstehen, in der das Vergessen der Gräuel der Nazizeit gesellschaftliches Programm geworden war" (Müller-Michaels 1998: 314), wäre dahingehend zu relativieren, dass dies nur das Programm eines Teils der Gesellschaft sein konnte. Weil Johnson aber auf diese Weise größere Überzeugungskraft gewinnen und andere Realitäten vorstellen kann, die nicht in das Bild der anderen Autoren passen, versteckt sich in dieser Form der Darstellung eine Kritik auch an dem Geschichtsbild der westlichen Autoren, weil sie im Apodiktischen ihrer Kritik „manichäisch" (Jahrestage 1993: 799) verführen, wie Johnson das nennt.

Johnson spricht den Autoren, für die Enzensberger wegen seiner Cuba-Eskapaden explizit vorgeführt wird, eine politische Stellungnahme ab, obwohl sie doch politisch argumentieren.

Bei Johnson ist der Sonderweg Deutschlands nicht das alles erklärende Konzept. Seine Helden erleben eine vielseitige Welt, in der sie ihre Integrität zu wahren versuchen. 1983 war man in der Bundesrepublik wohl noch nicht reif, die vielfältige deutsche Wirklichkeit zu akzeptieren; man wollte sich auch seine Illusion über das Gute im Sozialismus nicht nehmen lassen. Die linke Intelligenz wollte sich zudem ihr kapitalistisches Schreckgespenst wahren. Die Anerkennung der Teilung als Realität, zu der es offensichtlich keine Alternative gab, wäre auch für viele unerträglich gewesen, wenn sie sich bewusst gewesen wären, unter welchen politischen Bedingungen die Deutschen im anderen Teil leben mussten. In der Ablehnung des ideologischen Antifaschismus und in der nüchternen Beschreibung der DDR als Unrechtsstaat lag es wohl begründet, dass die „Jahrestage" ihren angemessenen Platz in der deutschen Nachkriegsliteraturgeschichte erst nach der Wende einnahmen.

6 Schlussfolgerung

Wenn wir also feststellen müssen, dass Geschichtsbilder in der Literatur in der Deutung von Mentalitäten eher die soziale Welt der Schreibenden als Teil der kulturellen Diversität repräsentieren, so ist dies zunächst deswegen kein Grund, diese nicht ernst zu nehmen, weil das Geschichtsbild das eines Milieus ist, das unter Umständen für die Gesamtgesellschaft von erheblicher Bedeutung ist. Wenn in der heutigen politischen Diskussion Deutschlands auf die Einflüsse und häufig auch vermeintliche Schuld der Achtundsechziger verwiesen wird, dann wird damit eine gesellschaftliche Gruppe gemeint, die als Schüler und Studenten von den frühen deutschen Autoren beeinflusst und als Teil von diesen deren Geschichtsbild teilten. Dass das Geschichtsbild nur Teile der Gesellschaft erfasst, ja nicht einmal die Mehrheit der Gesamtgesellschaft, spricht eben nicht gegen dessen Bedeutung. Das Problem entsteht erst, wenn dieser Teilaspekt in seiner Bedeutung unterschätzt oder für das Ganze genommen wird, wie an der niederländischen Rezeption geschildert wurde. Wie das Beispiel Johnson zeigt, sind auch innerhalb des Milieus der gesellschaftskritischen deutschen Autoren unterschiedliche Sichten möglich, die in Bezug aufeinander eine Reflexion auf intersubjektive Kulturwelten ermöglichen.

Dieses dialogische Prinzip der sich aufeinander beziehenden Texte wäre mit Johnson für die betrachtete Zeit auf keinem Fall abgeschlossen. Für die restaurativen Tendenzen der Bundesrepublik und die Kontinuitäten nach 1945 wird auch immer wieder der Fall Kiesinger herangezogen. Der Kanzler mit Nazivergangenheit wird ähnlich wie bei Johnson auch von Grass wie auch von anderen, wie z.b. Bernhard, als Beispiel genommen. Doch Johnsons Kritik, dass die westdeutschen Intellektuellen aus ihren Wahrnehmungen keine politischen Konsequenzen ziehen, und er verbindet das mit einer Selbstkritik, weil er sich nicht mit den Erfolgen der Rechtsparteien in der Bundesrepublik beschäftigt, zieht ja im Falle Günter Grass gerade nicht. Sein von manchen verspottetes Engagement in der SPD ist eine politische Reaktion: „Verstehen Sie mich recht", sagt Grass (1968: 189) in einer Rede zum Rechtsextremismus: „Es ist zu spät, um meinen Protest vom Dezember 1966 gegen die Kanzlerschaft Kurt Georg Kiesingers heute und abermals zu wiederholen. Doch sollten wir nicht vergessen, daß die Hälfte aller Argumente gegen die NPD zunichte ist durch diese moralisch nicht haltbare und politisch fahrlässige Besetzung des Bundeskanzleramtes [...]".

Zum Schluss komme ich auf die am Anfang genannte Rezension zurück. Dort wird aus dem besprochenen Buch zitiert, dass „die Mehrzahl der deutschen Schriftsteller, aber auch nicht wenige Zeithistoriker noch Jahre und Jahrzehnte später den westdeutschen Staat und seine Staats- und Gesellschaftsform stets mit nörgelnder Kritik begleitet haben". Dazu lautet der Kommentar des Rezensenten: „Gut, dass mal einer in aller Deutlichkeit ausgesprochen hat, was für ungebärdige Brüder die Dichter und ihre Gesellen sind"[7]. Müssen wir diese Ironie dahingehend verstehen, dass das politische Urteil in Literatur zeitgeschichtlich irrelevant ist? Da wir auch das heutige Deutschland nur verstehen können, wenn wir das Ringen um ein gemeinsames Geschichtsbild in seinen geschichtlichen Dimensionen begreifen, sind die Zeugnisse der Literatur ein gerade für Außenstehende vielversprechender Ansatz.

---

7 Verlässliche Nörgler, cf. Anm. 1.

Literatur

Primärliteratur

Bernhard, Thomas 1996: *Auslöschung*, Frankfurt/Main: Suhrkamp Taschenbuch Verlag
Böll, Heinrich 1969: *Ende einer Dienstfahrt*, München: Deutscher Taschenbuch Verlag
Borchert, Wolfgang 2001: *Draußen vor der Tür*, Reinbeck bei Hamburg: Rowohlt Taschenbuchverlag
Frisch, Max 1963: *Tagebuch 1964-194*, Frankfurt/Main: Suhrkamp
Grass, Günter 1969: *Über das Selbstverständnis. Politische Schriften*, Neuwied / Berlin: Luchterhand
Johnson, Uwe 1993: *Jahrestage. Aus dem Leben der Gesine Cresspahl*, Frankfurt/Main: Edition Suhrkamp
Kant, Hermann 2001: *Die Aula*, Berlin: Aufbau Taschenbuch Verlag
Koeppen, Wolfgang 1953: *Das Treibhaus*, Frankfurt/Main: Suhrkamp
Walser, Martin 1963: *Ehen in Philippsburg*, Reinbeck bei Hamburg: Rowohlt Taschenbuchverlag
Wolf, Christa 1990: *Was bleibt*, Frankfurt/Main: Luchterhand

Sekundärliteratur

Amann, Wilhem et. al. 2004: *Annäherungen. Wahrnehmungen der Nachbarschaft in der deutsch-niederländischen Literatur des 19. Und 20. Jahrhunderts* (= Studien zur Geschichte und Kultur Nordwesteuropas 10), Münster: Waxmann Verlag
Fulda, Daniel & Silvia Serena Tschopp (eds.) 2002: *Literatur und Geschichte. Kompendium zu ihrem Verhältnis von der Aufklärung bis zur Gegenwart*, Berlin / New York: Walter de Gruyter
Hess-Lüttich, Ernest W.B. et al. 2009: *Differenzen? Interkulturelle Probleme und Möglichkeiten in Sprache, Literatur und Kultur* (= Cross Cultural Communication 14), Frankfurt/Main et al.: Peter Lang
Leggewie, Claus & Dariuš Zifonun 2010: „Was heißt Interkulturalität?",in: *Zeitschrift für Interkulturelle Germanistik*. 1/2010: 11- 31
Menges, Karl (ed) 1998: *Literatur und Geschichte. Festschrift für Wulf Koepke zum 70. Geburtstag*, Amsterdam / Atlanta, GA: Rodopi

Müller-Michaels, Harro 1998: „Nach New York der eigenen Geschichte wegen. Erzählen und Erinnern in Uwe Johnsons *Jahrestage*", in: Menges (ed.) 1998: 313-330

Schütz, Erhard & Wolfgang Hardtwig (eds.) 2008: *Keiner kommt davon. Zeitgeschichte in der Literatur nach 1945,* Göttingen: Vandenhoek & Ruprecht

Westheide, Henning 2004: „‚Die deutsche Frage bleibt offen' – deutsche Geschichte in niederländischer Sicht. Botermans ‚Moderne geschiedenis van Duitsland 1800 – 1990'", in: Amann et. al. 2004: 41-55

Westheide, Henning 2009: „Interkulturelle Verständigung durch Literatur? Die Rezeption des Siegfriedromans von Harry Mulisch in den Niederlanden und in Deutschland.", in: Hess-Lüttich et al. 2009: 727-740

Wierlacher, Alois (ed.) 1993: *Kulturthema Fremdheit. Leitbegriffe und Problemfelder kulturwissenschaftlicher Fremdheitsforschung.* München: Iudicium

Wierlacher, Alois 1993: „Kulturwissenschaftliche Xenologie. Ausgangslage, Leitbegriffe und Problemfelder", in: Wierlacher (ed.) 1993: 19-112

Kulturgeschichte eines Betrugs
Der Ehebruch bei Goethe, Fontane und Dieter Wellershoff

Theo Elm (Erlangen)

Abstract

All private doing is culturally determined. Three novels – Goethe's *Wahlverwandtschaften*, Fontane's *Effi Briest* und Dieter Wellershoff's *Der Liebeswunsch* – expose the changing cultural conditions of a private deception, which marks the conflict between a middle-class ideal and the reality of life. The literary theme of adultery reveals symbols and patterns of a delicate German cultural reality.

Was versteht man heute unter Kulturgeschichte? Zweierlei. Es gibt nach wie vor eine Kulturgeschichte, sagen wir, der romantischen Liebe, der weiblichen Kopfbekleidung, des bäuerlichen Brauchtums, der oberdeutschen Mundart, der kommunistischen Parteiprogramme oder der antiken Tischsitten. Kulturgeschichte gründet immer noch auf jenem Kollektivsingular, mit dem einst Samuel von Pufendorf (*Eris Scandica*, 1686) *Kultur* in kühner Vereinheitlichung als Inbegriff sämtlicher Tätigkeiten eines Volkes, einer Gesellschaft oder Nation zu umfassen beanspruchte (cf. Rauhut 1953: 83). Aber gleichsam hinter diesen Sachverhalten und ihrer Beliebigkeit gibt es, neuerem Verständnis nach, auch eine Kulturgeschichte der kommunikativen Prozesse und ihrer Äußerungsformen, ihrer Zeichen – also ihrer Sprache, Symbole und Metaphern, ihrer Rituale und Zeremonien.[1] Der Ehebruch, hier als Beispiel, ist demnach nicht nur

---

[1] Cf. Raphael 2003, Landwehr 2009: 11 f.: „Die jüngere Kulturgeschichte [...] versteht Kultur als Prozesse der Sinnproduktion und stellt damit die Herangehensweisen von Beobachtern in den Mittelpunkt beziehungsweise propagiert eine bestimmt (kulturelle) Perspektivierung auf sämtliche Gegenstände menschlichen Lebens. Nicht mehr der Untersuchungsgegenstand steht im Mittelpunkt, sondern die Beobachtungsweise." Gefragt wird nach „Sinnmustern und Bedeutungskontexten, mit denen Gesellschaften der Vergangenheit ihre Welt ausgestattet haben, um sie auf diesem Weg überhaupt erst zu einer sinnvollen Wirklichkeit zu machen."

ein sozialer ‚Sachverhalt'[2], sondern auch ein kommunikativer Prozeß, in dem exemplarisch die Zeichensprache und mit ihr die Sinnmuster der jeweiligen Zeit zum Ausdruck kommen. In der Literatur ist das Motiv des Ehebruchs deshalb aufschlussreich, weil es im Bild einer privaten Krise zugleich einen historischen Zeitbruch zu symbolisieren vermag. Von solchen Brüchen erzählen Goethe, Fontane und Dieter Wellershoff. Nicht in voraussetzungsreichen Begriffen (die einem fremdnationalen Leser verschlossen sein mögen), sondern ihrerseits zeichenhaft-konkret, in anschauender Erkenntnis, kommunizieren sie drei Epochen deutscher Kultur.[3]

1 Goethe: *Die Wahlverwandtschaften*. Ehebruch und Adelskrise

In seinem Roman *Die Wahlverwandtschaften* von 1809 berichtet Goethe vom Baron Eduard, der sich Hals über Kopf in Ottilie, die Nichte seiner Frau Charlotte, verliebt, während sich diese dem im Schloß weilenden Hausfreund, dem Hauptmann Otto, zuwendet. Den Partnertausch einiger Adeliger zu Beginn des 19. Jahrhunderts hat Goethe auf ein naturwissenschaftliches Modell projiziert, auf eine chemische Versuchsanordnung. Dies zum einen, um sich als Erzähler ironische Distanz zu verschaffen, zum anderen, um die Naturgebundenheit des Menschen zu unterstreichen und zum dritten, um das Interesse an seinem Roman aus der aktuellen Popularität der Chemie abzuleiten – der Chemie mit all ihren aufregenden Neuerungen, von Lavoisiers Sauerstoff-Entdeckung (1779) bis zu Daltons Atomtheorie (1803-08): „Eduard – so nennen wir einen [...] reichen Baron [...]." Gleichsam als Versuchsanordnung beginnt der Roman

---

2   Zur Sozialgeschichte der Ehe und ihrer literarischen Reflexe cf. informativ: Schmiedt 1993.
3   Die folgenden Ausführungen akzentuieren die kulturvermittelnde Funktion der Literatur und deren Voraussetzungen. Literatur wird hier am Modell des Ehebruchmotivs als eine besondere Form der Kulturgeschichtsschreibung verstanden. Die Ausführungen intendieren *nicht* einen interkulturellen Vergleich: Sie fragen weder vergleichend nach dem Motiv des Ehebruchs etwa in der deutschen und japanischen Literatur o.ä., noch fragen sie nach der Rezeption der hier vorgestellten Ehebruchromane in anderen, fremdsprachlichen Kulturen. Sie betonen stattdessen die historische Relevanz und Repräsentativität literarischer Texte und beziehen sie auf die Frage: Was heißt Literaturvermittlung als Kulturvermittlung?

wie im Labor. Mit ihr mißt Goethe die Nach-Wirkung der Aufklärung: Ist der Mensch „trüber, leidenschaftlicher Naturnotwendigkeit" unterworfen, oder folgt er „heiterer Vernunftfreiheit"[4] (Goethe 1977: 621)?
Bevor das Beziehungsdrama beginnt, unterhalten sich die Personen über die Analogien zwischen dem Zwangsverhalten chemischer Substanzen und den menschlichen Affinitäten. Spielerisch übertragen sie die Wahlverwandtschaften der chemischen Elemente (cf. Bergmann 1775), ihr Trennungs- und Anziehungsverhalten, auf die menschliche Gesellschaft, ohne freilich zu ahnen, daß sie selbst bald in den Sog von Scheidung und Bindung geraten (cf. Elm 1991: 36-38). Anders der Erzähler. Er weiß um die Verwandtschaft von Mensch und Natur, da, so Goethe selbst, „doch überall nur *eine* Natur" sei (Goethe 1965: 621). Um 1800 war Goethes Idee der Naturganzheit aktuell. In Alexander von Humboldts phänomenologischer Universalforschung fühlte sich Goethe bestätigt. Desgleichen aber auch in der spekulativen Naturphilosophie eines Schelling, Carus und Novalis, die gegen die rationalistische Auffassung der Natur als verfügbarem Gegenstand, als res extensa, untertan der res cogitans, dem Kalkül des Bewußtseins, auf die Ganzheit der Welt setzen: Res cogitans und Res extensa, Geist und Natur, gelten ihnen als Einheit.

Von der neuen holistischen Weltsicht haben die anwesenden Landadeligen des Romans keine Ahnung. Sie mißverstehen die Sinnzusammenhänge ihrer chemischen Plauderei. Sie sehen die Phänomene, nicht jedoch ihren Zeichensinn, ihre Symbolik, die das Naturgeschehen mit dem Menschenschicksal verbindet. Warum sind sie blind – blind für ihr eigenes Dasein? Die Antwort gibt der Roman – der Roman als Zeichengeschichte der Kultur.

Der in den besten Jahren privatisierende Baron, vom Erzähler seiner adeligen Würde beraubt und mit dem trivialen Dutzendnamen Eduard versehen, fern einer Tätigkeit in Stadt und Residenz, bei der Verschönerung seines Landsitzes ökonomisch überfordert und nahe der Pleite (cf. Vaget 1980), sodann der vom Militärdienst in die Arbeitslosigkeit entlassene Hauptmann Otto ohne Landbesitz, weiter die dilettierende Hobbygärtnerin Charlotte, durch ihre Liebesheirat mit Eduard der angestammt-feudalen Ehestrategien ledig, und endlich die im Schul-Pensionat scheiternde Ottilie, die bald im Schloß ankommen wird – mit diesen Figuren

---

4 Goethe 1977: 621 (Selbstanzeige des Romans im *Morgenblatt für gebildete Stände* vom 4.9.1809).

präsentiert Goethe den Adel um 1809. Goethe personalisiert an seinen problematischen Figuren das Legitimations- und Reputationsdefizit der Aristokratie, die als Wehrstand dem französischen Andrang nicht standzuhalten vermochte und durch die Stein-Hardenbergschen Reformgesetze ihrer Vormachtstellung enthoben wurde (cf. Frie 2008: 93 f.). „Die Leute, mit denen ich umgeben war", erinnert sich Goethe, „hatten keine Ahnung von Wissenschaften; es waren deutsche Hofleute, und diese Klasse hatte damals nicht die mindeste Kultur" (Goethe 1987: 873).

So kommt es aus mangelnder Kultur, das heißt hier: aus moralischer Schwäche und fehlender Selbstkritik, wie es kommen muß. Am Teich, unter den Plantanen – Symbole für Liebe *und* Tod – gesteht Charlotte dem Hauptmann ihre Zuneigung. Hier genießt Eduard mit Ottilie in zärtlicher Umarmung das Feuerwerk. Und hier läßt Ottilie, befangen in Sehnsucht nach Eduard, Charlottes Kind Otto ertrinken – ein Unglück, das ihre Beziehung zu Eduard nicht beendet, ihr aber eine entschiedene Wendung gibt.

Dem gleichsam naturnotwendigen Anwachsen der Leidenschaften setzt Goethe die Bewußtseinskräfte seiner Figuren entgegen. Denn zugegeben, sie überlassen sich nicht bedenkenlos den wahlverwandtschaftlichen Neigungen, sondern wissen um ihre gesellschaftlichen Pflichten. Als der Hauptmann Charlotte zum zweiten Mal küsst, bringt sie dieser Kuß wieder „zu sich selbst", wie der Erzähler bemerkt. Sie erkennt den Zwiespalt zwischen der naturhaften Leidenschaft, mit der sie in der Nacht vorher in den Armen Eduards liegend den Hauptmann ersehnt hat, und ihrem moralischen Credo, ihrem „Schwur, den sie Eduard vor dem Altar getan" (Goethe 1988: 91). Mit Disziplin scheint Charlotte der Vernunft zu folgen. Aber in Wirklichkeit ist es mit der Achtung vor der Vernunft nicht weit her – vielmehr geht es ihr nur um das „wohlerworbene Glück" und die „schönsten Rechte", die sie mit ihrer Ehe verbindet und die sie nun nicht des Hauptmanns wegen verlieren möchte (ibd.: 107 f.).

Eduard dagegen kann sich zum Verzicht auf Ottilie nicht durchringen. Nicht Naturtrieb sei die Liebe zu ihr, gibt er vor, sondern erfüllender Sinn seines Lebens (ibd.: 108). Das empfindsame Pathos à la Werther ist so unglaubwürdig wie Charlottes Moralpostulat. Anders auch Ottilie. Nach dem von ihr verschuldeten Tod des Kindes fasst sie den „Vorsatz, Eduard zu entsagen" (ibd.: 246) – ohne sich freilich der „seligen Notwendigkeit" zu entziehen, mit dem Geliebten wenigstens wortlos zusammenzutreffen (ibd.: 248). Während Charlotte nolens volens der Vernunft folgt und Eduard der Natur unterliegt, möchte Ottilie beide in sich vermitteln – Vernunft und Natur. Aber unter dem Druck der Spannung von Vernunftfreiheit *und* Naturnotwendigkeit bricht sie zusammen und stirbt. Ihre Entsagung, ihre Menschenkraft übersteigende Liebe ohne Besitz, wird vom Erzähler großzügig honoriert – jedoch mit einem Augenzwinkern. Er nobilitiert die tote Ottilie zur Hl. Ottilie und läßt sie fleissig Wunder tun. Ihr Sarg mitsamt der den Feldern freilich abgeraubten Blumenfülle, ihr Grab unter den vom Architekt hingepfuschten Putten – sie werden zum Ort künftiger Wallfahrten. Die sakralisierte Synthese von Affekt *und* Moral, von Leidenschaft *und* Entsagung, von Naturnotwendigkeit *und* Vernunftfreiheit hat einen Stich ins Komische. Kopiert wird eine Legende – eine Heiligenlegende. Der Konflikt von Naturnotwendigkeit und Vernunftfreiheit, in der getürkten Legende mehr schlecht als recht ästhetisch überwunden, bleibt existentiell bestehen. Wie sollte es auch anders sein? Denn bei aller Adelskritik vermittels der Skandalisierung des Ehebruchs weiß Goethe aus eigenem Erleben, wovon er spricht. Kann doch die eigene, 1806 vollzogene Eheschließung mit Christiane Vulpius seine Leidenschaft für andere „Freundinnen" nicht bremsen – wo auch immer er an seinen *Wahlverwandtschaften* schreibt. In Karlsbad ist es die Amour fou mit Marianne von Eybenberg, in Franzensbad das Techtelmechtel mit Silvie von Ziegesar, und in Jena, wo er sich eine Arbeitswohnung fern der Weimarer Amtsgeschäfte mietet, die Liebelei mit „Minchen" Herzlieb, der Pflegetochter seines Hauswirts (cf. Friedenthal 1965: 450 f.).

Den Dauerkonflikt von Natur und Vernunft bestätigt selbst Goethes – ehetreuer – Nachfolger Fontane, der das leidige Thema wiederholt, nicht nur in *Effi Briest*, sondern auch in *L'Adultera*, wo es zum Ehebruch der Melanie van der Straaten lapidar heißt: Man „führte den ganzen Fall auf die Wahlverwandtschaften zurück […]. Das Naturgesetzliche habe wieder mal gesiegt" (Fontane 1962: 137). Schon richtig. Aber der Sieg des Naturgesetzlichen hat bei Fontane eine eigene Begründung. Gewiß, auch bei Fontane geht es um den Konflikt von Pflicht und Neigung, Vernunftfreiheit und Naturnotwendigkeit, der bei Goethe im kulturlosen, im marginalisierten und depravierten Adel der napoleonischen Besatzungszeit zum fatalen Ausbruch kam. Zum Ausbruch kommt er bei Fontane jedoch aus einem anderen Grund.

2 Fontane: *Effi Briest*. Das „Gesellschafts-Etwas" und die „menschliche Natur"

Der Eheroman um Effi Briest und Baron Instetten, den Fontane 1895 veröffentlicht, erreicht innerhalb von zehn Jahren 16 Auflagen: Der Roman trifft den Nerv der Zeit. Welcher Zeit? Es ist in Leserschaft und Romangeschehen die Zeit des Wilhelminischen Kaiserreichs. Bismarck und Wilhelm I. werden gleich zu Beginn genannt sowie der Deutsch-Französische Krieg. Die preußischen Feldzüge, Schlachten, Kriege, Jahrestage, Jubiläen kommen nicht zu knapp weg, und für die männlichen Figuren geht es immer auch um ihre militärische Vergangenheit oder Gegenwart. Stets ist es, bei Instetten etwa, bei Crampas oder dem Kessiner Amtsrichter, eine vom aristokratischen Nimbus umflorte Offizierszeit. Es ist aber zugleich auch die Zeit, da die im 19. Jahrhundert durch Romantik, Historismus und Restauration restabilisierte Aristokratie, bei allem Aufschwung in Militär und Junkertum, ihren verborgenen, aber nun doch endgültigen Abstieg erfährt (cf. Reif 2008: 8f.).

Der Abstieg des Adels imprägniert nicht nur die desaströse Handlung im gehobenen Milieu, sondern auch das Strukturmuster des Romans. Quer durch den Text fährt die Eisenbahn und sorgt für die Schnittstellen der Handlung. Nicht nur, daß sie das junge Paar, Effi und Geert, auf seiner Hochzeitreise nach Italien bringt, sie bringt es auch von Effis Elternhaus Hohen-Cremmen, dem Landgut der Briests, in die Provinzstadt Kessin, den Dienstort des Landrats von Instetten, und wenige Jahre später in die Reichshauptstadt Berlin, wo Instetten auf der Karriereleiter avanciert; vom märkischen Dorf über die pommersche Kleinstadt zur Reichsmetropole – auf diesem Weg ist die Bahn das Medium von Mobilität, Dynamik und Urbanisierung. Sie löst die Aura des Adels auf, seine Formkultur, sein Elitebewußtsein, das Ideal der Autonomie.

Der landlose Baron Instetten, der retirierte Offizier, nun als Landrat und Ministerialbeamter ein erfolgreicher Verwaltungsfachmann, repräsentiert in seiner Person selbst diesen Wandel. Da er, so wie Briest, keinen Sohn hat, stirbt auch mit ihm sein Adelsgeschlecht (Fontane 1963: 223)[5]. Aber dahin ist es im Grunde schon jetzt, denn Instettens Habitus ist nicht mehr adelig. Instetten ist fleissig, ehrgeizig, gesetzes- und prinzipientreu, gebildet, diszipliniert, weisungsgebunden, obrigkeits- und

---

5 Folgende Zitate nach dieser Ausgabe.

pflichtbewußt und durch keine ‚Weltanschauung' beengt. Er ist Teil einer professionellen Arbeitsgesellschaft, die mit funktionalistischer Effizienz auf Kosten der eigenen Persönlichkeit hinausführt über die ausgeprägt individualistischen Charakterbestände des 19. Jahrhunderts – über den behaglich autonomen Agrarier von Briest und seine etikettenbewußte Frau, über das kleinstädtische Idylleninventar Gieshübler und über die vertrockneten Familien des pommerschen Landadels. Die disziplinierte Professionalität, die Instetten karrieristisch vertritt, führt auch hinaus über den adeligen Decadent von Crampas, dem, so Instetten verächtlich, als „Spieler" alle „Gesetzmäßigkeiten [...] langweilig" sind (ibd.: 147). Instetten weist über all das hinaus, und ist doch Teil dieser von Ritualen und Konventionen, in Sedansfeiern, Hauskonzerten, Anstandsbesuchen und Courtoisie-Formeln eingezäunten Gesellschaft der Kleinstadt-Honoratioren und steifen Junkerfamilien. Gewiß, Instetten ist Teil dieser erstarrten Fin-de-Siècle-Gesellschaft – nur ist er eben auch ihr Gegen-Teil. Deshalb erfährt er umso schmerzhafter seine Abhängigkeit vom „Ganzen", dem „man" angehört, vom „Gesellschafts-Etwas" (ibd.: 235 f.), von den gesellschaftlichen Vereinbarungen und Werten, die für ihn alte Zöpfe sind, denen er aber um seiner Reputation willen zu folgen gezwungen ist. Ihm, dem Gesellschafts-Etwas, misst Instetten den Zwang zum Duell mit Crampas, dem Verführer seiner Frau, zu, obgleich er privatim das feudale Ehren-Ritual verachtet (ibd.: 233 f.): „unser Ehrenkultus ist ein Götzendienst, aber wir müssen uns ihm unterwerfen" (ibd.: 237). „Es muß sein" (ibd.: 242).

Das Muß im Dienst der Konvention folgt zweckhafter Vernunft, die einem ganz anderen Muß dialektisch gegenüber steht. Es ist das Muß, das Fontane mit Begriffen nicht fassen kann. Dieses Muß ist der Widerpart der instrumentellen Vernunft. Dieses Muß ist der Antagonist in Fontanes Ehedrama. Dieses Muß taucht, da unfassbar, nur zeichenhaft auf – im Bild jenes sehnsuchtsvollen Vinetas, das Crampas aus einem Heine-Gedicht zitiert oder im Bild der Gottesmauer, die Effi für sich erfleht und dann vergißt, als sie im Schlitten mit dem Verführer in den dunklen Wald biegt. „Man muß immer ringen mit dem natürlichen Menschen", kommentiert die hellsichtige Ritterschaftsrätin von Padden. Nach dem mechanistischen Verständnis der Zeit determinieren beide Kräfte den Menschen – der abgründige Natur-Trieb ebenso wie das Comme il faut der Gesellschaft. Als *Es* und als *Über-Ich* hat damals Sigmund Freud die zwei Gegner auf dem Ringplatz der Seele bezeichnet. In Effi Briest kommen sie sich in die Quere, bis einer der beiden unterliegt. Einmal tritt Fontanes Erzähler aus seiner Anonymität heraus und beugt sich bekümmert über Effi:

> „Es brach über sie herein", kommentiert er, „und sie fühlte, daß sie wie eine Gefangene sei und nicht mehr heraus könne. – Sie litt schwer darunter und wollte sich befreien. Aber [...] sie war keine starke Natur. [...] So trieb sie denn weiter. [...] Das Verbotene, das Geheimnisvolle hatte seine Macht über sie (ibd.: 169).

Hier das „Etwas", die sozialen Regeln und sittlichen Normen, von der erstarrten wilhelminischen Gesellschaft diktiert (ibd.: 235), dort die „Macht" des „Verbotenen", die Macht der abgründigen „menschlichen Natur" – in diesen Gegensatz zerfallen die Energien des Romans, die sich je einzeln an den Phänotypen der Zeit, Instetten und Crampas, kristallisieren. Beide sind Aussteiger, der eine nach vorn in die professionelle Leistungsgesellschaft des 20. Jahrhunderts, ohne sie wirklich bereits zu erreichen, der andere zurück in die adelige Gesellschaft des 19. Jahrhunderts, freilich schon als Outcast. Im Zwiespalt der beiden fragwürdig erscheinenden Tendenzen, hier Vernunft, dort Trieb, hier Fortschritt, dort Dekadenz, wird Effi zerrieben. Das Scheitern aller drei Hauptfiguren, Effi, Instetten und Crampas, ist zugleich ein Urteil über ihre Epoche, die nun zu Ende geht. Im Hintergrund der Handlung wechselt Instettens Gönner Otto von Bismarck von seinem Landgut Varzin auf den Alterssitz Friedrichsruh. Da war er, 1890, als Reichskanzler abgetreten, und seine „Größe", so Fontane, „lag hinter ihm".[6] Die Zukunft wird anderen gehören – Leuten wie dem Wirt Golchowski, der als „Wahlmacher" den Loyalen spielt, aber im noch preußisch vereinnahmten Polen bereits insgeheim Unruhe schürt (ibd.: 44), und der proletarischen Kleinbürgerin Roswitha, die ihr Unglück überwindet, während ihre Herrin darin untergeht.

Goethes und Fontanes Ehebruchromane erzählen zeichenhaft von den Kulturbedingungen des scheinbar ganz privaten Treueverrats. In Goethes Fall ist es, um 1809, die Krise des Adels, der als Wehrstand versagt hat. Dort, wo er bereits die bürgerliche Liebes- und Ehemoral adaptiert[7], ver-

---

6 Zit. Ullrich 1998: 122.
7 Zum Begriff der ‚bürgerlichen' Liebes- und Neigungsehe seit dem 18. Jh.: cf. Saße 1996.

fehlt er aus Schwäche ihr Ethos: Der Baron Eduard folgt nicht der „Vernunftfreiheit", sondern unterliegt der „Naturnotwendigkeit". In Fontanes wilhelminischem Preußen ist es das „Gesellschafts-Etwas", die Abhängigkeit des Einzelnen von den Konventionen und Werten, die den „natürlichen Menschen" mißachtet. Der Ehebetrug ist der Ausbruch des Konflikts von vernunfterstarrter Norm und triebhafter Natur. Aber zugleich ist der Ehebetrug auch die ehrenrührige Katastrophe dieses Konflikts. Woran krankt die Ehe 100 Jahre später – heute? Kann man darauf eine allgemein-kulturelle, die Kommunikationsform der Menschen betreffende Antwort geben? Dieter Wellershoff hat es versucht – in seinem Roman *Der Liebeswunsch*.

3 Dieter Wellershoff: *Der Liebeswunsch*. Ehebruch als Lebensform

In seinem kurz nach der Jahrhundertwende erschienenen Bestseller *Der Liebeswunsch* erzählt Dieter Wellershoff von einer Viererbeziehung. Die Klinikärztin Marlene hat sich von Leonhard, einem angesehenen Richter, getrennt und ist nun mit dessen Freund Paul verbunden, einem Chirurgen. Die Kränkungen, die durch Marlenes Wechsel von Leonhard zu Paul der Dreierfreundschaft schaden, scheinen vergessen, als Leonhard die 15 Jahre jüngere Studentin Anja trifft und bald darauf heiratet. Da ist die Balance zwischen den nunmehr vier Freunden wiederhergestellt. Freilich nicht lange. Denn Anja hintergeht Leonhard, weil sie die ersehnte Liebeserfüllung, die sie bei ihm nicht fand, bei Paul sucht, der mit ihr Marlene betrügt. Nach einer heftigen sexuellen Affäre verläßt Paul auch Anja. Nun sind alle vier allein und leben resigniert in ihrem Singledasein. Anja indes treiben Liebesenttäuschung und Lebensverzweiflung in den Tod.

Was hier in treulosen Trennungen und illegitimen Bindungen geschieht, erklärt sich aus Wellershoffs Abweichung von seinen Vorlagen bei Goethe und Fontane. Gewiß, hinter Wellershoffs *Liebeswunsch* erscheinen die Umrisse von Goethes Viererbeziehung. Der willensschwache Paul kopiert Goethes haltlosen Eduard, die überlegene Marlene spiegelt die vernünftige Charlotte, der ordnungsliebende Leonhard wiederholt den gartenplanerischen Hauptmann, und die komplizierte, an ihre Liebessehnsucht sich tödlich verlierende Anja ähnelt der problematischen, zwischen Liebesverlangen und Liebesverbot verlöschenden Ottilie. Und gewiß, wie bei Fontane geht die Hochzeitsreise nach Italien. Auch Anja muß in den Kirchen und Museen die Vorträge ihres Ehegatten erdulden und erfährt dabei die gleiche Ödnis wie schon Effi in Gegenwart des bildungsbeflissenen Instetten. Erneut wird die matte Ehe der jungen Frau mit dem um viele Jahre älteren Mann, mit Leonhard, dem Erfolgreichen, dem Tüchtigen und Fürsorglichen, dem Zuverlässigen, dem Bestimmenden und allgemein Geachteten erzählt, und erneut wiederholt sich in Anjas vergeblicher Sehnsucht nach Liebe die Enttäuschung und Langeweile Effis: „Er ist ein respektabler Mensch. Bloß er animiert mich nicht", bemerkt Anja über Leonhard. Ähnlich hat es bereits Effi über ihren Mann gesagt. Da ist es nur folgerichtig, daß irgendwann in der Gestalt des maskulinen Paul ein anderer Crampas auftritt und dem Freund Leonhard, dem „sein Beruf als Richter das Wichtigste" ist (Wellershoff 2000: 81)[8], die Frau wegnimmt.

Kontrastiv zu seinen Vorlagen begründet allerdings Wellershoff die Problematik der Ehe nicht mit Goethes Antithese von Natur und Vernunft oder mit Fontanes Widerspruch von Trieb und Konvention, sondern er begründet sie mit der rationalen Ernüchterung und metaphysischen Leere seiner Figuren. In der Sehnsucht Anjas stellt er ihnen etwas entgegen, was unausgedrückt und unerklärt bleibt – die allen unbekannte Erfüllung der Liebe, die sich dann nur als sexuelle Ekstase verwirklicht. Freilich ist auch Anja so substanzlos leer wie die anderen Figuren des Romans. „Ihr Leben hatte", sagt der Erzähler, „seit langem etwas Unfühlbares und Gleitendes angenommen" (ibd.: 28). Es war „eine unbestimmte Leere, in der sie sich selbst abhanden kam" (ibd.: 73). Aber damit ist Anja nicht allein. Das seelische Vakuum, das sie in ihrer Passivität und Orientierungslosigkeit offenbart, verdecken die anderen Figuren nur mit pragmatischen Absichten und der prosaischen Lebenswirklichkeit ihres Berufs. Es fehlt ihnen die Naturgewalt der Liebe, die Eduard und Ottilie elementar bannt und die Ordnung der Ehe zerstört. Es fehlt ihnen das unerbittliche Müssen, das unbekannte Es der Seele, das in Effi die Notwendigkeit des Gesellschafts-Etwas niederringt und die Tragik des Ehebruchs entfesselt. Vor der geballten Ehe-Dramatik seiner Vorgänger verblassen Wellershoffs Beiläufigkeiten. Marlenes Begründung für Ehebruch und Trennung schnurrt in den Satz zusammen: „Du hast mich überhaupt nicht gesehen, Leonhard" (ibd.: 85). Leonhards Ehe mit Anja

---

8 Folgende Seitenangaben nach dieser Ausgabe.

wird als „lebensstrategisches Programm" bezeichnet; „er wolle heiraten, weil das seinem Bild eines Mannes in gehobener [...] Position entsprach". Pauls Ehe mit Marlene hat eine „eingespielte Alltäglichkeit", „etwas Formelhaftes bekommen" (ibd.: 241) und wird daher durch die Affäre mit Anja aufgefrischt. Auch dies freilich nur als Zwischenstation. Das ganze Dasein – ein flottierender Reiz.

Bei Wellershoff fehlt die problematische Sinnmitte, an der Goethes und Fontanes Figuren sich messen müssen und freilich versagen. Marlene und Paul, Leonhard und Anja scheitern nicht an einem Sinnproblem, am Widerspruch von Vernunft und Natur oder am Gegensatz von Gesellschaftsganzem und dem naturhaften Menschen. Sie scheitern vielmehr an der Sinnlosigkeit, die einzig ihr Leben bestimmt, jedoch von ihnen als Mangel nicht bedacht wird. Nur einmal überfällt Paul jäh die Ahnung: Aus dem Auto blickend, im Park den ausgestreckten Wurfarm des Bocciaspielers vor Augen, „erkannte er in plötzlicher Klarheit die Sinnlosigkeit des Daseins. Alles, was geschah, war wie der ausgestreckte Arm und die fliegende Kugel" (ibd.: 314). Doch sogleich zerrann der Gedanke. Schon das „Aussteigen aus dem Auto [...] hatte ihn verwischt. Gut, er wollte jetzt in den Biergarten gehen" (ibd.: 314).

Gesteuert allein von instrumentellen Überlegungen wechseln die Figuren von einer Beziehung zur anderen. Marlene, von Leonhards Gleichgültigkeit enttäuscht, verlangt es nach Paul. Leonhard heiratet aus Prestigegründen. Paul, dessen Ehe mit Marlene zu „eingespielter Alltäglichkeit" erstarrt ist, sucht sexuelle Befriedigung bei Anja, während sich Anja nach etwas sehnt, was sie selbst nicht kennt und auch nicht zu geben vermag. Es ist die Liebe, die in der sinn- und wertfreien Gesellschaft, in der sie lebt, fehlt, und die ihr deshalb ebenso fremd wie fern bleibt – ein Lebenswunsch, der, weil unerfüllbar, sie auf das Leben verzichten läßt.

Wellershoffs antimetaphysischer *Neuer Realismus*, bis heute bestimmt von der Desillusionierung seiner Kriegsjahre an der Ostfront und geprägt vom bedeutungsleeren Objektivismus des *Nouveau Roman* der 50er/60er Jahre, ist die dem Sinn-Nichts seiner Figuren angemessene Erzählform. Sie entspricht auch dem Thema – dem Thema des *Ehebruchs*, der im Roman nicht länger ein Rechtsverstoß ist, weil es im Gegensatz zu Goethes und Fontanes Erzählen hier weder Gericht noch Gesetz gibt. Auch Anjas Sturz vom Balkon erscheint nicht als Sanktion des Ehebruchs, den sie mit Paul begeht. Ist ihr Tod die Folge eines persönlichen Defekts, ein

Ausdruck „innerer Leere" und „Einsamkeit" (ibd.: 30 f.), wie der Erzähler vermerkt, oder ein Zeichen der Hysterie, wie die Internistin Marlene feststellt (ibd.: 262)? Ist ihr Tod eine Folge der Trunksucht und „Unordnung, die von ihr ausging", wie Leonhard urteilt (ibd.: 143) oder die Flucht aus der Depression, gegen die sie in der Entzugsklinik zuletzt behandelt wird? Vergeblich fährt Paul zum Ort ihres Selbstmords. Der „Wahrheit" über Anja kommt er nicht näher. „Sie ist", überlegt Paul, „zerspalten und verborgen in den verschiedenen Köpfen" (ibd.: 27). Die Wahrheit ist relativ und deshalb ein Nichts.

Für Wellershoffs swingendes, wohlsituiertes Akademiker-Quartett ist der Ehebruch kein moralischer Defekt wie für Eduard und Ottilie und kein gesellschaftliches Delikt, wie für Effi und Crampas, sondern eine Lebensform. Wellershoff zeigt mit ihr die Innenseite einer Gesellschaft, die seit 1958 mit dem Begriff der *eheähnlichen Gemeinschaft* den Rechtsvertrag vor dem Standesbeamten ersetzen kann, die 1969 den Ehebruch straffrei gestellt hat und 1977 mit dem Wegfall des Verschuldungsprinzips den Ehebruch als Scheidungsgrund aufgehoben hat. 1998 wurde das fast 100-jährige Ehegesetz mit seinen Bestimmungen der rechtmäßigen Eheschließung und Ehescheidung storniert. Und 2006 hat der sozialrechtliche Begriff der *Bedarfsgemeinschaft* auch homosexuelle Paarungen legitimiert. Die zunehmende Relativierung der bürgerlichen Ehe verwandelt den Ehebruch nicht nur zur Privatsache, sondern markiert auch die Obsoletheit des Begriffs. Privat ist er immer noch identisch mit Treulosigkeit, Verrat und Betrug, öffentlich spielt er jedoch keine besondere Rolle mehr. Von dieser Obsoletheit erzählt Dieter Wellershoff, sich dabei von Goethe und Fontane entfernend. Aber in der existentiellen Nichtigkeit und seelischen Leere seiner Figuren wird der Verlust erkennbar, der sich mit dem Gewinn an individueller Freiheit verbindet.

Literatur

Bergman, Tobern 1775: *Goethes Werke*, Hamburger Ausgabe, ed. Erich Trunz, Bd. 6: *De attractionibus electivis (*dt. ‚Über die Wahlverwandtschaften'), München: Beck

Elm, Theo 1991: *Johann Wolfgang Goethe. Die Wahlverwandtschaften*, Frankfurt/Main: Diesterweg

Fontane, Theodor 1962: „L'Adultera", in: Keitel, Walter (ed.) 1962: 7-140
Fontane, Theodor 1963: „Effi Briest", in: Keitel, Walter (ed.) 1963: 7-296
Frie, Ewald 2008: „Friedrich August Ludwig von der Marwitz (1777-1837). Adelsbiographie vor entsicherter Ständegesellschaft", in: Reif, Heinz (ed.) ²2008: 83-102
Friedenthal, Richard 1965: *Goethe. Sein Leben und seine Zeit.* Frankfurt/Main et al.: Büchergilde Gutenberg
Goethe, Johann Wolfgang 1977: „Notiz" (= Goethes Selbstanzeige der *Wahlverwandtschaften*), in: Goethe 1977, 4. Bd.: 621
Goethe, Johann Wolfgang 1977: „Die Wahlverwandtschaften. Ein Roman", in: Goethe 1977, 6. Bd.: 242-490
Goethe, Johann Wolfgang von 1977: *Goethes Werke*, ed. Erich Trunz, München: Beck
Goethe, Johann Wolfgang 1987: „Tagebücher. 2. Schema zu ‚Dichtung und Wahrheit', (31.5.1810), in: *Goethe, Sämtliche Werke nach Epochen seines Schaffens*, Münchner Ausgabe, ed. Christoph Siegrist et al., Bd. 10, München: Hanser: 873
Fontane, Theodor 1962: *Sämtliche Werke*, ed. Walter Keitel, Bd. 2: *L'Adultera*, Darmstadt: Wissenschaftliche Buchgesellschaft
Fontane, Theodor 1963: *Sämtliche Werke*, ed. Walter Keitel, Bd. 4, Darmstadt: Wissenschaftliche Buchgesellschaft
Landwehr, Achim 2009: *Kulturgeschichte*, Stuttgart: Ulmer (UTB 3037)
Raphael, Lutz 2003: *Geschichtswissenschaft der Extreme. Theorie, Methode, Tendenzen von 1900 bis zur Gegenwart*, München: Beck
Rauhut, Franz 1953: „Die Herkunft der Worte und Begriffe ‚Kultur', ‚Civilisation' und ‚Bildung'", in: *GRM XXXIV*: 81-95
Reif, Heinz (ed.) ²2008: *Adel und Bürgertum in Deutschland I. Entwicklungslinien und Wendepunkte im 19. Jahrhundert*, Berlin: Akademie Verlag
Saße, Günter 1996: *Die Ordnung der Gefühle. Das Drama der Liebesheirat im 18. Jahrhundert*, Darmstadt: Wissenschaftliche Buchgesellschaft
Schmiedt, Helmuth 1993: *Liebe – Ehe – Ehebruch. Ein Spannungsfeld in deutscher Prosa von Christian Fürchtegott Gellert bis Elfriede Jelinek*, Opladen: Westdeutscher Verlag
Ullrich, Volker 1998: *Otto von Bismarck*, Reinbek: Rowohlt

Vaget, Hans Rudolf 1980: „Ein reicher Baron. Zum sozialgeschichtlichen Gehalt der ‚Wahlverwandtschaften'", in: *Jb. d. Deutschen Schillergesellschaft* 24: 123-161

Wellershoff, Dieter 2000: *Der Liebeswunsch. Roman,* Köln: Kiepenheuer & Witsch

Interkulturelle Entwicklung der Migrationsliteratur (anhand der Darstellung des Frauenbildes)

Nilüfer Kuruyazıcı (Istanbul)

Abstract

2011 marks the 50th anniversary of the start of the migration of Turkish workers to Germany. An intercultural literature grew out of this sociological development and we see great changes during the past 40 years in this literature occurring in the narrative techniques, their language, and themes. In the 90's, we can talk about radical changes and a new term in this literature that focuses on foreign cultural issues.

My aim in this paper is to study the changes in German -Turkish novels in the last forty years from the perspective of the female figures. I wanted to begin with Turkish women in migration, then Turkish women figures from Anatolia and move on to more emancipated female figures in big cities. My interest is to see whether the German authors of Turkish origin, due to their unique position, have succeeded in this cultural negotiation, have provided a dialogue between two cultures, and have provided the right image of the Turk for the German readers.

2011 ist das fünfzigste Jahr der Migration von türkischen Gastarbeitern in die Bundesrepublik. Parallel zu dieser soziologischen Entwicklung hat sich schon in den siebziger Jahren eine besondere Literatur entwickelt. Zwischen den Anfängen dieser Literatur und der Gegenwart vollzog sich jedoch ein großer Wandel, ihre Vermittlungsformen haben grundsätzliche Verschiebungen in Form, Sprache und Themenwahl erfahren. Vor allem ist es seit den 90er Jahren möglich, von einer deutlichen Wende in der Themenwahl zu sprechen, und zwar mit dem Schwerpunkt fremdkultureller Thematik. Ich sehe es als Aufgabe der interkulturellen Germanistik, solchen literarischen Entwicklungen nachzugehen und die Erweiterungen der letzten Jahrzehnte zu hinterfragen und die Frage zu stellen, inwieweit diese Literatur ihre Vermittlerrolle zwischen den Kulturen verwirklicht, inwiefern sie den deutschen Lesern dazu verhilft, mit einer ihnen völlig fremden Kultur Kontakt aufzunehmen. Somit geht es mir im Folgenden darum, die kulturwissenschaftlichen Erweiterungen zu verfolgen, nach neuen Fragestellungen, nach Unterschieden und Differenzen sowie Gemeinsamkeiten und Ähnlichkeiten im Rahmen der Texte zu suchen und dies anhand der unterschiedlichen Darstellung des türkischen Frauenbildes in der deutsch-türkischen Literatur herauszuarbeiten.

An der Wahl der Themen der ersten Äußerungen konnte man einerseits eine starke Präsenz der verlassenen Heimat, andererseits die literarische Verarbeitung von ersten Erfahrungen und Erlebnissen in der Fremde, die Begegnung mit den unterschiedlichen Lebensweisen, den Vergleich des ‚Eigenen' mit dem erlebten ‚Anderen' sowie die Betroffenheit von den Leiden des Fremdseins und die Bindung an eine Vergangenheit im Herkunftsland feststellen. Der Gastarbeiter und seine Probleme, sein Schicksal in der Fremde, bildeten somit das Zentrum ihrer Äußerungen. Biondi & Schami sprechen von einer „Literatur der Betroffenheit" und behaupten, ein wichtiges Thema dieser Literatur sei „das Schicksal des Gastarbeiters; d.h. ökonomisch gezwungen zu sein, aus der eigenen Heimat auszuwandern und die daraus resultierende Sehnsucht nach dieser Heimat" (Biondi & Schami 1981: 125).

Yüksel Pazarkayas Theaterstück *Mediha* (1992) ist das einzige Werk jener Jahre, das sich vor allem auf die Leiden der Frau eines türkischen Gastarbeiters konzentriert, ohne sich jedoch die Vermittlung der türkischen Kultur zur Aufgabe zu machen. Analog zu Euripides *Medea* steht das Schicksal der aus einem anatolischen Dorf stammenden Mediha im Vordergrund, die mit ihren Kindern ihrem Mann nach Deutschland folgt und dort mit einer für sie unbegreiflichen Konfliktsituation konfrontiert wird: Ihr Mann will sich von ihr scheiden und eine deutsche Frau heiraten, um eine Aufenthaltserlaubnis zu bekommen. Pazarkaya entwickelt in der klassischen Tragödienform die Tragik einer türkischen Frau aus dem Dorf. Es ist jedoch keine Adaptation von Euripides Medea in der Gestalt der Mediha. Es handelt sich auch nicht um die Unterdrückung der „beweinenswerten" türkischen Frau. Sie ist nämlich stark genug, sich zumindest Fragen über ihre Identität zu stellen, über ihre Rechte und über die Stellung der Frau im Familienleben. Aber sie fühlt sich in dieser Welt völlig fremd, versteht kein Wort Deutsch, hat keine Ahnung von ihren Rechten und ist auf die sogenannte Hilfe der Sozialvermittler angewiesen. Das Buch behandelt im Grunde die Problematik der ersten Generation.

Um die Problematik der 3. Generation geht es hingegen in den 1998 von Feridun Zaimoglu veröffentlichten Gesprächsprotokollen *Koppstoff. Kanaka Sprak vom Rande der Gesellschaft* (Zaimoglu 1998). Es handelt sich um die Kindeskinder, die hier geboren sind oder im Kindesalter nach Deutschland kamen, hier in die Schule gehen und deren Zweitsprache Deutsch ist. Junge Frauen im Alter von 17 bis 38 Jahren, die in der Migration aufgewachsen sind und ganz andere Probleme haben als ihre Elterngeneration, kommen hier zu Wort. Mit Maria Brunners Worten: „Gerade die Kanakas präsentieren sich als selbstbewusste Persönlichkeiten [...]. Alle Protokolle geben eine klare Vorstellung von der Bewusstwerdung einer Generation" (Brunner, Maria 2004: 86). Es handelt sich dabei um Studentinnen, Lehrerinnen, Verkäuferinnen, Künstlerinnen, Friseurinnen, Dolmetscherinnen usw., also um junge Frauen, die bereits eine soziale Position in der Gesellschaft haben und nicht unbedingt am Rande der Gesellschaft stehen, sich jedoch immer noch zwischen zwei Welten fühlen: „Eigentlich sollte ich mich hier zu Hause fühlen, tu ich aber nicht richtig. Ich wollte auch nie in der Türkei leben. Ich weine nicht herum, dass ich keine Heimat habe, wie so viele andere", heißt es bei einer Gemüseverkäuferin, oder „Überhaupt bin ich zu Hause jemand anders!", sagt eine Studentin. Diese Thematik, das Trennende von Grenzen zwischen Ländern, Kulturen und Menschen, die Identitätssuche, Heimatlosigkeit und Zerrissenheit zwischen zwei Welten, bildet bei Zaimoglu den thematischen Schwerpunkt der zweiten Phase dieser Literatur.

Anfangs der 90er Jahre erlebt diese Literatur der deutschsprachigen Autoren nichtdeutscher Herkunft erst mit Renan Demirkans Roman *Schwarzer Tee mit drei Stück Zucker* (Demirkan 1991) einen neuen Themenkreis. Sie erzählt von ihrer eigenen Kindheit und Jugend, „teilweise im Schatten von patriarchaler Unterdrückung der türkischen Frau, ohne jedoch zu sehr in die übliche Leidensrhetorik zu verfallen" (Göktürk 1999: 525) oder vom Leben ihrer Eltern in der Heimat und gleichzeitig von ihrem Leben in Deutschland. Somit verortet sie ihre Existenz zwischen den beiden Kulturräumen und steht unterschiedlichen Denkweisen der beiden Kulturkreise kritisch gegenüber. Schon der Titel ihres Romans deutet aus der Perspektive deutscher Leser, wenn auch etwas klischeehaft, auf eine unterschiedliche Kulturtradition mit anderen Gewohnheiten und Lebensstrukturen hin. Insofern stellt der Roman vielleicht zum ersten Mal eine Möglichkeit dar, auf das Zusammenleben unterschiedlicher Kulturen auf diese Kontaktzone hinzuweisen. Wichtig ist dabei, dass die neue soziologische Entwicklung, das Auflösen der Grenzen einer Monokultur, ihren Niederschlag in der Literatur findet, und kulturelle Differenzen und die Darstellung eigener Kulturtraditionen zu gesuchten Themen werden. In diesem Rahmen ist eine andere Autorin zu erwähnen, die zwar auch von der türkischen Frau erzählt, bei der es sich aber eher um eine tränenreiche Darbietunge handelt, „die jedoch lange Zeit als paradigmatische Geschichten über das grausame Schicksal türkischer Frauen und Mädchen in der Migration" galten (Göktürk 1999: 520). Es handelt sich um die Texte von Saliha Scheinhardt, besonders um den Text *Frauen, die sterben, ohne dass sie gelebt hätten;* den Gesprächsprotokollen mit einer jungen Türkin, die ihren Ehemann, der sie missbrauchte, getötet hatte. Gleich an diesem Punkt ist die Frage zu stellen, inwieweit ihre Texte repräsentativ für die türkische Frau sein können, da solche Geschichten eher ein falsches Bild bekräftigen, das sich die deutschen Leser von türkischen Frauen machen. Karin Yeşilada verbindet ihre Opfergestalten mit dem Bild der „geschundenen Suleika" und bezeichnet ihre Texte als „Kolportagen" (Yeşilada 1997). Durch ihre Texte wird sie auf keinen Fall zu einer Kulturvermittlerin. Ganz im Gegenteil, durch ihre Darstellungen der unterdrückten und misshandelten türkischen Frau trägt sie dazu bei, Vorurteile zu bekräftigen, und nicht dazu, den gewünschten interkulturellen Dialog zu pflegen. Saliha Scheinhardt ist zwar eine vielgelesene Autorin, die aber den deutschen Lesern nur das anbietet, was sie schon im Voraus zu lesen erwarten, nämlich die patriarchalische Gesellschaftsordnung in der Türkei und das Bild von der unterdrückten, leidenden Frau.

Etwa zur selben Zeit tritt Emine Sevgi Özdamar mit ihren autobiografischen Romanen auf und wird mit ihrem 1992 veröffentlichten Roman *Das Leben ist eine Karawanserei* zum ersten Mal zur Vermittlerin zwischen zwei Kulturen und entwickelt eine eigene Position, in der sie sich ihrer Hybridität bewusst wird, die Brückensituation überwindet und mit „beiden Füssen auf dem einen Ufer zu stehen" vermag (Kuruyazıcı 2003: 117). Einerseits mit ihrer fremdklingenden Sprache und andererseits mit ihrer fremdkulturellen Thematik nimmt sie – mit Michael Hoffmanns Bezeichnung – „eine Vorreiterrolle" in der deutsch-türkischen Literatur ein, sodass wir jetzt mit Özdamar von einer dritten Phase der deutsch-türkischen Literatur sprechen können. „Sie schrieb nie ‚Gastarbeiterliteratur', sondern ist sehr schnell zu einer bedeutenden Vertreterin interkultureller Literatur in Deutschland geworden" (Hoffmann 2008: 72). In diese neue interkulturelle Phase mit kulturgeschichtlicher Thematik zähle ich trotz unterschiedlicher Erzählstrategien neben Özdamar auch Feridun Zaimoglu mit seinem 2006 veröffentlichtem Roman *Leyla*, 2006 Necla Kelek mit *Die verkaufte Braut. Bericht aus dem Inneren des türkischen Lebens in Deutschland* (2006), und zuletzt Selim Özdogan mit seinem 2007 veröffentlichten Roman *Die Tochter des Schmieds*.

Die Ich-Erzählerin in Özdamars *Das Leben ist eine Karawanserei* durchwandert als Kind mit ihrer Familie verschiedene geographische, kulturelle und soziale Räume im Osten sowie Westen der Türkei. Der Roman wird praktisch zu einer fiktiven türkischen Kulturgeschichte der 50er und 60er Jahre. Es geht der Autorin in ihrer Erzählstrategie nicht darum, auf eine patriarchalische Lebensordnung auf dem Lande hinzuweisen, sondern eher ein detailliertes Bild der soziokulturellen Lebenswelt in einigen Kleinstädten der Türkei wiederzugeben und damit eine türkische Erinnerungskultur aufzubauen. Gerade ihre Erzählform, die teils ironisch, teils kindlich-naiv, teils übertrieben zu sein scheint, verschafft den fremdkulturellen Lesern einen kritischen Zugang zur Lebenswirklichkeit von Özdamar. Für sie war ihre Kindheit in der Türkei eher eine Phase, die zum Ausdruck gebracht werden und deutschen Lesern weitervermittelt werden sollte. Damit machte sie die türkische Kultur für sie lesbar und öffnete den Weg zu einer interkulturellen Phase in der Migrationsliteratur.

Die dominierende Gestalt in der Familie ist die Großmutterfigur, die im Alltag der Familie und in der Erziehung der Enkelkinder bestimmend ist. Sie vertritt vor allem vom Islam geschätzte Werte und Denkstrukturen, in denen die Grenzen zwischen Glauben und Aberglauben verwischt werden. Somit wird sie für fremdkulturelle Leser im Prozess der Wahrnehmung einer fremden Kultur mit ihrer andersartigen Denkstruktur zur Hauptgestalt. Sevgi Özdamar versucht, ihre Leser mit ihr an ihre eigene reale Lebenswelt heranzuführen. Mit dieser dominierenden Gestalt stellt die Autorin gleichzeitig die Rolle der Mutter in der islamisch fundierten Denkweise dar, wie sie auch von Necla Kelek beschrieben wird: „Die absolute Verehrung der Mutter ist bis heute eine Säule des islamischen Lebens, und das Verhältnis von Söhnen zu ihren Müttern grenzt in muslimischen Familien gelegentlich an Heiligenverehrung" (Kelek 2006: 167). Sie erscheint immer noch als Bewahrerin einer reichen Volkskultur mit volkstümlichen Werten und Bräuchen und des vorherrschenden islamischen Denkens, obwohl mit der Gründung der Republik und den sozialen wie rechtlichen Reformen Atatürks sich die Lebensformen und der Status der Frau in der Gesellschaft verändert hat. Darauf weist die Gestalt der Mutter, auch wenn sie im Schatten der Großmuttergestalt bleibt, hin. Mit ihrem Interesse an den Entwicklungen jener Jahre, z.B. an amerikanischen Filmen und Filmstars, repräsentiert sie den Alltag der modernen Türkei der 50er Jahre und durch diese beiden Frauengestalten wird im Roman die Spannung zwischen Tradition und Moderne in der türkischen Kultur dargelegt.

Özdamar veröffentlichte sechs Jahre danach, im Jahre 1998, ihren zweiten Roman *Die Brücke vom Goldenen Horn,* einen echten interkulturellen Roman, in dem zwei Welten, zwei Kulturen nebeneinander stehen und nicht einseitig nur Bilder aus der Heimat wiedergegeben werden. Von der Thematik her ist es eine Fortsetzung ihres autobiographischen Schreibens: Der erste Teil gibt die Zeit in Berlin wieder, wo die Ich-Erzählerin ein Jahr bei Telefunken arbeitet. Es handelt sich um ihre Sozialisation im Arbeiter- und Studentenmilieu in Deutschland, während der zweite Teil sich in der Heimat abspielt, bei den Eltern und im Intellektuellenmilieu von Istanbul. Der Roman beginnt 1966 mit ihrer Ankunft in Berlin. Ihr Leben im türkischen Wohnheim stellt die Situation der türkischen Arbeiterinnen in Deutschland dar, die aber keineswegs in Medihas Situation sind, sondern selbständige Frauengestalten darstellen, die sich durch den deutschen Alltag durchzuschlagen bemühen. Es ist gleichzeitig die politische Sozialisation einer jungen Frau, der Ich-Erzählerin, zunächst in der Migration, im Arbeiter- und Studentenmilieu der sechziger Jahre in Deutschland und danach in den Intellektuellenkreisen in Istanbul. Dadurch widerspiegelt der Roman nicht mehr die volkstümliche ländliche Kultur der Türkei (wie in *Karawanserei*), sondern die politischen Entwicklungen in den Intellektuellenmilieus der Großstadt Istanbul, wenn auch aus einer kritisch-ironischen Erzählperspektive, und repräsentiert die emanzipierte junge türkische Frau, die sich auch in der Migration entwickelt hat und bei ihrer Rückkehr der Elterngeneration verfremdet gegenübersteht.

Ein anderer Autor, der das anatolische Kulturgut zum Thema seines Romans macht, ist Feridun Zaimoglu. In seinem 2006 veröffentlichten Roman *Leyla* stützt er sich angeblich auf die Erzählungen seiner Mutter, da er selber in Kiel aufgewachsen ist und keine solchen Türkei-Erinnerungen haben kann. Die kulturgeschichtlich orientierte Phase der deutsch-türkischen Literatur, die mit Özdamar einsetzt, wird in diesem Roman in einer veränderten Form weitergeführt, jedoch mit ähnlichen

Motiven[1]. Zaimoglu erzählt aus dem Munde der jungen Frauengestalt Leyla eine eher konstruierte Realität mit kulturell konnotierten Inhalten, meistens ohne einen bestimmten Zusammenhang. Mit Norbert Mecklenburgs Worten „verkörpert dieses Buch das, was kritische Literaturtheorie Pseudorealismus nennt. Pseudorealismus in der Literatur bedient Klischees. [...] Ein literarischer Autor kann dieses Spiel, die Konstruktion von Türken durch Reproduktion von Klischees, Stereotypen, Vorurteilen, mitmachen, dann schreibt er Pseudorealismus" (Mecklenburg 2006). Ähnlich wie Necla Kelek weist Mecklenburg auf die folgende Tatsache hin: „[A]ugenblicklich scheint es jedenfalls ein brennendes Publikumsinteresse an schaurigen Geschichten aus türkischen Familien zu geben". Im Zentrum seines Erzählens steht nämlich „eine dominante Vater-Figur, deren brutales und unmenschliches Verhalten das Leben aller Familienmitglieder und eben auch der im Titel genannten Protagonistin des Romans in äußerst negativer Weise beeinflusst" (Hoffmann 2007: 256). Es handelt sich um den „Nährvater" oder „um den Mann meiner Mutter", wie ihn die Ich-Erzählerin bezeichnet, der alle Familienangehörigen dauernd verprügelt und damit „die Familie züchtigt". Und ich stimme Norbert Mecklenburg zu, wenn er behauptet, dass vermarktet wird,

> worüber die Deutschen seit einiger Zeit besonders gern etwas lesen: über Ehrenmorde, Zwangsheiraten, verprügelte Ehefrauen und Töchter in türkischen Familien. Das ist erstaunlicherweise wieder in Mode gekommen, nachdem einst eine Saliha Scheinhardt mit ihrem gut gemeinten Sozialkitsch ihre deutschen Leserinnen und Zuhörerinnen zu Tränen gerührt hatte (Mecklenburg 2006).

Necla Kelek, die im Unterschied zu Zaimoglu eher sachbuchartig über das Leben in den türkischen Dörfern, über islamisch fundierte Handlungsstrukturen, Sitten und Bräuche, die heute eher aussterben, berichtet, kommt auch deshalb bei einer großen Leserzahl gut an. Leider muss in Frage gestellt werden, inwiefern sich die Leser durch solche Lektüren ein

---

[1] Der Roman wurde in den Feuilletons wegen Ähnlichkeiten mit Özdamars *Karawanserei* angegriffen. Es wurde auch die Frage gestellt, „ob Ähnlichkeiten zwischen den beiden Texten durch einen gemeinsamen kulturellen Hintergrund der Autoren begründet werden könnten". Die Literaturwissenschaftlerin Dayıoğlu-Yücel untersucht in ihrem 2008 veröffentlichten Artikel, „ob auch auf der Ebene der stilistischen Ausführung Ähnlichkeiten zwischen beiden Romanen auffindbar sind" (Dayıoğlu-Yücel 2008: 113).

richtiges Bild von dem anatolischen Kulturgut machen können oder ob dadurch nicht eher Klischees bekräftigt werden.

Ein anderer Roman, der „thematisch in die Nähe der AutorInnen wie Emine Sevgi Özdamar und Feridun Zaimoglu [rückt], die in ihren Romanen unter anderem eine Familiengeschichte rekonstruieren, wenn auch die Erzählweisen divergieren" (Karakus 2007: 144), ist Selim Özdogans 2005 veröffentlichter Roman *Die Tochter des Schmieds*. Erzählt wird voller Wärme eine wahrscheinliche anatolische Familiengeschichte in drei Generationen, in der praktisch nichts geschieht. Der Roman setzt mit seiner klaren Erzählweise, mit der schlichten und einfachen Sprache völlig andere Akzente als bei den anderen erwähnten Romanen; er vermeidet alles Brutale und jede Art von Übertreibung und Unterdrückung. Özdogan, der bisher Pop-Romane veröffentlicht hat, erscheint hier wieder als Schilderer des Alltags, eines Alltags fast ohne Handlung, „vermeidet aber weitgehend Orientalismen, d.h. stereotype Bilder", heißt es bei Hoffmann, der sich vornimmt „Güls Welt" zu rekonstruieren (Hoffmann 2007: 160). Vor der Kulisse des gesellschaftlichen Zusammenlebens in Anatolien wird der individuelle Werdegang dreier Geschwister erzählt, mit Gül als Hauptgestalt. Umgeben wird ihre Geschichte mit anderen Frauen, der Großmutter Zeliha, der Mutter Fatma, der Stiefmutter Arzu, den beiden Geschwistern, die völlig andere Charaktere haben als Gül und „das Rollenmuster einer selbständigen, emanzipierten Frau zu realisieren suchen" (Hoffmann 2007: 157), während Gül in ihrer Person gleichzeitig die Unselbständigkeit und Bescheidenheit verkörpert, immer „das tut, was die anderen von ihr wollen" (Özdogan 2007: 124) und sich ihrem Schicksal fügt. Im Gegensatz zu Özdamars *Leyla* ist die Vatergestalt, der Schmied Timur, fern von jeder Brutalität, liebevoll zunächst zu seiner verstorbenen Frau Fatma und dann zu seinen Töchtern, vor allem zu Gül, die zu seinem Liebling wird. Es kommt dem Autor auch nicht darauf an, mit bestimmten Motiven aus dem anatolischen Kulturgut ein auffallendes Bild für fremdkulturelle Leser aufzubauen, sondern er entwickelt als ein „Chronist des Alltags" eine alltägliche wahrscheinliche Geschichte, die er mit bestimmten traditionellen Denk- und Handlungsweisen bereichert. So bestimmt z.B. die Mutter, wen der Sohn heiratet und sucht die Frau aus. Traditionellen Denkmustern entspricht auch, dass nach dem Tode der ersten Frau die älteste Tochter, die siebenjährige Gül, die Rolle der Mutter übernehmen und für ihre kleineren Geschwister sorgen muss. „Wenn alle Menschen dieses Buch lesen würden" sagt Fatih Akın in

Cannes, der auch in seinem Film auf den Roman hingewiesen hatte, „hätten wir mit Sicherheit eine bessere Welt. Sie wäre bedachter, lebenswerter, toleranter"[2].

Nun möchte ich abschließend die Frage aufwerfen, ob die deutschsprachige Literatur der Autoren türkischen Ursprungs durch ihren besonderen Standpunkt zwischen den Kulturen die Chance benutzt, den deutschen Lesern die türkische Kultur näher zu bringen und vorhandene Vorurteile abzubauen, und wenn ja, inwiefern. Besteht manchmal auch die Gefahr, dass sie Vorurteile zu bekräftigen hilft und den Dialog erschwert, statt ihn zu erleichtern? Können die Autoren türkischen Ursprungs tatsächlich einen interkulturellen Dialog fördern und wie weit können die erwähnten Romane als interkulturell bezeichnet werden? Reicht es, wenn die Protagonistin am Ende des Romans nach Deutschland reist (wie bei fast allen), um von Interkulturalität sprechen zu können? Ausserdem geht es um die Frage, ob es diesen AutorInnen um die Repräsentation von türkischer Kultur geht und sie tatsächlich als Kulturvermittler bezeichnet werden können, wenn sie das anatolische Kulturgut thematisieren und „die deutschen Leser glauben, sie wüssten nach der Lektüre dieser Romane Bescheid über die türkische Frau aus der anatolischen Provinz"[3] (Şenocak 2006), oder ob es den Autoren dabei durch Reproduktion von Klischees, Stereotypen, Vorurteilen eher um den literarischen Markt geht.

Literatur

Biondi, Franco & Rafik Schami 1981: „Literatur der Betroffenheit", in: Schaffernicht (ed.) 1981: 124-137
Brunner, Maria 2004: „Migration ist eine Hinreise. Es gibt kein ‚Zuhause', zu dem man zurück kann. Der Migrationsdiskurs in den deutschen Schulbüchern und in Romanen deutsch-türkischer AutorInnen der neunziger Jahre", in: Durzak & Kuruyazıcı (eds.) 2004
Dayıoğlu-Yücel, Yasemin 2008: „Die Plagiats-Debatte um Zaimoglus *Leyla* und Özdamars *Karawanserei* – kulturelles Kapital oder geistiges Eigentum?", in: *Alman Dili ve Edebiyatı Dergisi. Studien zur deutschen Sprache und Literatur* XX (2008): 113-128

---

2 Zitiert in der Zeitschrift *Brigitte* vom 25.5.2005.
3 Zafer Şenocak in der *taz* vom 2.6.2006, zit. nach Mecklenburg 2006.

Demirkan, Renan 1991: *Schwarzer Tee mit drei Stück Zucker,* Köln: Kiepenheuer & Witsch

Durzak, Manfred & Nilüfer Kuruyazıcı (eds.) 2004: *Die andere deutsche Literatur. Istanbuler Vorträge,* Würzburg: Königshausen & Neumann

Gnüg, Hiltrud & Renate Möhrmann (eds.) 1999: *Frauen, Literatur, Geschichte,* Stuttgart: Metzler

Göktürk, Deniz 1999: „Kennzeichen: weiblich / türkisch / deutsch. Beruf: Sozialarbeiterin / Schriftstellerin / Schauspielerin", in: Gnüg & Möhrmann (1999)

Gündogdu, Mehmet & Candan Ülkü (eds.) 2003: *Germanistische Untersuchungen aus türkischer Perspektive. Festschrift für Prof. Dr. Vural Ülkü zum 65. Geburtstag,* Aachen: Shaker Verlag

Hoffmann, Michael 2007: „Güls Welt. Erzählen und Modernisierung in Selim Ödoğans *Die Tochter des Schmieds*", in: *Alman Dili ve Edebiyatı Dergisi. Studien zur deutschen Sprache und Literatur* XIX (2007), Istanbul: 155-168

Hoffmann, Michael 2008: „Oralität in der deutschen Epik des 20.Jahrhunderts: Döblin, Johnson, Özdamar", in: *Alman Dili ve Edebiyatı Dergisi. Studien zur deutschen Sprache und Literatur* XX (2008), Istanbul: 59-76

Howard, Mary (ed.) 1997: *Interkulturelle Konfigurationen,* München: Iudicium

Karakus, Mahmut 2007: „Selim Özdoğans *Die Tochter des Schmieds*: Möglichkeiten der Selbstverwirklichung der Frauen", in: *Alman Dili ve Edebiyatı Dergisi. Studien zur deutschen Sprache und Literatur* XIX (2007), Istanbul: 139-154

Kelek, Necla 2006: *Die fremde Braut. Ein Bericht aus dem Inneren des türkischen Lebens in Deutschland,* München: Goldmann

Kuruyazıcı, Nilüfer 2003: „Die Entwicklung neuer Identitätsbilder in der deutschsprachigen Literatur von Autoren türkischen Ursprungs", in: Gündogdu & Ülkü (eds.) 2003: 113-125

Mecklenburg, Norbert 2006: „Ein türkischer Literaturskandal in Deutschland? Kritischer Kommentar zum Streit um Feridun Zaimoglus *Leyla* und Emine Sevgi Özdamars *Das Leben ist eine Karawanserei*", im Internet unter http://www.literaturkritik.de/public/rezension.php?rez_id=9610 [17.04.2008]

Özdamar, Emine Sevgi 1992: *Das Leben ist eine Karawanserei,* Köln: Kiepenheuer & Witsch

Özdamar, Emine Sevgi 1998: *Die Brücke vom Goldenen Horn,* Köln: Kiepenheuer & Witsch

Özdoğan, Selim 2007: *Die Tochter des Schmieds,* Berlin: Aufbau Taschenbuch Verlag

Pazarkaya, Yüksel 1992: *Mediha,* Ankara: Kültür Bakanlığı Yayınları

Schaffernicht, Christian (ed.)1981: *Zu Hause in der Fremde, ein bundesdeutsches Ausländer-Lesebuch,* Fischerhude: Atelier im Bauernhaus

Scheinhardt, Saliha 1993: *Frauen, die sterben, ohne dass sie gelebt hätten,* Freiburg: Herder

Zaimoglu, Feridun 1998: *Koppstoff. Kanaka Sprak vom Rande der Gesellschaft,* Hamburg: Rotbuch Verlag

Zaimoglu, Feridun 2006: *Leyla,* Köln: Kiepenheuer & Witsch

Yeşilada, Karin 1997: „Die geschundene Suleika. Das Eigenbild der Türkin in der deutschsprachigen Literatur türkischer Autorinnen", in: Howard (ed.) 1997

Kulturvermittlung via Literaturverfilmung
Ziele – Möglichkeiten – Grenzen

Ayalp Talun İnce (Muğla)

Abstract

This article approaches the medium of motion picture as a type of text and a literary carrier of multiple content of culture. It approaches the limits of cross-media communication of culture by studying film adaptations of literature. Methodically, the study uses various instruments for analysis from the fields of literary studies, semiotics as well as cultural sciences and communication sciences. The aim of the analysis is by no means to form an assessment, but rather to present the narration via forms of organization of film technology and ways of communication of culture. The research project assumes that communication of culture in the motion picture operates through the social-manipulative machinery of the mainstream productions and that culture is ideologized.

1 Einleitung

> *What's the most resilient parasite?*
> *An Idea. A single idea from the human mind can build cities.*
> *An idea can transform the world and rewrite all the rules.*
> *– Dominic Cobb, Inception*

Held und zugleich Anti-Held des neuen Hollywoodstreifens von Christopher Nolan *Inception* (2010) hat nicht unrecht in seiner Aussage. Findet eine Idee, ein Bild, ein Image, ein Gedanke erst mal einen Weg ins menschliche Gehirn, ist es so gut wie unmöglich, ihn wieder auszuschließen. So und nicht anders verfährt das hervorragende Medium des letzten Jahrhunderts, Film und Fernsehen. Es pflanzt Ideen in das menschliche Denken, welche weder durch die Kulturpessimisten der Frankfurter Schule, noch durch die eher liberalen Denker wie Eco oder Riesman wieder ausgemerzt werden können. Die Aussagekraft des Bildes ist stark und wir sind jeden Moment damit konfrontiert. Eine Wertung über Inhalt und Funktion des Bildes ändert nichts an der Wirkung. Den

Theorien der Populärkultur ist dies bewusst. Die Theorie des Reizes als Kanal von Massenmanipulation steht gar nicht mehr zur Diskussion wie noch vor kurzem in den 70er bis 80er Jahren des 20. Jahrhunderts. Dieses manipulative Organ, die wirtschaftlich stärkste Maschinerie der Welt gleich nach der Waffenindustrie, setzt das Bild ein, um Denkinhalte und Kultur zu formen, um für den Menschen eine neue Welt und eine neue Wirklichkeit zu bilden, in der zum größten Teil die eigene Kultur ideologisiert und mittels Mainstream-Produktionen als Leitkultur im Dienste der Globalisierung eingesetzt wird. In diesem Sinne schließt sich dieser Artikel einem der Grundgedanken von Elsaesser an, wenn er schreibt:

> Hollywood modelliert [...] unsere Denkweise, was Vergangenheit und Zukunft, und damit Herkunft, Ideale und Identität betrifft; indem es so stark auf unsere Sinne einspielt, bestimmt es den Affekthaushalt und steckt Gefühlshorizonte ab, insbesondere der jüngeren Generation (Elsaesser 2009: 7).

Produkte, die sich dessen entziehen und anderen Wertvorstellungen folgen, sind die Ausnahme, avancieren aber mit steigender Tendenz. Hollywood-unabhängige Filmveranstaltungen und -preise für ein „freies Kino" wie etwa *Cannes, die Goldene Palme, die Berlinale* oder *die Goldene Orange* des Antalya Filmfestival sind der beste Beweis dafür.

Im Folgenden soll versucht werden, anhand der Analyse filmischer Verfahren und unten genannten Theorien die kulturelle Umsetzung deutschsprachiger Autoren in US-Filmen darzulegen, um festzustellen, ob und wie deutsche bzw. europäische Kultur in US-Filmen realisiert wird.

2 Literaturverfilmungen

Nicht selten begegnet man während der Lektüre zum Thema *Literaturverfilmung* der Behauptung, dass die Verfilmung von Literatur der literarischen Vorgabe gerecht werden soll, dabei aber auch als Film funktionieren muss (cf. Horn 2007 nach Binder & Engel 2008: 46; Sölkner 2008: 56 u.a.). Dabei stellt sich inzwischen die Frage, wie ausschlaggebend dies eigentlich ist und ob diese Wertung überhaupt noch einen Sinn hat? Es kann durchaus die Annahme aufgestellt werden, bestimmte Werke der Kunst würden unangebrachte Handlungsmodelle nahelegen, Gewalt und Sex verherrlichen, ein unrealistisches Bild der Realität vermitteln und somit die Gesellschaft bzw. Masse irreleiten, aber dennoch ist die Diskussion um *gut* oder *schlecht* überholt und wissenschaftlich nicht nachweisbar. Sogar die Positionierung auf Seiten des Begriffes von *Kulturindustrie*, ausgearbeitet von Adorno und Horkheimer, später von Habermas, hat ihren starken Ton verloren, seit Theoretiker wie Riesman und Eco das Motto der Ablenkung und wiederkehrende Strukturen in der Kunst zur Ästhetik als fähig und originell erklärten und somit die Autonomie des Kunstwerks über Wertekriterien setzten.

So erging es auch der Filmtheorie, die sich vom Jahrmarkts-Spektakel erst hocharbeiten musste. Setzt man das Augenmerk im Besonderen auf die Literaturverfilmung, erkennt man, dass der Kanon von Literaturverfilmungen schon längst in rein kommerzielle Zielrichtungen umgeschlagen zu sein scheint. Gut ist, was sich vermarkten lässt. Daher ist es kein Wunder, dass in den Hollywood-Mainstream-Produktionen literarische Werke mit sexuellem, geheimnisvollem oder kriminellem Hintergrund, wie etwa *Das Parfüm* oder *Der Vorleser*, mehr Anklang und Interesse finden.

Die Theorien, die sich mit der Analyse von Literaturverfilmungen beschäftigen, sind allerdings immer noch überwiegend wertend. Selbst als Bazin den literarischen Text mit der Kunst des Films gleichsetzte (erstmals 1948), lag dem eine Wertung zugrunde. Binder & Engel (cf. 2008: 46) betonen nicht zu Unrecht, dass sich diese Einstellung nun mehr als 60 Jahre durchgesetzt hat. Es ist nicht selten, dass die Erforschung der Umsetzung von Literatur in Film zu Gunsten der Literatur verpönt wurde. Es wurde ermittelt, was alles nicht umgesetzt werden konnte. In der Literatur wird dies oftmals mit Hitchcocks Witz über die zwei Ziegen, die eine Filmrolle verspeisten, aber schließlich zu dem Schluss kamen, dass ihnen das Buch doch lieber gewesen wäre, in Verbindung gebracht. Einen bedeutenden Beitrag hierzu leisteten die Denker der Frankfurter Schule (Kracauer, Adorno, Horkheimer, Benjamin) sowie US-Kulturpessimisten wie Dewey, Lippmann oder Postmann und der Lateinamerikaner Gasset.

Allerdings ist es auch wichtig zu betonen, dass, wenn zum Beispiel ein darwinistischer Denker wie Dewey behauptet, dass das Billige und Vulgäre nur dann eine Chance habe, wenn sich die Gebildeten auf eine entrückte Kunst einigten, die für den großen Teil der Menschen ohne Bezug bleibe (cf. Dewey zitiert nach Hecken 2007: 50), eine gewisse Anerkennung für die sog. Kunst der Massen bereits in den frühen 50er Jahren vorherrschte.

Mit Bazin nimmt die Theorie der sogenannten Adaptationsforschung trotz der Unkenrufe der Kulturpessimisten Form an und es gelingt der Literaturverfilmung, als eigene Gattung zu agieren. Doch Bazin beruft sich immer noch auf eine gewisse Werktreue, die er gerne mit der Originaltreue des Übersetzers anlehnend an die Übersetzungstheorie von Hieronymus, in der das Original dem Wort Gottes gleichgesetzt wird, vergleicht (cf. Bazin 2009: 121). Genau diese Werktreue dagegen ist in den letzten 20 Jahren der sog. Adaptionsforschung im Sinne von „Analyse der Umsetzung von Literatur in Film" eher in den Hintergrund gerückt. Nach Neuhaus

> gilt die Werktreue-Diskussion weitgehend als überholt – obwohl es scheint, dass sich der Forschungsbereich nach wie vor immer wieder mit dem Adaptationsproblem konfrontiert sieht und der Bedarf nach Diskussion dieses Themas immer noch vorhanden ist (2008 b: 59).

Mittlerweile existiert eine gewisse Distanzierung. Distanz wurde geschaffen, indem man die Blickwinkel änderte[1]. Als wegweisend kann hier der Vergleich der Zeichensysteme von Roman und Film nach Stam angeführt werden:

---

[1] Diese werden bei Neuhaus (cf. 2008 b: 59-62) näher vorgestellt und diskutiert. Um hier nur einige zu nennen: Käte Hamburgers Entdeckung der narrativen, also erzählerischen Verwandtschaft zwischen Literatur und Film. Die genau entgegengesetzte Haltung George Bluestones: Er konfrontiert Literatur und Film im Hinblick auf ihre Grenzen und Möglichkeiten. Bluestone gehört somit zu den ersten Theoretikern, der der Adaptationsforschung keine Werktreue voraussetzt. Ähnlich wie Hamburger geht er vom narrativem im Film aus und entwickelt das Verständnis von einer Entzifferung des kinematografischen Codes in Anlehnung an strukturalistische und semiotische Konzepte nach Barthes, Eco oder Saussure. Er unterscheidet stark zwischen der unausweichlichen denotativen Bedeutung der Konnotation, die jeglicher Kunstform zugrunde zu liegen scheint. Theoretikern wie Metz und Stam (cf. Stam et al. 1992: *New Vocabularies in Film Semiotics. Structuralism, post-structuralism and beyond.* London. Routledge) ist es zu verdanken, dass eine Semiotik des Films entstanden ist, die auch den Austausch zwischen den Medien möglich machten. Begriffe wie *Intertextualität* und *Intermedialität* wurden inhaltlich auch auf den Film ausgebreitet und das Erzählerische auch im Zusammenhang mit Comics, Science-Fiction, Krimis und anderen Formen der Trivialliteratur gebraucht.

Jedes Medium hat seine eigenen Besonderheiten, die sich von seinen jeweiligen Ausdrucksmitteln herleiten lassen. Der Roman verfügt über ein einziges Ausdrucksmittel, das geschriebene Wort, während der Film auf mindestens fünf Ausdruckslinien zurückgreifen kann: das bewegte, fotografische Bild, gesprochene Worte, Musik, Geräusche und schriftliche Materialien (Stam zitiert nach Neuhaus 2008 b: 61 f.).

Ohne Zweifel baut Stam hier die Theorie von Metz aus und stützt sich dabei auf die Theoretiker der Intertextualität. Weiterführende Literatur findet sich in der Studie von Buckland (2004), die vor allem die kognitive Wende von der klassischen Filmtheorie zu der modernen und kognitiven Theorie des Films behandelt; unter besonderer Berücksichtigung der semiotischen Wende, die den Film als System von Zeichen wahrnimmt und entsprechend analysiert. Dieses Analyseverfahren ermöglicht es, das Analysespektrum des Films zu erweitern und ihn in der Folge nicht nur als Narration zu bewerten, sondern auch als Kulturprodukt, Kunstwerk, sprachliches Konstrukt, Text, industrielles Gut usw.

Genau hier setzt die Grenzsituation in Theorie und Praxis des Films und spezifisch der Literaturverfilmung ein. In der modernen und kognitiven Filmtheorie wird der Film als Text und Anordnung von Zeichen anerkannt. Dies macht es möglich, bei der Untersuchung von Filmen neben den Kommunikations- und Medienwissenschaften auch Methoden der Literaturwissenschaft, Semiotik und Kulturwissenschaften einzusetzen. Der Film wird wie die Literatur als „lesbares" Material angesehen. Wie die literarische Sprache wird eine Sprache des Films vorausgesetzt[2] und dementsprechend zwei Arten von Lesen, die von der Literaturforschung auf die Medienforschung erweitert wurden:

> eine identifikatorische und eine reflektierende, je nachdem, ob man eher auf die Figuren und die Handlung oder eher auf Struktur und Funktion, oder banaler formuliert: auf das Gemachtsein und den Anspielungsreichtum achtet (Barthes zitiert nach Neuhaus 2008 b: 19).

Zweifelsohne ist der wissenschaftliche Blick auf Struktur und Funktion gerichtet, auf das „Wie?" der Anordnung. Dennoch gibt es bei der wissenschaftlichen Analyse von Filmen noch viel Ungeklärtes. Einerseits

---

2 Beispielsweise das oft besprochene Werk von James Monaco *How to read a film?* (1977, 1981, 2000 Oxford University Press, dt. Fassung 1997 *Film verstehen*, Rowohlt, türk. Fassung 2001, *Bir film nasıl okunur?*, Oğlak).

sind empirische Studien eher gering. Die Versuche empirischer Studien haben zwar den aktiven Zuschauer (active reader) hervorgebracht (vergleichbar mit dem impliziten Leser), anhand dessen die Rezeption von Filmen untersucht werden konnte, doch ist sich die Forschung einig, dass der Prozess des *Sehens* bzw. *Zuschauens* von zu vielen Faktoren beeinflusst wird, sodass eine komplementäre Erfassung kaum möglich scheint und die quantitativen Daten an Validität verlieren (cf. Lull 2001: 123 f.; 130).

Gleichwohl gibt es nennenswerte empirische Arbeiten, die hier wegen Gründen des Umfangs nicht näher behandelt werden können[3]. Trotz dieser Studien ist allerdings die o.g. Grenzposition des Mediums *Film* noch nicht geklärt. Film-, Medien-, Kommunikations-, Kultur- und Literaturwissenschaft untersuchen das besagte Medium. Dabei sind Psychologie und Soziologie als Grenzwissenschaften unabdingbar. Blickt man über den Tellerrand der Theorien der 70er Jahre des 20. Jahrhunderts hinaus, erkennt man, dass die Auffassung von reinem Reiz und dem psychologischen Realismus der Identifikation sich grundlegend geändert hat. „Realismus im heutigen Hollywoodkino ist im buchstäblichen Sinn Teil des Designs, äußerliche Form: Detailtreue und Authentizität [...]" (Elsaesser 2009: 16). Die Idee, dass der Film eine Art Massenhypnose darstellt, scheint heute nicht mehr relevant zu sein. Dass die Ideologie-Falle zuschnappt und eine kulturelle Hegemonie aufstellt, geht verloren in einer äußerst selbstgefälligen Rezeption des Films allgemein. Vergleichbar mit der Befriedigungstheorie der 70er Jahre hilft es den Zuschauern, sich in ihrer eigenen Welt neu zu definieren (cf. Elsaesser 2009: 14). Wenn auch nur für begrenzte Zeit bewegt das bewegte Bild den Menschen, versetzt ihn in andere Welten, wühlt in auf, ergreift ihn und es setzt eine Katharsis der ganz besonderen Art ein. Daher, so auch Elsaesser (cf. 2009: 14 f.), besteht die Macht des Hollywood-Films nicht nur darin, dass es über die größten Geldmittel verfügt oder den „Kulturimperialismus" vervollkommnet hat, sondern auch, dass es in die tiefste Seele des Menschen schaut und Gefühle weckt, die anders vielleicht gar nicht erst zum Vorschein kämen. Genau dieser Komplexität und diesem weitgreifenden Spektrum des Films wegen ist eine interdisziplinäre Annäherung an den Film, wie auch oben geschildert, unausweichlich.

---

3 Siehe dazu die Arbeiten von James Lull.

3 Zur Dreiecksbeziehung von Kultur, Literatur und Film

Literatur ist ein künstlerisches Produkt der geschriebenen Sprache. Das Werk eines Autors, aber gleichzeitig ein Produkt seiner Gesellschaft und seiner Kultur. Lebensweise und -ort des Autors haben ebenso Einfluss auf das Werk wie dessen Sprache, Ausbildung, Psyche und Kultur. Das Narrative im Text ist geprägt von diesen Einflüssen. Der denotative und konnotative Kode der Sprache, jeder symbolische Wert, jede Metapher, ob nach Lakoff/Johnson oder nach der traditionell-literarischen Auffassung, die Ausarbeitung der Figuren, die erzählte Zeit, die Figurenperspektive etc. können mit denselben Zusammenhängen auch für den Film genannt werden. Dem narrativen Konzept des Films müssen lediglich die o.g. fünf Ausdruckslinien des Films nach Stam, *das bewegte, fotografische Bild, gesprochene Worte, Musik, Geräusche und schriftliche Materialien*, hinzugefügt werden. Diese sind auch in die Kultur des „Filmemachers" eingebettet. Es ist unumstritten, dass künstlerische Produkte an die Kultur ihrer Schaffensstätte gebunden sind. Wie verhält es sich aber, wenn die Ausgangskultur des Buches nicht mit der Zielkultur des Films übereinstimmt? Wie vollzieht sich der Medienwechsel von der literarischen Vorgabe zum Film dann? Wie wird die Kultur „umgebettet"? Wird sie beibehalten, adaptiert oder vollkommen verändert? Wird sie überhaupt übernommen und wie vollzieht sich dieser Transfer? Auf diese Fragen wird im Folgenden Antwort gesucht.

In unserem Fall geht es um die Umsetzung und Wiedergabe der Kultur bei der Literaturverfilmung. Daher gilt es in erster Linie die besonderen Kulturmarker der literarischen Vorlage herauszuarbeiten, um anschließend deren Umsetzung genauer studieren zu können. Bei der Untersuchung der Umsetzung werden dann vor allem die Merkmale zu Hilfe gezogen, die bei der Umsetzung der Kultur ausschlaggebend waren.

4 Analyse der Kulturvermittlung via Literaturverfilmung am Beispiel von Stanley Kubricks *Eyes Wide Shut* (1999)

Vor der Analyse müssen allerdings noch ein paar Worte zu der Stoffauswahl vorangestellt werden. Auswahlkriterien waren u.a., dass es sich um eine US-Produktion handeln muss, die als Hollywood-Mainstream-Kino betrachtet werden kann. Es sollte sich um einen Film handeln, der eine gewisse Popularität genießt. Im Weiteren war es wichtig, dass es eine Literaturvorlage gab. Dabei war zu bedenken, dass Arthur Schnitzler Österreicher war. Da sich das Werk aber im selben kulturellen Rahmen befindet, wurde es zur Analyse herbeigezogen. Denn die Verfilmung von Kubrick bietet ausschlaggebende Daten zur Kulturvermittlung.

Es benötigt keine langen Debatten, um sich darüber einig zu sein, dass das Deutschlandbild im amerikanischen Kino nicht unbedingt das beste ist. Ebenso bedarf es keines Studiums deutscher Geschichte, um zu wissen, dass dies überwiegend am NS-Deutschland und am Zweiten Weltkrieg liegt. Daher ist das Bild des Deutschen von je her nicht sehr positiv ausgefallen. Man bedenke nur, dass die meisten Schurken in Hollywood-Produktionen, welcher Filmklasse auch immer, stets deutsche Wagen (meistens der Marke Mercedes) fahren. Ein sehr interessantes Beispiel stellt der Walt Disney-Klassiker *Schneewittchen* dar. Tatsächlich werden in einer Sequenz Geier gezeigt, die nach dem Leben des Schneewittchens trachten und in einer sehr bedrohlichen Szene des Films vorkommen. Die Augenfarbe dieser Geier ist Schwarz-Rot-Gold – eine deutliche, offene Information, die dennoch unterschwellig weitergegeben wird, erinnert man sich an das Motto dieser Untersuchung bezüglich Ideen pflanzen.

In diesem Zusammenhang bietet auch Kubricks Verfilmung interessante Daten. Betrachtet man nun Film und Buch inhaltlich, sieht man einen parallelen Ablauf ohne große Abweichungen von der literarischen Vorlage zum Film. Das Ehepaar Fridolin (Bill) und Albertine (Alice) geht im Buch zu einem Maskenball, im Film zu einer Weihnachtsparty. Das Wien Anfang des 20. Jahrhunderts im Buch wird zum New York Anfang des 21. Jahrhunderts im Film. In beiden Werken gesteht sich das Ehepaar seine geheimen sexuellen/erotischen Wünsche. Bei beiden geht es um einen anderen Sex-Partner. Den Mann entrüstet die Situation so sehr, dass er erst mal das Weite sucht. Ein Arztbesuch gibt ihm den Rest und er findet sich auf einem nächtlichen Streifzug durch geheime Wünsche und Vorstellungen, auf geheimnisvollen erotischen Partys und entrückten Gefahren wieder. Zurück bei seiner Frau, offenbart sie ihm fast dasselbe Erlebnis mit anderen, grausameren Bildern, von denen sie geträumt hat. Daraufhin erkennt er, dass er sie noch liebt, sie verzeiht ihm seinen Streifzug, er verzeiht ihr ihre Gelüste und sie beschließen das Fortbestehen ihrer Ehe.

Schon die einfache Inhaltsangabe von Film und Buch zeigen uns bedeutende Umformungen des kulturellen Guts. Die deutschen Namen wurden in anglo-amerikanische umgewandelt. Der Maskenball aus europäischer Kultur wurde zur Weihnachtsparty der Coca Cola-Kreation. Die Metropole Wien wird mit New York repräsentiert. Das Jahrhundert wird um eins verschoben, so dass nicht mehr die damalige Großmacht Österreich, sondern die jetzige Großmacht, die USA, zum Ort des Geschehens wird. Diese einfache Verschiebung von Raum und Zeit, die Umänderung der Namen und des auslösenden Geschehens zeigen schon eindeutig, dass erst gar nicht der Versuch gemacht wird, die deutsch-europäische Kultur im Film wiederzugeben, sondern ganz im Gegenteil diese mit der amerikanischen überspielt wird.

Das Wichtigste im Film ist, „wie man von hier nach da kommt", so der französische Regisseur Carriere in seinem Buch über die geheime Sprache des Films. Adaptiert auf die Kulturvermittlung durch die Verfilmung von Literatur bedeutet dies, wie die Kultur aus dem deutschsprachigen Buch auf die Leinwand Hollywoods kommt. Dabei sind einige Hintergrundinformationen über die literarische Vorlage von großer Bedeutung. Die erstmals 1926 erschienene *Traumnovelle* fundiert ideell auf dem Werk von S. Freuds *Traumdeutung*. Dieses Buch prägte im Fin de Siècle die ganze Literatur Europas, u.a. die deutschsprachige Literatur Deutschlands und Österreichs. Der Autor der *Traumnovelle*, Arthur Schnitzler, nahm seine Sache derart ernst, dass ihn Freud sogar als seinen „wahren Doppelgänger" bezeichnete. Die Novelle ist somit eine Auseinandersetzung mit dem Werk Freuds. Sexuelle und die Seele des Menschen betreffende Probleme werden vor dem kulturellen Horizont des Wien des Fin de Siècle betrachtet. Als Kind ihrer Zeit liegt der Novelle ein dunkler Ton zugrunde, der in der Realität zugunsten einer heilen Welt aufgelöst wird. Das Dunkle bleibt im Traumhaften verborgen und wird schlicht vergessen, dezent überspielt. Der freie Austausch zwischen den Geschlechtern ist in diesem Zusammenhang revolutionär, aber bei langem nicht so freizügig, wie es sich anschließend in Kubricks Version der Geschichte vollziehen wird.

Die Novelle setzt ein mit der Gutenachtgeschichte für das Kind des liebevollen Ehepaars Fridolin und Albertine. In pedantischer Manier wird das Kind um Punkt Neun mit einer Gutenachtgeschichte zu Bett gebracht. Anschließend will sich das Ehepaar gepflegt über die Redoute, die sie eine Nacht zuvor besuchten, unterhalten. Das Bild einer kleinbürgerlichen Kernfamilie entsteht. Die Sprache der Novelle ist äußerst gepflegt und alt anheimelnd, mitunter auch wegen der Schaffensperiode

Schnitzlers. Es lässt sich eindeutig der Ton der Fin de Siècle-Literatur erkennen. Der Film dagegen zerstört dieses Bild der bürgerlichen Kleinfamilie schon von der ersten Sequenz und Einstellung an. Der edle Ton der Novelle weicht der vollkommenen Entkleidung Nicole Kidmans (alias Alice bzw. Albertine) im Film. Nur noch der Walzer als Einleitungsmusik hat noch irgendwelchen Bezug zur deutsch-österreichischen Kultur. Aber sogar hier handelt es sich um die sog. *Jazz Suite, Waltz 2* von Dmitri Shostakovich (1924), die zwar an den Strauß-Walzer erinnert, aber keiner ist. Die zweite Sequenz zeigt uns den Ort des Geschehens. Aus dem Wien der Jahrhundertwende um 1900 ist das lichtüberströmte New York der Jahrhundertwende um 2000 geworden. Der dichte Verkehr auf den Straßen und der markante Ton eines Krankenwagens entbehren der idyllischen Welt der Novelle. An Wien erinnert nichts mehr. Die eleganten Umgangsformen des Ehepaars am Anfang der Novelle werden wiederum mit einem ganz anderen und im Hollywood-Kino eher ungewöhnlichen Akt überspielt. Der Film setzt bekanntlich nicht mit der Erinnerung an den Ball ein, an dem das Ehepaar teilgenommen hat, sondern mit dem Tag zuvor, an dem sie sich auf den Ball vorbereiteten. Hier wird das bürgerlich Angemessene vollkommen desillusioniert, indem Tom Cruise (alias Bill bzw. Fridolin) ins offen stehende Badezimmer hereinspaziert (5. Sequenz), in welchem Alice im Abendkleid (dass sie zwei Sequenzen vorher eigentlich ausgezogen hatte und zeigt, dass sie keine Unterwäsche unter dem Kleid trägt) gerade ihre Notdurft verrichtet und sich fein säuberlich mit Klopapier abwischt. Hier kann von einer direkten Anspielung auf das wirklichkeitsgetreue europäische Kino mit seiner Detailliebe gesprochen werden, die sich hier aber als nüchternes Bild der deutsch-österreichischen Kultur präsentiert. Es wird ein bestimmtes Bild deutscher Haltung vermittelt. Das Maschinelle daran sehen wir an den ausdruckslosen Gesichtern der Protagonisten.

Was Albertine und Fridolin besprechen, können wir im Film beobachten. Zuvor wird aber noch die ‚Neun Uhr-Pünktlichkeit' der Schlafenszeit für das Kind entzaubert, indem die Eltern ihm erlauben, den *Nussknacker* im Fernsehen zu sehen, der erst um neun beginnt.

Eine Synthese in den Räumlichkeiten erinnert im Film direkt an deutsche Altbauhäuser, die allerdings von den Säulen im Flur mit postmoderner Architektonik in die amerikanische Monumentalarchitektur der Gründerzeit umschlägt, die dem klassischen griechischen Ideal im neoklassischen Sinne nacheifert.

Der in eine Weihnachtsparty verwandelte Maskenball wurde bereits erwähnt. Zu betonen wäre eventuell noch die überwiegend rote Grundierung zu Beginn des Films, die aus einer kurzen Szene Bills am Fenster auch bei der Party beibehalten wird und symbolisch für Eros und den sexuellen Akzent im Film zu deuten ist. Eine unterschwellige Interpretation Kubricks der erotischen Note der Novelle. Vom Beginn der Party an folgen Anspielungen auf die Attraktivität des Ehepaars. Das Paar tanzt zu *Chanson d'Amour*. Der romantische Austausch des Paares ist in Film und Buch äquivalent; abgesehen von der Tatsache, dass sie in der Novelle erst noch der maskierten Gesellschaft entfliehen müssen, was ihnen bei der Weihnachtsparty im Film vorerst erspart bleibt. Das Dekor der Tanzszene erinnert trotz allem an den Wiener Opernball, nur dass Kerzenlicht und Orchester von elektrischen Weihnachtslämpchen und einem Swing-Orchester ersetzt werden. Hier ist wiederum eine Überspielung der deutsch-österreichischen Kultur mit amerikanischer zu beobachten. Die vulgäre Umgangssprache Bills gegenüber seinem alten Freund, dem Pianisten Nightingale (Nachtigall), und der amerikanische Akzent des Englischen haben nichts mehr gemein mit dem stilistisch gepflegten Ausdruck der deutschsprachigen Textvorlage, außer dem überwiegend übereinstimmenden Inhalt, an den sich Kubrick mit fast deutscher Präzision hält.

Im Film beobachten wir ein freies Flirt-Verhalten des Paares mit anderen, ganz im Sinne der ‚Open Society' von Popper. Dabei ist das Paar im Buch eher zurückhaltend. Fridolin stößt sogar eine offene Gelegenheit, die sich im bietet, im wahrsten Sinne des Wortes von sich. Sie wahren ihre bürgerliche Welt und den bürgerlichen Konformismus.

Die Figuren werden mit ihren zahlreichen Kulturen und Akzenten beibehalten. So ist der Verführer von Alice ein Ungar, wie im Buch die Verführerin von Fridolin eine Ungarin ist. Das Multikulturelle an der amerikanischen Gesellschaft wird nicht ausgemerzt; außer der einfachen Tatsache, dass beispielsweise keine Indianer oder Afroamerikaner vorkommen[4]. Aber die österreichische Vorlage der Protagonisten wird überschrieben mit der Identität der New Yorker Metropolmenschen.

---

4 Wobei bedenkenswert ist, dass in keinem Hollywood-Mainstream-Film Indianer mitspielen, wenn sie nicht gerade benötigt werden, um die Authenzität des Ortes mitzugestalten oder einen bestimmten Typus oder Stereotyp erfüllen müssen, wie etwa bei *Insomnia*, *Frozen River* oder kürzlich der *Twilight-Saga*.

Mit leeren, inhaltlosen Gesprächen wird der Film in epische Breite gezogen, die das Erzählerische der Novelle anmuten lässt. Diese epischen Momente nutzt der Regisseur, um amerikanische Kulturelemente einzubauen, wie etwa den Dialog in Bezug auf das Ende des Regenbogens in der 12. (12.18) Minute mit der Anspielung auf den *Zauberer von Oz*[5].

Distanz kann beinahe als Leitmotiv der Novelle betrachtet werden. Diese wird im Film mit Entfernungen der Protagonisten zu anderen Figuren oder Gebäuden, bzw. die Entfernung der direkt geführten Kamera, die Bill verfolgt, dargestellt (siehe dazu min. 98 und 99 im Film). Allerdings wird diese Anspielung auch gleich in der nächsten Minute auf zweierlei Arten entzaubert, indem Bill nach Kausalität verlangt und danach zu einem Notfall gerufen wird. Somit entgeht er auch der ersten Verführungsfalle. Im Buch wird Fridolin in dem Moment gerufen, als ihm seine Frau gerade ihre Phantasie mit einem Matrosen in Dänemark gesteht, womit ihr Gespräch abrupt ein Ende findet. Im Film begegnen wir an dieser Stelle einer offenen intermedialen Beziehung, in der eine junge Frau, genau wie im Bild, das hinten an der Wand hängt, positioniert wird. Hier erkennen wir wieder eine stereotype Übernahme aus dem europäischen Film. Die absolute Nacktheit im Hollywood-Kino ist eher ein Tabu-Thema. Daher lässt sich hier eine provozierende Anspielung auf die freizügigere Kultur in Europa vermuten. Hier tritt auch das erste Mal eine deutsche Figur in den Vordergrund, die Monsieur Ziegler genannt wird. Monsieur, weil nicht amerikanisch, Ziegler, damit eine Verbindung zur deutschen Kultur hergestellt wird. Wir sehen ihn kurz nach dem Sex mit einer Prostituierten, er antwortet mit einem deutschsprachigen „Ja", als an die Tür geklopft wird. Das hier vermittelte Bild dürfte offensichtlich sein. Noch zu Anfang der Feier hatten Bill und Alice debattiert, warum Monsieur Ziegler sie denn so oft einlade. Er symbolisiert das moralisch Verwerfliche. Die Frau liegt in einer Art Koma auf dem Sessel, kurz nach der Einnahme von Drogen und Alkohol und im Begriff, Geschlechtsverkehr einzugehen. Die medizinische Untersuchung erfolgt sehr sachlich. Ganz im Sinne des deutschen Stereotyps: penibel, genau, sachlich.

---

5 Kinderbuch von Lyman Frank erschienen 1900 und Film von Victor Fleming aus dem Jahre 1939.

Zeitgleich wird die Frau des Arztes von ihrem Tanzpartner in Versuchung gebracht. Im Hintergrund *When I fall in Love*, ein typisch amerikanisches Lied aus der Swing-Ära. Die Atmosphäre im Badezimmer in der Sequenz mit Bill ist inzwischen ernüchtert und von Blautönen beherrscht, anstatt von den Tönen des Rot, die bei der Party und allen erotischen Sequenzen des Films dominieren. Bei der Debatte von Alice mit ihrem ungarischen Verführer siegt die kleinbürgerliche Moral und Alice setzt den Ring als hervorragendes Symbol der Ehe ein, um sich aus der Misere zu retten.

In der folgenden Sequenz setzt mit US-stämmiger Musik der Song von Chris Isaac ein: *Baby did a bad bad thing*. Alice, ganz nackt vor dem Spiegel, der Verführung zwar entwichen, aber noch in ihrem Bann, blickt verspielt und verträumt in den Spiegel. Die Augen geschlossen, um ihre Seele zu verhüllen; eine der Schlüsselszenen im Film. Die Protagonisten haben Sex. Das im Lied angespielte Böse tun sie nicht. Schließlich verfahren sie immer noch mit bürgerlichem Anstand. Aber wie in Goethes Meisterwerk *Die Wahlverwandtschaften* lässt sich in der Szene ablesen, dass sie während des Aktes vielleicht nicht nur an den Ehegatten denken (20. Minute).

Der Walzer setzt ein, der Alltag beginnt deutsch anheimelnd, aber mit russischem Walzer. Nacktheit wird sporadisch betont. Sogar das Auftragen von Deodorant wird im Sinne deutscher Sachlichkeit nicht ausgelassen. Der Film kommt auf die zeitliche Ebene des Buchs. Statt des gemeinsamen Abendessens kommt Marihuana ins Spiel. Wieder ist die bürgerliche Welt entzaubert. Das Gestehen der geheimen erotischen Wünsche geschieht im leichten Rausch (23. Minute). Die Sprache ist hier weit weg von der gehobenen Stilistik Schnitzlers.

Hier wird die Rolle der emanzipierten Hausfrau in Frage gestellt. Es kommt eine typisch westliche Debatte ins Spiel, die durchaus zum gemeinsamen Kulturgut Europas und der Staaten zählt. Die vulgäre Ausdrucksform allerdings schafft eine große Distanz zur Textvorlage, obwohl sich der Inhalt zeitweise sogar deckt. Dass dieser Dialog im Film zu lange und unnatürlich erscheint, ist zwar oft ausgeübte Kritik am Film, aber irrelevant im Bezug auf die Kulturvermittlung. Im Sinne der Kulturvermittlung ist nur bedenklich, dass die sprachliche Ebene des Buches bewusst vulgarisiert wird.

Nachdem sich der Protagonist auf seine nächtliche Odyssee begibt, die die steigende Handlung sowohl im Buch als auch im Film darstellt, begegnen wir im Buch der Beschreibung milder Wiener Luft und Sequenzen der Stadt. Diese werden im Film wiederum mit einem Spaziergang in New York mit fröhlicher Weihnachtsbeleuchtung wiedergegeben. Wieder wurden Marker, die auf eine europäische Kultur anspielen, amerikanisiert. Von diesem Punkt an driftet der Film von der Novelle ab. Würde es sich um eine analoge Verfilmung handeln, würden wir im Weiteren der stilvollen Rettung der Tochter des Kostümemachers begegnen, mit einer Kutsche zu dem geheimen Treffen fahren und in Eleganz daran teilnehmen, die beobachtende Perspektive des Protagonisten teilen und zu Anbruch des Tages den Weg nach Hause finden, um in gegenseitigem Einvernehmen den Ehepartner zu huldigen und den Fortbestand der Ehe zu beschließen.

Stattdessen wird Bill, als er sich ein Kostüm für das geheime Treffen und den sog. Insidertipp von seinem alten Freund Nightingale beschaffen will, mit einer Sex-Orgie und der erneuten Verführung konfrontiert. Er fährt statt mit einer Kutsche mit dem Yellow-Cab zum Treffen. Dort angekommen offenbart sich ihm ein mittelalterliches Ritual in Vatikanglamour, das sich letzten Endes mit Karnevalsmasken der Venedig-Tradition in eine regelrechte Sex-Orgie par excellence verwandelt. Der Film entbehrt hier trotz der provokativen Nacktheit und der New Age-Musik nichts an Ästhetik und stellt für den kritischen Zuschauer sogar einen regelrechten Augenschmaus dar. Für die Analyse der Kulturvermittlung ist hier allerdings nur relevant, dass die deutsche bzw. österreichische Kultur hier gänzlich getilgt wurde. Außer den Räumlichkeiten, die bewusst an deutsch-österreichische Schlossbauten erinnern und in erster Linie an Schloss Neuschwanstein und Schönbrunn anspielen, ist kaum mehr etwas von der kulturellen Vorlage im Film abzulesen. Die Innenausstattung ist eine Mischung aus deutschem Barock und englischem Stil des 19. Jahrhunderts. Rote Perser und in der Umgebung herumstehende und -sitzende nackte Frauenkörper evozieren die Kultur des Harems, aber wieder nur in Form von stereotyper Wahrnehmung.

In der 106. Minute wird eine weitere Kulturtilgung vorgenommen. Bill fährt natürlich keine Kutsche, dafür aber einen breiten, großen Land-Rover. Wäre es die Absicht des Films gewesen, deutsche oder österreichische Kultur in irgendwelcher Form zu übertragen, würden wir hier einem Mercedes begegnen; obwohl der Mercedes (vor allem, wenn er schwarz ist) dem Schurken oder Bösewicht im Hollywood-Kino zugeschrieben ist.

Die Versöhnung des Paars im Spielzugladen vollzieht sich vor einem Haufen von Teddybären, die Aussprache zwischen Monsieur Ziegler und Bill vollzieht sich im Arbeitszimmer von Monsieur Ziegler, der mit American Pool Billard-Tischen und mit grünen Leselampen ausgestattet ist, wie wir sie aus Filmen kennen, die amerikanische Bibliotheken und Juristenbüros zeigen.

Kurz gefasst, zweieinhalb Stunden amerikanisches Kino mit Farbspielen, breiter Musikwahl, jeder Menge Sex, die übrigens in der US-DVD Version des Films zensiert ist, mit zwei Top Hollywood-Schauspielern, die zur Drehzeit auch tatsächlich ein Paar sind, aber keine fünf Minuten deutsch-österreichische Kultur. Wir erleben die Ersetzung von allem, was hätte Ausgangskultur sein können, durch amerikanische Kultur. Ein Beispiel meisterhafter Überschreibung aller Kulturelemente.

Zieht man ein Resümee, ist es offensichtlich, dass eine Übereinstimmung an der Oberfläche vorliegt. Inhaltlich korreliert der Film ganz mit der Novelle. Außer dem Einsatz der Handlung decken sich Raum und Zeit der Handlung vom Film mit der Novelle. Der Symbolgehalt von Traum und Wirklichkeit, Maskenball und Demaskierung, das Offenlegen erotischer Gefühle, Wünsche und Geheimnisse ist in beiden Medienformen äquivalent, im Film noch mit dem Symbolgehalt von Bild, Farbe (Rot-blau) und Musik bzw. Ton unterstrichen und hervorgehoben. In diesem Sinne kann man von einer exzellenten Wiedergabe der Literatur sprechen, wobei das Hervorheben der Ware *Sex* selbstverständlich zu Kritik führte. Aber als kulturtragendes Produkt der Gesellschaft, aus der die Textvorlage stammt, ist offenkundig genau das Gegenteil zu entnehmen.

5 Schlussbemerkung

Kunst, in welcher Form auch immer, ist ohne Kultur nicht denkbar. Wie die Henne und das Ei bilden sie einen ständigen Zirkel der Wiederkehr und eine Symbiose des gegenseitigen Beeinflussens. Ohne Kultur kann keine Sprache gelehrt werden, beim Übersetzen eines Textes ist die Voraussetzung der Kulturkenntnis so wichtig wie die Beherrschung beider Sprachen. Ebenso verhält es sich mit der Literatur. Die Literatur ist mitunter einer der stärksten Kulturträger einer Gesellschaft überhaupt. Der einflussreichste Kanal allerdings sind die Medien, besonders Film und

Fernsehen. Sie agieren neben dem Internet inzwischen auch als Kultur schaffendes Medium. Das problemlose Erreichen von Massen macht es für den Film viel einfacher, Kultur zu vermitteln, als für das Buch. Was durch zeitaufwendiges Lesen und Mühe in mehreren Stunden, Tagen, Wochen mit einem Buch erfasst oder übermittelt werden kann, kann im Film in höchstens zwei bis drei Stunden mit viel stärkeren Reizen und der Macht des Bildes bewerkstelligt werden. So können Kulturinhalte erschaffen, bestehende Inhalte verändert oder neue kulturelle Aspekte gepflanzt werden. Kein anderes Medium verfügt in dieser Hinsicht über größere Macht. In diesem Zusammenhang stellt sich immer wieder die Frage, wie diese Macht genutzt wird. Natürlich haben Filme nicht nur mindere Ansichten. Sie sind nicht hinter unserer Seele her und versuchen uns nicht zu Sklaven des Systems zu machen, jedenfalls nicht ausschließlich. Ohne Zweifel hat das Hollywood-Kino seinen Beitrag dazu geleistet, eine globale Kultur zu verbildlichen. Global nicht in dem Sinne, als dass sie alle Kulturen umfasst, sondern global, indem sie als Leitkultur nahegelegt wird. Als Leitkultur wird die amerikanische in Szene gesetzt. Ausdrucksstark und mit wirtschaftlicher Wucht. Das sehen wir auch an der Verfilmung der Traumnovelle, deren tiefenpsychologischer Inhalt und Handlung sowie Motive der Enthüllung zwar beibehalten wurden, aber alles, was auch nur im Geringsten an die österreichische Kultur erinnert, bei der Verfilmung regelrecht ausradiert und mit der amerikanischen ersetzt wurde. Im Film wird die bürgerliche amerikanische Kultur mit ihren Verführungsängsten und Moralvorstellungen ins Licht der Darstellung gerückt. Alles was europäisch wirkt, ist auch zugleich bedrohlich. Zwar werden die europäischen Wurzeln nicht verleugnet, aber auch nicht wirklich übertragen.

Neben der Dominanz der Vermittlung der „eigenen" Kultur hat Hollywood über die Jahre allerdings auch eine andere Möglichkeit wahrgenommen. Es erschafft auch ein Bild der anderen Kulturen. Erinnert man sich an seine Kindheit oder Jugendjahre, merkt man schnell, dass man die Welt kennt, wenn man fleißig ferngesehen hat. Die ersten Bilder über das Römische Reich, Ägypten, die amerikanischen Ureinwohner, über den Orient, über Bagdad, über Frankreich, über Geschichte, Kultur und Identität sind vom US-Kino geprägt. Es braucht jahrelange Übung, Bildung und Fleiß, um sie mit realen Bildern und Kenntnissen auszutauschen.

Das stereotype Bild der Deutschen in US-Filmen sieht wie folgt aus: blond, robust und stark nationalistisch. Sei es in der Komödie mit Witz, wie z.b. bei *George aus dem Dschungel*, wo er von deutschen Söldnern gefangen genommen wird, oder ernst wie in Bond-Filmen, beispielsweise bei der Verfolgung auf dem Oktoberfest in *Liebesgrüße aus Moskau*; oder verschmähend wie etwa in der *Highlander*-Reihe, in der noch Anspielungen wie „Oh, ja, ihr seid die Herrscherrasse" fallen. Von Filmen wie *Schindlers Liste* oder *Sophies Wahl* ganz zu schweigen.

Um mit Forschungsausblicken zum Ende zu kommen: Feldanalysen sollten öfter gemacht werden. Sicher ist es interessant zu forschen, welche kulturellen Eindrücke Filme bei den Zuschauern hinterlassen haben, welches Bild sich über die jeweilige Kultur in den Gedanken manifestiert hat. Wie der Film die Wahrnehmung der Welt und des Ichs verändert, beeinflusst hat. Wie die literarische Vorlage, ist auch der Film darauf aus, „gelesen" zu werden. Daher ist es nicht möglich, den Film ohne gewisse Intentionalität zu sehen. Zu erforschen gilt es, welche Intention zugrunde liegt. Medienwissenschaften, Literatur- und Sprachwissenschaft, Kultursoziologie und Kulturwissenschaften wirken in der Forschung mit und können zu zukünftigen Theorien und Praktiken gelangen. Die komplementäre Analyse eines Films braucht ein weites Forschungsfeld und zahlreiche Forscher, denn kein anderes Kunstmittel unserer Zeit ist derart komplex und von zahlreichen Einflüssen geprägt.

Literatur

Bazin, André 2009: *Was ist Film?* Robert Fischer (ed.), Berlin: Alexander

Borstnar, Nils & Eckhard Papst & Hans Jürgen Wulff 2002: *Einführung in die Film- und Fernsehwissenschaft,* Konstanz: UVK

Binder, Eva &. Christine Engel 2008: „Film und Literatur: Von Liebeleien, Konflikten und langfristigen Beziehungen", in: Neuhaus, Stefan (ed.) 2008: 31-48

Buckland, Warren 2004: *The Cognitive Semiotics of Film.* Cambridge: Cambridge University Press E-Book

Carriere, J.C. (s.a.): *Sinema'nın Gizli Dili,* İstanbul: Der

Elsaesser, Thomas 2009: *Hollywood heute. Geschichte, Gender und Nation im postklassischen Kino,* Berlin: Bert & Fischer

Faulstich, Werner 2002: *Grundkurs Filmanalyse,* Paderborn: Fink

Freytag, Julia 2007: *Verhüllte Schaulust. Die Maske in Schnitzlers Traumnovelle und Kubricks Eyes Wide Shut,* Bielefeld: Transcript
Hecken, Thomas 2007: *Theorien der Populärkultur. Dreißig Positionen von Schiller bis zu den Cultural Studies,* Bielefeld: Transcript
Lazar, Judith 2009: *İletişim Bilimi,* Ankara: Vadi
Lull, James 2001: *Medya İletişim Kültür,* Ankara: Vadi
Monaco, James 2001: *Bir Film Nasıl Okunur? Sinema Dili, Tarihi ve Kuramı, Sinema. Medya ve Mültimedya Dünyası,* İstanbul: Oğlak
Neubert, Marina 2007: „Arthur Schnitzler: Traumnovelle", in: *Berliner Morgenpost* 30 (2007)
Neuhaus, Stefan (ed.) 2008: *Literatur im Film. Beispiele einer Medienbeziehung,* Würzburg: Könighausen & Neumann
Neuhaus, Stefan 2008: „Literatur im Film. Eine Einführung am Beispiel von Gripsholm (2000)", in: Neuhaus (ed.) 2008: 11-29
Schnitzler, Arthur 2004: *Rüya Roman,* İstanbul: Bordo Siyah
Sölkner, Martina 2008: „Über die Literaturverfilmung und ihren ‚künstlerischen Wert'", in: Neuhaus (ed.) 2008: 49-62
Stam, Robert et al.1992: *New Vocabularies in Film Semiotics. Structuralism, post-structuralism and beyond,* London: Routledge

Filmdaten:

Originaltitel: Eyes Wide Shut
Produktionsland: UK, USA
Originalsprache: Englisch
Erscheinungsjahr: 1999
Länge: 153 Minuten
Regie: Stanley Kubrick
Drehbuch: Stanley Kubrick,
Musik: Jocelyn Pook
Kamera: Larry Smith
Schnitt: Nigel Galt
Besetzung: Tom Cruise: Dr. Bill Harford, Nicole Kidman: Alice Harford, Sydney Pollack: Victor Ziegler, Todd Field: Nick Nightingale, Sky du Mont: Sandor Szavost, Julienne Davis: Amanda Curran (Mandy), Rade Serbedzija: Mr. Milich (Kostümverleiher), Leelee Sobieski: Mr. Milichs Tochter.

Mythos und (Inter-)Kultur
Überlegungen zur kulturkomparatistischen Beschäftigung mit Mythos am Beispiel Christa Wolfs *Kassandra* und Chitra Banerjee Divakarunis *Palast der Hoffnung*

Zameer Kamble (Pune)

Abstract

Dealing with myths and the Far East constitutes crossing a line according to the culture of the occident. In my opinion each culture gets certain shaping through myths and alien influence and therefore crossing the line offers a fruitful opportunity to bring across a culture.

This paper tries to show the basics of crossing the line in this respect not only through the philosophical-spiritual urge for something alien (myth or the East) but also by rejecting anything alien.

An example of an intercultural comparative analysis model for the analysis of the reception of myths in literature in Germany and India (using the example of Christa Wolf / Chitra Banerjee Divakaruni) shall be set by using the Schlegel-Hegel debate about the Indian mythological text *Bhagwad Gita*.

„Ach", sagte die Maus, „die Welt wird enger mit jedem Tag. Zuerst war sie so breit, dass ich Angst hatte, ich lief weiter und war glücklich, dass ich endlich rechts und links in der Ferne Mauern sah, aber diese langen Mauern eilen so schnell aufeinander zu, dass ich schon im letzten Zimmer bin, und dort im Winkel steht die Falle, in die ich laufe." – „Du musst nur die Laufrichtung ändern", sagte die Katze und fraß sie (Kafka 1970).

Ein verratener Seitensprung charakterisiert paradoxerweise die Beziehung der abendländischen Kultur mit dem eigenen Mythos und mit dem fremden Osten! Wie in der Erzählung *Undine geht* von Ingeborg Bachmann (1961) begegnet die abendländische Kultur dem Mythos oder dem fernen Osten ähnlich wie der Hans, der – längst mit Logos verheiratet – in ihr die endgültige Freiheit von den Fesseln seiner aufgeklärten, rationalisierten Welt sucht, Undine begegnet. In einem selbstkritischen Moment werden ihm die emanzipierende Liebesbegegnung, seine Authentizität sowie eine grenzenlose Freiheit gewährt:

> Wenn ihr allein wart, ganz allein, und wenn eure Gedanken nichts Nützliches dachten, nichts Brauchbares, [...] wenn ihr so dastandet, verloren, für immer verloren, aus Einsicht verloren, dann war es Zeit für mich. Ich konnte eintreten mit dem Blick, der auffordert: Denk! Sei! Sprich es aus! (Bachmann 1961: 236-37)

Dieser Freiheit scheint der Hans jedoch nicht gewachsen zu sein. Wie die Maus in der *Kleinen Fabel* Kafkas kriegt er gleich Angst und bevorzugt die Mauern eher als Schutz. Dieses Wegbewegen erfolgt dann auf einem dichotomisierenden Verhältnis zu Undine. Nach einer kurzfristigen Grenzüberschreitung kippt die Begeisterung um und Undine wird am Ende als die wilde, fremde Frau verurteilt:

> Verräter! Wenn euch nichts mehr half, dann half die Schmähung. Dann wusstet ihr plötzlich, was euch an mir verdächtig war, Wasser und Schleier und was sich nicht festlegen lässt. Dann war ich plötzlich eine Gefahr, die ihr noch rechtzeitig erkanntet, und verwünscht war ich und bereut war alles im Handumdrehen (Bachmann 1961: 240).

Auf ähnliche Weise findet im Abendland die Begegnung mit dem eigenen Mythos sowie mit fernöstlichen Kulturen statt. Bis heute findet man im Westen eine Faszination für das Mythische, aber bei der Beschäftigung mit dem Mythos kam es ständig zu einer Verfehlung seines Wesens. Christoph Jamme beklagt die seit Platon bestehende Mythenkritik: Im Christentum galt z. B. der Polytheismus im Mythos als „Abgötterei machthungriger Priester", in der Aufklärung als „Aberglaube der Unvernunft" (Jamme 1991: 16) und gemäß dem „geschichtsphilosophischen Grundschema" wurde er in der „Selbstentfaltung" des abendländischen Denkens „vom Mythos zum Logos" schließlich als ‚überholt' verstanden (Nestle 1940). Auch in der gegenwärtigen Diskussion um den Mythos sieht Jamme die gleichen „Denkschemata der Aufklärung" nachwirken, indem er entweder zum „Prä-Logischen" und zum Ausdruck einer durch Wissenschaft längst überholten „Kindheitsstufe der Menschheit (Levy-Bruhl)" abgestempelt wird oder aber „in uns vertrautes wissenschaftliches Denken (Levi-Strauss)" transformiert wird (Jamme ibd.).

Interessanterweise ging in der Romantik der Rekurs auf Mythos mit dem Rekurs auf Indien Hand in Hand. Anil Bhatti zeigt am Beispiel von August Wilhelm Schlegels Begeisterung und Hegels Abneigung für den indischen Text *Bhagwad Gita,* der einen Teil des mythischen Epos *Ma-*

hābhārata bildet, die „Ambivalenz der Indienrezeption" in der Romantik. Im Gegensatz zu Bhattis einseitig politischer Interpretation von Schlegels Indienrezeption als eine Strategie zur Erlangung der Deutungshoheit, als „kompensatorischer Kolonialismus" (Bhatti 2005: 178) soll sie allerdings auch in ihrem philosophisch selbstkritischen Moment betrachtet werden (Figueira 1994: 12-13). Das romantische Bild von Indien, demzufolge die von Herders Naturphilosophie beeinflussten Romantiker in Indien die Harmonie des Menschen mit der Natur wiederfanden, war vor allem im Zeichen der Kritik am Logozentrismus, Nützlichkeitsdenken und an der Entgötterung der Welt in Europa als positives Pendant konzipiert.[1] Der Verrat an der Geliebten Indien geschah dann bei Hegel und Marx z. B. in der Form eines utilitaristischen Indienbildes, das auf einer „Zeitachse" dem Land Indien nur den Status einer „halbzivilisierte[n] Nation" einräumte (Lütt 1998: 60).[2] Philosophisch betrachtet, geriet in der Tat das *zyklische* Denken im Mythos der indischen Weltanschauung mit dem *teleologischen* Fortschrittsdenken bei Hegel in Konflikt. Hegels Überzeugung vom monotheistischen Christentum als absoluter Religion und vom Fortschrittsglauben macht seinen aufklärerischen Logos aus, der zum Hindernis wird, den Mythos und oder Indien in seinem Wesen nach zu

---

1 Während sich für die Rechtfertigung der britischen Kolonialherrschaft sowie der christlichen Mission in England ein utilitaristisches Indienbild durchsetzte, das in Indien Rückständigkeit in allen Bereichen sah, löste in Deutschland die erste deutsche Übersetzung von Kalidasas *Shakuntala* eine große Begeisterung für geistige Schätze aus Indien aus. Von Herder beeinflusst, glaubten die Romantiker, in dem indischen Geist die Harmonie des Menschen mit der Natur gefunden zu haben. Herders Kern des romantischen Indienbilds wird erst bei den Brüdern Schlegel vollständig. Es ist mir hier vor allem wichtig zu unterstreichen, dass Indienbegeisterung mit der Selbstkritik Europas einherging. Im Allgemeinen war die Romantik ja eine Geistesströmung, die den Logozentrismus der Aufklärung kritisierte und diesem mit dem von Friedrich Schlegel verkündeten „Programm einer Neuen Mythologie" entgegenwirken wollte. Im Jahre 1803 kritisiert August Wilhelm von Schlegel das Nützlichkeitsdenken der Aufklärung, die Säkularisierung und den Fortschrittsglauben. Der Bruder Friedrich Schlegel beklagt an Europa „die gänzliche Unfähigkeit zur Religion". Diesem utilitaristischen, säkularen und am Fortschritt glaubenden Europa wird in der Romantik ‚Indien' als das positive Pendant entgegengestellt (cf. Lütt 1998: 60).
2 Überhaupt wird Indien bis heute, so Anushka Gokhale, bei vielen deutschsprachigen Indienreisenden auf einer Zeitachse als rückständig abgewertet (cf. Gokhale 2010: 80-106).

verstehen. Dabei bedeutet diese Dichotomisierung zwischen dem Eigenen und dem Fremden eine Vergewisserung des derzeitigen Logos sowie der eigenen Kultur. Und darin liegt auch das Potential des Mythos und des Fernen Ostens für das Abendland, denn die abendländische Kultur, so meine These, konturiert sich in einem Wechselspiel zwischen Mythos und Logos, auf dessen Boden die Grenzüberschreitung ins Mythische oder Fremde überhaupt möglich wird. Diese Dynamik bietet uns für die Kulturkomparatistik sowie für die Transkulturalität einen Ansatz, den ich im Folgenden am Beispiel zweier literarischer Texte kurz darstelle.

In meinem Vergleich zwischen Christa Wolfs *Kassandra* (*K*) mit Chitra Banerjee Divakarunis *Palast der Hoffnung* (*PH*) treffen sich alle Liebhaber wieder: Mythos, Logos, der Osten und der Westen und sogar Bhagwad Gita. Während Wolf in ihrer Erzählung aus der Perspektive Kassandras die Geschichte des Trojanischen Krieges schildert, erzählt Divakaruni in ihrem Roman die Geschichte des großen Krieges in dem mythischen Epos *Mahābhārata* auch aus der Perspektive einer Frau: Draupadi. Als moderne Schriftstellerinnen nähern sich beide dem eigenen Mythos mit der Brille des heutigen Logos an. Diese Brille führt zu einer Entmythologisierung, in der der überlieferte Mythos in Frage gestellt, aus neuer Perspektive interpretiert und schließlich korrigiert wird. Aus einem „Unbehagen in der Kultur" entsteht bei Wolf die Grenzüberschreitung in den Mythos, der dann zur Entwicklung von Konzepten funktionalisiert wird, die als Krebsgang empfundene Entwicklung der europäischen Kultur zu kritisieren (Beyer 2007: 25). Wolf schrieb *Kassandra* als eine ‚Literatur für Friedensforschung' aufgrund der 1980 in Form vom Nato-Doppelbeschluss Vertrag entstandenen Kriegsgefahr. Wie Bachmann fand Wolf in ihrer Archäologie der Kriegsgefahr einen offensichtlichen Zusammenhang zwischen Krieg und der Unterdrückung der Frau. In der antiken Figur Kassandra sah sie „eine der ersten Frauengestalten überliefert, deren Schicksal es vorformt, was dann dreitausend Jahre lang, den Frauen geschehen soll" (Wolf 1983 a: 86). Unter Einfluss von Jakob Bachofen setzt Wolf ihre Figur Kassandra in die zeitliche Epoche des Übergangs vom Matriarchat zum Patriarchat, wo sie die Ursprünge der Zerstörungstendenzen der modernen Technik zu finden glaubt.

Beide Werke nähern sich dem Thema des Krieges durch eine Kritik am Patriarchat, eine Entlarvung der Helden und eine Infragestellung des Heldentums aus der Perspektive des Opfers an. Es gibt sowohl Figuren, die in den heroischen Taten im Krieg ihre eigentliche Aufgabe und Bedeutung als Mann verwirklicht sehen, als auch Figuren, die gerade dieser patriarchalen Vorschrift zum Opfer fallen.[3] Beide, sowohl Kassandra als auch Draupadi, werden Zeuginnen der Brutalität und des Tierischen im Krieg. Die Kritik am Krieg wird in der Perversität der Krieger zur Sprache gebracht. Im Kampf mit Kassandras jüngstem Bruder Troilos z. B. nutzt Achill die Hilflosigkeit des Knaben zur Befriedigung seines Triebes aus:

> Das tänzelnde Herannahm des Verfolgers, [...] ein geiles Vieh. Das Troilos, den Knaben, bei den Schultern nahm, das ihn streichelte – den Wehrlosen, [...] ihn befingerte (*K*: 87).

Christa Wolf weicht hier von den mythologischen Quellen ab, indem sie Achill alle moralischen Regeln und Gesetze des Kampfes missachten und Troilos auf unfaire Weise brutal töten lässt:

> Troilos stand, stellte sich dem Gegner [...]. Und zwar regelrecht, so wie er es gelernt, wenn Edele mit Edelen kämpfen. Treulich hielt er sich an die Gesetze der Kampfspiele, in denen er seit Kindheit glänzte. Aber Achill [...] ließ sich auf des Knaben Angebot nicht ein [...], erhob sein Schwert [...] und ließ es auf den Bruder niedersausen. Für immer fielen alle Regeln in den Staub (*K*: 86).

Ähnlich wird bei Divakaruni gemäß mythologischen Quellen der junge Sohn von Arjuna in die Falle einer komplizierten Kriegsformation gelockt und von vielen Kriegern unfair getötet:

> Keiner von ihnen vermochte gegen diesen Jungen in einem gerechten Kampf zu bestehen, doch schließlich fielen sechs Krieger in völliger Missachtung des Kriegskodexes mit vereinten Kräften über ihn her. [...] Seine einzige Bitte bestand darin, dass sie nacheinander gegen ihn kämpfen sollten. Doch sie akzeptierten diesen letzten Wunsch nicht. Und so fiel Abhimanyu, [...] und sei-

---

3 Bei Wolf stehen Achill, Agamemnon, Paris usw. für die Kriegsbegeisterung und Troilos, Hektor usw. für die gegen die Veranlagung gezwungene Erziehung zu Schlächtern. Und bei Divakaruni wird die Kriegsbegeisterung von Figuren wie Duryodhana, Dronacharya und Bhima und die gezwungene Kriegsteilnahme von Figuren wie Dhri, Abhimanyu und Draupadis Kindern vertreten.

ne Mörder, die er als Helden geachtet hatte, brüllten ihren Triumph wie wilde Tiere hinaus (*PH*: 340).

Wolf entmythologisiert die Figur Achill zur Parodierung des Krieges schlechthin, in der Achill die Brutalität des Krieges, die Entmenschlichung der Menschen im Krieg, die Überheblichkeit als Mann und Perversität aus psychischer Schwäche verkörpert. Daher verdient er von Kassandra nur extremen Hass:

> Wenn aus meinem Grab der Hass erwüchse, ein Baum aus Hass, der flüsterte: Achill das Vieh. Wenn sie ihn fällten, wüchse er erneut. Wenn sie ihn niederhielten, übernähme jeder Grashalm diese Botschaft: Achill das Vieh, Achill das Vieh (*K*: 93).

In Achill und dem grausamen Krieg verarbeitet Wolf literarisch ihre Kritik an der abendländischen Entwicklung, die aufgrund einer wissenschaftsgläubigen, technologiehörigen Haltung die ursprünglich gut gedachte, fortschrittliche Dialektik von Wissenschaft und Menschheitsentwicklung gefährlich pervertiert hat (Wolf 1983 b: 178). Achill ist eben die literarische Metapher für diese Perversität, für die in einem wiederum literarisch erfundenen, neuen Mythos eine alternative Lösung erarbeitet wird. Inmitten dieser entmythologisierten mythischen Figuren konstruiert Wolf in Form einer hauptsächlich von Frauen geleiteten Gemeinde auf dem Berg Ida am Skamander ihre literarische Utopie. In diesem Körperkult der großen Muttergöttin Kybele befinden sich Bewohnerinnen aus der Gegend jenseits der Königsburg, Sklavinnen aus dem Griechenlager, nicht-patriarchalische Männer und schließlich junge Männer, die an Körper oder Seele durch den Krieg beschädigt waren. Die Vertreter dieser Gegenwelt wie Anchises und Arisbe fordern Kassandra zur ständigen Auseinandersetzung mit sich selbst, zur Analyse der Gesellschaft und Geschichte heraus und verkörpern für sie durch ihr humanitäres Handeln das Prinzip Hoffnung. In dieser naturverbundenen Lebens- und Produktionsgemeinschaft lernt jedes Individuum, wie Kassandra, die eigene Persönlichkeit durch körperlich-sinnliche Interaktion zu entfalten und Frieden zu stiften. In diesem Entwurf bietet Wolf ihre Alternative: „Zwischen Töten und Sterben ist ein Drittes: Leben" (*K*: 138). Damit treibt Wolf ihrerseits eine ‚Dialektik der Aufklärung' (Adorno / Horkheimer), indem sie den Mythos entmythologisiert und ihn durch Remythisierung mit einer Utopie versieht. Dabei ist es letztendlich doch wiederum ein

Sieg des Logos und der Aufklärung, deren Defizite nur literarisch korrigiert werden. Durch eine Korrektur der ‚Kreuz- und Wendepunkte' (Wilke) wird der entgleiste Zug der abendländischen Kultur wieder auf die Reise ins Telos vorbereitet. Diese Entscheidung für die Dialektik bringt Ingeborg Bachmann folgenderweise auf den Punkt:

> Der Wunsch wird in uns wach, die Grenzen zu überschreiten. […] Nicht um mich zu widerrufen, sondern um es deutlicher zu ergänzen […]. Es ist auch mir gewiss, dass wir in der Ordnung bleiben müssen, dass es den Austritt aus der Gesellschaft nicht gibt […]. Innerhalb der Grenzen haben wir den Blick gerichtet auf das Vollkommene, das Unmögliche, Unerreichbare, sei es der Liebe, der Freiheit oder jeder reinen Größe. Im Widerspiel des Unmöglichen mit dem Möglichen erweitern wir unsere Möglichkeiten. Dass wir es erzeugen, dieses Spannungsverhältnis, an dem wir wachsen, darauf […] kommt es an; dass wir uns orientieren an einem Ziel, das freilich, wenn wir uns nähern, sich noch einmal entfernt (Bachmann 1964: 301).

Und dabei bleibt es auch in *Kassandra*, dass dieses Spannungsverhältnis durch eine Grenzüberschreitung ins Mythische erzeugt wird, zugunsten der Kritik an der Selbstentfaltung des Abendlands. Es ist kein Wunder, dass gerade in diesem Moment der Grenzüberschreitung manche fernöstliche Germanisten, wie ich, in *Kassandra* Anklänge an das östliche Denken finden. Das liegt, so Christa Wolf, daran,

> dass ich mich mit der Naturphilosophie der frühen Mittelmeervölker beschäftigt habe, mit jenem Denken, das vor dem griechischen, abendländischen Denken dort verbreitet war und das man später ‚mystisch' oder ‚irrational' nannte. Es gibt auch in der mittelalterlichen Philosophie der Mystiker vieles, was dem östlichen Denken, soweit ich es kenne, verwandt ist, es lief als Unterströmung im Christentum mit, […] konnte aber nicht zur ‚herrschenden' Richtung werden (Yin 1999: 17 f.).

Selbst bei Christa Wolf wird diese Richtung nur als alternative Unterströmung zur herrschenden Maschine für die Selbstkritik funktionalisiert. Somit werden an dem Mythischen die Aufklärung, der Logos und die abendländische Kultur erneut konturiert. Am Ende kommt auch Wolf doch zu ihrer Ordnung zurück.

Eine ganz andere, östliche Möglichkeit für den Umgang mit Mythos bietet uns der indische Text von Divakaruni. Für die in Amerika wohnende indische Schriftstellerin ist der Rückgriff auf den Epos *Mahābhā-*

rata das Ergebnis einer feministischen Lesart der Mythen. Die Entmythologisierung entsteht bei ihr nicht als Auseinandersetzung mit der indischen Zivilisation, sondern eher aus dem Logos der Opferfrage Draupadis. Gemäß mythologischen Quellen fand der große Krieg zwischen den fünf Brüdern Pandavas auf der einen und ihren Cousins Kauravas auf der anderen Seite um das Thronerbe von Hastinapur, der Hauptstadt der Bharata Dynastie Nordindiens, statt. Die von verschiedenen Göttern geborenen fünf Brüder Pandavas werden aufgrund ihrer charakterlichen sowie kriegerischen Qualitäten von ihren Cousins Kauravas immer mehr beneidet und gehasst. Ein zusätzlicher Grund für ihre Eifersucht ist die schöne Königstochter Draupadi, welche die Pandavas zur Frau gewinnen. In einem Würfelspiel mit den Kauravas verspielt der ältere Bruder Yudhishtira sein ganzes Eigentum, seine Brüder und am Ende sogar Draupadi. Als Sklaven werden dann die Pandavas und Draupadi vor aller Augen am Hofe des Hastinapur gedemütigt, man versucht Draupadi ihr letztes Kleidungsstück zu entreißen. In tiefer Verletzung verflucht sie die Kauravas und fordert ihre Ehemänner auf, sie zu rächen. Nach einigen Jahren erklären die Pandavas den großen Krieg gegen Kauravas und rächen sich. Es gibt eine bekannte Interpretation von Draupadis Rolle im Mahābhārata-Krieg, in der Draupadi und ihre Rache als Grund für den Krieg kritisiert werden. Divakaruni versucht diese Interpretation zu hinterfragen, indem sie Draupadi als Erzählerin wählt und dadurch erstens ihre Opferfrage zu klären und dem allgemeinen androzentristischen Charakter der Heldenepik entgegenzuwirken versucht. Der Mythos wird hier also auch funktionalisiert, um den Logos des überlieferten Mythos auf die Spur zu kommen. Bis zum Ende des Romans ist Draupadi von dem Krieg überzeugt, weil sie Gerechtigkeit will. Wie Kassandra Achill hasst, hasst auch sie den Duryodhana, der sie am Hofe öffentlich entwürdigt hatte. Bis zu ihrem Tod glaubt sie an ihre Werte, an die klare aufklärerische Trennung zwischen Gut und Böse, Leben und Tod, Liebe und Hass, Mann und Frau, Sieger und Opfer, Krieg und Frieden. Die Grenzüberschreitung für sie entsteht allerdings durch ihren Hang zu Authentizität. Aber im Gegensatz zu Kassandra kehrt sie nicht zu einer durch Korrektur verbesserten Ordnung zurück. Und hier unterscheidet sich ihre Arbeit am Mythos mit Wolf grundsätzlich. Der Mythos wird bei Divakaruni zwar entmythologisiert, aber die dadurch entstandene Grenzüberschreitung geht noch einen Schritt weiter. In einer Meditation vor dem Tod nimmt Draupadi die Vogelperspektive ein, aus der sie zu einer neuen Bewertung der Dinge kommt. Als erstes überwindet sie ihren Hass, indem sie Krischnas bedingungslose Liebe zu ihr wahrnimmt:

> Sie erwartete nicht von mir, dass ich mich auf eine bestimmte Art und Weise verhielt. Sie verwandelte sich nicht in Unmut oder Wut oder sogar Hass, wenn ich mich nicht fügte. Sie heilte mich. Wie blind ich doch gewesen war, dass ich in ihr nicht das kostbare Geschenk erkannt hatte! (*PH*: 450)

In Trance erreicht sie einen Ort, den sie folgenderweise beschreibt:

> Über mir ist Licht – oder vielmehr ein Nichtvorhandensein von Dunkelheit. Die Berge sind verschwunden. Die Luft ist voller Menschen – aber es sind nicht wirklich Männer und Frauen, denn ihre Körper sind glatt und geschlechtslos und glühen, ihre Gesichter faltenlos und friedlich, ohne die Leidenschaften, die sie im Leben unterscheiden (*PH*: 450).

Doch dann erkennt sie dort ihre Freunde sowie Feinde wieder, die zu ihrer Überraschung zusammen und friedlich lächeln,

> als hätte gerade jemand einen Scherz gemacht. [...] Auf ihren Körpern wurden die Wunden getilgt, an denen sie auf dem Schlachtfeld [...] gestorben sind, und ihre Gesichter sehen so zufrieden aus, wie die von Schauspielern, die mit Erfolg ihre Rollen in einem großen Drama gespielt haben (PH: 450).

In diesem neuen Bewusstsein erlangt Draupadi die grenzenlose Freiheit, indem sie nicht nur alle Dichotomien, sondern auch selbst die Dialektik überwindet, ganz im Sinne der in *Bhagwad Gita* dargestellten Philosophie und des von dem Theologen Raimond Panikkar definierten mythischen Bewusstseins. Laut Panikkar bewegt sich der Mythos in einem Bereich, wo das Denken noch nicht eingetreten ist, er ist

> das heilsame Fasten des Denkens, er befreit uns von der Bürde, alles ausdenken und durchdenken zu müssen, und so öffnet er den Bereich der Freiheit – nicht bloß die Freiheit zu wählen, sondern die Freiheit des Seins (Panikkar 1992: 11 f.).

Es ist also die Dialektik des Denkens, die als innerer Widerspruch aller intellektuell ausgedachten Theorien durch das Nicht-Denken überwunden wird. Mythisches Bewusstsein ist jene Meditation also, die alle Dichotomien wie die von *Gut-Böse*, *Subjekt-Objekt*, *Liebe-Hass* usw. überwindet und über die Widerstände hinausgeht (ibd.). Dieses ‚Über-alle-Dichotomien-Hinaus' ist ein spiritueller Zustand, den die Bhagwad Gita mit verschiedenen Wörtern bezeichnet: *advaita* als Gegenteil von *dvaita* (‚Gegensätzlichkeit'), *dvandvātīt* als Adjektiv für das überwundene *dvandva* (‚Gegensätzlichkeit') oder *shāshwat* (‚absolut'). Ich erkläre dies am Beispiel von drei Wörtern in Sanskrit: *sukha, dukha und ānanda*. Das Wort *sukha* bedeutet auf Sanskrit ‚Glück' und *dukha* bedeutet das Gegenteil davon, nämlich ‚Unglück'. Beide sind Wörter für die Emotionen des Glücklich- und Unglücklichseins. Beide sind als gegensätzliche Emotionen durcheinander bedingt. Man fühlt sich glücklich angesichts der Abwesenheit des Unglücks, und sobald man das Glück verliert, wird man gleich wieder unglücklich. So verbirgt das Glücklichsein in sich das Unglücklichsein als Potential und umgekehrt. Und da diese Gefühle sich ständig abwechseln (daher heißen sie auf Englisch ‚Emotions'), sind sie nicht absolut. Erst wenn der Mensch sich der Bedingtheit der beiden Emotionen bewusst wird, erst wenn der Mensch die Instabilität dieser Emotionen zur Kenntnis nimmt, erreicht er im Bewusstsein den Zustand von *ananda* (‚Glückseligkeit'), das weder Glück, noch Unglück bedeutet; *ananda* ist ein Zustand, der über die Gegensätze *Glück* und *Unglück* hinausläuft (Osho 2007: 3 ff.). In diesem Zustand der Glückseligkeit überwindet auch Draupadi ihren Hass, ihre Rache und am Ende sogar ihren Namen und ihr Geschlecht, ganz im Sinne von Judith Butler, die am Feminismus die Festhaltung der Binarität zwischen Mann und Frau als etwas natürlich Gegebenes kritisiert (Butler 1991: 216). Der Mythos aber ist gerade ein solcher Ort, der diese Binarität auf keiner Ebene kennt oder sie aber überwindet. Das Kriegsgeschehen in *Mahābhārata* wird daher wie ein Schachspiel interpretiert, worin Draupadi und ihre Feinde Kauravas als Gegenspieler eine Funktion haben. Jeder Spieler muss das Spiel spielen. Selbst die Entscheidung, nicht mitzuspielen, ist letzten Endes ein Zug in der Matrix des Spiels, das seine Konsequenzen hat. Arjuna zum Beispiel will an dem Krieg nicht teilnehmen und bleibt am Anfang passiv an der Front. Krischna, den man als eine Inkarnation von Gott versteht, erklärt ihm den Grund, warum ihm die Möglichkeit des Nicht-Mitspielens nicht gegeben ist, weil selbst das Nicht-Tun letzten Endes ein Tun mit Konsequenzen ist. In diesem Sinne ist auch der bevorstehende Krieg eine Konsequenz, deren Verantwortung alle, das heißt die Kauravas und Pandavas gemeinsam, tragen müssen. Diese Konsequenz hätte man vielleicht vermeiden können, aber jetzt, wo sie einmal da ist, muss sie zu Ende gespielt werden. Ganz in diesem Sinne versteht sich auch Draupadi nicht mehr als Opfer, sondern als eine Schauspielerin mit einer wichtigen Rolle im großen Drama.

Fazit

Ich habe hier versucht, die gegenwärtige literarische Mythenrezeption am Beispiel von Wolf und Divakaruni in ihrer Arbeit an eigener Kultur zu erfassen. Diese Arbeit ist sowohl eine Selbstkritik als auch eine Konturierung der eigenen Kultur, die in einer Liebesbegegnung oder in einem verratenen Seitensprung vollzogen wird. Dabei geht es mir mehr darum, zu zeigen, dass zwischen Kulturen eine gewisse und berechtigte Alterität existiert und dass sie sich im ständigen Spannungsverhältnis zwischen Mythos und Logos konturiert. Kultur ist in diesem Fall ein Phänomen, das sich ständig zwischen dem Regressiven und dem Progressiven bewegt. Die Alterität der Kulturen ist also nicht nur das Ergebnis dieser Spannung, sondern auch die Grundlage überhaupt für weitere Grenzüberschreitungen. Bhatti propagiert für die Transkulturalität einen nichthermeneutischen Umgang, der eher auf Ähnlichkeiten als auf Differenzen zwischen Kulturen fokussiert ist. Anstatt Verstehen befürwortet er das „Miteinander-Auskommen", da die Hermeneutik zwischen Kategorien des Eigenen und des Fremden Beziehungen zu schaffen versucht und daher den binären Rahmen der Differenzen weiterhin bestehen lässt (Bhatti 2010). In meiner Analyse zeige ich einerseits den Prozess einer Konturierung von Kategorien wie das *Eigene* und das *Fremde* und andererseits beschreibe ich mit Bezug auf den Text von Divakaruni den spirituellen Zustand frei von jeder Dichotomie, der Bhattis Ansatz von Transkulturalität nachdrücklich untermauert. Die Analyse der Texte besteht aber sowohl auf Ähnlichkeiten als auch auf Differenzen. Man kann m. E. auf Hermeneutik nicht völlig verzichten, sie wohl aber neu konturieren. Es wird hier nur die trennende Binarität zwischen Eigenem und Fremden aufgehoben und mit Bezug auf den Transmoment des *weder – noch* eine neue Textbetrachtung gewonnen, die sich unter *sowohl – als auch* besser beschreiben lässt.

Literatur

Allerkamp, Andrea et al. (eds.) 2010: *Kulturwissenschaften in Europa – eine grenzüberschreitende Disziplin?*, Münster: Westfälisches Dampfboot

Bachmann, Ingeborg: 1964: *Gedichte, Erzählungen, Hörspiele, Essays*, München: R. Piper & Co. Verlag

Bachmann, Ingeborg 1964: „Die Wahrheit ist dem Menschen zumutbar", in: Bachmann 1964: 300-302

Bachmann, Ingeborg 1961: *Das dreißigste Jahr*, München: R. Piper & Co. Verlag

Bachmann, Ingeborg 1961: „Undine geht", in: Bachmann 1961: 236-237

Bachofen, Johann Jakob 1987: *Das Mutterrecht, Auswahl*, ed. Hans Jürgen Heinrichs, Frankfurt/Main: Campus

Beyer, Martin 2007: *Das System der Verkennung, Christa Wolfs Arbeit am Medea-Mythos*, Würzburg: Königshausen und Neumann

Bhatti, Anil 2005: „Im Kielwasser des Kolonialismus. Ambivalenzen im deutschen Orientalismus des neunzehnten Jahrhunderts", in: Knobloch & Koopmann (eds.) 2005: 175-190

Bhatti, Anil 2010: „Heterogenität, Homogenität, Ähnlichkeit", in: Allerkamp et al. (eds.) 2010: 250-266

Butler, Judith 1991: *Das Unbehagen der Geschlechter*, Frankfurt/Main: Suhrkamp Verlag

Divakaruni, Chitra Banerjee 2009: *Palast der Hoffnung*, München: Diana Verlag

Figuera, Dorothy M. 1994: *The Exotic. A Decadent Quest*, Albany: State University of New York Press:

Gokhale, Anushka 2010: *Eine Studie über die deutschsprachige Reiseliteratur zu Indien nach 1945*, Freiburg: unveröff. Diss.

Jamme, Christoph 1991: *Gott an hat ein Gewand, Grenzen und Perspektiven philosophischer Mythos-Theorien der Gegenwart*, Frankfurt/Main: Suhrkamp Verlag

Knobloch, Hans-Jörg & Helmut Koopmann (eds.) 2005: *Das verschlafene 19. Jahrhundert? Deutsche Literatur zwischen Klassik und Moderne*, Würzburg: Königshausen und Neumann Verlag

Lütt, Jürgen 1998: „Deutschland, Indien und das deutsche Indienbild", in: *Der Bürger im Staat* 48.1 (1998): 60-64

Nestle, Wilhelm 1940: *Vom Mythos zum Logos, Die Selbstentfaltung des griechischen Denkens von Homer bis auf die Sophistik und Sokrates*, Stuttgart: Alfred Kroner Verlag

Osho International Foundation 2007: *Emotional Wellness. Transforming fear, anger and jealousy into creative energy*, New York: Harmony Books

Panikkar, Raimon 1997: *Rückkehr zum Mythos*, Frankfurt/Main / Leipzig: Insel Verlag

Wilke, Sabine 1998: „Kreuz- und Wendepunkte unserer Zivilisation nach-denken. Christa Wolfs Stellung im Umfeld der zeitgenössischen Mythos-Diskussion", in: *The German Quarterly* 61: 2 (1998): 213-228

Wolf, Christa 1983 a: *Voraussetzungen einer Erzählung: Kassandra*, Frankfurt/Main: Sammlung Luchterhand

Wolf, Christa 1983 b: *Kassandra, Erzählung*, Frankfurt/Main: Sammlung Luchterhand

Yin, Zhihong 1999: *„Ich bin allein der Verehrungswürdige". Eine Betrachtung von Christa Wolfs „Kassandra" im Licht des Zen und Tao*, Aachen: Shaker Verlag

Vieldeutige Texte – vieldeutige (Kon-)Texte. Von der Dynamisierung der Text-Kontext-Beziehung zur Erweiterung kultureller Handlungskompetenz

Michael Dobstadt (Leipzig) / Renate Riedner (Leipzig)

Abstract

Established concepts of teaching literature as part of ‚teaching culture' (especially in what used to be called „Landeskunde" in the teaching of German as a Foreign Language) tend to regard both a literary text and its cultural context as clearly defined and unchangeable units, and their relationship as static: literary texts are used to illustrate cultural and historical contexts; cultural contexts in turn are regarded as background information that is necessary for the understanding of literary texts and can be obtained from non-literary sources. Rejecting this simplifying understanding of literature and culture, we take as our basis a non-essentialist and interpretation-focused understanding of text as well as context, considering both as complexly interwoven and never definitely interpretable texts.

Using Sarah Kirsch's poem *Naturschutzgebiet* as an example, we demonstrate how a literary text and a cultural (con-)text can be made to interact in ways that throw into relief their respective ambiguity. This handling of literary texts has its place in the acquisition of competence for cultural action; a learning objective that will have to be further discussed and developed for the teaching of foreign languages in a globalised world.

1 Literaturvermittlung als Kulturvermittlung

Mit Literatur Kultur zu vermitteln, ist eine der prominenten Zielsetzungen bei der Arbeit mit Literatur im Fremdsprachenunterricht. Die entsprechende Formel *Literaturvermittlung als Kulturvermittlung* ist allerdings mehrdeutig. Sie könnte das Erlernen des Umgangs mit dem Kulturprodukt *Literatur* meinen oder auch ein kulturelles Bildungsprogramm, dessen Medium die Literatur ist. Im Kontext des Fremdsprachenunterrichts meint *Literaturvermittlung als Kulturvermittlung* in der Regel etwas anderes: die Vermittlung von spezifischen Informationen über den zielkulturellen Kontext durch einen zielkulturellen literarischen

Text. Anders gesagt: Mit Hilfe von Literatur aus der Zielkultur soll der Lerner etwas über diese erfahren; und zwar etwas, das sich über sog. ‚Sachtexte' in der Regel nicht vermitteln lässt. In der einschlägigen Fernstudieneinheit *Landeskunde und Literaturdidaktik* (Bischof et al. 1999) wird dieser Gedanke am Beispiel von F. C. Delius' Erzählung *Der Spaziergang von Rostock nach Syrakus* folgendermaßen formuliert:

> „Ein fremdsprachiger Leser kann durch Literatur erfahren, was Menschen der Zielkultur denken, welche Probleme sie haben oder hatten, wovon sie sprechen, träumen und wie politische oder soziale Verhältnisse solche Träume wiederum verhindern" (Bischof et al. 1999: 15).

Dass der Weg vom Text zum Kontext indes nicht so unkompliziert verläuft wie hier suggeriert, macht schon der unmittelbar anschließende Satz deutlich:

> Da die Situation, in der sich der Held dieses Romans befindet, und die Probleme, vor denen er steht, erst erkennbar werden, wenn die genannten historischen und politischen Kontexte mit einbezogen werden, und dieses Wissen bei einem fremdsprachigen Leser nicht vorausgesetzt werden kann, muss ein solches Hintergrundwissen im Unterricht erst aufgebaut werden. Dazu bedarf es anderer Quellen (Sachtexte, Lexika usw.), aus denen die erforderlichen Informationen gewonnen werden können (ibd.).

Offenbar muss der Kontext also bereits bekannt sein, um den literarischen Text verstehen zu können, der doch seinerseits wieder den Kontext erhellen soll – ein argumentativer Zirkel, der von den Autor/innen der Fernstudieneinheit nicht reflektiert wird und der ihr Anliegen, die Vermittelbarkeit von Kultur durch Literatur zu demonstrieren, unversehens und ganz grundsätzlich in Frage stellt. Nun ist dieser Zirkel als hermeneutischer allerdings nicht vermeidbar. Man kann sich nicht über ihn hinwegsetzen, vielmehr gilt es, in ihn richtig hineinzukommen. Voraussetzung dafür ist allerdings, den literarischen Text und den außerliterarischen Kontext anders zu konzeptualisieren, als dies in der Fernstudieneinheit geschieht: Nicht mehr als für sich bestehende, substantielle Größen, die vermeintlich objektive ‚Informationen' enthalten, mit deren Hilfe man den Sinn der jeweils anderen Größe ermitteln kann, sondern als Teile eines immer schon zusammenhängenden dynamischen Deutungsgeflechts, in das der sog. Text und der sog. Kontext als Agenten und zugleich als Ergebnisse von Deutungsprozessen eingebunden sind. Kulturvermittlung durch Literatur hieße dann nicht mehr, dem Text und dem Kontext wechselseitig aufeinander verweisende fixe Bedeutungen zu unterstellen und deren Erwerb zum Ziel des Unterrichts zu machen, sondern den Lernenden die Fähigkeit zu vermitteln, in der Auseinandersetzung mit literarischen und nicht-literarischen Texten sich ein solches Deutungsgeflecht mitsamt der ihm zugrunde liegenden Deutungsprozesse zu erarbeiten und damit angemessen umzugehen.

Erste Vorschläge dazu sollen in unserem Beitrag am Beispiel des Gedichts *Naturschutzgebiet* von Sarah Kirsch, das ebenfalls in der genannten Fernstudieneinheit bearbeitet wird, entwickelt werden. Hierzu gehen wir in den folgenden Schritten vor: Zunächst soll die Problematik des oben skizzierten, essentialistischen Text-Kontext-Verhältnisses am Beispiel der Arbeit mit dem Gedicht in der Fernstudieneinheit näher beleuchtet werden. In Abgrenzung dazu wird von uns ein nicht-essentialistischer, deutungsorientierter Kultur- und Textbegriff skizziert und nach den Konsequenzen gefragt, die sich aus ihm für das Verhältnis von Text und Kontext ergeben. Die Überlegungen hierzu bilden die Basis für die Textarbeit, die das Gedicht und mögliche Kontexte in ein dynamisches Bedeutungs- und Deutungsverhältnis setzt. Eine solche Textarbeit wird in einem letzten Schritt im Rahmen des Lernziels kultureller Handlungskompetenz verortet, das es für einen Fremdsprachenunterricht, der den kommunikativen Anforderungen in einer globalisierten Welt gerecht werden will, weiter zu profilieren und zu präzisieren gilt.

2 Text und Kontext in der Fernstudieneinheit zur landeskundlich orientierten Literaturdidaktik

In der Fernstudieneinheit ist die Arbeit mit dem Gedicht *Naturschutzgebiet* von Sarah Kirsch in den größeren Rahmen der Unterrichtseinheit *Eine (literarische) Reise nach Berlin* (Bischof et al. 1999: 72-92) eingebunden. Im Mittelpunkt des ersten Teils dieser imaginären Reise durch die Vergangenheit und Gegenwart Berlins steht der Potsdamer Platz – ein geschichtsträchtiger und mit vielfältigen symbolischen Bedeutungen aufgeladener Ort, der sich für die Vermittlung landeskundlicher Inhalte anbietet. Die Bedeutung des verkehrsreichen Platzes mit seinen Hotels, Cafés und Kaufhäusern in den 20er und 30er Jahren als Inbegriff der Weltstadt Berlin wird dabei zunächst anhand des Gedichts *Besuch vom Lande* von Erich Kästner veranschaulicht; die Stilllegung des Platzes, durch den seit 1961 die Berliner Mauer verlief und der so zu einem Symbol der deutschen Teilung wurde, steht dann im Mittelpunkt der Auseinandersetzung mit dem Gedicht von Sarah Kirsch, wobei den Gedichten historisches Bildmaterial sowie ein „Informationstext" (Bischof et al. 1999: 84 f.) zur Seite gestellt sind.

Erklärte Zielsetzung des Unterrichtsvorschlages ist es, am Beispiel von Berlin zu zeigen, „wie sich landeskundliches Wissen über Deutschland aufbauen bzw. erweitern lässt" (Bischof et al. 1999: 74) – es geht hier also um Vermittlung von Wissen über die Zielkultur, d.h. um Kontextwissen. Den unterschiedlichen Arbeitsmaterialien kommen in diesem Prozess jeweils unterschiedliche Funktionen zu. So steht die Beschäftigung mit der Bildlichkeit der beiden Gedichte und deren gerade nicht alltäglichem Wortschatz bewusst am Anfang und soll „Anschauungen, Vermutungen und Empfindungen" anregen sowie „Überraschung und Fragen" auslösen (ibd.). Dabei zielen die Aufgaben zu dem Kästner-Gedicht und zu dem Kirsch-Gedicht primär auf eine Veranschaulichung der Gestalt des Platzes in der jeweiligen Entstehungszeit der Texte, die über den Vergleich der Gedichte in ein Verhältnis des Kontrastes gesetzt werden. Die Autor/innen der Fernstudieneinheit nutzen so die spezifische Anschaulichkeit literarischer Texte, um den historischen Wandel zu illustrieren. Die Arbeit mit dem historischen Bildmaterial dient dabei – wie die Aufgabenstellungen deutlich machen – zum einen der sinnlichen Konkretisierung der in der Lektüre der literarischen Texte gewonnenen Vorstellungen der Lerner, zum anderen der Evozierung von historischem Wissen. Durch einen zusätzlich eingeführten Informationstext wird dieses historische Wissen schließlich systematisch erweitert, mit dem Ziel, die Auseinandersetzung der Lerner mit dem literarischen Text- und Bildmaterial in ein Verstehen des historischen Wandels des Platzes zu überführen: „Sie kennen nun die Geschichte des Potsdamer Platzes ein wenig", so das Resümee der Autor/innen auf dem letzten Arbeitsblatt der Unterrichtseinheit: „erst sehr belebt, dann eine Einöde, dann plötzlich frei zu neuer Gestaltung" (Bischof et al. 1999: 87). Auf diese Weise wird die Offenheit der literarischen Texte, die zur Anregung der Vorstellungstätigkeit der Lerner genutzt wird, schrittweise in ein vermeintlich eindeutiges landeskundliches Wissen überführt: Der Wandel des Platzes kann nun – angereichert durch historisches Faktenwissen – ‚verstanden' werden. Voraussetzung ist allerdings, die herangezogenen literarischen

Texte wie die jeweiligen (historischen) Kontexte als substantielle Größen zu denken, denen jeweils ein Signifikat zugeordnet werden kann; wobei die Signifikate der literarischen Texte – *belebt* (Bischof et al. 1999: 87; Gedicht von Kästner) und *Naturschutzgebiet* (Gedicht von Kirsch) – zum Signifikanten der entsprechenden Kontexte werden: „verkehrsreichste[r] Platz in Europa" (Bischof et al. 1999: 83; = Berlin zur Zeit von Erich Kästner) und „Einöde" (Bischof et al. 1999: 87; = Berlin zur Zeit von Sarah Kirsch). Dass zumindest im zweiten Fall Signifikant und Signifikat ein offensichtliches Spannungsverhältnis aufweisen, wird dabei ebenso wenig reflektiert wie die Tatsache, dass die den Texten zugewiesenen Kontexte Konstruktion, oder anders gesagt: selbst auch nur Text sind.

3 Umrisse eines deutungsorientierten Text- und Kulturbegriffs

Voraussetzung für eine Neubestimmung des Verhältnisses von literarischem Text und kulturellem Kontext mit Blick auf ‚Kulturvermittlung' im FSU ist ein deutungsorientierter und damit nicht-essentialistischer Kulturbegriff, wie er sich mittlerweile als Grundlage des kulturwissenschaftlichen Paradigmas etabliert hat (cf. Joachimsthaler & Kotte 2010: 232). Demnach bewegen wir uns deutend in einer ‚immer schon' gedeuteten Welt oder anders gesagt: Wir sind ‚immer schon' verstrickt in die diese Welt konstituierenden Deutungs- und Sinnbildungsprozesse, hinter die wir nicht zurück können.[1] Denn diese konfigurieren und strukturieren

---

1 In diesem Punkt folgen wir – wie die neuere Kulturwissenschaft insgesamt – Clifford Geertz: „Der Kulturbegriff, den ich vertrete und dessen Nützlichkeit ich in den folgenden Aufsätzen zeigen möchte, ist wesentlich ein semiotischer. Ich meine mit Max Weber, daß der Mensch ein Wesen ist, das in selbstgesponnene Bedeutungsgewebe verstrickt ist, wobei ich Kultur als dieses Gewebe ansehe. Ihre Untersuchung ist daher keine experimentelle Wissenschaft, die nach Gesetzen sucht, sondern eine interpretierende, die nach Bedeutungen sucht" (Geertz 1995: 9). Einen in diesem Sinne deutungsbasierten Kulturbegriff, der an die Geertz'sche Metapher der *Kultur als Text* anknüpft, hat Claus Altmayer (2004) in das Fach *Deutsch als Fremdsprache* eingeführt. In Abgrenzung von Geertz legt Altmayer (2004: 137) jedoch einen nicht-metaphorischen Textbegriff zugrunde: „[…] ‚Kultur' im Sinne des lebensweltlichen Wissensvorrats [gibt sich] in der Polyphonie der ‚Texte', d.h. der symbolisch-kommunikativen Äußerungen der in ihr agierenden Subjekte, zu erkennen."

das Feld, in dem uns ‚Dinge' überhaupt erscheinen können. Mit anderen Worten: Die Deutungen gehen dem Gedeuteten voraus – in dieser Umkehrung des üblicherweise unterstellten Verhältnisses gründet der Nicht-Essentialismus dieses Kulturbegriffs. Denn wenn wir uns deutend auf die Welt beziehen, so beziehen wir uns eben nicht auf unabhängig von unseren Deutungen existierende, reale Gegenstände, sondern wiederum ‚nur' auf Deutungen: auf individuell und sozial erzeugte Konstruktionen von Realität (‚Deutungsmuster' nach Claus Altmayer). Deren Charakter, Deutung und damit Perspektivierung von Welt zu sein (diese verstanden als der Inbegriff aller ihrer möglichen Deutungen und Konstruktionen), entzieht sich allerdings unserer Wahrnehmung, insofern diese uns – um mit Novalis zu sprechen – überall nur ‚Dinge', d.h. Gedeutetes, sehen lässt, wohingegen unsere Deutungstätigkeit, die diese Dinge als gedeutete hervorbringt (in novalisscher Terminologie: das ‚Unbedingte'), im toten Winkel unserer Wahrnehmung verbleibt (cf. Novalis 1978: 227).

Diese Einsicht begründet aber nicht nur den Übergang zu einem nichtessentialistischen Kulturbegriff; mit ihr löst sich auch die in den traditionellen Text-Kontext-Modellen unterstellte, schematische Trennung zwischen literarischem Text und kulturellem Kontext auf: Vor diesem Hintergrund kann der kulturelle Kontext nun nicht mehr essentialistisch als *Realität* vorausgesetzt werden, auf die sich der literarische Text als dessen Deutung nachträglich bezieht; vielmehr kommt sowohl dem literarischen Text als auch dem (nicht-literarischen) Kontext eine kreative ‚kulturpoetische'[2] Leistung zu, denn beide perspektivieren, deuten und

---

2 Mit dem Begriff *Kulturpoetik* wollen wir auf den New Historicism als wichtigen Bezugspunkt unserer Konzeptualisierung des Verhältnisses von Text und Kontext verweisen. Aus Platzgründen müssen wir es leider bei diesem Verweis belassen. Cf. Baßler 2001: Einleitung, und Greenblatt 2001: 39 f.: „Diese Forscher [Geertz u.a., MD & RR] versammeln sich zwar unter keiner gemeinsamen Fahne und teilen noch viel weniger eine einheitliche wissenschaftliche Methode, gemeinsam ist ihnen jedoch die Überzeugung, daß Menschen als ‚unfertige Tiere' geboren werden, daß die Tatsachen des Lebens weniger kunstlos sind, als sie aussehen, daß sowohl die jeweiligen Kulturen als auch die Beobachter dieser Kulturen zwangsläufig auf ein metaphorisches Wirklichkeitsverständnis angewiesen sind und daß anthropologische Interpretationen sich weniger auf die Mechanik der Bräuche und Institutionen richten muß als auf die interpretativen Konstruktionen, die die Mitglieder einer Gesellschaft auf ihre Erfahrungen anwenden. Eine Literaturwissenschaft mit Affinitäten zu dieser Verfahrensweise muß sich ihres eigenen Status' als

konstruieren auf ihre Weise Realität. Deshalb kann ein Kulturwissenschaftler wie Clifford Geertz die Auffassung vertreten, dass auch die sog. Realität wie ein literarischer Text aufzufassen sei: nämlich als Niederschlag dessen, „wie andere Menschen ihr eigenes Tun und das ihrer Mitmenschen auslegen" (Geertz 1995: 14), und d.h. als Niederschlag von Deutungsprozessen, auf die wir uns wiederum mit unseren Auslegungen, also mit weiteren Texten, beziehen, ohne dabei jemals – analog zur Lektüre literarischer Texte – zu der ein für allemal wahren, verbindlichen und letzten Bedeutung dieser Realität – da diese ja selbst nur vieldeutige Auslegung ist – gelangen zu können. Weil dieses unabschließbare Deutungsspiel Texte und Kontexte im ständigen Positionswechsel miteinander verklammert, lässt sich das Verhältnis zwischen ihnen auch nicht mehr als das einer hierarchisch gerichteten Bezugnahme bestimmen, bei der die Seite der Deutung (der Text) als Signifikant von der Seite des Gedeuteten (dem Kontext) als Signifikat klar unterschieden werden kann (s.o.); vielmehr ist dieses Verhältnis als ein dynamisches, prozessual verfasstes Deutungsgeflecht zu konzeptualisieren, in dem sich Interpretationen auf Interpretationen beziehen, ohne dass hierfür fixe Anfangs- und Endpunkte bestimmt werden könnten.

Ganz ebnet sich der Unterschied von (literarischem) Text und (nichtliterarischem) Kontext dadurch allerdings nicht ein, und dies hat seinen Grund in der funktionalen Ausdifferenzierung der modernen Gesellschaft und ihrer kulturellen Sphären. Während unter dem Vorzeichen einer auf (Natur-)Beherrschung ausgerichteten Moderne Mehrdeutigkeit – und d.h.: semantische Komplexität – in Bezug auf die sog. *Realität* radikal einzuhegen und zu reduzieren war, wurde sie gleichsam kompensatorisch in die Literatur verlagert, die vermittels der Übertragung des „Prinzips der Äquivalenz von der Achse der Selektion auf die Achse der Kombination" (Jakobson 1971: 153) die relevanten Zeichenebenen vervielfachen und so kalkuliert Mehrdeutigkeitseffekte und semantische Komplexität nicht nur erzeugen durfte, sondern nachgerade sollte.[3] Eben da-

---

Interpretation bewußt sein und sich zum Ziel setzen, Literatur als Teil des Zeichensystems zu verstehen, das eine gegebene Kultur konstituiert; ihr eigentliches Ziel, wie schwierig seine Verwirklichung auch sein mag, ist eine *Poetik der Kultur* [poetics of culture]."
3 Aleida Assmann verweist in diesem Zusammenhang auf T.S. Eliot, der, gleichsam stellvertretend für die Moderne, „die Schwierigkeit zu einer verbindlichen Norm der Kunst erhob" (Assmann 1996: 13).

durch gewinnt Literatur das Potential, den Konstruktionscharakter ihrer Perspektivierung von *Realität* transparent zu machen und dadurch in die Sichtbarkeit zu rücken, was ansonsten verdeckt bleiben muss: Dass auch die sog. *Realität* ein prinzipiell mehrdeutiges Konstrukt ist.[4] Diese hier herausgestellte Besonderheit des literarischen Textes ist dabei nicht essentialistisch zu verstehen, sondern ausschließlich funktional: In der Moderne übernimmt die Literatur mit Hilfe ihrer – nicht zufällig erst im 20. Jahrhundert zur relevanten Kategorie gewordenen – Literarizität die Funktion, auf die nicht so ohne Weiteres durchschaubare Künstlichkeit, Gemachtheit, wenn man so will: Uneigentlichkeit der sog. ‚Wirklichkeit' aufmerksam zu machen. Literarische Texte lassen sich vor diesem Hintergrund nach dem Kriterium differenzieren, wie leistungsfähig sie sich bei der Konstruktion einer möglichst komplexen und vieldeutigen Realität einerseits, bei der Offenlegung von deren Gemachtheit wie deren unabschließbarer Deutbarkeit andererseits zeigen. Sarah Kirschs Gedicht *Naturschutzgebiet* erbringt – so meinen wir – diese Leistungen in einer besonderen Weise: In seiner spezifischen Mehrdeutigkeit erweist es sich als vielschichtig verwoben mit einem Kontext, den das Gedicht neu und anders perspektiviert und dadurch verändert; und der sich auf diese Weise seinerseits als ein komplexer, überraschend vieldeutiger Text offenbart, der wiederum Licht auf das Gedicht von Sarah Kirsch wirft.

4 Vieldeutiger Text – vieldeutiger Kontext

Wie eine prozesshafte Lektüre aussehen könnte, die auf die Dekonstruktion unserer (zwangsläufig immer reduktionistischen) Muster der Realitätsdeutung bzw. der Konstruktionen von Welt, die wir unter dem Begriff *Realität* verbuchen, abzielt, wollen wir im Folgenden am Beispiel des Gedichts von Sarah Kirsch aufzeigen.

---

4 Also ein Kunstprodukt, folglich Kunst. Dem entspricht, dass – worauf Manfred Frank hingewiesen hat – auch „[d]ie seriöse, d.h. die ‚eigentliche', die nicht-fiktive Rede [...] ein theoretisches Konstrukt ist" (Frank 1983: 514).

Sarah Kirsch: Naturschutzgebiet (1982)

Die weltstädtischen Kaninchen
Hüpfen sich aus auf dem Potsdamer Platz
Wie soll ich angesichts dieser Wiesen
Glauben was mir mein Großvater sagte
Hier war der Nabel der Welt
Als er in jungen Jahren mit seinem Adler
Ein schönes Mädchen chauffierte.
Durch das verschwundene Hotel
Fliegen die Mauersegler
Die Nebel steigen
Aus wunderbaren Wiesen und Sträuchern
Kaum sperrt man den Menschen den Zugang
Tut die Natur das ihre durchwächst
Noch das Pflaster die Straßenbahnschienen.
(Kirsch 1982: 48)

Wir knüpfen mit unserer Lektüre zunächst an denjenigen Strukturen und Textstellen an, die auch in der Bearbeitung des Gedichts in der Fernstudieneinheit Beachtung finden. So ist das Gedicht über die Nennung des Eigennamens *Potsdamer Platz* und dessen indirekte Qualifizierung als *weltstädtisch* explizit mit der scheinbaren Faktizität eines geographisch eindeutig bestimmbaren Ortes verknüpft – eines Ortes, der, wie schon eine kurze Internet-Recherche deutlich machen kann, nicht nur über eine lokale Geschichte verfügt, sondern unmittelbar mit den zentralen Wende- und Höhepunkten verbunden ist, die das historische Basiswissen über deutsche Geschichte im 20. Jahrhundert ausmachen. Auf der in den großen Internetsuchmaschinen an erster Stelle gesetzten kommerziellen Internetseite der Potsdamer Platz Management GmbH[5] z. B. wird die Geschichte des Platzes dementsprechend den Stichworten *Die zwanziger Jahre* (der Platz als „verkehrsreichster Platz Europas" und Inbegriff der „Goldenen Zwanziger"), *Krieg und Zerstörung* (der Platz als „Trümmer"-Feld und Dreiländereck zwischen dem sowjetischen, amerikanischen und britischen Sektor), *Deutsche Teilung* (der durch die Berliner Mauer zerteilte Platz als Ort des „Eisernen Vorhangs" und „innerstädtische Brache"), *Wiedervereinigung* (der Platz als Ort des ersten provisorischen Grenzübergangs) und *Neubeginn* (der Platz als größte Baustelle

---

5 Im Netz verfügbar unter der Adresse http://www.potsdamerplatz.de/. (letzter Zugriff: 12.3.2012).

Europas und „neue Mitte Berlins") zugeordnet. Zumindest vordergründig scheint sich das 1982 und damit in der Zeit, in der die Mauer den Platz zerteilt, veröffentlichte Gedicht in das dieser Darstellung zugrunde liegende Muster nationaler Geschichtsschreibung einzupassen: Den Wiesen, Sträuchern, Kaninchen und Mauerseglern, die das Hier und Jetzt der unmittelbaren Ansichtigkeit des lyrischen Ich markieren, steht als absoluter Gegensatz (wie *soll ich ... glauben*) die Erinnerung des Großvaters an seine *jungen Jahre* entgegen. Die an die Jugend des Großvaters gebundene Benennung des Platzes als *Nabel der Welt* korrespondiert dabei ebenso mit dem allgemeinen Bild der „Goldenen Zwanziger" wie die mit wenigen Worten evozierte Szene, in der der jugendliche Großvater ein *schönes Mädchen* in einer Limousine der Automarke *Adler* über den Platz *chauffiert* – eine Szene, mit der sich Vorstellungen von Jugend und Schönheit mit technischem Fortschritt, Wohlstand und Vergnügen verbinden. Beide Szenerien sind in der Rede von den *weltstädtischen Kaninchen* aufgehoben – eine Kombination von scheinbar Unvereinbarem, die – wenn man sie aus der Perspektive der Benennung *Goldene Zwanziger* und damit aus einer positiven Bewertung des Weltstadt-Konzepts liest – als pointierte Kritik an dem offensichtlich desolaten Zustand, in dem sich der Platz in der Gegenwart des lyrischen Ichs befindet, und als Sehnsucht nach der ‚guten alten Zeit' gedeutet werden kann. Liest man den Text auf diese Weise, so kommen der Text und das auf ihn applizierte einfache Musterwissen deutscher Geschichte zur Deckung und schließen sich. Tatsächlich bietet der Text jedoch vielfältige Ansatzpunkte, dieses Verhältnis aufzusprengen. Dies setzt jedoch ein – im Sinne von Jakobson poetisches bzw. literarisches – Lesen voraus, das die Aufmerksamkeit nicht vorschnell auf die Signifikate, sondern auf die Signifikanten, also auf die Zeichenfolge selbst, richtet und deren vielfältige und z. T. auch widersprüchliche innertextuelle, aber auch deren aus dem Text herausführende diskursive Vernetzung verfolgt.

Auffällig ist z. B., dass die Mauer selbst im Gedicht nur indirekt, nämlich in der historisch unmarkierten und für sich genommen wertungsneutralen Formulierung der *Sperrung des Zugangs zum Platz* benannt ist – einer Sperrung, die durch den Ausschluss der Menschen der Natur *Schutz* bietet: so die Verknüpfung, die sich vom letzten Satz des Gedichts aus zu seinem Titel *Naturschutzgebiet* ergibt. Der Begriff *Naturschutzgebiet*, mit dem man (ausgehend vom Wortbestandteil *Schutz*) ungefährdete Entwicklung, Sicherheit und Frieden und über den Wortbestandteil *Natur* auch das Gegenteil von Gesellschaft und Politik verbinden kann, gerät dabei durch seine Verbindung zum ökologischen Diskurs in eine irritierende Spannung zu dem zunächst als Kontext gesetzten Geschichtsbild, das den Bogen von den „Goldenen Zwanzigern" über das „Trümmer"-Feld und den „Eisernen Vorhang" zu einem mit euphorischen Superlativen gefeierten „Neubeginn" spannt.

Für eine solche Lektüre der Irritation lassen sich weitere Anknüpfungspunkte finden: Zwar ist die Mauer als historischer Begriff nicht unmittelbar genannt, wohl aber taucht sie im Gedicht in irritierender Weise als Zeichenfolge auf – nämlich als Teil des Wortes *Mauersegler*. Was zunächst ausschließlich als selbstverständlicher Teil der Natur erscheint, verweist über das Bestimmungswort doch gleichzeitig auf deren Gegenbegriff, auf Menschenwerk. Seine Existenz setzt das verlassene Mauerwerk (das *verschwundene Hotel* im Gedicht als Verweis auf die vom Krieg zerstörten und verlassenen Gebäude am Platz) voraus; die Mauer (als Ort der deutschen Teilung) selbst bildet für den Vogel jedoch gerade keine Zugangsbeschränkung: die Mauer als Grenze lässt sich von ihm überwinden.

Zu einem Widerspruch, und d.h. zu Irritation, kann dies aber erst werden, wenn man bereit ist, beim Wort *Mauersegler* nicht sofort an dessen Signifikat *Schwalbenart* zu denken, sondern die Aufmerksamkeit auf die Zeichenfolge als solche und damit auch auf die Mehrdeutigkeit des Wortes *Mauer* zu richten; also den Text literarisch zu lesen. Dann lässt sich diese Anspielung einem semantischen Netz, einem (natürlich durch den Leser konstruierten) Muster assoziieren, das über das Merkmal *Maueranspielung* Textelemente, die in einer nicht-literarischen Lesart nichts miteinander zu tun haben, in eine (wie wir gesehen haben: durchaus widersprüchliche) Beziehung zueinander bringt. Und hat man sich einmal auf diese ‚literarische' Sichtweise des Textes eingelassen, dann lässt sich das Wort *Mauersegler* – diesmal als Ganzes – als Bestandteil der grundlegenden Opposition *Natur vs. Urbanität/Kultur/Geschichte* lesen, die die den Sinn des Textes vermeintlich bestimmende Opposition zwischen glücklicher, glänzender Vergangenheit und desolater, brachlandiger Gegenwart überlagert und dadurch verwirrt, weil der Text zahlreiche Signale aussendet, die die Natur – und damit die Gegenwart – gegenüber der Kultur/Urbanität/Geschichte – und damit der Vergangenheit – als positiv kennzeichnen und somit aufwerten.

Auch das Titelwort des Gedichts *Naturschutzgebiet* schreibt sich, wie bereits gezeigt wurde, dieser Oppositionsstruktur ein, die es zugleich unterläuft, weil es über den Wortbestandteil *Schutz* auch dem semantischen (Gegen-)Muster *Mauer* zugeordnet werden kann, denn dieser Wortbestandteil steckt auch in der Bezeichnung, die die DDR ihrer mauerbewehrten Grenze gegeben hat: *antifaschistischer Schutzwall*[6]; und damit entfaltet es – analog dem Wort *Mauersegler* – unversehens eine innere Zweideutigkeit, ja Widersprüchlichkeit, weil es gleichsam beiden Ordnungen angehört: der Ordnung der Natur und der Ordnung der Kultur/Geschichte; und auch auf der Skala zwischen positiv und negativ plötzlich nicht mehr eindeutig zu verorten ist.

Solche komplexen Überlagerungen mit vergleichbaren Effekten lassen sich auch bei dem Wort *Adler* beobachten. Widersprüchlich ist schon, dass dieses Wort, das sich für sich genommen ebenfalls in das Netz der Naturbegriffe einordnet, in wörtlicher Lesart auf eine Automarke der zwanziger Jahre verweist. Doch damit nicht genug: Das Wort *Adler* lässt sich vor dem Hintergrund des *Weltstadt*-Bezugs des Gedichts auch einer politischen Sinnschicht zuordnen, denn man kann es mit dem Wappentier des deutschen Reiches, dem Reichsadler, und damit mit einem imperialen Anspruch in Verbindung bringen, der sich aus dem späten 19. Jahrhundert bis ins nationalsozialistische Deutschland der 30er Jahre verfolgen lässt.[7] Über diese Verknüpfung mit dem Deutschen Reich und seines im Wappentier repräsentierten Selbstverständnisses fällt auf die weltstädtische Vergangenheit Berlins ein dunkler Schatten, der in der Erinnerung vom Glanz der *roaring twenties* allzu gerne überstrahlt wird. Dieser Hinweis führt den Leser nun wieder zum ‚antifaschistischen Schutzwall' zurück, wurde doch der Bau der Mauer von der DDR mit dem Verweis auf die drohende Gefahr eines wiederkehrenden faschistisch-imperialistischen Deutschlands (und als vermeintlich unum-

---

6   Im offiziellen Sprachgebrauch der DDR war der Begriff *Berliner Mauer* bis 1987 ausgeschlossen: In ihm war ausschließlich vom *antifaschistischen Schutzwall* oder von der *Staatsgrenze* die Rede. Cf. hierzu den Bericht *Die ‚Mauer' erscheint im Neuen Deutschland* in der *Berliner Tageszeitung taz*, Nr. 2202, S. 6 vom 08.05.1987.

7   Durchaus augenfällig wird diese Verbindung, wenn man der Kühlerfigur der Automarke, die einen nach vorne strebenden stilisierten Adler abbildet, Darstellungen des Wappentiers, wie sie sich z. B. auf Briefmarken finden, zur Seite stellt.

gängliche Abgrenzung gegen die Bundesrepublik, die den Adler als Wappentier beibehalten hatte) begründet.

Können so im Gedicht also durchaus auch Anspielungen auf den offiziellen Mauerdiskurs der DDR gesehen werden, so geht es darin doch keineswegs auf: Dies wird vor allem durch den mit dem Gedicht verknüpften Naturdiskurs deutlich, der im Gedicht in der Gestalt des die Mauer überwindenden Vogels seinen Ausdruck findet, aber auch in der Anspielung auf eine protestantisch-romantische Tradition der Naturutopie, die sich im 10. und 11. Vers entdecken lässt: Denn diese lassen sich als (leicht verändertes) Zitat aus dem berühmten Abendlied von Mathias Claudius *Der Mond ist aufgegangen* lesen („Und aus den Wiesen steigt / Der weiße Nebel wunderbar").

Vor diesem Hintergrund sich überschneidender politischer Diskurse und Naturdiskurse, von Anspielungen auf Großmachtsbestrebungen und auf eine protestantisch-romantische Naturutopie lässt sich nun auch die Positivierung der Natur, die dem Gedicht eingeschrieben ist, deuten: Im Sieg der Natur über die Stadt, die Politik, die Geschichte artikuliert sich der Sieg einer sanften Kraft, eines Modus der Nicht-Gewaltsamkeit, der sich in der Sphäre des Politischen als die Entmachtung der Deutschen im Rahmen der Zweistaatlichkeit artikuliert. Erst im Rahmen dieser Zweistaatlichkeit kann jenes friedliche Naturdenken zur Geltung kommen, das durch das Matthias-Claudius-Zitat angespielt wird. Ist dieses friedliche Naturdenken aber einmal zur Macht gekommen, dann unterminiert es in einer dialektisch-paradoxen Volte eben jene Trennung, die zugleich die Voraussetzung seiner Entfaltung ist:

Kaum sperrt man den Menschen den Zugang
Tut die Natur das ihre durchwächst
Noch das Pflaster die Straßenbahnschienen.

Bis in die Syntax hinein artikuliert sich in diesen Versen eine Vereinigungsutopie, die die Widersprüchlichkeit des Textes auf die Spitze treibt – denn spricht er sich nicht in ein und demselben Satz für die Sperrung des Zugangs, also für die Trennung aus? Es ist gerade die faszinierende Fähigkeit der Literatur, solche Widersprüchlichkeiten in ein und demselben Satz auszusagen und damit auf die Widersprüche und Vielschichtigkeiten der sog. *Realität* aufmerksam zu machen.

Denn anders, als es der dem Gedicht in der Fernstudieneinheit zur Seite gestellte „Informationstext" und die zitierte Internetseite der Potsdamer Platz Management GmbH implizieren, war der Potsdamer Platz in der Zeit der Teilung eben keine semantische ‚Einöde' und somit nur ein ‚leerer' Übergangszustand auf dem Weg der (Rück-)Gewinnung altem Glanz und neuer Pracht, sondern ganz im Gegenteil ein lebendiger Knotenpunkt komplexer und konfligierender Deutungen, in denen eine weit vielschichtigere Wirklichkeit verhandelt wurde, als man dies – ‚informiert' durch solch eindimensionale, reduktive Erläuterungen wie die zitierten – im Rückblick heute wahrhaben will. So wurde das im Westen zunächst als *Schandmauer* bezeichnete Bauwerk in den siebziger und achtziger Jahren zunehmend zur touristischen Attraktion und als solches auch gezielt beworben; die Mauer wurde zum Ort der *Mauerkunst* und zur *größten Leinwand der westlichen Popkultur* (Wolfrum 2005: 396). Auch die auf den ersten Blick so unpassend erscheinende Formulierung vom *Naturschutzgebiet* erfasst einen wichtigen Aspekt des damaligen, durchaus widersprüchlichen westlichen Umgangs mit der Mauer, für den Begriffe wie *Öko-Mauer* und *Maueridyll* stehen[8] – ein Aspekt, der uns heute vielleicht skurril vorkommt, den es aber nichtsdestotrotz gegeben hat.

Im Zusammenhang des vielstimmigen Mauer-Diskurses lässt sich das Gedicht dabei auch seinerseits verorten. So stehen im Gedicht Möglichkeiten einer Überwindung der Mauer im Zeichen einer dezidiert unpolitischen Naturutopie, die einerseits auf einer historisch-politischen Reflexion aufbaut, die bereit ist, der Teilung und damit der Mauer einen wie immer begrenzten Sinn zuzugestehen; an der andererseits – darauf deuten die letzten Zeilen des Gedichts mit ihrer Überwindung der syntaktischen Grenze, aber auch die Claudius-Anspielung – auch die Dichter mit der ihr eigentümlichen, literarischen, Grenzen überwindenden Sprache Anteil haben. Diese Sprache belebt (in ihren Verknüpfungsmöglichkeiten mit unterschiedlichen Diskursen) auf eindrucksvolle Weise die vermeintliche semantische ‚Einöde' der Mauersituation und wirft so gleichzeitig ein kritisches Licht auf reduktive Konstruktionen von Realität.

---

8 Cf. hierzu z. B. den Artikel *Im Schatten der Mauer wuchert die Idylle* von Anette Ramelsberger in der *Berliner Tageszeitung taz*, Nr. 2864, S. 30 vom 22.07.1989 oder auch den mit Dr. Seltsam unterschriebenen Artikel *Mauer vergessen? Auf der Suche nach einem Standbild* aus der *taz*, Nr. 2584, S. 14 vom 15.08.1988.

Erweist es sich solchen Sichtweisen damit zwar als überlegen, bleibt das Gedicht aber gleichwohl mit seinen kulturellen Kontexten verwoben, erklimmt es mit seiner Sprache keineswegs eine Metaposition über den Deutungsgeflechten, in die es ‚verstrickt' ist und bleibt. Gerade dort, wo es die vielfältigen semantischen Bezüge aufdeckt, in denen die Worte *Adler* oder *Naturschutzgebiet* stehen und über die sie sich mit anderen Worten vernetzen, operiert es strikt innerhalb dieses Geflechts, dessen inhärenten semantischen Reichtum es lediglich nutzt und entfaltet. Und es steht auch insofern nicht über diesem Geflecht, als die Oppositionen, mit denen es arbeitet – *Natur / Kultur* z.B. – oder auch die tendenziell positive Sichtweise auf die Mauer als ein Ergebnis der Niederlage Hitlerdeutschlands bzw. als präventive Maßnahme zur Verhinderung eines Wiederauflebens des Nationalsozialismus, keine Erfindungen des vorliegenden Textes sind, sondern selber Interpretationen, Ergebnisse einer deutenden Verarbeitung von Geschichte – *kulturelle Deutungsmuster* in der Terminologie von Claus Altmayer –, die dem Gedicht vorausgehen, auf die es sich intertextuell bezieht, um sie sich kreativ anzueignen. Dazu gehört natürlich auch die Vorstellung einer Aufladung des poetischen (und als solches alles verbinden könnenden) Wortes selbst, dem daher wohl nicht zufällig in der fragmentierten Moderne erlösende Macht zugewiesen wurde; man denke nur an das Eichendorffsche „Zauberwort" (Eichendorff 1988: 156), vor dem – nach Novalis – bekanntlich das „ganze verkehrte Wesen" (Novalis 1978 a: 406) der Welt fortfliegt. In diesem Sinne fällt also auch von dem sog. ‚Kontext' Licht auf das Gedicht, das diesen Kontext jedoch zugleich deutend verwandelt, neu perspektiviert und ihm dadurch seine Komplexität und Vielschichtigkeit zurückgibt.

5 Kulturelle Handlungskompetenz als Lernziel der kulturwissenschaftlich fundierten Arbeit mit literarischen Texten

Ziel der Auseinandersetzung mit dem Gedicht von Sarah Kirsch war es, aufzuzeigen, wie Text und Kontext in ein dynamisches Deutungs- und Bedeutungsverhältnis gesetzt werden können, in dem sowohl der Text als auch der Kontext (als selbst nur wiederum sprachliches, textuelles Produkt) in ihrer Komplexität, Widersprüchlichkeit und Vieldeutigkeit wahrnehmbar werden. Dieses ist gebunden an ein Lesen, bei dem sich der Fokus der Aufmerksamkeit zunächst auf die Signifikanten, also auf die Zeichenfolge selbst, richtet, deren vielfältige inner- und intertextuelle diskursive Vernetzung verfolgt wird. Das Irritationspotential literarischer Texte, ihre kalkulierte Vieldeutigkeit, kann dabei für die Dekonstruktion kultureller Deutungsmuster genutzt werden, die der Text gleichzeitig ausstellt und unterläuft.

Eine solche Textarbeit zielt gerade nicht darauf ab, *Kultur* – verstanden als eine unabhängig vom Text gesetzte Größe – zu vermitteln: Vielmehr geht es bei ihr um die Förderung eines spezifischen Umgangs mit Sprache und den mit ihr verbundenen Bedeutungsbildungsprozessen. Eine solche Sensibilisierung für sprachliche und kulturelle Bedeutungsbildungsprozesse kann unserer Meinung nach eine wichtige Grundlage bilden für die Ausbildung kultureller Handlungskompetenz – verstanden als die Fähigkeit zur Infragestellung und Transformation fester Denkstrukturen und Vorstellungsformen bzw. von der Kommunikation zugrunde liegenden Präsuppositionen (kulturelles Handeln als Voraussetzung interkultureller Kommunikation im Sinne von Rehbein 2006). Diese umfasst die Fähigkeit, Benennungen als Konstruktionen zu verstehen, denen spezifische Deutungen inhärent sind, wie auch die Fähigkeit, vielschichtige, vielleicht sogar paradoxe oder widersprüchliche Sinnzuschreibungen zu erschließen und mit ihnen umgehen zu können, und die Fähigkeit, im Bewusstsein der prinzipiellen Unabschließbarkeit von Bedeutungsbildungsprozessen Bedeutungen immer wieder neu auszuhandeln.

Die Arbeit mit Literatur ist – wie gezeigt werden sollte – in besonderem Maße zur (Weiter-)Entwicklung kultureller Handlungskompetenz geeignet, weil Literatur diese unabschließbaren Deutungs- und Sinnbildungsprozesse in besonderer Weise ausstellt, erfahrbar macht und herausfordert. Detaillierte didaktische Konzepte hierzu müssen jedoch noch ausgearbeitet und erprobt werden.

Literatur

Altmayer, Claus 2004: *Kultur als Hypertext. Zu Theorie und Praxis der Kulturwissenschaft im Fach Deutsch als Fremdsprache*, München: Iudicium

Assmann, Aleida 1996 (ed.): *Texte und Lektüren. Perspektiven in der Literaturwissenschaft*, Frankfurt/Main: Fischer

Assmann, Aleida 1996: „Einleitung: Metamorphosen der Hermeneutik", in: Assmann (ed.) 1996: 7-26
Baßler, Moritz (ed.) ²2001: *New Historicism. Literaturgeschichte als Poetik der Kultur*, Tübingen und Basel: Francke
Baßler, Moritz ²2001: „Einleitung: New Historicism – Literaturgeschichte als Poetik der Kultur", in: Baßler ²2001: 7-28
Bischof, Monika & Viola Kessling & Rüdiger Krechel 1999: *Landeskunde und Literaturdidaktik*, Berlin et al.: Langenscheidt (Fernstudieneinheit 3)
Bührig, Kristin & Thije, Jan ten (eds.) 2006: *Beyond Misunderstanding: Linguistic analyses of intercultural communication*, Amsterdam / Philadelphia: John Benjamins
Eichendorff, Joseph von 1988: *Gedichte. In chronologischer Folge*, Frankfurt/Main: Insel
François, Etienne & Hagen Schulze (eds.) 2005: *Erinnerungsorte. Eine Auswahl*, München: C. H. Beck
Frank, Manfred 1983: *Was ist Neostrukturalismus?*, Frankfurt/Main: Suhrkamp
Geertz, Clifford 1995: „Dichte Beschreibung. Bemerkungen zu einer deutenden Theorie von Kultur", in: Geertz 1995: 7-43
Geertz, Clifford 1995: *Dichte Beschreibung. Beiträge zum Verstehen kultureller Systeme*, Frankfurt/Main: Suhrkamp
Greenblatt, Stephen 2001: „Selbstbildung in der Renaissance. Von More bis Shakespeare", in: Baßler, Moritz (ed.) ²2001: 35-47
Ihwe, Jens (ed.) 1971: *Literaturwissenschaft und Linguistik. Ergebnisse und Perspektiven. Band II/1: Zur linguistischen Basis der Literaturwissenschaft I*, Frankfurt/Main: Athenäum
Jakobson, Roman 1971: „Linguistik und Poetik", in: Ihwe, Jens (ed.) 1971: 142-178
Joachimsthaler, Jürgen & Eugen Kotte 2010: „Kulturwissenschaftliche Disziplinen und ihre Konzepte. Versuch einer Bilanz", in: Joachimsthaler & Kotte (eds.) 2010: 231-241
Joachimsthaler, Jürgen & Eugen Kotte (eds.) 2010: *Kulturwissenschaft(en). Konzepte verschiedener Disziplinen*, München: Martin Meidenbauer
Kirsch, Sarah 1982: *Erdreich. Gedichte*, Stuttgart: Deutsche Verlagsanstalt GmbH
Kirsch, Sarah 1982: „Naturschutzgebiet", in: Kirsch 1982: 48

Novalis 1978 a: *Werke, Tagebücher und Briefe Friedrich von Hardenbergs. Bd. 1: Das dichterische Werk, Tagebücher und Briefe*, München & Wien: Hanser

Novalis 1978 b: *Werke, Tagebücher und Briefe Friedrich von Hardenbergs. Bd. 2: Das philosophisch-theoretische Werk*, München & Wien: Hanser

Rehbein, Jochen 2006: „The cultural apparatus: Thoughts on the relationship between language, culture and society", in: Bührig & Thije, ten (eds.) 2006: 43-96

Wolfrum, Edgar 2005: „Die Mauer", in: François & Schulze (eds.) 2005: 385-401

Wieviel Literatur(-wissenschaft) braucht das Fach *Deutsch* im fremdsprachlichen Diskurs? Grundlegendes, Curriculares, Konkretes

Feruzan Gündoğar (Akdogan) (Marmara)

Abstract

The publications on the research in the fields of literature and text theory, interculturality and curricular new approaches in the context of the BA-module literature with respect to the competence fields of the incipient teacher of German as a foreign language deviate firstly according to the ideal of the new comprehensive German literature theory and secondly, according to the primarily profession oriented knowledge on literature as a theme. The objective of the present paper confronts all those who are involved in teaching German from the perspective of the foreign language education with the complex and delicate problem of offering a representative and practice-oriented selection of literary and text theoretical working contexts. In doing so, it is substantial to ask, how far the field's specific establishment and successive methodic differentiation can be achieved in terms of the themes selected.

1 Grundlegendes

Literatur-und Textwissenschaft[1] im Zusammenhang mit der Thematik *Deutsch als Fremdsprache* hat aus der Sicht der Deutsch-Didaktiker wie

---

1 Eine terminologische Differenzierung der Begriffe *Literaturwissenschaft* und *Textwissenschaft* ist nicht das Anliegen dieses Aufsatzes; allerdings sei darauf hingewiesen, dass beide Begriffe fast bedeutungsgleich im Sinne einer wissenschaftlicher Beschäftigung mit Texten im weiteren Sinne, einschließlich literarischer Texte, verwendet werden. Gegenstand der Text- und Literaturwissenschaft ist insofern der (literarische) Text in seiner formal-inhaltlichen Textualität und funktional-kommunikativen Präsenz. Für eine vertiefende Beschäftigung mit dem Thema sei u.a. auf die Standardwerke von van Dijk, Teun A. 1980: *Textwissenschaft. Eine interdisziplinäre Einführung*, Tübingen: Niemeyer; sowie von Plett, Heinrich F. 1975: *Textwissenschaft und Textanalyse. Semiotik, Linguistik, Rhetorik*, Heidelberg: Quelle & Meyer, hingewiesen.

auch Germanisten schon immer zu differenten Meinungen geführt. Während die einen den Punkt der Wissenschaftsorientierung hinterfragen, rechtfertigen die anderen gerade aus diesem Grund ihre Eigenständigkeit. Auch die grundlegende Diskussion zur leidigen Frage der wissenschaftlichen Berechtigung von Beschäftigungsformen mit Literatur kann dem eigentlichen Anliegen, der Frage nach dem *Kann* oder *Muss* von Literatur- und Textwissenschaft für den angehenden Deutschexperten in der fremdsprachlichen Lehre, kaum verbindliche Antworten liefern. Eher noch bleibt die ohnehin gewahrte Sensibilität des nicht Ausreichenden oder gar Mangelhaften. In diesem Zusammenhang sei auch auf den Aufsatz von Herbert Grabes zum Thema *Literaturwissenschaft oder Textwissenschaft* mit dem prägnanten Untertitel *Zur Rolle der ‚hohen Literatur'* in *der Lehrerausbildung* hingewiesen, in dem genau dieser entscheidende Punkt diskutiert wird (cf. Grabes 1973: 456-474). Deshalb der wiederholte Versuch, auch im Diskurs der (Fremd-)Sprachvermittlung Literatur- und Textwissenschaftliches zu behandeln, einhergehend mit der Frage nach dem *was* und *wie*, konkreter der Frage nach möglichen fachwissenschaftlich und fachdidaktischen Positionen, nach geeigneten Arbeitsthemen und nach der Intensität der Arbeitsaufträge. Vorerst ausgeschlossen bleibt aber die Frage nach einem Literaturkanon, sprich die Frage nach *Muss*- bzw. *Kann*-Werken und -Texten. Auch unberücksichtigt bleibt im Rahmen dieses Beitrags, im Gegensatz zu den Ausführungen von Herbert Grabes, die terminologische Problematik; die Begriffe *Literaturwissenschaft* und *Textwissenschaft* werden in ihrer Schnittmenge analog zum Begriff *literarischer Text* betrachtet.

1.1 Deutsch-Studiengänge an türkischen Universitäten

Ausgangspunkt des literarisch-fremdsprachlichen Diskurses an türkischen Universitäten war und ist die seit 1998 in mehreren Etappen realisierte Revision des Studienprofils wie der Kompetenzfelder des Studienganges *Deutsch als Fremdsprache* in der Lehrerausbildung wie auch in der philologischen Ausrichtung (cf. Akdogan 2008: 17 ff.; Gündogar [Akdogan] 2009: 97 ff.). Ein Vergleich unterschiedlicher Programme führt letztendlich zu zwei verschiedenen Modellen an türkischen Universitäten. Modell eins sieht zwei voneinander unabhängige Programme vor, wonach die Deutschlehrerausbildung an der Pädagogischen, die Germanistik an der Geisteswissenschaftlichen Fakultät angesiedelt ist. In dieser Struktur stellt sich vornehmlich für die Lehrerausbildung die eingangs aufgeführte Frage nach einer *ob* und *wie* differenzierten wissenschaftlichen Fundierung in den germanistischen Fachinhalten. Sicher sollte eine Einführung in die Bezugswissenschaften je nach Ausrichtung unterschiedliche thematische Schwerpunkte anbieten; es verstärkt sich jedoch der Eindruck einer ungewissen Gratwanderung, wenn von gänzlich differierenden Positionen in beiden Disziplinen die Rede ist.

Modell zwei sieht ebenfalls eine klare Trennung zwischen beiden Fachrichtungen vor und allerdings mit der Option, nach Abschluss eines Bachelor-Germanistik-Studiums eine zusätzliche pädagogische Ausbildung angliedern zu können. Der Studiengang *Deutsch als Fremdsprache* schließt dagegen eine umgekehrte vergleichbare Qualifizierung aus. Dieses Modell ist in Ansätzen vergleichbar mit der Struktur an europäischen Universitäten, der nunmehr in Kraft getretenen Einschränkung, dass hier nach der Einführung des Bachelor-Studienabschlusses auch in der Lehrerausbildung die bisherige klassische Untergliederung in ein konsensfähiges Grundstudium und ein sukzessives Aufbau-Hauptstudium mit der Option der fachlichen Schwerpunktbildung nicht mehr geltend ist. Stattdessen haben sich in fast allen Bundesländern integrativ-konsekutive und teils auch interdisziplinäre Bachelor-und Master-Studienprogramme etabliert, die modular strukturiert sind und eine enge Verzahnung von Theorie und Praxis vorsehen (cf. Winter 2004: 15 ff., 23 ff.).[2]

In der Anwendung führen beide Strukturen zu positiven wie negativen Punkten, diese zu diskutieren ist aber nicht Anliegen dieses Beitrags; vielmehr geht es darum, auf das *ob* und *wie* an germanistischem Fachwissen im Rahmen eines Bachelor-Lehramtsstudiums *Deutsch als Fremdsprache* im türkischen universitären Kontext zu fokussieren und einen erfahrungsgestützten konzeptionellen Vorschlag für ein mögliches Vorgehen vorzustellen. Deshalb sei an dieser Stelle die wiederholte Prämisse erlaubt, die germanistischen Bezugswissenschaften als festen Programmteil eines Deutschstudiums zu betrachten. Zudem bleibt die Frage des *ob* und *wie* eng gekoppelt an die Fakultätsstruktur, im Allgemeinen wie auch im Besonderen, bezüglich der konkreten Standortbestimmung

---

2 Die Ausführungen auf Seite 23 ff. beziehen sich auf die Bachelor-Master-Studienstrukturen, wonach in manchen Bundesländern pädagogische und fachdidaktische Inhalte bereits in der Bachelor-Phase der Ausbildung, in anderen wiederum diese im konsekutiven Masterteil vorgesehen sind.

der Deutsch-Studienfächer innerhalb der jeweiligen universitären Gesamtstruktur.

Ausgangspunkt unserer Überlegungen ist insofern nicht das *ob überhaupt*, sondern das *unbedingt und wie!* Wie sollte eine Heranführung an literatur-und textwissenschaftliche Themenbereiche für angehende Lehrer des Faches *Deutsch als Fremdsprache* gestaltet sein, welche theoretischen Modelle können bzw. sollen darin wie Erwähnung finden, inwieweit ist die Textbearbeitung welcher Textsorten wesentlich, sollte in diesem Kontext auch auf die Vielfalt wissenschaftsdidaktischer Lern-und Lehrformen Bezug genommen werden, welche Fachtermini sind einzubringen, wie vertiefend sollten interkulturelle Paradigmen dabei Berücksichtigung finden? Diese und weitere Fragen stellen sich parallel zum eingeforderten Berufsprofil und dem impliziten Bildungskonzept, bezugnehmend auf die Anforderungen, die sich einem angehenden Lehrer im bildungsgesellschaftlichen Umfeld stellen. Die Frage nach dem Ausmaß der wissenschaftlich-fachlichen Qualifikation des Lehramtsanwärters ist somit eng gekoppelt an die Frage nach den Erwartungshaltungen der Bildungseinrichtungen, der Eltern, der Schüler wie auch der Lehrer selber.

1.2 Lehrerkompetenzen

Mit welchen Qualitäten sollte ein Lehrer von heute ausgestattet sein? Ohne an dieser Stelle auf nur schwer erfüllbare und auch nur in eingeschränktem Maße praxisgeeignete Visionen und Fernziele eingehen zu wollen, scheint der differenzierte Blick auf den Bildungs- und Erziehungsauftrag der Lehrerausbildung im gewählten Lehramt angebracht. Das Studienprogramm für die Lehrerausbildung an türkischen Universitäten ist unabhängig von der fachlichen Ausrichtung relativ einheitlich, was den Praxisbezug, die modulare Gestaltung und die allgemeinkulturelle wie auch interkulturelle Grundlegung betrifft. Freiräume bieten dagegen der obligatorische Optionalbereich – Wahlpflichtfächer – sowie die Gewichtung der jeweiligen Fachmodule (cf. Gündogar [Akdogan] 2009: 97 ff.).[3] Studienanliegen ist die Vermittlung von anschlussfähi-

---

3 Eine Übersicht über das Studienprogramm der Abteilung für Deutsche Sprache und ihre Didaktik findet sich auf der Website der Universität Marmara (http://www.marmara.edu.tr) [02.06.2011].

gem, fachwissenschaftlichem und didaktischem Grundlagen- und Handlungswissen sowie von interkulturellen und interdisziplinären Kompetenzen. Zu den Schlüsselkompetenzen gehören, aufbauend auf einer fundierten wissenschaftlich-berufsfeldbezogenen Wissens- und Könnensbasis, u.a. eine gute Methoden- und Analysekompetenz, eine differenzierte Vermittlungs- und Lehrkompetenz, Evaluations- und Reflexionskompetenz sowie ein breites Repertoire an pädagogischer und sozialpsychologischer Kompetenz.

Insgesamt sprechen wir von einem guten Lehrer, der gute junge Menschen (aus-)bildet. Der gute Fremdsprachenlehrer sollte mithin gute junge Menschen mit einer ausgeprägten interkulturellen (Fremd-)Sprachkompetenz ausbilden können. Das hier skizzierte Lehrerleitbild ist vergleichbar mit anderen Profilen in Europa, letztendlich ist es ein allgemein primäres Anliegen, die Ausbildung junger Menschen so weit wie irgend möglich zeitgemäß und qualitativ gut zu gestalten; analog zu Zieldimensionen und fachlichen Standards, zu Erfordernissen der modernen Lern-, Lehr- und Unterrichtswirklichkeit und bezugnehmend auf den Lerner als Individuum.

Im Anschluss an die vierjährige Bachelor-Ausbildung folgt das praktische Jahr an der Schule. Diese pädagogische Professionalisierung des Lehramtsanwärters im praktischen Jahr ist im Grundsatz vergleichbar mit dem Referendariat im deutschen Schuldienst, allerdings sind die formalen Kriterien punktuell andere.

2 Curriculares

Das Studienprogramm für die Ausbildung zum Lehrer für das Fach *Deutsch als Fremdsprache* liefert somit mehrere Antworten auf die Frage, wieviel an Literatur- und Textwissenschaft in das Studium einbezogen werden sollte; bedingt zum einen durch die relativ frei handhabbaren Optionalfächer, zum anderen durch eine variable Gewichtung der einzelnen Fachbereiche. Konkret bietet sich mit dieser Struktur die Chance einer Programm-Spezifizierung je nach Studentenprofil und universitärer Gesamtstruktur.

In Zahlen ausgedrückt umfasst der Optionalteil je zwei zweistündige Wahlpflicht-Veranstaltungen im Modul *Bildungswissenschaften* und vier im Modul *Fachwissenschaften* mit insgesamt acht Wochenstunden. Hinzu kommen drei obligatorische Veranstaltungen im Rahmen des Moduls Bildungswissenschaften, deren inhaltliche Schwerpunkte variieren können. Auch diese Seminare umfassen je zwei Wochenstunden. Diffiziler gestaltet sich hingegen die Gewichtung der Studienmodule *Fachwissenschaften*, *Fachdidaktik*, *Allgemeine Pädagogik* und *Bildungswissenschaften*. Ohne an dieser Stelle auf die weitere Untergliederung innerhalb der einzelnen Module einzugehen, sei kurz auf den Trend hingewiesen, den Anteil der Fachwissenschaften zugunsten neuer interdisziplinärer Fachanteile reduzieren zu wollen. Demgegenüber zeichnet sich die eher gegenläufige Tendenz ab, einzelne Veranstaltungen aus den Modulen, wie dem Modul *Bildungswissenschaften* und dem Modul *Allgemeine Pädagogik*, fachwissenschaftlich auszurichten. Grundlegend besteht die Möglichkeit einer inhaltlichen Schwerpunktbildung in fast allen Veranstaltungen, zusätzlich zu den ohnehin im Studienprogramm fest verankerten Parametern der Interkulturalität und Kontrastivität.[4] So lautet die Veranstaltung *Kommunikationsmodelle und ihre Effektivität* aus dem Modul *Bildungswissenschaften* im Lehrerstudienprogramm *Deutsch als Fremdsprache* der Universität Marmara *Gesprächsanalyse und interkulturelle Kommunikationskompetenz*.

Das Modul *Fachwissenschaften* unterteilt sich in die Fächer *Sprachpraxis und Sprachdidaktik*, *Sprachwissenschaft* sowie *Literaturwissenschaft und Literaturdidaktik*. Progression und primäres Lehrziel der fachwissenschaftlichen Kurse sind zum einen die Vermittlung von anschlussfähigem, theoretischem Wissen sowie zum anderen Anwendungswissen im Sinne von Umsetzen-Können des Wissens. Die Kompetenz, das Wissen didaktisch aufbereiten zu können, ist zentrales Anliegen der fachdidaktischen Veranstaltungen. Das Modul *Fachwissenschaften* an der Abteilung für *Deutsche Sprache und ihre Didaktik* der Universität Marmara gestaltet sich wie folgt:

---

4 Neben der Veranstaltung zur vergleichenden Grammatik, kann ein kontrastives Vorgehen vorzugsweise auch in den Veranstaltungen zur *türkischen Sprech-und Schreibkompetenz* wie auch in den Übungen *Übersetzung Türkisch-Deutsch* und *Deutsch-Türkisch* grundgelegt werden. In den Seminaren zur *Landeskunde*, zur *Gesprächsanalyse* und zur *Kinder-und Jugendliteratur* überwiegt ohnehin die interkulturelle Perspektive.

- Acht sprachpraktische Veranstaltungen mit einem Anteil von 32 ECTS-Punkten[5]
- Fünf literarische Veranstaltungen mit einem Anteil von 21 ECTS-Punkten[6]
- Fünf sprachwissenschaftliche Veranstaltungen mit einem Anteil von 20 ECTS-Punkten[7]

Hinzu kommen die Veranstaltungen, die der Sprach- und Literaturwissenschaft im weiteren Sinne bzw. beiden gleichermaßen zugeordnet werden können mit einem Anteil von insgesamt 14 ECTS-Punkten, sowie die Veranstaltungen aus dem weitgefassten Modul *Bildungswissenschaften* mit den Schwerpunkten *literarische Interkulturalität* und *sprachliche Kontrastivität* und einem Anteil von 18 ECTS-Punkten.[8] Bereits diese kurze Übersicht macht aber deutlich, dass die *Sprachwissenschaft* und die *sprachpraktische Didaktik* einen wichtigen Schwerpunkt des Programmes bilden.

3 Lese-und Textkompetenz

Das mag aber nicht den Eindruck bekräftigen, dass der Text und mit dem Text die Literalität wie auch Literarizität im Rahmen des *Deutsch als Fremdsprache*-Studienganges nur sekundär von Bedeutung sind, denn ausgehend von der These, dass eine erfolgreiche Sprachvermittlung und Sprachaufarbeitung ohnehin nur textbezogen geschehen kann, steht der Text als sprachliche und literarische Äußerung im Sinne einer thematisch-formalen Einheit bzw. Ganzheit im Fokus des gesamten Ausbil-

---

5 Das Modul *Sprachpraxis* umfasst die Veranstaltungen: *Sprechkompetenz I und II, Lesekompetenz I und II, Schreibkompetenz I und II, Grammatik der deutschen Sprache I und II*.
6 Hierzu gehören die Veranstaltungen: *Einführung in die deutsche Literatur I und II, Einführung in die Literaturdidaktik I und II, Vergleichende Kinder- und Jugendliteratur*.
7 Das sind die Veranstaltungen: *Linguistik I und II, Wortbildung I und II, Einführung in die Pragmatik*.
8 In diesem Zusammenhang können folgende Veranstaltungen genannt werden: *Textlinguistik, Differenzierte Lese- und Schreibkompetenz, Gesprächsanalyse, Kontrastive Grammatik, Interkulturelle Landeskunde* und *Ausgewählte Texte der Weltliteratur*.

dungsprogrammes (cf. Gündoğar [Akdogan] 2010: 177 ff.). Erfolgreiches Sprachhandeln in kommunikativen Abläufen realisiert sich in kohärenten Strukturen, demnach regelt sich Verstehen und Verstandenwerden nur dann effektiv, wenn die Rede, ob schriftlich oder mündlich, ein gebündeltes Ganzes mit einem Erzählrahmen zwischen den Achsen Anfang und Ende und der sich darin vollziehenden thematischen und/oder temporalen Sukzessivität vorträgt. Bleibt nur noch der einfache und allgemein bekannte Satz, dass das Einzelne eben nur etwas Einzelnes ist, somit isoliert und ohne die Gewähr, dieses in dieser Eigenart und in dieser einen Bedeutung an anderer Stelle wiederholen zu können. In letzter Konsequenz hieße das, dass das Einzelne einzigartig und somit unwiederholbar ist. In umgekehrter Konsequenz bedeutet dies, dass nur Zusammengehöriges vermittelbar und so auf andere Situationen übertragbar ist. Und in dieser hier dargelegten Konsequenz wird Literalität auch im Hinblick auf die PISA-Erfahrungswerte, sei es im einfachen Sinne von Vorlesen und Erzählen gedacht oder aber im Sinne von differenzierter wissenschaftlicher Text-und Lesekompetenz verstanden, zu einem – für die Lehrerausbildung – maßgeblichen Gütesiegel.

Erweiterte Literalität und Literarizität in der Deutschlehrerausbildung bedeutet so betrachtet Belesenheit, differenziertes, analytisches Textverstehen, die Fertigkeit, textstrukturelle Konstituenten erfassen zu können, eine weitreichende Kenntnis unterschiedlicher Textanalyseverfahren, gute schriftliche Ausdrucksfähigkeit, ein umfangreiches Vokabular an Formalia zu Textsorten, insgesamt ein breites operationalisierbares Textwissen. Dazu gehört auch ein fundiertes Wissen über bzw. zu literarhistorischen Prozessen, ein ausgewähltes Sortiment an literarischen und literaturwissenschaftlichen Fachbegriffen sowie ein Überblick zu theoretisch-methodischen Modellen für eine merkmals- und kontextspezifische Texterfassung.

Literarizität in dieser Form umschreibt eine quasi praxisorientierte Literatur- und Textwissenschaft, ein Trend, der sich auch in den neueren einführenden Arbeitsbüchern für ein *Bachelor-Germanistik*-Studium abzeichnet. Anders als in den klassischen Einführungen ist es in diesen nicht das Anliegen, einen vollständigen Abriss literaturwissenschaftlicher Themen zu leisten; vielmehr geht es um eine begründete Auslese an möglichen Themenbereichen. Ferner wichtig ist der Aspekt der Instrumentalisierbarkeit wissenschaftlich-theoretischer Grundlagen; kurz: theoretisches Wissen exemplifiziert und in einem weiteren Schritt anhand von selbstständig durchführbaren Arbeitsaufgaben individuell evaluiert.

4 Konkretes

In den allseits geführten Diskussionen zu Bildungsinhalten, zu Lehr- und Lernformen, zu Schulmodellen und sich stetig wandelnden gesellschaftlichen Erwartungsprofilen treffen wir immer häufiger auf besonders einfache Aussagen, ganz im Sinne des sogenannten *Pygmalioneffektes* (Bleyhl 2000: 29). So zum Beispiel: „Lehrkompetenz ist ein Zeichen für Fachkompetenz" (Timmerhaus 2001: 263), oder Aussagen im Sinne von ‚was der Lehrer selber nicht kann, kann er auch seinem Schüler nicht vermitteln' oder ‚Lehrer müssen erst selber überzeugt sein von ihrem Tun, bevor sie eben diese Einstellung bei den Schülern bewirken können'. Grundsätzlich erfahren derart unmissverständliche und klare Aussagen ein Mehr an Akzeptanz, auch weil es fast unmöglich ist, diesen zu widersprechen.

Der Deutschlehrer von heute und morgen sollte demzufolge über fundierte Kenntnisse zur Literatur- und Textwissenschaft sowie über eine differenzierte Text- und Lesekompetenz verfügen, um so in der natürlichen Interaktion mit dem Schüler bedeutsames, sinnhaltiges (Fremd-) Spracherleben rekonstruieren zu können. Das mehrstufige Konzept zur Literatur- und Textwissenschaft im Rahmen des *Deutsch als Fremdsprache*-Studiums an der Universität Marmara nimmt Bezug auf eben diese Vorgaben und gestaltet sich sukzessive in vier Phasen: *Die sprachpraktische Phase*, die *wissenschaftlich-theoretische Phase*, die *didaktisch-methodische Phase* und letztlich die *themenbezogene Phase*. Im Folgenden Teil werden die ersten beiden Phasen ausführlicher skizziert, während die Teile didaktische und thematische Umsetzung jeweils nur kurz umschrieben werden.

Zur sprachpraktischen Phase: Vorrangige Studienziele in der einführenden, sprachpraktischen Phase sind eine grundständige und anschlussfähige Text-, Lese- und Schreibkompetenz auf einem Sprach- und Kompetenzniveau von B1, B2 bis C1 sowie breit gefächerte Lektürearbeit auf der Grundlage unterschiedlicher Textmuster. In der Regel gilt der Vorzug in dieser ersten Phase kleineren, aber dennoch komplexen Textsorten. Bei der Textauswahl im und für den fremdsprachlichen Diskurs überwiegen neuere literarische Texte. Weniger thematisiert wird die klassische Kurzprosa und Schulpflicht-Lektüre. Anhand unterschiedlicher Lehr- und Lernformen, deren Bewusstmachung ein weiteres Ziel des Vorgehens darstellt, wird der moderne literarische Text rezipiert und kreativ-reflexiv aufgearbeitet. Dieses verstärkt begrifflich unterstützte Umgehen mit dem Text begründet sich vornehmlich durch die fremdsprachliche Einstellung. Textverstehen in einer anderen als der Erstsprache erfordert eine zunächst konsequent formal-begriffliche Ausrichtung – auch im Hinblick auf die sich in Phase zwei anschließende, wissenschaftlich-theoretische Reflexion. Trainiert wird ein geschärfter Blick auf sprachspezifische Textkonstituenten und Textstrukturen, auf Kohärentes und Kohäsives.

Zur wissenschaftlich-theoretischen Phase: Breitgefächertes Textmusterwissen und differenzierte (fremd-)sprachpraktische Fertigkeiten bilden die Basis für eine Einführung in ausgewählte literatur- und textwissenschaftliche Themenbereiche in Phase zwei. Für die Auswahl entscheidend sind dabei die Kriterien Zeit, Relevanz, Prägnanz und Repräsentanz. Das Seminar *Einführung in die Literatur-und Textwissenschaft* ist dreistündig und umfasst zwei Semester. In der Summe sind das bei 14 Wochen je Semester insgesamt 84 Veranstaltungsstunden. Angesichts dessen, dass sich das Seminar aus einem deskriptiv-theoretischen Teil und einem produktiv-praktischen Übungsteil zusammensetzt, bekommen die oben aufgeführten Parameter eine besondere Beachtung. Die zu bearbeitenden Themen sollten in zweierlei Hinsicht relevant und repräsentativ sein: zum einen den fachwissenschaftlichen Kontext, zum anderen die fachdidaktische Qualifizierung betreffend. Es sollte sich um einen Ausschnitt von wichtigen literaturwissenschaftlichen Themen handeln, die zudem einen punktuell-verbindlichen Gesamteindruck des Faches vermitteln. Ferner ist es wichtig, die zu erwerbenden Kompetenzfelder des Lehramtsanwärters wie auch das Profil der Studierenden bei der Themenwahl mit zu berücksichtigen und komplexe, diffizile Themen vorerst nicht einzubeziehen (cf. Gündogar [Akdogan] 2010: 177 ff.).

Die wissenschaftlich-theoretische Phase beginnt – und dies ist fast allen Einführungen in die fachwissenschaftliche Thematik gemein – mit einer Gegenstandsbestimmung und Verortung des Fachbereichs. Im ersten Teil des Seminar erfolgt anhand der zentralen Fragen *was ist ein Text* oder *was meint der Begriff Literatur*, *wie verhalten sich die Begriffe Text und Literatur zueinander* und *was meinen die Adjektive literarisch, poetisch* bzw. *dichterisch* eine intensive Disputation zu ausgewählten literatur- und textwissenschaftlichen Begriffen. Mittels diverser Definitionen zu diesen, werden sukzessive und additiv die Kriterien, die einen Text als eine inhaltlich-formale Größe umschreiben, ebenso wie die Merkmale, die einen Text als literarischen Text klassifizieren, im Plenum erarbeitet. Das hat den Vorteil, dass Begrifflichkeiten aus einer distanzierteren Perspektive, von einem quasi Meta-Standpunkt aus bewusster erfasst, an Textvorlagen exemplifiziert und so das Verstehen fremdsprachlicher wie auch fremdkultureller Textmuster trainiert werden kann. In diesem weitgehend strukturalistisch-semiotisch ausgerichteten Thementeil werden u.a. die Ansätze von Roman Jakobson zum Poetikbegriff wie auch von Algirdas J. Greimas zum Bedeutungsbegriff behandelt.

Die Liste an Merkmalen zu *Literarischem* und zur *(fremd-)kulturellen Texthaftigkeit* wird durch den weiteren Thementeil *Kommunikation und kommunikative Abläufe in und mit literarischen Texten* ergänzt. Ausgangspunkt an dieser Stelle ist die Überlegung, dass funktionalisierte Sprache eine Äußerung darstellt, die sich unabhängig davon, ob in mündlicher oder schriftlicher Form, in Kommunikation realisiert, wobei unterschieden wird zwischen sprachlich-mündlicher Kommunikation, der Textkommunikation und der literarischen Kommunikation. Dieser Teil schließt mit dem Punkt *textinterne Kommunikationsstrukturen* ab.

Im Fortsetzungsseminar wird mittels der im Text nachweisbaren kommunikativen Beziehungen zum nächsten Arbeitsfeld, der *Narrativik*, übergeleitet. Das Vorabklären von Sprechpositionen im Text in Korrelation zum jeweiligen Dialogpartner erleichtert das Aufspüren der relativ komplexen Strukturen in modernen Erzähltexten. Anhand eines auf einem realen Ereignis beruhenden Erzähltextes wird der Prozess des Textentstehens bezugnehmend auf die Frage, wie es gelingt, aus einem realen Ereignis eine fiktive literarische Erzählung zu gestalten, schrittweise dokumentiert und theoretisch durch einfache bis komplexere Erzählmodelle, u.a. auch das von Karl Stierle, unterfüttert. Weitere Themenfelder der Narrativik sind u.a. *Erzähltempus, Erzählform, Erzählpositionen, Erzählperspektive, Erzählinstanz und Erzählsituationen*; jeweils verifiziert und evaluiert an diversen Textproben.

Weitere Arbeitsfelder analog zur erzählenden Literatur sind die Lyrik und das Drama, wobei die knappe und ausdrucksfähige Sprachkonzeption in lyrischen Texten eine intensive Spracherfahrung im schulischen fremdsprachigen (Literatur-)Unterricht besonders unterstützt. In dem einstündigen Teil des Seminars werden ergänzende Textübungen zu den jeweiligen theoretischen Themenbereichen durchgeführt. Ein weiteres Anliegen in diesem Teil ist eine Übersicht zu den literarischen Epochen und ansatzweise Einführung in weitere literaturwissenschaftliche Themenbereiche.

Zur didaktisch-methodischen Phase: Arbeitsthemen im Rahmen der Einführung in die allgemein-theoretische wie auch themenspezifische Literaturdidaktik sind u.a.: *Literaturlehrforschung, Lesetheorie und Lesesozialisation, Didaktik und Methodik (literarischer) Textsorten und Epochen, Medienpädagogik, Lektürekanon, Konzeption von Unterrichtsmaterialien* und neu auch die *interkulturelle Literaturdidaktik*. Ziele sind, basierend auf ausgeprägten Lese- und Deutungskompetenzen, Kritikfähigkeit im Umgang und Bewusstheit in der Anwendung unterschiedlicher Formen der Vermittlung literarischer Texte im fremdsprachlich ausgerichteten unterrichtlichen Kontext.

Die Implikation von Literatur in fremdsprachendidaktische Konzepte ist nicht in Grundzügen, aber punktuell eine andere als in der Muttersprachendidaktik. Dennoch geht es auch in dieser darum, neben dem Erwerb instrumenteller Fertigkeiten zu den oben kurz aufgelisteten Themenbereichen Aspekte wie *literarische Leseerfahrung* und *Lesefreude* mitzubewerten. Der Schüler sollte die Literatur in der Fremdsprache *Deutsch* nicht allein als eine Form der Sprachgestaltung erfahren, sondern diese auch in ihrem kulturell-ästhetisch Wirken erleben können. Angenommen wird ein weiter Textbegriff, der auch die Kinder- und Jugendliteratur, triviale und pragmatische Texte in verschiedenen medialen Formen gestaltet, umfasst.

Zur themenbezogenen Phase: Thema der Veranstaltung in der anwendungsbezogenen Phase ist die vergleichende Kinder-und Jugendliteratur. Fokussiert wird die zentrale Frage, wie Kinder- und Jugendliteratur Spracherwerb und interkulturelle Sensibilität fördern kann. Es werden in Zusammenarbeit mit Schulen und unter Berücksichtigung aktueller institutioneller Vorgaben bestehende Konzepte evaluiert und mögliche weiterführende Ansätze projektiert. Der vergleichende Ansatz macht Erfahrenswerte austauschbar und zeigt mögliche Wege auf, literarisch verarbeitete Inhalte und Einstellungen in den Unterricht der jeweiligen anderen Sprache einbringen zu können. Ich persönlich befürworte ein ganzheitliches Sprachenkonzept in der Schule, wonach der Sprachenunterricht in der Erstsprache wie auch in der ersten und weiteren Fremdsprache integrativ konzipiert ist. Mittelfristiges Ziel könnte sein, gemeinsam einen Lektüre-Kanon zu erstellen, zumal viele Werke der Kinder- und Jugendliteratur ohnehin in Übersetzungen vorliegen.[9]

5 Schlussbemerkung

Das Muss an text- und literaturwissenschaftlichem Grundlagenwissen, auch in der Lehrerausbildung, ist unbestritten. Dagegen kann die Frage des *wie viel* nicht verbindlich, sondern eher an Erfahrenswerten aus der Praxis beantwortet werden; so auch – wie dies im vorliegenden Beitrag versucht worden ist – am Beispiel der Deutschlehrerausbildung der Universität Marmara. Die Fragen des *was, wie, wie genau* oder *woran exemplifiziert* stellen sich wiederholt jedem Fachkollegen in seiner Seminartätigkeit. Auch die Problempunkte innerhalb dieses Anliegens sind ähnliche. Wer hat nicht schon mal intensivst über die Einführung eines Literatur-Kanons nachgedacht? Spätestens im Rahmen des konsekutiven Masters wird dies zu einer dringlichen Aufgabe. Ein weiterer kritischer Punkt, den wir hier in der Türkei noch einmal überdenken müssten, ist die intensivere Einbindung der interkulturellen und komparatistischen Perspektive. Es wäre naheliegend, die Veranstaltungen des Moduls *Bildungswissenschaften und Kultur* interdisziplinär auszurichten und literarische Interkulturalität darin als ein festes Studienziel zu manifestieren.

Literatur

Akdoğan, Feruzan 2007: „Die Deutschlehrerausbildung an türkischen Universitäten. Gewachsene Anforderungen – Neue Wege – Neue Perspektiven", in: *Jahrbuch für Internationale Germanistik* 2 XXXIX: 17-26

Bleyhl, Werner (ed.) 2000: *Fremdsprachen in der Grundschule. Grundlagen und Praxisbeispiele*, Hannover: Schroedel Verlag

Bogdal, Klaus-Michael (et al.) [2]2007: *BA-Studium Germanistik. Ein Lehrbuch*, Berlin: Rowohlt Verlag

---

9 Zu den bekannten türkischen Autoren der Kinder-und Jugendliteratur gehören u.a. Gülten Dayıoğlu, İsmet Kür, Ayla Çınaroğlu, Sevim Ak, Serpil Ural, Nur İçözü, Aytül Akal, Turan Yüksel.

Casper-Hehne, Hiltraud & Annegret Middeke 2009: *Sprachpraxis der DaF- und Germanistikstudiengänge im europäischen Hochschulraum*, Göttingen: Universitätsverlag

Grabes, Herbert 1973: „Literaturwissenschaft oder Textwissenschaft", in: *Anglia. Zeitschrift für englische Philologie 91* (1973): 456-474

Gündoğar (Akdoğan), Feruzan 2009: „Die Deutschlehrerausbildung an den türkischen Universitäten im Wandel-Perspektivenwechsel oder Neuorientierung?", in: Casper-Hehne & Middeke 2009: 97-104

Gündoğar (Akdogan), Feruzan 2010: „Das Modul *Literatur* im Studiengang Deutsch als Fremdsprache an den türkischen Universitäten. Grundlegendes und Experimentelles", in: Middeke (ed.) 2010: 177-190

Middeke, Annegret (ed.) 2010: *Entwicklungstendenzen germanistischer Studiengänge im Ausland. Sprache – Philologie – Berufsbezug*, Göttingen: Universitätsverlag

Timmerhaus, Winfried 2001: *Fachdidaktik als konstitutives Element universitärer Lehrerbildung. Bestandsaufnahmen, Analysen und Konzeptionen aus erziehungswissenschaftlicher Perspektive*, Marburg: Tectum Verlag

Winter, Martin 2004: „Ausbildung zum Lehrerberuf. Zur Diskussion über bestehende und neue Konzepte der Lehrerausbildung für Gymnasien bzw. Sekundarstufe II", in: *HoF-Arbeitsberichte* 3 (2004), im Internet unter http://www.hof.uni-halle.de/dateien/ab_3_2004.pdf [02.06.2011]

IV Vermittlungsformen

Überlegungen zur Komparatistik als Ansatz einer interkulturellen Auslandsgermanistik[1]

Hebatallah Fathy (Kairo)

Abstract

From the perspective of germanistic studies abroad, specifically in the egyptian context, the following article is focusing on the contribution of comparative analysis of german and Arabic literature in teaching concepts to the cultural dialogue and the development of intercultural competence. The comparative thematics as part of the comparative literature studies offers the possibility for such a concept. Aspects of foreignness in dealing with literary texts of other cultures and related didactical approaches have to be put into consideration. The article seizes difficulties from the perspective of the students und offers an example for this approach with comparative research done by the author in previous publications.

1 Vorbemerkungen

Bei dem im Oktober 2002 vom Deutschen Akademischen Austauschdienst (DAAD) in Bonn veranstalteten Germanistentreffen zum Schwerpunkt *Deutschland-Arabische Länder, Iran* konstatiert Stefan Winkler (2003: 14 f.) in seinem Beitrag über den Stand der Germanistik in der arabischen Welt und im Iran für die Aufgabe der Germanisten im Nahen Osten und Nordafrika, dass sie weit über Sprachvermittlung, Literaturwissenschaft und Linguistik hinausgehe und dass sich Lektoren und Studenten der Rolle als Vermittler zwischen den Kulturen bewusst seien.[2] In einem weiteren Beitrag gibt Abdallah Abu Hasha (2003: 142-146) konkrete Beispiele, wie die – betont – angewandte vergleichende Literatur-

---

1 Der vorliegende Beitrag entstand im Rahmen der Förderung eines Georg-Forster-Stipendiums der Alexander-von-Humboldt-Stiftung an der Justus-Liebig-Universität in Gießen.
2 Die Attraktivität germanistischer Studiengänge im Ausland, so Winkler, könne nur durch Maßnahmen der Professionalisierung und Spezialisierung, und zwar in Eigeninitiative, gesteigert werden (cf. Winkler 3003: 14).

wissenschaft im Curriculum der ägyptischen Auslandsgermanistik den Kulturdialog bereichern kann.[3] Im Folgenden wird versucht, diesen Ansatz methodisch, didaktisch sowie ziel- und kompetenzorientiert zu reflektieren, um seine Umsetzung in der Praxis anzuregen. Ein weiterer Anlass war ein auffallendes Interesse, nicht nur in der ägyptischen, sondern auch in der internationalen Germanistik an komparatistischen Fragestellungen, die man als einen perspektivengebundenen Beitrag zur Inlandsgermanistik einschätzt. Belegt wird dieses zunehmende Interesse beispielsweise durch einen Blick auf die letzten Tagungsprogramme und -bände der Gesellschaft für interkulturelle Germanistik, wo sich ganze Sektionen oder auch einzelne Beiträge vergleichenden Studien widmen.[4]

2 Warum Komparatistik in der Auslandsgermanistik?

Das Vergleichen von Themen, Inhalten und Motiven in der eigenen und der fremdsprachlichen Literatur im Rahmen eines Germanistikstudiums im Ausland als Grundlage für ein besseres Verständnis beider Kulturen gilt als ein nicht hinreichend ausgeschöpftes Potenzial, auf das der vorliegende Beitrag im Hinblick auf die ägyptische Auslandsgermanistik eingehen möchte. Den hier vorgelegten Überlegungen liegt eine Auffassung von interkultureller Komparatistik zugrunde, die einen themengebundenen Vergleich zwischen literarischen Texten aus verschiedenen Kulturkreisen, also kulturdistanten Texten, vorsieht. Der Beitrag ordnet sich insofern in die kulturthematische Literaturwissenschaft oder die Thematologie als Teilbereich der Komparatistik ein. Dabei geht es nicht darum, lediglich Themen in den literarischen Texten verschiedener Kulturen nachzuweisen, eben nur Stoff- oder Motivgeschichte zu betreiben, sondern vielmehr darum, die Beziehung zwischen Text und kulturbedingtem Kontext aufzuspüren und die ästhetische Qualität des literarischen Textes in der Bearbeitung des Themas herauszustreichen. Es gilt,

---

3 Abu Hasha sieht in den sprachlichen Kompetenzen der Azharstudenten sowohl im Arabischen als auch im Deutschen für vergleichende Studien in Forschung und Lehre gute Voraussetzungen (cf. Abu Hasha 1999: 147).
4 Im vorliegenden Tagungsband die Sektion *Vermittlungsfomen*; Auer & Müller 2001: die Beiträge von Ali Gültekin, Yüksel Ekinci Tekin und Moustafa Maher; Hess-Lüttich et al. 2009: die Beiträge in der Sektion *Vergleichende Literaturstudien*.

so Angelika Corbineau-Hofmann, „die Themen der Literatur in ihrer Verknüpfung mit den Kunstmitteln der Texte zu untersuchen und im thematischen Spektrum der Kulturen, die besondere Bedeutung der Literatur zu erfassen" (Corbineau-Hofmann 2004: 150).

Der thematologische Ansatz[5] bietet aufgrund der „Anschließbarkeit der Lebenswelten" (Hudson-Wiedemann 2003: 448) im vergleichenden Kontext innerhalb der Auslandsgermanistik Möglichkeiten des Kulturdialogs, vorausgesetzt, dass die gewählten Themen auch in anderen Kulturen vorhanden sind:

> Die Anknüpfbarkeit der Themen an die Interessenlage der Lerner hat im Idealfall die Wirkung einer Entlastung für den Lerner in dem Sinne, dass er aufgrund eigener Erfahrungen mit der vom Text aufgeworfenen Problemlage zu einem gewissen Grad bereits vertraut ist. Eine kulturthematisch vorgehende Literaturwissenschaft ist daher immer auch eine adressatenorientierte Wissenschaft, die zur Einbeziehung einer kulturkontrastiven Perspektive auf den Gegenstand auffordert und jene Vergleichsdimension freilegt, die das Erfassen kulturmodifikabler Wirklichkeitskonzepte im Vermittlungsprozess ermöglicht (Hudson-Wiedemann 2003: 453).

Die hier angesprochene Adressatenorientiertheit ergibt für die Komparatistik in der Auslandsgermanistik perspektivenbedingte Verschiebungen für Fragestellungen in Forschung und Lehre. Deren Erörterung ist insofern von Bedeutung, als die Komparatistik im deutschsprachigen Raum sich in der Regel mit innereuropäischen Fragestellungen beschäftigt, die sich in den meisten Fällen auf die Anglistik, Romanistik oder Slawistik beschränken und dadurch eurozentrisch bleiben.[6] Eine Erweiterung im Hinblick auf außereuropäische Literatur ist erstrebenswert, auch in Anbetracht dessen, dass die Auswahl der Vergleichskriterien oft im westlichen Kulturkontext erfolgt und es dem Vergleich zuliebe möglicherweise dadurch zu Verallgemeinerungen und Vereinfachungen kommen kann.

---

5 Cf. hierzu auch Thum 1992 und Hudson-Wiedemann 1999, die der Thematologie wesentliche theoretische Impulse gegeben haben. Norbert Mecklenburg spricht Kulturthemen ebenso das Potential zu, „Brücken zwischen Leser und Textkultur" (2008: 28) zu schlagen.

6 Einen möglichen Grund für das Interesse an der thematischen Literaturwissenschaft im Rahmen der europäischen Auslandsgermanistik und deren potentiellen Erfolg erörtert Beller: „Denn europäische Studierende verfügen über ein verwandtes historisches Koordinatensystem und sind gewohnt, in analogen Prozessen zu denken" (Beller 2000: 91).

Auf diese Gefahr hat Joachim Matthes im Rahmen einer Analyse der epistemologischen und forschungspraktischen Probleme des Vergleiches hingewiesen:

> So verläuft denn auch der Fluss der vergleichenden Tätigkeiten in den Wissenschaften vor allem in eine Richtung: ‚andere' Gesellschaften, oder einzelne Phänomene in ihnen, werden mit den westlichen, und von denen ausgehend, verglichen, kaum jemals in umgekehrter Richtung [...]. Erst wenn sich diese tatsächliche Lage des wissenschaftlich betriebenen Vergleichens ändert – wenn eine mehrdimensionale Wechselseitigkeit des Vergleichens selbst zur Regel wird – wenn damit der Horizont des empirischen Vergleichswissens ausgeweitet wird, besteht Aussicht, dass die mit der Tätigkeit des Vergleichens verknüpften epistemologischen Probleme nachhaltig ins Blickfeld der Wissenschaften treten und angegangen werden (Matthes 2003: 329).

In der Auslandsgermanistik ist durch die Kenntnis beider Sprachen und Kulturen die Möglichkeit eines komparatistischen Vorgehens gegeben, das anhand der zu vergleichenden Gegenstände Kriterien des Vergleichs gewinnt und durch ein wechselseitiges Beleuchten zu einem besseren Verständnis beider literarischer Texte führen kann. Damit kann ein einmaliger Beitrag zur Inlandsgermanistik geleistet werden, der eben nur von einer interkulturell ausgerichteten – hier der ägyptischen als Modell – Fremdsprachenphilologie erbracht werden kann. Für diesen komparatistischen Ansatz einer interkulturell orientierten Auslandsgermanistik im arabischsprachigen Raum, der auch Eingang finden sollte in das Seminarangebot der ägyptischen Germanistik, möchte ich im Folgenden einige Erläuterungen zu den Zielsetzungen eines solchen Vorgehens sowie zu dem bei der Didaktisierung der literarischen Texte zu bedenkenden Fremdheitsbegriff darlegen und schließlich für die Textauswahl ein Beispiel erörtern, das aus meinen Forschungsprojekten hervorgegangen ist: Die kulturspezifische und kulturübergreifende Signifikanz von Narrenfiguren am Beispiel von Till Eulenspiegel und seinem arabischen Gegenstück Goha.

3 Das Fördern von interkultureller Kompetenz als Ziel

Im Rahmen der Bemühungen um einen Wandel von einer inhaltsorientierten zu einer kompetenzorientierten Hochschullehre stellt sich die Frage nach dem Ziel eines Lehr- und Lernprozesses, der sich an der Universität komparatistischen Fragestellungen widmet. Das Fördern von interkultureller Kompetenz als eine der Schlüsselkompetenzen des 21. Jahrhunderts wurde in den letzten Jahren zunehmend mit dem Studium der Literatur, insbesondere in fremdsprachlichen Kontexten, in Verbindung gebracht[7]. Dem liegt eine Auffassung von Literatur als ein ästhetisches Medium kulturellen Wissens zugrunde und von literarischen Texten als Gegenstände der kulturellen Selbstwahrnehmung und -auslegung[8]:

> In Texten manifestieren sich die kulturbestimmenden sozialen Konstellationen, Wissensformationen, Diskurse und Mentalitäten. Literatur ist damit immer kulturell kodiert und nicht unabhängig von dem kulturellen Wissen zu verstehen: Literarische Texte setzen kulturelles Wissen voraus, sie setzen sich mit kulturellem Wissen auseinander und sind aktiv an der Herausbildung, Transformation und Reflexion von kulturellem Wissen beteiligt (Neumann & Nünning 2006: 6 f.).

Dass Literatur ein Kulturspezifikum ist, betont auch Nayhauss:

> In ihrer Sprache akzentuiert jede Nation andere Bedürfnisse, die aus ihrer spezifischen geographischen, geschichtlichen und kulturellen Situation entspringen. Je differenzierter die sprachliche Form dieser Wirklichkeitseinrichtung, dieses Zugriffs auf die Wirklichkeit ist, desto nuancierter ist auch die Wahrnehmung der Wirklichkeit. Da Literatur den Anspruch erhebt, ein besonders nuancierter sprachlicher Zugriff auf die Wirklichkeit zu sein, ist an ihr am deutlichsten die unterschiedliche Form der Wirklichkeitseinrichtung von Völkern, von Nationen abzulesen (Nayhauss 1999).

In fremdkulturellen Kontexten ist die kulturelle Signifikanz literarischer Texte um eine interkulturelle Dimension erweitert. Dem vergleichenden kulturthematischen Ansatz, der dann eigen- und fremdkulturelle literari-

---

7 Bredella beleuchtet den Zusammenhang von Fremdverstehen und literarischen Texten folgendermaßen: „Insofern bereichern, modifizieren und problematisieren sie (literarische Texte, H.F.) unsere Auffassungen über Relativismus und Universalismus […] und ermöglichen auf diese Weise, daß wir mit größerer Sensibilität und mehr Verständnis auf lebensweltliche Situationen eingehen können" (Bredella 2000: 161 f.).

8 „Literarische Texte sind spezifische Formen des individuellen und kollektiven Wahrnehmens von Welt und Reflexion dieser Wahrnehmung" (Voßkamp 2008: 77).

sche Texte gegenübergestellt, schreibt Ursula Hudson-Wiedemann die Möglichkeit zu, für das Entwickeln und Fördern interkultureller Kompetenz besonders geeignet zu sein:

> Die besondere Leistung eines kulturthematischen Ansatzes in der fremdkulturellen literaturwissenschaftlichen Lehre besteht jedoch in der Bereitstellung der Möglichkeit zu interkulturellem Lernen und damit zur Kulturmündigkeit. Denn die Begegnung mit kulturspezifischen Unterschieden jeweiliger Mensch- und Weltverständnisse, die in der dialogischen Auseinandersetzung mit literarischen Texten geschehen kann, führt zu einer Form des Selbst- und Fremdverstehens, die zweifelsohne als Erweiterung und Differenzierung der Kulturgebundenheit der eigenen Weltsicht bezeichnet werden kann (Hudson-Wiedemann 2003: 455).

Der Versuch Scheiffeles (2003: 569), zwischen Literaturkomparatistik und Interkultureller Germanistik Differenzierungen einzubringen, stellt fest, dass die vergleichende Literaturwissenschaft literarische Werke aus mindestens zwei Einzelliteraturen von einem supranationalen Standpunkt aus vergleiche, während in der interkulturellen Germanistik von einer Pluralität verschiedenkultureller Standorte ausgegangen wird, von denen aus man Werke einer Einzelliteratur, hier der deutschsprachigen, im interkulturellen Dialog interpretiere. Im Hinblick auf interkulturelle Literatur und ihre Inhalte scheint Scheiffeles Eingrenzung durch eine thematische Bestimmung Karl Esselborns bestätigt. Interkulturelle Germanistik gehe in der Regel von Themen aus, die Exil-, Migration- und Fremdheitserfahrungen behandeln, u.a. auch von Autoren mit einem multikulturellen Hintergrund.[9] Interkulturalität findet dadurch oft innerhalb des Textdiskurses statt, wo dem Anderen und Fremden eine gewisse Funktion im Rahmen des Selbsterkennungsprozesses zugewiesen wird. Es bleibt fraglich, trotz der Bewusstmachung um Perspektivengebundenheit in einem interkulturellen Literaturunterricht, ob das Fremde an sich in seinem Wesen erkannt wird. Beispielsweise würde die Sympathie eines Lesers aus dem arabisch-islamischen Raum bei der Lektüre von deutschsprachigen literarischen Texten mit Migrantenhintergrund immer dem Protagonisten seiner Herkunft gelten und nicht der Kultur, in der sich der Erzähler zu integrieren versucht. Was also im Rahmen didaktischer Konzepte für die Textauswahl innerhalb Deutschlands gilt, kann nicht belie-

---

9 Einen Überblick zu möglichen Inhalten interkultureller Literatur liefert Esselborn 2007: 10 f.

big in andere Kontexte übertragen werden. Wäre etwa die Behandlung von Fremdheitserfahrungen in literarischen Texten ein Thema im Seminarangebot der Auslandsgermanistik, so müsste man im Hinblick auf das Ziel der Förderung von Empathievermögen als Voraussetzung von interkultureller Kompetenz auch einen literarischen Text behandeln, in dem Fremdheitserfahrungen in der Kultur der Studenten thematisiert werden. Interkulturelle Kompetenz kann daher in der Auslandsgermanistik im Rahmen didaktischer Konzepte gefördert werden, in der beide Kulturen gleichberechtigt zur Darstellung kommen, was im Falle komparatistischer Analysen mit entsprechenden Fragestellungen, die auf einzelne Elemente von Fremdheit eingehen, gegeben wäre.

4 Der Fremdheitsbegriff im didaktischen Prozess

In zahlreichen Einführungen in die Grundlagen vergleichender Literaturwissenschaft trifft man auf den Hinweis, dass das Fach in mehrfacher Hinsicht komparatistisch verfahre. Einem Vergleich zwischen Literaturen unterschiedlicher Sprachen und Nationen geht innerliterarisch eine Untersuchung voran, die den Text in den spezifischen Kontext seiner Zeit zu stellen sucht. Dadurch wird sowohl die interdisziplinäre als auch transnationale Dimension des Faches Komparatistik besonders deutlich. Angelika Corbineau-Hoffmann betont in diesem Zusammenhang den Aspekt des „Fremden", der dem Leser im Rahmen von komparatistischen Fragestellungen Erkenntnis ermöglicht:

> Gleich ob ein Werk in internationaler oder in interdisziplinärer Perspektive betrachtet wird – in jedem Fall wird es zu einem Bereich in Beziehung gesetzt, der ihm fremd ist. Nun ist, wie die Erfahrung lehrt, die Reflexion von Fremdheit ein hervorragendes Instrument, um zu neuen Einsichten zu gelangen: das ‚andere Fremde' beleuchtet das ‚eigene' und macht auf diese Weise die Erkenntnis beider möglich. Eine komparatistische Perspektive bedeutet deshalb keine Verfremdung der Literatur, sondern ermöglicht Erkenntnis im Medium der Differenz (Corbineau-Hoffmann 2004: 64).

Der hier beschriebene Fremdheitsbegriff, dessen mehrdimensionaler Charakter bezeichnend ist, stellt in der interkulturellen Literaturwissenschaft eine zentrale Kategorie dar und ist seit den achtziger Jahren Gegenstand der interkulturellen Hermeneutik und Fremdheitsforschung[10], die sich um Vermittlungsstrategien des Fremden in fremdkulturellen Kontexten bemüht. Die verschiedenen Ausformungen von Fremdheit sollten bei der Didaktisierung vergleichender Analysen von literarischen Texten, insbesondere in fremdsprachlichen Kontexten, berücksichtigt werden. Entsprechend der obigen Definition sind zwei Fremdheitsmomente zu bedenken, auf die im Folgenden kurz eingegangen wird.

Bei der Behandlung von literarischen Texten aus der eigenen Kultur haben wir es zunächst mit einer binnenkulturellen Fremdheit zu tun, die darin begründet liegt, dass literarischen Werken als ästhetische Kunstwerke immer eine Fremdheit anhaftet, die es zu erschließen gilt. Bei älteren literarischen Werken, wie etwa *Goha* und *Till Eulenspiegel*, wird durch zeitliche Distanz das Ausmaß dieser Fremdheit größer. Dadurch muss zuerst eine Rekonstruktion des Eigenen stattfinden. Die Beschäftigung mit der eigenen Kultur über das Medium des literarischen Textes löst einen Bewusstmachungsprozess um kulturelle Hintergründe, um die nichtliterarischen, sozialen und politischen Diskurse, aus, die ihren Niederschlag in dem literarischen Text finden. Dieses kontextabhängige Verstehen literarischer Texte erklärt Swantje Ehlers so:

> Ein Schreiber verwendet sprachliche, sozial-interaktive und gattungsspezifische Konventionen, deren Beherrschung er auf seiten des Lesers voraussetzt. Da die jeweiligen Voraussetzungssysteme von Text und Leser nicht immer kompatibel sind – ein für fremdsprachliches Lesen wesentlicher Aspekt –, bedarf es einer Reihe strategischer Züge, um beide Seiten aufeinander abzustimmen und zu einer Balance zu gelangen. Texte enthalten Signale, die eine leserlenkende Funktion haben und anzeigen, welches Wissen relevant ist für das Verstehen (handlungs-, situations- und gattungsspezifisches Wissen) und welche Aktivitäten von einem Leser erwartet werden. Sie regen den Leser an, in der einen oder anderen Richtung zu fragen, zu suchen, Wichtigkeiten abzustufen und Fehlendes durch Interferenzen zu ergänzen (Ehlers 1998: 65).

Durch die Erschließung dieses kulturellen Kontextes erfolgt nicht nur eine fundierte Kenntnis des Eigenen, sondern auch eine thematische Vorentlastung des fremdsprachlichen literarischen Textes. Dabei sollte aber auch auf den aktuellen Wissensstand der Studenten Rücksicht genommen werden. Es gilt an das bisher erworbene Wissen über Narrenfiguren und

---

10 Hier vor allem die wichtigen Arbeiten von Alois Wierlacher und Dieter Krusche.

speziell Goha sowie an ihre Erwartungen und gegebenenfalls Erfahrungen mit dem literarischen Text und dessen Rezeption anzuschließen. Die komparatistische Perspektive ergibt eine weitere Fremdheit, bedingt durch die kulturräumliche Distanz. Der Student begegnet der Aufgabe einer Konstruktion des fremdsprachlichen und fremdkulturellen literarischen Textes, wobei er zwar im Hinblick auf das Thema auf relevantes und erworbenes Wissen zurückgreifen kann, das aber andererseits auch eine Erwartungshaltung aufgebaut hat gegenüber dem fremdsprachlichen Text. Gemeinsamkeiten bestätigen das allgemein Menschliche der Erfahrung und das Verbindende, Unterschiede zu motivieren, das Fremde in seinem Wesen zu erfassen sowie kulturell spezifische Hintergründe in das Verstehen des Anderen mit einzubeziehen:

> Die Vertikale der eigenen Lebensgeschichte und der Einflüsse kollektiver Überlieferung kann als die Achse des Bekannten und Vertrauten gelten, von der aus sozusagen horizontal im Hinblick auf Fremdes, Unvertrautes die Fühler ausgestreckt werden. Auf der horizontalen Achse zieht man das Fremde, Unbekannte an sich heran und assimiliert es, um es zu verstehen (Nayhauss 1999).

Hier käme der Didaktisierung die Rolle zu, Aufgabenstellungen im Umgang mit den Texten so zu konzipieren, dass mittels einer wechselseitigen Lektüre Gemeinsamkeiten und Unterschiede verortet werden, die Entwicklung von Empathie und Verständnis für das Nicht-Eigene und Fremde gefördert wird und dadurch das Lernziel, die Förderung interkultureller Kompetenzen, erreicht werden kann.

5 *Goha* und *Till Eulenspiegel* aus vergleichend-interkultureller Sicht

Ich komme nun zu dem Textbeispiel, das ich als komparatistische Analyse im Rahmen der Curricula der ägyptischen Auslandsgermanistik[11] vorschlage, und versuche im Folgenden zu zeigen, wie im Umgang mit den Texten Vergleichskriterien entwickelt werden können, dass die relevanten Aspekte von Fremdheit wahrgenommen und berücksichtigt werden können.

---

11 Zu den folgenden Ausführungen und zu weiterführender Forschungsliteratur cf. Fathy 2010.

Narrenfiguren begegnen uns in nahezu jeder Kultur und bilden einen festen Bestandteil der verschiedenen Literaturen, sei es in mündlicher oder schriftlicher Tradition, sei es auch in verschiedenen literarischen Adaptionen, wo eine fortwährende Lebendigkeit dieser Figuren und ihrer Streiche belegt ist. In der arabischen Volksliteratur gehen die Anekdoten rund um Goha auf eine historisch nachgewiesene Person zurück, die im 8. Jahrhundert christlicher Zeitrechnung in Kufa, im heutigen Irak, gelebt haben soll. Geschichten um und von Goha sind im arabischen Kulturkreis ein beliebter literarischer Stoff und in nahezu allen arabischen Ländern in Form von Anekdoten, mündlichen Witzen und Scherzfragen oder Sprichwörtern und im 20. Jahrhundert als schriftliche Sammlungen mündlicher Geschichten vorzufinden. Auch die Geschichte von Till Eulenspiegel, dem Titelhelden des 1515 anonym erschienenen Volksbuches *Ein kurtzweilig Lesen von Dyl Ulenspiegel, geboren uß dem Land zu Brunßwick, wie er sein leben volbracht hat*, dokumentiert schriftlich eine lange mündliche Tradition, wobei es ungewiss ist, ob die Figur real existiert hat. Das Wiederaufgreifen des Eulenspiegelstoffes bis ins 20. Jahrhundert beweist auch hier die Aktualität des Schalksnarren.

Für die Lektüre bieten sich für Goha die Sammlungen von Abdelsattar Farrag und Mahmud Abbas Al-Akkad an, für Eulenspiegel wird die eben genannte Erzählung benutzt.[12] Die bei der Lektüre der Schwänke im Frühneuhochdeutschen begegnenden sprachlichen Schwierigkeiten können durch eine kleinschrittig geplante Textarbeit behoben werden, moderne neuhochdeutsche Übertragungen sollten dabei gezielt zum Einsatz kommen, aber keinesfalls zu einem Ersatz des Originaltextes werden.

Bereits die Darbietungsform der Anekdoten und Schwänke ermöglicht einen Vergleich der Autoren- und Gattungsfrage und damit eine kulturelle Kontextualisierung der literarischen Texte. Die Anonymität des Autors im Deutschen und die erstmalige schriftliche Fixierung im 20. Jahrhunderts im Arabischen deuten in beiden Kulturkreisen auf das gesellschaftskritische Potenzial der Texte hin. Die ausschließlich mündliche Rezeption der Anekdoten Gohas bis ins 20. Jahrhundert beweist, dass die politischen Rahmenbedingungen und die Angst vor einer Rechenschaft über eine Publikation entscheidend zu dieser besonderen Re-

---

12 Farrag, Abdel Sattar 1954: *Akhbar Goha* (‚Nachrichten über Goha'); Al-Akkad, Abbas Mahmoud 1956: *Goha. Aldahik wel modhek* (‚Der lachende und belustigende Goha') und *Ein kurtzweilig Lesen von Dil Ulenspiegel. Nach dem Druck von 1515 mit 87 Holzschnitten,* ed. Wolfgang Lindow 2007.

zeptionsform beigetragen haben. Die Verschiedenheit der literarischen Genres ist auf die historische Authentizität der Narrenfiguren zurückzuführen. Die Inhalte der Schwänke und Anekdoten verfügen über eine hohe Aussagekraft für den kulturspezifischen Entstehungskontext, den es für die Interpretation der Texte zu erschließen gilt. Charakteristisch ist für beide Werke ihre Entstehung zu Zeiten politischen und gesellschaftlichen Umbruchs. Gemeinsam ist den Narrenfiguren auch ihr Vermögen, mittels einer kulturspezifischen Komik karikativ soziokulturelle Normen und Gewohnheiten kritisch zu beleuchten. Kulturübergreifend sind auch ihre Vorgehensweisen: Die nur vorgetäuschte Dummheit und die der Figur dadurch vergebene Narrenfreiheit berechtigen zu einem Handeln gegen die kulturspezifisch gegebenen und von allen anerkannten Denk- und Handlungsmuster. Dadurch werden diese hinterfragt; menschliche Schwächen, aber auch soziale und politische Missstände werden bloßgestellt und heftiger Kritik unterzogen.

Ebenso hat der soziale Entstehungskontext der Anekdoten und Schwänke in beiden Kulturkreisen darüber entschieden, welche Formen die Rezeption und die literarische Adaption angenommen haben. Dass in beiden Kulturkreisen die Narrengeschichten zu Zeiten grundlegenden politischen und sozialen Wandels entstanden sind, galt als entscheidender Identifikationsfaktor. So wurde Goha beispielsweise in der arabischen Welt gerade zu Übergangszeiten, wo Machtkämpfe herrschten, besonders interessant und zum Helden vieler in der mündlichen Tradition selbst erfundener Geschichten und Anekdoten. Im 20. Jahrhundert wurde auch bei den literarischen Bearbeitungen deutlich, dass diese eine Kritik an der Besetzung durch die britische Kolonialmacht implizierten. Ähnlich war auch das Interesse am Eulenspiegel-Stoff motiviert durch Kritik, die bestehenden politischen Systemen galt.

Auch ist für beide Narrenfiguren ihre literarische Gestaltung in der Kinderliteratur bezeichnend. Aufgrund dieser spezifischen Zielgruppe interessierten dann nur Schwänke oder Anekdoten mit moralisch-belehrendem Inhalt. Die obszöne und teilweise fakälische Motivik, die sich für Kinder weniger eignete, wurde gänzlich ausgeschlossen. Diese ‚Ummodellierung' der Narrenfiguren war in der Forschung häufig Anlass für Kritik, da man dadurch die ursprüngliche Konzeption der Narrenfigur verfälscht und dadurch ihre vielfältige Aussagekraft reduziert sah. Aufgrund dessen sind bei der Rezeption und den literarischen Adaptionen wiederum gleiche Schemata insofern erkennbar, als sich jede Zeit ungeachtet der ursprünglichen Erscheinungsform der Narrenfiguren einen eigenen Goha oder Eulenspiegel formte und ihm Kritik in den Mund legte. Deutliche Unterschiede, die auf kulturspezifische Kontexte zurückzuführen sind, zeigten sich hingegen vor allem bei der historischen Authentizität, bei den Überlieferungsformen und den Darbietungen in verschiedenen epischen Genres und schließlich im komischen Effekt, da Humor und das Lachen über Witze kulturabhängig ist.

Für die Untersuchung von den Anekdoten Gohas und den Schwänken Eulenspiegels sind aus der Lektüre der Texte damit folgende Vergleichskriterien hervorgegangen: historische Authentizität; Überlieferung und Textsituation, Gattung und Autor; Inhalte und Deutungsversuche; komischer Effekt und schließlich Rezeption und literarische Adaption. An ihnen sind, wie oben ausgeführt, sowohl kulturspezifische als auch kulturübergreifende Merkmale deutlich geworden. Die bei der Lektüre beider literarischer Texte als kulturübergreifend und kulturspezifisch erkannten Merkmale sind für die Entwicklung interkultureller Fähigkeiten besonders ertragreich, zumal dadurch Einsichten in das allgemein menschlich Verbindende sowie das kulturspezifisch Bedingte gewonnen werden können.

6 Schluss

Der hier angeführte Vorschlag zeigt die vielfältigen Möglichkeiten, die ein komparatistischer Ansatz bieten kann, durch den Perspektivenwechsel und die Einblicke in fremde Kulturen, die am Ende dieser literarischen Begegnung dann doch nicht so fremd erscheinen. Damit erfüllt ein solches Vorgehen auch die von Karl Esselborn in seiner aktuell erschienenen Studie umschriebenen Ziele einer interkulturellen literarischen Bildung, nämlich „Empathie, Perspektivenübernahme, Fremdverstehen, interkulturelle Kommunikation, Offenheit und Toleranz" (Esselborn 2010: 44). Dabei handelt es sich insgesamt um Kompetenzen, deren Förderung nicht nur im fremdsprachlichen Kontext sinnvoll erscheint, sondern generell für philologische Studienfächer von Bedeutung ist. Insofern schließe ich mit einem Plädoyer für mehr thematisch-komparatistische Fragestellungen in Forschung und Lehre, nicht nur in der Auslandsgermanistik, sondern auch in Deutschland, insofern literarische Übersetzungen dies ermöglichen.

Literatur

Abu-Hasha, Abdallah 2003: „Die angewandte vergleichende Literaturwissenschaft im Curriculum als Beitrag zum ständigen Kulturdialog", in: DAAD 2003: 137-147

Al-Akkad, Abbas Mahmoud 1956: *Goha. Aldahik wel modhek* (‚Der lachende und belustigende Goha'), Kairo: Dar al-Kitab al-Lubnani

Auer, Michaela & Ulrich Müller (eds.) 2001: *Kanon und Text in interkulturellen Perspektiven: „Andere Texte anders lesen". 4. Internationaler Kongress der „Gesellschaft für Interkulturelle Germanistik" und der Universität Salzburg (Kaprun 23.-27.9.1998)* (= Publikationen der Gesellschaft für interkulturelle Germanistik 7), Stuttgart: Akademischer Verlag

Bachmann-Medick, Doris 2008: „Kulturanthropologie", in: Nünning & Nünning 2008: 86-107

Beller, Manfred 2000: „Aspekte einer thematischen Literaturwissenschaft im Rahmen der europäischen Auslandsgermanistik", in: Wierlacher (ed.) 2000 a: 81-93

Bredella, Lothar 2010: *Das Verstehen des Anderen. Kulturwissenschaftliche und literaturdidaktische Studien,* Tübingen: Gunter Narr

Bredella, Lothar (ed.) 2000: *Wie ist Fremdverstehen lehr- und lernbar?,* Tübingen: Narr

Bredella, Lothar 2000: „Fremdverstehen mit literarischen Texten", in: Bredella (ed.) 2000: 133-163

Corbineau-Hofmann, Angelika 2004: *Einführung in die Komparatistik,* Berlin: Erich Schmidt

Danneberg, Lutz & Vollhardt, Friedrich (eds.) 1996: *Wie international ist die Literaturwissenschaft? Methoden- und Theoriendiskussion in den Literaturwissenschaften: kulturelle Besonderheiten und interkultureller Austausch am Beispiel des Interpretationsproblems (1950-1990),* Stuttgart / Weimar: Metzler

Deutscher Akademischer Austauschdienst DAAD (ed.) 2003: *Germanistentreffen Deutschland – Arabische Länder, Iran. 2.-7.10.2002. Dokumentation der Tagungsbeiträge,* Bonn: DAAD

Ehlers, Swantje 1998: *Lesetheorie und fremdsprachliche Lesepraxis aus der Perspektive des Deutschen als Fremdsprache,* Tübingen: Gunter Narr

Ehlers, Swantje 2010: *Studienbuch zur Analyse und Didaktik literarischer Texte,* Baltmannsweiler: Schneider Verlag Hohengehren

Esselborn, Karl 2007: „Interkulturelle Literatur-Entwicklungen und Tendenzen", in: Honnef-Becker 2007: 9-28

Esselborn, Karl 2010: *Interkulturelle Literaturvermittlung zwischen didaktischer Theorie und Praxis,* München: Iudicium

Farrag, Abdel Sattar 1954: *Akhbar Goha* (‚Nachrichten über Goha'), Kairo: Maktabet masr

Fathy, Hebatallah 2010: „Goha und Till Eulenspiegel. Zur kulturübergreifenden und kulturspezifischen Signifikanz von Narrenfiguren", in: *Kairoer Germanistische Studien* 19 (2010), im Druck

Göller, Thomas 2001: *Sprache, Literatur, kultureller Kontext. Studien zur Kulturwissenschaft und Literaturästhetik,* Würzburg: Königshausen & Neumann

Gymnich, Marion et al. (eds.) 2006: *Kulturelles Wissen und Intertextualität. Theoriekonzeptionen und Fallstudien zur Kontextualisierung von Literatur,* Trier: Wissenschaftlicher Verlag Trier

Hallet, Wolfgang & Ansgar Nünning 2007: *Neue Ansätze und Konzepte der Literatur- und Kulturdidaktik,* Trier: Wissenschaftlicher Verlag Trier

Hess-Lüttich, Ernest W.B. et al. (eds.) 2009: *Kommunikation und Konflikt. Kulturkonzepte in der interkulturellen Germanistik,* Frankfurt/Main: Peter Lang

Honnef-Becker, Irmgard (ed.) 2007: *Dialoge zwischen den Kulturen. Interkulturelle Literatur und ihre Didaktik,* Baltmannsweiler: Schneider Verlag Hohengehren

Hudson-Wiedemann, Ursula 1999: „Cultural Studies und Kulturthematische Praxis", in: *Jahrbuch Deutsch als Fremdsprache* 25 (1999): 187-211

Hudson-Wiedemann, Ursula 2003: „Kulturthematische Literaturwissenschaft", in: Wierlacher & Bogner 2003: 448-456

Krause, Burckhardt et al. (eds.) 1992: *Präludien: kanadisch-deutsche Dialoge. Vorträge des 1. Kingstoner Symposions. Thema: Interkulturelle Germanistik. The Canadian Context,* München: Iudicium

Krusche, Dieter & Alois Wierlacher (eds.) 1990 : *Hermeneutik der Fremde,* München: Iudicium
Krusche, Dieter 1993: *Literatur und Fremde. Zur Hermeneutik kulturräumlicher Distanz,* München: Iudicium
Kuri, Sonja & Robert Saxer (eds.) 2001: *Deutsch als Fremdsprache an der Schwelle zum 21. Jahrhundert. Zukunftsorientierte Konzepte und Projekte,* Innsbruck: Studien Verlag
Legutke, Michael K. et al. (eds.) 2002: *Arbeitsfelder der Literaturdidaktik. Bilanz und Perspektiven. Lothar Bredella zum 65. Geburtstag,* Tübingen: Gunter Narr
Lindow, Wolfgang 2007: Ein kurtzweilig Lesen von Dil Ulenspiegel. Nach dem Druck von 1515 mit 87 Holzschnitten, Stuttgart: Reclam
Matthes, Joachim 2003: „Vergleichen", in: Wierlacher & Bogner 2003: 326-330
Mecklenburg, Norbert 2008: *Das Mädchen aus der Fremde. Germanistik als interkulturelle Literaturwissenschaft,* München: Iudicium
Nayhauss, Hans-Christoph Graf von 1999: *Aspekte einer interkulturellen Literaturdidaktik. Literaturdidaktik als Mentalitätenkunde,* im Internet unter http://www.inst.at/studies/collab/nayhaus.htm [10.10.2010]
Neumann, Birgit & Ansgar Nünning 2006: „Kulturelles Wissen und Intertextualität", in: Gymnich et al. 2006: 3-28
Nünning, Ansgar & Vera Nünning (eds.) 2008: *Einführung in die Kulturwissenschaften. Theoretische Grundlagen – Ansätze – Perspektiven,* Stuttgart: Metzler
Scheiffele, Eberhard 2003: „Interkulturelle Germanistik und Literaturkomparatistik: Konvergenzen, Divergenzen", in: Wierlacher & Bogner 2003: 569-576
Schewe, Manfred Lukas 2002: „Literaturvermittlung auf dem Wege von gestern nach morgen – eine auslandsgermanistische Perspektive", in: *German as a foreign language* 3 (2002): 25-47
Thum, Bernd 1992: „Kulturthemenorientierte Lehre im Rahmen einer interkulturellen Bildung", in: Krause et al. (eds.) 1992: 13-32
Thum, Bernd & Gonthier-Louis Fink (eds.) 1993: *Praxis interkultureller Germanistik: Forschung, Bildung, Politik,* München: Iudicium
Voßkamp, Wilhelm 2008: „Literaturwissenschaft als Kulturwissenschaft", in: Nünning & Nünning 2008: 73-85
Westphal, Bärbel 2009: „Literaturdidaktik in der Hochschullehre", in: *Studia neophilologica* 81 (2009): 207-216

Wierlacher, Alois (ed.) 1987: *Perspektiven und Verfahren interkultureller Germanistik,* München: Iudicium
Wierlacher, Alois (ed.) 2000 a: *Das Fremde und das Eigene. Prolegomena zu einer interkulturellen Germanistik,* München: Iudicium
Wierlacher, Alois 2000 b: „Interkulturalität. Zur Konzeptualisierung eines Rahmenbegriffs interkultureller Kommunikation aus der Sicht Interkultureller Germanistik", in: *Jahrbuch Deutsch als Fremdsprache. Intercultural German Studies* 26 (2000): 263-287
Wierlacher, Alois & Andrea Bogner (eds.) 2003: *Handbuch Interkulturelle Germanistik,* Stuttgart / Weimar: Metzler
Wintersteiner, Werner 2001: „Doppelte Fremdheit. Anmerkungen zum Begriff ‚Interkulturelle Literaturdidaktik'", in: Kuri & Saxer (eds.) 2001: 162-180
Winkler, Stefan 2003: „Germanistik in den arabischen Staaten und im Iran", in: DAAD (ed.) 2003: 11-24
Zima, Peter V. 2003: „Aufgaben und Ziele komparatistischer Forschung: Kulturelle Bedingtheit und kulturelle Vielfalt", in: Wierlacher & Bogner 2003: 562-569

Das Märchen der 672. Nacht: Die orientalische Welt und Hugo von Hofmannsthals literarische Kreativität

Mohammed Laasri (Fes)

Abstract

Hugo von Hofmannsthal is one of the writers who admired oriental culture and studies. This admiration made him quote from some themes and images belonging to the oriental culture, and mainly literary works.
This article sheds light on these quotations through the analysis of Hugo von Hofmannsthal's *Das Märchen der 672. Nacht*.

Viele Anspielungen und Motive in einer Reihe von Hofmannsthals Erzählungen lassen erkennen, dass *Tausendundeine Nacht* und die orientalische Welt dem Dichter während seiner gesamten literarischen Schaffenszeit gegenwärtig gewesen sind. Die Lektüre seiner Erzählungen *Die Hochzeit der Sobeide, Das Märchen der 672. Nacht, Der goldene Apfel* und andere zeigen den starken Einfluss des orientalischen Werks *Tausendundeine Nacht* auf ihn. Hofmannsthal ist daran interessiert, schöne und aufregende Bücher aus dem unscheinbaren Leben zu machen (cf. Schuster 2009: 178).

Bereits als Knabe lernt er diese orientalischen Geschichten kennen, vermutlich durch *Dalziel's illustrierte Tausendundeine Nacht* (cf. Köhler 1972: 53). *Tausendundeine Nacht* begleitet Hofmannsthal während seines ganzen Lebens. Er selbst sagt darüber, er habe das Buch seit seiner Kindheit in der Hand und öfter gelesen und nun dürfe er es besitzen (cf. ibd.).

Hofmannsthal schildert den Orient in vielen seiner Briefe und Werke anhand von Urteilen und klischeehaften Auffassungen, die auf seine Lektüre von *Tausendundeine Nacht* zurückzuführen sind. Basierend auf biblischen Traditionen, linguistischen und ethnologischen Forschungen betrachtet er den Orient als Wiege der Menschheit (cf. Bergmann 1996: 166).

Erst bei einer Reise nach Nordafrika beschreibt Hofmannsthal den Orient, wie er ihn sich gemäss *Tausendundeiner Nacht* vorgestellt hat: die bunte Welt des Orients mit seiner farbigen Bildlichkeit (cf. Köhler: 1972: 165). Im Jahre 1925 unternimmt Hugo von Hofmannsthal seine Reise, die ihn zum ersten Mal nach Nordafrika führt (cf. ibd.). Während seines Aufenthalts in Marokko, Algerien und Tunesien lernt er viel von der orientalischen Kultur kennen: Marrakesch scheint Hofmannsthal beeindruckt zu haben. Die Stadt und ihre Bewohner beschreibt er ausführlich und in einem Brief an Carl J. Burckhardt berichtet er enthusiastisch über seinen Aufenthalt in Marrakesch und meint, dass er sich von dieser Stadt schwerer trennen werde als von irgendeiner Stadt in Europa und dass er sich immer freue, immer wenn der starke eindringliche Ruf der schönen Stimme des Muezzin ihn wecke (cf. ibd.). Und in einer Karte aus der gleichen Stadt knüpft er unmittelbar an seine Lektüre von *Tausendundeiner Nacht* an und betrachtet den Orient als eine unberührte und noch in nichts europäisierte Orientwelt (cf. ibd.: 154). Dies ist zugleich auch eine Stilisierung des Orients zum Gegenpol des von Fortschritt, Kapitalismus und Lebensüberdruss gekennzeichneten Okzidents.

Indem er seinen Aufenthalt in Fez schildert, bezieht er sich auch auf *Tausendundeine Nacht*. Die Stadt weckt in ihm die Erinnerung an Griechenland und Rom, ebenso wie an „das arabische Märchenbuch" und die Bibel (zit. nach Köhler 1972: 154). In Fez fühlt sich Hofmannsthal auch umgeben von der Welt der orientalischen Geschichten, die durch eine ungewöhnliche Heiterkeit und den Gegensatz zwischen der höchsten und niedrigsten Welt, vom Kalifen zum Barbier, und orientalische Gestalten gekennzeichnet ist. Diese orientalischen Gestalten werden im Einzelnen beschrieben, etwa die jungen arabischen Diener auf einem Diwan, der alte Mann auf einem kleinen Esel, ein Farbiger auf einem berberischen Pferd, eine verschleierte Frau auf einem Maultier (cf. ibd.: 158). Bei der Lektüre von *Tausendundeine Nacht* wie bei dem Rundgang durch die Altstadt von Fez beeindruckt den Dichter das Gefühl des Ursprünglichen.

Die Präsenz von Motiven aus „Tausendundeiner Nacht" in den Schriften Hofmannsthals ist beträchtlich. Eine Reihe von kürzeren Erzählungen wie *Amgiad und Assad, Der goldene Apfel, Die Hochzeit der Sobeide* und *Das Märchen der 672. Nacht* zeigen die starke Vorliebe Hofmannsthals für mit dem Orient assoziierte Themen und Motive.

Hofmannsthals Erzählung *Das Märchen der 672. Nacht* weist auf eine berühmte Erzählung von *Tausendundeine Nacht* hin, nämlich *Die Ge-*

schichte des dritten Bettelmönchs (cf. ibd.: 72). Diese Erzählung handelt davon, wie ein Juwelier seinen jungen Sohn in ein unterirdisches Gemach einschließt, weil die Sterndeuter nach der Geburt seines einzigen Sohns ihm erzählt haben, sein Sohn werde im Alter von fünfzehn Jahren von einem Bettelmönch namens „Adschib" getötet. Nachdem der Vater wegen eines Geschäfts verreist ist, geht Adschib zu dem Jüngling in das unterirdische Gemach, das mit kostbaren Teppichen, Blumen und Seidenstoffen ausgestattet ist. „Das Schicksal führt mich zu dir" (zit. nach Köhler 1972: 72), erklärt er dem erstaunten Jüngling. Dieser vertraut Adschib und erzählt ihm seine Geschichte. Über diese geschilderte Prophezeiung ist Adschib überrascht und schwört einen Eid, dem jungen Mann auf keinen Fall ein Leid zuzufügen. Er bietet ihm sogar an, bei ihm zu bleiben und ihn zu bedienen. Er versorgt ihn auf vollkommenste Weise und beide werden gute Freunde. Am vierzigsten Tag, als er dem jungen Mann einen Dienst leisten will, rutscht er aus und stürzt, so dass er das Messer, das er zufällig in der Hand hat, in den Bauch des Jungen stößt; der junge Mann stirbt und die Prophezeiung der Sterndeuter ist eingetroffen. Und das Schicksal des jungen Mannes ist erfüllt worden, trotz aller Fürsorge seines Vaters.

Eine wichtige Parallele zwischen den beiden Helden im *Märchen der 672. Nacht* und der *Geschichte des dritten Bettelmönchs* ist, dass die beiden (der Kaufmannssohn und der Juwelierssohn) eingeschlossen in sich selbst und isoliert von der Gesellschaft in schön verzierten Räumen mit kostbaren Kunstgegenständen leben: Der Kaufmannssohn hat auch einen Diener wie „Adschib", der ihm seine Dienste angeboten hat und seine Wünsche erfüllt;

Die beiden Helden werden von ihren Dienern geliebt und auf vollkommenste Weise bedient. Und auch die Gestalt des reichen und schönen Kaufmannssohns findet sich nicht nur in *Tausendundeine Nacht*.

Ein Detail aus derselben Erzählung hat auch eine große Ähnlichkeit mit einem anderen Element im *Märchen der 672. Nacht*. Im Laufe der Erlebnisse, die Adschib erzählt, wird er von einem Pferd abgeworfen, das ihn mit dem Schweif ins Gesicht schlägt, so dass er ein Auge verliert (cf. Köhler 1972: 74 f.). In Hofmannsthals Märchen (1999: 26) heißt es: „[E]r bückte sich, das Pferd schlug ihm den Huf mit aller Kraft nach seitwärts in die Lenden und er fiel auf den Rücken [...]".

Neben diesen äußeren Elementen aus der *Geschichte des dritten Bettelmönchs* übernimmt Hofmannsthal für seine Erzählung das Motiv der

Todesangst: Der Juwelierssohn muss von seiner Geburt an mit der Ankündigung seines frühen Todes leben und bereits mit fünfzehn Jahren an seinen frühzeitigen Tod denken. So beschäftigen den Kaufmannssohn ständig die Gedanken an den Tod; im *Märchen der 672. Nacht* findet man des Öfteren Sprichwörter über Tod und Schicksal wie: „Wo Du sterben sollst, dahin tragen dich deine Füße" oder: „wenn das Haus fertig ist, kommt der Tod" (ibd.: 11). Der Kaufmannssohn ist sicher, seinem Schicksal, seinem Tod nicht entrinnen zu können (cf. Köhler 1972: 75): „Eine fruchtbare Beklemmung kam über ihn, eine tödliche Angst vor der Unentrinnbarkeit des Lebens" (Hofmannsthal 1999: 15). Der Kaufmann muss ständig an den Tod denken, dessen furchtbare Gestalt begleitet ihn fortwährend und er sieht seine Gestalt in vielen Bildern. Beispielsweise am Ende der Erzählung erkennt er den Tod deutlich in der Gestalt des Pferdes, das, wie dieser, stark und hässlich aussieht. Als Adschib den Juwelierssohn aus Versehen getötet hat, schreit er und zerreisst seine Kleidung (cf. Köhler 1972: 77). Seine Tat sieht er als Erfüllung des für den Juwelierssohn bestimmten Schicksals, des göttlichen Willens.

Schon der Titel des Märchens stimmt teilweise mit dem von *Tausendundeine Nacht* überein. Er lässt eine Analogie zu *1001 Nacht* erkennen, wo den einzelnen Märchen ebenfalls eine Ziffer vorangestellt wird. Dies hat einige Forscher dazu veranlasst, in der Zahl 672 eine chiffrierte Botschaft zu vermuten (cf. Kümmerling-Meibauer 1991: 250), jedoch kommen beispielsweise Mathes und Rölleke beide zu keinen genauen Ergebnissen (cf. ibd.). Welche Absicht Hofmannsthal dabei hegte, hat er in einen Brief an seinen Vater erklärt:

> Die Märchenhaftigkeit des Alltäglichen zum Bewußtsein, das Absichtlich-Unabsichtliche, das Traumhafte. Das hab' ich einfach ausdrücken wollen und deswegen diese merkwürdige Unbestimmtheit gesucht, durch die man beim oberflächlichen Hinschauen glaubt, Tausendundeine Nacht zu sehen, und genauer betrachtet, wieder versucht wird, es auf den heutigen Tag zu verlegen" (Hofmannsthal 1935: 169 f.).

Neben den Motiven aus *Tausendundeine Nacht* sind andere orientalische Motive unübersehbar. Bei näherer Betrachtung stellt man fest, dass die Situierung im Orient nicht allzu stichhaltig ist. Die Bestimmung des Handlungsortes im Orient bleibt vage und ist nur anhand weniger Details und bestimmter, mit dem Orient verbundener Topoi zu erkennen. Die Handlung vollzieht sich schweigend und in einer stillen, klanglosen Atmosphäre. Nur im Glashaus „rascheln" Blätter und rauschen Fächerkronen, und der Kaufmannssohn hört „die zerknickten Stämme und niedergedrückte Blätter wie nach einem Gewitter sich leise raschelnd erheben" (Hofmannsthal 1999: 22). In der Schilderung der Umgebung des Kaufmannssohnes wird die Stadtlandschaft zur Projektionsfläche seiner Psyche. Obwohl die Handlung nur wenig konkrete Hinweise auf den Orient gibt (außer dem Titel der Erzählung noch die indischen Gottheiten und der persische Gesandte), ist es sehr wahrscheinlich, dass Hofmannsthal in dieser Szene das Innere einer orientalischen Stadt beschreibt.

In ganz ähnlicher Weise, in Anlehnung an *Tausendundeine Nacht,* stilisiert Hofmannsthal später in einer seiner Reisebeschreibungen orientalische Häuser in Fez:

> Ich gehe die enge Treppe hinunter, die wieder, wie in all diesen arabischen Häusern, aus bunten Kacheln und sehr steil ist – so steil, dass man immer an dies „die Treppe hinunterstoßen" denkt, das in den arabischen Erzählungen so oft vorkommt (ibd.: 96).

Zunächst war die Erzählung in Wien angesiedelt.[1] Wien ist für Hofmannsthal das Tor zum Orient, die Schnittstelle Westeuropas und des Orients. Hofmannsthal sieht die Stadt nicht nur als Pforte zum geographischen Orient, sondern auch zu einer Art des inneren Orients des Traums und des Unbewussten, zu einem unerforschten und geheimnisvollen Terrain.

Wien wird als Brücke zwischen West und Ost angesehen, die durch die Einrichtung der Orientalischen Akademie und die Erforschung des Orients den Orientalismus des 19. Jahrhunderts begründet hatte.

> Die Orientalisierung Wiens war in Hofmannsthal Augen ein historisches Faktum, geographisch-politisch durch die Emanzipation der slawischen Völker und mental durch die Versinnlichung der Kultur (Sprengel & Streim 1998: 343).

Der Orient der Erzählung ist eher subtil. Er ist Kulisse und Atmosphäre der Geschichte des schönen, jungen Kaufmannssohnes, der sich bereits im Alter von fünfundzwanzig Jahren vom geselligen Leben zurückzieht, um allein mit vier seiner Diener zu leben und sich nur der Beobachtung

---

1 Cf. Hofmannsthal, Hugo von 1979: *Gesammelte Werke*, 10 Bde., ed. Bernd Schöller, Bd. 7: *Erzählungen, Erfundene Gespräche und Briefe, Reisen*, Frankfurt/Main: Fischer: 655

des Schönen zu widmen. Die orientalische Welt, mit der sich der Kaufmannssohn umgibt, besteht fast ausschließlich aus Gegenständen, die die menschliche Gesellschaft ersetzen. Die einzigen Menschen in seiner Umgebung sind eine alte Haushälterin, ein Diener, ein fünfzehnjähriges und ein siebzehn- oder achtzehnjähriges Dienstmädchen.

Angst, Verlassenheit, Einsamkeit, innere Müdigkeit und der Versuch, Flucht vom Leben zu suchen, kennzeichnen Kaufmannssohnes Empfindungen. Diese Haltung des Ästheten ist in den Erzählungen aus *Tausendundeiner Nacht* völlig abwesend[2]. Die Anwesenheit seiner Diener löst Rührung und Beklemmung aus. „Er wähnte, völlig einsam zu leben, aber seine vier Diener umkreisten ihn wie Hunde" (Hofmannsthal 1999: 11). Das Verhältnis zu den Dienern spiegelt den Seelenzustand des Kaufmannssohnes wider, ebenso wie die ganze Umgebung sich entsprechend seinen zunehmenden Ängsten verändert. Sie verwandelt sich von einer Art Paradies voller lebendiger Schönheit zu einem beängstigenden Gefängnis. Hofmannsthal hat orientalische Atmosphäre, verkörpert in den Kunstgegenständen und den Gassen des Labyrinths aus seiner orientalischen Vorstellungswelt, übernommen. Er stellt mit diesen Bildern eine wenig realistische, vielmehr eine exotische Welt, verbunden mit der orientalischen Phantasie, dar, die zum einen schöne Bilder und zum anderen Exotismus und Angst zeigen.

Am Anfang der Erzählung bedeuten die Kunstgegenstände seiner Umgebung für den Kaufmann Symbole einer wunderbaren Welt:

> Die Schönheit der Teppiche und Gewebe und Seiden, der geschnitzten und getäfelten Wände, der Leuchter und Becken aus Metall, der gläsernen und irdenen Gefäße […]. Er erkannte in den Ornamenten, die sich verschlingen, ein verzaubertes Bild der verschlungenen Wunder der Welt. Er fand die Formen der Tiere und die Formen der Blumen und das Übergehen der Blumen in die Tiere; die Delphine, die Löwen (ibd.: 10).

In dieser Passage dienen diese orientalischen Bilder zwar immer noch zur Darstellung seines Lebens, aber sie haben eine andere Funktion. Sie sind jetzt Zeichen der Angst und des Grauens:

---

2 Die Figuren wenden sich dem Leben zu mit seinen glücklichen und leidvollen Seiten. In jeder Episode von *Tausendundeiner Nacht* herrscht eigentlich eine heitere Atmosphäre voller Lebenslust, die jedoch immer wieder durch den Kampf um das Überleben gebrochen wird. Fast bei allen Gefahren und Abenteuern, die die Helden bestehen müssen, wird Gott angerufen.

...und sah sich schön, wie ein auf der Jagd verirrter König, in einem unbekannten Wald unter seltsamen Bäumen einem fremden wunderbaren Geschick entgegengehen. Er sagte: „ Wenn das Haus fertig ist, kommt der Tod" und sah jenen langsam heraufkommen über die von geflügelten Löwen getragene Brücke des Palastes, des fertigen Hauses, angefüllt mit der wundervollen Beute des Lebens... (ibd.: 11).

Die Motive der orientalischen Schönheit werden zu Zeichen des bevorstehenden Todes. Vormals liebliche Blumen verkehren sich zu Symbolen für die Hässlichkeit des Lebens.

Ohne viel auf seinen Weg zu achten, bog er dann ein und kam in eine ganz öde, totenstille Sackgasse, die in einer fast turmhohen, steilen Treppe endigte. Auf der Treppe blieb er stehen und kehrte zurück auf seinen Weg. Er konnte in die Höfe der kleinen Häuser sehen; hie und da waren rote Vorhänge an den Fenstern und hässliche verstaubte Blumen; das breite, trockene Bett des Flusses war von einer tödlichen Traurigkeit (ibd.: 18).

Neben den Kunstgegenständen dienen Ornamente als Lebensquellen, aus denen der Kaufmannssohn sein Leben zu erschöpfen versucht.

Er erkannte in den Ornamenten, die sich verschlungen, ein verzaubertes Bild der verschlungenen Wunder der Welt. Er fand die Formen der Tiere und die Formen der Blumen und das Übergehen der Blumen in die Tiere, die Delphine, die Löwen und die Tulpen, die Perlen und den Akanthus, er fand den Streit zwischen der Last der Säule und dem Widerstand des festen Grundes und das Streben alles Wassers nach aufwärts und wiederum nach abwärts; er fand die Seligkeit der Bewegung und die Erhabenheit der Ruhe, das Tanzen und das Todsein (ibd.: 10).

Bermann (1997: 199) betont, der Rhythmus der Sprache, der durch die Anapher *er fand* sowie die Aufzählungen und Reihungen entstehen, spiegle die verschlungenen orientalischen Ornamente wider. Das Motiv der Ornamente findet sich auch in anderen orientalisierten Märchen, die ungefähr zeitgleich entstanden, wieder:

Es ist möglich, dass in dem Gemach des Prinzen eine wundervolle ornamentale Tapete, das Leben der Thiere des Waldes darstellend, hängt und dass die beiden so lange getrennten Brüder von diesem Kunstwerk reden, satt von vielen anderen Dingen [...] (Hofmannsthal 1975: 39).

Die Parallele von Ornamenten und Lebensbild wird von ihm erneut aufgegriffen. In einer Reisebeschreibung der marokkanischen Stadt Fez vergleicht Hofmannsthal kalligraphische Muster mit den Verknüpfungen der Lebenslinien. Das Ornament wird lebendig, Leben und Form sind identisch.

> [D]ieses Ornament der sich ineinander verstrickenden Schriftzüge, das überall tausendfach von den einander verstickenden Lebenslinien wiederholt wird, all dies umgibt uns mit einem Gefühl, einem Geheimnis, einem Geruch, in dem etwas Urewiges ist, eine Urerinnerung – Griechenland und Rom und das arabische Märchenbuch und die Bibel –, aber dem zugleich etwas leise Drohendes beigemengt ist, das wahre Geheimnis, dieses Drinnensein im Knäuel und die leise Ahnung des Verbotenen, die niemals ganz schweigt […] (Hofmannsthal 1999: 100).

Wiederum ersetzt die Kunstbetrachtung des Gesprächs die Erfahrung des wirklichen Lebens. Allerdings erfüllt das Ornament nicht nur die Funktion des Dekors, sondern ist darüber hinaus Sinnbild von Kunst. „[D]as ornamentale als das Letzte in der Kunst. Alle Erlebnisse ihres realen Inhalts entkleidet und nur mehr die abgezogene Gebärde der Wesen betrachtet" (Hofmannsthal 1979: 389). Das Vorbild der orientalischen Kunst gab den Maßstab für Hofmannsthals Definition des Ornaments vor. Das Ornament ist formgewordenes Leben. Die einzigartige Formensprache und Schönheit des Ostens beruhen demnach auf Natur.

Hofmannsthal beschwört den Orient der Träume und der Phantasie, der immer neue Formen erschafft. So ist es denn auch die Struktur der ewigen Wiederkehr, die als typisch orientalisch identifiziert wird. Sie gleicht einer Welt, die immer neue ineinander verschlungene Symbole hervorbringt[3].

Die Zeit erfährt eine merkwürdige Veränderung. Die Zeitstrukturen in den zwei Teilen der Erzählung unterscheiden sich deutlich voneinander. Während das Leben des Kaufmannssohnes im ersten Teil recht ereignislos verläuft, er in Harmonie umgeben von der Schönheit der Ornamente lebt und die Zeit als unaufhörliches Kreisen erfährt, beschleunigt sich das Erzähltempo im darauffolgenden Teil merklich. Ausgelöst durch den Brief, der den Diener eines Verbrechens beschuldigt und handlungsauslösendes Moment ist, wird der Jüngling von nun an durch das Labyrinth einer orientalisch anmutenden Stadt zu Tode gehetzt. Die Umgebung entspricht oder vielmehr bestimmt seinen psychischen Zustand.

---

3 Cf. ibd.: 370.

Er konnte sich nicht freuen; ohne sich umzusehen, mit einem dumpfen Gefühle, wie Hass gegen die Sinnlosigkeit dieser Qualen, ging er in eines der Häuser und dort die verwahrlose Stiege hinunter und trat wieder hinaus in eine Gasse, die hässlich und gewöhnlich war (Hofmannsthal 1999: 23).

Die triste, fremde Umgebung der orientalischen Gassen signalisiert bereits den bevorstehenden Tod. Es ist der öde Orient, eine trostlose Fremde, der auch in diesem Stadium sinnlich erfahrbar ist. Unterschiedlichste Gerüche begleiten ihn in den Tod. Er nimmt den Geruch von süßen, warmen, geschälten Mandeln wahr ebenso wie den dumpfen Geruch, der aus dem Zimmer kommt, einen ganz besonders beklemmenden Geruch, und schließlich den Geruch von trockenem Schilf.

Die Szene im Kasernenhof ist eine Komposition von Gerüchen und Farben, die aufeinander abgestimmt sind. Gelb ist bei Hofmannsthal häufig die Farbe des Alters. Es steht hier auch für Wüste, Öde und Leere. Die Menschen haben gelbliche Gesichter und traurige Augen.

Mittels Erkenntnis sollen die Grenzen zum Leben überschritten werden. Durch halbe Erkenntnis können die Grenzen des Bewusstseins nicht aufgehoben werden. Durch Angst vor dem Leben werde die Integration des Negativen verhindert.

Die Beschreibungen der Frauen tragen zur Inszenierung eines geheimnisvollen und sinnlichen Orients bei. Bei der Betrachtung einer jungen Dienerin

> ergriff ihn die unvergleichliche Schönheit ihrer Augenlider und ihrer Lippen und die trägen, freudlosen Bewegungen ihres schönen Leibes waren ihm die rätselhafte Sprache einer verschlossenen wundervollen Welt (ibd.: 13).

Dieses Frauenbild erinnert an die Darstellungen orientalischer Frauen (z. B. Haremsszenen) von E. Delacroix (*femmes d'Alger dans leur appartement,* 1834) oder J.-A.-D. Ingres (*Le bain turc,* 1862), in denen Frauen meist träge, aufreizend oder eitel gezeigt werden.

Es scheint, als werde auf den Topos von Trägheit und Langeweile des Harems angespielt, der eine ebenso verschlossene Welt wie die unverständliche Körpersprache der Dienerin darstellt. Berman sieht Hofmannsthal in einer Erzähltradition, nach „welcher der Orient seit der Antike in der europäischen Imagination als Ort des Luxus und der exotischen, ästhetisch wertvollen Kostbarkeiten erscheint" (Bermann 1997: 186). Außerdem wird immer nur auf einen vergangenen Orient rekurriert.

Der Orient des Märchens zeichnet sich nicht durch zeitliche Entrückung aus, sondern ist auch in anderer Hinsicht befremdend. In einem geneigten Spiegel erblickt der Kaufmannssohn eine der jungen Dienerinnen. In ihrer Beschreibung verbinden sich Schönheit und Bedrohung: Totes und Lebendiges:

> Sie trug in jedem Arme eine schwere hagere indische Gottheit aus dunkler Bronze [...] und lehnten mit ihrer toten Schwere an den lebendigen zarten Schultern; die dunklen Köpfe aber mit dem bösen Mund von Schlangen, drei wilden Augen in der Stirn und unheimlichem Schmuck in den kalten, harten Haaren, bewegen sich neben den atmenden Wangen und streifen die schönen Schläfen im Takt der langsamen Schritte (Hofmannsthal 1999: 15).

Es ist das Bild einer femme fatale, die zwar schön, aber vor allem geheimnisvoll und gefährlich ist (cf. Bermann 1997: 226). Die indischen Gottheiten verkörpern das Dunkle und Wilde und verstärken das Gefühl des Mystischen und Irrealen. In dieser Szene zeigt sich, dass Hofmannsthal versucht, mit Hilfe exotischer Attribute ein Bild zu schaffen, symbolisch das Rätsel von Leben und Tod ästhetisiert. Die meisten der Frauenbilder sind geprägt durch die Spannung von Schönheit und Bedrohung. So sind auch die Erinnerungen an seine Dienerinnen an Ereignisse geknüpft, die zu seinem Tode führen.

Für seine Erzählung *Das Märchen der 672. Nacht* hat Hofmannsthal die Episode einer Erzählung, nämlich *Der dritte Bettelmönch*, umgeformt. Viele Elemente weisen grundlegende Ähnlichkeiten zwischen den beiden Erzählungen auf. Diese sind z.B. stilistische und inhaltliche Elemente. Am deutlichsten scheint das Motiv der Todesangst zu sein, die sowohl den Kaufmannssohn als auch den Juwelierssohn bedroht.

Die orientalische Umgebung in der Erzählung verändert sich entsprechend den zunehmenden Ängsten des Kaufmannssohnes. Sie verwandelt sich im ersten Erzählungsteil von einer Art Paradies voller lebendiger Schönheit zu einem beängstigenden Gefängnis. Des Orients bedient sich Hofmannsthal als eines bunten, schönen und exotischen Topos' zur Darstellung eines Luxuslebens und gleichfalls zur Darlegung des Grauens und der melancholischen Lebensatmosphäre, die auf den bevorstehenden Tod verweist.

Diese Bilder und inhaltliche Elemente verwendet Hofmannsthal als Tableau, um die Lebensproblematik des Ästheten um 1900 widerzuspiegeln. Diese Lebensproblematik, die durch Lebensverzweiflung geprägt ist, durchzieht viele seiner Werke. Mit der Kunst und Literatur bemühen sich Hofmannsthal und andere Dichter seines Kreises um das reine Bestehen des Individuums gegenüber den Herausforderungen der Moderne durch das ästhetische Arrangement (cf. Schuster 2009: 188).

Literatur

Berman, Nina 1997: *Orientalismus, Kolonialismus und Moderne. Zum Bild des Orients in der deutschsprachigen Kultur um 1900*, Stuttgart: Metzler
Curtius, Ernst Robert ²1954: *Kritische Essays zur europäischen Literatur*, Bern: Francke
Curtius, Ernst Robert 1954: „George, Hofmannsthal und Calderon", in: Curtius ²1954: 172-201
Hofmannsthal, Hugo von 1935: *Briefe 1890-1901*, Berlin: Fischer
Hofmannsthal, Hugo von 1959: *Gesammelte Werke in Einzelausgaben*, ed. Herbert Steiner, Frankfurt/Main: Fischer
Hofmannsthal, Hugo von 1968: *Hofmannsthal, Hugo von – Graf Kessler, Harry: Briefwechsel 1898-1929*, ed. Hilde Burger, Frankfurt/Main: Fischer
Hoffmansthal, Hugo von 1975: *Sämtliche Werke. Kritische Ausgabe*, ed. Rudolf Hirsch et al., Bd. 29: *Erzählungen 2*, Frankfurt/Main: Fischer
Hofmannsthal, Hugo von 1975: „Amgiad und Assad", in: Hoffmansthal, von 1975: 37-43
Hofmannsthal, Hugo von 1979: *Gesammelte Werke in zehn Einzelbänden. Reden und Aufsätze III, Aufzeichnungen*, ed. Bernd Schöller, Frankfurt/Main: Fischer
Hofmannsthal, Hugo von 1999: *Werke in zehn Bänden, Gedichte, Dramen, Prosa*, ed. Lorenz Jäger, Bd. 9, Frankfurt/Main: Fischer
Hofmannsthal, Hugo von 1999: „Das Märchen der 672. Nacht", in: Hoffmannsthal, von 1999: 10-27
Jens, Walter 1988: *Kindlers neues Literatur-Lexikon*, München: Kindler
Köhler, Wolfgang 1972: *Hofmannsthal und Tausendundeine Nacht*, Bern / Frankfurt/Main: Peter Lang
Kümmerling-Meibauer, Bettina 1991: *Die Kunstmärchen von Hofmannsthal, Musil und Döblin*, Köln / Weimar / Wien: Böhlau

Schings, Hans Jürgen 1967: „Allegorie des Lebens. Zum Problem von Hofmannsthals ‚Märchen der 672. Nacht'", in: *Zeitschrift für deutsche Philologie 86* (1967): 533-561

Schuster, Joerg 2009: „Ästhetische Erziehung oder Lebensdichtung? Briefkultur in Zeiten des Ästhetizismus. Hofmannsthals Korrespondenzen mit Edgar Karg von Bebenburg und Ottonie Gräfin Degenfeld", in: *Hofmannsthal-Jahrbuch 17* (2009): 171-203

Sprengel, Peter & Gregor Streim 1998: *Berliner und Wiener Moderne. Vermittlungen und Abgrenzungen in Literatur, Theater und Publizistik*, Köln / Weimar / Wien: Böhlau

Tarot, Rolf 1970: *Hugo von Hofmannsthal. Daseinsformen und dichterische Strukturen*, Tübingen: Niemeyer

Vielstimmiger interkultureller Dialog im Turm
Zu Saids Hörspiel
friedrich hölderlin empfängt niemanden mehr (2001)

René Kegelmann (München)

Abstract

This contribution analyses the radio play friedrich hölderlin empfängt niemanden mehr by Said, an Iranian-born author who writes in German. The analysis focuses on Hölderlin's dialogue with a stranger, a dialogue which is as intricately intertwined, strange and intercultural in relation to its content as it is asymmetrical regarding the way if unfolds. Although the radio play is by and large set in 1807, i.e. shortly after Hölderlin was discharged from Authenrieth's mental institution, finding a new home in the tower of the Zimmer family's house in Tübingen, the radio play, by utilising sound effects that remind the listener of modern cities, imprisonment and torture, manages to connect Hölderlin's time with contemporary life. The basic theme of flight and strangeness – a theme that the stranger during his encounter with Hölderlin emphasises repeatedly as the underlying pattern in the poet's life – is a recurrent theme in Said's writings, also reflecting his personal situation as an émigré.

1

Tübingen und der Hölderlinturm gehören heute zum kollektiven Gedächtnis der Deutschen, der Turm ist ein wichtiger Erinnerungsort mit großer Ausstrahlungskraft. Friedrich Hölderlin verbrachte dort fast die Hälfte seines Lebens im vermeintlichen Wahnsinn, genau gesagt vom 3.5.1807 bis zu seinem Tod am 7.6.1843, im Haus des Schreinermeisters Ernst Zimmer. Der Dichter verfasste im Turm noch etliche poetische Texte – etwa 50 überlieferte Gedichte, Fragmente zum *Hyperion* usw., die der Nachwelt insbesondere durch die Sammeltätigkeit der Schwäbischen Romantiker (Ludwig Uhland, Justinus Kerner, Gustav Schwab u.a.) überliefert sind.

Fast 160 Jahre nach dem Tod Hölderlins schreibt der in München lebende, deutschsprachige Dichter iranischer Herkunft, Said, ein Hörspiel mit dem Titel *friedrich hölderlin empfängt niemanden mehr*[1], das im Jahre 1807 im Tübinger Turm spielt, aber auch zahlreiche Episoden aus der Zeit bis zu Hölderlins Tod und teilweise auch vor seiner Einweisung in die Klinik beinhaltet. Hölderlin ist erst kurz zuvor aus der Authenriethschen Klinik, in der er sieben Monate als vermeintlich geistig Kranker verbringen musste (und wo man ihm als – so die Diagnose – unheilbar Krankem nur noch wenige Jahre gab), entlassen worden. Hölderlin wurde dort mit den zeitgenössischen Praktiken der geschlossenen Psychiatrie traktiert, zu denen auch die Authenriethsche Maske gehörte, eine Ledermaske, die dem vermeintlich Kranken über das Gesicht gezogen wurde, damit er nicht mehr schreien konnte. Für Hölderlin war es wohl ein Glücksfall, dass ihn die Familie des Schreinermeisters Ernst Zimmer in ihrem Haus als Pflegling aufnahm. Dort, im Tübinger Turm, wurde er vor allem von der Tochter des Hauses, Lotte Zimmer, fürsorglich betreut.

Im Mittelpunkt des Hörspiels steht der Dialog zwischen dem 37-jährigen Hölderlin und einem etwa 50-jährigen Fremden, der von Said selbst gesprochen wird. Dieser Dialog muss als asymmetrisch bezeichnet werden, da durch die vermeintliche Krankheit Hölderlins nicht immer völlig klar ist, inwieweit sich die Fragen des Fremden und die Antworten Hölderlins direkt aufeinander beziehen. Auffällig ist, dass der Fremde insgesamt nicht als Bewunderer des Dichters auftritt, sondern sich eher in der Rolle eines Anklägers oder zumindest kritischen Gegenpols befindet.

Das Gespräch wird immer wieder durch musikalische Reaktionen Hölderlins unterbrochen. Tatsächlich ist real belegt, dass Hölderlin im Turm Klavier und Flöte spielte und beide Instrumente auch an bestimmte Gefühlszustände gebunden waren. Das Hörspiel legt es aber trotz (oder auch wegen) dieser Form der Reaktion nahe, dass Hölderlin dem Gedanken des Fremden sehr gut folgen kann, wenn er auch nicht immer mit eigenen Worten darauf antworten kann oder will.

Eine weitere wichtige Figur im Hörspiel ist Lotte Zimmer, die Hölderlin pflegt und zugleich die Funktion erhält, Hölderlins Leben zu erklären (sein Äußeres zu beschreiben, sein Verhalten, seinen Zustand etc.) und den Dichter mehrfach gegen Angriffe von Seiten des Fremden zu

---

[1] Das ca. 60-minütige Hörspiel wurde am 24.06.2001 im Südwestrundfunk Stuttgart (SWR 2) gesendet.

verteidigen. Es wird sogar ein sehr enges Verhältnis Hölderlins zu Lotte Zimmer angedeutet.Schließlich spielt Scardanelli im Hörspiel als fiktive Figur eine wichtige Rolle, mit der sich Hölderlin quasi als seinem Alter Ego identifiziert. Sehr häufig spricht er mit ihm bzw. verwendet die *wir*-Form, was eine schizophrene Spaltung Hölderlins andeuten könnte. Es ist bekannt, dass Hölderlin spätestens seit 1838 für sich selbst und v.a. bei seinen Gedichten das Pseudonym Scardanelli verwendete, ab 1841 unterzeichnet er nur noch mit diesem Namen. Die so genannten *Scardanelli-Gedichte* sind fast ausschließlich auf Bitten von Besuchern entstanden, also im Grunde Stegreifgedichte. Der Name *Scardanelli* (und auch andere von Hölderlin verwendete Pseudonyme wie Buonarotti, Salvador Rosi etc.) ist stets verbunden mit einer Höflichkeitsbekundung und einem Phantasiedatum.[2]

Des Weiteren wird im Hörspiel auch Diotima herbeizitiert, eine der Hauptfiguren aus Hölderlins Briefroman *Hyperion,* die immer wieder mit der früheren Geliebten des Dichters, Suzette Gontard, in Verbindung gebracht wird. Sie allerdings taucht im Hörspiel nur in Form von Erinnerungen Hölderlins, Liedern und Briefpassagen, die meist von Lotte gelesen werden oder in einer jenseitig klingenden Stimme aufscheinen, auf. Tatsächlich ist sicher belegt, dass Hölderlin sich oft mit seinem Hyperion und der Figur der Diotima im Turm beschäftigt hat (cf. Hölderlin 1983: 142).

Auf all diese und viele weitere Details aus Hölderlins Leben im Turm rekurriert das Hörspiel in sehr differenzierter Weise. Vor dem Hintergrund solcher – auch breiter bekannter – Wissensversatzstücke entfaltet Said die Grundthematik, die bereits im ersten Auftritt des Fremden, der – geführt von Lotte – sich dem Zimmer Hölderlins im Turm nähert, benannt wird: das Motiv der *Flucht* in Verbindung mit dem Thema der *Fremdheit*. Bereits zu Beginn taucht die Frage auf, inwieweit Hölderlins Aufenthalt im Turm – seinem „Schweigeturm", wie ihn der Fremde mehrfach nennen wird – eine Flucht aus der Wirklichkeit ist. Dabei ent-

---

2 Das von Hölderlin unter die Gedichte gesetzte Datum variiert von 1648 bis 1940. Dass Hölderlin im Turm auch zunehmend Phantasiewörter verwendete (wie „pallaksch" – das seinem griechischen Wortstamm zufolge sowohl *ja* als auch *nein* bedeuten kann), hat immer wieder Schriftsteller zu einer Auseinandersetzung mit dieser späten Phase von Hölderlins Leben und Dichtung angeregt, cf. bspw. das berühmte Gedicht *Tübingen, Jänner* von Paul Celan (1961).

puppt sich der Fremde als ausgezeichneter Kenner des Werkes Hölderlins, aus dem er immer wieder einzelne Passagen zitiert und den Dichter damit konfrontiert, indem er ihm Fragen stellt, ihn beurteilt, manchmal verständnisvoll, freundschaftlich („Mein Freund"), oft auch vorwurfsvoll.

Im Zentrum des Dialogs steht die Frage, ob Hölderlins Weg in den Turm eine Flucht aus der politischen Verantwortung zum Handeln sei. Exemplarisch möchte ich hier folgende Passage aus dem Hörspiel anführen, in der der Fremde, Hölderlin und Lotte auftreten:

> *der fremde:* dorthin gehen, wo die not am größten und wir am nötigsten sind.
> *kämpferisch*
> das hast du geschrieben, hölderlin!
>
> *hölderlin:* mit nichts außer versen; auf daß sie uns seien wie
> eine melodie, zu der wir
> zuflucht nehmen.
>
> *der fremde:* wer hier das wort sucht, ist verloren.
>
> *hölderlin:* ferne von diesem taubstummen vvvaterland.
> *schreit*
> unser haus zieht fffort...fffort.
> *rasendes klavier, abweisend und aggressiv*
>
> *lotte:* wie besessen vom wort, vom gehen.
>
> *hölderlin:* wir müssen gehen, fortgehen, bevor die welt unser wort ersetzt – durch erklärungen.
>
> *der fremde:* *höhnisch*
> wenn du immer fortgehst und dich nie stellst, ersetzt die welt dein wort durch einen event. eine zierde für die galerie, nicht für unsere haut [...] (Said 2001: Track 48).

Der Fremde konfrontiert in dieser Passage Hölderlin mit seinen eigenen dichterischen Sätzen, während Hölderlin sich stärker auf einer abstrakten Ebene bewegt, die ihm zugleich Zuflucht vor einem als verstörend empfundenen Vaterland ist, auf das sich doch gewissermaßen alles bezieht. Das Fortgehen sieht Hölderlin als einzige Möglichkeit, einer drohenden Erstarrung der Worte durch Erklärungen zu entgehen. Der Fremde hingegen konfrontiert Hölderlin mit den Folgen seines Fortgehens, nämlich einer möglichen Instrumentalisierung und Banalisierung seiner Worte, die schließlich durch ein „event" ersetzt würden. Darin erkennt der Fremde ein Muster in Hölderlins Existenz, das direkt in die Erstarrung des Turmes geführt habe – oder wie er es später einmal zugespitzt bezeichnen wird: „Du hast dich überlebt, Hölderlin" (ibd.: Track 49). Gemeint ist das in dem Sinne, dass von Hölderlins revolutionären Gedanken nicht mehr als ein Inventar an Wort-Schablonen (wie z.B. „Komm ins Offene, Freund") und erstarrten „Erinnerungen"[3] übrig geblieben ist, die sich die Nachwelt daraus gezimmert hat, während die wirklich zündenden Ideen verloren gingen und den Dichter körperlos machen, unnahbar.

Mit dem Motiv der Flucht greift Said eine Phase in Hölderlins Leben auf, die weit vor die Turmzeit fällt. Spätestens seit seiner Abreise aus Frankfurt im Jahre 1798, wo der Dichter als Hauslehrer in der Familie des Bankiers Gontard tätig war, ist ihm ja sein „Vaterland" zunehmend fremd geworden bzw. er entwickelte ein sehr komplexes Verhältnis zu ihm.

In seinen beiden berühmten Briefen an Casimir Ulrich Böhlendorff (von Dez. 1801 und Anfang 1802) schreibt Hölderlin auch über den Abschied vom und der gleichzeitigen Bindung ans „Vaterland". Kurz vor seiner Abreise nach Frankreich schreibt er im Brief vom 4.12.1801 an den Freund:

[...] Und nun leb wohl, mein Teurer! bis auf weiteres. Ich bin jetzt voll Abschieds. Ich habe lange nicht geweint. Aber es hat mich bittre Tränen gekostet, da ich mich entschloß, mein Vaterland noch jetzt zu verlassen, vielleicht auf immer. Denn was hab ich Lieberes auf der Welt? Aber sie können mich nicht brauchen. Deutsch will und muß ich übrigens bleiben, und wenn mich die Herzens- und die Nahrungsnot nach Otaheiti [Tahiti] triebe (Hölderlin 1982: 942).[4]

---

3 Z.B. wird im Hörspiel auf den Tisch Hölderlins verwiesen, der den Besuchern gezeigt wird, verbunden mit der Bemerkung, dass der Dichter mit der Hand darauf geschlagen habe, als er wütend war.

4 Cf. in diesem Zusammenhang auch Norbert Mecklenburgs Ausführungen zu Hölderlins *Poetik des Fremden*, die insbesondere in den Briefen an Böhlendorff, aber auch in einer Reihe von späten Gedichten sichtbar würde. Mecklenburg spricht von einer „Auseinandersetzung mit kultureller Differenz, die bis heute anregend bleibt: Sein Projekt wechselseitiger kultureller ‚Verschränkung' vermeidet Hierarchisierungen und Holismen, setzt vielmehr auf Austausch, Hybridität, spannungsreiche Kombination von Entgegengesetztem, auf Öffnung des Eigenem [sic] zum Fremden hin. Damit entzieht es sich

2

Bisher habe ich versucht, einige Spuren im Leben Hölderlins nachzuzeichnen, die sich im Hörspiel finden und insbesondere auf das Fluchtmotiv und eine damit zusammenhängende Fremdheit rekurrieren. Doch wer ist der Fremde, der als beredter und so kenntnisreicher Dialogpartner auftritt? Ein Hinweis könnte darin zu finden sein, dass der Fremde von Said selbst gesprochen wird. Der Fremde ist gleichermaßen durch einen starken Akzent und eine grammatikalisch und inhaltlich sehr ausgefeilte Sprache gekennzeichnet. Nirgends im Hörspiel erfährt man, wo der Fremde genau herkommt, was er beruflich macht, wo oder wie er lebt. Im Grunde erscheint er insofern nicht als fremd, als er mit großer Bestimmtheit im Turm auftritt und sich beinahe schlafwandlerisch sicher im Werk Hölderlins bewegt, ganze Passagen daraus zitiert. Seine Direktheit im Umgang mit Worten, d.h. das Wörtlichnehmen und Herauslösen von Textpassagen aus dem Kontext des Werks und die permanente Bezugnahme auf die Realität, ist auffällig. Situiert wird sein Besuch in der Gegenwart, was an mehreren Stellen im Hörspiel durch Geräusche einer modernen Großstadt deutlich wird (Züge, Polizeisirenen, elektronische Geräusche, Telefon etc.). Auch werden an manchen Stellen Assoziationen zu Gefängnis und Folter (Schlagen von schweren Türen, Geräusche wie Stromstöße o.ä.) geweckt, was beim Hören durch die Unmöglichkeit einer eindeutigen Identifizierung eine Verunsicherung und einen Verfremdungseffekt erzeugt. Gleichermaßen wird an solchen Stellen die Verbindung zu Hölderlins Aufenthalt in der Authenriethschen Klinik und zu heutigen Formen von Inhaftierung und Folter hergestellt.

Said, 1947 in Teheran geboren und 1965 als junger Student nach Deutschland gekommen, deutschsprachiger Autor, musste ja selbst aus politischen Gründen sein Heimatland Iran verlassen. Lange Jahre lebte er als Exilant in Deutschland, zunächst ohne die Sprache wirklich zu beherrschen, in der Hoffnung, nach dem Sturz des Schah-Regimes in seine Heimat zurückkehren zu können (cf. Said 1995). Erst 1979, nach dem Sturz des Schahs, kehrte er erstmals zurück in den Iran. Aber schon nach wenigen Wochen merkte er, dass er dort nicht mehr würde leben können (cf. Said 1988: 84), dass er in seiner einstigen Heimat längst zum Frem-

---

der sterilen Scheinalternative von Universalismus und Kulturalismus" (Mecklenburg 2008: 110 f.).

den geworden war. 1991 erhielt Said den Adelbert-von-Chamisso-Förderpreis und 2002 auch den Chamisso-Hauptpreis (für deutschsprachige Autoren nicht deutscher Muttersprache), außerdem zahlreiche weitere Preise, zwischen 2000 und 2002 war er Präsident des deutschen P.E.N.-Zentrums[5].

An zentraler Stelle in Saids Werk findet sich die Auseinandersetzung mit der Fremde, Exil und Flucht, dem Fremdsein und der Fremdheit. Sein Lyrikband *Wo ich sterbe, ist meine Fremde* (1987) trägt das Thema bereits im Titel.[6] Said setzt sich auch mit der vielschichtigen Beziehung von Eigenem/Heimat und Fremde auseinander. Er hat öfters betont, dass der Versuch, dem Exil zu entfliehen, z.B. durch eine Rückkehr in sein Heimatland, nur der Weg in eine andere Fremde sei. Fremdheit betrachtet er darüber hinaus auch nicht nur als Folge von Emigration und Flucht, sondern als eine der Grundbedingungen menschlicher Existenz.

In *deutsch als auffanglager. ein fremdsprachiger monolog* (2004 a) beschreibt Said sehr genau seinen eigenen Weg in die Emigration. Zunächst, nach der Ausreise aus dem Iran nach Deutschland, das Eingebettet- und Aufgehobensein in den Kreisen der Emigranten, verbunden mit dem Wunsch einer Rückkehr in die alte Heimat Iran. Said bezieht sich in

---

5 „Das P.E.N.-Zentrum Deutschland ist eine der weltweit über 140 Schriftstellervereinigungen, die im Internationalen P.E.N. vereint sind. Die drei Buchstaben stehen für die Wörter *Poets, Essayists, Novelists*" (cf. die Website des P.E.N.-Zentrums unter http://www.pen-deutschland.de/index_de.php [24.11.2011].

6 Said (1988: 81) äußert sich in einem Interview folgendermaßen zu diesem Gedichtband: „Sehen Sie, der Titel meines zweiten Buches ist: ‚Wo ich sterbe, ist meine Fremde'. Ich habe bewußt das Wort Fremde genommen und nicht das Wort Exil, denn Exil ist nur eine Art Fremde. Fremde ist ein Oberbegriff, sie muß nicht sprachlich und auch nicht geographisch bedingt sein, nicht einmal politisch, während Exil zunächst einmal politisch definiert ist. Dieser Unterschied schlägt sich natürlich emotional nieder, denn wenn jemand, der im Exil lebt, nicht mehr nach Hause zurückfahren kann, entwickelt er aus diesem Zwang heraus ganz andere Emotionen gegenüber seinem Land als ein anderer, der zwar auch in der Fremde lebt, aber in jeden Ferien sein Zuhause besuchen kann. Darin sehe ich das Spezifische. Die Welt ist voller solcher Fälle. Um nur einen Namen zu nennen: Nazim Hikmet, der Jahre im Exil lebte und viele Gedichte in dieser Richtung schrieb. Andere türkische Autoren, die auch in der Fremde leben, haben nicht das Bedürfnis oder den Zwang, solche Art von Literatur zu machen, das ist eine politische Angelegenheit."

verschiedenen Texten immer wieder auf die Revolution im Iran 1979, die zunächst von den Exilanten als große Hoffnung wahrgenommen wurde, schließlich aber wieder ein Terrorregime an die Macht brachte und die Situation der Exilanten in Deutschland weiter verschärfte. In *die rebellion denkt nicht. ein gespräch über 68 und die folgen* (2004 b) schreibt Said:

> die geschichte ist voller wiederholungszwänge. ich habe mich, vollkommen frustriert von den ereignissen im iran 1979, mit der urmutter aller revolutionen, der französischen, befaßt, und was sah ich? daß die akteure als römer und athener auftraten! alle attribute, postulate, gesten sind schon einmal dagewesen. eine revolution kopiert die andere.

In der Folge löst sich Said zunehmend von den Exilanten-Kreisen in Deutschland, es kommt zu einem Bruch und einer damit einhergehenden Isolation und Entfremdung. Die Auseinandersetzung mit der deutschen Sprache rückt immer stärker in den Mittelpunkt und wird zum neuen Orientierungspunkt:

> die sprache treibt den flüchtling voran, wie ein warmer frühlingstag einen rekonvaleszenten. nun kann er sich ausdrücken. aber für wen? er hat ja keine freunde mehr, zumindest behauptet er das. übrig bleibt das weiße papier; nun hat der flüchtling ja eine sprache. er hat zuflucht gesucht und gefunden bei der neuen sprache. sie hat ihn aufgenommen, so gastlich sie konnte (Said 2004 a: 32).

In der Grundstruktur gibt es deutliche Parallelen zu Hölderlins Weg, wie er im Hörspiel von Said skizziert wird. Auch Hölderlin sympathisierte mit der Französischen Revolution, wendet sich aber später ab bzw. sucht Zuflucht im Wort. Im Hörspiel wirft der Fremde Hölderlin mehrfach vor, dass er sich der Konsequenz seiner Worte nicht gestellt habe und immer wieder geflohen sei, räumlich, aber auch in zunehmende Abstraktion und schließlich hinter die Mauern des Tübinger Turms. Angesprochen wird hier im Hölderlin-Hörspiel das komplizierte Verhältnis von Literatur und Politik, wie es auch Said für sich mehrfach beschrieben hat (cf. z.B. Said 2004: 76). Einerseits versucht Literatur sich einzumischen in die Verhältnisse (gleichermaßen in der Zeit Hölderlins wie der Saids), andererseits spürt sie ihre prinzipielle Fremdheit/Andersheit und beginnt ihr Übereinkommen aufzulösen und sich auf das Terrain des Wortes zurückzuziehen. Das wiederum birgt die Gefahr der Erstarrung und Vereinnahmung in sich. Gerade das wird – versinnbildlicht im Bild des Turmes – im Hörspiel von Said auch vorgeführt.

3

Die Ausführungen versuchten in aller Kürze auf Verbindungslinien hinzuweisen und das interkulturelle Potenzial (im Sinne eines auf komplexe Weise ineinander verschachtelten, verfremdenden, interkulturellen Dialogs) des Hölderlin-Hörspiels von Said zu beleuchten. Im spezifischen Medium des Hörspiels wird Fremdheit durch das Nebeneinanderschneiden verschiedener Elemente und die Bündelung zentraler Aspekte mittels einer leitmotivischen Technik inszeniert. In der Vielfalt der Blickwinkel und einer atmosphärischen Verdichtung der Thematik durch Geräusche und Klänge, v.a. aber durch „verkörperte" Sprache (Hachenberg 2004: 31) und Stimme als zentraler ästhetischer Kategorie (ibd.: 30). Auf diese Weise berührt das Hörspiel beim Hören sehr stark emotional. Durch den zentralen Dialog zwischen Fremdem und Hölderlin wird einerseits der Weg Hölderlins seit der Frankfurter Zeit mit Diotima in den Tübinger Turm auf kenntnisreiche Weise als Flucht und Fremdheit/Entfremdung/Fremdwerden (die zugleich in der Zuflucht zum Wort eine gewisse Freiheit mit sich bringt) skizziert und reflektiert. Dabei fungiert der Fremde als zugespitzte Gegenposition, als politisches Gewissen, auch als Folie, auf der Hölderlins Weg als exemplarischer sichtbar wird. Andererseits verweist die dabei herausgearbeitete Haltung Hölderlins auf Saids Position selbst und transferiert zudem eine grundlegende Problematik des Verhältnisses von Literatur und Politik auf eine allgemeine, Kulturgrenzen überschreitende Ebene.

Literatur

Chiellino, Carmine (ed.): *Die Reise hält an, Ausländische Künstler in der Bundesrepublik*, München: C.H. Beck

Hachenberg, Katja 2004: „,Hörbuch'. Überlegungen zu Ästhetik und Medialität akustischer Bücher", in: *Der Deutschunterricht* 56.4 (2004): 29-38

Hölderlin, Friedrich 1982: *Werke und Briefe*, ed. Friedrich Beißner & Jochen Schmidt, Bd. 2: *Der Tod des Empedokles, Aufsätze. Übersetzungen. Briefe*, Frankfurt/Main: Insel

Hölderlin, Friedrich 1983: *Sämtliche Werke, Kritische Textausgabe*, ed. D. E. Sattler, Bd. 9: *Dichtungen nach 1806: Mündliches*, Darmstadt / Neuwied: Luchterhand

Mecklenburg, Norbert 2008: *Das Mädchen aus der Fremde. Germanistik als interkulturelle Literaturwissenschaft*, Frankfurt am Main: Iudicium

Said 1987: *Wo ich sterbe, ist meine Fremde. Exil und Liebe. Gedichte*, München: Peter Kirchheim

Said 1988: „Die erste und für mich wichtigste Gemeinsamkeit ist die Sprache", in: Chiellino (ed.) 1988: 76-88

Said 1995: *Der lange Arm der Mullahs. Notizen aus meinem Exil*. München: C.H. Beck

Said 2001: *friedrich hölderlin empfängt niemanden mehr. Ein Hörspiel*, München: C.H. Beck

Said 2004: *in deutschland leben. Ein Gespräch mit Wieland Freund*, München: C.H. Beck

Said 2004 a: „deutsch als auffanglager. ein fremdsprachiger monolog", in: Said 2004: 25-35

Said 2004 b: „die rebellion denkt nicht. ein gespräch über '68 und die Folgen", in: Said 2004: 51-71

Frankenstein interkulturell

Yasemin Dayıoğlu-Yücel (Hamburg)

Abstract

This article demonstrates how cross-cultural theories can be applied as a method to analyze literary texts, which at first glance do not seem to address encounters with foreign cultures. The primary focus is Mary Shelley's *Frankenstein*, with a secondary focus on Kafka's *Verwandlung*. Questions of specifically stylistic or narratological features, which help to negotiate aspects of alterity, will be considered as well as the advantages of implementing texts which do not seem to be cross-cultural on the surface in a curriculum that focuses on cross-cultural themes.

In Ulrike Revieres vierstufigem Modell des interkulturellen Lernprozesses steht an erster Stelle die Irritation. Der Titel meines Beitrages intendiert eine irritierende Wirkung, die ich durch meine Ausführungen transparent machen möchte, indem ich anhand des Romans *Frankenstein* verschiedene Arten des Perspektivwechsels vorführen und behaupten möchte, dass sie durch Transfer auf lebensweltliche Erfahrungen der Schülerschaft in Deutschland mit Fremdheit bezogen werden können.[1]

Dass der Literaturunterricht ein zentraler Ort für die Vermittlung interkultureller Kompetenz sein kann, steht außer Frage. Forschungsfragen konzentrieren sich mittlerweile eher auf die effektivste Art der Vermittlung, die Messbarkeit von Ergebnissen und die Auswahl der Texte. Dabei

---

[1] In Revieres Modell wird der interkulturelle Lernprozess in vier Stufen unterteilt: *Irritation, Transparenz, Perspektivwechsel* und *Transfer* (cf. Reviere 1998). Für den Hinweis auf dieses Modell und die äußerst produktive Zusammenarbeit in der AG Interkulturelle Kommunikation am Goethe-Institut Istanbul, in der es um die Erstellung von didaktischen Materialien zur Förderung der interkulturellen Kompetenz geht, danke ich meiner Kollegin Dr. Müzeyyen Ege von der Marmara Universität Istanbul. Dieser Beitrag ist im Rahmen des an der Istanbul Universität unter der Nummer 108K375 laufenden internationalen TÜBITAK-Projektes *Türkisch-deutscher Kulturkontakt und Kulturtransfer* entstanden.

steht immer wieder die These im Raum, Kinder und Jugendliche müssten einen Bezug zur eigenen Lebenswelt wahrnehmen, um sich in den Text zu vertiefen – Letzteres ist die Grundvoraussetzung für das Greifen von didaktischen Konzepten (cf. Esselborn 2010: 46). Und so wird auch die Forderung nach vermehrtem Einsatz von Migrationsliteratur begründet: Auch die Lebenswelt von Kindern und Jugendlichen mit Migrationshintergrund solle in den Texten präsent sein (cf. dazu Dawidowski & Wrobel 2006: 2).

Wenn es um die Auswahl der Texte (und auch anderer Medien) geht, die im Unterricht verwendet (d.h. thematisiert, analysiert und interpretiert) werden, ist es immer von besonderem Interesse, die als pädagogisch wertvoll eingestuften Texte und die in der Freizeit tatsächlich genutzten zu vergleichen. Wenn dabei z.B. festgestellt werden kann, dass in vielen Fällen das Medium *Literatur* keine große Rolle mehr spielt, stattdessen aber Computerspiele überproportional zur Freizeitgestaltung eingesetzt werden, stellt sich die Frage, ob diese Kinder und Jugendlichen nicht eher ‚hier' abgeholt werden sollten. In diesem Beitrag geht es aber nicht um Computerspiele, sondern um einen Text der Weltliteratur, den selbst literarisch interessierte Jugendliche kaum in ganzer Länge lesen werden: Mary Shelleys erstmals 1818 publizierter Roman *Frankenstein*. Viele werden nicht einmal wissen, dass der Titel nicht der Name des weltbekannten Monsters ist, sondern der seines Schöpfers. Sie werden jedoch etwas mit diesem Namen assoziieren und sich für ihn interessieren. Wenn man nach dem Stoff, dem Handlungszeitraum und den handelnden Figuren geht, kann auf die eigene Lebenswirklichkeit aber zunächst nicht mehr als eine Faszination mit dem Grusel übertragen werden. Und doch behaupte ich, dass der Roman *Frankenstein* dazu dienen kann, Jugendliche zum Nachdenken über Fremdheit zu animieren – und nebenbei noch in die Basis literaturwissenschaftlicher Analyse einzuführen, also auch den Sinn für das Ästhetische zu entfalten.

Mir geht es hier vor allem darum, anhand von Textbeispielen aufzuzeigen, inwiefern *Frankenstein* aus interkultureller Perspektive wichtige Einsichten bringen kann. Es soll nicht darum gehen, eine in Mode gekommene Methode nun auf alle Texte anzuwenden und Klassiker mit ihrer Hilfe neu zu interpretieren, lediglich um neue Forschungsfelder aufzutun. Nur an den Stellen sollte diese Methode zum Tragen kommen, an denen tatsächlich übersehene Aspekte aufgedeckt werden können, die aktuell zur Förderung der interkulturellen Kompetenz beitragen können.

Zusätzlich sollte das interkulturelle Potential von Texten, die bereits zur Schullektüre gehören, auch ausgeschöpft werden, worauf ich in Bezug auf Kafkas *Verwandlung* noch eingehen werde. Ich möchte ebenfalls nicht eruieren, welches didaktische Konzept sich am besten zur Ausbildung von interkultureller Kompetenz eignet – man ist sich weitestgehend einig, dass es um Dinge wie Wahrnehmungspräzisierung, Empathie und Perspektivwechsel geht –, sondern mich der Frage nach dem Ausgangstext widmen und an dieser Stelle eine neue Position vorschlagen, ergänzend zu den bestehenden beiden Standpunkten: Erstens, man könne auch interkulturelles Potential in bereits kanonisierten und zum Unterrichtsstoff gehörenden Texten aktivieren (diese Position findet sich etwa bei Müller-Michaels 2006: 54) und zweitens, in Klassen mit Migrationsanteil sollten Texte aus der Lebenswelt der Schüler ausgewählt werden. Laut Rösch (2008: 100 f.) eignet sich jede Literatur für die Arbeit im „interkulturellen Unterricht". „Leichter erschließen" ließen sich aber Texte „mit einem thematischen Bezug zu Migration und Multiethnizität", insbesondere aber die Migrationsliteratur, weil sie nicht nur Mehrsprachigkeit thematisiere, sondern selbst „mehrsprachig gestaltet" sei.

Mary Shelleys *Frankenstein* ist zunächst einmal kein deutschsprachiger Text, zweitens kein zeitgenössischer Roman und drittens wird er – wenn über den Schrecken des Monsters hinausgedacht wird – als eine Geschichte, in der der Mensch Schöpfer spielt und deswegen bestraft wird, rezipiert. Aktualität erhält der Text also über die Debatte um Gentechnik und die Erschaffung künstlichen Lebens. Er hat aber auch interkulturelles Potential, denn das Monströse in Frankensteins Geschöpf kommt erst zu Tage, nachdem seine Versuche, sich den Menschen anzunähern, nicht gelingen – womit ich jedoch keinesfalls eine allgemeine Rechtfertigung für Gewaltbereitschaft angesichts von Diskriminierung liefern möchte. Obwohl es deren Sprache, Schrift und Rituale studiert und nachahmt, ihnen (wenn auch heimlich) helfend zur Seite steht, wird es als Fremder und aufgrund seines Äußeren als Bedrohung verstanden und bekämpft.

Anhand des Beispiels *Frankenstein* lässt sich m.E. zeigen, dass Literatur ihre Rolle zur Identitätsbildung in der Adoleszenz nicht nur über ein der Lebenswelt ähnliches Setting übernimmt, sondern ebenso durch die dem Text inhärente Sympathielenkung beeinflusst sein kann.

Meine Ausführungen beziehen sich auf die Kapitel 11 bis 16, in denen das Monster als Ich-Erzähler zu Wort kommt und aktorial aus seiner Perspektive erzählt. Diese Kapitel stellen ein Lehrstück für die Annäherung an eine Kultur dar und sind aufschlussreich, weil Schüler im Allgemeinen nicht diese Seite des Monsters kennen. Kurz nach seiner Erschaffung findet es Unterschlupf in einem Verschlag bei der Familie De Lacey, die, ursprünglich aus Frankreich stammend, in die Nähe von Innsbruck fliehen muss, weil der Sohn der Familie, Felix, sich in das türkische Mädchen Safiye verliebt, bei der Flucht ihres Vaters aus dem Gefängnis geholfen und sich somit schuldig gemacht hat.

Mary Shelley erzählt durch den Einsatz von Rahmen- und Binnenerzählungen und verschiedenen Fokalisierungen in vielfacher Hinsicht multiperspektivisch. Der Roman beginnt als Briefroman des Entdeckers Walton, dessen Briefe an seine Schwester in die Ich-Erzählung Viktor Frankensteins münden, dessen Erzählung wiederum eine Ich-Erzählung des Monsters beinhaltet. Da das von Viktor Frankenstein erschaffene Geschöpf im Roman keinen Namen erhält, sondern umschrieben wird mit Begriffen wie *Kreatur* („creature") und *Unhold* („fiend") (cf. Hitchcock 2007: 11 f.), übernehme ich die im allgemeinen Sprachgebrauch übliche Bezeichnung *Monster*, denn gerade als dieses ist es auch Jugendlichen bekannt.

Frankensteins Monster also beginnt seine naive Erkundung der Familie De Lacey aus einem sicheren Versteck in einem angrenzenden Schuppen. Da das erzählende und das erlebende Ich des Monsters einen anderen Entwicklungsstand aufweisen, steht dabei die Eloquenz, mit der diese Passagen aus dem Munde des Monsters beschrieben werden, in bemerkenswertem Gegensatz zu seiner erzählten Naivität. Zu Beginn bringt es sein Nichtverstehen über die Handlungsweisen seiner „menschlichen Nachbarn" zum Ausdruck: „Den ganzen Abend lang [...] oblagen [...] das junge Mädchen und ihr Gefährte den verschiedensten Tätigkeiten, welche ich nicht verstand" (Shelley 1993: 149 f.).[2] Durch anonyme Beobachtung versucht es wie ein Anthropologe zu verstehen, wie ihr Verhalten motiviert ist (Shelley 1993: 132). Es erkennt das Zeichensystem der Sprache und sehnt sich danach, daran teilhaben zu können:

---

[2] „I experienced in watching my human neighbours. In the evening, the young girl and her companion were employed in various occupations which I did not understand [...]" (Shelley 2004: 131).

> Ich erkannte [...], daß diese Leute imstande waren, ihre Erfahrungen und Gefühle einander durch artikulierte Laute mitzuteilen. Ich wurde gewahr, daß diese gesprochenen Worte bisweilen Freude oder Schmerz, Lächeln oder Traurigkeit in dem Gemüte und auf den Zügen der Hörer hervorriefen. Dies war in der Tat eine göttliche Fähigkeit, und ich empfand den brennendsten Wunsch, mit derselben vertraut zu werden (ibd.: 153).[3]

Schnell meint es auch zu erkennen, dass es zunächst ein „Meister ihrer Sprache" werden müsse, um sich der Familie zu erkennen geben zu können. Der Wirkung, die sein Äußeres ausübt, scheint es sich bewusst zu sein und hofft, dass die Beherrschung ihrer Sprache die Familie über seine „Mißgestalt" (Shelley 1993: 156) hinwegsehen lasse.[4]

Indem eine weitere *Fremde* eingeführt wird, die die Sprache und Verhaltensweisen der Familie erlernt, erhält das Monster die Möglichkeit, es ihr nachzutun. So berichtet es wenig später von Lernerfolgen, ja es erzielt sogar schnellere und bessere Lernerfolge als Safiye (cf. Shelley 1993: 140):

> [...] ich darf mich rühmen, raschere Fortschritte gemacht zu haben, als das arabische Mädchen, welches recht wenig erfaßte und bloß zu radebrechen wußte, wogegen ich nahezu jedes Wort erfassen und auch nachsprechen konnte (Shelley 1993: 163).

Während Safiye von Felix unterrichtet wird und durch Volneys *Ruins of Empires* einen breiten kulturgeschichtlichen Überblick bekommt, bildet sich auch das Monster. Was diese Stelle aufdeckt, ist auch, dass Safiye, die als Araberin bezeichnet wird, aber aus der Türkei bzw. dem damaligen Osmanischen Reich stammt, als ebenso ungebildet dargestellt wird

---

[3] „I found that these people possessed a method of communicating their experience and feelings to one another by articulate sounds I perceived that the words they spoke sometimes produced pleasure or pain, smiles or sadness, in the minds and countenances of the hearers. This was indeed a godlike science, and I ardently desired to become acquainted with it" (Shelley 2004: 134).

[4] „Ich hatte ja nur zu bald begriffen, daß mein herzlicher Wunsch, mich meinen Mitbewohnern zu entdecken, erst nach erlangter Beherrschung ihrer Sprache in die Tat umgesetzt werden konnte. Solche Beherrschung mochte mich ja auch in den Stand setzen, die guten Leute meine Mißgestalt vergessen zu machen [...]" (Shelley 1993: 156). „I eagerly longed to discover myself to the cottagers, I ought not to make the attempt until I had first become master of their language; which knowledge might enable me to make them overlook the deformity of my figure" (Shelley 2004: 136).

wie das Monster, d.h. ihre ganze bisherige Sozialisation nivelliert und das *östliche* Wissen gar nicht erst wahr- und ernstgenommen wird. Der Vater erscheint als Barbar, als „verräterische[r] Türke" (ibd.: 173) („treacharous Turk" [Shelley 2004: 150]). Insofern ist der sonst fortschrittliche Roman *Frankenstein* deutlich ein Kind seiner imperialistischen Zeit, auf den sich Saids Orientalismus-Kritik vollkommen übertragen lässt. Safiye wird gezeichnet als exotisch und in dieser Hinsicht anziehend, aber auch wie ein unbeschriebenes Blatt, dass es zu formen und zu bilden gilt wie auch das Monster. Die Kritik am wahrgenommenen islamischen Frauenbild (cf. dazu Shelley 1993: 148 f.) lohnt eine gesonderte Analyse und Besprechung, die hier aus Platzgründen nicht stattfinden kann

Mit Safiye wird auch das Monster indirekt nach humanistischem Ideal gebildet. Es erlernt die Schriftsprache und liest heimlich Plutarch, *Paradise Lost* und Die *Leiden des jungen Werther* (cf. ibd.: 152). Für das Monster führt dieser Prozess dazu, dass es Rückschlüsse auf seine eigene Identität zieht („Wer war ich denn? Von wannen gekommen und zu welchem Ende unterwegs" [ibd.: 177)]) und sich das Gefühl der Ausgeschlossenheit und der Wunsch nach Zugehörigkeit zur Familie verstärkt (cf. Shelley 1993: 145).

Als der Rest der Familie einen Ausflug macht, beschließt es, sich dem blinden Großvater zu offenbaren. Es ist sich bewusst, dass es für immer „verstoßen" (ibd.: 185), ein „outcast" (Shelley 2004: 160) sein wird, falls diese Begegnung nicht fruchtet. Der Großvater begreift sich selbst als Exilant und bietet dem „Menschenwesen" (Shelley 1993: 186) („human creature" [Shelley 2004: 161]) deswegen gern Hilfe an. Gerade als das Monster sich offenbart hat, kehrt der Rest der Familie zurück. Die Frauen fallen in Ohnmacht oder flüchten, der Sohn stürzt sich mit übernatürlicher Kraft auf das Monster, das sich unbemerkt in sein Versteck flüchten kann (cf. Shelley 1993: 159 ff.).

Es spielt mit dem Gedanken, ein Kind, das es für noch nicht mit Vorurteilen beladen ansieht, großzuziehen und dadurch einen Gefährten zu gewinnen. Aber die Reaktion des Kindes zerstört auch diese Illusion: „Gräßliches Ungetüm" (ibd.: 198) („hideous monster" [Shelley 2004: 170]), ruft das Kind aus, das sich als Frankensteins jüngerer Bruder entpuppt. Infolge dieser Enttäuschungen und der Erkenntnis, dass sein Äußeres immer darüber entscheiden wird, wie die Menschen es wahrnehmen, erklärt es der Spezies Mensch und vor allem seinem Schöpfer Frankenstein den Krieg, wird zum Mörder an dessen Bruder und seiner frisch vermählten Frau.

Zusammengefasst lässt sich sagen: Das Monster versucht zunächst sich zu akkulturalisieren. Es lernt nicht nur die Sprache der Menschen, zu denen es gehören möchte, sondern auch ihre Motivation für Handlungen, ihre Werte, versucht sich ihr kulturelles Erbe anzueignen, sucht eigentlich die vollkommene Assimilation, die ihm allein aufgrund seines Äußeren verwehrt wird. Im Gegensatz dazu gelingt Safiye dieser Akkulturalisationsprozess weniger durch ihre schnelle Auffassungsgabe als durch ihre Attraktivität.

Während sich über diesen ungewohnten Blick auf den Roman *Frankenstein* und die Innenwelt des Monsters Rückschlüsse auf das Empfinden und Erleben von an Äußerlichkeiten markierter Ausgrenzung (bzw. Rassismus) schließen lassen, geht es in Kafkas *Verwandlung* – erstmals erschienen 1915 und im Gegensatz zu Shelleys Frankenstein Schulstoff in Deutschland – auch um die Fremdheit sich selbst gegenüber. Neben dem Äußeren, der „traurigen und ekelhaften Gestalt" (Shelley 1993: 40) des in ein Ungeziefer verwandelten Gregor, spielt vordergründig das gegenseitige Verständnis eine Rolle.

Kurz nachdem die Verwandlung eingetreten ist, ist sich Gregor seiner Wirkung auf sich selbst und auf andere – die ähnlich wie die von Frankensteins Monster Schrecken erzeugt – noch nicht bewusst:

> Und ohne daran zu denken, daß er seine gegenwärtigen Fähigkeiten, sich zu bewegen, noch gar nicht kannte, ohne auch daran zu denken, daß seine Rede möglicher- ja wahrscheinlicherweise wieder nicht verstanden worden war, verließ er den Türflügel; schob sich durch die Öffnung; wollte zum Prokuristen hingehen, der sich schon am Geländer des Vorplatzes lächerlicherweise mit beiden Händen festhielt [...] (Kafka 2008: 17).

Wie auch für Frankensteins Monster sind Gregors Themen unmittelbar nach der Verwandlung die Einbeziehung „in den menschlichen Kreis" (Shelley 1993: 13) im Allgemeinen, was sich etwa in der Sorge zeigt, ob sein Husten noch wie „menschlicher Husten" (ibd.) klinge. Als die Tochter die Familie darauf hinweist, dass das Ungeziefer das Leben der Familie unverhältnismäßig beeinträchtige, vergewissert man sich gegenseitig, dass der Käfer den Rest der Familie nicht verstehe:

> „Wenn er uns verstünde", sagte der Vater halb fragend; die Schwester schüttelte aus dem Weinen heraus heftig die Hand zum Zeichen, daß daran nicht zu denken sei. „Wenn er uns verstünde", wiederholte der Vater und nahm durch Schließen der Augen die Überzeugung der Schwester von der Unmöglichkeit dessen in sich auf, „dann wäre vielleicht ein Übereinkommen mit ihm möglich. Aber so – (Kafka 2008: 51).

Das als unüberbrückbar betrachtete Unvermögen zur Kommunikation wird als legitimer Grund angesehen, Gregor bzw. das Ungeziefer auszuschließen, zum „outcast" zu machen. Die Familie gesteht sich nicht ein, dass die Gestalt allein schon erschreckend genug ist, wie folgende Passage aufdeckt:

> „Sieh nur, Vater", schrie sie plötzlich auf, „er fängt schon wieder an!" Und in einem für Gregor gänzlich unverständlichen Schrecken verließ die Schwester sogar die Mutter, stieß sich förmlich von ihrem Sessel ab, als wollte sie lieber die Mutter opfern, als in Gregors Nähe bleiben, und eilte hinter den Vater, der, lediglich durch ihr Benehmen erregt, auch aufstand und die Arme wie zum Schutze der Schwester vor ihr halb erhob. Aber Gregor fiel es doch gar nicht ein, irgendjemandem und gar seiner Schwester Angst machen zu wollen (ibd.: 52).

Auf Gregor wirkt die Familie ganz anders:

> Seine [Gregors, Y.D.] gute Absicht schien erkannt worden zu sein; es war nur ein augenblicklicher Schrecken gewesen. Nun sahen ihn alle schweigend und traurig an. Die Mutter lag, die Beine ausgestreckt und aneinandergedrückt, in ihrem Sessel, die Augen fielen ihr vor Ermattung fast zu; der Vater und die Schwester saßen nebeneinander, die Schwester hatte ihre Hand um des Vaters Hals gelegt (ibd.: 52).

Obwohl Gregor diese Konstellation als Ausdruck von Traurigkeit über seine Situation und von Mitgefühl mit ihm ansieht, kann sie genauso gut als Erschöpfung und Ohnmacht gedeutet werden. Gregors Perspektive und Deutung der Begebenheiten ist eine andere als die der Familie. *Die Verwandlung* beschreibt mit dem Mittel der Verfremdung die Fremdheit, die innerhalb der eigenen Familie und sich selbst gegenüber wahrgenommen werden kann. Ein Gefühl, das in der Adoleszenz nicht schwer nachzuempfinden sein sollte und sich übertragen lässt, um Empathie für das Erleben kultureller Fremdheit zu entwickeln.

Während anhand des Romans *Frankenstein* der Fokus im Unterricht auf das ästhetische Verfahren der Sympathielenkung durch die Verwendung der Ich-Form gelegt werden kann, gilt für Kafkas *Verwandlung* als ästhetische Strategie eher die poetische Alterität, wie sie von Mecklenburg beschrieben wird (cf. Mecklenburg 2008: 223 ff.). So wird einerseits weitestgehend auf die Verwendung von Innensicht verzichtet. Andererseits werden Handlungen seitens Gregors wie in den oben zitierten Passagen interpretiert, was durch Formulierungen wie „als wollte" und „schien" deutlich wird. Wenn konstatiert wird, dass der Prokurist sich „lächerlicherweise" mit beiden Händen am Geländer festhalte, dann wird die Technik des zweistimmigen Wortes nach Bachtin angewendet, bei der laut Mecklenburg in einer Erzählpassage Erzähler- und Figurenstimme vermischt werden und somit zwei meist widersprüchliche Stimmen gleichzeitig erkennbar sind (cf. Mecklenburg 2008: 116 f.).

Mit den Schülern können neben den ästhetischen Verfahren und ihrer Rolle für die multiperspektivische Darstellung inhaltliche Fragen zur Annäherung an Angehörige fremder Kulturen und der Rolle, die dem Äußeren dabei zukommt, besprochen werden. Als produktive bzw. handlungsorientierte Aufgabe, die Formelles und Inhaltliches verbindet, könnten die Schüler dazu aufgefordert werden, entweder den klassischen Perspektivenwechsel zu übernehmen, indem dieselbe Situation aus der Sicht von Vater oder Sohn De Lacey erzählt werden soll, oder, etwas anspruchsvoller, eine ähnliche Handlung in einem anderen Setting zu erfinden, bzw. auf ihre Lebenswelt zu übertragen.

Auf jeden Fall sollte auch im Umgang mit diesen Texten wie überhaupt beim Thema *Interkulturalität* nicht unterschlagen werden, dass eine der sich begegnenden Parteien in der Regel eine Minoritätenposition einnimmt und damit im Machtgefälle unten steht (cf. dazu auch Auernheimer 2007: 19 ff. und Rösch 2008: 108), das gilt – trotz seiner körperlichen Kraft – auch für Frankensteins Monster.

Literatur

Antor, Heinz (ed.) 2007: *Fremde Kulturen verstehen – fremde Kulturen lehren,* Heidelberg: Winter

Auernheimer, Georg 2007: „Interkulturelle Kompetenz revidiert", in: Antor (ed.) 2007: 11-28

Dawidowski, Christian & Dieter Wrobel (eds.) 2006: *Interkultureller Literaturunterricht. Konzepte – Modelle – Perspektiven,* Baltmannsweiler: Schneider Verlag Hohengehren

Esselborn, Karl 2010: *Interkulturelle Literaturvermittlung zwischen didaktischer Theorie und Praxis,* München: Iudicium

Hitchcock, Susan Tyler 2007: *Frankenstein. A Cultural History,* New York: Norton & Company

Kafka, Franz 2008: *Die Verwandlung,* Middlesex: The Echo-Library

Mecklenburg, Norbert 2008: *Das Mädchen aus der Fremde. Germanistik als interkulturelle Literaturwissenschaft,* München: Iudicium

Müller-Michaels, Harro 2006: „Gebrochene Interkulturalität. Apologie des literarischen Kanons", in: Dawidowski & Wrobel 2006: 53-64

Reviere, Ulrike 1998: *Ansätze und Ziele Interkulturellen Lernens in der Schule. Ein Leitfaden für die Sekundarstufe:* Frankfurt/Main: IKO

Rösch, Heidi 2008: *Kompetenzen im Deutschunterricht,* Frankfurt/Main: Peter Lang

Rösch, Heidi 2008: „Interkulturelle Kompetenz im Deutschunterricht", in: Rösch 2008: 91-108

Shelley, Mary 1993: *Frankenstein oder Der neue Prometheus,* München: Goldmann

Shelley, Mary 2004: *Frankenstein or The Modern Prometheus,* London: CRW

Das Liebeswerben als Ritual in interkulturellen Texten am Beispiel von Feridun Zaimoglus *Liebesbrand*

Sarah Schackert (Marburg)

Abstract

Competing for a coveted object is a ritual; the performance is usually limited to a particular cultural space in which the relevant procedures and rules are generally known. The purpose of this article is to demonstrate, through a reading of the novel *Liebesbrand* by German-Turkish author Feridun Zaimoglu, that the same ritual may cause rule conflicts and misunderstandings that are perceived as a mismatch of contexts – especially if there are two kind of hard, different cultural backgrounds involved.

1

Beim gesellschaftlich akzeptierten Werben um ein begehrtes Objekt von Zuneigung handelt es sich um ein Ritual, dessen Ausführung meist auf einen bestimmten Kulturraum begrenzt ist, in welchem die jeweiligen Abläufe und Regeln allgemein bekannt sind. Am Beispiel von Feridun Zaimoglus *Liebesbrand* soll aufgezeigt werden, dass, wenn das gleiche Ritual in unterschiedlichen Kulturkreisen begangen wird, es zu „Regelkonflikten" und Missverständnissen kommen kann, die als Missverhältnisse der Kontexte wahrgenommen werden – vor allem, wenn es sich bei diesen beiden Welten um stark differente Kulturkreise handelt.

Liebesbrand, ein im Deutschen nicht übliches Kompositum, ist ein im Türkischen geläufiger Begriff. Er beschreibt das Entbrennen bzw. Entflammen für ein begehrtes Objekt und damit den Einstieg in ein Ritual intensiven Werbens.

Als *Liebesbrand* 2008 veröffentlicht wurde, reagierten die Feuilletons einhellig positiv, wenn auch gelegentlich verwundert über die scheinbare Konventionalität des Romans. Die *NZZ* schrieb, Zaimoglu rühre an den „Kern deutscher Liebesunfähigkeit" (Dieckmann 2008). Ulrich Greiner meinte in der *Zeit*, dies sei ein „Liebesroman ungewöhnlichster Art" und kürte den Autor zu einem der besten unter den lebenden deutschen Schriftstellern (Greiner 2008).

Liebesbrand war ein weiterer Schritt in der Entwicklung Zaimoglus, die mit *Liebesmale scharlachrot* (2000) begann und mit dem Kurzgeschichtenband *12 Gramm Glück* (2004) weiterging. In *Kanak Sprak* (1995) kritisierte die sprachliche Brutalität die gesellschaftlichen Missstände. Hiervon führte die Entwicklung nun weg, hin zum Ausdruck der Sehnsucht nach Emotionalität, zur Beschreibung einer Suche nach Erfüllung und Erlösung und zu Erfahrungsberichten von der Schwierigkeit des Zueinanderfindens; diese für ihn neuen Inhalte seines Schreibens stellte der Autor nun selbst in die Tradition der deutschen Romantik (cf. Hoch 2008).

2

Der Inhalt von *Liebesbrand* stellt sich folgendermassen dar: David wird bei einem schweren Unfall lebensgefährlich verletzt. Eine engelsgleiche Helferin, Tyra, rettet ihm das Leben – und verschwindet sogleich wieder. Körperlich bald genesen, aber an sehnsuchtsvoller, schmerzhafter Liebe zu seiner Retterin entbrannt, macht David sich auf die Suche nach ihr. Auf dieser Reise, die ihn durch die Türkei, Deutschland und die Tschechische Republik bis nach Österreich führt, begegnen ihm wunderliche Konzepte und Konstellationen der Liebe. Im Zentrum seines Tuns steht jedoch ein Ritual, das durch Anziehung und Abstoßung gekennzeichnet ist und das in der Imagination der männlichen Hauptfigur die amouröse Interaktion zwischen Tyra und ihm definiert.

3

Das theoretische Gerüst dieses Beitrags hat drei Komponenten. Zum einen bezieht er sich auf das Konzept, das Niklas Luhmann in seinem Buch *Liebe als Passion* entwickelt. *Liebe* definiert Luhmann nicht als ein unidentifizierbares Gefühl, sondern als einen Kommunikationscode, der nicht nur den Liebesdiskurs regelt, sondern auch ganz entscheidend schon an der Ausbildung und dann an der Ausbreitung der jeweiligen Liebesgefühle beteiligt ist (cf. Luhmann 1988: 23). Luhmann argumentiert, dass es sich bei der *Liebe* weniger um ein universales, immer gleichbleibendes Gefühl handelt, sondern um eine Konvention, die festlegt, wann und warum von *Liebe* überhaupt gesprochen wird und was *Liebe* überhaupt bedeuten soll, aber auch, welche Bedingungen zu ihrer Erfüllung oder Nichterfüllung beitragen. Luhmann spricht in diesem Kontext von einem „Verhaltensmodell, das gespielt werden kann", von einem Schema, das „als Orientierung und als Wissen um die Tragweite verfügbar ist, bevor man den Partner findet, und das auch das Fehlen eines Partners spürbar macht, ja [die Suche nach ihm, S.S.] zum Schicksal werden lässt" (Luhmann 1988: 23).

Dieser von Luhmann postulierte Liebescode wird hier nun um das Konzept des Rituals erweitert. Zaimoglus Liebesbrand beschreibt einen speziellen Initialisierungsritus, der ein spezifisches Konzept von Liebe erst vermittelt und Begehren damit erst spürbar macht. Liebeswerben wird hier zum Teil eines Passageritus, zu einer Einführung nicht nur in eine erwachsene Erotik, sondern in eine soziale Gruppe. Lévi-Strauss beschreibt es als ein umgekehrtes Spiel, das eine Verbindung oder zumindest eine organische Beziehung zwischen zwei Gruppen schafft, die anfangs getrennt waren. Dadurch entsteht eine eigene, von der Alltagsrealität abgehobene Realität, eine Art ritueller Mikrokosmos (cf. Lévi-Strauss 1973: 31).

Erst mit dieser rituellen Aufnahme in einen Kreis, der unterschiedlichst – etwa religiös oder nicht religiös – definiert und geprägt sein kann, durch die Einführung in seine Werte und Normen, wird der Teilnehmer „identifiziert" und damit ‚infiziert'.

Das Ritual ist hier also keine tote, entseelte Handlungsweise, wie es heute die Alltagsbedeutung abschätzig konnotiert, sondern es wird als gefühlsgeladene und gefühlsaufladende, explizite Verdichtung, als Erfahrbarmachung von zentralen Aspekten eines sozio-kulturellen Codes verstanden (cf. Jäggi 2009: 86).

Zum Ritual gehört seine formale Konventionalität, welche die Handlungen der einzelnen Beteiligten bzw. ihre Rollen klar vorgibt. Jede Rolle hat dabei eine klare Handlungs- bzw. Prozessvorgabe, die erfüllt werden muss, um das Ritual zu einem erfolgreichen Ende zu führen.

Der klassische ethnologische Rahmen für die Untersuchung von Ritualen ist das Dreierschema von van Gennep (1986) – *Absonderung, liminale Phase und Reintegration* –, dem das frühere (Opfer-)Schema von

Mauss (?) – *Eintritt* – *Handlung* – *Austritt* – entspricht. Auch in der Romanhandlung von *Liebesbrand* geht es um

- Abkoppelung von der Alltagsrealität, also „Eintritt";
- Synthese oder zentrale Botschaft, nach Mauss „Handlung";
- und den Abschluss des Rituals sowie die Reintegration in die Alltagsrealität, also „Austritt".

Mit dieser letzten Phase des Rituals, dem Abschluss und der Reintegration in die Alltagsrealität, beschäftigt sich die dritte Voraussetzung:
Faktoren, die Luhmann als *Umweltsachverhalte* bezeichnet, beeinflussen das Gelingen, den erfolgreichen Ablauf und damit den erfolgreichen Abschluss des Rituals. Wenn der Liebescode und die „Umweltsachverhalte", also die gesellschaftlich-kulturelle Entwicklung, auseinanderklaffen, d.h. der Liebescode auf Männer- und Frauengruppen projiziert wird, die ein anderes als das für dieses Ritual notwendige kulturelle Wissen besitzen, wenn also die zugrunde liegende Tiefenstruktur der beteiligten Personen nicht kompatibel ist, erweist sich der Liebescode selbst als inkompatibel und das Ritual kann nicht erfolgreich zu Ende geführt werden, da die notwendige Übertragung in die Realität und damit die Liebe scheitert.

Der Ritus verkommt so zu einem rein mechanischen Handeln, das zum weitgehenden bzw. vollkommenen Sinnverlust des eigentlichen Rituals führt und keinen abgeschlossenen rituellen Handlungsraum entstehen lässt (cf. Jäggi 2009: 90 f.).

3.1 Der Beginn des Rituals – die Initialisierung

Noch während seines Aufenthalts im Krankenhaus gerät David in eine bunte Gesellschaft, die im Gespräch bereits die Stichwörter und Kategorien für die weitere Handlung liefert. Die türkischen Mitpatienten Herr Messer, Herr Leber, Herr Knöchel und Herr Bluterguss, die ihre Namen ihren Verletzungen zu verdanken haben, führen David in das Ritual der Frauenverehrung ein: An den Frauen, die man begehrt, für die man entbrannt ist, muss ein Liebesdienst abgeleistet werden. Deutlich wird hier bereits die Nähe zum mittelalterlichen Minnekonzept. Die Handlungs- und Rollenvorgaben sind klar definiert: Der Mann in der Rolle des Bittstellers lässt sich durch ein Nein nicht beirren und beschenkt und bedrängt die Auserwählte, bis diese sich schließlich erbarmt und den Flehenden erhört. Dieser Erfolg ist in der Minne freilich nur ein gern beschriebener Traum.

Die Rolle der Frau zeigt deren Reinheit, Makellosigkeit und ihre Ehre und spiegelt so ein Konzept wider, das sich im ländlichen Raum der Südtürkei, aber auch im dörflichen Spanien und Italien finden lässt. Das Beziehungsverhältnis der Geschlechter ist in dieser Phase der Werbung umgekehrt.

Nun kann diese Handlungsphase des Rituals recht lange dauern – wie der Roman an Herrn Bluterguss und seinem jahrelangen Werben um seine Frau zeigt (cf. Zaimoglu 2008: 26). Um den erotischen Druck, der währenddessen offenbar auf dem leidenden Mann lastet, zu lindern, sind „Stellvertreterliebhaber/innen" in diesem Konzept von Anfang an vorgesehen. Diese Stellvertreterinnen oder, in der kaufmännischen Etikettierung des Romans „die 2. Wahl", befriedigen die niederen, aber auch die romantischen Bedürfnisse, die sich im Laufe der Zeit anstauen, sie können damit aber als Teil des Rituals und seines zugrunde liegenden soziokulturellen Codes angesehen werden. Die Frauen der „2. Wahl" trösten den immer wieder Zurückgewiesenen, der in der Position in dieser Phase eine Aufwertung erfährt, bis zur letztendlich dritten und letzten Phase des Rituals. Dieses endet damit, dass die Angebetete nachgibt, womit der rituelle Ausnahmezustand aufgehoben wird und sich die alte Hierarchie der Geschlechterverhältnisse wiederherstellt.

Dieses Konzept erinnert, wie bereits angedeutet, in weiten Teilen an den mittelalterlichen Minnedienst, die öffentliche Verehrung einer Frau als Ideal, die respekt- und maßvoll begehrt wird. Die Seele wird durch Verzicht und Leid gereinigt, all dies zur höheren Ehre der *Frouwe* und zur Vervollkommnung des minnenden Ritters, der ruhmreich und im Charakter gestärkt aus der Begegnung hervorgeht. Solches „Dienen" und solche sehnsuchtsvolle Verehrung erscheint nach Burdach (1918) typisch für das christliche Abendland; ein Sublimieren, bei dem ein Verzichten auf ein Ideal höheren Wert als die Erfüllung zugeschrieben bekommt.

Da es nach Burdach zwischen der Liebespoesie der Araber und der Troubadoure auffallende Motiv- und Gefühlsverwandtschaften gibt, ist anzunehmen, dass die provenzalische Minnelyrik sich unter dem Einfluss der arabischen Frauenpreislyrik entwickelt hat, die an muslimischen Höfen im Spanien des 9. und 10. Jahrhunderts gepflegt wurden. Es handelt sich bei Zaimoglus Roman also um die Erneuerung einer sehr viel älteren Tradition gegenseitiger Einflussnahme.

Es wurde schon angedeutet, dass bei dem Konzept des Rituals, das uns im ersten Kapitel vorgestellt wird, die Frauenverehrung noch um eine Komponente erweitert wird: um die körperliche Dimension. Es bleibt nicht bei der bloß idealen Liebe und Verehrung eines Ideals. Das Ende des Rituals beinhaltet auch eine libidinöse Erfüllung und Erlösung.

Doch was bedeutet dies für den Ich-Erzähler David, der in Deutschland aufgewachsen, als Börsenmakler zu Geld gekommen ist und nun in „Rente" lebt, wie er es ausdrückt? Dieses Feuer, diesen Liebesbrand kennt er nicht. Mit diesem kulturellen Code wurde er nicht sozialisiert. Erst seine Mitpatienten ‚infizieren' ihn, in der Folge sieht er sich als einen verloren gegangenen Sohn, einen ahnungslosen Erben. „Ich kannte Feuerfunken, aber keinen Liebesbrand im Herzen, ich war im Westen verdorben, ich war ein durch und durch degenerierter Mann des Abendlandes, und von der Tradition der orientalischen Frauenanbetung hatte ich keine Ahnung" (Zaimoglu 2008: 31).

Durch die Beschreibungen und die flammenden Reden seiner Mitpatienten entbrannt, beginnt David sich zu sehnen: „Plötzlich verspürte ich eine große Sehnsucht, ich sehnte mich nach etwas, das mich größer und glücklicher machen sollte – lass das sein, dachte ich, davon wird ein Mann nur krank" (Zaimoglu 2008: 43). Roland Barthes nennt dieses Phänomen in seinen *Fragmenten einer Sprache der Liebe* „die Einweihung" (Barthes 1977: 136 f.): Man beginnt ein Objekt zu lieben, da es durch andere als sehnsuchtswürdig eingeführt wird.

David wird durch diese Initialisierung in das Ritual eingeführt. Es zeigt hier seinen verbindenden Charakter: David, der in Deutschland keine Freundschaften oder feste Bindungen kennt – allein seinen Freund Gabriel, der 100 Euro am Tag verlangt, um ihm als „Lebensberater" zur Seite zu stehen –, empfindet sich als Teil dieser Männergruppe.

3.2 Handlung – Synthese oder Integration der zentralen Botschaft

Diese Sehnsucht, die sich „wie ein Spieß in seine Flanke bohrt" (Zaimoglu 2008: 20), verfolgt David zurück nach Deutschland. Körperlich genesen, leidet er nun an einer inneren Sehnsucht. Er ist entbrannt. Er beginnt den Handlungsanweisungen des Rituals zu gehorchen und macht sich auf den Weg, seine Angebetete zu verfolgen. Dabei übernimmt er kritiklos und vollständig dieses Konzept der orientalischen Frauenanbetung, das ihm eine gelungene Richtung für ein Sehnen und einen Sinn für sein unerfülltes Leben eröffnet. Er beginnt, die Begegnung am Unfallort als schicksalhaft zu verstehen.

Doch die angebetete Tyra kennt die Regeln nicht. Sie hat nicht den sozio-kulturellen Hintergrund, die Tiefenstruktur und den Kommunikationscode, um die ihr zugewiesene Rolle zu begreifen. Eine Abweisung gilt ihr als Abweisung ohne weitere kulturelle Implikationen. Sie ist sich ihrer Rolle in diesem Ritual und deren Handlungsvorgaben nicht bewusst bzw. wäre auch nicht willens, diese zu erfüllen. Aber dennoch ist sie hin- und hergerissen zwischen der eigenen Unnachgiebigkeit und Davids Liebesschwüren.

Im Buch werden uns zwei Kategorien von Liebenden vorgestellt, die einen, die noch nach der Liebe suchen, und die anderen, die schon an der Liebe verzweifelt sind. Die Vorstellung einer erfüllenden bzw. als harmonisch zu bezeichnenden Partnerschaft verwehrt der Roman. Der Lächerlichkeit seines Tuns gewahr, folgt David Tyra, um sie von sich und seiner Liebe zu überzeugen. Doch die moderne Frau, als die Tyra beschrieben wird, braucht diesen devoten Mann nicht, der bereit ist, sich in totale Abhängigkeit zu begeben, dessen Werben selbst auf einer solchen totalen Abhängigkeit beruht. „Wenn mich ein Mann liebt, wie du es tust, ein Mann der mir gefällt, würde ich ihn zum Henker jagen" (ibd.: 251). Tyra ist von dieser bedingungslosen Form der Verehrung abgestoßen und gelangweilt. Sie möchte keinesfalls das, was sich ihr offen anbietet.

3.3 Das Scheitern – der Abschluss des Rituals und die Übertragung in die Realität

In dem Moment aber, in dem Tyra beginnt, die ihr zugewiesene Machtposition zu ge- oder missbrauchen, wendet sich das Blatt. David gehorcht ihr nicht, als sie ihn auffordert, seine Männlichkeit zu beweisen, indem er einen betrunkenen Bettler verprügelt. Nun ist er es, der sie abweist.

Erst in dieser Zurückweisung, indem es sich verweigert, wird David für Tyra interessant. Sie reagiert auf die Abweisung unsicher, folgt ihm nun ihrerseits, klammert sich an ihn und lässt sich mitschleifen. Bei David ist eben dieses Muster auch deutlich, seine Partnerin der 2. Wahl,

Jarmila, die ihn durch Prag begleitet und ihn nach Zurückweisungen tröstet, bietet offen ihre Liebe an, doch David weist sie als ‚erste Wahl' zurück – diesen Status will er ihr bis zum Ende des Romans nicht geben.

Davids sehnsuchtsvolle, bedingungslose und aufopferungsvolle Liebe, die er selbst in die Tradition der orientalischen Frauenanbetung stellt, macht ihn schließlich in seinen eigenen Augen zu einem „lächerlichen Liebesidioten" (ibd.: 273). David scheitert mit der Selbstintegration in einen Liebescode, der weder seiner Lebenssituation noch seiner Sozialisation entspricht. Der Versuch, seinem Leben einen Sinn zu geben, es mit Sinn zu erfüllen, glückt nicht.

4

Das scheinbar neue Identifikation stiftende Ritual muss scheitern, da weder für David noch für seine Auserwählte dieses Konzept vor ihren individuellen Lebenshintergründen aufgeht. *Liebesbrand* ist vor allem ein Roman, der eine misslingende Form der Integration beim Scheitern beobachtet: die identifizierende Assimilation, das irrationale Sich-Unterwerfen nicht nur einem Partner gegenüber, sondern auch gegenüber einer Tradition, die sich nicht einfach übernehmen lässt, als könnte man in sie hineinkriechen.

Doch warum kommt es überhaupt zu dieser Rückorientierung des ‚integrierten' Protagonisten, zur Beteiligung an einem Ritual und damit an einer Kultur, auf die er ansonsten nur aus westlich ironischer Perspektive blickt?

Das Thema scheint nicht eine deutsch-türkische Grunddifferenz zu sein (cf. Zaimoglus Äußerungen in Hoch 2008), sondern vielmehr ein Konflikt der Geschlechter- und Rollenzuordnung, der mit der Zurückweisung des Liebeskonzepts des 21. Jahrhunderts einhergeht. Somit schließt sich der Kreis zurück zu Luhmann, der die Darstellung der Liebe bzw. des Liebesbegehrens in literarischen Texten als Reaktion auf die Missstände und Umstände der Gesellschaft sieht, die eine bestimmte Problematik aufzeigt und thematisiert (cf. Luhmann 1988: 24).

Zaimoglus Erzähler pflegt eine Ironie des Übergangs, die sich von veraltet scheinenden kulturellen Wurzeln und Rollenvorstellungen mit Mitteln des Witzes distanziert. Dennoch versucht sie, auf dem Weg zu einem neuen Beziehungsfundament halb ernst, halb spielerisch an diese

Traditionen anzuknüpfen. Diese Doppelwertung siedelt schon im Beginn des Romans die erzählerische Einführung des Liebesbrand-Rituals in der Hybride einer türkischen Zauberberg-Szenerie an, um danach durch leidenschaftlich-komischen Erfolg und Misserfolg der Protagonisten die Transformation der rituellen Handlung zweideutig genug zu schildern; wohin es gehen wird, braucht ein Roman nicht vorauszusagen, er ist mit dem Ausprobieren verschiedener Konstellationen beschäftigt genug. Die Verheißung einer männlich-weiblichen, west-östlichen, gedanklichen wie körperlichen Synthesis jedoch lässt er trotz allen vordergründigen Scheiterns lebendig bleiben.

Literatur

Barthes, Roland 1978: *A Lover's Discourse. Fragments,* New York: Hill and Wang

Bognár, Zsuzsa 2010: „Liebe transkulturell – Begegnungsräume in Feridun Zaimoglus Roman *Liebesbrand*", in: Hess-Lüttich, Ernest W.B. et al. (eds.) 2010: 303-314

Burdach, Konrad 1918: *Über den Ursprung des mittelalterlichen Minnesangs, Liebesromans und Frauendienstes. Sitzungsberichte der Preußischen Akademie der Wissenschaften,* Berlin: Reichsdruckerei

Dieckmann, Dorothea 2008: „Ein Simplizissimus der Liebe", in: *NZZ Online,* im Internet unter http://www.nzz.ch/nachrichten/kultur/buch rezensionen/ein_simplizissimus_der_liebe_1.797018.html [03.08.2010]

Dücker, Burckhard 2007: *Rituale. Formen – Funktionen – Geschichte,* Stuttgart: Metzler

Greiner, Ulrich 2008: „Aber deine Hände. Aber deine Stimme", in: *Zeit Online,* im Internet unter http://www.zeit.de/2008/12/L-Zaimoglu [09.08.2010]

Hess-Lüttich, Ernest W.B. et al. (eds.) 2010: *Deutsch im interkulturellen Begegnungsraum Ostmitteleuropa* (= Cross Cultural Communication 19), Frankfurt/Main etc.: Peter Lang

Hoch, Jenny 2008: „Liebe ist reaktionär", in: *Spiegel Online,* im Internet unter http://www.spiegel.de/kultur/literatur/0,1518,541282,00.html [07.08.2010]

Honigmann, John J. (ed.) 1973: *Handbook of Social and Cultural Anthropology,* Chicago: Rand McNally

Jäggi, Christian 2009: *Sozio-kultureller Code, Ritual und Management. Neue Perspektiven in interkulturellen Feldern,* Wiesbaden: VS Verlag

Lévi-Strauss, Claude 1973: *Das wilde Denken,* Frankfurt/Main: Suhrkamp

Luhmann, Niklas 1988: *Liebe als Passion. Zur Codierung von Intimität,* Frankfurt/Main: Suhrkamp

Munn, Nancy 1973: „Symbolism in a Ritual Context: Aspects of Symbolic Action", in: Honigmann (ed.) 1973: 579-612

Tambiah, Stanley Jayaraja 1985: *Culture, Thought, and Social Action. An Anthropological Perspective,* Cambridge: Harvard University Press

Zaimoglu, Feridun 2008: *Liebesbrand,* Köln: Kiepenheuer & Witsch

Vermittlungskonzepte des interkulturellen Lernens im Deutschunterricht an türkischen Schulen

Nilüfer Tapan (Istanbul)

Abstract

Foreign language lessons, where different languages and cultures inevitably meet and interact with each other, are deemed to be appropriate for developing learners' intercultural communicative competence. Thus, by investing upon this dimension of foreign language lessons, fostering learners' cultural awareness through appropriate methods, techniques and strategies is of paramount importance. Premised on these ideas, the present study has explored the intercultural communication aspects of German language lessons in Turkish private primary schools, where intensive German language education is provided, with a particular focus on the extent to which intercultural teaching/learning takes place. In this respect, the curricula of these schools and the unique case of German language teachers working in these schools have been investigated thoroughly in relation to the development of intercultural communicative competence.

1 Einführung

In der heutigen, in vieler Hinsicht vielfältig vernetzten Welt, in der Menschen unterschiedlicher Kulturen dauernd in engem Kontakt miteinander leben, kommt der kulturgeprägten Dimension des Fremdsprachenlernens eine relevante Bedeutung zu. Wichtig ist nun, diese Dimension im Fremdsprachenunterricht so zu strukturieren, dass dadurch die Lernenden zur interkulturellen Kommunikation und zu „grenzüberschreitender Verständigung" (Altmayer 2005: 194) befähigt werden. In jedem Fremdsprachenunterricht, wo die Lernenden mit unterschiedlichen Sprachen und Kulturen zusammenkommen und in einen Dialog treten, finden Prozesse einer interkulturellen Kommunikation statt. Daraus folgernd ist zu sagen, dass gerade der Fremdsprachenunterricht der richtige Ort ist, die Fähigkeit zur interkulturellen Kommunikation zu entwickeln. In diesem Zusammenhang vertritt Krumm die Meinung, dass „der Sprachunterricht bewusst als Ort des interkulturellen Lernens gestaltet werden soll"

(Krumm 1988: 121). Dieser kulturgeprägte Aspekt des Fremdsprachenlernens, der heutzutage von vielen Wissenschaftlern des Faches immer wieder betont wird, ist in den letzten Jahren zu einem dominierenden Lehr- und Lernziel erhoben worden.

Ausgehend von den gegenwärtigen Entwicklungen des Fachbereichs *Deutsch als Fremdsprache* möchte ich in meinem Beitrag der Frage nachgehen, ob es Möglichkeiten gibt, das interkulturelle Lernen als Zielsetzung des Fremdsprachenlernens im türkischen Deutschunterricht in die Praxis umzusetzen und dadurch die Schüler[1] zur interkulturellen Kommunikation zu befähigen. In diesem Zusammenhang möchte ich die türkischen Grundschulen (1. bis 8. Klasse) mit intensivem Deutschunterricht zur Untersuchung heranziehen, weil die erste Begegnung mit fremden Sprachen und Kulturen bei der Entwicklung der interkulturellen Kompetenz eine große Rolle spielt. Hat dieser erste Schritt Erfolg, dann ist es durchaus möglich, von positiven Voraussetzungen für weitere Entwicklungen im Sinne interkulturellen Lernens zu sprechen. Und auf der anderen Seite haben die erwähnten Schulen befriedigende Voraussetzungen beim Lehren und Lernen der Fremdsprachen in der Türkei. Bei der Untersuchung meines Themas möchte ich auf zwei Faktoren näher eingehen: Die Gewichtung des kulturbezogenen Aspektes an den bestehenden Lehrplänen der erwähnten Schulen und die Kompetenzen der Deutschlehrerinnen und -lehrer, die das intendierte interkulturelle Lernen im Unterrichtsgeschehen realisieren sollen.

2 Strukturierung des Deutschunterrichts an türkischen Schulen

Bei den Diskussionen über die kulturgeprägten Vermittlungskonzepte im schulischen Bereich ist es sicherlich wichtig zu wissen, wie der Deutschunterricht an den türkischen Schulen strukturiert ist. Im Jahre 1997 wurde in der Türkei ein neues Schulgesetz erlassen, das zu tiefgreifenden Änderungen im türkischen Bildungswesen führte. Gemäß einer gesetzlichen Verordnung ist die Schulpflichtzeit landesweit von fünf auf acht Jahre verlängert worden. An die achtjährige Pflichtschule (Primar-

---

[1] Der Ausdruck *Schüler* wird hier als unmarkierte generische Form gebraucht. Es wird somit sowohl auf Schülerinnen als auch auf Schüler verwiesen. Dasselbe gilt auch für *Lehrer* und *Lerner*.

stufe und Sekundarstufe 1) schließt sich dann das Gymnasium an (Sekundarstufe 2), das zurzeit vier Jahre dauert.

Durch die Neustrukturierung des Schulwesens änderte sich auch die Planung des Fremdsprachenunterrichts an türkischen Schulen. Dadurch wurde die Möglichkeit geschaffen, Fremdsprachenunterricht an den achtjährigen Grundschulen einzuführen, wobei die erste Fremdsprache bereits in der vierten Jahrgangsstufe als Pflichtfach mit vier Wochenstunden angeboten wird. Dabei stehen Deutsch, Französisch oder Englisch als fremdsprachliche Pflichtfächer zur Verfügung. Der Beginn der ersten Fremdsprache in der vierten Jahrgangsstufe ermöglicht auch einen früheren Beginn der Vermittlung einer zweiten Fremdsprache. Somit besteht ab der sechsten Klasse die Möglichkeit, als Wahlfach mit zwei Wochenstunden eine zweite Fremdsprache zu erlernen. In der Sekundarstufe 2 werden je nach Schultyp differenzierte Programme für die Erlernung der Fremdsprachen angeboten.

Dieser Überblick erlaubt uns zu sagen, dass der Fremdsprachenunterricht in allen Schulstufen der türkischen Schulen einen festen Platz hat. Hier ist aber gleich die Frage zu stellen: Welche Gewichtung haben die angebotenen Fremdsprachen in den schulischen Programmen? Bei der Auswahl der Fremdsprachen spielen sicherlich politisch-gesellschaftliche Faktoren eine ausschlaggebende Rolle. So prägt heute die weltweit zunehmende Nachfrage nach Englischkenntnissen auch in der Türkei die fremdsprachenpolitischen Entscheidungen.[2] *Englisch* ist zurzeit mit großem Abstand die am meisten angebotene und gelernte Fremdsprache in der Türkei. Mehr als 90% der Schüler wählen sowohl im Primar- als auch im Sekundarbereich Englisch als erste Fremdsprache, obwohl sie durchaus die Auswahl hätten, eine der drei Sprachen *Deutsch, Französisch* oder *Englisch* zu wählen. Die zentrale Frage in diesem Kontext ist nun, wie man genügend Zeit und Raum für die anderen Sprachen bietet, wenn man es mit dem im europäischen Kontext geforderten Erhalt der kulturellen und sprachlichen Vielfalt und mit der Entwicklung der interkulturellen Kompetenz ernst meint. Gegenwärtig hat sich Deutsch in der Türkei mit Abstand zur zweitwichtigsten Fremdsprache entwickelt und kann damit die Funktion erfüllen, die Fremdsprachenskala zur Sprachen-

---

2 Für nähere Informationen über die Fremdsprachenpolitik in der Türkei cf. Polat & Tapan 2008.

und Kulturenvielfalt hin zu verbreiten. Wichtig ist dabei, durch geeignete Maßnahmen diese Position des Deutschen zu nutzen.

Deutsch wird im türkischen Schulwesen als erste und als zweite Fremdsprache sowohl im Primar- als auch im Sekundarbereich angeboten. Wenn wir von den gegenwärtigen sprachenpolitischen Bedingungen der Türkei ausgehen und realistisch bleiben wollen, so ist zu betonen, dass sich zur Zeit Deutsch im türkischen Schulwesen nach Englisch als die zweite Fremdsprache entwickelt. In meinem Beitrag möchte ich jedoch nicht auf die Konstellation *Deutsch nach Englisch* eingehen, weil der Tertiärsprachenbereich auf einer anderen Ebene diskutiert werden soll. Ich möchte mich hier eher mit den didaktisch-methodischen Richtlinien des Deutschen als erste Fremdsprache an den Grundschulen (1. bis 8. Klasse) befassen und die Realisierbarkeit der kulturgeprägten Vermittlungskonzepte auf der Ebene des Deutschen als erste Fremdsprache zur Diskussion stellen.

Wegen den bestehenden Bedingungen (geringe Stundenzahlen, nicht ausreichende Infrastruktur) ist das Lehren und Lernen des Deutschen als erste Fremdsprache an den staatlichen Grundschulen meistens nicht zufriedenstellend. Demzufolge wäre es auch schwierig, die Prinzipien des interkulturellen Lernens in diesen Schulen in die Praxis umzusetzen. Es gibt jedoch im Grundschulbereich private Schulen mit intensivem Deutschunterricht, bei denen es möglich ist, die kulturbezogenen Vermittlungskonzepte im Unterrichtsgeschehen zu realisieren. Landesweit betrachtet ist gegenwärtig die Zahl der privaten Grundschulen mit intensivem Deutschunterricht gering. Etwa 4000 Schüler in den Großstädten der Türkei besuchen diesen Schultyp. Warum ich diese Schulen trotz der geringeren Anzahl als Fallbeispiel ausgewählt habe, ist folgendermaßen zu erklären: Dass eine Revision des Fremdsprachenunterrichts an den allgemeinbildenden staatlichen Schulen nötig ist, darüber besteht in allen verantwortlichen Kreisen in der Türkei kein Zweifel. Bezüglich der Vermittlung von Fremdsprachen befriedigen die Schulen mit fremdsprachlichem Schwergewicht hingegen den Wunsch der Eltern und der Schüler nach guten fremdsprachlichen Kenntnissen besser. Sie sind sogar für viele Eltern, die auf gute Fremdsprachenkenntnisse ihrer Kinder Wert legen, *die* Lösung geworden. Auf den Primar- und Sekundarstufen sind dies die Privatschulen, auf der Sekundarstufe die fremdsprachlich orientierten staatlichen Anadolu-Schulen. Diese Schulen, wo der Fremdsprachenunterricht den Innovationen des Faches folgend gezielt gefördert wird, gewinnen in der türkischen Schullandschaft immer mehr an Bedeutung und haben Chancen, in der Zukunft weiter ausgebaut zu werden. Private Grundschulen mit intensivem Deutschunterricht gehören auch zu diesem Schultyp.

3 Die Besonderheiten der Grundschulen mit intensivem Deutschunterricht

Private Grundschulen mit intensivem Deutschunterricht, die im Rahmen dieses Beitrags im Hinblick auf das interkulturelle Lernen untersucht werden, unterstehen eigentlich wie das ganze türkische Schulwesen dem türkischen Erziehungsministerium. Daher müssen alle Verordnungen des Erziehungsministeriums auch hier beachtet werden. Jedoch ist hier im Vergleich zu den staatlichen Schulen eine Flexibilität hinsichtlich der Rahmenrichtlinien zu erkennen. Sie entscheiden gemäss ihren eigenen Bedingungen über Unterrichtsbeginn und -dauer der ersten und der zweiten Fremdsprache, über die Wochenstundenzahlen und über die Auswahl der Lehrmaterialien. Das Erlernen des Deutschen als erste Fremdsprache beginnt hier intensiv mit zehn Wochenstunden schon in der ersten Klasse, bei manchen Schulen sogar in der Vorschule. In der dritten Klasse fängt obligatorisch die zweite Fremdsprache, also Englisch, mit vier Wochenstunden an. Ausgehend von der Wechselwirkung der Sprache und Kultur ist es offensichtlich, dass durch die frühe Begegnung mit fremden Sprachen die Schüler auch möglichst früh an eine fremde Kultur herangeführt werden. Die Vorverlegung der ersten Fremdsprache, hier Deutsch in die früheren Jahrgangsstufen, und die Einführung einer zweiten Fremdsprache, hier Englisch, ist ohne Zweifel ein bedeutender Fortschritt für das türkische Bildungswesen, weil dadurch den Schülern der Zugang zur Sprachen- und Kulturenvielfalt in einer relativ frühen Lebensphase eröffnet wird. Auch bei der Planung und Durchführung des Deutschunterrichts können wir hier von der Realisierung innovativer didaktisch-methodischer Ansätze wie dem kommunikativen, handlungsorientierten Ansatz, dem selbstständigen Lernen, dem projektorientierten Lernen usw. sprechen. Dementsprechend können diese Schulen als Vorbilder für die Entwicklungen im schulischen Fremdsprachenunterricht in der Türkei bezeichnet werden.

Auch sprachenpolitisch gesehen erfüllen sie eine relevante Funktion, weil mittels dieser Schulen eine weitere Sprache, nämlich Deutsch, in der türkischen Öffentlichkeit neben Englisch in gewissem Ausmaß verankert und verbreitet werden kann. Kurz: Der Deutschunterricht wird in diesem Schultyp unter besseren Bedingungen unterrichtet, und durch eine pädagogisch sinnvolle Strukturierung könnte es durchaus möglich sein, das interkulturelle Lernen im Unterrichtsgeschehen zu realisieren und dadurch die Schüler in einer frühen Lebensphase zur interkulturellen Kommunikation zu befähigen.

4 Entwicklung der Lehrpläne für Grundschulen mit intensivem Deutschunterricht

Wie die Rahmenbedingungen werden auch die curricularen Planungen für alle Programme der türkischen Schulen vom Erziehungsministerium erstellt. Das türkische Erziehungsministerium arbeitet seit etwa vier Jahren daran, die curricularen Planungen für fremdsprachliche Fächer an den türkischen Schulen zu revidieren. Auch die Erstellung neuer curricularer Planungen für Deutsch als erste Fremdsprache an den Grundschulen ist noch in Vorbereitung. Bezüglich der Erstellung der Lehrpläne äußert sich Neuner (2003: 420) wie folgt:

> [G]rundlegende Veränderungen des didaktisch-methodischen Konzepts des Fremdsprachenunterrichts [schlagen, N.F.] sich zunächst in der Neuformulierung der Lehrpläne – in den Bestimmungen der Ziele, der Inhalte und der Lehrmethoden – nieder[...]. Lehrpläne sind [...] Dokumente staatlicher, auf die Institution Schule bezogener Bildungspolitik. Sie sind deshalb Innovation gegenüber ‚schwerfällig'.

Wenn wir Neuners Worte auf die Situation der Grundschulen mit deutschem Profil übertragen, so lässt sich sagen, dass für diese Schulen, deren Existenz in der türkischen Schullandschaft ihrem innovativen Charakter geschuldet ist, die Revision der existierenden Lehrpläne unverzichtbar ist. So wurden im Schuljahr 2006/2007 seitens der privaten Grundschulen mit deutschem Profil die existierenden Lehrpläne unter Berücksichtigung der sprachenpolitischen und didaktisch-methodischen Entwicklungen der letzten Jahre neu formuliert. Dabei wurden auch gemeinsame Standards für den in diesen Schulen realisierten Deutschunterricht erstellt.³ Die gemeinsamen Standards wurden unter Berücksichtigung der spezifischen Lehr- und Lernbedingungen dieser Schulen einerseits und unter Berücksichtigung der Formulierungen des Europäischen Referenzrahmens andererseits entwickelt. Das Programm ist in drei Klassenstufen (1-3, 4-5, 6-8) unterteilt und die didaktisch-methodischen Richtlinien sind nach diesen drei Klassenstufen strukturiert. Am Ende der Klassenstufe 8 sollte etwa Niveaustufe B1 erreicht werden. Hier muss allerdings unterstrichen werden, dass der Lehrplan, der zurzeit noch in der Erprobungsphase ist, als eine gemeinsame Richtlinie für den Deutschunterricht an den privaten Grundschulen zu verstehen ist, d.h. es ist eigentlich kein abgeschlossenes Programm, sondern eher ein offenes Lernangebot, das je nach den Bedingungen der Schulen Möglichkeiten zu Neuformulierungen bietet.

Wenn wir nun die in diesem Lehrplan formulierten Lernziele untersuchen, so ist zu erkennen, dass hier unter anderem auch der Vermittlung der kulturellen Elemente als Lernziel Platz eingeräumt ist. Als Lernziel wird formuliert, dass die Schüler neben der frühen Begegnung mit einer fremden Sprache auch an eine fremde Kultur herangeführt werden. Wie schon erwähnt, ist die Annäherung an die fremde Welt in frühen Lebensjahren insofern wichtig, als dass besonders bei den Kindern dieser Altersgruppen durch Entwicklung positiver Einstellungen dem Anderen, dem Fremden gegenüber Ängste leichter abgebaut bzw. vermieden werden können. Durch geeignete didaktisch-methodische Planungen können die Schüler von Anfang an neue Sichtweisen auf eine fremde Kultur, hier die deutsche, gewinnen und mit dem Anderen/Fremden umgehen lernen. Inwieweit und wie lässt sich diese Blickweise im Unterricht realisieren? In dem neu erstellten Lehrplan stehen bezüglich der Kulturvermittlung in den einzelnen Klassenstufen folgende Themen zur Verfügung:

Klassenstufe 1-3: Feste und damit verbundene Bräuche, Schulleben, Essgewohnheiten
Klassenstufe 4-5: Freizeitgestaltung, Schulalltag, Verkehr, Problematik/Thematik Land/Stadt, Themen und Interessen Gleichaltriger, deutschsprachige Länder

---

3 Bei der Entwicklung des Lehrplans haben das Goethe-Institut Istanbul als organisatorische Institution und die Lehrer der deutschsprachigen privaten Grundschulen mitgewirkt. Der Lehrplan in Form eines Manuskripts wurde im Schuljahr 2007/2008 in den erwähnten Schulen erprobt.

Klassenstufe 6-8: Berufswahl, Familienalltag, Idiomatische Wendungen, Nonverbale Zeichen verstehen und unterscheiden können

Es ist natürlich durchaus positiv, dass im Lehrplan den kulturellen Themen Zeit und Raum eingeräumt ist. Besonders im Vergleich zu den älteren Curricula des schulischen Deutschunterrichts, in denen die Gewichtung auf der Vermittlung der Grammatikkenntnisse liegt und die kulturellen Elemente nur dafür da sind, die entsprechenden grammatischen Phänomene zu transportieren, ist dieses Lehr- und Lernziel sicherlich ein bedeutender Fortschritt. Jedoch sind an dem neu erstellten Lehrplan auch einige Kritikpunkte zu äussern, wenn wir die neueren Kultur- und Landeskundekonzeptionen auf der einen Seite, die spezifischen Lehr- und Lernbedingungen der türkischen Schullandschaft auf der anderen Seite berücksichtigen. Zum einen könnte kritisiert werden, dass im Lehrplan die kulturellen Themen nicht in die weiteren Bestandteile des Lehrplans, wie die Sprechabsichten oder Redemittel, integriert sind. Mit anderen Worten, kulturelle Elemente werden im Lehrplan im Großen und Ganzen additiv angeboten. Gemäß den neueren Kulturkonzeptionen[4] dagegen soll landeskundliches bzw. kulturelles Lernen in den Unterricht integriert werden. Krumm (1992: 16) vermerkt in diesem Kontext, dass „schon Wörter [...] Träger spezifischer kultureller Normen und Werte" sind. Die wenigen Kombinationen von kulturellen Themen mit den Sprechabsichten und Redemitteln zielen hauptsächlich darauf, die Schüler in der deutschen Kultur handlungsfähig zu machen. Diese nur auf Zielkultur bezogene, einseitige Kulturvermittlung könnte als ein weiterer Kritikpunkt bezeichnet werden. Als ein Beispiel dafür können wir den Themenbereich *Feste* heranziehen. Dieser Themenbereich ist einer der wenigen, wo es Verknüpfungen zu den Sprechabsichten und Redemitteln gibt:

Klassenstufe 1-3

Sprechabsicht: kann Feste benennen, kann Feste zeitlich einordnen, kann Tätigkeiten mit Festen verknüpfen und benennen, kann entsprechende Lieder singen etc.

---

4 Für die grundlegenden Landeskundeansätze siehe Biechele & Padros 2003.

Redemittel:	Weihnachten, Ostern, Neujahr, Laternenfest, Party, Gast, schmücken, vorbereiten, feiern, basteln etc.

Klassenstufe 4-5

Sprechabsicht:	zu einem Fest gratulieren, zu einem Fest einladen, darüber informieren, wann Feste gefeiert werden.
Redemittel:	gratulieren, tanzen, vorbereiten, eine Einladung schreiben etc.

Ausgehend von den drei grundlegenden landeskundlichen Ansätzen lässt sich festhalten, dass die in dem Lehrplan dargestellte Kulturauffassung eher dem kommunikativen Landeskundeansatz zuzuordnen ist. Der kommunikative Ansatz hat sprachliches Handeln in Alltagssituationen zum Ziel und versucht, die Lernenden in der Zielkultur, hier in dem deutschen Alltag handlungsfähig zu machen. Die Kenntnisse landeskundlich-kultureller Elemente der Zielkultur werden dabei als eine wesentliche Voraussetzung für das Gelingen sprachlicher Handlungen im deutschen Alltag angesehen.

Auch in den Lehrwerken wie *Deutsch Mobil* oder *Mega,* die in diesen Schulen überwiegend benutzt werden, sind die landeskundlichen Ziele, Themen, Methoden und Aufgabenstellungen kommunikativ ausgerichtet und kombinieren die sprachlichen und die kulturellen Elemente miteinander für das Gelingen richtiger Verhaltensweisen in deutschsprachigen Ländern, wenn auch ab und zu die Frage gestellt wird: „Und wie ist es in deinem Land?" Diese Blickweise ist auch durchaus verständlich. Denn diese Lehrmaterialien sind in Deutschland produziert und für den globalen Markt gedacht. Somit können natürlich die spezifischen Voraussetzungen der türkischen Schüler nicht in die Lehrmaterialien einbezogen werden. Die in der Türkei konzipierten, regionalen Lehrmaterialien sind schon veraltet und müssen einer Revision unterzogen werden oder es müssen nach neueren didaktisch-methodischen Ansätzen neue Lehrmaterialien für Deutsch als erste Fremdsprache an den Grundschulen entwickelt werden.[5]

Ohne Zweifel ist es für den Fremdsprachenunterricht von großer Bedeutung, dass die Schüler durch die Begegnung mit den kulturellen Ge-

---

5 Über die Kulturkonzeptionen der in der Türkei konzipierten Lehrwerke siehe Cangil 2002; Tapan 2009.

gebenheiten der Zielsprache lernen, korrekte Handlungen in Deutsch auszuführen. Insofern ist die Umsetzung der kommunikativ orientierten Kulturkonzeption in der Unterrichtspraxis auf der einen Seite sicherlich begrüßenswert. Durch eine pädagogisch sinnvolle Strukturierung der kulturellen Aspekte kann man bei den Lernenden, besonders bei den Schülern der unteren Klassenstufen, für eine ihnen völlig fremde Welt Interesse wecken. Überdies ist es als positiv zu bewerten, dass die Schüler im Deutschunterricht lernen, welche Feste es in Deutschland gibt, wie diese gefeiert werden, welche Traditionen dabei wichtig sind. Dass diese Auffassung berechtigt ist, zeigt sich an den Aktivitäten, bei denen die Schüler über die deutschen Feste wie Laternenfest, Ostern oder Weihnachten landeskundliche Kenntnisse erwerben: In allen Grundschulen mit intensivem Deutschunterricht werden diese Feste als kulturvermittelndes Thema in der Unterrichtspraxis durch kindgemäße, spielerisch orientierte und handlungsbezogene Verfahrensweisen eingeführt. Die Beispiele aus der Unterrichtspraxis lassen uns erkennen, dass allen Schülern der unteren Klassenstufen Aktivitäten wie Laternen basteln und Laternenzug erleben, an Ostern Eier färben oder zu Weihnachten einen Weihnachtsbaum schmücken und Weihnachtslieder singen Spaß machen und sie für das Weiterlernen des Andersartigen, des Fremden motiviert.

Wenn jedoch im Deutschunterricht die interkulturelle Kompetenz als das übergreifende Lernziel verstanden werden soll, dann weist die kommunikativ orientierte Kulturkonzeption mit ihrer einseitigen, nur auf Zielsprache und Zielkultur ausgerichteten Blickweise einige Mängel auf. In dieser Art von Kulturvermittlung fehlt der eigene Erfahrungsbereich der türkischen Schüler, was aber eigentlich für die Entwicklung der interkulturellen Kompetenz die Voraussetzung ist. „Fremdsprachenunterricht beschäftigt sich mit der Sprache und Kulturen der Zielsprache vor dem Hintergrund der eigenkulturellen Prägungen der Lernenden, d.h. Fremdes *und* Eigenes gehören in der Betrachtung zusammen" (Krumm 1994: 118, Hervorh. im Original). Mit anderen Worten: Interkulturelle Kompetenz kann erst dann entwickelt werden, wenn die Schüler nicht nur für das Fremde, sondern durch das Fremde auch für das Eigene sensibilisiert werden. Auch von Neuner und Hunfeld wird dieselbe These vertreten: „Das Erlernen einer Fremdsprache [...] muss dazu beitragen, dass der Schüler die fremde Welt, die ihm im Unterricht begegnet, besser verstehen lernt und dass aus der Auseinandersetzung mit der fremden Welt die eigene Welt deutlichere Konturen annimmt" (Neuner & Hunfeld 2002: 108). Diesen Ausführungen folgend lässt sich sagen: Der Lehrplan der deutschsprachigen Grundschulen, der eigentlich in vieler Hinsicht begrüßenswert ist, sollte um die interkulturelle Dimension erweitert werden, damit die Schüler im Deutschunterricht zur interkulturellen Kommunikation befähigt werden.

5 Die Besonderheiten der Deutschlehrer an den Grundschulen mit intensivem Deutschunterricht

An dieser Stelle möchte ich auf die eingangs gestellte Frage zurückgreifen: Gibt es Möglichkeiten, das interkulturelle Lernen als Zielsetzung an den Grundschulen mit intensivem Deutschunterricht in die Praxis umzusetzen und dadurch die Schüler zur interkulturellen Kommunikation zu befähigen?

Bei der Beantwortung dieser Frage möchte ich auf die Lehrerrolle näher eingehen, weil die Lehrer im Lehr- und Lernprozess eine Mittlerstellung zwischen den Vorgaben der Lehrpläne zur Didaktik und Methodik sowie auch der Lehrwerke und dem konkreten Unterrichtsprozess einnehmen. Wie jede Konzeption setzt auch die Konzeption des interkulturellen Lernens einen bestimmten Lehrertyp voraus. Wenn das Leitprinzip des interkulturellen Ansatzes, nämlich eine produktive Interaktion zwischen Ausgangs- und Zielkultur, gelingen soll, muss auch die Rolle des Fremdsprachenlehrers neu definiert werden. Gemäß diesem Ansatz sollte also der Deutschlehrer imstande sein, zwischen zwei Kulturen vermitteln zu können, um bei seinen Schülern interkulturelle Kompetenz aufbauen zu können; er soll auch imstande sein, seinen Unterricht „als Ort des interkulturellen Lernens zu gestalten" (Krumm 1988: 121) und „im Unterricht Gelegenheiten für interkulturelle Begegnungen und die Reflexion über diese Begegnungen zu schaffen" (Krumm 2003: 415). Sicherlich ist das eine durchaus problematische Annahme. Denn „Lehrer, die Schüler zu interkulturellem Lernen führen wollen, müssen selber interkulturelle Lerner sein" (Edelhoff 1987: 119, zit. nach Apeltauer 1994: 2). „Unterschiedliche Erfahrungen, Erlebnisse, kulturspezifische Sichtweisen, Vorstellungen und Wertungen sollen als Lernchancen genutzt werden. Wer als Lehrer solches Lernen anbahnen will, sollte freilich erst Erfahrungen damit haben" (Apeltauer 1994: 2). Kultureller Mittler zu sein, setzt also Erfahrungen in beiden Kulturen und Sprachen voraus.

Anders formuliert: Der Lehrer sollte selber über die interkulturelle Kompetenz verfügen, die er bei seinen Schülern entwickeln will. Gibt es in diesem Sinne Lehrer, die über interkulturelle Denk- und Verhaltensweisen verfügen und auch fähig sind, diese zu vermitteln?

In diesem Zusammenhang ist zu behaupten, dass die türkischen Deutschlehrer, die in den privaten Grundschulen mit intensivem Deutschunterricht tätig sind, die oben erwähnten spezifischen Voraussetzungen haben. Was stützt nun eine solche Annahme und was sind die Besonderheiten dieser Lehrergruppe?

Das entscheidende Phänomen dabei ist sicherlich die deutsch-türkische Migration: Die Deutschlehrer, die gegenwärtig in den Schulen mit deutschem Profil tätig sind, wurden entweder in Deutschland geboren oder sind kurz nach der Geburt nach Deutschland gekommen und bis zu einem bestimmten Lebensjahr dort aufgewachsen. Während ihres Aufenthaltes in Deutschland hatten sie deutsche Schulen besucht; nach der Rückkehr in die Türkei gingen sie in türkische Schulen und machten hier ihr türkisches Abitur, das ihnen den Zugang zum Studium für die Deutschlehrerausbildung oder zum Germanistikstudium eröffnete. Ihre Deutschkenntnisse befinden sich auf einem ziemlich hohen Niveau, besonders wenn es um die alltägliche Kommunikation geht. Darüber hinaus verfügen sie über kulturell geprägte Alltagserfahrungen in Deutschland und auch in der Türkei; sie fühlen sich in beiden Kulturen heimisch. Übertragen auf den Deutschunterricht bedeutet das, dass sie sich bei der Durchführung der kulturbezogenen Themen im Unterricht nicht nur mit der Vermittlung der Fakten der Zielkultur begnügen, was bei vielen türkischen Deutschlehrern, die keine Deutschland-Erfahrungen besitzen, der Fall ist. Die in Deutschland aufgewachsenen Deutschlehrer dagegen bringen aufgrund ihrer Biografien kulturelle Erfahrungen mit, die sie in den Unterricht mit einbeziehen können. Anders ausgedrückt: Ihre noch lebendigen kulturgeprägten Erinnerungen und Erlebnisse in der Zielkultur, die als Anknüpfungspunkte zu der deutschen Alltagskultur zu bezeichnen sind, machen es möglich, dass sie diese im Unterricht als erlebte Landeskunde an ihre Schüler weitergeben können. Die Zielkultur über das Erlebte kennenzulernen wird bei den Schülern sicherlich mehr Interesse erwecken als das Kennenlernen der Zielkultur über reines Faktenwissen. Da diese Lehrer zurzeit in der Türkei leben, haben sie auf der anderen Seite Erfahrungen und Kenntnisse auch von der türkischen Alltagskultur. Das ermöglicht es ihnen, die Lernerperspektive leichter in den

Unterricht mit einzubeziehen. Denn aus eigener Erfahrung wissen sie, welche kulturellen Themen und Aufgabenstellungen den türkischen Lernern Schwierigkeiten bereiten. Sie wissen im Großen und Ganzen, was die türkischen Schüler in den Lernprozess an kulturellem Wissen und Erfahrung mitbringen, was ihnen vertraut und was nicht vertraut ist. So versuchen sie, ausgehend von der Lernerperspektive, die kulturbezogenen Lernprozesse, mit denen sie sich selber auch einmal auseinandergesetzt haben, im Unterricht so zu thematisieren, dass die Schüler für kulturelle Begegnungen, für die Besonderheiten der Zielkultur sowie auch der eigenen Kultur sensibilisiert werden. Damit leisten sie auch einen Schritt in Richtung interkulturelles Lernen. Daraus ist zu folgern, dass die in beiden Kulturen erworbenen authentischen Erfahrungen dieser Lehrergruppe ihnen eine interkulturelle Ausrichtung des Unterrichts ermöglichen.

Der interkulturelle Ansatz hebt das Prinzip der Kontrastivität hervor und demgemäß ist es ein methodisch-didaktisches Erfordernis, im Unterricht von Anfang an vergleichend vorzugehen. „Dieser Vergleich, der sich normalerweise als ‚stummer Prozess' im Kopf des Schülers vollzieht, muss im Unterricht thematisiert werden, d.h. zur Sprache kommen" (Neuner & Hunfeld 2002: 117). Es kann hier davon ausgegangen werden, dass die in Deutschland aufgewachsenen Deutschlehrer, die sich selber mit den Prozessen des interkulturellen Lernens auseinandergesetzt haben, im Unterricht durch geeignete Verfahrensweisen ihren Schülern dabei helfen können, die in ihren Köpfen ablaufenden ‚stummen Prozesse' zur Sprache zu bringen, Beziehungen zwischen der eigenen und der fremden Welt herzustellen und diese zu vergleichen und zur Diskussion zu stellen.

Im Deutschunterricht wurden in der Vergangenheit und werden noch immer unterschiedliche Verfahrensweisen erprobt, um bei den Schülern, auch bei den Schülern in unteren Klassenstufen, die interkulturelle Kompetenz zu entwickeln. Mit den Worten von Edelhoff:

> In vielen Jahren praktischer Arbeit zur Anbahnung interkulturellen Lernens über nationale Grenzen hinweg sind Methoden und Erfahrungen gewachsen, die hier nur summarisch erwähnt werden können: Texte über das Lehrbuch heraus […], Kontakte mit und ohne Reisen […], Fremdsprachen um die Ecke […], Individual- und Klassenkorrespondenzen […], Handlungs- und Projektorientierung […] (Edelhoff 2009: 23).

Die spezifischen Voraussetzungen der oben erwähnten Lehrergruppe machen es möglich, dass die von Edelhoff angegebenen methodischen

Richtlinien in den türkischen Grundschulen mit deutschem Profil leichter in die Praxis umgesetzt werden. Beispielsweise können die erwähnten Lehrer unter Berücksichtigung der Besonderheiten ihrer Schüler geeignete Texte und Arbeitsmaterialien mit kulturkontrastiven Themen und Aufgabenstellungen über das Lehrbuch hinaus in den Unterricht bringen. Dadurch können sie die Lehrwerke, die im Allgemeinen kommunikativ ausgerichtet sind, in Richtung des interkulturellen Lernens variieren. Das Lehrwerk *Mega 3,* das in vielen dieser Schulen in der Klassenstufe 7 benutzt wird, können wir als Beispiel heranziehen. Hier wird als landeskundliches Thema *Schule* eingeführt (Lektion 2: 14-19), in dem auf vier Aspekte des Themas wie Lehrerverhalten, Schulkleidung, Schulfächer, Schulmaterialien eingegangen wird, wobei im Lehrwerk diese Aspekte auf den Schulalltag in Deutschland bezogen sind. Es ist jedoch für die erwähnten Lehrer, die sowohl den Schulalltag in Deutschland als auch in der Türkei aus eigener Erfahrung kennen, möglich, durch geeignete Texte und Aufgabenstellungen den Erfahrungsbereich der türkischen Schüler in das Unterrichtsgeschehen mit einzubeziehen und die im Lehrwerk dargebotenen Aspekte mit Inhalten und Aufgabenstellungen, die auf einen Vergleich zielen, so zu gestalten, dass sie an die Lernziele des interkulturellen Lernens angepasst werden. Ihre eigenen Erlebnisse, ihre in Deutschland und in der Türkei erworbenen kulturellen Erfahrungen im Schulalltag erleichtern ihnen die effektive Einführung der kontrastiven Verfahrensweisen in die Praxis. Die Interviews mit diesen Lehrern sowie empirische Untersuchungen aus der Praxis bestätigen diese Annahme.[6] Über Texte oder über Diskussionen mit dem Lehrer oder mit den Mitschülern lernen die Schüler, auch die jüngeren, sich ausgehend von der eigenen Kultur mit der fremden Kultur schrittweise auseinanderzusetzen:

> [W]enn die Schüler verstanden haben, dass woanders, in der gleichen Situation anders reagiert wird, weil z.B. andere Werte wichtiger sind als in der eigenen Gesellschaft, dann werden sie leichter verstehen, dass die eigene Weltsicht relativ ist, dass andere Perspektiven auch zu akzeptieren sind und durchaus nicht schlechter sein müssen als die eigenen (Hartenburg 1997: 8).

---

6 Für die Interwiews und für die weiteren Informationen über die Durchführung des Deutschunterrichts möchte ich mich bei den Deutschlehrerinnen und bei den Koordinatorinnen der Deutschabteilung von *EuropaKolleg*, eine der privaten Grundschulen mit deutschem Profil, bedanken.

„Auf allen Ebenen der Bildungseinrichtungen sind erlebte Landeskunde und lebendige Sprachkontakte zum Standart geworden" (Edelhoff 2009: 23). Auch die Schüler der deutschsprachigen Grundschulen kommen durch Austausch, Comenius-Programme oder Partnerschaften mit deutschen Schülern ihres Alters in Deutschland oder in der Türkei zusammen. Durch Interaktion mit den deutschen Mitschülern kann bei den türkischen Schülern und auch bei den deutschen Mitschülern auf natürliche Weise die interkulturelle Kompetenz aufgebaut werden. Auch die zwischen den deutschen und türkischen Schülern realisierten Projekte tragen zur Entwicklung interkultureller Kommunikation bei. „Gemeinsame Aufgaben (tasks) des praktischen Lernens verbinden Lernende über Grenzen hinweg, vielfältig unterstützt durch die Nutzung der herkömmlichen und der neuen Medien" (Edelhoff 2009: 23). Durch ihre noch lebendigen Beziehungen zu Deutschland übernehmen die erwähnten Deutschlehrer auch in diesem Zusammenhang eine Mittlerrolle, was für die erlebte Kulturvermittlung von großer Bedeutung ist. Kurzum: Es ist evident, dass die in den privaten Grundschulen mit deutschem Profil praktizierenden Deutschlehrer mit ihren spezifischen Biografien für die effektive Umsetzung der interkulturellen Zielsetzungen in die Unterrichtspraxis eine geeignete Basis bilden. Hinzuzufügen ist auch, dass die erwähnten Grundschulen dafür günstige Voraussetzungen bieten.

6 Schlussbemerkung

Abschließend möchte ich noch einmal zum Ausdruck bringen, dass heutzutage interkulturelles Lernen und Interkulturalität aus der Diskussion über einen zeitgemäßen Fremdsprachenunterricht nicht mehr wegzudenken sind. Andererseits ist uns allen klar, dass es schwierig ist, die interkulturell orientierten Vermittlungskonzepte effektiv in die Praxis umzusetzen. Es ist sicher noch ein weiter Weg von den theoretischen Ansätzen zu einer zufriedenstellenden Realisierung dieser Ansätze. In der türkischen Schullandschaft gibt es jedoch eine Möglichkeit dafür. Die privaten Grundschulen mit intensivem Deutschunterricht, deren spezifische Voraussetzungen ebenso wie die biografisch gestützten Besonderheiten ihrer Lehrer hervorzuheben sind, bieten Möglichkeiten, die interkulturellen Zielsetzungen in die Praxis umzusetzen. Wichtig ist nun, dieses Potential durch bewusste Förderung effektiv zu nutzen, wenn das Ziel verfolgt werden soll, die heranwachsende Generation in der Türkei schon beim Beginn ihrer Ausbildung zu einer aufgeschlossenen Haltung anderen Lebensarten gegenüber zu erziehen und sie sowohl für das Fremde als auch für das Eigene zu sensibilisieren. Meiner Ansicht nach ist das Gelingen dieses Prozesses sowohl bei den gegenwärtigen innen- und außenpolitischen Diskussionen als auch für die gegenwärtigen Entwicklungen in der Türkei von besonderer Bedeutung.

Literatur

Altmayer, Claus 2005: „Braucht die Landeskunde eine kulturwissenschaftliche Basis?", in: Krumm & Portmann (eds.) 2005: 193-206
Apeltauer, Ernst 1994: „Einleitung", in: Apeltauer (ed.) 1994: 1-14
Apeltauer, Ernst (ed.) 1994: *Aus Erfahrung lernen. Exkursionen und Auslandspraktika im Bereich Deutsch als Zweit- und Fremdsprache* (= Interkulturelle Erziehung in Praxis und Theorie 16), Baltmannsweiler: Schneider Verlag Hohengehren
Bausch, Karl-Richard & Herbert Christ & Hans-Jürgen Krumm (eds.) 1994: *Interkulturelles Lernen im Fremdsprachenunterricht. Arbeitspapiere der 14. Frühjahrskonferenz zur Erforschung des Fremdsprachenunterrichts*, Tübingen: Gunter Narr
Biechele, Markus & Alicia Padros 2003: *Didaktik der Landeskunde* (= Fernstudieneinheit 31), Berlin / München: Langenscheidt
Çakır, Mustafa (ed.) 2002: *Mehr Sprache – mehrsprachig – mit Deutsch. Didaktische und politische Perspektiven aus türkischer Sicht,* Aachen: Shaker Verlag
Cangil, Erişkon Binnur 2002: „Landeskunde in den türkischen Lehrwerken für Deutsch als zweite Fremdsprache", in: Çakır (ed.) 2002: 72-86
Edelhoff, Christoph 2009: „Verstehen und Verständigung: Interkulturelles Lernen als Aufgabe des Fremdsprachenunterrichts", in: Reeg & Gallo (eds.) 2009: 17-25
Hartenburg, Jörg 1997: „Bildungs- und Erziehungsziele des Fremdsprachenunterrichts in der Türkei", in: *Almanca Dil Dergisi* 2 (1997): 8-9
Hess-Lüttich, Ernest W.B. (ed) 2009: *Kommunikation und Konflikt. Kulturkonzepte in der interkulturellen Germanistik,* Frankfurt/Main / Berlin: Peter Lang

Krumm, Hans-Jürgen & Paul Tselikas Portmann (eds.) 2005: *Innovationen – Neue Wege im Deutschunterricht* (= Theorie und Praxis. Österreichische Beiträge zu Deutsch als Fremdsprache 9), Innsbruck: Studienverlag

Krumm, Hans-Jürgen 1988: „Zur Einführung: Kulturspezifische Aspekte der Sprachvermittlung Deutsch als Fremdsprache", in: *Jahrbuch Deutsch als Fremdsprache* 14 (1988), München: Iudicium: 121-126

Krumm, Hans-Jürgen 1992: „Bilder im Kopf. Interkulturelles Lernen und Landeskunde", in: *Fremdsprache Deutsch. Zeitschrift für die Praxis des Deutschunterrichts* 6 (1992): 16-24

Krumm, Hans-Jürgen 1994: „Interkulturelles Lernen im Fremdsprachenunterricht", in: Bausch & Christ & Krumm (eds.) 1994: 116-127

Krumm, Hans-Jürgen 2003: „Interkulturelle Fremdsprachendidaktik", in: Wierlacher & Bogner 2003: 413-417

Medo, Max Moritz et al. 2005: *Wer? Wie? Was? Mega 3, Schülerbuch*, Köln: Gilde Verlag

Neuner, Gerhard & Hans Hunfeld 2000: *Methoden des fremdsprachlichen Deutschunterrichts* (= Fernstudieneinheit 4), Berlin / München: Langenscheidt

Neuner, Gerhard 2003: „Interkulturelle Aspekte der Lehrplanentwicklung und Lehrwerkgestaltung für Deutsch als Fremdsprache", in: Wierlacher & Bogner 2003: 417-424

Polat, Tülin & Nilüfer Tapan 2008: „Probleme und Potentiale des Deutschen als Fremdsprache in der Türkei", in: *Istanbul Üniversitesi Hasan Ali Jücel Eğitim Fakültesi Dergisi*, 7-2 (2010): 91-107

Reeg, Ulrike & Pasquale Gallo (eds.) 2009: *Schnittstelle Interkulturalität. Beiträge zur Didaktik Deutsch als Fremdsprache*, Münster et al.: Waxmann

Tapan, Nilüfer 2009: „Zum historischen Wandel der Kulturkonzeptionen im Fremdsprachenunterricht, dargestellt anhand von DaF-Lehrbüchern in der Türkei", in: Hess-Lüttich (ed) 2009: 565-581

Wierlacher, Alois & Andrea Bogner (eds.) 2003: *Handbuch Interkulturelle Germanistik*, Stuttgart / Weimar: Metzler

Argumentationsstrukturen in wissenschaftsorientierten DaF-Texten chinesischer und russischer Studierender am Beispiel des DSH-Prüfungsteils „Textproduktion" Werkstattbericht zum Promotionsvorhaben

Anastassiya Semyonova (Göttingen)

Abstract

> This article gives a description of a promotion research subject in the Department of Intercultural German Studies at the University of Goettingen. The research purpose is a corpuslinguistic analysis of argumentations in academic texts of Chinese and Russian Students in German as a Foreign Language. The concepts of science domain and argumentation are in focus of this paper. Furthermore, the methodology of the research project will be introduced.

Im vorliegenden Beitrag wird der aktuelle Arbeitsstand meines Promotionsvorhabens dargestellt. Gleich zu Beginn des Artikels danke ich allen Kolleginnen und Kollegen, die im Vorfeld der Göttinger GiG-Tagung, in ihrem Verlauf und auch danach mit mir über meine Präsentation Gespräche und Diskussionen geführt haben. Insbesondere danke ich meiner Kollegin Melanie Brinkschulte für spannende Gespräche über das Textkorpus und die methodologische Vorgehensweise.

Die Idee einer Promotionsarbeit entstand aus meinem früheren Tätigkeitsbereich: Zur damaligen Zeit war ich als wissenschaftliche Hilfskraft für Deutsch als Fremdsprache an der Universität Göttingen tätig. Unter anderem gehörte zu meinen damaligen Aufgaben die Mitarbeit im Bereich der Durchführung und Bewertung von DSH-Prüfungen an der Universität Göttingen. Bereits damals, bei der ersten oberflächlichen Betrachtung der Prüfungsaufgaben Studierender aus unterschiedlichen Ländern, fiel mir auf, dass Arbeiten von Studierenden aus den jeweiligen Ländern im Prüfungsteil „Textproduktion" bestimmte ähnliche Züge in der Textgestaltung, Argumentationsführung und Wahl der Beispiele aufweisen. So ist die grobe Arbeitsrichtung des Promotionsvorhabens entstanden. In der ersten Phase wurde sie durch die Festlegung auf zwei Studierendengruppen bzw. Sprachen beschränkt. Im Blickfeld dieser Untersuchung sind chinesische und russische Studierende, die zum Studium nach Deutschland kommen. Mein Interesse an ausgerechnet diesen beiden Gruppen ist zum einen durch meinen persönlichen Lebensweg und meine Sozialisation zu erklären, zum anderen durch die objektive Tatsache, dass es zwei große, zunehmend wachsende und somit bedeutende Studierendengruppen in Deutschland und Europa sind.

Zurzeit stehe ich kurz vor der Textkorpusauswertungsphase meines wissenschaftlichen Projekts und möchte auf einige Vorüberlegungen zu Untersuchungsgegenständen, zur Methodologie der Untersuchung und zu möglichen Aspekten der Korpusanalyse eingehen.

1 Wissenschaft, Wissenschaftskommunikation, Wissenschaftskultur

Nicht nur gestandene Wissenschaftler, sondern auch Studierende an Universitäten und Hochschulen (darunter auch ausländische Studierende) agieren in einem spezifischen gesellschaftlichen Bereich, der sich mit Wissenserwerb und Wissensverbreitung befasst. In den zwei letzten Jahrzehnten hat sich der Begriff der *Domäne* (auch Domäne Wissenschaft) entwickelt. Darunter zu verstehen ist ein „gesellschaftlicher Diskurs" verbunden mit einer spezifischen „funktional orientierten, fachsprachenübergreifenden Sprachvarietät", so Adamzik (1997: 2). Die wissenschaftlichen Sprachvarietäten stellen ein komplexes Phänomen dar. Auf der einen Seite „bilden sie Spezialkulturen aus, die häufig sogar quer zu den ethnischen oder nationalen Kulturen verlaufen" (ebd.), andererseits betrachtet Jakobs zusätzlich zum Domänenbegriff unter „äußeren/ situativen im weiteren Sinne Rahmenbedingungen der Textproduktion" auch den „Kulturraum, zu dem der Autor gehört bzw. für den er schreibt" (Jakobs 1997: 10-11). Dazu zählen „Einstellungen und Konzepte zu Schriftlichkeit, Text und Autorschaft, Herausbildung differierender kulturell und einzelsprachlich geprägter Textmuster und Textmustererwartungen" (ebd.). Insofern ist der Begriff der Domäne als erste Annäherung an die Thematik zweifellos hilfreich, erfasst aber in seiner Lautung von Adamzik und Jakobs (beide 1997) die ganze Komplexität von nationalen, internationalen, fachübergreifenden und fachspezifischen Aspekten der Wissenschaftssprache nicht.

Die Wissenschaftskommunikation (auch in ihrer schriftlich festgehaltenen sprachlichen Form, um die es in dem Promotionsvorhaben geht) ist „eine besondere Form sozialer Interaktion" (Schönert 2003: 50), die sich heutzutage als eine internationale Sprachdomäne mit einer speziellen Funktion begreift:

> Durch eine Vielfalt von Kommunikationsprozessen wird erarbeitetes Wissen im nationalen und internationalen Zusammenhang ausgetauscht, um in seinen Geltungsansprüchen geprüft, bestätigt, modifiziert oder abgelehnt zu werden.
> Idealiter (das heißt unter normativem Anspruch) sollen diese Austauschvorgänge in den Wissenschaften nicht durch nationale, kulturelle und regionale Besonderheiten gehemmt oder verhindert, sondern dadurch bereichert werden. (ebd.)

Wir begegnen jedoch tagtäglich im internationalen wissenschaftlichen Diskurs vielen Textbesonderheiten, die auf kulturelle und/oder sprachliche Sozialisation der Autoren zurückzuführen sind. Oft machen diese „Auffälligkeiten" den jeweiligen Text „anders" und dadurch interessanter zu lesen. Einige jedoch führen dazu, dass das Textverständnis auf die eine oder andere Art erschwert oder verlangsamt wird. In den letzten Jahrzehnten erschienen einige Publikationen, die einzelne wissenschaftliche Textsortentraditionen mit der des Deutschen vergleichen. Kaplan (1966) verglich den Textaufbau, die Gliederung und das Satzmuster des „Englischen" mit dem „Semitischen", „Orientalischen", „Romanischen" und „Russischen"; Kalverkämper & Weinrich (1986) gaben einen Band über die „Anglisierung der Wissenschaftssprache" heraus. Im Laufe der Zeit werden Betrachtungsweisen einzelner Publikationen zum Thema zunehmend differenzierter und enger auf bestimmte Sprachen, Autorengruppen, ihre Handlungsräume und Textsorten abgestimmt: Krumm (1993) schrieb über die kulturelle Geprägtheit von Lehr- und Lernprozessen und den Unterricht als spezifischen Ort interkultureller Kommunikation und „Dimensionen" des DaF-Schreibunterrichts; Luge (1993) befasste sich mit der Textsortenkompetenz für beschreibende vs. berichtende wissenschaftliche Textsorten in der chinesischen Germanisten-Ausbildung; Eßer (1997) untersuchte den „Texttyp studentische geisteswissenschaftliche Arbeit" am Beispiel von Texten mexikanischer Studierender im inländischen DaF-Unterricht; Lehker (1997) führte eine kontrastive Analyse chinesischer und deutscher Aufsatzsorten durch; Yin (1999) führte eine interkulturelle Argumentationsanalyse durch, untersuchte Argumentationsstrategien in chinesischen und deutschen Texten; Tang (2003) beschäftigte sich mit einer fehlerlinguistischen Studie zur Untersuchung lernersprachlicher Abweichungen in Aufsätzen chinesischer Deutschlerner; Steinhoff (2007) betrachtete Sprachgebrauch und Schreibentwicklung in wissenschaftlichen Texten von Studenten und Experten; Skiba (2008) schrieb über eine explorativ-interpretative Untersuchung von Interimstexten chinesischer Deutschlerner; Casper-Hehne (2008) veröffentlichte einen Band über internationale (vor allem deutsch-chinesische) Wissenschaftskommunikation.

Zwischen einer der frühesten Publikationen von Kaplan und denen, die aktuell, also rund 40 Jahre später veröffentlicht werden, gibt es selbstverständlich große Unterschiede. Im Laufe der Zeit wurden Arbeiten immer differenzierter, sowohl in ihrer methodologischen Vorgehensweise, die sich zunehmend Verfahren aus anderen Disziplinen bedient (z. B. quantitative Analysen, statistische Verfahren, digitale Datenverarbeitung etc.), als auch in Bezug auf ihre inhaltliche Perspektive. So scheint z. B. die pauschale Kaplansche Aufteilung in nur 5 große Texttraditionen komplett überholt, da sie nicht differenziert genug ist. Jedoch bleibt der Gedanke, dass es unterschiedliche sprachlich oder in der Nationalkultur begründete Schreibtraditionen gibt, weiterhin aktuell.

Das vorliegende Vorhaben gliedert sich methodologisch in die Reihe der Arbeiten ein, die in den letzten 10 Jahren entstanden sind. Dies sind Arbeiten, die im Sinne moderner, stark kultur- und sozialwissenschaftlich beeinflusster Ansätze (z. B. von Wimmer, 2007) mehrfach spezifizierte interkulturelle Kommunikationsanlässe (dazu können auch domänenspezifische Schreibsituationen gezählt werden) betrachten. Näher spezifiziert werden dabei sowohl der Kontext (der „Raum"), in dem die Kommunikation stattfindet, als auch die Akteure mit ihren wichtigsten Merkmalen. So sind es im vorliegenden Forschungsvorhaben chinesische und russische Studierende, die ihr Studium in Deutschland fortsetzen oder wiederaufnehmen möchten und wissenschaftsorientierte argumentierende Texte in Deutsch als Fremdsprache im Rahmen der DSH-Prüfung verfassen.

2 Argumentation, Argument, Argumentationsstruktur

Argumentation ist nach Spranz-Fogasy (2002: 12-14) ein

> rhetorisch funktionales interaktives Klärungsverfahren, innerhalb dessen aber dann wiederum eine ganze Menge verschiedener Verfahren geringerer Größenordnung operieren können. [...] Die idealtypische argumentative Verfahrenssequenz besteht dabei aus mehreren Schritten: einer Auslösehandlung; einer Dissensmarkierungs- bzw. Problematisierungshandlung; einer Darlegungshandlung; der Akzeptanz einer Position und schließlich deren Ratifikation.

Der Argumentationsbegriff in der Wissenschaft wandelte vom „aristotelischen" Syllogismus (Oberprämisse – Unterprämisse – Konklusion) über die „substantielle" Argumentation von S. Toulmin (50er-/60er-Jahre des 20. Jahrhunderts) zur „rhetorischen" Argumentation (Glück, Fischer, Kopperschmidt u. a.). Für das moderne Verständnis von („rhetorischer") Argumentation gilt, dass konkurrierende alternative Wissenselemente durch eine sprachliche Interaktion geklärt werden. Nach Bußmann ist Argumentation eine „komplex strukturierte sprachliche Handlung zur Erklärung eines Sachverhalts oder zur Rechtfertigung einer Handlung" (Bußmann 1990: 98). Ihre Überzeugungskraft ist „niemals anfechtbar" und „hängt von der wirkungsvollen Sprachgestaltung und glaubhaften Abstützung der Argumente im System der herrschenden Meinungen ab" (ebd.).

Eine Argumentation besteht aus einzelnen Argumenten, die auf vielfältige Weise miteinander verknüpft werden können. Ein Argument setzt sich aus einer problematischen Äußerung und einem Beweis, mit dem die Richtigkeit der Äußerung begründet werden soll, zusammen. Nach Bußmann ist ein Argument eine „Aussage zur Begründung einer These innerhalb einer argumentativen Struktur" (Bußmann 1990: 97). Er unterscheidet 3 Typen von Argumenten, die in dieser Form ebenso für rhetorische Argumentationen und nicht für Syllogismen gelten: „Fakten (Ursachen, Motive, Gründe); Grundsätze (Gesetze, Normen); Stützen (anerkanntes Erfahrungswissen)" (ebd.). Alle drei Typen sind vorhersehbar subjektiv geprägt, und zu erwarten wäre, dass sie von einer sozialen Gruppe zur anderen variieren können.

Unter einer Argumentationsstruktur ist die komplexe Organisation eines schriftsprachlichen Textes zu verstehen, die unterschiedliche Arten von Argumenten und Verbindungen dazwischen umfasst.

3 Methodologie des Forschungsvorhabens

In der Arbeit wird eine textlinguistische Korpusanalyse von 110 wissenschaftsorientierten Arbeiten (DSH-Prüfungsaufgabe „Textproduktion") von jeweils 55 chinesischen und russischen Studierenden in Deutsch als Fremdsprache durchgeführt. Die Korpustexte werden anonymisiert. Der Schwerpunkt der Untersuchung liegt auf den Argumentationsstrukturen der vorliegenden Texte. Im Sinne der Korpuslinguistik geht es dabei um eine Untersuchung an einem kleineren, d. h. weniger als 1 Mio. Wörter umfassenden, computerlesbaren, statischen, annotierten Volltextkorpus (Klassifikation nach Scherer 2006: 16 f.).

Das bestehende Korpus wird qualitativ unter Einbezug der deskriptiven Statistik analysiert. Als Analyse-Instrumente stehen MAXQDA (Software für qualitative Datenanalyse) und PASW (ehemals SPSS, statistisches Programm zur Auswertung von großen Datensätzen) zur Verfügung. Eine Korpusuntersuchung umfasst nach Scherer (2006: 52 f.) die sechs folgenden Arbeitsschritte: „Formulierung der Fragestellung, [...] Aufbau eines Korpus, Aufbereitung des Korpus, Erhebung der relevanten Daten im Korpus, Aufbereitung der Daten, Auswertung und Interpretation der Daten".

Das Promotionsvorhaben befindet sich demnach in der dritten Arbeitsphase „Aufbereitung des Korpus". Zu diesem Zwecke werden handschriftliche Prüfungsarbeiten zurzeit digitalisiert und anschließend annotiert. Dieser Arbeitsschritt ist unabdingbar mit einer neuen Sichtung der Daten und dadurch mit einer Fokussierung auf mögliche konkrete Auswertungsparameter verbunden.

Selbstverständlich wurden an den vorhandenen Korpustexten bei bisherigen Sichtungen und weiteren Arbeitsschritten bestimmte Merkmale in der Organisation und Führung der Argumentation beobachtet, die in der anschließenden Korpusanalyse ausgewertet werden können. Prinzipiell könnten Merkmale jeweils einzelner oder miteinander kombinierter Textualitätskriterien nach de Beaugrande und Dressler (De Beaugrande & Dressler 1981) analysiert werden. Dies sind Kohäsion, Kohärenz, Intentionalität, Akzeptabilität, Informativität, Situationalität und Intertextualität. Im Sinne der Machbarkeit der Studie sollen gebildete Kategorien allerdings nicht zu breit und vielfältig ausfallen. Als erste Einschränkungsversuche kann eine Analyse von vergleichbaren Studien und didaktischer Literatur beider Länder und Deutschlands (vgl. Voiteleva 2006,

Yin 1999, Lehker 1997) dienen, die bereits auf mögliche Besonderheiten in der Textgestaltung und Argumentationsführung hindeuten. Eine ausführlichere Analyse dazu wurde bereits im Rahmen des interkulturellgermanistischen Doktorandenkolloquiums in Göttingen dargestellt. Im Sinne der linguistischen Textanalyse von Brinker (2001: 149), der im ersten Schritt der Kategorienbildung zwischen dem kommunikativfunktionalen Aspekt (mit der Analysekategorie Textfunktion) und dem strukturellen Aspekt mit zwei Ebenen – thematischer (mit den Analysekategorien Thema und Themenentfaltung) und grammatischer (mit der Analysekategorie grammatische Kohärenz) – unterscheidet, könnten als Verortung der durchzuführenden Analyse des Korpus Analysekategorien der Textfunktion, des Themas und der Themenentfaltung auf der Grundlage der vorliegenden Daten gewählt werden. Fragestellungen zur grammatischen Kohärenz sind aus der Perspektive der interkulturellen Germanistik von etwas geringerem Interesse und werden daher im diesem Vorhaben als Untersuchungsgegenstand ausgeschlossen. Nach Hausendorf & Kesselheim (2008: 59 f.) wäre eine noch genauere Aufspaltung des Untersuchungsgegenstandes in Verknüpfungshinweise (z. B. Relationshinweise, Strukturhinweise), Themahinweise, Hinweise auf Textfunktionen und Texthandlungen, alle mit zahlreichen Unterkategorien, möglich. Auch eine viel engere Fassung des Analysegegenstandes im Sinne der Argumentationsanalyse nach Bayer (2007: 85 f.) ist abzuwägen.

Da es in diesem Fall um eine rhetorische (vs. syllogistische) Argumentation geht, wäre die Analysemöglichkeit gegeben, Brüche in der Argumentationsführung, Anzahl und Art der Beweise und den Aufbau der Schlussfolgerungen beider Probandengruppen mit Blick auf eine kulturkontrastive Perspektive zu untersuchen.

Die gewonnenen textlinguistischen oder argumentationsanalytischen Daten können anschließend mit weiteren durch einen Prüfungsanmeldungsfragebogen erfassten Parametern der Verfasser mit Hilfe einer statistischen Software (z. B. PASW) in Relation gesetzt werden. Zu den persönlichen, soziometrischen und spracherwerbsrelevanten Daten, die eine Aussage über die Schreibsozialisation in der Mutter- und der Ziel-/Fremdsprache und ihren individuellen Verlauf geben, können folgende gezählt werden: das Geschlecht, die akademische Sozialisation, Sprachkurse im Ausland bzw. in Deutschland, die Anzahl der Prüfungsversuche, die Punktzahl in der jeweiligen Textproduktionsprüfung, die Punktzahl in anderen Prüfungsteilen. Anhand von statistisch belegten Häufungen und Korrelationen zwischen einzelnen Phänomenen können Aussagen darüber getroffen werden, welche Argumentationsstrukturen/-verfahren eingesetzt werden, welche davon als vorteilhaft gewertet werden können, welche und wie viele Argumentationsweisen von denen, die in den DSH-vorbereitenden DaF-Kursen gezielt vermittelt werden, in der Prüfung verwendet werden. Anhand der erhobenen Daten kann im letzten Abschnitt der Arbeit bzw. in einem separaten Anhang dargestellt werden, welche Konsequenzen diese Erkenntnisse für den inländischen DaF-Unterricht haben, inwiefern Kursprogramme in prüfungs- und studienvorbereitenden DaF-Kursen den Bedürfnissen beider Zielgruppen entsprechen und wie sie optimiert werden könnten. Außerdem werden anschließend entsprechende Aufgaben für den interkulturellen wissenschaftsorientierten DaF-Schreibunterricht entwickelt und allen interessierten DaF-Lehrkräften und -Institutionen zur Verfügung gestellt.

Literatur

Adamzik, Kirsten & Gerd Antos & Eva-Maria Jakobs 1997: *Domänen- und kulturspezifisches Schreiben*, Frankfurt am Main: Peter-Lang-Verlag

Bastian, Sabine & Francoise Hammer (eds.): *Aber, wie sagt man doch so schön... Beiträge zu Metakommunikation und Reformulierung in argumentativen Texten*, Frankfurt am Main: Peter-Lang-Verlag

Bayer, Klaus 2007: *Argument und Argumentation. Logische Grundlagen der Argumentationsanalyse*, Göttingen: Vandenhoeck & Ruprecht

Brinker, Klaus 2005: *Linguistische Textanalyse. Eine Einführung in Grundbegriffe und Methoden*, Berlin: Schmidt

Bußman, Hadumond 1990: *Lexikon der Sprachwissenschaft*, Stuttgart: Kröner

Casper-Hehne, Hiltraud (ed.) 2008: *Wissenschaftskommunikation im internationalen Kontext*, München: Iudicium

De Beaugrande, Robert-Alain & Dressler, Wolfgang Ulrich 1981: *Einführung in die Textlinguistik*, Tübingen: Niemeyer

Eßer, Ruth 1997: *„Etwas ist mir geheim geblieben am deutschen Referat". Kulturelle Geprägtheit wissenschaftlicher Textproduktion und* *ihre Konsequenzen für den universitären Unterricht von Deutsch als Fremdsprache*, München: Iudicium

Fischer, Roland & Markus Costazza & Ada Pellert (eds.) 1993: *Argument und Entscheidung: zur Idee und Organisation der Wissenschaft*, München / Wien: Profil Verlag

Hausendorf, Heiko & Wolfgang Kesselheim 2008: *Textlinguistik fürs Examen*, Göttingen: Vandenhoeck & Ruprecht

Jakobs, Eva-Maria 1997: „Textproduktion als domänen- und kulturspezifisches Handeln. Diskutiert am Beispiel wissenschaftlichen Schreibens", in: Adamzik et al. (eds.) 1997: 9-30

Kalverkämper, Hartwig & Harald Weinrich (eds.) 1986: *Deutsch als Wissenschaftssprache*, Tübingen: Narr

Kaplan, Robert B. 1966: „Cultural thought patterns in inter-cultural education", in: *Language Learning* 16 (1966): 1-20

Kopperschmidt, Josef 1989: *Methodik der Argumentationsanalyse*, Stuttgart-Bad Cannstadt: Fromman-Holzboog

Krumm, Hans-Jürgen 1993: „Kulturgeprägte Einflüsse auf das Schreiben", in: Tütken & Neuf-Münkel (eds.) 1993: 23-33.

Lehker, Marianne 1997: *Texte im chinesischen Aufsatzunterricht. Eine kontrastive Analyse chinesischer und deutscher Aufsatzsorten*, Heidelberg: Groos

Luge, Elisabeth 1993: „Zum Schreibunterricht an Hochschulen in China", in: Tütken & Neuf-Münkel (eds.) 1993: 139-142

Scherer, Carmen 2006: *Korpuslinguistik*, Heidelberg: Winter

Schönert, Jörg 2003: „Internationalität von Wissenschaft", in: Wierlacher & Bogner (eds.) 2003: 50-60

Skiba, Dirk 2008: *Schriftliches Argumentieren in der Fremdsprache. Eine explorativ-interpretative Untersuchung von Interimstexten chinesischer Deutschlerner*, Tübingen: Narr

Spranz-Fogasy, Thomas 2002: „Interaktionsorganisation als (meta-)kommunikative Ressource", in: Bastian & Hammer (eds.) 2002: 11-26

Steinhoff, Torsten 2007: *Wissenschaftliche Textkompetenz. Sprachgebrauch und Schreibentwicklung in wissenschaftlichen Texten von Studenten und Experten*, Tübingen: Niemeyer

Tang, Lijun 2003: *Lernersprachliche Abweichungen in Aufsätzen chinesischer Deutschlerner. Eine fehlerlinguistische Studie*, Osnabrück: Der Andere Verlag

Toulmin, Stephen 1996: *Der Gebrauch von Argumenten*, Weinheim: Beltz Athenäum

Tütken, Gisela & Gabriele Neuf-Münkel (eds) 1993: *Schreiben im DaF-Unterricht an Hochschulen und Studienkollegs* (= Materialien Deutsch als Fremdsprache 37), Regensburg: Fachverband Deutsch als Fremdsprache

Voiteleva, Tatjana 2006: *Теория и методика обучения русскому языку*, Moskau: Дрофа

Wierlacher, Alois & Andrea Bogner (eds.): *Handbuch interkulturelle Germanistik*, Stuttgart / Weimar: Verlag J.B.Metzler

Wimmer, Andreas 2007: *How (not) to think about ethnicity in immigrant societies: A boundary making perspective* (= Compas Working Paper Nr. 44), University of Oxford, im Internet unter http://www.compas.ox.ac.uk/publications/working-papers/wp-07-44/ [20.02.2011]

Yin, Lanlan 1999: *Interkulturelle Argumentationsanalyse. Strategieuntersuchung chinesischer und deutscher Argumentationstexte*, Frankfurt am Main: Lang

Zhang, Zhenhua 1991: *Chinesische und europäische Rhetorik. Ein Vergleich in Grundzügen*, Frankfurt am Main etc.: Lang

Deutsch als Wissenschaftssprache (DaW) in den Lehrwerken des Deutschen für Spanier von Richard Ratti-Kámeke zwischen 1916 und 1943

Bernd Marizzi (Complulense de Madrid)

Abstract

During the 19th century in Spain the interest in the German language increased gradually which is related partially to the reinforcement of renewal attempts within the Spanish intellectual life leading to a smaller dependence from France.

The import of German Philosophy in form of the *krausismo*, the installation of the German *Reich* after the German-French war and the efflorescence of the German science produced a Germanophilia which also promoted the publication of German school-grammars for Spaniards.

As a result of this during the first half of the 20th century the publication of LSP teaching materials increased especially in the areas where Spain was interested in the German experience.

This article intends to offer an overview on the practical part of this intercultural exchange in the realm of scientific language centred on the works of Richard Ratti-Kámeke (ca. 1873-ca. 1953).

1 Wissenschaftliche Beziehungen Spaniens mit dem Ausland

Als es im 17. Jahrhundert in Zentraleuropa zur Explosion der Wissenschaften kam, beschränkte sich Spanien nach einer wissenschaftsgeschichtlich aktiven Rolle im Mittelalter und zum Beginn der Neuzeit darauf, die Resultate derselben aus dem Ausland zu importieren (cf. Sánchez Ron 1999: 35). Gleichzeitig gewann aber auch in fortschrittlichen Kreisen die Überzeugung die Oberhand, dass Spanien auf diesem Gebiet ein Defizit aufweise, was letztlich dem Programm der Aufnahme moderner wissenschaftlicher Methoden in der Aufklärung den Weg bereitete.

Im 18. Jh. erfolgte mit dem Herrscherhaus der Bourbonen eine stärkere Annäherung an das französische Modell, wobei das Interesse Spaniens mehr der Technik als den Wissenschaften galt. Um die Silberbergwerke in den Kolonien mit der neuesten Technik auszustatten, wurden in der

Regierungszeit Karls IV. europäische Fachleute nach Peru und Mexiko gesandt, unter denen sich auch deutsche Bergbauingenieure befanden (cf. Puig-Samper 2010: *passim*). Die wissenschaftlichen Expeditionen, die in großer Zahl von Spanien aus in die Neue Welt aufbrachen, hatten neben dem wissenschaftlichen Charakter (Humboldt) als Antwort auf die Bedrohungen des Weltreiches durch andere europäische Mächte auch einen militärischen Charakter. Gegen Ende des 18. Jahrhunderts entstanden – nach französischem Vorbild – einige der zentralen Forschungseinrichtungen, die, wie der *Jardín Botánico* oder das *Gabinete de Historia Natural* in Madrid, später zu tragenden Einrichtungen des spanischen Wissenschaftsbetriebs werden sollten. Einige dieser Institutionen nahmen auch Kontakt zu Forschern aus anderen europäischen Ländern auf – unter ihnen auch Sachsen, nicht zuletzt, weil Karl IV. ein Sohn von Maria Amalie von Sachsen und Cousin des Fürsten Anton von Sachsen war. Dennoch erfolgte dieser Kontakt weiterhin über das Französische, so im Fall des Schweizers Johann Mieg (1779-1859), den 1814 Ferdinand VII. als Professor der Physik des *Real Gabinete de Física y Química* nach Madrid brachte (cf. Reig 2009, 2010) und der aber dann gegen Mitte des 19. Jhs. im *Ateneo Científico y Literario* auch Deutschunterricht gab (cf. Cáceres & Marizzi 2010: 420).

An diesem Zentrum, an dem das liberale Bürgertum die Erneuerung Spaniens betrieb, hatte er als Kollegen Julio Kühn (1813 Berlin bis 1854 Madrid), der 1845 zum Professor für deutsche Sprache an dem der *Universidad Central* zugeteilten Gymnasium *San Isidro* ernannt wurde. Kühns Laufbahn in Spanien (cf. Marizzi 2009) ist Ausdruck eines gewissen Umschwenkens Spaniens: Galt bis dahin die französische Kultur auf allen Gebieten als richtungweisend, so erfolgte in der ersten Hälfte des 19. Jhs. eine zunehmende Hinwendung zum Deutschen, nicht zuletzt als Gegenpol zur Identifikation des Französischen mit dem Königshaus der Bourbonen.

Natürlich stand dies im Zusammenhang mit dem Versuch des radikalliberalen Teils des Bürgertums, sich von Militär, Kirche und Krone zu befreien und parallel zur Demokratisierung des Zugangs zu den Wissenschaften eine Demokratisierung der Gesellschaft zu erreichen. Julio Kühn begründete 1840 in Madrid eine *Academia Alemana-Española*[1], mit dem Ziel, in beiden Nationen den Stand und Fortschritt der Wissen-

---

1 Cf. http://fs-morente.filos.ucm.es/docentes/marizzi/folleto.pdf [29.2.2012]

schaften bekannt zu machen, und zwar unter dem Lemma: „Die Wissenschaften sind wie die Sonne, sie leuchten für alle". Mitglieder der *Academia* waren führende Vertreter der spanischen Intellektuellen wie Juan Eugenio Hartzenbusch (1806-1880), Basilio Sebastián Castellanos de Losada (1807-1891), Agustín Pascual y González (1818-1884) und Lorenzo Gómez Pardo y Ensenyat (1801-1847), die laut den Statuten der deutschen Sprache mächtig waren (cf. Cáceres & Marizzi 2010).

Das Interesse an deutscher Literatur, Kultur und Wissenschaft kam in den Lehrwerken des Deutschen zum Ausdruck, die ab 1845 an den neu gegründeten staatlichen Mittelschulen verwendet wurden und in deren Vorworten das Erlernen der deutschen Sprache als Schlüssel zur „Schatzkammer"[2] (Kühn 1844: V) der hervorragenden intellektuellen Leistungen der deutschen Literatur und der Ergebnisse des deutschen Erfindergeists bezeichnet wurde. Trotz der Ankündigung des Priesters Juan Jorge Braun (= Johann Georg Braun, 1828 Gründels bei Isny – 1875 Spanien), eine Abhandlung über die „deutsche Wissenschaftssprache" (Braun 1864: III) veröffentlichen zu wollen, bleibt die Ausrichtung von Lehrwerken wie seiner *Nueva gramática alemana* (1864) generalistisch, sie zielen nicht auf den Erwerb von Deutsch als Wissenschaftssprache (DaW) ab.

Fernández de Castroverde schrieb, dass „zur heutigen Zeit [1868 B.M.] kein Wissenschafter mehr an der Notwendigkeit zweifelt, die deutsche Sprache zu lernen, um über die geistigen Fortschritte auf dem Laufenden zu sein" (Fernández de Castroverde 1868: V f.), und die zahlreichen Lesetexte sind zunehmend (populär-)wissenschaftlicher Thematik. Dass Francisco García Ayuso (1835-1897), ein Schüler von Braun in El Escorial, der in München bei Martin Haug (1827-1876) Orientalistik und Philologie studierte und als Begründer der spanischen Indoeuropäistik gilt (cf. Álvarez-Pedrosa 1994: 57-63), in seiner *Gramática Alemana* (García Ayuso 1882: XX-XXX) den Text „Gute, reine Athemluft" von Dr. Reclam an den Beginn des Buches stellt, kann als ein weiterer Hinweis auf das zunehmende Interesse an wissenschaftlichen Texten gedeutet werden, ebenso wie der Umstand, dass er – noch vor der Literatur, den Künsten, der Politik oder dem Handel – die Wissenschaften als erstes der Gebiete anführt, für welche Deutschkenntnisse notwendig seien.

---

2   Alle Zitate aus spanischen Texten werden in meiner Übersetzung ohne [B.M.] gebracht.

Ab der zweiten Hälfte des 19. Jahrhunderts setzte sich auch in Spanien ein Deutschlandbild durch, das von der Wissenschaft und besonders der Universitätsorganisation geprägt war. Dieser Erfolg der deutschen Universitäten ging Hand in Hand mit dem Sieg von 1871. Ausschlaggebend war in dieser Hinsicht die Aktivität des Philosophen Julián Sanz del Río (1814-1869), der 1843/44 in Heidelberg studiert hatte und nach seiner Rückkehr das philosophische System des in Deutschland eher unbekannten Philosophen Karl Christian Friedrich Krause (1781-1832) zur philosophischen Schule des *Krausismo* ausbaute, die als eine Art laizistische Ersatzreligion die Erneuerung des spanischen Geisteslebens bis zum Spanischen Bürgerkrieg in die Wege leitete (cf. Menéndez Ureña 1991). Dieser Import eines philosophischen Systems aus Deutschland und die Übernahme der deutschen Wissenschaftsorganisation an den Universitäten führten dazu, dass in der Zeit vor dem ersten Weltkrieg in Spanien die Germanophilie an Bedeutung gewann und Deutsch noch heute als die Sprache der Wissenschaft gilt.

2 *Germania docet* in Spanien zwischen 1900 und 1936

Als praktische Folge dieser Entwicklung wurden vermehrt Studenten nach Deutschland gesandt[3] und es wurde in Spanien mehr Deutsch gelernt, was zu Beginn des 20. Jhs. der Vorrangstellung des Französischen eine gewisse Konkurrenz machte und letztlich ab 1900 auch in Spanien für einige Jahrzehnte zur Ablösung des Ausspruchs „Bolonia docet" durch „Germania docet" führte.[4]

Mit der Gründung der *Junta de Ampliación de Estudios (JAE)*[5] im Jahre 1907 konsolidierte sich der Austausch von spanischen Wissen-

---

3 Die Erfolge der Attraktivität der deutschen Universitäten für ausländische Studenten erkennt man an den Zahlen: 1904 gab es an den deutschen Universitäten doppelt so viele ausländische Studenten wie in Frankreich und den USA zusammen (cf. Schaier 1930: 529).

4 Die Wissenschaftsbeziehungen zwischen dem deutschen und spanischen Sprachraum werden vom Max-Planck-Institut in Berlin aufgearbeitet (cf. Presas 2008) und die mit anderen Ländern von Siebe (2009).

5 Eine mögliche Übersetzung wäre „Ausschuss für Weiterbildung und wissenschaftliche Forschungen" (nach López Sánchez 2003: 463). Die Wanderausstellung „Traspasar Fronteras: Un siglo de intercambio científico entre España y Alemania – Über Grenzen hinaus: Ein Jahrhundert deutsch-spa-

schaftern mit dem Ausland. Nach Frankreich war Deutschland das am häufigsten besuchte Land und die Bedeutung der Sprachkenntnisse fand ihren Ausdruck in dem Satz des bekanntesten spanischen Chemikers der Zeit, Enrique Moles: „Ein Wissenschafter, der, außer der eigenen, nicht mindestens zwei Sprachen spricht, ist ein Analphabet" (Pérez-Vitoria 1985: 14). Ein Studienaufenthalt in Deutschland gehörte zur Fortbildung der spanischen Wissenschafter und „der Weg zur Professur führte über Deutschland" (Cervós & Corcó 2000: 38).

Der Unterricht der deutschen Sprache an den Gymnasien konsolidierte sich, wobei in den sich immer ändernden Lehrplänen (cf. Utande 1964) alternativ Deutsch oder Englisch als Sprachen der naturwissenschaftlichen Zweige verpflichtend wurden. Auch an den Universitäten wurde Deutsch unterrichtet und an der Madrider Universidad Central gab es in den Jahren vor dem Spanischen Bürgerkrieg deutsche Lektoren wie Hans Jacobs und Georg Sachs (cf. Gimber & López-Ríos 2008: 390).

3 Spezifische Lehrwerke für DaW: Richard Ratti-Kámeke (ca. 1873-ca. 1953)

Mit dem Interesse der spanischen Wissenschaftler an deutschen Fachtexten ergibt sich ein neues Lernerprofil: bereits ausgebildete Wissenschaftler, die sich als Instrument der Weiterbildung in ihrem Fachgebiet mit für sie relevanten Texten auseinandersetzen. Für dieses Publikum entstehen nun Übungsmaterialien, wie die ab 1916 in Barcelona erscheinenden Lehrwerke der Biblioteca Ratti.[6] Von ihrem Gründer Richard

---

nische Wissenschaftsbeziehungen", das nicht minder beeindruckende Internetportal http://archivojae.edaddeplata.org/jae_app/jaemain.html (letzter Zugriff 28.01.2012) sowie der dazugehörende Ausstellungskatalog (Rebok 2010) legen ein umfassendes Zeugnis der Bedeutung dieser Einrichtung ab.

6 Für Deutsch bot die *Biblioteca Ratti* folgende Lehrwerke an, alle Ratti-Kámeke, Richard, Barcelona, [Modesto Berdós]:
Gramática y Ejercicios prácticos de Alemán, 1916, (^{4}1923, ^{6}1932, ^{7}1935), (=Bd. I)
Gramática y Ejercicios de prácticos Alemán, Segunda parte, 1917, (^{2}1923, ^{3}1935), (=Bd. II)
Ejercicios de terminología Médica Alemana, 1917 (^{2}1921, ^{3}1931, ^{4}1943), (=Bd. III)
Ejercicios de Correspondencia Comercial Alemana, 1917, (^{2}1930), (=Bd. IV)

Ratti-Kámeke ist nicht viel mehr bekannt als das, was man den Titelblättern seiner Lehrbücher entnehmen kann. Er hatte an der „Universidad de Berlin" studiert und leitete in Barcelona (C/ Fontanella 11) eine Sprachschule, in der Werke aus der von ihm selbst verfassten Reihe verwendet wurden[7]. Unterrichtet wurden Französisch, Englisch, Deutsch und Japanisch, und abgesehen von Japanisch war die Art des Angebots typisch für die allgemeine Situation des Fremdsprachenunterrichts im damaligen Spanien: Als erste Fremdsprache wurde wie im ganzen Land Französisch unterrichtet, Englisch war die Fachsprache der Technik, der Textilindustrie und des Handels und Deutsch die Sprache der Wissenschaft, siehe die Titel der fachspezifischen Deutschlehrwerke der *Biblioteca Ratti*: Übungen in deutscher Terminologie der Medizin (1917), Übungen in deutscher Terminologie der Chemie (1923), Deutsche Terminologie des Rechts und der Wirtschafts- und Sozialwissenschaften (1936).

Die grundlegend neue Ausrichtung der Lehrwerke Rattis erkennt man an den beiden Bänden seiner Reihe, die für einen allgemeinsprachlichen Fremdsprachenunterricht konzipiert sind und nach heutigen Begriffen als Übungsgrammatik erste Ansätze zu einer Überwindung der traditionellen Grammatik-Übersetzungs-Methode (GÜM) aufweisen. Bei der nach Wortarten geordneten einfachen Grammatik im ersten Band und bei der Erweiterung der Grundlagen des Verbalsystems im zweiten werden ler-

---

Cuentos de Grimm. Ejercicios de Lectura Alemana, 1918 ([2]1930, [3]1941), (=Bd. V)
Preguntón Ratti. Ejercicios de Conversación Alemana, 1920 (=Bd. V)
Ejercicios de terminología Química Alemana, 1923, ([2]1943), (=Bd. IX)
Poesías de Goethe: ejercicios de lectura alemana / con anotaciones musicales, lexicológicas e históricas por (...), 1932, (=Bd. XIV)
Terminología Alemana de Derecho y de Ciencias Económicas y Sociales, 1936, (=Bd.. XV)

7 Nach Auskunft des Einwohnermeldeamts Barcelona existiert dort eine Eintragung des Jahres 1930, aus der hervorgeht, dass Ratti 1873 geboren wurde, seit 1908 in Barcelona lebte (Wohnadresse identisch mit der Sprachschule), Herausgeber von Sprachlehrbüchern und verwitwet war. Er war verheiratet mit Karoline Gertsch, siehe die Widmung in Ratti 1923 „en memoria de mi querida esposa Carolina Gertsch". Er dürfte nach 1953 gestorben sein, denn im Jänner 1953 widmet er Dr. Manuel Carreras ein Exemplar seines Medizinbuches. In deutschen Archiven konnten bis dato keine Angaben zu ihm gefunden werden.

nerorientiert die vier Fertigkeiten Lesen, Schreiben, Hören und Sprechen geübt. Der praktischen Ausrichtung seiner Lehrwerke entsprechend, behandelt Ratti Fragen der Syntax bei den verschiedenen Übungen und nicht in eigenen theoretischen Abschnitten. Nur am Ende des zweiten Bandes erscheint eine auf zwei Seiten gedrängte Zusammenfassung der wichtigsten Satzbauregeln.

In den Einleitungen zu seinen drei fachspezifischen Lehrbüchern[8] referiert Ratti im Sinne Viëtors die Erfahrungen der Fremdsprachenlerner, dass die praktische Anwendung der Grammatikkenntnisse nicht den gewünschten Erfolg zeigt. Konkret beklagt Ratti, dass diese nach langem Studium der

> trockenen Seiten der Grammatik schwerlich den Sinn des ersten technischen Buches der Medizin [der Chemie, des Rechts, B.M.] verstehen, das sie benützen wollen, da ihnen die Sicherheit im Verständnis der notwendigen Terminologie und der spezifischen Syntax fehlt, die dafür erforderlich ist (Ratti-Kámeke III).

Da nach Ratti der Grund dafür in der mangelnden Kenntnis der spezifischen Terminologie und Syntax liegt, bringt er die oben erwähnten Fachlehrwerke auf den Markt.

Doch bei der Behebung dieser Mängel greift Ratti im Gegensatz zu seinen Grundgrammatiken auf die GÜM zurück und einziges Lernziel ist das Leseverständnis in der Fachsprache, es werden keine Dialoge geübt. Interessanterweise wird in den ersten beiden der Lehrwerke auch die Übersetzung ins Deutsche gefordert, was angesichts des Schwierigkeitsgrades der Übungstexte die Lerner vor fast unüberwindbare Schwierigkeiten gestellt haben muss.[9]

Der Autor verzichtet auch auf die geordnete Darstellung der für das Leseverständnis notwendigen Grundgrammatik und beschränkt sich auf die Zusammenstellung eines Korpus an Fachtexten der jeweiligen Diszi-

---

8 Von nun an beziehe ich mich im Text mit *Medizinbuch* und dem Kürzel *RM* auf Ratti-Kámeke 1917: *Ejercicios de terminología Médica Alemana*, mit *Chemiebuch* und dem Kürzel *RQ* auf Ratti-Kámeke 1923: *Ejercicios de terminología Química Alemana* und mit *Rechtsbuch* und dem Kürzel *RD* auf Ratti-Kámeke 1936: *Terminología Alemana de Derecho y de Ciencias Económicas y Sociales*.

9 Natürlich war der Autor sich dessen bewusst, daher die ausführlichen Hilfen, die fast eine Übersetzung sind.

plin, das er mit Übersetzungshilfen versieht und aus didaktischer Sicht teilweise kommentiert.

In ihrem Aufbau behandelt er die grundlegenden Teilgebiete des jeweiligen Fachs (Medizin, Chemie sowie Rechts-, Wirtschafts- und Sozialwissenschaften), wobei eine klare fachliche Progression zu verzeichnen ist, die dem Aufbau eines regulären Universitätsstudiums entspricht. Die verschiedenen Lektionen sind mit einem Glossar (*Formación de palabras*) versehen, in dem das Grundvokabular der jeweiligen Texte eingeführt wird. Im *Ejercicio* steht ein deutscher Text, der vom Verfasser eigens für diese Lektion geschrieben wurde und offensichtlich zu übersetzen ist, unter *Tema* findet sich ein spanischer Text, der ins Deutsche zu übertragen,[10] und ein als *Lectura* bezeichneter Originaltext[11] aus einem deutschen Fachbuch schließt jede Einheit ab. Alle drei Texttypen werden von einem Apparat aus Fußnoten begleitet, in dem weitere Erklärungen zur Wortbildung und zu schwierigen Fragen der Syntax gegeben werden. Im Prinzip sind die Lektionen aller Arbeitsbücher gleich strukturiert und stehen unter vollkommener Vorherrschaft des Hin-und-her-Übersetzens.

In diesen in ihrer Art für Spanien neuartigen Übungsbüchern der Fachsprache wird klar, dass um 1920 für DaW zwei grundlegende Merkmale konstituierend waren: die Terminologie und die spezifische Syntax. Es ging nicht um Fachwissen, sondern um den Erwerb des fachlichen Begriffs- und Benennungssystems und der sprachlichen Strukturen, die für das Verständnis der deutschen Fachtexte notwendig waren[12].

---

10 Das Medizin- und Chemiebuch bringen die Sektion *tema* nur bis zur Lektion 29 bzw. 30 und das Rechtsbuch verzichtet ganz darauf, wohl angesichts der Schwierigkeit dieses Übungstyps.

11 Im Medizin- und Rechtsbuch sind die Lesetexte in Fraktur gesetzt (auch noch in der 4. Auflage von 1943), während das gesamte Chemiebuch die gleichen Typen aufweist.

12 Beraten ließ sich Ratti beim Chemiebuch von Dr. Paul Götz und José de la Puente Larios, einem Professor der Technischen Mittelschule in Barcelona und späteren Stipendiaten der *Junta de Ampliación de Estudios* in Deutschland und Frankreich (cf. zu De la Puente: Marín Eced 1991: 285-287).

3.1 Fachspezifische Terminologie

Die Beschäftigung mit dem Wortschatz stand am Anfang der Fachsprachenforschung und tatsächlich ist der lexikalische Bereich eine der klassischen Untersuchungsebenen. Die Kenntnis der Fachterminologie wird in den Werken Rattis auf zweierlei Wegen vermittelt, einerseits durch das einleitende Glossar und andererseits durch die zahlreichen Fußnoten, die alle Texte und schwierigen Fälle beleuchten. Es handelt sich dabei ausschließlich um zweisprachige kontextgebundene Vokabelgleichungen („der Knochen *el hueso*", RM1), d. h. die deutschen Lexeme und ihre spanischen Entsprechungen präsentieren nicht wie in Wörterbuchartikeln alle Bedeutungsmöglichkeiten, sondern ausschließlich die aktuellen Lösungen. Die Lehrwerke für die Fachsprache der Chemie und des Rechts beinhalten zudem noch im Anhang ein *Vocabulario alemán – español*, dessen Komplexität aber nicht über die Glossare hinausreicht. Allerdings fehlen bei genauerer Untersuchung in diesen Wortlisten für das Textverständnis grundlegende Wörter, seien dies nun Substantive, Verben oder andere Wortarten. In den Fußnoten werden jedoch Lexeme wie *kann* (RQ70) angeführt, die den Lernenden schon aus dem Grundvokabular der Anfängergrammatiken bekannt sind.

Die bei diesen einleitenden Glossaren vorherrschende Wortart ist in allen drei Werken das Substantiv, das unter Angabe des Artikels aufgeführt wird, wobei allerdings die Genitiv- und Pluralformen fehlen, obgleich deren Angabe schon damals in gängigen Wörterbüchern üblich war. Genitivverbindungen werden im Medizin- und Chemiebuch nicht angeführt, diese tauchen erst im Rechtsbuch (1936) auf („das Wesen des Rechts", RD8).

Neben den Substantiven erscheinen von den anderen Wortklassen in den Glossaren des Medizinbuchs hauptsächlich semantisch dazu passende Adjektive („der gelbe Fleck *la mancha amarilla*", RM14). Ziemlich bald werden auch Verben und weniger häufig Adverbien gebracht, doch komplexere Angaben zum Verbalsystem, wie Verben mit Präposition, sind nur vereinzelt Teil der Glossare („haften für", RD30; „versetzen mit", RQ111 oder „einhergehen mit", RM52). Dagegen erfolgen bei den einfachen Zeitwörtern Angaben nach morphologischen Kriterien (*reg. – irreg.*) bzw. zur Trennbarkeit der zusammengesetzten Verben (*sep. – insep.*). Hinsichtlich der Flexion der unregelmäßigen Verben erscheinen meistens die kompletten Stammformen und eher selten die Reduktion auf den Ablautvokal der Stammformen (RD79)[13]. Funktionsverbgefüge sind in den Glossaren generell selten und erscheinen in unterschiedlicher Verteilung: Im Rechts- und Chemiebuch sind sie von Beginn an präsent („in Verbindung treten", RQ5; „den Rechtsweg beschreiten", RD1), während sie im Medizinbuch erst spät auftreten („den Verstand verlieren", RM178).

Von Beginn an wird klar, dass die Grundlagen der Derivations- und Wortbildungsregeln vermittelt werden sollen, bzw. dass diese im Unterricht erklärt wurden. Entsprechend der Verteilung der Wortklassen werden im Medizinbuch die Komposita aus zwei oder drei Substantiven bevorzugt („die Wirbelsäule *La columna vertebral*", RM4; „die Nabelschnurverknotung *el anudamiento del cordón umbilical*", RM150). Der Hinweis auf zugrundeliegende Verben ist im Rechts- und Chemiebuch gleich in den ersten Lektionen anzutreffen („begreifen – begriff – begriffen *entender, comprender* | der Rechtsbegriff *el concepto jurídico*", RD1) und etwas später im Medizinbuch („fallen *caer* | zerfallen *decaer, caer en ruina* | der Muskelzerfall *la decadencia muscular*", RM41). Komplexere Ableitungen finden sich gegen Ende der Lehrbücher, so im Medizinbuch das Wortfeld zu *empfinden* („empfinden | empfindlich | unempfindlich | die Unempfindlichkeit", RM182).

Trotzdem ist weder eine logische Anordnung bzw. Darstellung der Wortbildungsregeln auszumachen[14] noch erfolgt eine explizite Abgrenzung der Fachsprache von der Allgemeinsprache. So wird *Darstellung* in seiner Bedeutung der Fachsprache der Chemie als Synonym für ‚Herstellung' mit „*fabricación, obtención, preparación*" erklärt (RQ130 n15), ohne dass auf den Unterschied zur allgemeinsprachlichen Bedeutung hingewiesen wird, für die „dass wir darstellen" kommentarlos mit „*que demostraremos, que quede demostrado*" übersetzt wird (RQ137).

Obwohl sich Rattis Lehrwerke an ein Zielpublikum aus im Beruf stehenden Wissenschaftern richten, ist kein expliziter Rückgriff auf die Vorkenntnisse der Lerner zu erkennen. Gerade die Vermittlung der deutschen Fachsprache der Wissenschaften an Spanier, die um 1920 Latein als Pflichtfach im Gymnasium hatten und noch heute ein ausgebildetes

---

13 Dies dürfte auch mit der Platzfrage in den zweispaltigen Glossaren zusammenhängen.
14 Oft in Anmerkungen angedeutet, aber nicht näher dargestellt wird z. B. die Wortordnung in Komposita (cf. „Ringknorpel – Knorpelring", RM28 Anm.; „Herz- oder Pulsschläge", RM51 Anm.).

Fachvokabular verwenden, das auf den klassischen Sprachen aufbaut, müsste bewusst von Anfang an dieses Vorwissen der Lernenden einbauen. Dagegen wird sogar noch auf den letzten Seiten des Medizinbuchs der Titel der *lectura* 28 „Endometritis decidualis gonorrhoica" in Fußnote 1 als „*endometritis decidual gonorreica*" wiedergegeben (RM148). Das Wort *Praxis* ist jedem gebildeten Lerner bekannt und muss nicht erklärt werden, aber Ratti tut dies dennoch in einer Fußnote im Chemiebuch (RQ76 n27) ebenso wie er im Rechtsbuch „die kritische Methode *el método crítico*" (RD8) und im Medizinbuch „die kontraktile Substanz *la substancia contractil*" (RM10 n5) anführt.

Es gibt in diesen Lehrwerken auch keine durchgehende Struktur, indem auf schon behandeltem und als bekannt vorausgesetztem Vokabular aufgebaut wird. Kommt im Medizinbuch wiederholt das für Spanier klar verständliche Nomen *der Muskel* vor und in den Fußnoten „die Muskulatur *la musculatura*" (RM9 n9), so wird im Chemiebuch sogar das Modalverb *kann* in einer Fußnote (RQ70 n5) übersetzt. Zwar fehlt es dann im Vokabular im Anhang, dagegen tauchen dort unzählige Ausdrücke griechisch-lateinischen Ursprungs mit der fast identischen spanischen Variante auf, von „das Acetamid *acetamida*" (RQ145) bis „zweibasisch *bibásico*" (RQ167).

In den ersten Lektionen der Lehrwerke gibt es zwar Ansätze zur Darstellung der wichtigsten Ableitungssuffixe wie z. B. *-ung, -lich* oder *-er* („heilen *curar* | die Heilung *la curación*", RM9 Anm; „der Stoff *la materia* | stofflich *material*", RQ1; „vertreten | der Rechtsvertreter", RD1), die aber im Laufe des gesamten Programms immer wieder angeführt werden. Diese repetitive, nur auf die Übersetzung fokussierte Organisation des Vokabulars lässt auf eine didaktische Grundhaltung schließen, die der heute vorherrschenden Stärkung der Lernerautonomie und induktiven Wortschatzarbeit diametral entgegensteht.

3.2 Spezifische Syntax

Da in den untersuchten Lehrwerken an grammatischen Phänomenen orientierte Inhaltsverzeichnisse und Sachregister fehlen, kann man die Lerninhalte der Syntax (wie schon der Wortbildung) nur dann erkennen, wenn diese in den Anmerkungen und Fußnoten explizit dargestellt werden. Die in die laufende Unterrichtsarbeit eingebundene Behandlung einzelner syntaktischer Regeln von DaW entzieht sich unserer Kenntnis. Durch die in wissenschaftlichen Texten angestrebte Informationsverdichtung und Entsubjektivierung tauchen in der Fachsprache gewisse syntaktische Phänomene häufiger als in der Gemeinsprache auf. Dem wird in den Lehrwerken Rattis Rechnung getragen und im Folgenden soll, ohne Anspruch auf Vollständigkeit, die Darstellung derjenigen Phänomene besprochen werden, die ausgehend von ihrer Frequenz in den Anmerkungen und Fußnoten für Ratti besonders relevant erscheinen. Es handelt sich um Strukturen, die aus der traditionellen, der Grammatik verbundenen Sicht von DaW als Konstituenten derselben gelten: 1) im nominalen Bereich komplexe, stark pränuklear erweiterte Substantivphrasen sowie 2) im verbalen Bereich Passivkonstruktionen und ihre Entsprechungen und 3) uneingeleitete Konditionalsätze.

3.2.1 Pränuklear erweiterte Substantivphrasen

Geht man von der Häufigkeit der Behandlung der vorkommenden Substantivphrasen dieser Art aus, so handelt es sich für Ratti um die charakteristischste Manifestation von DaW. Im Chemie- und Rechtsbuch kommen schon in der ersten Lektion Syntagmen dieses Typs vor und im Medizinbuch erscheint am Ende von Lektion vier die erste komplexe Substantivphrase[15]. Während im Medizinbuch diese Konstruktion den spanischen Lernern als typischer Fall der deutschen Syntax präsentiert wird, in der die Satzglieder im Verhältnis zum spanischen Satzbau umgestellt sind („typischer Fall der deutschen Syntax, gerade umgekehrt wie die spanische", RM14), erfolgt im Chemiebuch und Rechtsbuch die Wiedergabe ohne weiteren Kommentar. In einer Erklärung wird in einer *Nota* die Konstruktion als „eingeschobener Nebensatz mit Inversion" (RQ4) bezeichnet.

Bei anderen Beispielen erfolgt die Erweiterung auch durch eine Adjektiv- und PI-Konstruktion: „Das Duodenum verläuft in einem nach

---

15 „[…] auf die schon im klassischen oder gar vorklassischen Griechenland aufgestellte und seither nie ganz vergessene Atomtheorie […]" (RQ3).
„[…] diese vom heutigen Gesetzesstil verschmähten Ausdrucksmittel […]" (RD3).
„[…] ein vom System der Hirn- und Rückenmarksnerven ziemlich unabhängiges, sogenanntes sympathisches Nervensystem […]" (RM13).

links und oben offenen, den Pankreaskopf eng umfassenden Bogen nach abwärts" (RM35). Bei der Erklärung geht der Autor nicht auf das erweiterte adjektivische Attribut ein, sondern sein Interesse konzentriert sich auf die PI-Konstruktion. In den darauffolgenden Analysen wird in gleich drei Fällen das PI im laufenden deutschen Text mit Ausrufungszeichen als „¡gerundio!" ausgewiesen. Da im Spanischen Partizip-Präsens-Konstruktionen dieser Art nicht möglich sind, wird als Strategie zur Auflösung im Spanischen die Übersetzung durch einen Relativsatz angegeben. An mehreren Stellen erfolgt in Fußnoten und Anmerkungen zum deutschen Text der Hinweis „¡gerundio!", der als Anleitung für das richtige Verständnis aufgefasst werden kann. Diese Übersetzung des *gerundio* als Relativsatz soll automatisiert werden, „wie immer ist das *gerundio* [...] durch einen Relativsatz zu übersetzen" (RM87).

Die unterschiedlichen Formen der deutschen Linkserweiterung und ihr Fehlen im spanischen System bringen Ratti in Terminologieschwierigkeiten bei der Bezeichnung derselben, was in der parallelen Verwendung von „*gerundio*" (RM65, RM48), „*oración de relativo*" (RM126, RM177 f.), „*complemento circunstancial*" (RM173), „*oración atributiva*" (RM87), „*oración intercalada*" (RM177, RM14) oder „*oración incidental*" (RQ4) zum Ausdruck kommt.

Dem Autor geht es natürlich nicht um eine grammatisch-theoretische Darstellung und noch weniger um einen Vergleich der deutschen und spanischen Substantivphrase aus kontrastiver Sicht, sondern um die Auflösung komplexer deutscher Strukturen in der spanischen Übersetzung, die dem spanischen System unbekannt sind. Trotzdem kann man im Medizinbuch noch eine stärkere theoretische Betrachtung der oben erwähnten Substantivphrasen finden, während im Chemiebuch diese nur selten erfolgt. Meistens wird dort die problematische deutsche Textstelle nur mit einer Anmerkung versehen, in der als Auflösung die Übersetzung ins Spanische erfolgt. Im Rechtsbuch aber geschieht diese hauptsächlich über Fußnoten, die so gruppiert werden, dass ein Translat entsteht:

Die das moderne Sachenrecht[31] kennzeichnende Unterscheidung[32] der Sachen[33] in Liegenschaften[34] und Fahrnis[35].
   31-35) *la distinción* (32) *de las cosas* (33) *en bienes inmuebles* (34) *y muebles* (35) *que caracteriza el moderno derecho real* (31) (RD14).

3.2.2 Passiv und Passivsynonyme

Weitere Merkmale der deutschen Wissenschaftssprache sind zweifellos das Passiv und die Passivsynonyme, obwohl beide grammatische Erscheinungen gemeinsprachliche Formen sind und nur in ihrer Frequenz und Verwendung als Konstituenten der Fachsprache angesehen werden (cf. Fluck 1991: 204 f.).

Das normale Passiv wird in seiner Bildung als bekannt vorausgesetzt, aber in den untersuchten Lehrwerken unterschiedlich behandelt. Entsprechend der schon besprochenen Ausführlichkeit des Medizinbuchs wird es dort an mehreren Stellen wiederholt („Wie bekannt, drückt ‚*wird*' mit einem Partizip immer das Passiv aus", RM41) und seine Syntax in Haupt- und Nebensatz durch Fettdruck hervorgehoben (RM87, RM91). Sogar auf der letzten Seite des Medizinbuchs insistiert Ratti auf der Norm seiner Übertragung ins Spanische: „wie immer in der aktiven Form – se separa" (RM192). Festzuhalten ist, dass der unpersönliche Charakter der Form hervorgehoben wird und seine Wiedergabe im Spanischen mit der aktiven Form der ‚*pasiva refleja*'[16] empfohlen wird („bezeichnet wird – *se denomina*", RM91).

Im Chemie- und Rechtsbuch ist das normale Passiv zwar sehr häufig, meistens übersetzt der Autor diese Konstruktion aber nur in einer Fußnote oder geht gar nicht darauf ein. Nur einmal hebt er die Form in einer eigenen Anmerkung des Chemiebuchs RQ41(1) explizit hervor, erklärt sie aber nicht weiter, sondern übersetzt sie nur.

Auch die Passivsynonyme werden nicht als Ganzes, sondern auf die Lektionen verteilt behandelt. Von den verschiedenen Konstruktionsmöglichkeiten sei hier besonders auf die Fügungen ‚sein + zu + Infinitiv', ‚lassen + sich + Infinitiv', sowie ‚sein + Adjektiv auf -bar' eingegangen.

Obwohl die Fügung ‚sein + zu + Infinitiv' über keine grammatische Passivmarkierung verfügt, drückt sie doch ein Geschehen aus, dass nicht aus dem Blickwinkel des Agens betrachtet wird. Dazu kommt noch das Merkmal der Modalität und in diesem Sinn ist die Fügung ein Synonym einer Passivkonstruktion mit *werden* und Modalverb (cf. Gang 1997: 57).

Sie wird nur einmal in einer Anmerkung des Chemiebuchs besonders hervorgehoben („Sie sind wahrscheinlich nicht nur als Zucker-, sondern auch als Stickstoffreserven aufzufassen", RQ109 f.) und dann nur über-

---

16 Laut Maier (1995: 100) eine „reflexive Variante mit Subjektkongruenz".

setzt und nicht erklärt. Von den zwölf Gelegenheiten, bei denen diese Passivform in den Texten auftaucht, wird sie viermal in den Fußnoten mit der entsprechenden spanischen Passivkonstruktion mit Modalverb wiedergegeben, sechsmal nur mit dem spanischen Infinitiv, und zweimal erfolgt überhaupt keine Angabe. Die Lerner sind auch hier vollkommen auf die mündlichen Erklärungen im Unterricht angewiesen, denn bei manchen ‚sein + zu + Infinitiv'-Konstruktionen herrscht ein Abstand von bis zu drei Druckzeilen zwischen dem Hilfsverb und dem rahmenschließenden Teil (RM175). Gerade hier ist eine visuelle Darstellung des Satzbauplanes nötig, wie sie bei der Lösung von nominalen Rahmen an anderen Stellen der Lehrwerke gegeben wird.

Die Fügung ‚lassen + sich + Infinitiv' kann unterschiedliche Bedeutungen haben, und deshalb ist es notwendig festzustellen, ob Fügungen wie „Er lässt sich einordnen" (a) „kausativ" (veranlassen), (b) „permissiv" (zulassen) oder (c) „modal" (möglich sein) gedeutet werden können (cf. Gang 1997: 84 f.). Die Beispiele aus den untersuchten Lehrwerken entsprechen in ihrer Gesamtheit (c) und sind daher als *werden*-Passiv mit dem Modalverb *können* anzusehen.

Die Fügung wird bei keiner Gelegenheit in den Lehrwerken erklärt und immer durch die spanische modale Passivkonstruktion ‚*se puede + infinitivo*' wiedergegeben, manchmal wird zusätzlich auch die permissive Interpretation von *sich lassen* als „*lit.: se deja*" angegeben:

(1) Durch die Einwirkung von konzentriertem Ammoniak lässt[12] sich das Chlorpentaminchlorid[13] in Hexaminchlorid[14] überführen[15] (RQ69).
12 y 15) lässt sich ... überführen *se puede hacer pasar (lit.: se deja pasar)*. 13) Chlorpentaminchlorid *cloruro de cloro-pentamina.* 14) Hexaminchlorid *cloruro de examina* (RQ70) [Hervorhebungen B.M.].

(2) In dieser Formelsprache lassen sich die Chemischen Vorgänge den Mengenverhältnissen[22] nach, wie den inneren Vorgängen[23] nach wiedergeben[24] **(1)**
(1) Traducción: En este lenguaje de fórmulas se pueden (se dejan) expresar los procesos químicos según las proporciones de las cantidades así como según los procesos internos[17] (RQ28) [Hervorhebungen B.M.].

---

17 In den Fußnoten gibt Ratti nur die Bedeutung von „Mengenverhältnisse", „Vorgänge" und „wiedergeben", ohne auf die Flexion der Substantive einzugehen.

(3) Wenn die Chorda tymp. durch die Fissur verletzt⁴³ wurde, lassen⁴⁴ sich Geschmackslücken⁴⁵ in der betreffenden Zungenhälfte⁴⁶ nachweisen⁴⁷ (RM117).

(4) 43) verletzt *lesionado*. 44) lassen *se pueden (lit.: se dejan)*. 45) die Geschmackslücke *la alteración gustativa* (der Geschmack *el gusto*; die Lücke *el intersticio, el claro, la interrupción*). 46) die betreffende Zungenhälfte *la correspondiente mitad de la lengua*. ⁴⁷nachweisen *comprobar* (RM118) [Hervorhebungen B.M.].

Wie die eben besprochenen Fügungen hat auch die Fügung ‚sein + Adjektiv auf -bar' neben der passivischen Bedeutung einen modalen Charakter und ist zudem eine deverbative Ableitung. In der Regel erfolgt auch hier keine genauere Erläuterung der Bildungsregeln, die dem spanischen Lerner das Verständnis dieser Fügung näherbringen könnte. Der Autor wendet durchgehend das oberflächlich entsprechende spanische Suffix ‚*-able*' an, ohne die Restriktionen desselben im Spanischen zu beachten. Während „Die Lungentuberkulose ist heilbar" (RM161) mit „*La tuberculosis pulmonar es curable*" (RM163) korrekt wiedergegeben wird, ergibt die Nachbildung von „[...] wenn die Tuberkelbazillen [...] nicht mehr nachweisbar⁷⁴ sind" (RM162) – wenn man, wie Rati in der Fußnote vorschlägt, mit „nachweisbar *comprobable*." (RM163 n74) operiert – den ungrammatischen spanischen Satz **si los bacilos tuberculosos ya no son comprobables*. Gleiches gilt bei „Für den [...] Nachweis sind alle [...] Methoden verwendbar¹²" (RQ122): Beim Einsatz des in der Fußnote angegebenen *utilizables* entsteht der ungrammatische Satz **Para la comprobación son utilizables todos los métodos*.

3.2.3 Uneingeleitete Konditionalsätze

Im Gegensatz zu den Passivgefügen werden uneingeleitete Konditionalsätze ausführlicher besprochen und innerhalb der einzelnen Lehrwerke gibt es themenbezogene Rückverweise. In einem langen Kommentar wird im Medizinbuch bei „Bedroht das Magengeschwür [...], so [...]" (RM67) auf das Fehlen der Konjunktion *si* hingewiesen und darauf, dass die Bedingung mit der *Inversión* von Subjekt und Verb sowie durch die „*conjunción* so"¹⁸ im zweiten Teil des Satzes ausgedrückt wird. Die im

---

18 Heute wird dieses „so" nicht als Konjunktion, sondern als Partikel oder Korrelat verstanden.

Vergleich mit anderen Ausführungen langen Erklärungen erscheinen allerdings nur im Medizinbuch mit einer gewissen Häufigkeit (RM173, 177, 188 f.). Das Rechtsbuch (RD43 f. und 67 f.) enthält eine viel kürzere Anleitung, die nicht auf die Wortstellung eingeht, sondern in einem Hinweis auf die vorhergehende Anmerkung und in einer Fußnote die spanische Entsprechung mit der Konjunktion *si* anführt. Nur ausnahmsweise werden Lösungsmöglichkeiten angeführt, die der Abwesenheit der Konjunktion im Deutschen entsprechen könnten. Dies ist im Rechtsbuch mit „*Faltándole*" in einer einfachen Fußnote der Fall: „Ermangelt nun einer Person [...], so [...]" (RD79 f. n37).

Eine der wichtigsten Grundlagen der Satzbauregeln des Deutschen, die feste Stellung des Verbs, wird bei keiner Gelegenheit ausdrücklich erwähnt, obwohl viele Erklärungen zur Syntax auf derselben beruhen.

3.4 Didaktisierung

Gerade bei der Wortschatzarbeit ist durch Fixierung auf das korrekte und exakte Hin-und-her-Übersetzen kein anderer Zugang zu den Texten möglich, als über das totale Lesen, bei dem alles verstanden werden muss. Dem entspricht die völlige Abhängigkeit von den Fußnoten, die, wie oben gezeigt, manchmal zusammengefasst werden, um eine längere Einheit (einen Nebensatz) zu erklären.

Man erkennt zwar den anfänglichen Versuch, die Texte einfach zu gestalten: „Der Knochen ist ein fester Körper. Es gibt im menschlichen Körper Röhrenknochen und Flächenknochen. Die Röhrenknochen haben eine Höhle, in welcher sich das Knochenmark befindet" (RM 2). Dennoch liegt auch in Fragen der Syntax kein klares Konzept vor, das in aufeinander aufbauenden Übungen vom Einfachen zum Komplexeren fortschreitet. Erklärungen zu Grundstrukturen des deutschen Satzbaus werden fast nie als Lernthema explizit hervorgehoben, sondern immer wieder in Fußnoten und Anmerkungen repetiert. Daneben benutzt Ratti – ausgehend von einfachen nominalen Rahmen – besonders im Medizinbuch zunehmend die visuelle Markierung, die in den fortgeschrittenen Lektionen unter Zuhilfenahme von bis zu drei Schriftarten[19] lange hypotaktische Satzkonstruktionen zu verdeutlichen sucht:

---

19 Cf. Marizzi 2012: „Zweischriftigkeit in frühen Deutschgrammatiken in Spanien", in: Sprachwissenschaft 37, 2 (2012): 187-212.

Die Kokken gelangen durch Übertragung des Sekrets einer *an Tripper erkrankten* Schleimhaut **in die Harnröhre und rufen hier** durch ihre Vermehrung und Verbreitung in der Schleimhaut **eine** durch gelbliches oder grünliches, zuweilen mit Blut vermischtes eitriges Sekret charakterisierte **Entzündung hervor**, welche [...] (RM144).

Anders als im Medizinbuch werden im Chemie- und Rechtsbuch auch einfachere Satzgebilde vorgestellt, die in den meisten Fällen mittels der Übersetzung ins Spanische erklärt werden. Wiederholt sei hier auch noch einmal die Anordnung der Fußnoten, die ein Translat ergeben:

Die das moderne Sachenrecht[31] kennzeichnende Unterscheidung[32] der Sachen[33] in Liegenschaften[34] und Fahrnis[35].
31-35) *la distinción (32) de las cosas (33) en bienes inmuebles (34) y muebles (35) que caracteriza el moderno derecho real (31)*. (RD14)

In keiner Weise können und wollen diese Ansätze der Didaktisierung die Erklärungen durch den Lehrer ersetzen, denn die Besonderheiten des Deutschen und die Unterschiede zum Spanischen auf Wort- und Syntaxebene werden in den untersuchten Lehrwerken anders als heute kaum explizit oder geordnet dargestellt. Dies fördert in keiner Weise die Lernerautonomie.

4 Schlussfolgerungen

Auf den ersten Blick ist Rattis Zugang zum Fremdsprachenunterricht um 1920 von Ideen geprägt, die als modern eingestuft werden können. Die Forderung der praktischen Anwendbarkeit der Fremdsprachenkenntnisse im Sinne Viëtors steht in Zusammenhang mit dem in der Konzeption seiner Lehrwerke ausgedrückten Anspruch, Fertigkeiten in der Fachsprache zu vermitteln.

Nicht modern ist Ratti allerdings in der Methodik der Vermittlung und ihrer Didaktisierung, denn in seinen Lehrbüchern sind noch keine Anzeichen der notwendigen Loslösung von der traditionellen Grammatik-Übersetzungsmethode zu erkennen. Obwohl die verschiedenen *Ejercicios de Terminología* als erste Vorläufer der heutigen Arbeitsbücher des Wissenschaftsdeutschen nach Fachrichtungen verstanden werden können und gewisse, minimale Ansätze einer „Grammatik des Wissenschaftsdeutschen" enthalten, sprechen fehlende Progression und mangelnde Förderung der Lernerautonomie gegen die Einschätzung als modernes Lehrwerk. Es muss betont werden, dass nicht in erster Linie das Interesse an der deutschen Sprache oder Kultur im Vordergrund steht, sondern der Kenntnistransfer aus dem „Schatz der deutschen Wissenschaft" (cf. Apelt 1991: 89); allerdings hat sich dieses Interesse an der deutschen Kultur oftmals nachträglich doch noch eingestellt.

Literatur

Primärliteratur

Academia Alemana-Española 1840: *Constitucion de la Academia Alemana-Española, instalada en Madrid á 25 de Junio de 1840*, im Internet unter http://fs-morente.filos.ucm.es/docentes/marizzi/folleto.pdf [24.03.2011]

Braun, Juan Jorge (= Johann Georg Braun) 1864: *Nueva gramática alemana. Curso teórico-práctico,* Madrid: Librería de A. Duran

Fernández de Castroverde, Carlos 1868: *Gramática Alemana*, Barcelona

García Ayuso, Francisco 1882: *Gramática Alemana*, Madrid

Kühn, Julio [2]1852: *Gramática alemana: precedida de un cuadro histórico del origen y progresos de esta lengua*, Madrid: Imprenta Nacional

Ratti-Kámeke, Richard [4]1943 (1917): *Ejercicios de terminología Médica Alemana* (= Biblioteca Ratti 3), Barcelona: [Modesto Berdós]

Ratti-Kámeke, Richard 1923: *Ejercicios de terminología Química Alemana* (= Biblioteca Ratti 9), Barcelona: [Modesto Berdós]

Ratti-Kámeke, Richard 1936: *Terminología Alemana de Derecho y de Ciencias Económicas y Sociales* (= Biblioteca Ratti 15), Barcelona: [Modesto Berdós]

Sekundärliteratur

Álvarez-Pedrosa Núñez, Juan Antonio 1994: „La lingüística indoeuropea en España hasta 1939", in: *Revista española de lingüística* 24. 1 (1994): 49-67

Apelt, Walter 1991: *Lehren und Lernen fremder Sprachen: Grundorientierungen und Methoden in historischer Sicht,* Berlin: Volk und Wissen

Cáceres Würsig, Ingrid & Bernd Marizzi 2010: „La Academia Alemana-Española de 1840 de Julio Kühn: relato de un proyecto de colaboración científica y cultural", in: *Estudios Filológicos Alemanes* 20 (2010): 415-436

Cervós, Jorge & Josep Corcó 2000: „Científicos españoles en la Republica de Weimar", in: Salas & Dietrich (eds.) 2000: 38-41

Doeberl, Michael (ed.) 1930: *Das akademische Deutschland* (III), Berlin: Weller

Fluck, Hans-R. [4]1991: *Fachsprachen* (= UTB 483), Tübingen: Francke

Gang, Gook-Jin 1997: *Passivsynonyme als Elemente der wissenschaftlichen Fachsprache im Deutschen,* Frankfurt: Peter Lang

Gimber, Arno & Santiago López-Ríos 2008: „Los estudios de filología moderna: Alemán", in: López-Ríos & González Cárceles (eds.) 2008: 387-392

Hess-Lüttich, E.W.B., U. Müller, S. Schmidt & K. Zelewitz (eds.) 2009: *Kommunikation und Konflikt: Kulturkonzepte der interkulturellen Germanistik* (= Cross Cultural Communication 16 : Publikationen der GiG 11), Frankfurt: Peter Lang.

López-Ríos, Santiago & Juan Antonio González Cárceles (eds.) 2008: *La Facultad de Filosofía y Letras de Madrid en la Segunda República: arquitectura y Universidad durante los años 30,* Madrid: Sociedad Estatal de Conmemoraciones Culturales et al.

López Sánchez, José M. 2003: „Die Anfänge der Wissenschaftsförderung in Spanien im 20. Jahrhundert", in: *Archiv für Sozialgeschichte* 43 (2003): 463-474

Maier, Irmgard 1995: *Passivparadigma im Spanischen und im Deutschen,* Frankfurt: Peter Lang

Marín Eced, Teresa 1991: *Innovadores de la educación en España: Los pensionados en Pedagogía por la Junta de Ampliación de Estudios,* Ciudad Real: Servicio de Publicaciones de la Universidad de Castilla-La Mancha

Marizzi, Bernd 2009: „Bemerkungen zu Julius (Julio) Kühn, dem ersten Professor für Germanistik an einer spanischen Universität, und zu seiner *Gramática Alemana*", in: Hess-Lüttich, E.W.B., U. Müller, S. Schmidt & K. Zelewitz (eds.) 2009: 455-478.

Pérez-Vitoria, Augusto (ed.) 1985: *Enrique Moles: la vida y la obra de un químico español*, Madrid: Consejo Superior de Investigaciones Científicas

Presas y Puig, Albert 2008: „On a Lecture Trip to Spain: the Scientific Relations Between Germany and Spain During the Entente Boycott (1919-1926)", in: *Annals of Science* 65, 4 (2008): 529-546

Puig-Samper, Miguel Ángel 2010: „Die Anfänge des wissenschaftlichen Austauschs zwischen Deutschland und Spanien", in: Rebok (ed.) 2010: 30-53

Rebok, Sandra (ed.) 2010: *Traspasar Fronteras: Un siglo de intercambio científico entre España y Alemania – Über Grenzen hinaus: Ein Jahrhundert deutsch-spanische Wissenschaftsbeziehungen*, Madrid: CSIC

Reig Ferrer, Abilio 2009: „El profesor y naturalista Don Juan Mieg (1780-1859): en el 150 aniversario de su fallecimiento (I)", in: *Argutorio* 23 (2009): 9-17

Reig Ferrer, Abilio 2010: „El profesor y naturalista Don Juan Mieg (1780-1859): en el 150 aniversario de su fallecimiento (y II)", in: *Argutorio* 24 (2010): 4-14

Salas, Jaime de & Dietrich Briesemeister (eds.) 2000: *Las influencias de las culturas académicas alemana y española desde 1898 hasta 1936*, Madrid / Frankfurt: Iberoamericana & Verwuert

Sánchez Ron, José Manuel 1999: *Cincel, martillo y piedra*, Madrid: Taurus

Schairer, Reinhold 1930: „Ausländische Studenten an deutschen Hochschulen", in: Doeberl (ed.) 1930: 523-542

Siebe, Daniela 2009: *„Germania docet": ausländische Studierende, auswärtige Kulturpolitik und deutsche Universitäten 1870 bis 1933* (= Historische Studien 495), Husum: Matthiesen

Ureña, Enrique M. 1991: *K. C. F. Krause: Philosoph, Freimaurer, Weltbürger. Eine Biographie* (= Spekulation und Erfahrung 2; Untersuchungen 22), Stuttgart Bad Cannstatt: Frommann-Holzboog

Utande Igualada, Manuel (ed.) 1964: *Planes de estudio de enseñanza media* (= Publicaciones de la revista „Enseñanza Media" 425), Madrid: Dirección General de Enseñanza Media

V Literarisches Übersetzen

Wie viel Verfremdung verträgt die literarische Übersetzung?

Ana Dimova (Schumen)

Abstract

The strategy in translating literary texts, and particularly texts with transparent culture-specific elements, is expected to keep at least part of their foreignness. In translation practice, however, this approach is confronted by almost insurmountable obstacles. The question is how much foreignizing a literary translation can tolerate without the jeopardy for a rendering from one language to another to be accused by editors, publishers or experts of ‚the native poetic tradition' as a ‚word for word' version. By analyzing translations of German texts in Bulgarian, the present paper claims that different types of foreignness exist, depending on generic affiliation and context. It argues that the level of sustaining foreignness and employing foreignization depends on restrictions in the language system as well as on the socio-cultural context, the poetic conventions, and the translation tradition.

Dass die literarische Übersetzung ein Medium der Fremderfahrung ist, steht außer Frage; schließlich ist es die Fremdheit zwischen den Sprachen, die eine Übersetzung allererst nötig macht. Ebenso evident ist jedoch, dass sich der Bereich des Fremden darin nicht erschöpft. Der Übersetzer literarischer Texte kann es mit Phänomenen einer fremden Natur oder Kultur ebenso zu tun haben wie mit fremden Inhalten, Darstellungstechniken oder Formen ästhetischer Organisation. In allen Fällen hat er sich den damit verbundenen Übersetzungsproblemen unter den Bedingungen der jeweils eigenen Sprache, Literatur und Kultur zu stellen (Lönker 1992, V).

So Fred Lönker im Vorwort des 1992 von ihm herausgegebenen Band *Die literarische Übersetzung als Medium der Fremderfahrung*, erschienen als Band 6 der *Göttinger Beiträge zur internationalen Übersetzungsforschung*. Den phänomenologischen Problemstellungen zum Begriff des *Fremden* will ich hier nicht nachgehen. Fred Lönker hat dies detailliert getan in seinem Beitrag *Aspekte des Fremdverstehens in der literarischen Übersetzung* im schon erwähnten Band der *Göttinger Beiträge*. In den letzten Jahrzehnten wurde das Fremde bzw. die Fremdheit zu einem zentralen Thema sowohl für Kulturwissenschaften, Psychologie, Soziologie und Philosophie als auch für Literatur- und Sprachwissenschaft; für die Übersetzungswissenschaft ist es bekanntlich – wie auch dem Eingangszitat zu entnehmen ist – schon immer ein zentrales Thema gewesen. Die Publikationen diesbezüglich sind Legion. Abgesehen davon, dass im deutschsprachigen Diskurs die Unschärfe des Begriffs *Fremdes* bzw. *Fremdheit* an der semantischen Undifferenziertheit des deutschen Adjektivs *fremd* zu liegen scheint – es benennt sowohl eine räumliche und zeitliche „Fremdheit" (Entfernung) als auch eine possessive (Besitz), eine kognitive (Unbekanntheit) und eine affektiv besetzte (Seltsamkeit, Ungewöhnlichkeit). Abgesehen von Problemen des Fremdverstehens, wie sie von Lönker im erwähnten Aufsatz behandelt werden, soll es hier an erster Stelle darum gehen, wie viel von der vertexteten Fremdheit – in allen ihren Aspekten – in einem literarischen Text bei der Übersetzung beibehalten werden soll, muss oder kann.

Die translatorischen Entscheidungen sind bekanntlich durch Faktoren des soziokulturellen und situativen Kontextes sowie der Textsortenzugehörigkeit bedingt, aber auch durch die Individualität des Übersetzers (cf. Reiß & Vermeer 1994: 149 f.; Koller 2004: 107 f.). Diese Entscheidungen werden, seit Übersetzen praktiziert wird – und dies ist wohl eine der ältesten menschlichen Tätigkeiten –, immer im Spielraum zwischen dem Eigenen und dem Fremden getroffen. Da der übersetzte Text kein autochthon entstandener Text ist, muss er wohl etwas vom Fremden beibehalten, obwohl das Streben nach *Aneignung* bzw. *Einbürgerung* immer sehr stark gewesen ist (cf. Albrecht 1998: 47 f.). Das Übersetzungsprinzip, das als Gegensatz der *Aneignung* bzw. *Einbürgerung* gilt, ist in der Übersetzungswissenschaft und -geschichte als „Verfremdung" bekannt und wird von der Abhandlung *Über die verschiedenen Methoden des Übersetzens* Friedrich Schleiermachers abgeleitet. Schleiermacher plädiert für eine Übersetzungsmethode, die den *Geist* des Originals beizubehalten versucht, d.h. das Fremde nicht verwischt. Auch in der Sprache der Übersetzung soll das Fremde durchschimmern, wenn poetische und philosophische Texte übersetzt werden (Schleiermacher 1969: 54 f.). Es wird auch eine Nicht-Alltäglichkeit der Sprachverwendung als Verfremdung postuliert, womit wohl dasselbe gemeint ist, was Viktor Šklovski und später Bertolt Brecht für das künstlerische Verfahren der Verfremdung auch gefordert haben (cf. die Darstellung der Verfremdung bei Wierlacher & Albrecht 1998: 161 f.).

Die Praxis des literarischen Übersetzens scheint sich jedoch selten dem Prinzip der Verfremdung verpflichtet zu haben. In *Die Fröhliche Wissenschaft* hat Nietzsche zum Problem des Übersetzens Stellung genommen und die Situation folgendermaßen dargestellt:

> Die Franzosen Corneilles, und auch noch die der Revolution, **bemächtigten sich** des römischen Altertums [...]. Und das römische Altertum selbst: wie gewaltsam und naiv zugleich **legte es seine Hand** auf alles Gute und Hohe des griechischen ältern Altertums! Wie übersetzten sie **in die römische Gegenwart hinein**! Wie **verwischten sie absichtlich und unbekümmert den Flügelstaub des Schmetterlings Augenblick**! [...] was lag ihnen daran, dass **der eigentliche Schöpfer** dies und jenes erlebt und die Zeichen davon in sein Gedicht hineingeschrieben hatte! [...]; als Dichter **ließen sie diese ganz persönlichen Dinge und Namen und alles, was einer Stadt, einer Küste, einem Jahrhundert als seine Tracht und Maske zu eigen war, nicht gelten, sondern stellten flugs das Gegenwärtige und das Römische an seine Stelle**. [...] das **Vergangene und Fremde war ihnen peinlich**, und als Römern ein Anreiz zu einer römischen **Eroberung**. In der Tat, **man eroberte damals, wenn man übersetzte** – nicht nur so, dass man das Historische wegließ: nein, man fügte die Anspielung auf das Gegenwärtige hinzu, man strich vor allem den Namen des Dichters hinweg und setzte den eigenen an seine Stelle – nicht im Gefühl des **Diebstahls**, sondern mit dem allerbesten Gewissen des *Imperium Romanum* (Nietzsche 1969, 91 f.; Hervorh. v. mir, A.D.).

Auch in der ersten Hälfte des 20. Jahrhunderts ist das verfremdende Übersetzen nicht sehr populär gewesen. In der Praxis nicht, und auch in der Theorie nicht. Abgesehen von Autoren wie Walter Benjamin, nach deren Meinung „die wahre Übersetzung durchscheinend" sein soll (Benjamin 1977: 50) und Jose Ortega y Gasset, der meint, dass „die Möglichkeiten der eigenen Sprache bis an die Grenze der Verständlichkeit getrieben und so in ihr die dem übersetzten Autor eigentümlichen durchsichtig werden" (Ortega y Gasset 1977: 75 f.), gibt es nicht sehr zahlreiche Verfechter der Verfremdung in der Übersetzung.

Nach Vermeer liegt im modernen europäischen Verständnis Translation dann vor, wenn ein Ausgangstext so transferiert wird, dass der Zieltext ihn auf möglichst allen Rängen „imitiert". Der „Imitationsgrad" sei jedoch vom Translationszweck abhängig (Vermeer 1994: 50). Auch Schleiermacher postuliert sein verfremdendes Übersetzen nur für poetische und philosophische Texte. Alles andere ist für ihn „bloßes Dolmetschen" (Schleiermacher 1969: 55). Eine Erklärung für das Vermeiden verfremdender Übersetzungsstrategien findet sich wieder bei Ortega y Gasset:

> Gut zu schreiben heißt fortwährend die Grammatik, den festgelegten Gebrauch, die geltende Norm der Sprache ein wenig zu verletzen. Es ist ein Akt ständiger Auflehnung gegen die Gesellschaft, eine Umsturzbewegung. Gut zu schreiben, setzt eine gewisse Kühnheit voraus. **Allerdings ist der Übersetzer meist ein ängstlicher Mensch.** [...] Da steht er nun **vor dem gewaltigen Polizeiapparat der Grammatik und des gemeinen Sprachgebrauchs.** Was soll er mit dem rebellischen Text anfangen? Ist es nicht zu viel verlangt, auch er solle, und dazu noch für fremde Rechnung, rebellisch sein? Kleinmut wird die Oberhand gewinnen; anstatt den Vorschriften der Grammatik zuwiderzuhandeln, tut er gerade das Gegenteil: **er sperrt den übersetzten Autor in das Gefängnis der Normalsprache ein**, d.h. er verrät ihn. Traduttore, traditore (Ortega y Gasset 1977: 9; Hervorh. v. mir, A.D.).

Als Übersetzer kennt man diese Situation: auf der einen Seite der fremde Text mit allen seinen „Fremdheiten", die man je nach Erfahrungshorizont verstanden hat, und auf der anderen Seite der einheimische Leser mit seinem, sicher nicht mit dem des Übersetzers identischen Erwartungshorizont. Hier hilft vielleicht in einem gewissen Grade die Differenzierung, die Christiane Nord vorgeschlagen hat: Die Entscheidung für die Übersetzungsmethode wird eingeschränkt durch die Verantwortlichkeit des Übersetzers, die Erwartungen seiner Handlungspartner (dazu gehören sowohl der Autor als auch die Leser) zu respektieren. Solche Verantwortlichkeit nennt Nord „Loyalität" (Nord 1989: 100 f.). Wie nun diese zweifache Loyalität in der Praxis realisierbar ist, bleibt Aufgabe des Übersetzers, die er im Spielraum zwischen Fremdem und Eigenem zu lösen hat und in gewissem Sinne die Rolle eines „Diener zweier Herren" übernehmen muss. Dabei ist vor einer Verwechslung von Wörtlichkeit und Verfremdung zu warnen:

> Die Dichotomie „frei vs. wörtlich" soll sprachlichen Erscheinungen im engeren Sinne vorbehalten bleiben, Phänomenen, für die die Systemlinguistik zuständig ist. Die Dichotomie „einbürgernd vs. verfremdend" betrifft dagegen sprachliche Erscheinungen im weiteren Sinne wie Textgliederungsverfahren, Textsorten, Gattungen, den Stil im übersetzungsrelevanten Sinn und darüber hinaus den ganzen Bereich, den die moderne Übersetzungswissenschaft der „Kulturspezifik" zurechnet (Albrecht 1998: 75).

Und noch eine wichtige Einschränkung sei hier hervorgehoben: Das Prinzip der Verfremdung kann niemals konsequent und auf allen Ebenen des Textes angewendet werden. In der Praxis bewegt sich der Übersetzer ständig im Spielraum zwischen beiden Polen und übernimmt die Verantwortung für die Entscheidung, welche Elemente als relevant und dominierend zu bewerten und demzufolge verfremdend (vielleicht auch befremdend) wiederzugeben sind.

Hier möchte ich ein Beispiel anführen, das ich zum Teil von Katharina Reiß übernommen habe (Reiß 1995: 65), es geht um das Gedicht „Über allen Gipfeln ist Ruh" von Goethe:

> Über allen Gipfeln
> Ist Ruh.
> In allen Wipfeln
> Spürest du
> Kaum einen Hauch.
> Die Vöglein schweigen im Walde.
> Warte nur, balde
> Ruhest du auch.
> (Goethe 1981: 142)

Es ist eines der deutschen Gedichte, die am häufigsten übersetzt worden sind. Ljuben Ljubenov (2005) hat allein für das Bulgarische 28 Übersetzungen zusammengestellt. Wie man an die Übersetzung dieses Gedichts herangeht, hängt zunächst einmal von der jeweiligen Interpretation ab. Dann sollte man entscheiden, ob man die stilistischen Merkmale des Originals berücksichtigen und beibehalten bzw. imitieren will oder kann, durch die dieses Gedicht geprägt ist (Lautmalerei, Enjambements, Reim, Versmaß, Versstruktur), oder ob man darauf verzichtet und sich an die einheimische Tradition hält. Der russische Dichter Michail J. Lermontov hat sich, der einheimischen Tradition und der eigenen Poetik folgend, selbstverständlich für die zweite Möglichkeit entschieden:

> Из Гете
>
> Горные вершины
> Спят во тьме ночной.
> Тихие долины
> Полны свежей мглой.
> Не пылит дорога,
> Не дрожат листы.
> Подожди немного,
> Отдохнешь и ты.
> (Lermontov 1979: 446)

Versmaß, Reimschema, Bildlichkeit stehen im Einklang mit der russischen Poetik. Die russische Übersetzungstradition ist, genauso wie die römische und die französische, durch die Methode der Aneignung geprägt (Übersetzung als hohe Kunst). Und natürlich passiert dies, um mit Nietzsche zu reden, mit dem besten Gewissen des „Imperium Romanum". Schleiermacher hat auch vermerkt, dass das verfremdende Übersetzen „nur Sinn und Werth unter einem Volk hat, welches entschiedene Neigung hat, sich das Fremde anzueignen" (Schleiermacher 1969: 52).

Im Jahre 1902 wurde Goethes Gedicht auch ins Japanische übersetzt und 1911 – in der Überzeugung, es handle sich um ein original japanisches Gedicht – ins Französische und kurz darauf wiederum ins Deutsche:

> Stille im Pavillon aus Jade.
> Krähen fliegen stumm
> Zu beschneiten Kirschbäumen im Mondlicht.
> Ich sitze
> Und weine.
> (Reiß 1995: 65)

Der japanische Übersetzer hat offensichtlich Goethes Gedicht in ein Haiku verwandelt, d.h. an die einheimische Tradition angeglichen, indem typisch japanische Symbole eingeführt wurden: der *Pavillon aus Jade* steht für *die Gipfel* und *Wipfel* des Goetheschen Bildes, die *Vöglein*, die *im Walde schweigen* werden zu *Krähen, die stumm zu beschneiten Kirschbäumen im Mondlicht fliegen*. Nach der Haiku-Tradition wird die Stimmung des Naturbildes direkt auf das psychische Erleben übertragen. Dies steht nicht im Widerspruch zum deutschen Gedicht, in dem die traurige Abendstimmung das Lebensende symbolisiert. In der japanischen Fassung geht man jedoch nicht so weit, die Todesstimmung ist auf *weinen* reduziert. Der französische und der deutsche Übersetzer haben das verfremdende Übersetzen gewählt und versucht, die Haiku-Form beizubehalten. Solchen Übersetzungen verdankt die europäische Literatur ihre Bereicherung durch neue poetische Genres (cf. u.a. Krusche 1997). Und um wieder mit Schleiermacher zu sprechen:

> Wie vielleicht erst durch **vielfältiges Hineinverpflanzen fremder Gewächse** unser Boden selbst reicher und fruchtbarer geworden ist, und unser Klima anmutiger und milder: so fühlen wir auch, dass unsere Sprache, weil wir sie

der nordischen Trägheit wegen weniger selbst bewegen, nur **durch die vielseitigste Berührung mit dem fremden recht frisch gedeihen und ihre Kraft vollkommen entwickeln kann** (Schleiermacher 1969: 60; Hervorhebungen von mir, A.D.).

Unserem Tagungsort zu Ehren möchte ich *Die Harzreise* von Heinrich Heine meinen Überlegungen zugrunde legen (sie liegt übrigens in drei bulgarischen Übersetzungen aus den Jahren 1929, 1956 und 1972 vor). Der vollständige Text des kommentierten Auszugs befindet sich im Anhang dieses Beitrags.

Was man in diesem Text als erwartete Fremdheit wahrnimmt, sind an erster Stelle Eigennamen. *Harz, Göttingen, Hannover* gehören zum Erwartungshorizont des bulgarischen Lesers, wenn er einen aus dem Deutschen übersetzten Text rezipiert, in diesem Sinne sind sie für die Übersetzung unproblematisch. *Die Leine* ist aus dem Kontext ohne Weiteres erschließbar, doch bei *Lüder* haben es alle drei Übersetzer für notwendig gehalten, in einer Fußnote zu erklären, dass es sich um einen Göttinger Studenten handelt, der für seine Körperkraft bekannt war. Ob dies wirklich notwendig und akzeptabel ist, werde ich später kommentieren.

In der Beschreibung einer fremden Stadt gehören bestimmte Realia ebenfalls zu der erwarteten Fremde. Hier kann man jedoch nicht immer die fremden Benennungen entlehnen, wie dies bei Eigennamen der Fall ist, sie müssen eben übersetzt werden. Wenn es sich z.B. um Historismen handelt wie *Sternwarte* und *Karzer*, entstehen schon einige Probleme. Wenn als Entsprechung für *Sternwarte* nicht eine historische Bezeichnung gewählt wird, sondern die moderne Benennung *Observatorium*, wird der historische Hintergrund verwischt und es tritt eine unerwünschte Modernisierung ein. Das Bulgarische verfügt über ein archaisches Lexem als Entsprechung für *Sternwarte* (звездобройница), was dem ironischen Ton von Heine sehr angemessen wäre. In keiner der Übersetzungen wird jedoch davon Gebrauch gemacht. Auch bei *Karzer* treten in der Übersetzung unerwünschte semantische Verschiebungen ein: Das deutsche Wort *Karzer* bedeutet laut Duden ‚Arrestraum in Universitäten und Gymnasien' und gehört somit in das semantische Feld des Universitären; die Gegenüberstellung von Alltäglichem und Erhabenem führt Heine gleich am Anfang durch *Würste und Universität* ein. Ins Bulgarische wurde dieses Wort aus dem Deutschen entlehnt im Sinne von ‚Arrestraum in der Kaserne'; man könnte sich hier vielleicht mit einer attributiven Ergänzung behelfen, im Sinne von „Universitätskarzer" –

dies wäre sicher für das bulgarische Sprachbewusstsein eine Verfremdung, doch ganz im Sinne der Heineschen Ironie. Auch beim *Ratskeller*, der sich in die thematische Kette der „Würste" einfügt, entsteht aus der Sicht des Fremden ein Problem: Ein *Ratskeller* ist in der deutschen Alltagskultur eine Institution, jedes Rathaus hat im Untergeschoss auch einen Ratskeller; eine kulturspezifische Erscheinung also, für die andere Sprachen keine Benennung haben; jede Umschreibung und Angleichung an die einheimischen Gegebenheiten ist ein Verstoß gegen das „Lokalkolorit" im Original. Wenn einfach die Entsprechung für *Keller* verwendet wird, führt das unerwünschte Assoziationen und somit semantische Verschiebungen mit sich, denn im Bulgarischen assoziiert man einen Keller mit Wein und nicht mit Bier; es wäre also unkompatibel mit dem folgenden Nebensatz *wo das Bier sehr gut ist*. In diesem Sinne sollte man hier eher von Befremdung und nicht von Verfremdung sprechen. Eine mögliche verfremdende Lösung wäre, das deutsche Wort *Ratskeller* zu entlehnen: Wenn man jetzt überall auf der Welt in eine *Taverna*, in eine *Pizzaria*, in ein *Irish Pub* gehen kann, warum sollte man auch nicht in einen *Ratskeller* gehen können? Ob so eine Verfremdung jedoch mit der Ironie vereinbar wäre? Darauf werde ich gleich eingehen.

Der ganze Text der „Harzreise" ist geprägt durch verschiedene Formen des Witzes und der Ironie. Kontraste und Nebeneinander heterogener Erscheinungen sind eindeutige Ironiesignale. Eingeleitet wird die Reihe der ironischen Kontraste durch das Zeugma im ersten Satz: *Die Stadt Göttingen, berühmt durch ihre **Würste und Universität***. Aufzählungen wie die folgende illustrieren die Umdrehung der Hierarchie zwischen Wichtigem und Unwichtigem, den Zusammenprall von Alltäglichem und Erhabenem, zwischen Pathetischem und Trivialem (cf. Höhn 2004: 197):

> [...] *war schon vollständig eingerichtet mit **Schnurren, Pudeln**, Dissertationen, **Teedansants**, Wäscherinnen, Kompendien, Taubenbraten, Guelfenorden, **Promotionskutschen, Pfeifenköpfen, Hofräten, Justizräten, Relegationsräten, Profaxen und anderen Faxen*** (Zeilen 10 – 14 im Anhang, Hervorh. v. mir, A.D.).

Die Ironie in dieser Aufzählung ist eindeutig eine Erscheinung von Fremdheit, die aber auf das Verstehen der einzelnen Benennungen beruht, die ebenfalls einen hohen Grad von Fremdheit aufweisen. Dass

Schnurren und *Pudel* in der damaligen Studentensprache Bezeichnungen für ‚Nachtwächter' bzw. für ‚Pedell, Diener' an einer Universität waren, ist wohl auch dem heutigen deutschen Muttersprachler nicht unbedingt bewusst. Die Übersetzer greifen hier zu Fussnoten oder zu umständlichen Umschreibungen: sicher keine schlechte Lösung in einem Sachtext, nicht aber in einem literarischen, und schon gar nicht in einem Text, der Komik hervorrufen soll. Ähnliches gilt auch für andere Elemente der Aufzählung; was eine *Promotionskutsche* sein soll, kann man sich wohl vorstellen, wie lässt sich aber diese okkasionelle Bezeichnung von Heine übersetzen, mit welcher er die Sitten des Studentenlebens im damaligen Göttingen auf den Arm nehmen will? Die Übersetzer haben sich für umfangreiche Umschreibungen entschieden – dies könnte man wohl als eine Art Verfremdung annehmen: Es wird versucht, Fremdes beizubehalten, indem man es umschreibt; das war auch der Fall bei *Schnurren* und *Pudeln*. Nun zerstören aber solche Verfremdungen die ironische Wirkung. In Texten, die Ironie enthalten bzw. Humor hervorrufen sollen, sind lexikalische Verfremdungen eher unerwünscht. Ironische Texte vertragen also keine Verfremdungen im Bereich der kulturspezifischen Bezeichnungen. Humor und Lachen sind bekanntlich stark kultur- und sprachspezifisch. Als dominierendes Stilelement des Textes hat man die Ironie beizubehalten, auch wenn sie für die einheimische Tradition in dieser Form „fremd" ist. Da sie auf Kontraste von Alltäglichem und Erhabenem beruht, sollte man vielleicht, das Kulturspezifische der Bezeichnungen neutralisierend, die Heineschen Kontraste beibehalten. Natürlich wird vieles in der Übersetzung verlorengehen: Dass das parodierend-entstellte französische Wort *Teedansants* als verbindendes Element zwischen *Dissertationen* und *Wäscherinnen* steht, kann nicht nachvollzogen werden. Man greift zu Fussnoten in den vorliegenden Übersetzungen. Könnte man nicht einfach das parodierte Wort stehen lassen, mit welcher Wirkung auch immer? Eher nicht, es wäre zu „verfremdend", ja befremdend, oder mindestens unverständlich, da heute das Französische nicht mehr den Rang einer Verkehrssprache hat wie damals. Und in der Reihenfolge *Pfeifenköpfen, Hofräten, Justizräten, Relegationsräten*, wo die Pfeifen Köpfe haben und die Menschen auf ihre Funktion als Räte reduziert sind, lässt sich auch nicht viel machen, damit sowohl die Fremdheit der Bezeichnungen als auch die des Stils beibehalten werden. Paronomasische Wortspiele wie *Profaxen und andere Faxen* am Ende der Aufzählung (Zeile 13) sind wieder eine ironische Anspielung an die Professoren; in der Übersetzung aus dem Jahr 1956 ist dieses Wortspiel sehr gelungen „imitiert" worden. Der Übersetzer Ljubomir Ognjanov war selbst Professor für deutsche Literatur, bei dem ich studiert habe und der offensichtlich Selbstironie vertragen konnte.

Zusammenfassend lässt sich wohl festhalten: In Texten, die Ironie und Witz enthalten bzw. Komik hervorrufen sollen, sollte der Grad der Verfremdung im Bereich der lexikalischen Elemente nicht sehr hoch sein, Verfremdung bietet sich nur im Bereich des Stils an, und zwar nur in dem Sinne, dass ironische Signale nachzubilden sind. Denn Komik kann nur dann entstehen, wenn die fremden Elemente verstanden werden und auf das Eigene bezogen werden können.

Ganz anders verhält es sich mit der Verfremdung bei poetischen Texten, besonders in Texten der modernen Dichtung, die mit der Form der Sprache spielen. Ich werde hier einige Beispiele aus meiner Erfahrung als Übersetzerin von Paul Celan anführen. Das Gedicht

> Ein Wurfholz, auf Atemwegen,
> so wanderts, das Flügel-
> mächtige, das
> Wahre.

stammt aus dem Zyklus *Die Niemandsrose* (Celan 1992: 258), den ich zweisprachig herausgegeben habe. Ein *Wurfholz* ist ebenfalls wie ein *Bumerang* eine Wurfwaffe, die zum Werfenden zurückkommt, wenn sie ihr Ziel nicht getroffen hat. Im Bulgarischen gibt es nur die Bezeichnung *Bumerang*. Es wäre aber verfehlt, diese Bezeichnung in das Gedicht von Celan aufzunehmen, es bringt für das bulgarische Sprachbewusstsein Assoziationen mit Eingeborenen in Australien mit, abgesehen von den politischen Metaphern, die auch mitschwingen. In der *Niemandsrose* gibt es auch mehrere Schlüsselbegriffe, die immer wieder vorkommen und die Verschlüsselung des ganzen Zyklus mitprägen: *Holz* gehört zu diesen Schlüsselbegriffen. Ich habe also versucht, die deutsche Benennung *Wurfholz* zu „imitieren" und daraus дърво захвърлено (ein Holz, geworfen) gemacht. Mir wurde dann in einer Rezension vorgeworfen, ich würde nicht wissen bzw. nicht nachgeschlagen haben, dass Wurfholz eigentlich ein Bumerang sei.

Eine Erfahrung neueren Datums: Zusammen mit einer Dichterin und Übersetzerin von Ingeborg Bachmann ins Bulgarische übersetzen wir momentan den Briefwechsel Bachmann – Celan, der von den Herausgebern mit *Herzzeit* betitelt wurde. „Herzzeit" ist das erste Wort im Gedicht *Köln. Am Hof*, das Celan auf dem Höhepunkt ihrer Liebesbeziehung Bachmann gewidmet hat.

Köln, Am Hof

Herzzeit, es stehn
die Geträumten für
die Mitternachtsziffer.
(Bachmann/Celan 2008: 59)

Dass es auch im Deutschen das Wort *Herzzeit* nicht gibt, ist offensichtlich. Dass das okkasionelle Kompositum aber für das deutsche Sprachbewusstsein verständlich ist, steht ebenfalls außer Zweifel. Es ruft Assoziationen mit *Herbstzeit* hervor. Im Gedicht steht es als Verbindung der semantischen Ketten des Zeitlichen und des Gefühls. Der Zusammenprall der zwei Zischlaute an der Morphemgrenze suggeriert aber die Unmöglichkeit, das gegenseitige Abstoßen der zwei semantischen Bereiche: In der Zeit ist das Zusammensein nicht möglich, deshalb: *die Geträumten*. Ich habe versucht, im Bulgarischen ebenfalls ein Kompositum zu kreieren, *сърцевремие*, das auf einem Modell ähnlicher Zusammensetzungen beruht, das aber im Bulgarischen nicht so produktiv ist wie die Komposition im Deutschen. Als Titel des Bandes ist es sicher nicht geeignet. Aber im Gedicht funktioniert es, so dachte ich mir, auch phonetisch-akustisch. Nun war aber meine Kollegin und Mitübersetzerin als Dichterin der Meinung, es sei ein hässliches Wort. Und andere Dichter hätten dies auch bestätigt. Nun wurde aus der *Herzzeit* – *часът на сърцето* [*die Stunde des Herzens*]. Vielleicht entspricht das wirklich besser der bulgarischen Dichtungstradion. Etwas Verfremdung würde aber vielleicht diese Tradition bereichern, besonders wenn es sich um eine Dichtung handelt, die an sich verfremdende Techniken anwendet, wie man sieht. Über den Grad der Verfremdung entscheidet nicht nur der Übersetzer selbst. Auch Verleger setzen sich häufig durch mit ihren marktwirtschaftlichen Argumenten. Die erwähnte Übersetzerin hat es selbst vor Jahren erlebt, dass Bachmanns *Undine* sich in eine *русалка* [*Nixe*] verwandelt hat, damit der Leser nicht befremdet wird.

Wie viel Verfremdung verträgt also die literarische Übersetzung? Dies hängt von zahlreichen Faktoren ab, als primärer Parameter für jede Translation hat aber nach Vermeer (2002: 138) das Skopos, also das Ziel und der Zweck der Übersetzung, zu gelten. Ich möchte meine Ausführungen mit einem Zitat von Hans Vermeer abschließen, aus seinem Aufsatz *Erst die Unmöglichkeit des Übersetzens macht das Übersetzen möglich*:

> Translation heisst demgemäß: Dolmetschen und **Übersetzen ganzheitlicher kultureller Phänomene, Anwendung skoposadäquater Strategien** [...] der **Aneignung und Verfremdung von Kulturelementen**, Berücksichtigung **unterschiedlicher Rezeptionserwartungen** und Einbezug wissenschaftlicher Theorien anderer Disziplinen [...]. Damit weitet sich der Aufgabenbereich für Translatoren: Sie dolmetschen und übersetzen nicht nur, sie sind zugleich Kulturberater" (Vermeer 2002, 140; Hervorh. v. mir, A.D.).

Somit meine ich, dass Vermeer nicht – wie ihm häufig vorgeworfen wird – die Tore der Willkür weit geöffnet hat, sondern dem Übersetzer die Verantwortung übertragen hat zu entscheiden, welche Rezeptionsbedingungen er zu respektieren hat und welche skoposadäquaten Strategien er anwenden soll oder will.

Anhang

Heinrich Heine

Die Harzreise

1 Die Stadt **Göttingen**, berühmt durch ihre **Würste und Universität**, gehört dem Könige von **Hannover** und enthält 999 Feuerstellen, diverse Kirchen, eine Entbindungsanstalt, eine **Sternwarte**, einen **Karzer**, eine Bibliothek und einen **Ratskeller**, wo das Bier sehr gut ist. Der vorbeifließende Bach heißt „die
5 **Leine**" und dient des Sommers zum Baden; das Wasser ist sehr kalt und an einigen Orten so breit, daß **Lüder** wirklich einen großen Anlauf nehmen musste, als er hinübersprang. Die Stadt selbst ist schön und gefällt einem am besten, wenn man sie mit dem Rücken ansieht. Sie muss schon sehr lange stehen; denn ich erinnere mich, als ich vor fünf Jahren dort immatrikuliert und
10 bald darauf konsiliert wurde, hatte sie schon dasselbe graue, altkluge Aussehen und war schon vollständig eingerichtet mit **Schnurren, Pudeln, Dissertationen, Teedansants, Wäscherinnen, Kompendien, Taubenbraten, Guelfenorden, Promotionskutschen, Pfeifenköpfen, Hofräten, Justizräten, Relegationsräten, Profaxen und anderen Faxen.** Einige behaupten sogar,
15 die Stadt sei zur Zeit der Völkerwanderung erbaut worden, jeder deutsche Stamm habe damals ein ungebundenes Exemplar seiner Mitglieder darin zu-

rückgelassen, und davon stammen all die *Vandalen, Friesen, Schwaben, Teutonen, Sachsen, Thüringer* usw., die noch heutzutage in Göttingen, hordenweis und geschieden durch *Farben der Mützen* und der *Pfeifenquäste*,
20 über die *Weenderstraße* einherziehen, auf den blutigen Walstätten der *Rasenmühle, des Ritschenkrugs und Bovdens* sich ewig untereinander herumschlagen, in Sitten und Gebräuchen noch immer in der Zeit der Völkerwanderung dahinleben und teils durch ihre Duces, welche Haupthähne heißen, teils durch ihr uraltes Gesetzbuch, welches Komment heißt und in den legibus
25 barbarorum eine Stelle verdient, regiert werden.

Im allgemeinen werden die Bewohner Göttingens eingeteilt in Studenten, Professoren, Philister und Vieh, welche vier Stände doch nichts weniger als streng geschieden sind. Der Viehstand ist der bedeutendste. Die Namen aller Studenten und aller *ordentlichen und unordentlichen Professoren* hier herzuzählen, wäre zu weitläufig; auch sind mir in diesem Augenblick nicht alle Studentennamen im Gedächtnisse, und unter den Professoren sind manche, die noch gar keinen Namen haben. Die Zahl der Göttinger Philister muss sehr groß sein, wie Sand, oder besser gesagt, wie Kot am Meer; wahrlich, wenn ich sie des Morgens, mit ihren schmutzigen Gesichtern und weißen Rechnungen, vor den Pforten des akademischen Gerichts aufgepflanzt sah, so mochte ich kaum begreifen, wie Gott nur soviel Lumpenpack erschaffen konnte (Hervorh. v. mir, A.D.).

Literatur

Primärliteratur

Bachmann, Ingeborg & Paul Celan 2008: *Herzzeit, Briefwechsel*, Frankfurt/Main: Suhrkamp

Celan, Paul 1992: *Gesammelte Werke*, ed. Beda Alemann und Stefan Reichert unter Mitarbeit von Rudolf Bücher, Bd. 1: *Gedichte*, Frankfurt/Main: Suhrkamp

Celan, Paul 2000: *Die Niemandsrose. Ничията роза.* София: Издателско ателие АБ

Goethe, Johann Wolfgang von 1981: *Werke in 14. Bänden* (Hamburger Ausgabe), ed. Erich Trunz, Bd. 1: *Gedichte und Epen*, München: C.H. Beck'sche Verlagsbuchhandlung

Heine, Heinrich 1969: *Sämtliche Schriften*, ed. Günther Häntschel, Bd. 2, München: Hanser

Heine, Heinrich 1969: „Die Harzreise", in: Heine 1969: 103-104

Lermontov, Mihail 1979: *Собрание сочинений в четырех томах*. Том первый. Стихотворения 1828-1841, Ленинград: Наука: 446
Ljubenov, Ljuben 2005: *Йохан Волфганг фон Гьоте, Нощна песен на странника. Оригинал и 28 български преводи*, София: Авангард Прима.

Sekundärliteratur

Albrecht, Jörn 1998: *Literarische Übersetzung. Geschichte, Theorie, kulturelle Wirkung*, Darmstadt: Wissenschaftliche Buchgesellschaft
Benjamin, Walter 1977: *Illuminationen*, Frankfurt/Main: Suhrkamp
Benjamin, Walter 1977: „Die Aufgabe des Übersetzers", in: Benjamin 1977: 50-62
Dimova, Ana 2003: „Das Wort Übersetzung", in: *Germanistische Linguistik* 171 (2003): 307-315
Dimova, Ana 2010: „Das Fremde in der Übersetzung", in: Krause (ed.) 2010: 73-93
Höhn, Gerhard [3]2004: *Heine-Handbuch. Zeit, Person, Werk*, Stuttgart / Weimar: Metzler
Koller, Werner [7]2004: *Einführung in die Übersetzungswissenschaft*, Heidelberg: Quelle & Meyer
Krause, Wolf-Dieter 2010: *Das Fremde und der Text*, Potsdam: Universitätsverlag
Lönker, Fred (ed.) 1992: *Die literarische Übersetzung als Medium der Fremderfahrung* (= Göttinger Beiträge zur internationalen Übersetzungsforschung 6), Berlin: Erich Schmidt
Lönker, Fred 1992: „Aspekte des Fremdverstehens in der literarischen Übersetzung", in: Lönker 1992: 41-62
Nietzsche, Friedrich 1969: *Werke*, ed. Karl Schlechte, Bd. 2, München: Hanser
Nord, Christiane 1989: „Loyalität statt Treue. Vorschläge zu einer funktionalen Übersetzungstypologie", in: *Lebende Sprachen* 34 (1989): 100-105
Ortega y Gasset, José 1977: *Miseria y esplandor de la traduccion. Elend und Glanz der Übersetzung*, München: Deutscher Taschenbuch Verlag

Reiß, Katharina & Hans Vermeer ²1994: *Grundlegung einer allgemeinen Translationstheorie*, Tübingen: Niemeyer

Reiß, Katharina 1995: *Grundfragen der Übersetzungswissenschaft. Wiener Vorlesungen,* Wien: WUV-Universitätsverlag

Renn, Joachim & Jürgen Straub & Shingo Schimmada (eds.) 2002: *Übersetzung als Medium des Kulturverstehens und sozialer Integration,* Frankfurt / New York: Campus

Schleiermacher, Friedrich 1969: „Ueber die verschiedenen Methoden des Uebersetzens", in: Störig 1969: 38-70

Snell-Hornby, Mary (ed.) ²1994: *Übersetzungswissenschaft. Eine Neuorientierung,* Tübingen/Basel: Francke

Störig, Hans Joachim 1969: *Das Problem des Übersetzens,* Darmstadt: Wissenschaftliche Buchgesellschaft

Vermeer, Hans J. ²1994: „Übersetzen als kultureller Transfer", in: Snell-Hornby (ed.) ²1994: 30-53

Vermeer, Hans J. 2002: „Erst die Unmöglichkeit des Übersetzens macht das Übersetzen möglich", in: Renn & Straub & Schimmada (eds.) 2002: 125-143

Wierlacher, Alois & Corina Albrecht (eds.) 1995: *Fremdgänge,* Bonn: Internationes

„Benz" in Gotthelfs *Neuem Berner Kalender*: „wahr" aber nicht „gutmüthig" Versuch einer *belle infidèle*

Marianne Derron (Bern)

Abstract

The Swiss writer and protestant minister Jeremias Gotthelf (1797-1854) owes his celebrity to his novels which are mostly located in the rural region of the Emmental (canton of Berne). During his life-time he was edited by Julius Springer in Berlin and appreciated even by the Prussian queen. His contributions to the *Neuer Berner Kalender* (1841-1845) however, an almanac consecrated mainly to topics of public interest, are considerably less known. Gotthelf wrote therein about political, social and economical focuses which he also discussed in newspaper articles. Two tales published in the almanac of 1843 have recently been translated into French. The are to be read against the background of Gotthelf's treatise about pauperization *Die Armennot* and have issued several challenges to the translators, in linguistic as well as cultural regard.

Seit 2004 befassen sich an der Universität Bern zwei Forschungsgruppen mit der historisch-kritischen Gesamtausgabe der Werke Jeremias Gotthelfs. Die eine beschäftigt sich mit den Predigten und dem *Neuen Berner-Kalender*, während die andere an Gotthelfs politischer und pädagogischer Publizistik arbeitet.[1] Die Idee, zwei Erzählungen aus dem *Neuen Berner Kalender*, „Benz am Weihnachtsdonnstag 1825" und „Der Weihnachtsdonnstag 1841", ins Französische zu übersetzen, entsprang der Mitarbeit von Marianne Derron an dieser Gesamtausgabe; möglich wurde die Übersetzung dank der Zusammenarbeit mit dem Romanisten Alain Corbellari.[2]

---

1 Einzelheiten zu diesem Projekt (Leitung PD Dr. Christian von Zimmermann und Prof. Dr. Barbara Mahlmann-Bauer) können jederzeit über www.gotthelf.unibe.ch abgerufen werden. Ganz bewusst wurden zu Beginn des Projektes wenig bekannte, ja unedierte Texte Gotthelfs in Angriff genommen. Die Erscheinung der ersten Text- und Kommentarbände ist für 2012 beim Olms-Verlag vorgesehen.
2 Jeremias Gotthelf 2011: *Benz*.

Die beiden Erzählungen erschienen erstmals im *Neuen Berner Kalender für das Jahr 1843. Ein Buch für die Gewissen, welche gutmüthige Wahrhaftigkeit vertragen können*. Rund 100 Jahre später wurden die insgesamt sechs Jahrgänge des *Neuen Berner Kalenders*[3] (im Folgenden *NBK* abgekürzt) im 23. und 24. Band von Gotthelfs *Sämtlichen Werken* neu ediert.[4] Dennoch sind die Texte des *NBK* heute noch viel weniger bekannt als etwa Gotthelfs Romane, was umso bedauerenswerter ist, weil sich der Autor im *NBK* vielerorts als Meister der kleinen Form entpuppt. In kondensierter Gestalt erscheinen hier zahlreiche Themen, die Gotthelf gleichzeitig oder wenig später in grösserer literarischer Form verarbeitete. Den Romanen hingegen wurde schon von Zeitgenossen angekreidet, dass sie oft zu weitschweifig seien, der Erzähler den Faden verliere und das eigentliche Thema untergehe.[5]

Mit den „Benz"-Geschichten gelang es Gotthelf hingegen, in atemlosem Erzähltempo typische Probleme seiner Epoche mit frappierender Präzision und Konzision wiederzugeben. Die Qualität der beiden Benz-Erzählungen fiel bereits den Herausgebern von Gotthelfs *Sämtlichen Werken* 1931 auf. Sie seien „unerhört[…]" und enthüllten eine „treffsichere[…] und lebenswahre[…] Realistik" (SW 24: 388). Die Geschichte zeige Parallelen zur Novelle *Wie fünf Mädchen jämmerlich im Branntwein umkommen* (1838), wobei Benz das Gegenstück zur Figur des Uli in *Uli der Knecht* (1841) und *Uli der Pächter* (1849) bilde. *Benz am Weihnachtsdonnstag 1825* und *Benz am Weihnachtsdonnstag 1841* erzählen vom tiefen Fall des Knechtes Benz und enttäuschen somit jegliche Lesererwartung auf eine erbauliche Weihnachtsgeschichte, wie man es aufgrund des Titels erwarten könnte. Vielmehr berichten sie vom Niedergang eines Individuums, das seine Familie mit ins Verderben zieht:

---

3 Neuste Untersuchung zu Volkskalendern: Wernicke 2011.
4 Hunziker et al. (eds.) 1911-1977. Bd. 23 (1931) enthält auf den S. 330-446 Jahrgang 1843 des NBK; die beiden Benz-Erzählungen befinden sich auf S. 382-395 und 395-405. Alle folgenden Gotthelf-Zitate sind dieser Ausgabe entnommen. Abkürzungen: SW = Sämtliche Werke, EB = Ergänzungsband.
5 Ein prominentes Beispiel hierfür ist *Anne Bäbi Jowäger*: Veröffentlicht in den Jahren 1843/44 als Auftragswerk der Berner Regierung und als Werbeschrift für die Pockenimpfung konzipiert, behandelt der erste Teil zwar sehr wohl die Erkrankung des Helden und dessen Behandlung durch Quacksalber; in der Folge jedoch weitet sich die Handlung dermassen aus, dass der Roman als eigentliche Werbeschrift nicht mehr verwendbar war (cf. SW 5: 418-421).

In der Altjahrswoche 1825 geht Benz' Anstellung als Bauernknecht zu Ende. In ungehobelter Manier nimmt er Abschied von seinen Meisterleuten und begibt sich auf den Weihnachtsmarkt von Burgdorf, wo er sein Geld für Naschereien und Wirtshausbesuche ausgibt. Beinahe wird er vom Landjäger abgeführt, nachdem er versucht hat, eine Brotverkäuferin zu prellen. Später stösst die junge Magd Mädi zu ihm, die ihn auf seinem Rundgang begleitet. Da Benz der Alkohol zu Kopf steigt und er Schlägereien anzettelt, werden sie aus dem Gasthaus geworfen, zumal sie ihre Zeche nicht bezahlen können. Schliesslich verbringen sie die Nacht in Mädis Kammer.

Genau 16 Jahre später wohnen Mädi, Benz und ihre sechs Kinder in einer kleinen Hütte. Benz und der älteste Sohn stehlen zuerst Holz im Wald, darauf sucht Benz eine Spelunke zum Trinken auf. Mädi besucht den Burgdorfer Weihnachtsmarkt, wo es verschiedene Waren zusammenstiehlt und sich betrinkt, während die beiden ältesten Töchter auf Hausbettel gehen. Die drei jüngeren Kinder verbringen den Tag ohne Aufsicht in der Hütte. Als Benz und sein Sohn gegen Abend zurückkommen, erhalten sie Besuch von Bauern aus der Umgebung und einem Landjäger, die ihren Diebstählen auf die Schliche gekommen sind. Als Mädi und die Töchter heimkommen, bricht ein wüster Streit aus. Benz verlässt seine Familie; Mädi und die Kinder legen sich schlafen, nur das jüngste Kind weint, weil es sich unbemerkt von allen anderen das Schlüsselbein gebrochen hat (Zusammenfassung von der Autorin, MD).

Das grosse Qualitätsmerkmal besteht darin, dass sich in beiden Erzählungen auf zwar kleinem Raum, doch inhaltlich perfekt abgerundet, eine geballte politische Botschaft entlädt. Die bei Gotthelf manchmal langen Erzählerkommentare sind hier sehr begrenzt oder werden den Figuren in den Mund gelegt. So diskutieren die Marktverkäufer selber über das Justizsystem und das Strafrecht; die Gemeindebürger besprechen untereinander die Handhabung der Fürsorgepflicht:

,Aber warum lässest du die Diebin laufen und nicht ins Schluss führen?' fragte ihn ein anderer Krämer, ,es wäre auch von wegen der andern.' ,Was frage ich den andern nach!' antwortete der Krämer. ,Ich habe meine Strümpfe wieder und bin draus und dänne; wollte ich vor den Richter, so müsste ich noch erwarten, wem es besser ginge, dem Dieb oder mir, müsste vielleicht gar noch eidigen, dass es meine Strümpfe wären [...]' (SW 23: 399).

Benz brülle ihnen Flüche nach; der Landjäger aber sagte, so ein wüstes Nest hätte er nicht bald gesehen, die Gemeinde sollte die Haushaltung aufheben und die Kinder zu braven Leuten verdingen, dass sie auch arbeiten lernten; so gebe es lauter Schelme (SW 23: 402).

Nur an wenigen Stellen, z.B. ganz am Schluss der zweiten Erzählung, schaltet sich der Erzähler mit einem *Menetekel* ein: „Und welches die schrecklichen Folgen einer unverständigen Humanität und missverstandenen Liberalität sein werden, das wird man in einigen Jahren in den Protokollen der Gerichte lesen können" (SW 23: 405).

Diese erzähltechnisch gelungene Einbindung politischer Aussagen in die Figurenrede bietet für die Übersetzer aber beträchtliche Schwierigkeiten, denn Figurenrede ist spontaner und weniger ausgefeilt als ein Erzählerkommentar, ja bisweilen sprunghaft und elliptisch. Gerade die Diskussion um das Armenwesen der Gemeinden ist deshalb eine besonders schwer zu übersetzende Stelle der zweiten Erzählung.

Im Folgenden sollen die beiden Kalendererzählungen über den Bauernknecht Benz thematisch in Gotthelfs Gesamtwerk eingeordnet werden, während sich der letzte Teil dieses Beitrages konkreten Übersetzungsproblemen widmet, die nicht nur sprachlicher, sondern auch in weiterem Sinn kultureller Art sind.

Der *NBK* war eigentlich das Werk der Berner Gemeinnützigen Gesellschaft, die 1826 gegründet worden und eine Filiale der Gemeinnützigen Gesellschaft der Schweiz war.[6] Da der erste Band von 1838 nicht den erhofften Absatz fand, wandten sich die Herausgeber an Albert Bitzius, Pfarrer in Lützelflüh, der kurz zuvor unter dem Pseudonym Jeremias Gotthelf mit den Romanen *Der Bauernspiegel* (1836) und *Leiden und Freuden eines Schulmeisters* (erster Teil 1837) erfolgreich an die Öffentlichkeit getreten war. Freudig nahm Gotthelf das Angebot an und übernahm die Hauptredaktion des Kalenders von 1840 bis 1845.[7] Die Aufgabe schien ihm besonders dankbar, weil er hoffte, mit Kalenderschriften eine ebenso grosse Leserschaft zu erreichen, wie einzig die Bibel sie kannte (cf. Messerli 2006: 215). Im Brief vom 16. Dezember 1838 schilderte er seinem Cousin Karl Bitzius seine neue Aufgabe und entpuppte sich dabei als würdiger Schüler Luthers:

> Aus Rezepten, wie Wanzen zu vertreiben seien, und wie viel Junge die Steinböckin habe, macht man keinen vernünftigen Kalender. Das kömmt aus der verflucht dummen gemeinnützigen Zeit, wo man im Ernste des Lebens nicht tiefer kam als zu Rezepten und in der jetzt noch unsere Staatsmänner taumeln. Ich möchte in den Kalender Predigten bringen, d.h. hohe Wahrheiten, aber entkleidet von allem Kirchlichen, gefasst in Lebenssprache, wie man sie in der Kanzel nicht duldet (EB 4: 281 f.).

---

6 Zur Berner Gemeinnützigen Gesellschaft allg. cf. Stuber 2009.
7 Neuster Beitrag zur Entstehung des NBK: von Zimmermann 2009, bes. 217–220.

Das Konzept einer „Lebenssprache", wie Gotthelf sie seinem Cousin ankündigte, passt nur allzu gut zur Figur des Benz, der eine schockierende, doch von seinem Autor voll und ganz beabsichtigte Vulgarität an den Tag legt. Dass die Geschichten von Benz und seiner Familie in einen derart düsteren Schluss münden, ist im Prinzip ungewohnt für den Pfarrer Gotthelf, der am Ende seiner Romane und Novellen die Hoffnung auf eine Besserung durch innere Einsicht und Umkehr zumindest aufkeimen lässt. Tatsächlich sind die beiden Erzählungen – Benz 1825 und 1841 – weniger auf dem Hintergrund seiner Romane als vielmehr seines Pauperismus-Traktates *Die Armennot* (1840) zu lesen. In der *Armennot*, die ungefähr zur selben Zeit wie die ersten Kalendertexte entstand, für die Gotthelf verantwortlich zeichnete, analysierte Gotthelf die Ursachen für die Verarmung des Emmentals.[8] Gründe für die Armut ortete er einerseits im Strukturproblem des regionalen Erbrechts,[9] anderseits in der Mentalität der Leute, die früh heirateten und Familien gründeten. Zahlreiche andere Strukturprobleme, die in der regenerierten Schweiz nach 1831 bestanden, sprach er aber kaum oder nicht an. Benz und Mädi, Hauptpersonen der Kalendererzählung und literarische Beispiele zur *Armennot*, repräsentieren einen Typ von Armut, die nur in geringem Masse strukturbedingt, sondern in erster Linie Folge einer moralischen Einstel-

---

8   Bitzius scheint sich während der Abschlussarbeit des Traktates besonders für volkswirtschaftliche Fragen interessiert zu haben. Die liberale Zeitung *Berner Volksfreund* veröffentlichte um den Jahreswechsel 1839/1840 mehrere Beiträge aus seiner Feder zur Landesökonomie: EB 13 Nr. 69 und 75 (Holzbewirtschaftung) und EB 13 Nr. 72 (Flachsherstellung, Warenimport und -export). Der Verfasser verfocht darin dezidiert den Standpunkt, dass politischer Wille und kluge Voraussicht der Regierung den Wohlstand des gesamten Volkes garantieren und nicht nur einzelnen Interessengruppen zugute kommen sollten, die sich nach der Abschaffung der alten Feudalrechte am aggressivsten gebärdeten. Grundlegend für Bitzius' publizistisches Schaffen: Mahlmann-Bauer 2006a. Im *NBK für das Jahr 1841* erschien ausserdem „Marei, die Kuderspinnerin und ihr Tröster" (SW 23: 181-195), die ökonomische Themen, bes. die Industrialisierung, aufgriff.

9   „Das Statutarrecht, nach welchem dem jüngsten Sohne der Hof ungetheilt verbleibt, wodurch eine grosse Menge Menschen eigentumslos werden. Da liegt allerdings ein Übel, und nicht zu leugnen ist, dass durch allerlei väterliche und andere Betrügereien viele Kinder übervorteilt, der Armuth zugestossen werden" (SW 15: 16).

lung ist.[10] Der lasterhafte Benz und das leichtsinnige Mädi gründen, obwohl völlig mittellos, eine Familie; unweigerlich endet ihre Beziehung in der „Ehekloake" (SW 15: 112-116, bes. 115), die Gotthelf in der *Armennot* eindringlich schildert.

Der Autor orientiert sich offensichtlich an einem Armenbild, das sich im ausgehenden Mittelalter herausbildete und Armut kausal mit Lasterhaftigkeit verband, wobei die Reformation dieses Bild in weiten Teilen übernehmen sollte.[11] Gleichzeitig schreibt sich Gotthelfs Vision des Armen perfekt in die Mentalität seiner Zeit ein,[12] wenn man die offizielle Sprache beachtet: Der Staat Bern verpflichtete sich im Übergangsgesetz seiner liberalen Verfassung vom 6. Juli 1831:

---

10 „Armut als Defizit der Seelenkräfte" nennt Gerhard Gey Gotthelfs Sicht der Dinge (Gey 1994: 85).

11 Benz präsentiert sich als wahrer Katalog der sieben Hauptsünden, die im Mittelalter kanonisch geworden sind und unter dem Akrostichon SALIGIA zusammengefasst wurden: *superbia* (Hochmut) – *avaritia* (Habsucht) – *luxuria* (Ausschweifung) – *invidia* (Neid) – *gula* (Gefrässigkeit) – *ira* (Zorn) – *acedia* (Faulheit). Cf. Tracey 2003: 1086. Gotthelf sah vor allem die Habsucht als Hauptübel seiner Zeit, die er dem politischen Radikalismus anlastete (cf. Hahl 1994: 284f.).

12 Wie wenig abseits Gotthelf mit seiner Einschätzung der Armut stand, beweist etwa eine anonyme Zusendung im *Wochenblatt des Emmenthals* (Nr. 9, 2. März 1849: 42f.): „Ist der Mensch durch seine Erziehung verdorben, so ist er verloren; mit ihm trägt die Gesellschaft die Folgen der schlechten Erziehung. Ein solches Individuum übt Böses im ganzen Bereiche einer Athmosphäre [sic], wirkt schlecht für Andere und auf Andere; die schlechte Erziehung ist ein Unglück für einzelne, für Familien, Gemeinden, Staaten, wie für die ganze menschliche Gesellschaft, ‚eine Quelle der Armuth!' Die Tritte und Schritte schlecht erzogener Menschen bezeichnen sich durch Sinnlichkeit, Arbeitsscheue, Müssiggang – letzterer aller Laster Anfang. [...] Besonders werden sich solche [d.h. gut erzogene] Jünglinge und Jungfrauen weit weniger einer leichtsinnigen, zu frühen oder gar sinnlichen Ehe preisgeben, als Andere, welche heutigen Tages – durch eben solche Ehen – leider! so massenweise die Bahn der tiefsten Armuth betreten, denn unbestreitbar liegt hierin ‚die größte aller Quellen der Verarmung,' [...] Und unser gemeinnütziger Verein! Was könnte er auch in dieser Beziehung durch solche verbreitende Lehren und Grundsätze in die äußeren Lebensregeln des Volkes zum ‚gemeinen Nutzen' leisten und wirken helfen für gute Sitten, welche sind die ‚Quellen des materiellen Wohles!' [...] Ueben und pflegen wir die Idee der Sittlichkeit, durch deren Hebung wir der Verarmung kräftig entgegenwirken, welche großentheils die Folge einer falschen Richtung in den Begriffen und Handlungen der Menschen ist."

Daß er, und zwar vor allen Dingen in denjenigen Theilen des Kantons, in welchen die Mittel zur Unterstützung der Armen mit den Bedürfnissen außer Verhältnis sind, das Unterstützungswesen ordne, durch geeignete Vorkehrungen dem Müßiggang steure und die Gemeinden gegen die Anmaßungen arbeitsscheuer Angehöriger schütze (Gesetze 1831: 35).

Obwohl heute Gotthelfs Analyse der Armutsproblematik teilweise zu hinterfragen ist, hat er in den Benz-Geschichten zweifellos den Finger auf einige wunde Punkte seiner Epoche gelegt. So sind die Wirtshäuser der ersten Erzählung noch anständige Lokale, während man in der zweiten nur noch eine abstossende Spelunke findet – gewiss kein Zufall, denn gerade in den 1830er Jahren liberalisierte der Kanton Bern das Wirtschaftswesen und verkaufte so viele Patente, dass sich die Anzahl Wirtshäuser innert Jahresfrist in die Höhe schnellte: Waren es 1833 noch rund 950 auf Berner Staatsgebiet, so zählte man im Folgejahr bereits deren 1'375. Äusserst besorgt über diese Entwicklung, stellte Gotthelf – wie viele seiner Zeitgenossen – einen direkten Zusammenhang her zwischen Wirtshäusern, liederlichem Lebenswandel und Armut.[13] Tatsächlich sanken zur selben Zeit im Emmental immer mehr Einwohner unter die Armutsgrenze, wobei die Gemeinden die steigende Fürsorge nur widerwillig übernahmen. Reichten ihre Kapitalien (Erträge aus den Armengütern) für den Unterhalt der Armen nicht aus, mussten sie auf Kosten der reicheren Bürger zusätzliche Steuern erheben. Oft drohten reiche Gemeindebürger mit dem Wegzug, um nicht für die Armenlast zahlen zu müssen (cf. Pfister 1995: 302-305; Geiser 1894: 397 f. / 414.).

Sogar das auf den ersten Blick unbedeutende Detail des „Holzfrevels" (Holzdiebstahls) ist absolut symptomatisch für die Epoche: In den 1830er Jahren verfielen die alten Allmendnutzungsrechte – u.a. die Holznutzungsrechte – definitiv; die Waldbewirtschaftung liberalisierte und privatisierte sich zunehmend (cf. Stuber 2008). In der Folge davon hatte die ärmere Bevölkerung immer weniger Zugang zum abgehenden Holz und sah sich zum Diebstahl quasi gezwungen, wenn sie keinen eigenen Wald besass und der Holzpreis hoch war. Benz und sein Sohn begehen demnach nur das ‚klassische' Delikt der Armen, wenn sie sich im Wald eines anderen bedienen (cf. Pfister 1995: 307; Stuber 2008: 208).

---

13 Zum Alkoholismus und den Wirtshäusern äusserte sich Bitzius ebenfalls in Zeitungsbeiträgen: EB 13 Nr. 22, 52 und 53 (neue kommentierte Ausgabe: cf. Anm. 1).

In den Augen Gotthelfs, eines grossen Bewunderers des Pädagogen Johann Heinrich Pestalozzi, waren die Eltern die erste moralische Instanz für die Kinder und die Hauptverantwortlichen für deren Entwicklung (cf. Holl 1996). Mädis und Benz' ‚Erziehung' schlägt freilich gründlich fehl, obwohl die kriminelle Energie ihrer Sprösslinge nicht einzig den Eltern anzulasten ist.[14] Der Gemeinde obläge es, die Kinder dem unseligen elterlichen Einfluss zu entziehen, doch verhindern Geiz und Nachlässigkeit der Bürger jegliche Aktion. Der Landjäger der zweiten Erzählung fungiert an dieser Stelle als eine Art moralisches Gewissen der Beteiligten, aber alleine ist er handlungsunfähig; die sogenannt anständigen Leute sind schliesslich nicht viel besser als Benz und Mädi, sondern geniessen einzig das Glück der reicheren Geburt. Diese Zustände erklären die Wut Gotthelfs gegenüber Gemeinde- und Kantonsbeamten, denen er in vielen Zeitungsbeiträgen Untätigkeit und Verantwortungsscheu vorwarf,[15] insbesondere gegenüber Richtern, die seiner Ansicht nach zu wenig abschreckende Strafen verhängten.[16] In der Einleitung zum französischen Text erlaubten sich die Übersetzer, um die Quintessenz von Gotthelfs Gedanken zur Delinquenz zu umreissen, die im Französischen berühmte Formel *on ne naît pas criminel, on le devient*: ‚Man wird nicht kriminell geboren, man wird es'.

Dass die zweite Benz-Erzählung mit den Tränen eines Kindes endet, ist zweifellos mit Bedacht gesetzt: Gotthelf engagierte sich zeitlebens für das Kindeswohl; davon zeugen sein Einsatz als Schulkommissär 1835 bis 1845 (cf. Mahlmann-Bauer 2009) und vor allem seine heftige Kritik an der Praxis vieler Berner Gemeinden, Kinder armer Familien zu verdingen

---

14 Der Landjäger sagt von den Kindern bezeichnenderweise, dass sie arbeiten lernen sollten. Dass Erziehung zur Arbeit und Genügsamkeit, also eigentlich die Erziehung des Armen zur Armut, das beste Gegenmittel zum Pauperismus sei, ist eine von Pestalozzi übernommene Maxime (cf. Gey 1994: 104).

15 Einem Freund schrieb Bitzius am 5. Juni 1840: „Wir haben Beamtete, daß dem Teufel drab gruset" (EB 5: 67). Im *Berner Volksfreund* veröffentlichte er mehrere sehr kritische Artikel zu den Beamten seiner Region (cf. EB 13 Nr. 56).

16 Von 1837 bis 1839 arbeitete der Jurist Karl Friedrich Bitzius an einem neuen Strafgesetzbuch für den Kanton Bern. Während Albert Bitzius die Vorschläge seines Cousins unterstützte, wurden die Gesetzesentwürfe vom Berner Grossen Rat mit grosser Mehrheit verworfen, weil er sie als reaktionär (Bitzius wollte die Körperstrafen beibehalten!) und der Regeneration unwürdig erachtete.

– nicht etwa an Paare, die sie liebevoll aufgezogen hätten, sondern an Personen, die von der Gemeinde möglichst wenig Geld für die Betreuung der Kinder verlangten und diese dementsprechend ausbeuteten (cf. SW 1: 66-90 [*Bauernspiegel*] und SW 15: 102-108 [*Armennot*]).

Die Übersetzung der Benz-Kalendererzählungen erwies sich in mehrfacher Hinsicht als Herausforderung: Wiederholt streut der Autor Dialekt-Ausdrücke, ja ganze Sätze in Berndeutsch ein, die mit zahlreichen Kraftausdrücken durchsetzt sind. Eine ungezügelte Syntax, Folge des Schnellschreibens und ein stilistisches ‚Markenzeichen' Gotthelfs, wirkt in der Übersetzung rasch holprig. Nebst diesen Problemen technischer Natur erschweren geschichtliche Aspekte die Übertragung in eine andere Sprache, denn einzig ein historisch bewanderter Leser vermag heute noch die Anspielungen des Erzählers im Detail zu verstehen. Die folgenden Ausführungen zeigen, welche Lösungen die Übersetzer gewählt haben und wie die Übersetzung damit auch zur Interpretation der Texte geworden ist (cf. Frank 1987: XV).

Hinweise zur Interpretation des Textes bzw. eine Lenkung des Lesers zu einer bestimmten Lesart hin treten bereits im Titel auf. Bekanntlich figuriert der Titel als „‚Werber' für den von ihm vertretenen Text" und hat eine Appell- sowie eine Darstellungsfunktion (cf. Zuschlag 2002: 112). Der Titel ist traditionell auch der Textteil, wo dem Übersetzer die grösste Freiheit zugestanden wird.

„Benz am Weihnachtsdonnstag 1825" und „Der Weihnachtsdonnstag 1841" sind nicht unbedingt typische Titel in Gotthelfs Gesamtwerk. Der Autor nennt zwar meist den Namen der Hauptfigur, kleidet sie aber mit einem Zusatz in eine Handlung ein, z.B.: *Wie Anne Bäbi Jowäger haushaltet und wie es ihm mit dem Doktern ergeht*; *Wie Joggeli eine Frau sucht*; oder *Leiden und Freuden eines Schulmeisters*. Der Titel ist zugleich Programm, denn er gibt in kürzester Weise den Inhalt des Werkes an: Anne Bäbis Erfahrungen mit der Medizin im ersten, eine Brautwerbungsgeschichte im zweiten, die Beschreibung einer wechselvollen Berufslaufbahn im dritten Fall.

Im Vergleich zu diesen Titeln wirken diejenigen der Benz-Erzählungen auf den ersten Blick sehr lakonisch, doch bei näherer Betrachtung vermitteln sie ein gutes Mass an Informationen: einen Eigennamen, eine Orts- und eine Zeitangabe. „Weihnachtsdonnstag" verweist ebenso auf die Zeit wie auf den Ort, musste Gotthelfs zeitgenössischen Lesern doch bekannt sein, dass am Donnerstag der Altjahrswoche in Burgdorf ein grosser Markt stattfand. Vermutlich zogen sie aus dem Titel die Information zur Jahreszeit (Weihnachten, Winter) ebenso wie zur Stadt (Burgdorf). Die gewichtigste Information scheinen mir jedoch die Jahreszahlen 1825 und 1841 zu liefern, denn sie verdeutlichen gleich zu Beginn der Lektüre, dass die Texte im Hinblick auf die zeitliche Entwicklung der Handlung und der Figuren zu lesen sind. Gerade auf die Frage hin, wie diese Entwicklung verlief, soll das Interesse des Lesers gelenkt werden.[17]

Da der „Weihnachtsdonnstag" im heutigen Leser keine Assoziationen an Burgdorf mehr weckt, verfuhren die Übersetzer freier und wählten: ‚Benz au marché de Noël 1825'. Der französische Titel signalisiert also weiterhin, in welchem Hauptrahmen sich die Handlung abspielt (Markt) und weckt im Rezipienten immer noch eine gewisse Erwartungshaltung (auf eine Weihnachtsstimmung). Die geographische Information geht im Französischen allerdings verloren; da aber die Stadt schon auf der ersten Seite erwähnt wird, schien dieser Verlust tragbar.

Für den Titel der zweiten Erzählung („Der Weihnachtsdonnstag 1841") wurde eine gänzlich freie Übertragung gewählt: ‚Seize ans après'. Sie unterstreicht stärker noch den Zeitsprung und ist daneben eine augenzwinkernde Hommage an ein berühmtes Werk der französischen Literatur: den zweiten Teil von Alexandre Dumas' *Drei Musketiere*, der mit ‚Vingt ans après' betitelt ist.

Ein weiteres Problemfeld für die Übersetzung besteht in den zahlreichen Dialektpassagen[18] und den oftmals darin eingestreuten derb-umgangssprachlichen Ausdrücken. Diese Ausdrücke erzielen, da heute veraltet, eine Art von Verfremdungseffekt: Mädi wird ab und zu als „Blättere" (‚eingebildet, aufgeblasen') bezeichnet, sie selbst nennt Benz wiederholt einen „wüsten Hung"; beides ist heute ungebräuchlich. Dieser Ver-

---

17 Freilich können die beiden Erzählungen auch getrennt voneinander gelesen werden, denn auch die zweite ist in sich alleine stimmig. Die Geschichten folgen aber unmittelbar aufeinander im selben Kalenderjahrgang – m.E. ein deutliches mediales Zeichen, dass sie im Verbund zu lesen sind. Zudem enthält die zweite Geschichte direkte Verweise auf die erste: Benz sagt, er gehe nicht mehr auf den Weihnachtsmarkt, seit er dort seine Frau aufgelesen habe; eine junge Frau neckt ihn mit Anspielungen auf seine früheren Wirtshaus-Schlägereien (cf. SW 23: 398).
18 Meist handelt es freilich sich nicht um rein mundartliche Sätze, sondern um eine eigentümliche, für Gotthelf sehr typische durchmischte Schriftsprache, auf die er später auch mit Rücksicht auf eine deutsche Leserschaft zurückgriff (cf. Mahlmann-Bauer 2006b: 33, 36 und 55 f.).

fremdungseffekt ging im Französischen mehrheitlich verloren, doch die Übersetzer kompensierten dies, indem sie die Vornamen Mädi und Benz bewusst nicht ins Französische *Madelon* und *Benoît* übersetzten. Die berndeutschen Namen schaffen eine Distanz zwischen dem frankophonen Leser und dem Text; sie erinnern ihn daran, dass er sich nicht in vertrauten Gefilden befindet.

Von den Benz-Kalendererzählungen besteht nur noch ein kleines handschriftliches Fragment, Schlusssätze der ersten Erzählung. Der Ausgangstext für die Übersetzung ins Französische war demnach die gedruckte Version von 1931, welche wie bereits der Originaldruck von 1843 sehr oft drei Punkte oder einen Strich setzt, wenn Benz einen Kraftausdruck ausstösst. Dabei war Gotthelf schon bei seinen Zeitgenossen ganz und gar nicht für sprachliche Prüderie bekannt. So bemerkten die Rezensenten seines Erstlings *Der Bauernspiegel*, der Autor scheue keine „rohen Ausdrücke [wie] Teufel, Donner, Dr..." (*Intelligenzblatt der Stadt Bern*, 2. September 1837: 295). Die *Solothurner Zeitung* schrieb 1848, Gotthelf habe es „akkurat wie die Entlebucher, die ihre Hosen erst in die Jauche tauchen, bevor sie dieselben anziehen" (zitiert in: EB 14: 293). Gotthelf beklagte sich wiederholt, dass Herausgeber und Redaktoren gewisse krude Formeln in seinen Schriften eigenmächtig zensierten.[19] Derartige Texteingriffe führten sogar zum Bruch zwischen Gotthelf und Johann Jakob Reithard, Redaktor der Zeitung *Berner Volksfreund* und Herausgeber des *Neuen Berner Kalenders*.[20] Höchstwahrscheinlich stammen die Auslassungen in den Kalendererzählungen deshalb nicht aus des Autors Feder, sondern von einem Redaktor, der dem Publikum nicht so viel Vulgarität zumuten wollte.

Die französischen Übersetzer haben sich entschieden, die Kraftausdrücke vollständig auf Basis der vorhandenen, teils gekürzten, wiedereinzuführen, weil sie der Überzeugung waren, den Autorabsichten so besser gerecht zu werden. Zudem ist die Vulgarität von Benz ein fester Bestandteil seines Wesens, der nicht ohne Weiteres – und sei es auch

---

19 In Gotthelfs Manuskript zur Novelle *Eine alte Geschichte zu neuer Erbauung* sagt David zu seinem Onkel: „schiessed i dHose!" Im Erstdruck wandelte Reithard diese Worte zu „Gebet Pech!" um (cf. Reber 2007: 18, 107).
20 Bitzius schrieb verärgert an einen Freund (18. Februar 1849): „Reithard muss gute Augen haben, wenn er wieder etwas von mir sehen will" (EB 7: 190).

rein grafisch – gestrichen werden darf.[21] Zu beachten war allerdings, dass die lexikalische Vulgarität keinesfalls dialektbedingt ist. Dialekt ist im Schweizer Kulturraum nie mit Primitivität gleichzusetzen, sondern ist schlicht und einfach die Muttersprache der Personen. Nur in gewissen Fällen entlarvt sich Dialekt als Soziolekt, wenn z.b. die Aussprache oder die Wortwahl tangiert wird.[22] Im Französischen ist Dialekt zwar nicht vulgär, hat aber einen provinziellen Anstrich, was dem Ausgangstext auch nicht gerecht würde. Die Figuren der Erzählung sind keine Emmentaler ‚Provinzler', sondern schlicht und einfach Bewohner dieser Region. Die Frage nach der besten Übersetzung von Dialektpassagen ist deshalb keine sprachliche, sondern im weiteren Sinne eine kulturelle.[23] Es wäre wenig angebracht, an Stelle der Berner Mundart etwa Waadtländer oder Freiburger *Patois* zu verwenden, weil dieses für Frankophone anderer Regionen wahrscheinlich unverständlich wäre.[24] Die befriedigendste Lösung bietet wohl die Übertragung der Dialektausdrücke in zwar umgangssprachliche, aber nicht *Argot*-Wendungen. Die Folge ist eine Glättung des Textes, die Vor- und Nachteile birgt: Einerseits wird der Text dadurch lesbarer, anderseits verliert er an Original-Kolorit.[25]

---

21 „Die Originalfiguren haben als ästhetische Schöpfungen des Autors ein Recht auf ihre möglichst authentische Stimme und Sprache. Der Literaturübersetzer übersetzt nicht ‚Text', sondern Menschen und menschliche Stimmen" (Kohlmayer 2004: 19).

22 So kann z.B. das Wort „Hand" im Berner Dialekt gleich wie in der Hochsprache oder wie „Hang" ausgesprochen werden, wobei die Umwandlung des auslautenden Dental in einen Guttural im Allgemeinen als weniger elegant empfunden wird.

23 Die Länder mit romanischen Sprachen haben ihre Dialekte vor allem im 20. Jahrhundert eher bekämpft als gefördert. Man denke an Italien, wo die Medien, besonders das Fernsehen, das Land über eine gemeinsame Hochsprache erst richtig geeint haben sollen. In Spanien wurden die Regionalsprachen bis in die 1970er Jahre aus politischen Gründen unterdrückt (cf. Bossong 2008: 102). Im deutschsprachigen Raum hingegen, besonders im Süden war das Verhältnis Hochsprache – Dialekt stets konfliktfreier.

24 Sprachgeschichtlich gesehen sind die Westschweizer *Patois* (Mundarten) grösstenteils Überreste des Frankoprovenzalischen, einzig das Jurassische ist ein Dialekt der *Langue d'oïl* (cf. Kristol 2004: 697).

25 Bereits die zeitgenössischen Kritiker beanstandeten die zahlreichen Dialektpassagen – ein deutlicher Hinweis, dass auch Schweizer Leser verschriftete Mundart nicht als selbstverständlich betrachteten: des eingestreuten Bern-

Gotthelfs Stil ist gekennzeichnet von seiner Methode des Schnellschreibens. Editionsphilologische Untersuchungen haben gezeigt, dass er meist in einem Zuge durchschrieb und nur wenig korrigierte (cf. Richter 2008: 261). Zudem äussern sich in direkter oder indirekter Rede Figuren, die natürlich nicht ausgebildete Rhetoriker, sondern einfache Menschen sind. Die Folge ist eine Syntax, die man im besten Fall als ungestüm, im schlechtesten als holprig und unelegant bezeichnen darf: häufige Parataxe, wenige mit Konjunktionen eingeleitete Nebensätze, elliptischer Satzbau, mehrfache Verwendung desselben Personalpronomens, obwohl die grammatische Bezugsperson gewechselt hat. Der Leser stolpert buchstäblich über den Text und versucht immer wieder, sich inhaltlich und sprachlich aufzufangen. Was aber Gotthelf schon von Zeitgenossen als mangelnde Sorgfalt vorgeworfen wurde, entpuppt sich im Grunde als äusserst gekonnte Verschränkung von Sprache und Inhalt: Der schockierende Inhalt reflektiert sich zwangsweise in der Sprache, die damit zur ‚Dienerin' des Inhalts wird, wie nach alter Musiktheorie die Musik Dienerin der Sprache ist.

Das eigentliche Problem entsteht erst bei der Übersetzung: Bleibt man dem Stil des Autors treu – zu treu –, entsteht nicht das gewollte Bild des atemlosen Stolperns, sondern einzig der Eindruck mangelnder Eleganz. Dass die getreue Übertragung in einer andere Sprache Unzulänglichkeiten oder gar ‚Fehler' des Ausgangstextes nicht einfach wiedergibt, sondern sogar potenziert, ist ein häufiges übersetzungstechnisches Phänomen. In einem ersten Schritt folgte die französische Übersetzung deshalb so oft wie möglich dem originalen Satzbau; in einer zweiten Phase wurden aber Sätze gekürzt, darauf mittels Zeichensetzung (Semikolon anstatt Komma, Punkt anstatt Komma) und Konjunktionen klarer strukturiert. Die Folge ist erneut, wie schon bei den Dialektpassagen, eine Glättung des französischen Textes, dessen Syntax zweifellos eleganter ist als die deutsche.

Man darf sich mit Fug und Recht fragen, ob der Autor derartige Manipulationen gutgeheissen hätte, wenn er doch so erbost über Eingriffe Anderer in sein Werk war. Die Übersetzer haben versucht, die Glättung im Zieltext zu kompensieren, indem sie diesen über andere Wege wieder ‚aufrauhten'. Die Vulgarität bietet einen solchen Weg: Die vollständige

---

deutschen sei ein bisschen zu viel, meinte etwa der Rezensent des *Bauernspiegels* im *Intelligenzblatt der Stadt Bern* (2. September 1837: 295).

Setzung der Kraftausdrücke gibt der französischen Version eine lexikalische Rohheit zurück, die sie syntaktisch verloren hat. Zudem bewirken auch Interpunktion oder Teilung von Sätzen einen stärkeren Effekt. Ein Ausrufezeichen anstatt Punkt z.B. verleiht dem Satz stärkere Emphase; Ähnliches geschieht, wenn ein langer Satz in zwei Sätze geteilt wird.[26]

Übersetzungsbeispiele:[27]

Anfangs der ersten Erzählung bemerkt die Bäuerin, als Benz hochnäsig ihr Essen zurückweist:

> ‚Mach, wie du willst!' sagte die Frau, ‚aber du wärest noch einmal froh, wenn du immer genug **der Gattig** hättest' (SW 23: 383).
> *‚Fais ce qui te plaira, mais peut-être qu'un jour tu seras content d'avoir suffisamment **de tout cela**'* (Gotthelf 2011: 12).

Das berndeutsche Wort „der Gattig" (‚der Art') hat in der Übersetzung keine mundartliche Entsprechung; der französische Text wirkt deshalb ohne dieses berndeutsche Einsprengsel platter.

Im ersten Fall der folgenden Beispiele ist der Kraftausdruck im Ausgangstext erhalten. Er ist wörtlich übersetzt worden, zumal *souffler dans le cul* auch im Französischen des 19. Jahrhunderts gebräuchlich war. Im zweiten Beispiel griffen die Übersetzer auf *bougre* zurück, weil Gotthelf selbst in zwei anderen Erzählungen[28] dieses französische Fluchwort mehrmals gebrauchte:

> ‚Das geht dich nichts an, **blas mir is Füdle!**' antwortete Benz [dem Stubenmeitli] (SW 23: 389).
> *‚Ça te regarde pas, **souffle-moi dans le cul!**' répondit Benz* (Gotthelf 2011: 20).
> Die ... Schelme von Wirte hätten immer kleinere Gläser und kleinere Guttern [behauptete Benz] (SW 23: 388).

---

26 Ich danke Christian von Zimmermann für den Hinweis, dass die Herausgeber der *Sämtlichen Werke* öfters Ausrufezeichen setzten, wo Gotthelf schlicht einen Punkt geschrieben hatte.
27 Abweichungen bzw. Entsprechungen in Fettdruck; Hervorhebung von der Autorin, MD.
28 *Wie ein Welsch Wein verkauft* (*NBK* 1844; SW 24: 83–89) und *Eine alte Geschichte zu neuer Erbauung*; Reber (ed.) 2007: 83-112.

*Ces **bougres** d'aubergistes amenaient des verres et des bouteilles toujours plus petits* (Gotthelf 2011: 20).

In den folgenden Sätzen tritt die Vulgarität in der Übertragung stärker zutage, als es vielleicht im handschriftlichen Original der Fall war – dies aus dem bereits genannten Grund (Kompensation der syntaktischen Glättung) und auch deshalb, weil das Französische im Allgemeinen derbere Formeln als das Deutsche verträgt. Anders gesagt: Es braucht im Französischen eine höhere Dosis Derbheit, um denselben vulgären Effekt zu erzielen. Mädis mundartliches „Gring" ist wieder abgeflacht ins das allgemeine *tête* ('Kopf'), dafür bezeichnet sie ihren Mann nicht nur als „Uflat", sondern als 'dreckigen Unflat' (*sâle rustre*). Benz verwendet für „brülle" nicht das allgemeine *hurler*, sondern das abschätzigere *braire* (eigentlich: 'Wiehern des Esels'). Der jungen Frau, die ihn mit seinen früheren Wirtshaus-Schlägereien neckt, droht er sogar offen mit sexueller Gewalt.

'Was, du ... Schelm, was, dreiundzwanzig Batzen?' [schrie Benz den Wirt an.] (SW 23: 390).
*'Quoi, **foutu** coquin, comment, vingt-trois batz?'* (Gotthelf 2011: 22)
Unten fluchte er mörderlich, man hätte ihm Kappe und Stecken gestohlen, und er hole sie dr ... nicht (SW 23: 390).
*Après cette descente, Benz jura abominablement en affirmant qu'on lui avait volé sa canne et son couvre-chef, mais qu'il ne remonterait pas pour les reprendre à **cette bande de cons**[29]* (Gotthelf 2011: 23).
'Herr Jeses, Herr Jeses, my **Gring**, wottsch mih la sy, wottsch mih la goh, wottsch höre! Uy, uy, du **Unflat**!' [Mädi zu Benz] (SW 23: 395).
*'Par Jésus-Christ, ma **tête**, laisse-moi tranquille, laisse-moi, arrête, **sale rustre**!'* (Gotthelf 2011: 31).
'Wotsch uf, du **fuli More**, und da zMorge mache, ih will drei zeige, ob du bis zMittag lige sollst, wenn ih zMittinacht ufmuss! Wottsch höre **brülle**, oder **ih vrschlag der dsMul**, dass es dyr Lebtig nimme ufbringst!' [Benz zu Mädi] (SW 23: 395).

---

29 Die Schimpfwörter *bougre, foutu* und *con* stammen aus dem sexuellen Bereich: *Bougre* ist eine Kontraktion von *Bulgare*. Den Bulgaren warf man im Mittelalter sodomistische Praktiken vor; im 18. Jahrhundert war *bougre* deshalb Schimpfwort für Homosexuelle, eine Bedeutung, die im Laufe des 19. Jahrhunderts vergessen ging (cf. Reber 2007: 91). *Foutre* geht auf das lateinische *futuere* ('Geschlechtsverkehr haben') zurück, *con* (lat. *cunnus*) bezeichnet ursprünglich das weibliche Geschlechtsteil (cf. Bloch und von Wartburg 2002: 81; 147; 274).

> ‚*Lève-toi enfin, espèce de truie paresseuse, et prépare le déjeuner!Je t'apprendrai à faire la grasse matinée alors que moi, je dois me lever à minuit! Arrête de braire ou **je te casse la gueule** et je te jure que tu ne l'ouvriras plus pour le reste de tes jours!*' (Gotthelf 2011: 31f.).
> ‚Du ... Hex, wottsch schwyge, oder...!' sagte Benz [zur jungen Frau]. (SW 23: 398).
> ‚*Foutue sorcière, tais-toi, ou **je t'étale sur le plancher**!*' dit Benz. (Gotthelf 2011: 37).

Der Schluss der zweiten Erzählung illustriert, wie die Teilung von einem in zwei Sätze die Emphase verstärkt. Was im Deutschen beiläufiger und resigniert klingt, erhält so im Französischen mehr Gewicht. Die Übersetzer haben sich aufgrund ihrer weiteren Kenntnis der politischen Schriften Gotthelfs diesen Eingriff, der interpretatorisch ja nicht folgenlos ist, erlaubt:

> Und welches die schrecklichen Folgen einer unverständigen Humanität und missverstandenen Liberalität sein werden, das wird man in einigen Jahren in den Protokollen der Gerichte lesen können (SW 23: 405).
> *Des choses pareilles arrivent au nom d'un humanisme irraisonné et d'une magnanimité mal **comprise**. **Les** conséquences, dans quelques années, se retrouveront dans les procès-verbaux des tribunaux* (Gotthelf 2011: 47).

Schliessen möchte ich mit der Vermittlung historischer Gegebenheiten, die nicht einmal dem heutigen deutschsprachigen Leser bekannt sind, sofern er nicht über spezifisches Wissen des 19. Jahrhunderts verfügt. Die zweite Erzählung enthält den bereits erwähnten Passus, in dem die Gemeindebürger mit dem Landjäger über die Zustände des Armenwesens diskutieren. Die Sätze, sehr elliptisch und in indirekter Rede, sind umso schwerer zu übersetzen, weil darin zahlreiche sprachliche und historische Probleme auf engem Raum auftreten.

> Benz brüllte ihnen Flüche nach; der Landjäger aber sagte, so ein wüstes Nest hätte er nicht bald gesehen, die Gemeinde sollte die Haushaltung aufgeben und die Kinder zu braven Leuten verdinge, dass sie auch **arbeiten lernten; so** gebe es lauter **Schelme**. Der Alte sei einer, die Mutter auch eine, und die ältern Kinder kenne er schon lange. Ehemals, antwortete ihm **einer**, hätte man das wohl getan, und an der letzten **Gemeinde** hätte man ebenfalls davon geredet. Aber da hätte **einer** gesagt, das wäre **dumm**. Jetzt brauche man, wenn es bös gehe, bloss den Hauszins zu bezahlen, komme mit zwölf oder fünfzehn Kronen daraus, **und,** was sie stehlen, das täten sie meist in andern Gemeinden

stehlen oder den **Hintersässen,** und zuletzt kämen alle an **meiner** gnädig Herren **Mus und Brod,** dann sei man ihnen ja **ganz ab.** Hebe man aber die Haushaltung auf, so koste jedes Kind durchschnittlich wenigstens zehn Kronen. Den Alten und die Alte müsse man noch obendrein **haben, und** wenn man einmal einem Buben etwas anrechnen wolle, so könne man zuerst hundert Kronen **verprozedieren** und dann noch **den Stecken am dreckigen Orte** nehmen. Wenn man heutzutage einer Gemeinde eine **Täsche** geben könne, so spare man es nicht. Mit **Pinten und Stubenwirtschaften** mache man den Gemeinden die Leute schlecht, ziehe hunderttausend Franken Patentgebühren und lasse die Gemeinden die arm gemachten Leute erhalten, und wenn sie etwas dazu sagen wollten, „so gibt man ihnen an dem einen Ort keine Antwort, am andern ein scharfes Urteil, das sie in die Kosten verfällt. So möchte der Teufel **dabei** sein!" So hat **der** geredet, und seine Meinung ward einhellig angenommen (SW 23: 402 f.).

Pendant que Benz, hurlant, les couvrait de jurons, le gendarme dit qu'il avait rarement vu un trou aussi pourri et que la commune devrait dissoudre ce ménage et placer les enfants chez des gens convenables afin qu'ils **apprennent à travailler. Si cela continuait de la sorte,** *ils allaient tous devenir des* **fripons:** *le père en était un, la mère également et il connaissait déjà amplement l'aîné ainsi que les deux filles.* **Un des paysans** *lui expliqua qu'on avait procédé ainsi dans le passé et qu'on venait d'en discuter lors de la dernière* **assemblée communale.** *Mais* **l'un des participants** *avait dit que ce serait* **trop bête:** *actuellement et en mettant les choses au pire, on ne paierait que le loyer de leur maison et on s'en sortirait avec douze ou quinze couronnes. En outre, ce que la famille volait, elle le prenait dans d'autres communes ou chez les* **résidents[1]**; *en fin de compte, elle bénéficierait du* **système d'assistance publique[2]** *de Leurs Excellences* **et on serait débarrassés** *d'elle. En revanche, si on dissolvait le ménage, chaque enfant allait coûter en moyenne dix couronnes en frais de placement.* **De plus,** *il faudrait toujours entretenir les deux* **vieux! Si** *on voulait dénoncer un filou,* **on perdrait** *déjà cent couronnes* **en frais de procédure** *et on prendrait, comme on dit, le bâton là où il est le plus souillé. Quand on avait l'occasion de se décharger d'un fardeau aux dépens d'une commune, on ne se gênait pas. Avec des* **cabarets et des logis à pied[3]**, *on pourrissait les gens d'une commune; on encaissait cent mille francs grâce à la vente des patentes et on laissait les autorités communales s'occuper des personnes tombées dans la misère. Et si les communes protestaient, on ne leur répondait tout simplement pas ou on leur enjoignait sévèrement de payer jusqu'au bout. Le diable avait mis* **ses griffes** *dans tout cela! C'est ce qu'avait dit* **ce bourgeois** *et sa proposition avait été unanimement acceptée[4]* (Gotthelf 2011: 43–45).

Der französische Text enthüllt mehrere Eingriffe der Übersetzer: Zunächst griffen sie auf ein Verfahren zurück, das man ‚Explizitierung' nennen könnte. Anstatt wörtlich „eine" oder „der" (im Sinne von „derjenige") zu setzten, wählten sie *l'un de participants* und *ce bourgeois*, was den Text sehr viel klarer macht. Ausserdem verkürzten sie erneut Sätze und fügten z.B. Doppelpunkt ein, um den Leser besser zu lenken: „[...] das wäre **dumm**. Jetzt brauche man [...]" – ‚*[...] ce serait **trop bête**: actuellement [...]*'. Das wichtigste Anliegen der Übersetzer war jedoch zu verdeutlichen, dass Gotthelf nicht einfach mittels sprachschöpferischer Kraft Begriffe schuf, sondern die Terminologie seiner Zeit verwendete. Dies ist etwa der Fall bei „Hintersässen", „Stuben und Pintenwirtschaften" sowie „Mus und Brod". Da der Kanton Bern zweisprachig ist, sind Gesetzestexte und Dekrete stets auch auf Französische verfügbar. Die entsprechenden Termini zu finden, war deshalb nicht schwer, trotzdem war damit das Problem noch nicht behoben: Für heutige Leser bleiben die Begriffe unverständlich! Die Übersetzer sind auf Erklärungen in Fussnoten ausgewichen (in eckigen Klammern im Text) – sicher keine ideale Lösung in einem literarischen Text, aber bei Begriffen mit derart starkem Epochenbezug fast unvermeidlich.[30]

Dieses Unternehmen einer *belle infidèle* hat sich als Arbeit an der Schnittstelle von Sprachwissenschaft, Literatur und Geschichte erwiesen. Die Übersetzung war ein Akt kultureller Vermittlung, indem einerseits der Text in ein unterschiedliches Zeichensystem (Sprache) überführt, anderseits eine andere Epoche verständlich gemacht werden musste. Die Übersetzer mussten zwangsweise ‚Fehler' begehen, doch konnten sie immerhin wählen, wo sie fehlerhaft sein wollten, und allenfalls etwas zurückgewinnen, das an anderer Stelle verloren gegangen war. Das Endergebnis hat – so ist zu hoffen – einen eigenständigen künstlerischen Wert, denn nichts wäre schlimmer als eine *vilaine infidèle*!

---

30 Ich fasse den Inhalt der französischen Anmerkungen hier kurz auf Deutsch zusammen: Der Begriff „Hintersässe" stammt aus dem *Ancien Régime* und bezeichnet Einwohner, die nicht vollberechtigte Gemeindebürger waren. Erst in den 1840er Jahren setzte sich die politische und ökonomische Gleichberechtigung aller Einwohner durch. „Mus und Brod" verweist auf den sog. „Mushafen", den aus Feudalabgaben finanzierten Armenunterstützungsfonds. Mit „Pinten und Stubenwirthschaften" verwendet die Figur Ausdrücke, wie sie im Berner Wirtschaftsgesetz vom 2. Mai 1836 verankert sind. Die letzte Fussnote schliesslich hält fest, dass der gesamte Passus ohne geschichtliches Hintergrundwissen schwer zu verstehen ist und verweist auf die Einleitung mit den einschlägigen Erklärungen.

Nach diesen Erläuterungen eher technischer Natur ist es angebracht, nochmals auf den eingangs zitierten Brief von Gotthelf an seinen Cousin zurückkommen: Welche Bedeutung ist dem Begriff „Wahrheit" beizumessen? Kann eine Geschichte wie diejenige von Benz und Mädi überhaupt „wahr" sein? Ist es vorstellbar, dass die beiden so tief fallen, wenn doch schon die erste Erzählung so übel endet? Gotthelf scheint den Begriff der Wahrheit in dem Sinne zu verwenden, wie ihn die Autoren der mittelalterlichen moralischen Literatur verstanden: „Wahr" ist nicht, was tatsächlich geschehen ist, sondern was ‚idealerweise' geschehen könnte. Die „hohe Wahrheit" ergibt sich demnach aus der Moral, welche die Leser aus den Erzählungen ziehen können und die sie anspornen soll, sich für eine bessere Welt einzusetzen.

Ausgaben

Bernische Gemeinnützige Gesellschaft (ed.) 1843: *Neuer Berner Kalender für das Jahr 1843. Ein Buch für die Gewissen, welche gutmüthige Wahrhaftigkeit vertragen können*. Bern: Carl Albert Jenni

Gotthelf, Jeremias 2011: *Benz*. Préface et traduction de Marianne Derron et Alain Corbellari (Mini-Zoé 83). Carouge-Genève: Zoé

Hunziker, Rudolf et al. (eds.) 1911-1977: *Jeremias Gotthelf: Sämtliche Werke in 24 Bänden und 18 Ergänzungsbänden*. Erlenbach ZH: Rentsch

Reber, Alfred et al. (eds.) 2007: *Jeremias Gotthelf. Elsi, die seltsame Magd: und andere Geschichten aus dem Übergangsjahr 1798*. Hg. nach dem Erstdruck, Bern: Ott Verlag

Quellen

Bern (Kanton) (ed.) 1833: *Gesetze, Dekrete und Verordnungen der Republik Bern*. Bd. 1 (1831), Burgdorf 1833: Carl Langlois

Literatur

Bloch, Oscar & Walther von Wartburg: *Dictionnaire étymologique de la langue française*, Paris: PUF

Bossong, Georg 2008: *Die romanischen Sprachen. Eine vergleichende Einführung*, Hamburg: Buske

Geiser, Karl 1894: *Geschichte des Armenwesens im Kanton Bern von der Reformation bis auf die neue Zeit. Im Auftrage der bernischen Armendirektion dargestellt*, Bern: Stämpfli

Frank, Armin Paul 1987: „Einleitung", in: Schultze et al. (eds.) 1987: IX-XVII

Gey, Gerhard 1994: *Die Armenfrage im Werk Jeremias Gotthelfs. Zu einer Frühform christlichen sozialpolitischen und sozialpädagogischen Denkens und Handelns* (= Sozialpädagogik / Sozialarbeit im Sozialstaat 4), Münster: LIT Verlag

Golz, Jochen & Manfred Koltes (eds.) 2008: *Autoren und Redaktoren als Editoren. Internationale Fachtagung der Arbeitsgemeinschaft für germanistische Edition und des Sonderforschungsbereichs 482. Ereignis „Weimar-Jena: Kultur um 1800" der Friedrich-Schiller-Universität Jena, veranstaltet von der Klassik Stiftung Weimar* (= Beihefte zu editio 29), Tübingen: Niemeyer

Hager, Fritz-Peter & Daniel Tröhler (eds.) 1996: *Pestalozzi – wirkungsgeschichtliche Aspekte. Dokumentationsband zum Pestalozzi-Symposium 1996*, Bern: Paul Haupt

Hahl, Werner 1994: *Jeremias Gotthelf – der „Dichter des Hauses"*, Stuttgart und Weimar: Metzler

Holl, Hanns Peter 1996: „Gotthelf und Pestalozzi", in: Hager & Tröhler (eds.) 1996: 69-76

Kohlmayer, Rainer & Wolfang Pöckl, Wolfgang (eds.) 2004: *Literarisches und mediales Übersetzen. Aufsätze zu Theorie und Praxis einer gelehrten Kunst*, Frankfurt am Main: Lang

Kohlmayer, Rainer 2004: „Einfühlungsvermögen. Von den menschlichen Grundlagen des Literaturübersetzens", in: Kohlmayer & Pöckl (eds.) 2004: 11-30

Kristol, Andres 2004: „Dialekte – Französische Schweiz", in: *Historisches Lexikon der Schweiz* Band 3, Basel: Schwabe, 697

Mahlmann-Bauer et al. (eds.) 2006: *Jeremias Gotthelf – Wege zu einer neuen Ausgabe* (= Beihefte zu editio 24), Tübingen: Niemeyer

Mahlmann-Bauer, Barbara & Christian von Zimmermann (eds.) 2006: *Jeremias Gotthelf, der Querdenker und Zeitkritiker* (= Collegium Generale Universität Bern. Kulturhistorische Vorlesungen 2004/2005), Bern: Lang

Mahlmann-Bauer, Barbara 2006a: „Jeremias Gotthelf und die Berner Presse", in: Mahlmann-Bauer et al. (eds.) 2006: 67-113

Mahlmann-Bauer, Barbara 2006b: „Gotthelf als ‚Volksschriftsteller'", in: Mahlmann-Bauer & Zimmermann, von (eds.) 2006: 21-73

Mahlmann-Bauer, Barbara et al. (eds.) 2009: *Jeremias Gotthelf und die Schule. Katalog zur Ausstellung in der Gotthelf-Stube in Lützelflüh 2009*. Bern: Verein Gotthelf-Stube

Messerli, Alfred 2006: „Lesen und das Lesen im Kalender", in: Mahlmann-Bauer & Zimmermann, von (eds.) 2006: 213-231

Pfister, Christian 1995: *Geschichte des Kantons Bern seit 1798. Bd. 4: Im Strom der Modernisierung: Bevölkerung, Wirtschaft und Umwelt 1700-1914* (= Archiv des Historischen Vereins des Kantons Bern 78), Bern: Paul Haupt

Tracey, M.J. 2003: „Tugenden und Laster, Tugenden und Lasterkataloge", in: *Lexikon des Mittelalters*. Bd. 8, München: DTB: 1085-1088

Richter, Thomas 2008: „‚Ums Himmels willen, vergiß nicht, daß du der Pfarrer von Lützelflüh bist!'. Jeremias Gotthelf als Autor und Editor des Neuen Berner-Kalenders.", in: Golz & Koltes (eds.) 2008: 261-272

Schultze, Brigitte et al. (eds.) 1987: *Die Literarische Übersetzung. Fallstudien zur Kulturgeschichte* (= Göttinger Beiträge zur Internationalen Übersetzungsforschung 1), München: Erich Schmitt

Stuber, Martin 2008: *Wälder für Generationen. Konzeptionen der Nachhaltigkeit im Kanton Bern 1750-1880* (= Umwelthistorische Forschungen 3), Köln: Böhlau

Stuber, Martin et al. (eds.) 2009: *Kartoffeln, Klee und kluge Köpfe. Die Oekonomische und Gemeinnützige Gesellschaft des Kantons Bern OGG (1759-2009)*, Bern: Paul Haupt

Zimmermann, Christian von 2009: „Volksbildungskalender. Jeremias Gotthelfs Redaktion des ‚Neuen Berner-Kalenders' im Kontext", in: *Sprachkunst* 40:2 (2009): 215–237.

Zuschlag, Katrin 2002: *Narrativik und literarisches Übersetzen. Erzähltechnische Merkmale als Invariante der Übersetzung*, Tübingen: Gunter Narr

Wernicke, Norbert D. 2011: *„... kurz, was sich in den Kalender schikt." Literarische Texte in Schweizer Volkskalendern von 1508 bis 1848. Eine Bestandsaufnahme*. Bremen: edition lumière

Probleme der Übertragung von Intermedialität in literarischen Übersetzungen aus dem Deutschen ins Türkische

Ersel Kayaoğlu (Istanbul)

Abstract

Over the past few decades, as shown in literary texts, intermediality is more often used as a method for the construction of meaning. It has also been observed that media reflection and media simulation have almost become a writing strategy in recent contemporary literature. For this reasons, the identification and implementation of the intermedia phenomena are of great importance for the translation of a text from one language into another, otherwise there can be significant translation loss in intermedial texts. Based on these assumptions, this article explores potential problems and significant losses in the translation when intermedia phenomena remain unnoticed or are not transferred on the basis of an analysis of some exemplary literary translations from German into Turkish. Finally, it is determined that intermediality represents a hitherto neglected challenge in translation and translation studies.

Im sogenannten Zeitalter des Hypertextes, der Bilderflut und der digitalen Medien ist es eine folgerichtige Erscheinung, dass auch in der Kunst und in der Literatur zunehmend von einer extensiven Medienreflektion die Rede ist. Immer häufiger treten ästhetische Kopplungen mit anderen Medien als ein konstitutives Prinzip des künstlerischen Schaffens hervor. „Gemäldemotive fungieren im Theater als Kulisse, im Film als statischer Ausgangspunkt bewegter Bilder, Gedichte werden zu optischen Kunstwerken, Romane verfilmt, Erzählungen vertont" (Heil 2006: 1). Zwar ist der Umstand „dass Medien nicht für sich alleine bestehen, sondern immer schon in komplexen medialen Konfigurationen stehen und dadurch stets auf andere Medien bezogen sind" (Schröter 1998: 129) keine neue Erscheinung. Denn *Intermedialität* ist ein Phänomen, das in seinen verschiedenen Ausprägungen existiert, seit sich Menschen kulturell betätigen. Von den Tanzritualen frühester Kulturen zum griechischen Theater, von der literarischen Frühromantik zum Dadaismus und Futurismus, vom

Roman der 1920er Jahre zu den experimentellen Happenings und Performances der 1960er Jahre, und in der gesamten Filmgeschichte ist dieses Phänomen in seinen verschiedenen Ausprägungen zu beobachten (cf. Trübenbach 2006: 104). Aber parallel zur Medialisierung des alltäglichen Lebens und der Erfahrungswelt erregt dieses Phänomen in den sogenannten multimedialen Verfahrensweisen der Postmoderne, als ein immer häufiger angewendetes und offenkundiger auftretendes künstlerisches Mittel, zunehmend mehr Aufmerksamkeit. Dass der Begriff der *Intermedialität* erst Anfangs der 1990er Jahre, unter anderem in Anlehnung an das Konzept der *Intertextualität*, sich durchzusetzen begonnen hat, ist mitunter auf diese sich verstärkende mediendominierte Wahrnehmung der letzten drei bis vier Jahrzehnte zurückzuführen.

Auch in die Kunst des Erzählens haben in dieser Zeit verschiedene Medien in verstärktem Maße Eingang gefunden. Insbesondere der postmoderne Roman hat der Thematisierung und Simulation von fremdmedialen Strukturen und Inhalten großen Antrieb gegeben (cf. Wehdeking 2007: 15), worin die Mediensimulation als eine ‚Schreibstrategie' postmoderner Autoren erkannt werden kann. Wie Hubert Winkels hervorhebt, sind die Mittel der Literatur „längst durch einen intensiven Austausch mit den wahrnehmungsleitenden Darstellungsformen anderer Medien geprägt" (Winkels 1997: 13). Volker Wehdeking spricht in diesem Sinne aufgrund der „veränderte[n] mediale[n] und damit einhergehende[n] veränderte[n] mentale[n] Disposition in der deutschen Gegenwartsliteratur" (Wehdeking 2007: 7) sogar von einem ‚Generationenwechsel'. So werde die Literatur infolge der wachsenden Mediendominanz im Alltag stetig intermedialer, was dadurch zu erkennen sei, dass neben Musik, Bildkunst, Comic, Fotografie, Film und Fernsehen vermehrt auch die digitalen und elektronischen Medien in literarischen Texten jüngerer Autoren häufig thematisiert und imitiert würden.[1]

Auf dieser Grundlage geht dieser Beitrag der Frage der Übertragbarkeit derartiger intermedialer Verknüpfungen in literarischen Texten nach – wobei hier beispielhaft Übersetzungen aus dem Deutschen ins Türkische herangezogen werden. Es soll erörtert werden, welche Bedeutung der Identifizierung und Umsetzung intermedialer Phänomene bei der lite-

---

1 Zu nennen wären diesbezüglich z.B. Thomas Brussig, Jakob Hein, Tanja Dücker, Judith Hermann, Birgit Vanderbeke, Frank Goosen, Juli Zeh, Helmut Krausser, Moritz von Uslar, Alexa Hennig von Lange, Josef Haslinger, Ulrike Draesner, Yoko Tawada und Patricia Görg.

rarischen Übersetzung zukommen kann und welche Beeinträchtigungen infolge ihrer Nichtbeachtung bezüglich des kommunikativen Potenzials dieser übersetzten Texte entstehen können. Dazu sollen, nach einem kurzen Umriss des Begriffes und dem Forschungsgegenstand der *Intermedialität* in Deutschland und in der Türkei, anhand von vier Texten Übertragungsprobleme von Intermedialität erörtert werden.

1 *Intermedialität* als Forschungsgegenstand in Deutschland und in der Türkei

*Intermedialitä*t, die nach Rajewsky ein „Hyperonym für die Gesamtheit aller Mediengrenzen überschreitenden Phänomene [...], also all *der* Phänomene, die, dem Präfix *inter* entsprechend, in irgendeiner Weise zwischen Medien anzusiedeln sind" (Rajewsky 2002: 12) darstellt, ist bei der wissenschaftlichen Beschäftigung mit Literatur, aufgrund der oben angesprochenen Entwicklung, zu einem unverzichtbaren Aspekt geworden. Es muss hier aber gleich eingeräumt werden, dass die Untersuchung des Kontaktes zwischen dem Medium der Literatur und anderen Medien, d.h. die Betrachtung des Zusammenspiels, der ästhetischen Kopplung oder der Wechselwirkung mit anderen Medien, natürlich medienspezifische Analysemethoden erfordert, welche aber noch größtenteils ausstehen. Dennoch konnte die relativ junge Forschungsperspektive der Intermedialität, die in Deutschland anfangs der 1990er Jahre – mitunter auf der Grundlage der Medienwissenschaft – in die Literaturwissenschaft Einzug gefunden hat, sich inzwischen auch in der universitären Lehre etablieren, und so werden nicht nur an vielen deutschen Universitäten in den Bachelor- und Masterstudiengängen Module mit dem Titel *Intermedialität* angeboten, sondern auch die zahlreichen Publikationen in diesem Bereich zeugen von der Produktivität dieses Forschungsfeldes.

In der Türkei dagegen ist dieses Forschungsparadigma weitgehend unbekannt, was unter anderem daran zu erkennen ist, dass die türkische Begriffsentsprechung für *Intermedialität* – im Türkischen *medyalararasılık* – erst im Jahre 2005 vorgeschlagen wurde (cf. Kayaoglu 2005: 261). Dass bisher auf Türkisch insgesamt nur drei Aufsätze und eine Monografie zu diesem Thema verfasst wurden, ist ebenfalls ein Nachweis für die weitgehende Unvertrautheit des Begriffes – wobei auch erwähnt werden muss, dass diese angesprochenen Veröffentlichungen von türkischen

Germanisten stammen. Dass an den Literaturwissenschaftsabteilungen türkischer Universitäten das Phänomen der *Intermedialität* als Forschungsgegenstand noch nicht eingeführt ist, zeigt sich unter anderem am Fehlen diesbezüglicher wissenschaftlicher Publikationen. So sind zwar beispielsweise Magisterarbeiten über die filmische Schreibweise in türkischen Romanen oder Aufsätze über die Musikalisierung der Sprache in Gedichten um 1900 usw. vorzufinden, aber in diesen Arbeiten sucht man vergebens nach einem direkten Verweis auf das Phänomen bzw. den Begriff der *Intermedialität*. Dieses Defizit ist mitunter darauf zurückzuführen, dass die sogenannte Öffnung der Literaturwissenschaft gegenüber fremdmedialen Einflüssen, wie sie in der Germanistik seit den 1970er Jahren zu beobachten ist, in der Türkei – abgesehen von ganz wenigen Ausnahmen – noch nicht stattgefunden hat. Und dass, obwohl auch natürlich in der türkischen Literatur inzwischen zahlreiche Romane und Erzählungen entstanden sind, welche intermediale Phänomene als textkonstitutives Verfahren einsetzen – zu nennen wären hier allen voran Autoren wie Murathan Mungan, Nedim Gürsel und Orhan Pamuk, die auch einem Teil der deutschsprachigen Leser bekannt sein dürften. Der Umstand, dass sich der Begriff der *Intermedialität* in der Literaturwissenschaft noch nicht etabliert hat, dürfte aber nicht nur eine allein für die Türkei zutreffende Begebenheit sein, sondern für zahlreiche andere Länder ebenfalls zutreffen, was teilweise auf den eng gefassten, d.h. massenkommunikationstheoretisch definierten Medienbegriff zurückgeführt werden kann, der hinsichtlich dieses Forschungsparadigmas zu kurz greift, indem er das Medium auf seine technischen Dimensionen reduziert. Das Medium ist aber, wie Joachim Paech betont „nicht als ‚etwas', sondern als ‚Medium', als Möglichkeit einer Form oder auch als ‚Dazwischen', letztlich als Mittel im weitesten Sinne" zu verstehen (Paech 1998: 23). Folglich wird erst durch ein derartiges Verständnis vom Medium, von Medien die Entfaltung einer intermedialen Betrachtungsweise möglich.

2 Intermedialität und Übersetzung

Die angesprochene Öffnung der Literatur gegenüber anderen medialen Wahrnehmungs- und Darstellungsformen und die im Medium der Literatur damit einhergehende Simulation bzw. Evokation von fremdmedialen Strukturen und Elementen mit eigenen medienspezifischen Mitteln eröffnet aber nicht nur die Möglichkeit, zusätzliche und neue Bedeutungsebenen in literarischen Texten zu schaffen, sondern stellt auch (zusätzliche) Herausforderungen bei deren Translation dar.

Die Identifizierung von intermedialen Bezügen als solche kann bekanntlich auch dem Lesepublikum des Originaltextes erhebliche Schwierigkeiten bereiten. Insbesondere, wenn Intermedialität nicht manifest, sondern in verdeckter Form auftritt, kann nicht davon ausgegangen werden, dass derartige Anspielungen beim ganzen Lesepublikum die beabsichtigten Evokationen des Fremdmedialen bewirken, aber auch bei explizit markierten Bezügen ist diese Identifizierung natürlich nicht immer gewährleistet. Dass derartige Referenzen „in irgendeiner Weise als solche und als auf ein bestimmtes mediales Produkt oder System bezogene ausgewiesen, d.h. markiert sind" (Rajewsky 2002: 200), ist zwar eine Voraussetzung für die Realisierung der rezeptionslenkenden Funktion intermedialer Bezüge, wie Rajewsky betont.[2] Die Eruierung rezeptionslenkender Markierungen und damit die Identifizierung eines Bezuges innerhalb eines medialen Produktes auf ein anderes mediales System oder auf ein einzelnes Produkt eines anderen Mediums ist jedoch auch der historischen Veränderbarkeit der Wahrnehmung des Fremdmedialen unterworfen. So wird die „vom Rezipienten als distinktiv wahrgenommene Medienspezifik historisch betrachtet durch Einbeziehung anderer medialer Ausdrucksformen und durch Bezüge zu anderen Medien [...] immer wieder neu konstituiert" (Rajewsky 2002: 35). Neben den durch die Historizität bedingten subjektiven Unterschieden in der Auffassung der ‚filmischen Schreibweise', der ‚Literarisierung des Films', der ‚Musikalisierung der Literatur' usw. können im Falle der Translation in eine andere Sprache weitere Verstehensgrenzen gesetzt sein, die durch die kulturelle Differenz beider Sprachen bedingt sind. Wenn zum Medienwechsel noch der Sprachwechsel, also die Transponierung eines Textes in eine

---

2 Das von Jörg Helbig für die Identifizierung von intertextuellen Markierungen aufgestellte *Modell der kognitiven Prozesse* lässt sich teilweise auch auf die Identifizierung von intermedialen Bezügen übertragen. Demnach wird ein fremdmedialer Bezug vom Leser durch die Irritation festgestellt, welche durch die „Wahrnehmung eines Störfaktors im Verlauf der Rezeption" hervorgerufen wird. Dem folgen dann die „Identifizierung des Störfaktors als Referenzmarkierung" und die „Identifizierung des Referenztextes" bzw. die Identifizierung des Referenzmediums (Helbig 1996: 162).

andere Sprache und Kultur, hinzukommt, wird sozusagen eine ‚Transformation der Transformation' vollzogen. Und es stellt sich hier natürlich die Frage, ob derartige Phänomene in eine andere Sprache überhaupt adäquat übertragbar sind. Je größer die kulturelle Distanz zur Kultur des Quellentextes ist, desto größer können bei der Translation auch die Erschwerungen hinsichtlich der Umsetzung und der Realisierungsformen von intermedialen Bezügen in der jeweiligen Zielsprache sein. So können die Veränderungsprozesse, welche intermediale Bezüge während ihres Transfers über Kulturgrenzen zu durchlaufen haben, dementsprechend tiefgreifend sein und eine besondere translatorische Leistung erfordern.

Aber insbesondere, wenn literarische Medienreflexionen, die für die Gesamtbedeutung eines bestimmten Textes Konsequenzen haben, unerkannt bleiben, können erhebliche Beeinträchtigungen bei der Rezeption dieses Textes entstehen. Denn Referenzen auf ein anderes Medium bzw. auf ein fremdmediales Produkt können derartige essentielle Bedeutungen und Implikationen beinhalten, dass das Nicht-Verstehen dieser Bezüge zum völligen Verfehlen des ganzen Textsinnes führen kann. Wenn in solch einem Falle die Rezeptionslenkung und Illusionsbildung durch den Bezug zum Fremdmedialen nicht zu Stande kommen, können die durch die intermedialen Bezüge erzeugten semantischen und strukturellen Veränderungen im Text den Rezipienten folglich auch vor Rätsel stellen bzw. können sie eventuell als störend empfundene Einschübe und Umformungen vom Leser einfach übersprungen werden.

Beispielhaft soll hier kurz auf zwei noch nicht ins Türkische übersetzte Texte eingegangen werden. In diesen Texten sind zwar für einen großen Teil der deutschsprachigen Leser die Allusionen der fremdmedialen Bezüge ausreichend markiert, aber für fremdkulturelle Leser beinhalten sie dennoch ein erhebliches Schwierigkeitspotential. Beim ersten Text handelt es sich um Elfriede Jelineks 1972 erschienenen kapitalismus- und gesellschaftskritischen Roman *Michael. Ein Jugendbuch für die Infantilgesellschaft*. Parodien von Fernsehprogrammen und Serien aus den späten 60er Jahren – wie z. B. *Wünsch dir was* oder Fernsehserien wie *Ida Rogalski, Flipper, Lieber Onkel Bill* und *Die Unverbesserlichen*, des Weiteren verschiedene Werbespots – werden im Roman durchgehend und oft unvermittelt aneinander montiert, was beim Leser das Fern-sehen und das Zapping evoziert. Die zu diesen Fernsehinhalten hergestellten intermedialen Bezüge werden dabei vornehmlich durch verbalsprachliche und inhaltliche Elemente, durch Figuren und Figurenkonstellationen, durch Dialog- und Handlungsstrukturen hergestellt, wie in der unten angeführten beispielhaften Szene zu sehen ist:

> ida rogalski blickte michael prüfend an. trudchen ich weiss nicht aber seit einiger zeit hat der junge etwas ich bin sicher dass er mir was verheimlicht. ein mädchen? nee. wüsst ich doch. glaubst du trudchen? moment mal. diese flieger. nicht mal telefonieren kann man mehr in ruhe (Jelinek 1972: 18).

Die Nennung des Namens *Ida Rogalski* fungiert hier für den Leser bzw. für den Fernsehzuschauer des deutschsprachigen Raumes als eine Markierung des intermedialen Bezuges zur gleichnamigen, 1969 ausgestrahlten 13-teiligen deutschen Fernsehserie und erfüllt damit eine eindeutig rezeptionslenkende Funktion für diese Textpassage. Die abrupten Übergänge evozieren des Weiteren eine Telefongesprächsszene, wobei die Simulation der Filmschnitttechnik zum Einsatz kommt und den Bezug zum Filmischen bzw. Televisuellen nochmals unterstreicht. Neben dem Umstand, dass es sich hier um die literarische Umsetzung von Jelineks subjektiver Fernsehwahrnehmung handelt, stellt bei der Identifizier- und Nachweisbarkeit dieser intermedialen Relation die ‚Historizität' ein besonderes Problem dar, da die Markierung des Bezugs zu dieser Fernsehserie, die mehr als 40 Jahre zurückliegt, altersbedingt nicht von allen Lesern heute als solche ohne Weiteres identifiziert werden kann (cf. Kayaoglu 2005: 269). Und in der Übersetzung wird die Interpolation dieses parodierten Fernsehinhaltes für alle fremdkulturellen Leser mit sehr großer Wahrscheinlichkeit erschwert sein, da die Nennung der Figur Ida Rogalski keine ausreichende Markierung darstellt – neben der Türkei kann dieser Name auch in vielen anderen Ländern bzw. Kulturen nicht als bekannt vorausgesetzt werden. Die fremdkulturelle Leserschaft der Übersetzung dieses Romans würde diesen fremdmedialen Bezug, wenn überhaupt, erst über große Umwege realisieren können bzw. die Parodie dieser in Deutschland damals beliebten Fernsehserie und wahrscheinlich auch die damit verbundene Simulation des Telefongesprächs würden für sie fehlschlagen.[3]

Als zweites Beispiel sei hier Patricia Görgs zeitlich nicht so weit zurückliegende, im Jahre 2000 erschienene Erzählung *Glücksspagat* angeführt – welche noch nicht in andere Sprachen übersetzt ist. Görg erzählt

---

3 Jelineks Roman ist inzwischen ins Chinesische, Lettische und Schwedische übersetzt worden.

den monotonen Alltag des verschlossenen Museumwärters Maat mit durchgehenden Wechseln von fragmentarischen Ekphrasen von Gemälden, die die biblische Geschichte von der Genesis bis zur Himmelfahrt Christi darstellen, sowie von simulierten Szenen aus der Fernsehshow *Glücksspagat*, die sich Maat jeden Abend auf seiner Wohnzimmercouch ansieht, wobei durch die Aufeinanderfolge bzw. durch die Alternation der Bildsequenzen auch eine ungewohnte Wahrnehmungsweise simuliert wird. Als ein Beispiel für die Exponierung der ungewohnten Art der Wahrnehmung Maats durch diese Ekphrasen und Montagen sei folgende Stelle angeführt:

> Clara Schumann, Balthasar Neumann und Paul Ehrlich sehen aus dem Rechteck der Währung heraus: eine schattenwerfende Muse, ein Baumeister, ein zäher Forscher. Drei Büsten mit Seriennummern. Das Papier knistert. Es zeigt Barockschlösser, weit geöffnete Klaviere, tränenförmigen Schmuck an Clara Schumanns Ohren. Paul Ehrlich richtet die Kanonen der exakten Wissenschaften auf kleine Teilchen. Durch die Nullen zieht eine silberne Sternschnuppe: der Wunsch nach Fälschungssicherheit (Görg 2000: 24).

Dass es sich hier um die Ekphrasen der in der Fernsehshow zu gewinnenden Deutsche Mark-Scheine handelt, wird durch die Nennung der Namen der auf den Geldscheinen abgebildeten Persönlichkeiten sowie den Begriffen wie *Währung*, *Seriennummer* und *Fälschungssicherheit* eindeutig markiert. Wenn auch Inhalt, Machart und Komposition der beschriebenen Bilder hier nur durch Andeutungen evoziert werden, sind sie dennoch durch ihren hohen Bekanntheitsgrad für den deutschen Leser, für den diese Geldscheine über Jahre hinweg genutzte Wertgegenstände waren, leicht zu vergegenwärtigen. Die Identifizierbarkeit dieser intermedialen Bezüge würde jedoch in der Direktübersetzung für türkische Rezipienten relativ schwieriger ausfallen und mit großer Wahrscheinlichkeit auch scheitern – obwohl die Deutsche Mark in der Türkei ebenfalls lange Zeit als Wertanlage genutzt wurde. An die Stelle der ausgangstextnahen Wiedergabe dieses intermedialen Bezuges einfach eine Adaptation zu stellen, also die Angleichung des Bezuges mit den dem türkischen Leser vertrauten Lira-Scheinen, würde andererseits zu einer Verfremdung führen und in der Erzählung einen neuen, mit dem Originaltext nicht vereinbaren Kontext schaffen.

Anhand von zwei Texten, die bereits ins Türkische übersetzt sind, soll nun angeführt werden, wie relativ feinere, aber dennoch mit einem Potential der Rezeptionslenkung aufgeladene intermediale Beschaffenheiten bei der Übersetzung unberücksichtigt bleiben bzw. verlorengehen können und welche Bedeutungsverluste durch diesen Umstand hervorgerufen werden. Das erste Beispiel ist Thomas Bernhards Prosatext *Gehen* (1971), der 2009 unter dem Titel *Yürümek* ins Türkische Übersetzt wurde. *Gehen* erhebt, wie viele andere Texte Bernhards, die Wiederholung zum textkonstitutiven Prinzip. Durch die variiert wiederholten Sätze entsteht im Text auf semantischer und syntaktischer Ebene eine Art rhythmisches Muster, das mit einer der Musik angenäherten Textgestaltung korrespondiert, sozusagen ein ‚assoziatives Zitat' darstellt, wie es am Beispiel der Eingangsszene prägnant zum Vorschein kommt:

> Während ich, bevor Karrer verrückt geworden ist, nur am Mittwoch mit Oehler gegangen bin, gehe ich jetzt, nachdem Karrer verrückt geworden ist, auch am Montag mit Oehler. Weil Karrer am Montag mit mir gegangen ist, gehen Sie, nachdem Karrer am Montag nicht mehr mit mir geht, auch am Montag mit mir, sagt Oehler, nachdem Karrer verrückt und sofort nach Steinhof hinaufgekommen ist. Und ohne zu zögern, habe ich zu Oehler gesagt, gut, gehen wir auch am Montag, nachdem Karrer verrückt geworden ist und in Steinhof ist. Während wir am Mittwoch immer in die eine (in die östliche) Richtung gehen, gehen wir am Montag in die westliche, auffallenderweise gehen wir am Montag viel schneller als am Mittwoch, wahrscheinlich, denke ich, ist Oehler mit Karrer immer viel schneller gegangen als mit mir, weil er am Mittwoch viel langsamer, am Montag viel schneller geht. Aus Gewohnheit gehe ich, sehen Sie, sagt Oehler, am Montag viel schneller als am Mittwoch, weil ich mit Karrer (also am Montag) immer viel schneller gegangen bin als mit Ihnen (am Mittwoch). Weil Sie, nachdem Karrer verrückt geworden ist, nicht mehr nur am Mittwoch, sondern auch am Montag mit mir gehen, brauche ich meine Gewohnheit, am Montag und am Mittwoch zu gehen, nicht zu ändern, sagt Oehler, freilich haben Sie, weil Sie jetzt Mittwoch und Montag mit mir gehen, Ihre Gewohnheit sehr wohl ändern müssen und zwar in für Sie wahrscheinlich unglaublicher Weise verändern müssen, sagt Oehler (Bernhard 1971: 7).

Die türkische Übersetzung dieser Passage lautet dagegen wie folgt:

> Karrer delirmeden önce, sadece çarşamba günü Oehler'le yürüdüğüm halde, şimdi Karrer delirdikten sonra pazartesi de Oehler'le yürüyorum. Karrer benimle pazartesi yürüdüğü için, Siz, Karrer artık benimle pazartesi yürümediği için, pazartesi de benimle yürüyorsunuz, diyor Oehler, Karrer delirip hemen yukarıdaki Steinhof'a gittiği için. Ben de hiç çekinmeden Oehler'e, iyi o zaman, pazartesi de yürüyelim dedim, Karrer delirdiği ve Steinhof'ta olduğu için. Biz çarşambaları hep aynı (doğuya) yöne giderken, pazartesileri

batıya yürüyoruz, dikkat çekici biçimde pazartesileri çarşambaları olduğundan çok daha hızlı yürüyoruz, herhalde diye düşünüyorum, Oehler, Karrer ile benimle olduğundan hep daha hızlı yürümüş olmalı, çünkü çarşambaları çok daha yavaş, pazartesileri çok daha hızlı yürüyor. Görüyor musunuz diyor Oehler, alışkanlıktan pazartesileri çarşambaları olduğundan daha hızlı yürüyorum, çünkü Karrer ile (yani pazartesileri) hep sizinle (çarşambaları) olduğundan daha hızlı yürüdüğüm için Karrer delirdikten sonra siz benimle yalnız çarşambaları değil pazartesileri yürüdüğünüz için, pazartesileri ve çarşambaları yürüme alışkanlığımı değiştirmem gerekmiyor, diyor Oehler, oysa siz artık çarşambaları ve pazartesileri benimle yürüdüğünüz için, alışkanlığınızı gerçekten değiştirmek zorundasınız, hem de sizin için herhalde akıl almaz biçimde değiştirmek zorundasınız, diyor Oehler (Bernhard 2009: 9).

Schon bei einer oberflächlichen Betrachtung der türkischen Übersetzung fällt auf, dass die durch den Satzbau erzeugten phonetischen Wiederholungen, d. h. „die wiederholten klangliche[n] Realisierungen syntagmatischer Einheiten" (Poller 2007: 39) des Originaltextes in der Übersetzung nicht adäquat nachgebildet sind[4] und an ihre Stelle ein holpriger Satzbau getreten ist, der beim türkischen Leser keinerlei Rhythmusgefühl aufkommen lassen kann. Zwar bildet die Übertragung der Anordnung der Relativsätze eine große Erschwernis, da sie im Türkischen nicht geläufig ist, aber an deren Stelle hätten andere syntaktische Mittel eingesetzt werden können, die einen dem Originaltext adäquaten Rhythmus erzeugen. Auch Defizite auf der semantischen Ebene tragen dazu bei, dass in der

---

4 Bei dem Satz in der ersten Zeile handelt es sich um einen adversativen Nebensatz, der mit der Konjunktion *während* eingeleitet ist. *Während* ist eine Konjunktion, die sowohl einen temporalen Nebensatz der Gleichzeitigkeit als auch einen adversativen Nebensatz einleitet. Im adversativen Gebrauch wird im Nebensatz ein Gegensatz zum Geschehen im Hauptsatz ausgedrückt, und es wird der Gegensatz hervorgehoben (cf. Hall & Scheiner 2001: 218 f.). In der Übersetzung wurde der Nebensatz mit *während* nicht in seinem adversativen Gebrauch erkannt und falsch mit dem türkischen *halde* wiedergegeben, was im Deutschen einem konzessiven Nebensatz mit *obwohl* entspricht (cf. Hall & Scheiner 2001: 200). Eine weitere fehlerhafte Übersetzung findet sich in der fünften Zeile im Ausgangstext: Ein temporaler Nebensatz der Vorzeitigkeit, der mit der Konjunktion *nachdem* eingeleitet wird („nachdem Karrer verrückt und sofort nach Steinhof hinaufgekommen ist"), wurde im Zieltext mit „Karrer delirip hemen yukarıdaki Steinhof'a gittiği için" wiedergegeben, was im Deutschen einem kausalen Nebensatz mit *weil* entspricht. In diesem Fall ist die Vorzeitigkeit der Handlung im Nebensatz nicht erkannt und übersetzt worden.

Übersetzung der Rhythmus verfehlt wird, so ist z. B. an einer Stelle für das deutsche Verb *gehen* nicht das türkische Verb *yürümek* („zu Fuß gehen", „gehen"), sondern das Synonym *gitmek* („weggehen", „wegfahren") verwendet worden, wohl um die vermeintliche Monotonie der Sequenz etwas aufzulockern. Indem der klangliche ‚Initialschub' des Originaltextes in der Übersetzung fehlt, kann der ‚Störfaktor' der Wiederholung nicht als eine Referenzmarkierung für das Musikalische identifiziert werden. Und so ist das Musikalische der Bernhard-Texte dem türkischen Leser zu einem bedeutenden Teil vorenthalten geblieben, da dieser verdeckte intermediale Bezug von der Übersetzerin nicht erkannt wurde – wie auch aus zahlreichen türkischen Literaturkritiken zu Thomas Bernhard ersichtlich wird, gilt dies auch für andere Texte des Autors, insbesondere wenn man bedenkt, dass es diese Übersetzerin war, die die bedeutendsten Bernhard-Texte übersetzt hat.

Als weiteres Beispiel möchte ich Juli Zehs 2001 erschienenem Roman *Adler und Engel* anführen, der 2005 unter dem Titel *Kartallar ve Melekler* ins Türkische übersetzt wurde. Zehs Roman, der stellenweise an einen MTV-Clip erinnert (cf. Wehdeking 2009: 75) und durch szenische Dialoge stellenweise einen Drehbuchtext evoziert, führt durch die häufige Erwähnung von Medien, insbesondere von elektronischen Medien, eine von Medien durchdrungene Welt am Anfang des 21. Jahrhunderts vor. Die in die Romanhandlung eingebetteten Medien gehen darüber hinaus, nur alltägliche Requisiten zu sein, und dienen vordergründig als eine Markierung des „veränderte[n] mediale[n] Blick[s]" im sogenannten Medienzeitalter, wodurch diese auch „als Spiegel der mentalen Disposition" zu bewerten sind (Wehdeking 2009: 8 f.). Die Erinnerungsprotokolle der Hauptfigur Max, die in Form von Rückblenden die Romanhandlung mit filmischer Intensität nahezu „als Drehbuchpassagen samt Regieanweisungen in szenischen Dialogen" (Wehdeking 2009: 87) entfalten, werden typischerweise nicht mit irgendeinem Tonbandgerät, sondern mit einem relativ neuen Medium, nämlich einem tragbaren DAT-Recorder[5,] aufgenommen. Der DAT-Recorder, dem durch seine „intermediale Verwendung" eine Symbolhaftigkeit für die angesprochene mentale Disposition zukommt und der dadurch eine „strukturbildende Funktion" (Wehdeking

---

5 Ein in den 90er Jahren entwickeltes digitales Speichermedium mit nur 7 cm langen Disketten, die eine mehrstündige Aufnahmekapazität in CD-Tonqualität bieten.

2009: 86) erfüllt, ist in der türkischen Übersetzung dagegen vereinfacht mit dem Wort „teyp" übertragen, was mit Kassettenspieler bzw. Kassettenrekorder ins Deutsche übersetzt werden kann – wobei an etlichen Stellen auch Namen von verschiedenen anderen Medien weggelassen wurden. So wird das ‚neue Medium' sozusagen getilgt, und zusammen mit einer Vielzahl anderer verwischter medialer Bezüge ist der oben angesprochene und vielsagende mediale Blick des Romans nicht mehr als solcher bemerkbar. Aber auch intermediale Elemente aus dem Bereich der Popmusik, welche im Roman „die Funktion psychologischer und symbolischer Vermittlung an die Leser, also die Funktion filmischer ‚Tonunterlage' für Atmosphäre und Personendarstellung" (Wehdeking 2009: 88) erfüllen, sind in der Übersetzung nicht adäquat übertragen. Die Allusionen der relativ häufig anzitierten Pop-Musiklieder – wie z.B. von The Doors, Jim Morrison, America usw. – die Claras momentane Stimmung wiedergeben, sind in der Übersetzung zum großen Teil nicht mehr als solche zu identifizieren. So erscheint z.B. der im Originaltext durch seinen Titel mitten im Handlungsverlauf anzitierte und somit beim Leser aufgerufene Song *A Horse With No Name*[6] in der Übersetzung als irgendein englischsprachiger Einschub. Zwar hat die Übersetzerin den Satz englisch belassen, aber durch eine Fußnote die türkische Übersetzung angegeben, wodurch für den Leser der Übersetzung die Herstellung des Bezuges zu diesem Song der Gruppe Amerika erheblich erschwert wird und folglich auch kein Effekt von Hintergrundmusik zustande kommt.

3 Ausblick

Wie auch aus der kurzen Betrachtung dieser beispielhaften Texte hervorgeht, kann konstatiert werden, dass die Identifikation und die Umsetzung von Wechselverhältnissen zwischen literarischen Texten und anderen Medien eine Herausforderung für Übersetzer und für die Translationswissenschaft darstellt. Die Berücksichtigung des Phänomens der *Intermedialität* ist für ein adäquates Verständnis und den darauf folgenden Translationsprozess von literarischen Texten zu einem unerlässlichen Aspekt geworden. Denn ohne die Übertragung der Abhängigkeits-,

---

6 *America* ist eine britisch-amerikanische Rockband, die Anfang der 1970er am erfolgreichsten war und deren bekannteste Hits *A Horse With No Name* (1972) und *The Last Unicorn* (1982) sind.

Mischungs- oder Transformationsverhältnisse zwischen verschiedenen Medien kann die Adäquatheit der kommunikativen Funktion im Ausgangs- und Zieltext nicht gewährleistet werden. Wenn man davon ausgeht, dass die Normen und Konventionen, durch die das translatorische Handeln in einer konkreten Kultur bestimmt wird, und damit die ‚kulturell prototypische Ausprägung von Translation', weitgehend von dem in dieser Kultur vorherrschenden Textverständnis abhängen (cf. Prunc 2004: 275), sind der erweiterte Textbegriff und ein differenziertes Verständnis des Begriffes *Medium* erforderlich, um Intermedialität überhaupt als solche identifizieren und in der Übersetzung von neuem konstruieren zu können. Es ist aber zu sagen, dass das Faktum der Intermedialität in der Translationswissenschaft bisher wenig beachtet wurde (cf. Prunc 2004: 268). Es bleibt zu erwarten, dass die Translationsforschung auch den Aspekt der Übersetzbarkeit von literarischer Intermedialität in ihren ‚Objektbereich' einschreibt – wie es auch Erich Prunc fordert – und diesem Phänomen sowohl theoretisch als auch bezüglich der Ausbildung von Übersetzern Aufmerksamkeit schenkt, um so der „mediale[n] Erweiterung und Transformation der Literatur" (Paech 1998: 14) Rechnung zu tragen. Aber auch die interkulturelle Germanistik könnte in dieser Hinsicht einen Beitrag leisten, indem sie es sich zur Aufgabe macht, in Ländern, in denen ein Forschungsdefizit bezüglich der Intermedialität besteht, auf dieses Phänomen aufmerksam zu machen.

Literatur

Bernhard, Thomas 1971: *Gehen*, Frankfurt/Main: Suhrkamp
Bernhard, Thomas 2009: *Yürümek*, Istanbul: YKY
Görg, Patricia 2000: *Glücksspagat*, Berlin: Berlin Verlag
Hall, Karin & Barbara Scheiner 2001: *Übungsgrammatik Deutsch als Fremdsprache für Fortgeschrittene*, Ismaning: Hueber
Heil, Kerstin Elisabeth 2006: *Die Piktoralisierung des Romans Intermediale Systemreferenzen in unterhaltender Literatur*, Münster: Diss. phil.
Helbig, Jörg 1996: *Intertextualität und Markierung. Untersuchungen zur Systematik und Funktion der Signalisierung von Intermedialität*, Heidelberg: Winter
Helbig, Jörg (ed.) 1998: *Intermedialität. Theorie und Praxis eines interdisziplinären Forschungsgebiets*, Berlin: Erich Schmidt-Verlag

Jelinek, Elfriede 1972: *Michael. Ein Jugendbuch für die Infantilgesellschaft*, Reinbek bei Hamburg: Rowohlt

Kayaoğlu, Ersel 2006: „Intermedialität zwischen Literatur und Fernsehen am Beispiel von Elfriede Jelineks Michael. Ein Jugendbuch für die Infantilgesellschaft", in: Yüksel et al. (eds.) 2006: 260-270

Lörke, Tim & Christian Müller (eds.) 2006: *Vom Nutzen und Nachteil der Theorie für die Lektüre: das Werk Thomas Manns im Lichte neuer Literaturtheorien*, Würzburg: Königshausen & Neumann

Müller, Ina (ed.) 2004: *Und sie bewegt sich doch. Tanslationswissenschaft in Ost und West. Festschrift für Heidemarie Salevsky zum 60. Geburtstag*, Frankfurt/Main et al.: Peter Lang

Paech, Joachim 1998: „Intermedialität. Mediales Differenzial und transformative Figurationen", in: Helbig (ed.) 1998: 14-30

Poller, Tom Rojo 2007: *Strategien der Musikalisierung von Literatur. Eine exemplarische Untersuchung der Erzählung Gehen von Thomas Bernhard*, im Internet unter http://www.trpoller.de/WebsiteContent/Bernhard.pdf [17.02.2011]

Prunc, Erich 2004: „Zum Objektbereich der Translationswissenschaft", in: Müller (ed.) 2004: 263-285

Rajewsky, Irina O. 2002: *Intermedialität*, Tübingen / Basel: Francke

Schröter, Jens 1998: „Intermedialität. Facetten und Probleme eines aktuellen medienwissenschaftlichen Begriffs", in: *montage/av* 7/2 (1998): 129-154

Trübenbach, Holger-Falk 2006: „Martyrium des Künstlers und der Kunst. Intermediale (Re)Konstruktion der imitatio Christi im Doktor Faustus", in: Lörke & Müller (eds.) 2006: 103-128

Wehdeking, Volker 2007: *Generationenwechsel: Intermedialität in der deutschen Gegenwartsliteratur*, Berlin: Erich Schmidt Verlag

Winkels, Hubert 1997: *Leselust und Bildermacht. Über Literatur, Fernsehen und neue Medien*, Köln: Kiepenheuer & Witsch

Yüksel Kocadoru et al. (eds.) 2006: *Tagungsbeiträge zum IX. Internationalen Germanistensymposium. „Wissen-Kultur-Sprache und Europa" – Neue Konstruktionen und neue Tendenzen – Eskişehir, 03.–07.05.2005*. Eskişehir: A. Ü. Alman Dili Eğitimi Anabilim Dalı

Zeh, Juli 2001: *Adler und Engel*, Frankfurt/Main: Schöffling

Zeh, Juli 2005: *Kartallar ve Melekler*, Istanbul: Metis Yayınları

Der religiöse Terminus als ein Kulturgut
oder
eine Ballade von dem heiligen Freitag, dem Grießkuchen für Verstorbene und der gefressenen Hostie

Eva Maria Hrdinová (Ostrava)

Abstract

This contribution represents not only a study on translating religious vocabulary, but it is also an excursion into the linguistics and history. Specifically speaking, the subject of this paper is the religious terminology of the Orthodox Church, appearing in fictional literature. The focus lies on the analysis of the belletristic texts of young German writing authors like Olga Kaminer and Aglaja Veteranyi. What has been confronted were the translational methods (calque, lexical borrowings, etc.), as well as the degree of assimilation of the terms formerly translated into Czech and German.

1 Vorüberlegungen

Einmal brachte Andrej Petrowitsch eine geweihte Hostie zu Tatjana mit nach Hause. Er versteckte sie auf dem Schrank. Am nächsten Tag war sie weg. Andrej Petrowitsch machte einen großen Skandal daraus. Er behauptete, Wasja-Schamil habe seine Hostie gefunden und aufgefressen. Das war für Andrej Petrowitsch der letzte Tropfen, der das Faß zum Überlaufen brachte: Seine Geduld war zu Ende. Er stellte Tatjana vor die Wahl: entweder er oder diese Ausgeburt der Hölle, Wasja-Schamil. Nach einer schlaflosen Nacht entschied sich Tatjana für den Kater. Andrej Petrowitsch verschwand aus unserem Leben. Tatjana färbte sich zurück in Schwarz, alles wurde wie früher, der Kater saß auf dem Balkon und jagte die Vögel oder fischte im Aquarium, wir gingen baden. Einige Zeit später, während einer gewöhnlichen Putzmaßnahme, fanden wir die Hostie: Sie war hinter den Schrank gefallen (Kaminer 2006: 110; Hervorh. v.mir, E.M.H.).

Dieser Text wurde von Olga Kaminer verfasst, der Ehefrau Wladimir Kaminars, einer Autorin, deren Muttersprache Russisch ist. An der deutschen Fassung ihres Textes sind ähnliche Verfahren in Bezug auf die Äquivalenz feststellbar, wie dies bei Übersetzungen der Fall ist[1].

Vielleicht war vor allem die Erwähnung der gefressenen Hostie für manche mehr als schockierend. Vor allem deshalb, weil man eine Hostie eigentlich nicht aus der Kirche entfernen darf, wovon zahlreiche mittelalterliche Hexenprozesse zeugen. Ein uninformierter Leser kann sich damit zufriedengeben, dass es eine Hostie gewesen sein könnte. In einem fiktiven Text hat der Autor alle möglichen Freiheiten, die ihm zustehen. Die Kurzgeschichte Kaminers ist jedoch kein magisch-realer Text, in dem solche Gegebenheiten möglich wären. Es ist eine Erzählung, die sich der Alltagswelt verpflichtet fühlt, und in dieser Geschichte scheint kein Platz für ein Sakrileg zu sein; und die Entfernung einer Hostie von der Kirche ist eindeutig ein Sakrileg. Andrej Petrowitsch ist sich auch nicht bewusst, ein Sakrileg zu begehen. Er nimmt die „Hostie" für Tatjana nach Hause mit, als wäre dies normal . Hinzu kommt die Tatsache, dass eine Hostie als Kommunionsbrot nur im römisch-katholischen Bereich auftritt, wo der überzeugte orthodoxe Christ Andrej Petrowitsch, der Held unserer Geschichte, nicht hingehört. Das orthodoxe Kommunionsbrot ist ansonsten ein Brot, wenn es auch ohne Sauerteig hergestellt und eindeutig keine Oblate ist, und es wird nicht, wie es bei der römisch-katholischen Hostie der Fall ist, in die Hand verabreicht, sondern zusammen mit Wein auf einem goldenen Löffel dem Kommunikanten direkt in den Mund gereicht. Die Frage lautet also, *was* mag Andrej Petrowitsch nach Hause gebracht und auf den Schrank gelegt haben. Die Antwort ist für die Rezipienten aus dem Kulturbereich der Civis Orthodoxa[2] offensichtlich. Bei dem Brot, das Andrej Petrowitsch von der Kirche nach Hause mitgenommen hatte, handelte es sich um die sogenannte *Prosphore*, um das gesegnete Brot, welches nach der orthodoxen oder auch griechisch-katholischen Liturgie an die Gottesdienstteilnehmer verschenkt wird. Dieses Brot entstammt dem Brotlaib, aus welchem ein Teil konsekriert und als Kommunion abgegeben, der Rest dann an alle Anwe-

---

1 Zum Thema der Übertragungen von russischen Realien äußerte ich mich bereits bei der germanistischen Konferenz an der Pädagogischen Fakultät in Hradec Králové, am 29.10.2007.
2 Diesen Begriff verwenden wir hier anstatt der gängigen Bezeichnungen *Slavia Orthodoxa* und *Slavia Latina*, denn unter den zu behandelnden Texten befindet sich auch ein Text aus Rumänien, einem nicht-slawischen Land, das aber unter dem Einfluss der christlichen Orthodoxie steht.

senden verteilt wird. Theologisch betrachtet bedeuten diese Brote allerdings etwas ganz Anderes. Das verwandelte Brot stellt den Leib Christi dar, das nicht-verwandelte lediglich ein vom Priester gesegnetes Brot. Das, was dem Außenstehenden als eine Kleinigkeit im Text vorkommen mag, kann den Theologen oder Gläubigen irritieren. Und mit Recht.

Das Problem ist eigentlich hier nicht, *was* der Kater gefressen beziehungsweise nicht gefressen hat, sondern wie mit einer religiösen Realie (demonstriert durch einen Terminus) im Text umgegangen wird. Beiseite lassen wir die Diskussionen, ob es sich beim Kaminerschen Text um eine Übersetzung aus dem Russischen handelt, die von der Autorin selbst vollzogen wurde, oder um ein weiteres Original in einer Nicht-Muttersprache einer zweisprachigen Autorin. Die Antwort auf diese Frage ist unbedeutend im Hinblick auf die Tatsache, dass in dem Text ein nicht der Realität entsprechender Terminus gewählt wurde. Und da das Werk als ein deutschsprachiges Original für Übersetzungen in andere Sprachen zur Verfügung steht, ist es wahrscheinlich, dass eine falsche Wiedergabe einer bestimmten Realität dann auch in andere Übersetzungen tradiert wird. Die Motivation für die Einführung des Funktionaläquivalents *Hostie* ist rätselhaft. Ein Grund könnte die Uninformiertheit der Autorin sein, was ich bei einer gebürtigen Russin nicht für wahrscheinlich halte. Eine andere Ursache die Bemühung um die Informiertheit des deutschen Lesers, dem die orthodoxen Realien nicht bekannt sind, und / oder die Bemühung um eine erhöhte Spannung. Die Geschichte war hier vielleicht viel wichtiger als die konkrete russische Realie. Wenn ein Kater ein Stück, wenn auch gesegnetes, Brot auffrisst, ist es nicht so spannend wie im Falle einer Hostie, die mit der heiligen Kommunion assoziiert wird.

Das angeführte Beispiel zeigt ein translatorisches Problem, mit dem ich mich in meinem Beitrag befassen möchte, und zwar das Problem der Übersetzung eines religiösen Terminus in einem nicht-religiösen, sprich belletristischen Text. Mein Beitrag widmet sich dabei, wie schon sichtbar, der Übertragung von ostkirchlichen Termini[3] aus den slawischen[4] Sprachen ins Deutsche und Tschechische. Im Rahmen der ostkirchlichen Termini werden aufgrund der Textbelege die Termini der orthodoxen

---

3 Mit dem Begriff *ostkirchlich* sind die orthodoxe und die griechisch-katholische Kirche gemeint.
4 Eine Ausnahme stellt in einem Fall die rumänische, also eine nicht-slawische Sprache dar.

Kirche vorgezogen. Vor der eigenen Analyse soll aber vorerst die religiöse Sprache definiert werden.

Die religiöse Sprache kann als eine sakrale Sprache betrachtet werden , wobei sie sich textuell auf religiöse Weltbilder bezieht (cf. Beyer 2004: 7). Ihre Texte haben dann einen mythischen, rituellen oder theologischen Charakter (cf. Beyer 2004: 8), sind demzufolge oft poetisch stark strukturiert und tragen mit ihren realisierten sprachlichen Handlungen bestimmte Züge, erfüllen dabei bestimmte soziale und psychische Funktionen, die sich versuchsweise soziologisch, evolutionstheoretisch und kognitionspsychologisch erklären lassen (cf. ibd.). Zu unterscheiden ist ebenfalls die religiöse Sprache als ein allumfassendes Ganzes und die Sprache der Theologie als ihre Untergruppe. Als eine Subgruppe der theologischen Sprache gelte die Sprache der Liturgie, der die weiter zu behandelnden religiösen Termini angehören. Dieselbe Sprache der Liturgie wird seitens der Linguistik, vor allem in der Fachsprachenforschung und Stilistik, oft sehr unterschiedlich betrachtet, und zwar einerseits im fachsprachlichen Kontext, andererseits im Kontext des belletristischen Textes. Zu anderen Möglichkeiten der Beschreibung religiöser (inklusive theologischer) Sprache gehört die Positionierung derselben als sechster Funktionalstil (slowakische und polnische Linguistik, Mistrík, Grzegorczykowa) oder als Soziolekt / Gruppensprache (cf. Löffler 2005). Wir sind uns hier der Nähe des liturgischen Textes zum belletristischen Text bewusst, sprechen jedoch den liturgischen Termini ihren terminologischen Charakter nicht ab (cf. Hoffmann 1998). Dieser terminologische Charakter, der sich u. a. durch Eindeutigkeit, Definierbarkeit, Notionalität, Genauigkeit usw. auszeichnet, ist im liturgischen Text zu beobachten. Eine andere Rolle steht den Termini jedoch in rein belletristischen Texten zu, wo sie als Kulturrealien auftreten, was auch für die in Olga Kaminers Text genannte „Hostie" gilt. Dort bezeichnen sie die Merkmale einer fremden Kultur und Lebensweise, die für diese typisch sind. Sie zeigen eine fremde Kultur, so wie es auch Orts- und Eigennamen, Namen von Gerichten, typischen Gegenständen usw. tun. Der einstige termionologische Charakter ist dabei nicht von großer Wichtigkeit.

2 Termini als Realien in der Übersetzung

Die Übersetzungstheorie setzt sich mit der Übersetzung dieser Realien schon lange auseinander, und zwar im Kontext der sog. Äquivalenz-Forschung. Bereits Eugene Nida entwarf seinerzeit die „dynamische Äquivalenz", die er für die Bibelübersetzung vorschlug. Seine Übersetzung des Wortes *Lamm* als *Seehund* in der Eskimosprache in Anbetracht der Funktion der beiden Tiere für die beiden Gesellschaften ist mehr als bekannt. Ebenfalls bekannt ist weiter die Auffassung Mona Bakers in Bezug auf die sogenannte äquivalenzlose Lexik. Diese äquivalenzlose Lexik wird in der Regel entweder entlehnt, weil die Kultur des Ausgangslandes demonstrierend (cf. z. B. die Wörter *Borschtsch, Wodka, Samowar* usw.) oder im Sinne eines funktionalen Äquivalents übersetzt.

2.1 Die äquivalenzlose Lexik in der Belletristik

Was die terminologischen Lexeme in einem belletristischen Text angeht, wird auch hier von den Theoretikern eine eher instrumentelle als eine rein dokumentarische Übersetzung empfohlen, wenn der besagte Terminus z. B. in der Zielsprache und -kultur unbekannt ist und seine explizierte terminologische Bedeutung für die Funktion des Textes unwichtig ist (cf. Bílovesky 2005: 108 f.). Da die religiöse Lexik der orthodoxen Kirche im Bezug auf ihre Übersetzbarkeit ins Tschechische von einigen ÜbersetzungstheoretikerInnen auch für eine äquivalenzlose Lexik gehalten wird, standen die „davon betroffenen" Übersetzer vor der Wahl zwischen dem Beibehalten der kulturbezeichnenden äquivalenzlosen Lexik und der zu erzeugenden Verständlichkeit für den Leser. Die anzuwendenden Arbeitsweisen wären dann die von den Stammvätern der tschechischen Translatologie, Jiří Levý und Anton Popovič, etablierten Methoden der Naturalisierung (cf. Levý 1983) und Exotisierung (cf. Levý ibd.).

Bei diesem auf den ersten Blick sehr klaren und aufschlussreichen Verfahren kann man sich jedoch die Frage stellen, ob auch ein religiöser Terminus auf eine solche Art und Weise substituiert werden darf und ob eine freiere Übersetzung nicht zu größeren Mißverständnissen führt als z. B. die Lehnübernahme eines exotisierten fremden Begriffes (wie etwa in Lena Goreliks Buch *Die Hochzeit in Jerusalem*). Eine erheblich ältere

Übersetzung als der Text von *Alle meine Katzen* ist die Übersetzung eines serbischen Volkslieds von Otto F. Babler (1901-1984), das ungefähr in den 30er Jahren erschienen ist[5]:

> Himmelfahrt Christi
>
> Als Herr Jesus aufstieg hoch zum Himmel,
> bildete sich dort ein froher Reigen,
> in dem Reigen alle Engel Gottes,
> auch Erzengel mit den großen Flügeln,
> in dem Reigen tanzt der heilge Täufer
> und die heilgen Nikolaus und Petrus
> auch der <u>Mitar</u> und der heilge Georg.
> Diesen Reigen führt die heilge Mutter,
> Mit ihr die zwei heilgen Seelen,
> <u>heilger Freitag</u> und der <u>heilge Sonntag</u>,
> und sie alle singen miteinander:
> „Freut euch im Himmel, Engelschöre,
> und auf Erden alle Christenmenschen!"
> (Babler, s. a.: l.; Hervorh. v. mir, E.M.H.)

Auf den ersten Blick scheint sich das Gedicht um zwei personifizierte Tage zu drehen. Allerdings handelt es sich eigentlich um zwei weibliche Heilige, die im südslawischen Bereich als „sveta Petka" und „sveta Nedelja", bekannt sind. Unter tschechischen Orthodoxen und Griechisch-Katholiken sind sie auch unter ihren ursprünglichen griechischen Namen, wenn auch in einer leicht bohemisierten Form, bekannt, also als „ heilige Paraskeva" und „heilige Kyriaka".

Nach Milan Hrdlička (1998: 84) ist der Prozess der Übersetzung nicht nur ein Prozess der Verluste, sondern auch eines Findens von neuen Lösungen. So hatte auch Babler die Wahl zwischen dem Behalten der beiden slawischen Namen, die den deutschsprachigen Rezipienten nicht sehr bekannt sind, was somit einen Verlust der personifizierenden Charaktere bedeuten würde, und zwischen einer Personifizierung, die das Genderspezifikum der beiden weiblichen Heiligen vollkommen beseitigt. Diese Änderung sieht dann der Sachkundige in der inhaltlichen Ebene des Gedichtes. Während im serbischen Original ein Chor orthodoxer Heiliger tanzend vor Christus tritt, geht dies in der deutschen Version verloren.

---

5 Bei dem Text handelt sich um ein loses, einseitiges, nicht datiertes Manuskript, welches im Nachlass des Übersetzers gefunden wurde.

Unter den in Serbien verehrten Heiligen treten nun zwei personifizierte Tage auf, die der Übersetzung eine märchenhafte Atmosphäre verleihen, die den sakralen Rahmen des Gedichtes sprengt. Außerdem kommt auch die ursprüngliche weibliche Triade des Originals vor, wo neben der Mutter Gottes beide weibliche Heilige auftreten. Unklar ist weiter auch die Übersetzung des Namens *Mitar*. Aus dem Kontext kann es sich um den heiligen Dimitrij handeln, formal lässt das Lexem auch einen Deutungsversuch im Sinne der Bedeutung „Mitar als der biblische demütige Zöllner" zu, obwohl dessen Auftreten in dem Text keine Funktion hätte. Interessanterweise übersetzte Babler auch ein ähnliches bulgarisches Gedicht zum Thema der beiden Heiligen ins Tschechische, wo ihre Namen auch personifiziert wurden, diesmal als *svatý Pátek* und *svatá Neděle*.

2.2 Die religiöse ostkirchliche Nomenklatur im Tschechischen und Deutschen

Aufmerksamkeit verdient des Weiteren noch die Tatsache, dass es sich in der tschechischen Sprache bei der religiösen Lexik der Orthodoxie doch nicht hundertprozentig um eine äquivalenzlose Lexik handelt. Die tschechische orthodoxe Nomenklatur existiert seit dem Ende des 19. Jahrhunderts (cf. Hrdinová 2007: 299-312)[6], ihre Anzahl beträgt etwa 200 Lexeme samt Ableitungen, davon etwa 80% Termini. Natürlich ist diese terminologische Klassifizierung gewissermaßen problematisch, wie es auch bei der Sprache der Politik der Fall ist (cf. Fluck 1991: 75 ff). Bei den Termini handelt es sich dann um *nomina agentis, nomina instrumenti, Feste, Bräuche, Abstrakta (theologische Termini)* usw. Die Nomenklatur kennt keine Kodifikation, nur eine „interne Norm" mit vielen Abweichungen und Varianten. Typisch sind für die tschechische religiöse Terminologie der Orthodoxie:

– Entlehnungen aus dem Griechischen und Altkirchenslawischen (*chirotonie, rukopoložení, prisnoděva, jerej*) wie auch aus lebendigen slawischen Sprachen (*majka, mátuška, kamilavka, koljivo*), hybride

---

6 Die Geschichte der tschechischen orthodoxen Nomenklatur hängt mit der Geschichte der tschechischen orthodoxen Kirche eng zusammen, mehr dazu siehe Aleš 1996.

Bildungen (*rjasofor*), Zitatwörter (*ispolaeti despota, Hospodi pomiluj, Mnohaja ljeta*);
- Homonyme zu jeweils existierenden Wörtern (dieses auch für Fachsprachen typisch, cf. Möhn & Pelka 1984: 14-19) (*svatá Padesátnice, oltář, trapéza, apoštol*);
- Meiden allgemeinchristlicher Begriffe (sprich „römisch-katholischer" Lexik, siehe oben); mehr zum Charakter der tschechischen christlich-orthodoxen Terminologie siehe z. B. Hrdinová 2007: 299-312.

Für die weitere Entwicklung ist Folgendes vorauszusagen: Vergrößerung von Wortfamilien und Wortfeldern, Bildung von Ableitungen und Synonymen, bei Entlehnungen Anpassung an das tschechische Sprachsystem unterschiedlicher Art und Weise, neue Entlehnungen (auch von einzelnen Übersetzern religiöser Texte), Entstehung von synonymischen Reihen (*rjasofor, poslušník, dokimos*), Tendenzen zum Sprachpurismus (*prisnoděva* wird zur *vždypanna*).

Einen ähnlichen Charakter hat ebenfalls die Terminologie der orthodoxen Kirchen in der deutschen Sprache. Die Anzahl wie auch die Beziehung zwischen dem terminologischen und nicht-terminologischen Teil entsprechen der tschechischen Realität. Trotz einiger Versuche der Kodifikation gibt es keine zentrale, wenn auch eine interne „Norm". Zu den Merkmalen der deutschen Nomenklatur gehören:

- eine Vielzahl an Entlehnungen aus dem Griechischen (der Akathistos, das Analogion, das Phelonion, die Ikonostase, der Hegumen) und in geringerer Form aus dem Altkirchenslawischen und aus lebendigen Sprachen (die Matuschka, die Kolyba);
- selten Homonymie;
- Verwendung von allgemeinchristlicher Lexik (Kloster, Mönch, Mutter Gottes, Kirche, die Krankensalbung, das Bittgebet, der Vorleser).

Zu einer möglichen Entwicklung kann Folgendes behauptet werden: Es kann eine gewisse Angleichung an andere Konfessionssprachen erfolgen, wobei nur diejenige Terminologie spezifisch bleibt, für deren Begriffe keine realen Äquivalente im deutschen Kulturraum bestehen (wie z. B. *die Ikone, das Phelonion* usw.).

3 Die religiöse ostkirchliche Nomenklatur in der Übersetzung

Obwohl die beiden Terminologien nicht mehrheitlich bekannt sind und im tschechischen wie auch im deutschen Kulturbereich eher einer Minorität angehören, sind sie präsent, was eigentlich die Verwendung von Funktionaläquivalenzen, z. B. aus dem römisch-katholischen Wortschatz, in Frage stellen würde. Diese Frage würde vor allem in der jetzigen Übersetzunsgforschung an Wichtigkeit gewinnen, wo der Anteil der Kultur an der Übersetzungsproduktion und die Beteiligung von minority cultures auch sprachlich gefördert werden (man denke an recht unterschiedliche Strömungen wie die interkulturelle Kommunikation, die Skopostheorie oder die Postkolonialtheorie). Hinzu kommt die Tatsache, dass nicht einmal der Wortschatz der römisch-katholischen Kirche im tschechischen Sprachraum allgemein bekannt ist. Allgemein bekannt ist er auch im deutschsprachigen Kulturbereich nicht ganz, wenn auch bekannter als in Tschechien[7].

Ein tschechisch-deutscher Übersetzer war bisher mit der oben genannten Problematik nicht vertraut, weil er über die Sprach- und Kulturkompetenzen im Bereich Deutsch-Tschechisch verfügte, wo er mit exotischeren Realien nicht konfrontiert war. Eine Ausnahme stellten Persönlichkeiten wie der erwähnte Otto F. Babler dar, der versuchte, mehrere Kulturen zu verbinden, und dabei oft nach einer gewissen Exotik suchte.

Die 90er Jahre und die mit ihnen kommende Globalisierung zeigten, dass eine Anzahl Deutsch schreibender junger AutorInnen nicht deutschstämmig war, sondern dem Sprach- und Kulturbereich der Civis Orthodoxa angehörte[8], wie z. B. das Ehepaar Kaminer, Lena Gorelik, Aglaja Veteranyi usw. Obwohl sich diese Autoren nicht als „orthodoxe" Autoren profilieren und z. B. Wladimir Kaminer und Lena Gorelik jüdischer Abstammung sind, beschreiben sie die Realität ihrer Heimatländer, natürlich auch in Bezug auf die auftretenden orthodoxen Realien. Ihre Werke erscheinen in der deutschen Sprache und werden in andere Sprachen übersetzt, z. B. auch ins Tschechische. Welche Probleme das Auftreten von „dritten Realien" in der Übersetzung aus dem Deutschen ins

---

7 Dieser Zustand entspricht der gesellschaftlichen und politischen Situation in der ehemaligen Tschechoslowakei nach 1948 und der staatlich angeordneten Atheisierung seitens des kommunistischen Regimes.
8 Ebenfalls sind etwa türkischstämmige, auf Deutsch schreibende AutorInnen bekannt usw.

Tschechische bringt, zeigt nachfolgendes Beispiel. Es zeigt auch eine mögliche und unserer Meinung nach gut anwendbare Übersetzungsstrategie in Anbetracht der religiösen Termini im belletristischen Text.

4 Mögliche Vorgehensweisen

Auszüge aus dem Text *Warum das Kind in der Polenta kocht* von der rumänisch-deutschen Autorin Aglaja Veteranyi (1999) wurden als Textvorlagen im Rahmen des Tschechischen Studentenübersetzungswettbewerbes verwendet. Der Text ist in einem nicht komplizierten Deutsch verfasst (die Erzählerin ist ein rumänisches, rumänisch-orthodoxes, sich an die neue Lebensweise in Deutschland gewöhnendes Mädchen), ohne jugendsprachliche Elemente, und setzte von Anfang an keine translatologischen Probleme voraus. Auf Seite 16 jedoch erzählt die Kleine, welche Gerichte sie gern hat. Unter anderen Gerichten, zu welchen z. B. gebratene Äpfel in Teig oder ungarische Salami zählten, befand sich auch der *Grieskuchen für die Toten mit Smartiesdekorationen*. Die Studentin, welche diesen Text übersetzte, wusste nicht, um welches Gericht es sich handelte, suchte im Internet und in verschiedenen Nachschlagewerken, blieb aber völlig ratlos. Erst nach einer Recherche stellte sich heraus, dass es sich um das rituelle, vom Priester zuerst geweihte Essen handelt, welches im Rahmen eines Trauergottesdienstes (sprich Parastas) in den Ostkirchen von den Hinterbliebenen und anderen Gläubigen gegessen wird. Natürlich sind aber in manchen Gebieten auch spezielle Kuchen bekannt, die bei Familienfeiern gegessen werden.

Für die Benennung des erwähnten Weizen-Gerichtes gibt es im Tschechischen zwei ostslawische Entlehnungen, *koljivo* und *kuťa*, (man vergleiche mit dem im Tschechischen unbekannten deutschen Äquivalent *die Kolyba*), welche im tschechischen Kontext nicht nur orthodoxe Russen und Ukrainer, sondern auch Tschechen verwenden. Die bei einer Begräbnisfeier gegessenen Kuchen einer bestimmten Art sind hierzu nicht bekannt. Was soll jedoch der Übersetzer in diesem Falle machen? Soll er sich für die wortwörtliche Übersetzung entscheiden, sich einiger Konnotat-Verluste bewusst, oder soll er Lexeme verwenden, die den tschechischen Rezipienten unbekannt sind und der rumänisch-orthodoxen Realität nicht ganz entsprechen? Und was soll er machen, wenn das Lexem oder gar der Text als Ganzes die Möglichkeit des wortwörtlichen

Übersetzens nicht zulassen und eine Substituierung im Sinne von Hrdlička & Gromová (2003) verlangen? Ältere Übersetzer aus slawischen Sprachen ins Deutsche (wie z.B. O.F. Babler) entschieden sich oft für die katholische Lexik aufgrund ihrer Bekanntheit, die theologischen und sachlichen Unterschiede außer Acht lassend. Die Studentin entschied sich für eine wortwörtliche Übersetzung mit Fußnotenanmerkung. Wichtig war hier die Beschreibung der Realie im Sinne ihres Materials (Weizen), wobei natürlich erwähnt wurde, dass die Form des Gerichtes unterschiedlich sein kann.

In der im Jahre 1999 in Zlín veröffentlichten Übersetzung von Eva Hermanová wurde eine wortwörtliche Übersetzung angewendet: *krupicový koláč*. Die Übersetzerin hat sich an die lexikographische Bedeutung des Wortes *Gries* gehalten, ohne die Zweitbedeutung im Sinne von *Weizen* oder *Getreide* in Betracht gezogen zu haben. Die religiöse Bedeutung des Gerichtes fand die Übersetzerin nicht wichtig und beschäftigte sich nicht weiter damit. Es soll nun nicht darüber geurteilt werden, welche der verwendeten Strategien „besser" wäre. Da jedoch die Heldin des Buches und ihre Eltern mehrmals ihren Glauben beteuern und diesen als ein Zeichen ihrer rumänischen Identität ansehen, halten wir hier die Bezugnahme auf die Existenz eines „sakralen Gerichtes" für mehr als angebracht. Die kommentarlose Übersetzung ‚ein Grieskuchen für Tote' kann den Leser verwirren; durch die Erwähnung dieses Gerichts an einer unerwarteten Textstelle wird Unruhe geschaffen. Natürlich kann damit argumentiert werden, dass auch das Originalwerk keine Fußnoten beinhaltete und einen breiten Raum für Interpretationen zuließ. Dabei soll jedoch ein deutlicher Unterschied nicht übersehen werden: Der Leser des deutschen Originaltextes nimmt die erwähnte Realie als verfremdet wahr; als eine Art eines rumänischen Exotismus. Ein tschechischer Leser aber könnte Schwierigkeiten haben zu differenzieren, ob die Realie der deutschen Ausgangssprache oder eher dem rumänischen Hintergrund der Ich-Erzählerin angehört. Dabei würde die Realie eine gewisse „Unruhe" stiften, nicht auf eine bestimmte Kultur hinweisen und somit ihre Bedeutung verlieren – ganz abgesehen von der religiösen Bedeutung, die ihr im christlich-orthodoxen Kontext zusteht.

5 Abschluss

Wie ersichtlich wurde, zeigen Strategien, wie etwa eine wortwörtliche Übersetzung (Hermanová), die Verwendung eines Funktionaläquivalents (Babler, Kaminer[9]) und eine kommentierte, wortgetreue Übersetzung (die studentische Übersetzung) mehrere Auswahlmöglichkeiten, nach denen die translatorischen Lösungen bei der Übertragung von religiöser Terminologie getroffen werden können. Wie schon erwähnt, verwandelt sich ein religiöser Terminus in einem belletristischen Text in eine Realie. Trotzdem ist jede Realie an sich dann mit einer gewissen Kultur verbunden und gehört als solche zu ihrem Kulturgut (cf. das Zitat des österreichischen Philosophen Ludwig Wittgenstein: „Die Grenzen meiner Sprache sind die Grenzen meiner Welt"). Deshalb sollte sie unseres Erachtens je nach Möglichkeit formal und semantisch „akzeptiert" werden, was vor allem für die religiösen Realien gilt und nicht zuletzt auch dem Leser zugute kommt.

Literatur

Aleš, Pavel 1996: *Pravoslavná církev u nás. Přehled dějinné cesty*, Olomouc: Pravoslavná církev v českých zemích a na Slovensku

Ambros, Pavel (ed.) 2007: *Fórum Velehrad I. Communio ecclesiarum – očištění paměti*, Olomouc: UP

Beyer, Klaus 2004: *Religiöse Sprache. Thesen zur Einführung*, Münster: UTB

Fluck, Hans R. 1991: *Fachsprachen. Einführung und Bibliografie*, Tübingen: Narr

Hoffmann, Lothar 1988: *Vm Fachwort zum Fachtext*, Tübingen: Narr

Hrdinová, Eva 2007: „Je možné najít stejný jazyk mezi konfesemi? (Zamyšlení nad problematikou náboženské slovní zásoby pravosláví.)", in: Ambros (ed.). 2007: 299-312

Hrdlička, Milan 1998: *Translatologický slovník*, Praha: JTP

Hrdlička, Milan & Edita Gromová (eds.) 2003: *Antologie teorie odborného překladu*, Nitra / Ostrava: Ostravská univerzita

---

[9] Auch wenn es sich im Falle Kaminers nicht um eine Übersetzung handelt, sondern um ein Original, sprechen wir von einer Funkionaläquivalenz.

Kufnerová, Zlata et al. (eds.) 2003: *Překládání a čeština*, Jinočany: J & J
Levý, Jiří 1983: *Umění překladu*, Praha: Odeon
Löffler, Heinrich 2005: *Germanistische Soziolinguistik*, Berlin: Schmidt
Straková,Vlasta 2003: „Termín jako překladatelský problém", in: Kufnerová et al. (eds.) 2003: 90-96

Der übersetzerische Raum als ein synergetisches System?

Tamara Janßen-Fesenko (Bad Zwischenahn)

Abstract

This article deals with the problem of the constants and variables of the translation space from a lingua-cultural and synergistic point of view. The research is based on interpreting the space as a method of the perception of reality with the help of language and culture. We regard the translation space as an interaction between language, culture and the psychotype of translator. Translation is the process of the meaning transition from the source language /culture into the target language/culture. Can we interprete the translation space as a synergistic system? What constants and variables does the space consist of? What role does image play in the meaning transition from the source language/culture into the target language/culture?To what extent can we call the translation „culture communication"? We interprete the translation space as a synergistic (self-organizing) system, consisting of the following constants: the field of an author, the field of a translator and the field of a recipient.These fields also comprise main and perifery components,which should be interpreted as constant and variable components.

1 Übersetzung: klassische Grundlage der modernen Betrachtungsweise

Heutzutage wird von den meisten Forschern die Ansicht geteilt, dass die Übersetzung zu dem einzigartigen Bereich der Redetätigkeit gehört, in dem nicht nur unterschiedliche Sprachen, sondern auch unterschiedliche Kulturen und Denkweisen zusammentreffen.

Mit Recht wird die Übersetzung in vielen Studien sowohl als ein verbales Phänomen interpretiert, das die Information vermittelt (Übersetzung als Sprachkontakt), als auch als ein Phänomen der Kultur, das die kulturellen Einstellungen, Traditionen, Normen und Konventionen eines Volkes aufbewahrt, reproduziert und bekanntmacht.

Als Objekt des Übersetzens ist traditionellerweise der Ausgangstext (die Ausgangsaussage, AT) zu betrachten: „Betrachtet man den Text als verbalisierten Teil einer Soziokultur, dann bedeutet übersetzen, den Text einer Ausgangskultur in eine kulturell andere Zielkultur zu übertragen, also neu zu gestalten" (Lebedewa 2007).

Die stilistische Unkorrektheit dieser These unbeachtet gelassen, möchten wir die Frage klären, inwieweit der Zieltext als „Neugestalt" und der Übersetzer als Schöpfer oder Nachahmer zu betrachten ist. Nicht unbestreitbar scheint auch die folgende These zu sein: „Entscheidend ist, welches Ziel (Skopos) der Übersetzer favorisiert, ob er fremde Elemente in die Zielkultur einführen (verfremden) oder/und die Gedanken des Ausgangstextes für die Zielgruppe verständlich machen (einbürgern) will. Da Sprachnormen und Rezeptionsbedingungen permanenten Veränderungen unterliegen, verändert sich auch die sprachliche Herausforderung" (Lebedewa 2007). Entscheidend aber ist nicht, *was der Übersetzer will*, sondern die Gesamtheit von Faktoren subjektiver und objektiver Art, also der übersetzerische Raum.

Die Analyse der Übersetzung im Kontext der synergetischen Linguistik ermöglicht uns, den übersetzerischen Raum als Zusammenwirkungssystem von unterschiedlichen Sprachen und Kulturen im Rahmen der heterogenen Felder (d.h. der Felder *des Autors*, *Übersetzers*, *Textes* und *der Rezipienten*) zu interpretieren. Der Text tritt dabei als Knotenpunkt der Sprachen und Kulturen auf, in dem die Sinne und Sinnbilder aktualisiert werden. Also, die Übersetzung ist als sinntransponierender Prozess (aus der Ausgangskultur/Ausgangssprache in die Zielkultur/Zielsprache) zu definieren, der im übersetzerischen Raum durchgeführt wird. Der Zieltext kann als „harmonisch" bestimmt werden, wenn er in der Zielsprache und Zielkultur denselben Sinn und dieselben Sinnbilder wiedergibt wie der Originaltext in der Ausgangssprache und Ausgangskultur.

Der Zieltext ist unseres Erachtens fast immer eine „Entfernung" vom Original, vom Ausgangstext. Die Erfassung, Interiorisierung und Integration des Originals in die eigene persönliche Erfahrungs- und Kulturwelt setzt solide Kenntnisse des kulturellen und historischen Ambientes des Originals sowie auch das Erfassen *des Sinns* und *der Sinnbilder* des Originals voraus. Die Frage *Ist der Sinn des Originals leicht zu decodieren?* ist nicht leicht zu beantworten. Letztlich weiß ohnehin nur der Autor, wen, was und wie er in dem Originaltext gemeint hat. Aus Sicht der Übersetzungsprozedur kann man die Übersetzung grundsätzlich nur als Entscheidung für *eine der* Versionen interpretieren, sie ist Bekenntnis zu *einer der* Auffassungen, zu *einem der* Verständnisse, zu *einer der* Ansichten vom Original und damit zu *einer Perzeption seines Inhalts*. Das

Übersetzen verstehen wir als einen „gewollten", aber keinen „neutralisierten" und keinen „neutralisierbaren" Vorgang, auch keinen „automatischen" Prozess, der von sich selbst unbewusst passieren kann, weil die meisten Übersetzer den Zieltext als eine bewusste und bewusst gemachte Arbeit, als Streben nach einem Resultat, charakterisieren.

Von großer Relevanz ist der Sprachpsychotyp des Übersetzers, weil der Übersetzer immer der Angehörige einer literaturtheoretischen/philologischen „Glaubensgemeinschaft" ist: Im Sprachkolorit und in Sprachversionen ist er Vertreter von bestimmten Theorien, Strömungen, Interpretationsvorbildern, Mustern, Philosophien etc. Je nach Zielsetzung oder Glaubenskongregation ist er originalfrei oder originalzentriert. Der Übersetzer ist nicht zuletzt ein Individuum, ein bestimmter „Psychotyp", der von seinem „Ich" geleitet wird, darum ist die Übersetzung ein Transfer mit jeder Menge von Leistungsimplikationen und Gefühlsnuancen. Der Vergleich von Übersetzungen stellt das „Springen" zwischen Übersetzungsstilen, das Hinterfragen der Sprachniveaus, das Aufzeigen der Relativität von Richtig und Falsch fest; die Übersetzungen zeigen immer sehr große Unterschiede in einzelnen Begriffen, bei Satzverlauf und Stil, beim Sprachkolorit, bei der Atmosphäre, die eine Übersetzung aufbaut.

Als Illustration zu dieser These führen wir die russischen Übersetzungsversionen folgender Replik aus B. Brechts *Mutter Courage und ihre Kinder* an:

DER WERBER. Du, da kommt ein Planwagen. Zwei Weiber und zwei junge Burschen. Halt die Alte auf, Feldwebel. Wenn das wieder nix ist, stell ich mich nicht weiter in den Aprilwind hin, das sag ich dir (Brecht 1980: 127).

Übersetzungsvariante 1:

Werbowtschik. Gljadi, sjuda edet furgon. Dwe baby i dwa parnja. Saderzhi staruchu, feldfebel. Esli i na etot ras pschik, ja boljsche na aprelskom wetru sjabnutj ne stanu, tak i snai (Apt 1972).

Übersetzungsvariante 2:

Werbowtschik. Feldfebel, gljanj, furgon! Dwe baby .... A dwoe, nikak, parni! Ty sagowori staruche suby, poka ja s parnem saimusj. Uzh esli seichas ne wydet, ja gretjsja poidu, chego srja mersnutj na wetru! (Sachoder & Rosanov 1964).

Als „harmonische" kann die zweite Version betrachtet werden, da die Sinnbilder des Originaltextes durch adäquate Sinnbilder und sinntransponierende Sprachmittel („gljanj", „sagowori suby","srja mersnutj na wetru") wiedergegeben sind.

Und da entsteht ein Gedanke, welchen wir schon vorher verbalisiert haben:

Ist die Übersetzung immer ein „eigenes" Produkt, „Neugestalt" oder eine „Ersatzlösung"? Ist der Übersetzer ein „Verführer", der uns ermöglicht, auf der Ebene der Muttersprache das fremdkulturelle Original zu verstehen?

Der Autor spiegelt in seinem Text nicht nur die Realität wider, sondern schafft auch seine eigene Wirklichkeit; seine Sprache ist niemals nur das Abbild der „objektiven" Realität. Und wie ist es mit der Übersetzung? Ist die Übersetzung „Nachahmung" des Originals oder auch „wiederholte" Realität?

2 Zu Konstanten des übersetzerischen Raums aus modern-synergetischer Sicht

Im Rahmen des synergetischen Kenntnisformats verläuft der Übersetzungsprozess folgenderweise: Der Übersetzer setzt nicht die verbalen Ausdrucksmittel differenter Einzelsprachen in Beziehung, sondern Konzepte über die bezeichneten Gegenstände aus zwei unterschiedlichen Kulturen, die in seinem Gedächtnis, in seinem konzeptuellen System gespeichert und repräsentiert sind. Er soll Bedeutungen jedes Mal neu rekonstruieren, wobei neuronale Prozesse, die sein Erinnern steuern, zusammenspielen. Der Übersetzer generiert Bedeutungen durch einen fortwährenden Prozess von Ein-, Über- und Umschreibungen, nicht nur durch eine direkte und exakte Wiedergabe von symbolischen Strukturen. Dabei spielt das Feld des Textes eine führende Rolle, das die kulturellen/sozialen Rahmen und Gegebenheiten von Texten, ihren historischen Schreibzusammenhang und auch mögliche Textrezipienten etc. umfasst. Dieses Feld ist kein statisches/"starres" Konzept, weil es immer in der konkreten Kommunikationssituation subjektgebunden ist; mit anderen Worten umfasst dieses Feld interne, im Übersetzerwissen „verwurzelte" und an das konkrete Subjekt gebundene Wissenskontexte, wodurch die vom Übersetzer subjektiv gedeuteten Sinnbilder des Ausgangstextes/der Ausgangsäußerung festgelegt werden.

Die Übersetzung stellt unseres Erachtens einen Prozess der „Identifikationssuche" dar, sie erstellt eine besondere kulturelle Identität, reflektiert die Interessen der beiden Kulturen. Wenn das Original zur Bildung von Identität des Autors beiträgt, so spiegelt das Feld der Rezipienten bei der Übersetzung kulturelle Identitäten der Rezipienten und des Autors wider. Für die Rezipienten ist es wichtig, die Zwänge der eigenen und der „fremden" kulturellen Situation zu erkennen und damit die Übersetzung als Selektion wahrzunehmen, die andere sprachliche Möglichkeiten ausschlägt. Das Rezipientenfeld ist also ein Teil der Selbst-Erkenntnis und der Erkenntnis der eigenen und fremden kulturellen Normen, ein Teil der bestimmten sozial-politischen Beziehungen, welche sich in die Übersetzung einschreiben: Denk-, Wahrnehmungs- und Verhaltensmuster, dominante Wertkonzepte und Wertorientierungen einer Gesellschaft, ihre Einstellungen und soziale Repräsentationen, Traditionen, Bedürfnisse, Interessen, ideologische Prägungen, Erwartungen, Erfahrungen, Sitten, Normen und Bräuche etc. Aus dieser Sicht kann man den Zieltext als verbale Projektion der rezipierenden Kultur und ihrer diskursiven Strategien bezüglich des Ausgangstextes betrachten; der Zieltext soll aber Konventionen, Strategien, Normen der Zielkultur nicht vollständig übernehmen oder sie allesamt nachbilden, sondern eine bestimmte „Verfremdung" von der Zielkultur bewahren, was durch das Feld des Textes bestimmt wird.

Wie ist dies realisierbar? In dieser Hinsicht ist es zu betonen, dass jedes sprachgeprägte Denken (auch das Denken des Übersetzers) erst die „Sache" konstituiert, wobei das konzeptuelle System des Menschen und seine kognitive Basis von besonderer Bedeutung sind. Der Übersetzer bedarf zur Herstellung von Zieltext-Kohärenz einer über die sprachliche Äußerung hinausgehende Repräsentation.

Aus synergetisch-kognitiver Sicht ist das Feld des Textes ein Gebilde von sprach-kognitiven Operationen, welche verbale und enzyklopädische Erfahrungs- und Wissensinhalte des Bewusstseins des Übersetzers sowie auch dessen Erwartungen umfassen. Das Textfeld muss in enger Relation zu den Konzepten des Autors und der Rezipienten stehen, welche wiederum kulturhistorischen und individuellen Veränderungen unterliegen. Es ist zu bemerken, dass nur der Übersetzer konzeptuelle Zusammenhänge sowie Zusammenhänge von semantisch-logischen Strukturen, referentiellen Sachverhalten und sozio-kommunikativem Rahmen zusammenstellt. Somit ist die Herstellung von Textkohärenz keine Texteigenschaft, sondern das Resultat sprach-kognitiver Prozesse im Textfeld, wenn der Zieltext die Bedürfnisse, Erwartungen und Wissensvoraussetzungen der Rezipienten und die Vorgaben des Auftraggebers berücksichtigt. Der Übersetzer kann jene Information übermitteln, aber diese Information soll geeignet sein, eine optimale Einfügung der ausgangskulturellen Elemente in die neue zielkulturelle Umgebung zu gewährleisten, eine „Bedeutungswiederansiedelung" in zielkulturellen Kontexten zu sichern. Dies passiert nur dann, wenn der Übersetzer seinen Zieltext so formuliert, dass dieser Text mit kulturgeprägtem Weltwissen des Autors und der Rezipienten zusammenwirkt; der „harmonische" Zieltext wird also durch Zusammenwirken der Felder des Übersetzers, des Autors, der Rezipienten und des Textes bestimmt.

Der Übersetzer soll auch sein Sprachpotential ausschöpfen, um die vom Autor im Originaltext strukturierte Wirklichkeit neu/anders zu strukturieren. Er strukturiert also die „wiederholte" Wirklichkeit: Die vom Autor vermittelten Inhalte und Sinnbilder sind nicht von der Sprache ablösbar, in der diese Inhalte erstmals formuliert wurden. Der Übersetzer ermöglicht die semiologische Kommunikation mit Trägern einer anderen Kultur durch Neustrukturierung der von ihm interpretierten (also wiederholten) Wirklichkeit des AT-Autors. Dies ist nur dann möglich, wenn die fremde Mentalität und die in das individuelle Bewusstsein des Autors „implantierten" kulturellen Sichtweisen, Bilder, Sinn- und Vorbilder und auch Normen und Konventionen dem Übersetzer als Denk-, Wahrnehmungs-, Deutungs- und Verhaltensweisen sowie besondere soziokulturelle Eigenarten ebenfalls in das individuelle Bewusstsein des Übersetzers „implantiert" wurden, was eigentlich das Feld des Übersetzers beinhaltet.

Und nun zu unserer These: Der übersetzerische Raum aus synergetischer Sicht ist als multidimensionales, multi-aspektuelles Phänomen zu verstehen, weil ihm multi-aspektuelle Kenntnisse zugrunde liegen und seinen kognitiven Hintergrund bestimmen. Der multi-aspektuelle Charakter dieser Kenntnisse erlaubt uns über ihr besonderes Format zu sprechen, das mit simplen Elementen oder Charakteristiken nicht beschrieben werden kann. Anders gesagt, solche multi-aspektuellen Kenntnisse gehören nicht zu stereotypen Kenntnissen, die mit der bestimmten Sprachform assoziiert werden. Als optimales Format für die Forschung und Beschreibung des übersetzerischen Raums wird von uns das synergetisch-kognitive Format erarbeitet und in diesem Beitrag beschrieben.

Solch ein Format umfasst in seiner Struktur unterschiedliche kognitive Kontexte des Erfassens der Felder des Textes, des Übersetzers, des Autors und der Rezipienten und ermöglicht uns, Kenntnisse über die unterschiedlichen Aspekte einer und derselben Tatsache – in unserem Falle über den übersetzerischen Raum – zusammenzubringen.

Zur Illustration unseres Konzepts betrachten wir die Konstanten des Übersetzerfeldes. Es scheint offensichtlich zu sein, dass der Übersetzer mit seiner Tätigkeit nicht seinem privaten, sondern dem gesellschaftlichem Bedürfnis nachkommt (das heißt, er macht nicht, *wie und was er will*). Dabei geht er von dem Motiv aus, das von der Gesellschaft (seiner kulturellen Umwelt) angeordnet wird. Mit anderen Worten: Gesellschaftliche Zweckbestimmung der Übersetzungstätigkeit gehört zu ihren Hauptcharakteristika. Das Ziel des Übersetzens ist die Produktion von Texten (Aussagen) nach dem Sozialauftrag zur Überwindung von sprachlichen, ethnischen und kulturellen Barrieren. Das Produkt der Übersetzungstätigkeit soll also diesen sozialen Forderungen entsprechen.

Als konzeptuelle Konstanten des Übersetzerfeldes werden von uns folgende Komponenten betrachtet:

a) Subjekt b) Objekt c) Verfahren d) Übersetzungsvorgang e) Rezipient f) Produkt

Als Übersetzungssubjekt tritt der Übersetzer auf, der sich als Kommunikationsvermittler in dem Falle erweist, wenn Kommunikationscodes der Kommunikanten nicht übereinstimmen. Als Objekt dient der zu übersetzende Ausgangstext/die zu übersetzende Ausgangsaussage. Unter Übersetzungsverfahren wird von uns Art und Weise der Übersetzung verstanden, je nach dem bestehenden sozio-kulturellen Auftrag (wörtliche, literarische Übersetzung, Fachübersetzung etc.). Der Übersetzungsvorgang wird von uns als kognitionssprachliche, translationsmodifizierende Tätigkeit interpretiert. Der Rezipient ist bei der Übersetzungstätigkeit zu beachten, weil durch ihn in bestimmter Hinsicht Ziel, Verfahren, Bedarf etc. bedingt werden. Als Produkt des Übersetzungsprozesses tritt eindeutig der laut der existierenden Konventionen, Sprachnormen und Aufträgen produzierte Zieltext/die produzierte Zielaussage auf. Diese Konstanten treten ihrerseits als Kern- und Peripheriekomponenten der Felder des Textes und der Rezipienten auf und werden durch andere Komponenten detailliert charakterisiert. Das Subjekt wird durch die Peripheriekomponenten „Umgebung" und „Mittel" kontextuell aus neuer Betrachtungsweise beschrieben. Die Umgebung der Übersetzung ist die soziokulturelle Gesellschaft (mit bestimmten Zeit- und Raumangaben), wo die Kommunikation realisiert wird. Als Mittel wird bei der Übersetzung (wie bei jeder anderen sprach-kognitiven Tätigkeit) das (menschliche oder künstliche) Gehirn benutzt. Das Objekt wird durch die Komponente „Ziel" charakterisiert. Als Übersetzungsziel wird die Produktion der Zieltexte (ZT) (oder Zielaussagen) anhand der angegebenen Ausgangstexte (Ausgangaussagen) nach dem bestimmten sozio-kulturellen Auftrag verstanden. Der Rezipient bekommt seine detaillierte Beschreibung durch die Komponenten *Bedarf* und *Umgebung*. Die Übersetzung wird immer durch den gesellschaftlichen Bedarf und die bestimmte Umgebung des Rezipienten bedingt, welche als sein sozio-kultureller Kontext (mit bestimmten Zeit- und Raumangaben) zu betrachten sind. Von der neuen Position wird das Produkt durch die Peripheriekomponenten *Konventionen* und *Ziel* beschrieben. Im Zieltext (Produkt) sollen die Konventionen (Normen) eingehalten werden, die im Prinzip sozial orientiert und standfest/stabil sind. Das Produkt soll der Zielsetzung entsprechen, um die sozial-kulturelle Aufgaben lösen zu können.

Die durchgeführte Analyse im neuen synergetisch-kognitiven Format ermöglicht es uns, sowohl eine verallgemeinerte als auch eine detaillierte Übersetzungskonzeption zu erarbeiten, wobei der übersetzerische Raum als ein synergetisches System dabei von besonderer Relevanz ist.

Literatur

Brecht, Bertolt 1964: *Mutter Courage und ihre Kinder*, Moskau: Iskusstwo
Brecht, Bertolt 1972: *Mutter Courage und ihre Kinder*, Moskau: Chudozh. Literatura
Brecht, Bertolt 1980: *Mutter Courage und ihre Kinder. Ein Lesebuch für unsere Zeit*, Berlin / Weimar: Aufbau-Verlag
Eco, Umberto 2006: *Quasi dasselbe mit anderen Worten. Über das Übersetzen*, München: Hanser
Fesenko, Tamara 2002: *Spezifika nationaljnogo kuljturnogo prostranstwa w serkale perewoda*, Tambov: TGU

Fesenko, Tamara ²2006: *Konzeptualjnyje osnowy perewoda*, Tambov: TGU

Gil, Alberto et al. (eds.) 1999: *Modelle der Translation. Grundlagen für Methodik, Bewertung, Computermodellierung*, (= Saarbrücker Beiträge zur Sprach- und Translationswissenschaft 1) Frankfurt/Main et al.: Peter Lang

Krings, Hans-Peter 1986: *Was in den Köpfen von Übersetzern vorgeht. Eine empirische Untersuchung zur Struktur des Übersetzungsprozesses an fortgeschrittenen Französischlernern*, Tübingen: Narr

Kupsch-Losereit, Sigrid 1999: „Kognitive Prozesse, übersetzerische Strategien und Entscheidungen", in: Gil et al. (eds.) 1999: 157–176

Kußmaul, Paul 2000: *Kreatives Übersetzen*, Tübingen: Stauffenburg

Lebedewa, Jekaterina 2007: *Mit anderen Worten. Die vollkommene Übersetzung bleibt Utopie*, im Internet unter http://www.uni-heidelberg.de/presse/ruca/ruca07-3/wort.html [10.11.2011]

Stolze, Radegundis 2003: *Hermeneutik und Translation* (= Tübinger Beiträge zur Linguistik 465), Tübingen: Narr

VI Mehrsprachigkeit und Identitätskonstruktion in multikulturellen Räumen

Márton Kalász, der Dichter im europäischen Kontext
Versuch zur Revidierung einer fremdbestimmten Identitätskonstruktion

Anita Czeglédy (Budapest)

Abstract

Literature and cultural studies focus today intensively on acts of identity, constructions of ethnic and national identities and on social construction of the self. Literary texts are understood as emblematic objectifications of sociocultural practice. There are new attempts to describe alternating and rivalling constructions of Hungarian-German identity with the help of literary analysis on the basis of interdiscursive analysis. These studies base on information stored in the collective social and historical memory of the Hungarian-German community. Márton Kalász's literary texts are usually discussed within the frames of this tradition. However, interdiscursive aspects of his texts, which are pushing the boundaries of this context (for example, the interference of Hungarian, Hungarian-German, German and Szekler cultural moments) are neglected in this kind of research. The following study attempts to describe Kalász's alternative discourse transgressing the myth of fate of the Hungarian-Germans, and to present a unique construct of identity, which is born in a multicultural poetic metaspace.

Der Begriff *Identität* erlebt in letzter Zeit eine Konjunktur wie nie zuvor. Definitionsversuche aus den Bereichen der Psychologie, Soziologie, Anthropologie und Linguistik konkurrieren miteinander in der sogenannten Identitätsforschung, um dieses widersprüchliche, sich ständig wandelnde Verständnis des Ichs als ein Bild des Selbst von sich selbst und Spiegelbild von anderen zu beschreiben. Die sozialanthropologische Forschung, vor allem George Herbert Meads Arbeiten zur Identität (Mead 1934), brachten die Erkenntnis: Identität entsteht lediglich in der Interaktion zwischen Menschen, als Produkt aufeinander bezogenen Handelns und Sprechens, also im sozialen Umgang mit den anderen. Identität ist den Wandlungen des Handlungs-, Sprach- und Beziehungsumfeldes ausgesetzt, von Anforderungen der sozialen Umgebung und Zukunftserwartungen des Individuums herausgefordert. Identität ist also keine stabile, zeitlich konstante Entität, sondern „ein Entwurf, in dem Vorerfahrungen, plurale Interaktionsbeteiligungen und Zukunftsoptionen in einen Interaktionssinn stiftenden Zusammenhang gestellt werden" (Krappmann 2006: 406). Lothar Krappmann weist jedoch darauf hin, dass diese individuell formulierten Identitätskonstruktionen nur dann tragfähig sind, wenn sie von anderen Menschen anerkannt werden und die soziale Kooperation, das wechselseitige Aufeinandereingehen, ermöglichen.[1]

Im vorliegenden Beitrag wird eine atypische, im Bereich des Poetischen angesiedelte Identitätskonstruktion vorgestellt, die nach der Meinung des Verfassers sowohl den historisch-politischen Umwälzungen der Region Ostmitteleuropa, als auch den mehrfach erfahrenen Kulturbrüchen standhalten konnte. Wer jedoch mit dem von den sozialen Partnern ausgehandelten, von allen Seiten anerkannten Diskurs bricht, läuft Gefahr, nicht verstanden oder im schlimmsten Fall als einseitige Definitionsmacht ausgegrenzt oder sogar stigmatisiert zu werden. Auf dieses Risiko ging der ungarndeutsche Dichter Márton Kalász ein.

Die thematische Gliederung der Arbeit folgt folgenden zentralen Themen:

1. Identität als *Produkt von Vorerfahrungen und pluralen Interaktionsbeteiligungen.*
2. Identität als ein *Projekt mit Zukunftsoptionen*, mit dem Ziel, soziale Handlungsfähigkeit aufrechtzuerhalten.
3. *Akzeptabilität von atypischen Identitätskonstruktionen*, die, sich gegen Erwartungen und Handlungszwänge auflehnend, neue Muster bieten könnten.

---

[1] Problematisch ist Identität aus der Sicht des Einzelnen auch weil er bei einer Fülle von Interaktionssituationen und sozialen Rollen das Selbst, die Kontinuität und die Einheit seiner Person bewahren soll. Mit gutem Recht stellt Krappmann die Frage, ob das eigentlich möglich ist, und versucht mit Begriffen wie „balancierende Identität", „Identitätsdiffusion" oder „Patchwork-Identität" die Antworten der modernen Menschen auf die neuen Erwartungen zu erfassen (Krappmann 2006: 406-410).

Anita Czeglédy 595

1 Identität als Produkt von Vorerfahrungen und pluralen Interaktionsbeteiligungen

Nach Erikson ist Identität ein Potential der Auseinandersetzung mit der soziokulturellen Umwelt, mit den Menschen, Institutionen, Orten, Gegenständen, usw., wo sich nicht nur das Individuum kritisch-reflexiv mit diesen auseinandersetzt, sondern diese auch ihn bewusst zu beeinflussen versuchen (cf. Erikson 1968). Jugendliche stehen vor der Aufgabe, aus den Rollen-, Beziehungs- und Werteangeboten ihrer Gemeinschaft eine Auswahl zu treffen, die ihren Fähigkeiten und Neigungen entspricht. Die soziokulturellen Einflüsse, denen der Dichter Márton Kalász bei der ersten Sozialisation ausgesetzt war, waren sehr ungewöhnlich.

Er ist im Jahre 1934 in dem ungarndeutschen Dorf Somberek geboren; in einer Gegend, die seit dem 16. Jahrhundert von Schwaben bewohnt war. Seine Vorfahren waren beiderseits Deutsche, seine Eltern und Großeltern sprachen den regionalen Dialekt. So ist seine erste, „angeborene" Sprache, die „Muttersprache", das Schwäbische, und die erste Sozialisation verläuft im ungarndeutschen Dorf-Milieu. Die Ungarndeutschen dieser Gegend betrachteten sich im Sinne des „hungarus"-Bewusstseins als deutschsprachige Bevölkerungsgruppe mit ungarischer Staatszugehörigkeit und lebten im Einvernehmen mit der ungarischen Regierungsmacht. Nach dem zweiten Weltkrieg wurde die deutschsprachige Minderheit in Ungarn, wie in anderen benachbarten Staaten wegen ihrer Volksbundsbeteiligung und der Kollektivschuld der Deutschen entrechtet, vertrieben und in ihrer Sprache und Kultur unterdrückt. Gleichzeitig förderte der kommunistische Staat die Einschulung der Bauern und Arbeiter und versprach ihnen weitgehende Aufstiegschancen, was bei dem niedrigen Prestige des regionalen Dialekts, aber auch des deutschen Mutterlandes zu einer schnellen sprachlichen und soziokulturellen Assimilation dieser Bevölkerung an die ungarische Mehrheitskultur führte.

Nach Kriegsende erlebte das Dorf nicht nur die Aussiedlung der Deutschen, das Verbot der deutschen Sprache und des regionalen Dialekts, sondern auch die Ansiedlung von Szeklern aus Transsylvanien, und Ungarn aus der Slowakei. In der Schule lernte man nur Ungarisch, die Hochsprache, die bereits früher als Schriftsprache, als Medium zur höheren Sozialisation führte. Márton Kalász war 9 Jahre alt, als diese Veränderungen seine Umgebung erreichten. Wenn er sich an diese Jahre erinnert, wird immer die Vielfalt der Eindrücke betont. Zuhause sprach man insgeheim den Ortsdialekt, auf den Straßen hörte man die schöne archaische Sprache der Szekler, in der Schule lernte man die offizielle ungarische Hochsprache. Ein deutschsprachiger Lehrer und Priester versah ihn mit deutschen Klassikern, daher las er neuhochdeutsche Belletristik. Eine imponierende Auswahl von Identifikationswerten und Bezugspersonen ergab sich, was jedoch höchst problematisch war.

2 Identität als ein Projekt mit Zukunftsoptionen

Die Sprachsoziologie betrachtet die Konstruktionen des Ichs und damit eng verbunden seine Sprachverwendung als Mittel der sozialen Strategien und Kategorisierungen des Individuums, die sich sowohl durch die Anpassung an, als auch durch die Infragestellung von dominierenden sprachlich-sozialen Ordnungen und der Zugehörigkeit zu einer Gemeinschaft manifestieren können (Heller 2006: 1585). Nach Mead funktioniert Sprache nicht nur als das wesentlichste Kommunikationsmittel im Sozialisationsprozess, sondern gleichzeitig auch als Marker von sozialen Unterschieden. Die Verwendung einer Sprache ist immer an Wertvorstellungen gebunden, die sich ihrerseits an bestimmte Weltanschauungen, soziale Positionen und die damit verbundenen Interessen und Zukunftsperspektiven anlehnen. Im Laufe der Sprachsozialisation werden die bestehenden Strukturen ethnischer Identität (Herkunft und Kulturmuster) nach ihrer Wertigkeit und Vitalität geprüft und den Ansprüchen, Motivationen und dem ersehnten sozialen Status des Individuums angepasst.[2] So wird die Attitüde eines Ungarndeutschen bei der Sprachwahl bestimmt durch die Einstellungen der Minderheitengruppe bezüglich ihrer Minderheitenvarietät, das Selbstverständnis dieser Minderheitengruppe in Abgrenzung zu der Mehrheitsgesellschaft, die Beurteilung dieser durch die Mehrheitsgesellschaft usw.

---

2 Die Veränderungen der Einstellungen sind sowohl individuell motiviert, als auch durch die soziale Situation bedingt: „Attitude changes both as function of individual needs and motives and as a function of sozial situations. The need for success, reward and cognitive consistency interacts with the effect of pleasurable contexts and environments and valued models. Attitudes can change through activity which is self-directed and purposefully planned, as well as through the need for security und status within a group and through societal demands" (Baker 1992: 105).

Wenn man nun das Prestige und die affektiven Einstellungen der Ungarndeutschen zu den einzelnen Sprachen im behandelten Zeitraum betrachtet, kommt man zu folgendem Befund:[3]

- Der Dialekt war verbunden mit einem sozial niedrigen Status und einer räumlich-kulturell begrenzten Wirkung.
- Das Ungarische war ein Mittel zur Emanzipation, zum sozialen Aufstieg, die Bildungs- und Staatssprache. Dieser Staat hat jedoch die deutschsprachige Minderheit unterdrückt, vertrieben und entrechtet.
- Das Deutsche verfügte über einen politisch niedrigen Status. Die Gefahr, diskriminiert zu werden, war wegen der Kollektivschuld hoch, es war jedoch auch eine Sprache der Kultur und Philosophie von europäischem Rang.

Die Ambivalenz der Sprachsituation zeigt sich noch deutlicher, wenn man sie unter dem Aspekt der sozialen Handlungsmöglichkeiten betrachtet: Die chronologisch erste Sprache, die Muttersprache, der ungarndeutsche Ortsdialekt, wird nur in der Familie gesprochen. Als Umgangssprache funktioniert vielleicht das Ungarische, das die Szekler beziehungsweise die Oberungarn („Felvidékiek") sprechen. Diese Sprachen sind aber wiederum eher als regionale Dialekte anzusehen. Der ungari-

---

[3] Eine ungarndeutsche Germanistin resümiert in den 90er Jahren: „Im Falle der Ungarndeutschen soll hier angemerkt werden, dass bis auf die älteste Generation der heute lebenden Ungarndeutschen sich fast niemand mehr zur ungarndeutschen Mundart als seiner Muttersprache bekennt. Das bedeutet, dass die Mundart nicht mehr die funktional erste Sprache, ja zum großen Teil nicht einmal mehr die Muttersprache dieser Minderheit ist. Ich nenne das – und hier beziehe ich mich auf die soziologische Größe dieser Minderheit als Gesinnungsminderheit – ‚sekundäre Muttersprache'. Das ist eine Sprache, die im kommunikativen Handeln dieser Menschen nicht mehr die Funktion einer Muttersprache innehat, jedoch aus der Sicht der emotionalen Bindung zur Familie, zur intimen Haussprache, bei der mittleren Generation (der 40- 65jährigen) in vielen Fällen noch als die erste erlernte Sprache empfunden werden kann. Diese erste erlernte Sprache wurde dann später in ihrer Verwendung, in ihren Kommunikationsmöglichkeiten weitgehend eingeschränkt, und die zu jedwedem sozialen Aufstieg notwendige ungarische Sprache wurde zur funktional ersten Sprache dieser Minderheit. Mit anderen Worten: Die deutsche Sprache ist für diese Minderheit eine ‚emotional empfundene Muttersprache', nicht aber eine aus allgemein kommunikativer Sicht erste Sprache" (Knipf 1994: 103).

schen Hochsprache, die in der Schule unterrichtet wird, schließt sich keine Umgangssprache an, die im sozialen Alltag verwendbar wäre. Zwischen der deutschen Hochsprache der literarischen Texte und dem lokalen Dialekt fehlt wieder die Umgangssprache als Vermittler. Die Ambivalenz der Sprachverwendung in verschiedenen sozialen Bereichen und Sprachsituationen hat damit auch eine sogenannte „thematische Sprachsozialisation", die sich bei zweisprachigen Menschen oft herausbildet, verhindert.

Es ergibt sich die Frage: Wie könnte in solch einer sozial-politischen Situation eine positive Identifikation mit den angebotenen sprachlich-kulturellen Identitätsmodellen erfolgen? Einen bedenkenswerten Vorschlag liefert Lothar Krappmann:

> Mit einer Identität, die über spielerische, imaginäre und poetische Kompetenzen verfügt, ist die Person möglicherweise eher in der Lage, unüberschaubare oder ambivalente Handlungsbedingungen für die Entfaltung ihrer Subjektivität zu nutzen, als mit einer Identität, die sich zwanghaft an der Strukturierung von Inkonsistenzen und Widersprüchen aufreibt (Krappmann 2006: 408).

Als Antwort auf unklare, widersprüchliche oder sich ständig wandelnde Verhältnisse, die keine Strukturen anbieten, an denen sich eine nach üblichen Vorstellungen kohärente und kontinuierliche Identität festmachen lässt, bilden sich Identitäten, die ohne Berührungsscheu vor Differenz zur Dezentrierung fähig sind und auch widersprüchliche Perspektiven aufnehmen können. Krappmann nennt diese relationale oder chamäleonartige Identitäten (cf. Krappmann 2006: 410). Bei Márton Kalász sehen wir aber eine andere, vor allem *stabile* Identitätskonstruktion.

Die Sprachsoziologie liefert auch weitere Angebote wie folgendes Beispiel zeigt: Wenn einer das ihm angebotene soziokulturelle Identifikationsmodell samt Sprache nicht anzunehmen gewillt ist, kann er in eine neue Sprache emigrieren, und die bestehenden sprachlich-sozialen Grenzen von Gemeinschaften durch Code-switching, Bilingualität oder auch durch Grenzverwischung aufheben. In der Lyrik von Márton Kalász sieht man aber nichts desgleichen. Am nächsten zu seiner Einstellung steht die Auffassung des Soziolinguisten Le Page. Er erforschte die Sprachwahl von Menschen in vielfältigen und komplexen Sprachsituationen hinsichtlich des Zugangs zu sprachlichen Ressourcen und den sozialen Kategorien, die diese markieren. Seiner Meinung nach können solche Menschen durch ihre kreative Haltung zu diesen Quellen beispielhafte Identitäten aufbauen, deren Besitzer sich auf die Vielfalt gelassen einlassen können und keinen Anspruch darauf erheben, andere ein- oder auszuschließen oder sich anderen über- oder unterzuordnen (Le Page 1985).

So eine zwischen sprachlichen und sozialen Kategorien schwebende Identität wird in der Dichtung von Márton Kalász konstruiert. Wie entsteht aber diese poetische Identitätskonstruktion? Worin besteht die Einzigartigkeit des Unternehmens?

Beim Lesen der Gedichte erlebt man Texte in ungarisch-szeklerischer Sprache mit Bilderwelten der engeren Heimat „Somogy" und Topoi der europäischen Literatur. In einem kreativen Verfahren emanzipieren sich sowohl die Sprache als auch die Bilder und Inhalte von ihrem ursprünglichen kulturellen Handlungsraum, und werden für die poetische Gestaltung freigesetzt. Mit Hilfe dieser neuen, nur im Kommunikationsraum der Dichtung gültigen Sprache im Sinne einer „imaginären Zweisprachigkeit"[4] und eines multikulturell geprägten, poetischen Metaraumes überwindet Kalász die ethnisch-politisch und kulturell bedingten Grenzen des ungarndeutschen Diskurses. Er befreit sich vom niedrigen sozialen Status, der mit dem ungarndeutschen Dialekt verbunden ist, von den Unterjochungsgesten der ungarischen Machtsprache und dem problematischen politischen Diskurs der Deutschen. Er legt das Minderheitentrauma ab und hebt seine Dichtung auf die Ebene des universalen Humanismus. Das multikulturelle Milieu seiner Kindheit hat den Sinn für genaues Beobachten, sprachliche und emotionale Nuancen, und die Vielfalt und Relativität parallel existierender Denkmuster geschärft. Deswegen bleibt ihm jede Art von Radikalismus fremd, seine Lyrik ist, von wenigen Ausnahmen abgesehen, entpolitisiert, der Dichter sieht sich vor allem als Menschen, der sein Gegenüber, das DU, anzusprechen und mit ihm ein WIR, eine Gemeinschaft zu bilden versucht.

Impromptu.
[...]

Drinnen bleiben,
Schreiben, Ersonnenes, Gedichte, Spärlichkeiten,
Immer und stur Gedichte nur, für Frankreich nicht
Und nicht für Polen: beide werden letzlich
Erkennbar sein in ihnen, Ausweis eins dem anderen.

---

4 Bei Kremnitz eine nur für die Literatur erfundene Sprache (Kremnitz 2004).

Mein Vaterland, wo's ist? Wohin meine Gedichte
Wohlgeraten, daß in der Verse Schalen ich
Daheim mich fühle, die Landschaft in den Bildern: Alberbäume
Herüberstrahlen hell, Geschrei die Kronen -
Und sie zu holen ich nicht mal mehr raus muß
(Kalász 1984: 59).

Die Soziolinguistik betont die Bedeutung der Einstellungen des Individuums und der Gemeinschaft bei der Sprachwahl (cf. Deminger 2004: 7-13). Atypisches Sprachverhalten kann aber noch näher erklärt werden, wenn man bedenkt, dass es nicht einfach nur die makrosoziologischen Faktoren sind, die das Sprachverhalten des Einzelnen bestimmen, sondern eher *die individuellen Interpretationen* dessen, die aus seinen Einstellungen und Lebenserfahrungen resultieren. Was für Lebenserfahrungen erklären das atypische Sprachverhalten von Márton Kalász?

Das Dorf Somberek ist eine einzigartige Gemeinschaft, die vielleicht modellbildend für das Zusammenleben von Menschen aus unterschiedlichen Kulturen sein könnte. Als die Ungarndeutschen nach dem zweiten Weltkrieg ausgesiedelt oder einfach aus ihren Häusern vertrieben wurden, wurden ihre Häuser und Güter Ungarn zugeteilt, die nach Kriegsende im Prozess des Bevölkerungswechsels aus Rumänien, aus der Bukowina, aus Oberungarn oder der Slowakei umgesiedelt wurden. Dieser Bevölkerungswechsel verlief nicht ohne aggressive Konflikte, aber Somberek gehörte zu den Ausnahmen. Die vertriebenen Deutschen pflegten unter sich zu sagen, dass ein jeder von ihnen „seinen Ungarn" habe. Damit hat war der Ungare gemeint, der jetzt seinen Acker bebaut, seine Weinstöcke pflegt und für sein Haus sorgt. Die legendäre Verbundenheit der Ungarndeutschen mit ihrem Grundstück und Anwesen verhalf ihnen dazu, ihren Schmerz zu überwinden und mit den neu Angesiedelten für die Güter gemeinsam zu sorgen. Sie haben den Szeklern, die von Landwirtschaft wenig wussten, den Boden- und Weinbau beigebracht, einfach um ihren früheren Besitz vor der Verwahrlosung zu retten. Statt Feindlichkeit oder Konkurrenz, wie es andernorts der Fall mit Ungarn aus Oberungarn war, wählte man hier die Kooperation und gemeinsame Arbeit, um aus der Not herauszukommen. Die Szekler sind nach Kriegsende 4 Jahre lang ohne festen Wohnsitz in Ungarn herumgetrieben worden, deswegen haben sie sich eine sehr anpassungsbereite Mentalität angeeignet. Ihre Heimatlosigkeit und Armut erweckte Mitleid bei den Ungarndeutschen, sie zeigten sich mit den Verarmten solidarisch. So wurde aus den von der politischen Macht gegeneinander ausgespielten Völkern in Somberek eine typische ostmitteleuropäische Schicksalsgemeinschaft, wo die szeklerische Familie, die mit der ungarndeutschen Familie von Márton Kalász in einem Haus wohnte, ihn als den eigenen Sohn ansah, und wo der Dichter von den Kindern dieser Familie Ungarisch lernte.

Ausschlaggebend und mit positivem emotionalem Wert beladen sind also diese Erlebnisse, die Begegnung mit der lebensnahen und lebensfreudigen Bildhaftigkeit der Szeklersprache und nicht die Kulturvermittlung durch die ungarische staatliche Schule, die sowieso nur einen Ort der Unterdrückung repräsentierte. In der autobiographischen Schrift *Die Versuchung, in jenem Garten zu leben* erinnert sich Kalász an diese Solidarität wie folgt: „Spürbar in den kleinen Gemeinschaften, wo Szekler und Schwaben, sagen wir, ganz gut miteinander ausgekommen waren, voneinander lernten in der Arbeit und aufeinander angewiesen waren, um als Menschen zu bestehen" (Kalász 1984: 76). Nicht mehr und nicht weniger wird es zum Ziel von Márton Kalász als Dichter und Mensch, jenseits der politisch-ideologisch bestimmten Diskurse als Mensch zu bestehen.

Das Gedicht *Über den Steg* ist das innigste Bekenntnis von Márton Kalász über die Schutzlosigkeit und Wehrlosigkeit eines Dichters. Das Lamm auf schwachen, wackligen Füßen muss sich über die Grenzen seiner gewohnten Welt hinauswagen. Mut wird ihm aus der Ferne zugesprochen, doch ist es mit der Herausforderung allein und muss sich auf sich selbst verlassen. Es ist nur die Hoffnung auf die Umarmung eines liebenden Menschen, die ihm Kraft und Mut gibt, den kühnen Schritt zu wagen. Kein Zweifel, das Lamm symbolisiert den unsicheren, sich vor dem Missglücken seines Identitätsprojekts fürchtenden Dichter, der sich der Welt, der Öffentlichkeit aussetzen wird.

Über den Steg

Als ob ein Lamm heftig erschrickt,
Weil es über den Steg muss, den schmalen,
Himmel und Erde pulsen, es regt sich das Laub
über dem Steg am Baum, das gilbene Feld, das

Weinblatt fragt sich entsetzt: was wird das? Die Bäume
das Waldes raunen, reden Mut zu von fern, Trost -
das Lamm ist allein und es müßte gehen
über den schmalen Steg – ich sage: so

fürchten die Worte auf weiß sich, sie zögern,
hätten sie Augen, inständig blickten sie rüber

als ob sich das Lamm nun Herz faßte,
es ginge hinüber über den Steg, tollkühn,
leicht, ein wirkliches Lamm: es nützt nichts, dass es nicht glaubt,
es hilft, dass du mit offenen Armen mich drüben erwartest
(Kalász 1994: 11).

Es gab wirklich nur einen sehr schmalen Steg, über den man über die von historischer Schuld und schweigender Verzweiflung gezeichneten Grenzen des Ungarndeutschtums hinaus konnte. Diesen Steg haben aber behutsame Hände gelegt, der Dorfschullehrer und Pfarrer mit seinen deutschsprachigen Büchern, der Zisterzienser-Lehrer und Mäzenen-Freund Agoston Julian, und später die Zeitschrift *Vigília*, die nicht nur ungarische Literatur, sondern auch zur Zeit des Eisernen Vorhangs immer Weltliteratur vermittelte. So hatte Márton Kalász außer den aktuell herrschenden Diskursen seines Minderheitenmilieus auch immer einen Zugang zu weiteren literarischen Quellen und Vorbildern. Nach eigenen Bekenntnissen spielten bei der Entwicklung zum Dichter von europäischem Rang auch die Jahre in Ost-Berlin eine wichtige Rolle, wo er im Kulturinstitut von Ungarn tätig war. Er hatte hier die Möglichkeit, viele Dichter und Autoren aus dem Westen kennenzulernen und von ihnen psychische und geistige Unterstützung zu erhalten, die die Dichter hinter dem Eisernen Vorhang entbehren mussten. So konnte er mit seiner Erlebnisdichtung an die romantisch-symbolistische Tradition von Rilke und Hölderlin anknüpfen und damit den Wahrnehmungshorizont des Minderheitenpoeten überschreiten.

Zusammenfassend kann also festgestellt werden, dass es die ortsspezifische Multikulturalität des Kindheitsmilieus und die von der zeitgenössischen Norm abweichende Bildungssozialisation waren, die es Márton Kalász ermöglichten, individuelle Interpretationsmodelle der Wirklichkeit zu entwickeln und eine atypische Identitätskonstruktion im Handlungsraum der Dichtung aufzubauen.

3 Akzeptabilität von atypischen Identitätskonstruktionen, die sich gegen Erwartungen und Handlungszwänge auflehnend neue Muster bieten könnten

Márton Kalász gelingt es zweifelsohne, mit Hilfe von poetischen Kompetenzen ambivalente soziokulturelle Identifikationsmuster zu überwinden und eine Strategie der Selbstbehauptung zu entwickeln. Er befreit sich von dem Minderheitentrauma, und hebt sich auf die Ebene eines universalen Humanismus. Seine Lyrik sprengt den Diskursrahmen, der die Konstruktionen von ungarndeutscher ethnisch-nationaler Identität prägt. Die ungarndeutschen Wurzeln und kollektiven Erinnerungen erscheinen bei ihm entweder als poetische Bilder einer autonomen Dichterwelt oder fließen in die Darstellung des humanen Elends, in den Chor der Opfer, mit ein.

Worte 2.

Ich bin nur noch auf die Sprache aus,
Auf die Wunden des Verzeihens.
Von den Plänen Gottes waren wir ausgeschlossen,
Unser Skelett durfte den Tod nicht steinigen,

Den, der dasteht: ebenso nackt, der versteckte Tod.
Die Worte warten verstreut in der Wüste vor
Den Mauern der Stadt, wenn sie noch können, heiser, verstaubt.
Schrecklich wie erkennbar unsre Stimme ist
(Kalász 1994: 21).

Die individuell entwickelte poetische Sprache und Form, und die Verlässlichkeit des poetischen Diskurses schützen ihn vor den Problemen der sogenannten Kulturpendler (Börge-Boeckmann 1988: 59). Kalász kann sich aus dem Zwang der vordefinierten, gesellschaftlich gegebenen Sprachen und Denkmuster befreien, er muss weder den ungarischen noch den deutschen national-literarischen Diskurs in seiner Dichtung geltend machen. Das hat natürlich seinen Preis: Sein Schaffen wird in der ungarischen literarischen Öffentlichkeit marginalisiert.

Wenn man also die Rezipierbarkeit und Akzeptabilität des Modells betrachtet, ist die Situation zweifelsohne problematisch. Wie es die Soziolinguistik formuliert, kann die Handlungsfähigkeit des Dichters in der sozialen Interaktion nur dann aufrechterhalten werden, wenn die neue

Konstruktion auch für andere akzeptable Vorstellungen innehat. Der Befund betrübt jedoch, auch wenn man die günstigere Rezeption bei den Ungarndeutschen mit einbezieht: Während der Roman *Winterlamm*, der innerhalb des Rahmens des traditionellen ungarndeutschen Identitätsdiskurses bleibt, sowohl in Ungarn als auch in Deutschland allgemein bekannt und mit Begeisterung rezipiert wird, schenkt die Öffentlichkeit der wunderschönen Dichtung desselben Autors kaum Beachtung. Mit den spezifischen Rezeptionsbedingungen von Lyrik und Prosa allein kann dieser Mangel an Interesse nicht erklärt werden. Man vermutet, dass die verzögerte Rezeption der lyrischen Texte eher durch die Inkongruenz zwischen den Erinnerungs- und Identitätsdiskursen der Ungarndeutschen, beziehungsweise des Dichters Márton Kalász verursacht wird. Als wäre man noch immer nicht bereit, zu einer Begegnung zwischen *Ich* und *Du*, zu der Einheit des Menschen mit den Menschen.

Literatur

Ammon, Ulrich & Norbert Dittmar et al. (eds.) 2006: *Sociolinguistics/ Soziolinguistik* (= HSK 3.3.), Berlin: Walter de Gruyter
Baker, Colin 1992: *Attitudes and language*, Clevedon: Multilingual Matters
Deminger, Szilvia 2004: *Spracherhalt und Sprachverlust in einer Sprachinselsituation. Sprache und Identität bei der deutschen Minderheit in Ungarn*, Frankfurt am Main: Peter Lang
Boeckmann, Klaus-Börge et al. (eds.) 1988: *Zweisprachigkeit und Identität*, Klagenfurt: Drava
Erikson, Erik H. 1968: *Identity, youth and crisis*, New York: W. W. Norton
Franceschini, Rita (ed.) 2001: *Biographie und Interkulturalität. Diskurs und Lebenspraxis*, Tübingen: Stauffenburg
Heller, Monica 2006: „Language and Identity/Sprache und Identität", in: Ammon et al. (eds.) 2006: 1582-1586
Kalász, Márton 1984: *Bemessener Trost. Gedichte*, Leipzig: Reclam
Kalász, Márton1994: *Próba*, Magyar Bibliofil Társaság
Knipf, Erzsébet 1994: „Soziolinguistische Aspekte der Einstellung der Ungarndeutschen zu ihrer Muttersprache", in: Wild (ed.) 1994: 103-110

Krappmann, Lothar 2006: „Identität/Identity", in: Ammon (ed.) 2006: 405-412

Kremnitz, Georg 2004: *Mehrsprachigkeit in der Literatur. Wie Autoren ihre Sprachen wählen?*, Wien: Edition Praesens

Le Page, Robert & Andrée Tabouret-Keller 1985: *Acts of Identity: Creole-based Approaches to Language and Ethnicity*, New York: Cambridge University Press

Mead, George H. 1934: *Mind, self, and society*, Chicago: University of Chicago

Nelde, Peter (ed.) 1990: *Deutsch als Muttersprache in Ungarn*, Brüssel/Stuttgart: Steiner

Wild, Katalin (ed.) 1994: *Begegnung in Fünfkirchen. Die Sprache der deutschsprachigen Minderheiten in Europa*, Pécs: JPTE

Wodak, Ruth & Rudolf de Cillia et al. (eds.) 1998: *Zur diskursiven Konstruktion nationaler Identität*, Frankfurt am Main: Suhrkamp

„Wer hierher kam, befand sich nicht auf festem Boden."
Möglichkeiten und Grenzen des Zusammenlebens
in einem multikulturellen Milieu
in Doron Rabinovicis Roman *Ohnehin*

Szilvia Ritz (Budapest)

Abstract

Israeli-austrian author Doron Rabinovici deals in his novel *Ohnehin* (2004) with the situation of jewish and migrant individuals in late 20th century Vienna. Motivated by political events of 1995 such as terrorist attacks against migrants, xenophobic campaigns and elections, Rabinovici analyses the possibilities and conditions but also the limits of cross cultural communication. After having focussed on the political background of the novel in the first part, the present article outlines in a second step the role of its central location, the Naschmarkt, a frequented market place existing since the Middle Ages. The third and final part concentrates on the common roots of anti-Semitism and contemporary racism and how they can be connected with the crux of the novel, which is prosecution in its varying forms.

„Das jüdische Wien von Freud, Herzl, Schnitzler oder Mahler, es existiert nicht mehr – und es wird nicht mehr existieren. Wer auf jüdische Wurzelsuche geht, wird auf Narben, auf Amputationen und Phantomschmerzen stoßen." (Hanselle 1997), so Doron Rabinovici, der 1961 in Israel geborene und mit 3 Jahren nach Österreich ausgewanderte Historiker, Essayist und Autor 1997 in einem Interview. Seine Worte lassen sich freilich nicht alleinig auf Wien beziehen, sie machen mithin klar, dass das 20. Jahrhundert eine völlige Umwandlung, eine unwiederbringliche Veränderung der ganzen Welt mit sich brachte. Dieser Prozess dauert, wenn auch in anderer Form, heute noch an. „Auf Narben, auf Amputationen und Phantomschmerzen" stößt man in Folge der unzähligen Kriege und des Terrors auch in unseren Tagen. Städte, Länder und Kulturen werden immer noch zerstört, Bewohner der betroffenen Orte und Regionen vertrieben oder getötet. Migranten, ob freiwillig oder nicht, müssen anderswo ein neues Leben beginnen, und werden dabei häufig mit großen kulturellen Unterschieden und sprachlichen Barrieren konfrontiert. Diese Erfahrung entsteht allerdings auch auf der Seite der Mehrheitsbevölkerung, in die sich Migranten zu integrieren suchen. Im Optimalfall folgt aus dem Aufeinandertreffen und der gegenseitigen Öffnung von Kulturen ein Dialog, häufiger aber lösen Begegnungen mit dem Fremden und Anderen heftige Konflikte aus.

In seinem 2004 erschienenen Roman *Ohnehin* wendet sich Doron Rabinovici aktuellen Phänomenen des 21. Jahrhunderts zu, wenn er Bedingungen, Möglichkeiten und Grenzen des Zusammenlebens verschiedener Kulturen im Rahmen alltäglich zu nennender Begegnungen mit der Alterität entwirft. Versetzt in die von jeher transkulturelle Metropole Wien, spielt die Handlung im für Österreich politisch turbulenten Jahr 1995. In den folgenden Ausführungen möchte ich zunächst diejenigen politischen Ereignisse skizzieren, die unmittelbar in den Roman eingegangen sind, und Rabinovicis Beschäftigung mit dem Antisemitismus, mit Rassismus und Fremdenhass besonders stark motiviert haben. In einem zweiten Schritt wende ich mich dem zentralen Schauplatz des Romans – dem Naschmarkt – zu, der als symbolischer Ort zu lesen ist, welcher das multikulturelle Wien der Jahrtausendwende repräsentiert. In diesem Kontext möchte ich im zweiten Abschnitt dieses Beitrags die im Roman dargestellten Möglichkeiten und Hürden des Zusammenlebens verschiedener Kulturen ausführlicher behandeln. Ob der Naschmarkt die ihm zugewiesene Funktion im Roman überzeugend erfüllen kann, bildet ebenfalls den Gegenstand meiner Überlegungen. Der dritte Teil fokussiert schließlich auf die vom Autor akzentuierte Problematik der Verfolgung und deren Zusammenhang mit der Vergangenheit, mit Erinnern und Vergessen. Dabei konzentriere ich mich auch anhand einiger Parallelen zwischen Vergangenheit und der Gegenwart im Text auf den von Rabinovici thematisierten gemeinsamen Ursprung von gegenwärtigem Rassismus und Antisemitismus.

1

Das Jahr 1995 war in der Geschichte der Zweiten Republik eine gewaltsame und in politischer Hinsicht große Veränderungen bringende Zeitspanne. Am 1. Januar trat Österreich der Europäischen Union bei. Bereits einen Monat später setzte sich eine seit zwei Jahren anhaltende Gewaltserie fort: Nachdem im burgenländischen Oberwart bei einem Terroranschlag mit einer Rohrbombe vier Roma getötet worden waren, folgte noch im selben Jahr eine neue Welle der Briefbombenserie, die das Land seit Jahren in Atem hielt. Zwei Menschen, ein syrischer Arzt und eine österreichische Flüchtlingshelferin, wurden damals verletzt, andere Adressaten entgingen dem Sprengstoffattentat nur knapp. Die Anschläge waren fremdenfeindlich motiviert und richteten sich gegen Privatpersonen, Politiker und Organisationen. Im Dezember desselben Jahres fanden Nationalratswahlen statt, nachdem die Regierungskoalition von SPÖ und ÖVP zusammengebrochen war. Dort erreichte die zuvor mit ausländerfeindlichen Parolen werbende FPÖ mit Jörg Haider als Spitzenkandidat mit 22 % der abgegebenen Stimmen den dritten Platz hinter der SPÖ und der ÖVP.

Sieben Jahre davor, 1988, kam die Tätigkeit von Bundespräsident Kurt Waldheim als Ordonnanzoffizier in Saloniki und seine Mitgliedschaft im SA-Reitercorps während des Zweiten Weltkriegs endgültig an den Tag. Nichtsdestotrotz weigerte er sich, von seinem Amt zurückzutreten. Die sogenannte Waldheim-Affäre, die 1986 mit seiner Wahl zum Bundespräsidenten begann, gab einigen österreichischen Schriftstellern den Anstoß, in ihren Werken politischer zu werden (cf. Sievers o. J.: 13). Auch Doron Rabinovici gehört zu den Autoren, die sich neben der literarischen Betätigung politisch engagieren. Immer wieder beschäftigt er sich mit Rassismus und Antisemitismus bzw. deren Wurzeln. In einem Interview, das Rabinovici am 3.10.2010 der österreichischen Tageszeitung *Die Presse* anlässlich der Nominierung seines jüngsten Romans *Andernorts* (2010) für den Deutschen Buchpreis gab, identifiziert er sich als Österreicher gerade in Bezug auf die Waldheim-Affäre:

> Dazu muss ich sagen, dass mich Waldheim wirklich zum Österreicher gemacht hat. Ich war vorher primär an östlicher Politik interessiert. Ich war im Februar 1986 als jüngster Volldelegierter zum World Jewish Congress in Jerusalem eingeladen, ich hatte keine Ahnung davon, dass damals bereits von Waldheim gesprochen wurde. Ich habe dort über zwei Themen diskutiert: über Frieden in Nahost und über die Frage, wie man damit global umgeht. Die Auseinandersetzung mit Waldheim hat mir auf paradoxe Art eine Heimat gegeben, und so gesehen stimmt der Satz aus meinem Buch [„In ‚Andernorts' wird Heimat einmal als Ort definiert, wo einem fremder zumute ist als an jedem anderen Ort.", so Harald Klauhs und Norbert Mayer von *Die Presse*, Sz.R.] auch für mich, nämlich aus dem Grund, weil viele von uns heute Heimat als etwas erleben, was uns nicht nahe ist (diepresse.com 2010).

Rabinovicis Interesse an der österreichischen Politik und Geschichte findet auch in *Ohnehin* seinen Niederschlag. So behandelt er im Roman das Problem der ausgebliebenen Vergangenheitsbewältigung, Phänomene wie Antisemitismus, Rassismus und Xenophobie, Krieg, Flucht und Migration. Politische Ereignisse des besagten Jahres wurden in die Handlung eingeflochten, und bilden den Hintergrund zu den zeitkritischen Reflexionen der Figuren. Dadurch kommt jedoch ein mit kulturwissenschaftlichen Überlegungen und rezenten Diskursen überladener Text zu Stande, dessen stark didaktische Note streckenweise die Literalität des Werkes gefährdet. Der Hang zur Didaktik ist sowohl an den Gesprächen der Figuren als auch an ihren entworfenen Lebensgeschichten deutlich ablesbar. Nicole Streitler bemerkte diesbezüglich in ihrer Rezension: „Das Buch will ein gesellschaftliches Panorama schildern, wirkt aber irgendwie vollgestopft wie die Gemüsestände auf dem Wiener Naschmarkt, den der Autor in immer neuen Anläufen als multikulturellen Mikrokosmos und exotisches Spezialitätengeschäft darzustellen sucht. Vieles steht dort nur nebeneinander und gehört nicht wirklich zusammen" (Streitler 2004). Ähnliches bemängelt auch Daniela Strigl in der Frankfurter Allgemeinen Zeitung: „Selten liest man ein Buch, das so klug konzipiert und so gründlich mißraten ist. Mag sein, daß das eine mit dem anderen zu tun hat. Offenbar wollte der Autor alles hineinpacken, was an rot-weiß-rotem Zeitkolorit gut und teuer ist" (Strigl 2006). Diese Meinungen bestätigt etwa die erklärende Passage zu Karl Lueger: „Auf dem Platz vor dem Lokal stand das Monument des einstigen Bürgermeisters Karl Lueger, der als erster mit einer antisemitischen Massenbewegung Wahlen gewonnen hatte und deshalb vom jungen Adolf Hitler verehrt worden war" (Rabinovici 2004: 80). Als zweites Beispiel ist die langatmige Geschichte des Naschmarkts zu nennen, integriert in die kurze architektonische und Sozialgeschichte Wiens – Letztere mutet wiederum wie ein Zitat aus einschlägigen Handbüchern an:

> Die Metropole der Doppelmonarchie schmiegte sich um ihre Innere Stadt, doch anders als etwa Paris lief Wien nicht auf einen Mittelpunkt zu. Im Gegenteil; jede große Achse wurde durch Kreise, durch den Gürtel und durch den Ring durchschnitten. Arbeiterbezirke blieben klar von bürgerlichen Vorstädten und die wiederum von den repräsentativen Prachtbauten getrennt (Rabinovici 2004: 177).

Die belehrenden Ausführungen über Lueger haben über den Informationsgehalt für in der österreichischen Geschichte weniger bewanderte Leser hinaus noch den Zweck, den gegenwärtigen Antisemitismus in den historisch-politischen Entwicklungen des ausgehenden 19. Jahrhunderts zu verorten, und mit der Einbeziehung Hitlers als Verehrer von Lueger einen direkten Zusammenhang zum Holocaust herzustellen. Ebenso ist die recht ausführliche Erzählung der Geschichte des Naschmarkts nur teilweise dadurch motiviert, das nicht österreichische Lesepublikum über diesen bedeutsamen Ort in Kenntnis zu setzen. Sie dient wörtlich der Ein-führung in einen symbolkräftigen, beinahe mythischen Ort, dem eine zentrale Funktion im Roman zukommt.

2

Der Markt am Rande der Wiener Innenstadt fungiert, wie es scheint, seit seiner Eröffnung als Brennpunkt für das Aufeinandertreffen von Kulturen, es ist „ein Zentrum der Zuwanderung, eine permanente Weltausstellung der kulinarischen Genüsse" (Rabinovici 2004: 18). Dieser Ort symbolisiert das multikulturelle Wien, wo unzählige Kulturen in einem bunten, scheinbar chaotischen Durch- und Nebeneinander, in Wirklichkeit aber nach einer inneren Logik und internem System organisiert eine Ganzheit bilden. Standbesitzer wie Kunden kennen die Regeln und Funktionsmechanismen des Marktes genau. Ethnische Auseinandersetzungen scheinen hier, abgesehen von vereinzelten Reibungen wie zwischen dem einen „echt österreichischen" Namen tragenden Obstverkäufer Rudi Hrdina und seiner slowakischen Angestellten, nicht an der Tagesordnung zu sein, zumal der Markt von den meist ausländischen Händlern dominiert ist. Dieser Eindruck wird durch die Darstellung des Naschmarkts als Stadt in der Stadt zusätzlich verstärkt, es heißt, er sei „eine eigene Insel in der Metropole [...] eine der einzigartigsten Spezialitäten der Stadt und eine eigene Stadt der Spezialitäten" (Rabinovici 2004: 18), bewohnt von Fremden. Die meisten Wiener kommen nur für die Dauer ihres Einkaufs hierher, und sind den überwiegend ausländischen „Standlern" auch räumlich unterlegen, wenn die Verkäufer den Kunden ihre Waren von einem Podest aus feilbieten. Das Nebeneinander vieler Sprachen und Kulturen, von dem der Roman durchwegs gekennzeichnet ist, wird hier am deutlichsten wahrnehmbar. Die Vermittlung von Vielsprachigkeit und kultureller Vielfalt geschieht über die Sinnesorgane: Über die grünen Stände und das bunte Obst und Gemüse hinaus, die das Auge ansprechen, vernimmt das Ohr ein ständiges Stimmengewirr. Wegen des Gedränges und Lärms sowie des schier unendlich scheinenden Warenangebots erhält der Markt eine orientalische Prägung und setzt sich damit deutlich vom Rest der Stadt ab. Wie Simões betont, ist der Naschmarkt

> a world that resembles the mythical Babel where already for centuries not only German, but also Italian, Yiddish, Greek, Turk, Serbian or Polish have been commonly spoken languages. In this polyphonic world the reader meets Polish and Slovakian workers, Brazilian singers and Turk and Greek immigrant salespeople who interact in the narrative with Stefan and his heterogeneous and multicultural group of friends: the Jew Lew Feiniger, the Austrian journalist Sophie Wiesen, the cinema student Tom Wandruschka, the son of a Congo diplomat Patrique Mutabo, the filmmaker from Kosovo Flora Dema and her illegal cameraman, the Serb Goran Boškovic (Simões 2009: 7).

Der Naschmarkt erweist sich als eine Insel der Transkulturalität, hier mischen sich Sprachen und Kulturen, Mischehen werden geschlossen und Freundschaften geknüpft. Ein Ort der Begegnung, wo alle Probleme des Zusammenlebens friedlich beseitigt werden können, wo Menschen sich lieben und zueinander finden. Ein idyllischer Ort, den es in dieser Form jedoch nicht gibt. Vielmehr entsteht die Impression einer Bühne, was auch Simões hervorhebt: „The international origin of these characters transforms Vienna into a transnational stage, especially this market, pictured here as the epicentre of multiculturalism, as a global village" (Simões 2009: 7). Aller Idylle zum Trotz hat der Naschmarkt, der sich im wörtlichen Sinne auf dem Fluss befindet, eine seltsam schwebende Atmosphäre, als stünde er nicht auf festem Untergrund. Auf diesen modernen Turm von Babel, der paradigmatisch für das neue Wien oder mehr noch, für die transkulturelle, hybride Welt steht, verweist das folgende Zitat, dem auch der Titel dieses Beitrags entliehen wurde: „Wer hierher kam, befand sich nicht auf festem Boden. Es war, als flimmere jedes Gespräch im Widerschein der unterirdischen Wellen, als schwanke jede Floskel mit den Gezeiten des Wassers, und dem Wert der Ware" (Rabinovici 2004: 175). Oberflächlich betrachtet, ist der Naschmarkt also der Begegnungsraum schlechthin, deshalb zieht es auch den Protagonisten Stefan Sandtner und seine meist aus Migrantenfamilien stammenden

Freunde immer dorthin. Als multikulturell lässt sich dieser Ort in Anlehnung an Heinz Antors Begriffsbestimmung (cf. Antor 2006) deshalb bezeichnen, weil sich statt eines kulturellen Austausches, der nennenswerte neue Formen oder Praktiken der Kultur hervorbringen würde, bloß ein kulinarischer oder geschäftlicher vollzieht. Für den Naschmarkt gilt auch das Merkmal multikultureller Milieus, „das relativ unverbundene bloße Nebeneinander-Existieren von Kulturen" (Antor 2006: 30). Die hier agierenden Figuren kommen aus allen Ecken der Welt, bleiben trotz spürbarer Bemühung des Autors auf Grund ihrer typischen Lebensgeschichten dennoch schematisch. Als Typen eignen sie sich jedoch für die Präsentation wiederkehrender Probleme, die Migranten der ersten und zweiten Generation betreffen können. So wird etwa die Dichotomie zwischen den kulturellen Gepflogenheiten in Anatolien und in Wien am Beispiel der türkischen Marktfamilie Ertekin vor Augen geführt, ebenso wie der Gegensatz zwischen dem Festhalten an alten Gewohnheiten und dem Willen zur Modernisierung, Letzteres am Konflikt zwischen dem türkischen Vater und der bereits in Wien aufgewachsenen Tochter. Der Grund für die Migration war im Falle der Ertekins eine von den heimischen Traditionen abweichende Einstellung, die in Anatolien als zu modern galt. Rückblickend konstatiert Ertekins Frau Yelda:

> Wie anders war er ihr damals erschienen, jener verwegene junge Mann, der beschlossen hatte, das Geburtsdorf hinter sich zu lassen, ebenso die ganzen überkommenen Traditionen, die begrenzten Möglichkeiten und unmöglichen Begrenztheiten, über die er, der Revoluzzer, gelästert hatte, denn, so Mehmet in jenen Jahren, der Mensch, Yelda, braucht keine Heimat, sondern ein Zuhause, und zwar mit Fernsehen und Waschmaschine, bitte sehr (Rabinovici 2004: 185 f.).

In Wien mussten sie erkennen, dass man dort nicht differenziert: Sie werden stets als dieselben Türken betrachtet, wie jene, denen sie entkommen wollten, und werden allmählich in eine für sie fremde Rolle gedrängt. Wegen der kulturellen Unterschiede bleibt ihnen ein Zuhause, wie Ertekin es sich erhoffte, versagt. Stattdessen leben sie von den Wienern isoliert in einem türkischen Ghetto mit vielen anderen Landsleuten. Nostalgisch stattet Ertekin die einstige Heimat mit einer symbolischen Bedeutung aus, sie wird zum Letzten, was ihm noch bleibt. Ohne zu merken, internalisiert er die von außen zugeschriebene Rolle, kauft sich ein Haus im Geburtsdorf, reist jährlich nach Anatolien und geht bei den Geschenken für die Verwandten weit über seine Möglichkeiten, um nicht als Verlierer abgestempelt zu werden. Seine Geschichte entspricht weitgehend den Lebensläufen der sogenannten Gastarbeiter, der ersten Generation von Migranten.

In der Gegenüberstellung von Migranten der ersten und der zweiten Generation bzw. Migranten, die seit ihrer Kindheit in einem anderen Land aufwachsen, bekommt die Mehrsprachigkeit ein besonderes Gewicht. Das Aufwachsen zwischen oder mit zwei Sprachen beeinflusst auch die Herausbildung der Identität. Ertekins Kinder kommunizieren im Roman auf Deutsch, wechseln nur gelegentlich zu Türkisch. Als der Vater seine Tochter wegen einer ungewollten Schwangerschaft zur Rede stellt, wählt er in seiner Wut und Erschütterung das seinen Emotionen mehr entsprechende Türkisch und klagt in seiner Muttersprache, wenn er sich auf die ihm zugefügte Schande, auf die Familie und auf die Meinung der Anderen beruft. Şirin, die Tochter, antwortet ihm auf Deutsch, verwendet die Sprache, in der sie sozialisiert wurde, die sie täglich benutzt, und die sichtlich ihre Identität mitbestimmt hat. Selbst Ertekins Identität ist nicht eindeutig definierbar. Im Vergleich zu seinen Landsleuten in Anatolien ist er europäischer, dennoch gilt er in Wien als der Prototyp eines Türken. Er gehört weder zu der einen, noch zu der anderen Gruppe. Die bereits in Wien geborenen Söhne kämpfen ebenfalls mit der Selbstzuordnung und mit der Bestimmung ihrer Identität. Bülent, der Ältere, kann sich in Österreich nicht integrieren, denn für die anderen bleibe er „ein Kümmeltürke" solange er lebe, weil es in Österreich nicht einmal einen muslimischen Friedhof gebe (Rabinovici 2004: 189). Er repräsentiert jene Migranten der zweiten Generation, die sich weder der einen noch der anderen Kultur zuordnen können, und über eine brüchige, labile Identität verfügen. Zafer dagegen, der Jüngere, scheint sich mit Erfolg integriert zu haben, war „ein Primus", studiert Germanistik und ist angehender Schriftsteller. Er verkörpert also die intellektuelle Schicht, welche aus der Zwei- oder Mehrsprachigkeit, aus den unterschiedlichen kulturellen Einflüssen und aus der hybriden Identität Kreatives hervorbringt und die dadurch gegebenen Möglichkeiten positiv für sich umsetzt.

3

Am Naschmarkt, in diesem Sammelbecken typischer Einzelschicksale wie sie in einem transkulturellen Milieu vorkommen können, werden die vielfachen Gründe für Migration transparent. Außer Türken gibt es dort griechische Zyprioten, die Zypern nach dem Einmarsch der Türken verlassen haben. An diesem Ort lernt Stefan Sandtner die bosnische Videokünstlerin Flora Dema kennen, die scheinbar als illegaler Kriegsflüchtling aus dem Kosovo stammt. Doch eigentlich ist sie mit den nötigen Dokumenten ausgestattet und dreht mit ihrem serbischen Kameramann, dem Deserteur Goran Boškovič, Videos über Xenophobie in Wien. Da Floras Aufenthaltserlaubnis abzulaufen droht und Stefan seine Kontakte im Ministerium zu spät für die Verlängerung einsetzt, verlässt sie Wien und geht nach Paris, wo sie zur gefeierten Künstlerin wird. Goran dagegen, den papierlosen Illegalen, nimmt die Polizei bei einer Razzia fest und er wird sofort nach Serbien abgeschoben. Die individuellen Schicksale, die Rabinovici Revue passieren lässt, skizzieren, was sich hinter dem schönen Schein verbirgt, und wovon das Buch weitestgehend handelt: das Verfolgtsein. Sei es politische Verfolgung, wie Flora und Goran sie erfahren haben, die Verfolgung durch die traumatische Vergangenheit, wie im Falle des jüdischen Großhändlers und Holocaust-Überlebenden Paul Guttmann, oder das Verfolgtwerden von einer nicht abgeschlossenen Beziehung, wie etwa bei Stefan Sandtner. Alle werden von der Vergangenheit eingeholt. Verfolgung erhebt sich damit zu einem allgemeinen Daseinszustand, der jederzeit jeden treffen kann.

In Bezug auf den eingangs zitierten Satz und im Kontext des Romans muss wiederholt deutlich gemacht werden, dass nicht ausschließlich Juden vom Antisemitismus und Rassismus betroffen sind. Gefährdet sind alle Fremden, Illegalen, Heimatlosen und Asylsuchenden, die im Zuge der tagespolitischen Ereignisse im Jahr 1995 in Österreich, aber in Folge bestimmter Machtverhältnisse auch in vielen anderen Ländern, nicht mehr auf Hilfe, Unterstützung und Toleranz hoffen durften und dürfen. Sharp ist zuzustimmen, wenn er meint: „The living lesson of the Holocaust that his novel proposes is that the ‚Jews' of late twentieth century Austria are its political and economic refugees, its asylum seekers from areas in Europe torn by war, racial and ethnic intolerance, its Gorans" (Sharp 2006).

Das multikulturelle Wien ist mehr als bloße Staffage für die Entfaltung theoretischer und für die Migrantenliteratur charakteristischer Fragestellungen. Es ist in erster Linie ein historischer Ort – um noch einmal auf Rabinovicis einführenden Gedanken zu verweisen sowie Aleida Assmanns Unterscheidung zwischen *Ort* und *Raum* (cf. Assmann 2009) aufzugreifen –, an dem „Geschichte immer schon stattgefunden [...] und ihre Zeichen in Form von Spuren, Relikten, Resten, Kerben, Narben, Wunden hinterlassen [hat, S.R.]" (Assmann 2009: 16). Deshalb erhalten Erinnern und Vergessen solch ein Gewicht in diesem Roman. Immer wieder erinnern sich die Figuren, obwohl sie am liebsten vergessen möchten, oder aber sie können sich auf Grund eines Gedächtnisschwundes nur noch an den gleichen Ausschnitt der Vergangenheit erinnern. So ist Paul Guttmann, Lebensmittelgroßhändler und Holocaust-Überlebender nicht in der Lage, die Zeit des Holocaust zu vergessen. Er floh zwar aus der Bukowina auf abenteuerlichen Wegen nach Wien, musste sich dort aber immer die Frage stellen, was dieser oder jener wohl im Krieg gemacht hatte, bis er eines Tages beschloss, diese Frage endgültig aus seinem Leben auszuklammern. Dennoch wird er in seinen Träumen von den vergangenen Erlebnissen heimgesucht: Am Naschmarkt

> ließ [er, S.R.] sich von diesem Anblick des Überflusses begeistern, zumindest beruhigen, denn zuweilen schmolz die Erinnerung, schwoll heran und überflutete ihn; hoffentlich nicht heute nacht, nachdem er sich um Kerber hatte kümmern und an Ada denken müssen, doch wäre es kein Wunder, wenn er sich nach solch einem Tag aus dem Schlaf brüllte, nach Luft ränge, ihm das Herz davonliefe wie so oft. Ein Wunder wäre ein stiller Traum (Rabinovici 2004: 42).

Ebenso wie die Ertekins fühlt auch er sich trotz geschäftlicher Erfolge, eines konsolidierten Lebens und als Kunstsammler nicht als Wiener anerkannt, „[i]n Wahrheit [...] würde er in den Augen der Wiener Szenerie ohnehin nie zu einem wahren Kenner werden, sondern letztlich ein kleiner Ostjude bleiben" (Rabinovici 2004: 152).

Dr. Kerber, ehemaliger SS-Untersturmführer und späterer praktischer Arzt, lebt auf Grund einer Degeneration im Hirn nur noch in der Vergangenheit, im Jahr 1945: „Er sagt nun, was er [...] bisher verschwieg, weil er nicht mehr erinnert, woran er sich nicht mehr erinnern darf; weil er vergaß, was er vergessen machen wollte" (Rabinovici 2004: 66). Auch Gorans Nächte sind gezeichnet von Albträumen über die Gräuel des

Krieges und der Flucht. In einem Gespräch über den Kosovo-Krieg fragt er Lew Feininger, einen Freund von Sandtner:

> „Was weißt du? Von Flucht ... Du machst eine Ausstellung über Kriegsverbrechen? Ich habe eine eingehende Führung erhalten. Ausstellung? Jede Nacht gehe ich durch meine persönliche Ausstellung. So eine Ausstellung wie meine wird dir nie gelingen. Ich finde ja überhaupt nicht mehr hinaus" (Rabinovici 2004: 83 f.).

Diese Personen können mit ihrer Vergangenheit, die ihre Gegenwart bestimmt, nicht umgehen. Keine Strategie, die sie in ihrem Leben erprobt hatten, erwies sich als wirksam, sich von den Traumata zu befreien. Guttmanns Versuch, die eventuelle Schuld der Anderen zu ignorieren schlug ebenso fehl wie Kerbers Verdrängung der eigenen Untaten oder Gorans physische Flucht vor der Gewalt des Krieges.

Die Bedeutung der Vergangenheit hebt Rabinovici auch in seinem Essay *Wie es war und wie es gewesen sein wird* hervor, insbesondere in Bezug auf die Gegenwart, die er stets im Blickfeld behält:

> Ich schreibe vom Umgang mit der Vertreibung, der Verfolgung und der Vernichtung. Ich spreche hier vom Umgang mit diesen Fragen, und meine nicht bloß die historische Auseinandersetzung mit der Shoah, sondern ebenso die aktuelle, die politische Handhabung von Flucht und Genozid in der Gegenwart. Dabei geht es mir keineswegs um eine Gleichsetzung dessen, was einst geschah, und was heute sich ereignet. Vielmehr will ich sehen, welche Parallelen sich uns aufdrängen und warum. Ich schaue mir an, was Menschen nun geschieht, im Lichte, nein, vielmehr im Schatten des Vergangenen, und ich rätsle, wie es gewesen sein wird (Rabinovici 2002).

Die Vergangenheit kann für den Historiker Rabinovici also nicht der ausschließliche Orientierungspunkt sein, diese Funktion hat für ihn die Gegenwart. Als Ausgangspunkt für Vergleiche mit der Gegenwart lässt er sie allerdings gelten, sofern die Beschäftigung mit der Vergangenheit nicht von dem, was wirklich interessiert, dem Hier und Jetzt, ablenkt. „Es geht allemal bloß um die Gegenwart. Was erörtert, aufgedeckt und verhandelt, was verdrängt, verleugnet und ausgeblendet wird, bestimmen allein die aktuellen Machtverhältnisse, nie die früheren", so Rabinovici weiter in seinem Essay (Rabinovici 2002). Die Vergangenheit vermag das, was in der Gegenwart vor sich geht, freilich nicht zu begründen, sie kann aber dazu beitragen, gegenwärtige Prozesse, Konstellationen und

Mechanismen durch das Aufzeigen früherer Modelle besser nachvollziehbar zu machen. Von dieser Einstellung ausgehend lässt sich auch das Konzept hinter der allzu didaktischen Romanhandlung besser erkennen und begreifen: All die typischen Schicksale weisen Parallelen zwischen vergangenen und gegenwärtigen „Vertreibungen" und „Verfolgungen" sowie ähnliche Umgangsweisen „mit diesen Fragen" auf. Nicht nur die Umstände der Aggression, auch die Reaktionen sind ähnlich. Immer noch sehen Menschen weg, wenn andere Hilfe suchen, immer noch finden sie Begegnungen mit dem Fremden peinlich, weil sie die Situation nicht handhaben können. Goran wirft Lew, der an einer Ausstellung über Todesmärsche mitarbeitet, sich aber weigert, den Krieg auf dem Balkan einzubeziehen, vor, einen ausschließlichen Blick für die Vergangenheit zu haben, und gegenwärtige Kriegsverbrechen ebenso wie den Rassismus der Österreicher außer Acht zu lassen:

> Darauf Goran: „Aber jetzt ist Krieg. Jetzt... Verbrechen...', er sprach nicht weiter, nahm einen Schluck Bier, dann: ‚Könnt ihr immer nur von der Vergangenheit reden?'
> ‚Wer »ihr«? Wen meinst du mit »ihr«? fragte Lew.
> ‚Na, ihr hier. Unser Video handelt vom heutigen Rassismus! Von eurem Rassismus!'" (Rabinovici 2004: 82 f.)

Selbst Stefan Sandtners Freunde, junge liberale Intellektuelle, die stets über gegenwärtige Krisen und Kriege diskutieren, und für Toleranz, Menschlichkeit und Menschenwürde plädieren, bleiben mithin völlig passiv und benehmen sich wie Teilnehmer eines Podiumsgesprächs über Identität, Fremdheit oder Tagespolitik. Keiner von ihnen wird aktiv, leistet den illegalen Flüchtlingen wirkliche, brauchbare Hilfe. Sie sind Fremden gegenüber zwar sehr offen und tolerant, berufen sich dabei häufig auf ihre eigene (Migranten-)Herkunft, scheuen aber jede Verantwortung, die über Worte hinausgeht.

4 Fazit

Rabinovicis Roman präsentiert ein Bild von Wien, das die traditionelle Vorstellung von einer offenen, kulturell und sprachlich jedoch weitgehend homogenen Stadt, wo das Fremde höchstens als exotisches Element auf den Naschmarkt verbannt wird, unterläuft und diese als Konstruktion entlarvt. Mit der Einführung von Figuren wie beispielsweise Patrique Mutabo, Sohn eines kongolesischen Diplomaten, österreichischer Staatsbürger, der sich mit dem ironischen Zusatz „[e]in echter. Ein waschechter." (Rabinovici 2004: 163) als Österreicher definiert, dekonstruiert Rabinovici althergebrachte Denkschemata. Die von der Videokünstlerin dokumentierte Irritation der Wiener, ihre ablehnende, mitunter feindliche Haltung einer hilfesuchenden Illegalen gegenüber beweist, dass trotz der Allgegenwärtigkeit der Alterität die Strategien für den Umgang mit ihr fehlen. Rückzug, Schweigen oder Teilnahmslosigkeit sind die falschen Reaktionen. Als politischer Aktivist plädiert Rabinovici für Engagement und führt am Beispiel seiner Wiener Intellektuellen vor Augen, dass ein guter Wille, grundsätzliche Offenheit und Diskussionen über akute Probleme und Krisen zwar einen Anfang bedeuten, für eine Lösung aber nicht ausreichend sind. In einem Interview verwies er darauf, dass der alltägliche Rassismus seine Wurzeln in der problematischen, nicht bewältigten österreichischen Vergangenheit hat:

> Was aber in Österreich auffällt, ist, daß der Antisemitismus beiläufiger vorkommt und daß er einem richtiggehend freundlich gegenübertritt, beinahe naiv. Das ist Ausdruck unterschiedlicher Mentalität und öffentlicher Kultur. Die Deutschen schauen mit Pessimismus in die Zukunft. Die Österreicher schauen mit Optimismus in die Vergangenheit" (Rabinovici 2003).

Solange eine solche Einstellung oder „Mentalität" maßgeblich ist – und dies gilt selbstverständlich nicht nur für Österreich –, bleiben auch die unreflektierten, zweipoligen, *schwarz-weißen* Denkmuster wirksam, gegen die die jungen Intellektuellen des Romans *Ohnehin* in den Wiener Cafés und am Naschmarkt entschlossen, aber nur verbal und stets unter sich bleibend, letztlich mit bescheidenem Erfolg wiederholt anrennen.

Literatur

Antor, Heinz (ed.) 2006: *Inter- und Transkulturelle Studien. Theoretische Grundlagen und interdisziplinäre Praxis*, Heidelberg: Winter
Antor, Heinz 2006: „Multikulturalismus, Interkulturalität und Transkulturalität: Perspektiven für interdisziplinäre Forschung und Lehre" in: Antor (ed.) 2006: 25-39

Assmann, Aleida 2009: "Geschichte findet Stadt", in: Csáky & Leitgeb (eds.) 2009: 13-27
Csáky, Moritz & Christoph Leitgeb (eds.): *Kommunikation – Gedächtnis – Raum. Kulturwissenschaften nach dem "Spatial Turn"*, Bielefeld: transcript Verlag
Hanselle, Ralf 1997: "Der KA-Fragebogen für Doron Rabinovici", in: *Kritische Ausgabe* 2 (1991), im Internet unter http://www.kritischeausgabe.de/archiv/ahanselle.htm [26.10. 2010]
Klauhs, Harald & Norbert Mayer 2010: "Rabinovici: ,Waldheim machte mich zum Österreicher'", in: *Die Presse.com*, im Internet unter http://diepresse.com/home/kultur/literatur/599308/index.do [26.10. 2010]
Rabinovici, Doron 2002: "Wie es war und wie es gewesen sein wird", im Internet unter http://www.rabinovici.at/texte_wieeswar.html [26. 08. 2010]
Rabinovici, Doron 2003: "Sie sollten es merken. Interview mit Doron Rabinovici", in: *haGalil OnLine* (2003), im Internet unter http://www.hagalil.com/archiv/2003/10/rabinovici.htm [26. 08. 2010]
Rabinovici, Doron 2004: *Ohnehin*, Suhrkamp: Frankfurt/Main
Sharp, Francis Michael 2006: "Doron Rabinovici's *Ohnehin*: Selective Memory and Multiple Pasts", in: *Trans* 16, im Internet unter http://www.inst.at/trans/16Nr/05_2/sharp16.htm [27. 08. 2010]
Sievers, Wiebke o. J.: *Writing Politics: The Emergence of Immigrant Writing in West Germany and Austria*, im Internet unter http://www.oeaw.ac.at/kmi/Bilder/kmi_WP11.pdf [27.08.2010]
Simões, Anabela Valente 2009: *Fragmented identities in Doron Rabinovici's novel Ohnehin*, im Internet unter http://www.inter-disciplinary.net/wp-content/uploads/2009/10/simoespaper.pdf [27. 08. 2010]
Streitler, Nicole 2004: *Doron Rabinovici: Ohnehin*, im Internet unter http://www.literaturhaus.at/buch/buch/rez/rabinovici_ohnehin/ [28.08.2010]
Strigl, Daniela 2006: "Fragen Sie Doktor Sandtner. Unter Weißkitteln: Doron Rabinovici verhebt sich an einem Krimi" in: *Frankfurter Allgemeine Zeitung Online*, im Internet unter http://www.faz.net/s/Rub79A33397BE834406A5D2BFA87FD13913/Doc~E41F2EDA5BCFB4EB186629C6C959B39DD~ATpl~Ecommon~Scontent.html [28.08. 2010]

Die deutsche Sprache als Minorität? Multilinguale Gegenwartsliteratur in der deutschsprachigen Gemeinschaft Belgiens und in Luxemburg

Thomas Ernst (Duisburg-Essen)

Abstract

The unification process of the European Union causes problems and offers new potentialities for the meanings of national languages in Europe at the same time. Whilst monolingual Germany and its ‚linguistic nationalism' refer to German as the hegemonic language in Germany itself, it is only one of various official languages in the multilingual ensembles of Belgium and Luxembourg. This different status of German in Belgium and Luxembourg is reflected in literary texts: In the German-speaking Community of Belgium, authors like Freddy Derwahl and Leo Wintgens produce less homogenized and minor forms of literary German than hybrid and liminal texts; the literature magazine *Krautgarten* deals with advanced literature from the margins of the literary market. In Luxembourg, German has been presented as the language of the occupiers in Roger Manderscheid's novel *Schacko klak* (1988) and has been set in marked contrast to Luxembourgish. This binary contrast has now more and more disappeared, meanwhile Manderscheid's anthology of prose *schwarze engel* (2001) or Nico Helminger's play *now here & nowhere oder den här io ming pei hätt mueres gär krewetten* (2007) can be described as multilingual and hybrid examples of Luxembourgish literature. German here is merged in a linguistic diversity, whose literary products can nevertheless not be assigned to Deleuze's and Guattari's concept of a ‚minor literature'.

1 Multilinguale Literaturen Europas. Theoretische und methodologische Vorüberlegungen

Seit dem *Schengener Abkommen* von 1985 scheinen die Europäische Union und ihre 27 Mitgliedsstaaten ihre Begrenzungen auf dem europäischen Binnenmarkt immer mehr aufzuheben. Somit gewinnt zunehmend die Frage an Aktualität, was sich eigentlich hinter ‚Europa' und einer jeweiligen ‚Nationalidentität' verbirgt und welchen veränderten Stellenwert die Sprachen in diesem neuen europäischen Gefüge besitzen (cf. Seghers & Viehoff 1999: 31 f.). Die aktuelle Sprachenpolitik der Europäischen Union basiert dabei auf der Grundannahme einer fundamentalen Multilingualität und bemüht sich um den Schutz und die Förderung kleinerer Sprachen (cf. Extra & Gorter 2008: 38 f.). Eine – den Ist-Zustand allerdings idealisierende – Sammlung entsprechender Dokumente stellt in ihrer Einleitung fest, dass

> multilingual speakers of minimal languages don't have to deny their identity any more or adapt to the more prestigious languages, but his opponent, the monolingual, has much more difficulties than in the past to assert his monodirectional views in the multilingual and multicultural Europe (Helde 2002: 12).

Dass sich folgerichtig in den akademischen Diskursen Europas immer mehr Auseinandersetzungen mit dem Phänomen der Multilingualität finden, bringt Europa überhaupt erst auf ein Reflexionsniveau, das auf anderen Kontinenten bereits erreicht ist, wie Lorna Carson feststellt:

> In European terms, multilingualism is often considered as a rather extraordinary state of affairs […]. However, in many other parts of the globe, multilingualism is not at all a remarkable skill, but simply a normal requirement of everyday life. Globally, it is monolingualism that tends to be extraordinary, and multilingualism is the norm (Carson 2003: 17 f.).

Die Bedeutungen von Sprachen werden noch immer vorrangig auf dem Feld der Literatur reflektiert – und immer mehr wendet sich die Literaturwissenschaft auch Beispielen multilingualer Literatur zu, die die zunehmende vielsprachige Verfasstheit Europas in herausragender Weise archiviert. Manfred Schmeling und Monika Schmitz-Emans erklären beispielsweise, dass die multilinguale Literatur „eine Art Nebenfluß des breiten Stroms der abendländischen Literatur" gewesen sei, heute sei jedoch „aus diesem einstigen Nebenfluß […] ein breiter Strom geworden" (Schmeling & Schmitz-Emans 2002: 16 f.).

Wenn man alle diese Feststellungen ernst nimmt und sich der Multilingualität und ihrer Repräsentation und Reflexion in literarischen Texten zuwendet, sieht man sich schnell mit einem komplexen Gegenstand konfrontiert. Daher ist es wichtig, zunächst verschiedene Formen, Grade und Effekte multilingualer Literaturen voneinander abzugrenzen. Monika

Schmitz-Emans (2004: 11-15) unterscheidet verschiedene Formen multilingualer Literatur, indem sie kulturwissenschaftlich die gesellschaftliche und ästhetische Positionierung und Gestalt multilingualer Texte thematisiert. Sie differenziert zwischen:

a) „Literaturen vielsprachiger *Nationen, Staaten, Regionen und Kulturen*",
b) „Literarische Werke mehrsprachiger *Autoren*",
c) „Mehrsprachige *Texte*",
d) „Integrationsformen non-verbaler *Sprachen*",
e) „Vielsprachigkeit *inmitten* der Sprachen".

Dirk Delabastita & Rainier Grutman (2005: 16) konzentrieren sich in ihrer Definition mehrsprachiger Texte auf Schmitz-Emans' Punkt c) und gehen vom textimmanenten Verhältnis der im jeweiligen Text genutzten verschiedenen Sprachen zueinander aus:

> In principle, texts can either give equal prominence to two (or more) languages, or merely add a more or less liberal sprinkling of other languages to a dominant language clearly identified as their central axis. The latter solution is much more commonly encountered, with the actual quantity of foregrounded linguistic material varying widely.

Auch eine solche Bestimmung, die das (quantitative) Verhältnis der in multilingualen Texten genutzten Sprachen ins Zentrum der Analyse rückt, käme jedoch nicht aus ohne eine weitere Qualifizierung der jeweiligen Bedeutungen der genutzten Sprachen, ihrer komplementären oder antagonistischen Relationen zueinander und der Form ihrer Mischung. Hierzu ist es unabdingbar, auch linguistische Theorien und Beschreibungsformen der Multilingualität hinzuzuziehen (cf. Carson 2003: 22-29). So gibt es

- erstens eine Differenz der Standardsprachen, wie Deutsch, Englisch, Französisch, Luxemburgisch oder Niederländisch;
- zweitens unterschiedliche Sprachvarietäten, wie Dialekte, Ethnolekte, Slangs oder Fachsprachen;
- drittens Fremdwörter als fragmentarische Repräsentationen eines Anderen (cf. Levin 1995);

- viertens hybride oder Kreolsprachen, wie beispielsweise ein „Multisprech", hinter dem sich das „Sprechen in verschiedenen Sprachen" (Erfurt 2005: 16) verbirgt, wie zum Beispiel in der ‚Kanak Sprak', dem ‚Franglais' oder dem ‚Swenglish' (cf. Hinnenkamp & Meng 2005); sowie
- fünftens die Laut- oder Avantgardesprachen, die vor allem in literarischen Texten produziert werden, wie beispielsweise in der Klangpoesie der Dadaisten.

Eine literaturwissenschaftliche Analyse multilingualer Texte sollte sich allerdings weder auf die kulturwissenschaftliche Analyse des gesellschaftlichen Status eines mehrsprachigen Textes noch auf die linguistische Analyse der von ihm genutzten Sprachvarietäten und deren Verhältnis zueinander reduzieren. Mithilfe eines methodenpluralistischen Apparates, der beispielsweise aus Theoremen der Postcolonial Studies und Theorien des Liminalen besteht sowie diskursanalytische Verfahren nutzt, um Konstruktionen des Hegemonialen und des Minoritären zu analysieren, müssen auch die Inhalte, die Figuren, die Handlungen und die im jeweiligen Text aufgerufenen Topoi analysiert werden.

Konzeptionen der Liminalität und Hybridität haben seit den 1980er Jahren eine immer größere Verbreitung in den akademischen Diskursen gefunden. Theorien der Liminalität nutzen Metaphern des Übergangs, der Grenzzone, der Schwelle oder des Zwischenraums, die sich auch in literarischen Texten finden lassen (cf. Parr 2008). Mithilfe seines Begriffs von Hybridität hat Homi K. Bhabha die Produktion und Verortung der Kultur zu beschreiben versucht, allerdings jenseits aller Binaritäten der Exklusion; dabei verschob er den Fokus auf die ‚dritten Räume' bzw. die „liminal spaces in-between" (Bhabha 1994: 4). Elisabeth Bronfen und Benjamin Marius bewerten Literatur als das zentrale Medium zur Reflexion dieses hybriden Status der europäischen Sprach- und Identitätspolitiken, denn der Literatur gelinge es, „die *infinite Hyperkontextualität der realen Welt* [...] *durch die gezielte semiotische Ambiguität des literarischen Textes abzubilden* (Hervorh. im Original)" (Bronfen & Marius 1997: 22). Es wäre jedoch noch zu untersuchen, inwiefern sich multilinguale Literatur tatsächlich auch in Diskurse des Liminalen und Hybriden einschreibt – was im Folgenden exemplarisch an den Texten der deutschsprachigen Gemeinschaft Belgiens und der luxemburgischen Literatur untersucht werden soll.

2 Jenseits des linguistischen Nationalismus. Die Position des Deutschen als Literatursprache in den multilingualen Ensembles Belgiens und Luxemburgs

Für die exemplarische Analyse der Position der deutschen Sprache als Teil der multilingualen Ensembles in Belgien und Luxemburg sprechen zahlreiche Gründe, unter anderem, dass die deutsche Sprache – nach der englischen und neben der französischen – die meistgesprochene Sprache Mitteleuropas ist. Vor allem ist jedoch die spezifische Konnotation und Bedeutung der deutschen Sprache im europäischen Vergleich interessant, ist diese doch auch beeinflusst worden von der spezifischen *Dichter-und-Denker-Konstruktion* Deutschlands als einer Sprachnation. Guus Extra und Durk Gorter nennen die deutsche Konstruktion von Sprache und Identität in ihren komparatistischen Ausführungen über *Multilingual Europe* einen „linguistic nationalism [...] on the basis of which the German language and nation were conceived as superior to the French language and nation" (Extra & Gorter 2008: 7). Dieser Diskurs einer deutschen Sprachsuperiorität überlebt in bis heute virulenten Begriffen wie der *Sprachnation* oder der *Leitkultur* – und die freiwillige Unterwerfung aller MigrantInnen unter das Primat der deutschen Sprache wird in allen Debatten über Migration in Deutschland gebetsmühlenartig als eine Voraussetzung für gelungene Integration benannt. Paul Michael Lützeler hat darauf verwiesen, dass diese sehr alten Vorstellungen auch die gewalttätigen Phasen der deutschen Geschichte überlebt haben:

> Die Crux der nationalen Identität ist, daß sie in Deutschland seit über hundert Jahren von vergangenheits-orientierten Ideologen konstruiert worden ist. An diesem Erbe krankt sie noch heute. Im 19. Jahrhundert ging die Mythisierung der Vergangenheit einher mit dem Kult der Vorfahren, der Heroisierung der eigenen Geschichte. Mit der sogenannten Vaterlandsliebe war fast immer der Haß auf Minoritäten und Nachbarnationen verbunden. Deren Ridikülisierung und Dehumanisierung lief während der NS-Diktatur auf Ausrottungsprojekte, auf den Holocaust hinaus (Lützeler 1997: 13 f.).

In der Tat ist es ein offensichtliches Paradox der deutschen Geschichte, dass Museen und Stätten der vorrangig monolingualen Literatur der Weimarer Klassik ihren Widerpart finden in der multilingualen Gedenkstätte des Konzentrationslagers Buchenwald nur zehn Kilometer entfernt. Nach den vielfältigen Migrationsprozessen des 20. Jahrhunderts und in einer Zeit der Globalisierung und digitaler Medienwelten ist es jedoch für Deutschland unmöglich geworden, an seinem ‚linguistischen Nationalismus' festzuhalten. Die Tatsache, dass der *Verein Deutsche Sprache* und der *Verein für deutsche Kulturbeziehungen ins Ausland* im November 2010 in einer gemeinsamen Aktion mit der *Bild*-Zeitung 46.000 Unterschriften für eine Aufnahme der deutschen Sprache ins Grundgesetz gesammelt und an den Bundestagspräsidenten Norbert Lammert übergeben haben, wirkt angesichts dieser Entwicklungen wie ein Rückzugsgefecht für eine juridisch garantierte Einsprachigkeit angesichts der zunehmend multilingualen Verfasstheit des deutschen Alltags-, Berufs- und Medienlebens.[1]

Während sich Deutschland somit noch immer als ein monolingualer Nationalstaat zu definieren versucht und an MigrantInnen und nichtmuttersprachliche AutorInnen immer wieder die Erwartung stellt, sie mögen sich dieser Sprachpolitik anpassen, kann der Versuch, die Superiorität der monolingualen Sprachsituation zu dekonstruieren, auch als die Subversion des deutschen Sprachnationalismus verstanden werden. Zwar ist Deutsch die einzige offizielle Sprache in Deutschland, Österreich und Liechtenstein, sie ist jedoch nur eine von verschiedenen offiziellen Sprachen in Belgien, Luxemburg, Namibia und der Schweiz. Daher soll im Weiteren exemplarisch die Bedeutung der Literatursprache Deutsch in den multilingualen Ensembles von Belgien und Luxemburg analysiert werden.

2.1 Hybride Sprache und Bastarde. Deutsch als Literatursprache in der deutschsprachigen Gemeinschaft Belgiens

Während sich andere Staaten über Diskurse der ‚ethnischen Zugehörigkeit' oder der Religion binnendifferenzieren, wird Belgien durch seine inneren Sprachgrenzen in drei Gemeinschaften geteilt: die niederländischsprachigen Flamen, die französischsprachigen Wallonen und die Minorität der deutschsprachigen Gemeinschaft (DG) Belgiens – neben der offiziell zweisprachigen Hauptstadt Brüssel mit ihrer kulturellen und sprachlichen Vielfalt. Die Sprach- und Zuständigkeitskonflikte zwischen

---

1 Cf. dazu http://www.bundestag.de/dokumente/textarchiv/2010/32149847_kw 45_deutsch_gg/index.html [11.05.2011].

Flamen und Wallonen dominieren seit vielen Jahren die belgische Politik. Als eine Folge dieser Auseinandersetzung hat der Staat bereits mehrere Föderalisierungsstufen und gerade in den letzten Jahren fundamentale Krisen durchlaufen – man spricht sogar bereits offen von der Auflösung Belgiens.

In diesem zerstrittenen Ensemble spielen die 73.000 Bewohner der DG eine besondere Rolle. Seit 1919, als dieses einst deutsche Gebiet als Folge des Ersten Weltkriegs Belgien zugeteilt wurde, und gefolgt von vielen Auseinandersetzungen mit der eigenen Identität, ist die DG zu „eine[r] der bestgeschützten Minoritäten der Welt" (Hecking 2003: 97) mit weitreichender Autonomie avanciert, die oftmals sogar als die ‚besten Belgier' bezeichnet wird. Dennoch wird die DG zumeist übergangen, wenn Flamen und Wallonen über die Zukunft ihres Landes streiten (cf. u. a. Buelens & Goossens & Reybrouck 2007). Wie aber verhält es sich nun mit dem Status der deutschsprachigen Minorität in Belgien und mit ihrer Literatur?

Philippe Beck hat gezeigt, dass aus den bekannten historischen Gründen und sogar in den damals noch ‚Ostkantone' genannten Teilen Belgiens selbst die deutsche Sprache als Kultursprache – also jenseits der Alltagskommunikation – stigmatisiert war. Bis 1962/63, also bis zur Festlegung der Sprachgrenzen in Belgien, gab es generelle Schwierigkeiten, literarische Texte in deutscher Sprache in Belgien zu veröffentlichen. Erst 1964 publizierte Freddy Derwahl seinen ersten Gedichtband *Aufbruch,* und 1973 veröffentlichte Leonie Wichert den ersten deutschsprachigen Roman aus dem deutschsprachigen Ostbelgien nach dem Zweiten Weltkrieg, *Das Ferienparadies*, wobei die ostbelgischen Texte eine eigene Sprache nutzen. So beschrieb Heinrich Böll den Roman *Der Mittagsdämon* von Freddy Derwahl als eine hybride Mischung aus Sprachen und Stilen: „wenngleich in deutscher Sprache geschrieben, hat [Derwahls Text, T.E.] etwas Nicht-Deutsches, […] beinahe etwas Flämisches" (cf. Derwahl 1996: Buchcover). Und Philippe Beck entdeckt „syntaktische, morphologische und lexikalische Eigenheiten im Deutsch Ostbelgiens" (Beck 2007: 215), die natürlich auch in seiner Literatur reflektiert werden.

Der hybride und multilinguale Charakter des kulturellen Lebens rund um Eupen manifestiert sich auch in Romanen der Gegenwart. Leo Wintgens' Roman *Eine Jugend auf dem Königshof* (2001) thematisiert die spezifische Sprachsituation der DG, die er in einen trilingualen Text transformiert, in dem die idiomatischen und zumeist auch die französischsprachigen Sätze in Klammern übersetzt werden, während die Hauptsprache des Textes Deutsch ist: „Als dann der wallonische Gemüsemann ihr kurz darauf am Haus *pommes de terre* anbot, ohrfeigte sie ihn empört, weil *er* das wohl auch gewesen sei, der ihr die *Prum getäert* habe" (Wintgens 2001: 199). Freddy Derwahl sammelt historische Anekdoten und Ereignisse aus der Geschichte Ostbelgiens in seinem pikaresken Roman *Bosch in Belgien* (2006). So erzählt er beispielsweise vom ersten Besuch des jungen Königs Baudoin in Eupen. Der König wendet der wartenden Menge schnell seinen Rücken zu und der Protagonist Albert kommentiert:

> Albert glaubte zu wissen, dass er seine deutschsprachigen Landsleute aus Ostbelgien nicht mochte, dass sie ihm zur Last fielen, ja, dass er sich ihrer etwas schämte. Sie waren seine kleinen nationalen Bastarde, seine unerwünschten und aufdringlichen Ausnahmebelgier (Derwahl 2006: 19).

Und Derwahl beschreibt die deutschsprachige belgische Minorität nicht nur als Bastarde, sondern die DG überhaupt als „verdammtes, gottvergessenes Gebiet zwischen fantasmatischen Grenzlinien" (Derwahl 2006: 12). In diesem Sinne bemühen sich die Texte aus der DG nicht um die Konstruktion einer homogenisierten und separierten Gemeinschaft minorisierter Deutschsprachiger, sie spielen vielmehr mit ästhetischen und räumlichen Konzepten der Hybridität und Liminalität. Dies deckt sich auch mit Arvi Sepps Befund, dass die

> Contemporary German-speaking Belgian literature is accordingly characterized virtually without exception by a critical distance from ethnic nationalism and narrow-minded regionalism, holding fast to the idea of ‚belgitude' as an emancipatory principle of intercultural tolerance and cosmopolitan openness (Sepp 2010: 7).

Die unterschiedlichen Hintergründe ihrer Autoren und deren Poetiken sind zwei zentrale Merkmale des – auch in Deutschland bekannten – Magazins *Krautgarten*, das seit 1982 in der DG veröffentlicht wird. Vor allem jedoch vereinigt das Magazin, das seit langer Zeit von Bruno Kartheuser (*1947) herausgegeben wird, avancierte Autoren aus der DG, aus Flandern, den Niederlanden, Deutschland, Österreich und der Schweiz. Auf der einen Seite bildet ein Kern von Autoren aus Malmedy, Eupen,

Sankt Vith und anderen belgischen Städten, wie Leo Gillesen (*1954), Ingo Jakobs (*1962), Gerhard F. Henschen (*1934), Robert Schaus (*1939) oder Dietmar Sous (*1954) das Zentrum des *Krautgarten*, auf der anderen Seite haben sich auch berühmte und sprachkritische (teilweise inzwischen verstorbene) Autoren wie Nico Helminger, Roger Manderscheid und Georges Hausemer aus Luxemburg, Oskar Pastior, Ludwig Harig und Sylvia Egger aus Deutschland oder Peter Waterhouse, Friederike Mayröcker und Franzobel aus Österreich um den *Krautgarten* versammelt, um ein hybrides und ästhetisch avanciertes Literaturmagazin in einem liminalen Raum zu kreieren.

2.2 Multilinguale und liminale Räume. Deutsch als Literatursprache in Luxemburg

Das Großherzogtum Luxemburg hat etwa 500'000 EinwohnerInnen und einen Bevölkerungsanteil an nichtluxemburgischen Bürgern von 44,5 %, von denen die größte Gruppe aus Portugal kommt. Zudem pendeln täglich noch etwa 140'000 sogenannte ‚Grenzgänger' aus Belgien, Deutschland und Frankreich in das kleine, aber im europäischen Vergleich sehr reiche Land. Der Slogan „Mir wëlle bleiwe wat mir sin" (‚Wir wollen bleiben, was wir sind') aus dem Lied *De Feierwon* von Michel Lentz aus dem 19. Jahrhundert wird in aktuellen Debatten über das Staatsgefüge, seine Identität und die Sprachpolitik mehr und mehr in Frage gestellt. Während andere multilinguale Staaten wie Belgien oder die Schweiz in verschiedene Sprachgemeinschaften differenziert sind, besteht die luxemburgische Spezifität darin, dass alle Luxemburger, die das Schulsystem durchlaufen haben, die Sprachen Luxemburgisch, Deutsch, Französisch und Englisch aktiv beherrschen und somit eine im europäischen Vergleich bemerkenswerte multilinguale Sprachkompetenz besitzen. Alle SchülerInnen lernen – nachdem sie Luxemburgisch als Muttersprache zu Hause gelernt haben – das Schreiben und alle anderen Fächer zunächst in deutscher (ab der ersten Klasse) und in französischer Sprache (ab der zweiten Klasse). Später lernen sie noch Englisch und – ausgehend vom jeweiligen Bildungsniveau und -interesse – teilweise auch noch weitere Sprachen.

Im Gegensatz zu Belgien, wo die größeren Sprachen sich gleichsam in Schützengräben eingebuddelt haben und politische Kämpfe miteinander austragen, werden in Luxemburg „gesellschaftliche Auseinandersetzungen [...] über die Umgewichtung des Prestiges zwischen Französisch, Deutsch und Luxemburgisch ausgetragen" (Fehlen 2008: 46). Momentan wird Luxemburgisch hauptsächlich in der Alltagskommunikation genutzt, während Deutsch die präferierte Sprache der Medienwelt ist und Französisch wiederum als Hauptsprache von Verwaltung und Justiz fungiert. Die Institutionalisierung von Luxemburgisch als einer der drei offiziellen Sprachen im Sprachgesetz von 1984 kann – dies ist allerdings nur ein Faktor – auch zurückgeführt werden auf die Zeit der deutschen Besatzung während des Zweiten Weltkriegs. Peter von Polenz stellt sogar fest, dass die Bedeutung der luxemburgischen Sprache insbesondere vorangetrieben wurde als eine „gegenläufige Wirkung des einstigen deutschen Sprachimperialismus" (Polenz 1999: 118).[2]

Vor diesen Hintergründen gewinnt auch die luxemburgische Literatur ihren spezifischen Status.[3] Germaine Goetzinger weist auf die ambivalente Position der luxemburgischen Autoren hin: „Literatur in Luxemburg [...] hat nichts mit Deutschtum im Ausland zu tun, nichts mit grenzregionaler Minderheitenliteratur, kaum etwas mit Mundartdichtung" – weshalb sie bislang aus dem Fokus der germanistischen oder romanistischen Nationalphilologien gefallen war, die sich bevorzugt mit monolingualen ästhetischen Konzepten innerhalb nationaler Begrenzungen beschäftigen. Im Gegensatz dazu beschreibt Goetzinger die luxemburgische Literatur als Beispiel für eine „literarische Kommunikation im polyglotten Mikrokosmos am Rand des deutschen Sprachgebiets", die Texte besitzen einen „Modellcharakter für Literatur in einer zunehmend sich öffnenden und nomadisierenden Welt" (Goetzinger 2004: 23).[4] Doch selbst in ihrer Trilingualität und Hybridität reproduzieren literarische Texte aus Luxemburg verschiedene kulturelle Stereotypen, binäre Oppositionen und Zuschreibungen an die jeweiligen Sprachen – wobei diese Zuschreibungen dauerhaft reflektiert und teilweise auch verändert werden (cf. Kramer 2004: 36).

Als paradigmatisches Beispiel dieser Prozesse wird noch immer der Roman *Schacko klak. Biller aus der kandheet* (1988) von Roger Mander-

---

2 Zit. n. Fehlen 2008: 48.
3 Ich danke dem Luxemburger *Centre national de littérature* in Mersch und insbesondere Claude D. Conter, der mich bei meiner Recherche zur Literatur aus Luxemburg unterstützt hat.
4 Siehe auch Honnef-Becker & Kühn 2004: 7 f.

scheid bewertet, der Teil einer Trilogie über die Sozialisation seines Protagonisten Chrëscht Knapp in Luxemburg zwischen 1935 und 1958 ist – und somit auch während der Periode der deutschen Besatzung spielt. *Schacko Klak* ist der bestverkaufte luxemburgische Roman seit dem Zweiten Weltkrieg und spielte eine zentrale Rolle in der Selbstkonzeption der luxemburgischen Literatur. Dies ist in unserem Kontext auch insofern wichtig, als dass der Roman auf Luxemburgisch veröffentlicht wurde und nur fragmentarisch deutsche Sätze oder Phrasen enthält.

In einem Interview hat Roger Manderscheid festgestellt, dass er den Schreibprozess an *Schacko klak* in deutscher Sprache begonnen habe, ganz wie bei seinen anderen Romanen. Doch um die Seite 200 herum sei er ins Stocken geraten,

> weil mir auf einmal klar wurde, dass ich in der derselben Sprache der Unterdrücker eine Situation beschrieben habe, die im Grunde genommen von meiner Sprache, vom Lëtzebuergeschen, her gesehen, ganz antagonistisch war. Im Grunde genommen habe ich in der Sprache der Täter geschrieben, und ich war ein Opfer. [...] Da habe ich gemerkt, dass das Deutsche eine Fremdsprache ist. [...] Alles ist beschrieben aus der Perspektive des Kindes, also auf Lëtzebuergesch, und das Deutsche, das bricht dann wie eine Urgewalt dazwischen (zit. n. Kramer 2004: 36).

Sarah Lippert (2008) hat detailliert gezeigt, wie diese Mischung der luxemburgischen und der deutschen Sprache in *Schacko klak* funktioniert. Sie hat herausgearbeitet, dass die Konfrontation des Luxemburgischen als eine Art Rückzugsort und des Deutschen als eine Bedrohung den Roman zwar dominiert, dass der Text jedoch zugleich zahlreiche Reflexionen über die luxemburgische Sprache und die Spezifiken des luxemburgischen Deutsch enthält (das wiederum zur Subversion des Standarddeutschen der Besatzer genutzt wird). Zudem enthält der Text sogar ein paar Hinweise darauf, dass Deutsch noch immer auch als Sprache von Literatur und Dichtung zu gelten habe (cf. Lippert 2008).

Seit der letzten Dekade – und somit nach der Etablierung des Luxemburgischen als eine Literatursprache – nutzen multilinguale Prosatexte aus Luxemburg vermehrt die deutsche, die französische, die luxemburgische und zunehmend auch die englische Sprache, allerdings ohne die zuvor beschriebenen dichotomischen Zuschreibungen. So inszeniert beispielsweise wiederum Roger Manderscheid in seiner Erzählsammlung *schwarze engel* (2001) Luxemburg und die Metropolregion als einen transitorischen Raum mit hybriden Figuren, die sich nomadisch durch die liminalen Räume der Grenzregion bewegen. Die luxemburgische Literatur macht somit mehr als je zuvor multilinguale und hybride Räume produktiv, in denen zugleich die Konstruktion von Identität reflektiert werden kann (cf. Honnef-Becker 2004: 198-203). Vor allem Theatertexte wie Nico Helmingers Stück *now here & nowhere oder den här io ming pei hätt mueres gär krewetten* (2007) oder Roger Manderscheids *penalty* (2009) unterstreichen diese Entwicklung.

3 ‚Neen, non, nein, no.' Deutsch als Literatursprache in Belgien und Luxemburg – jenseits des Minoritären?

In den multilingualen Ensembles Luxemburgs sowie der deutschsprachigen Gemeinschaft Belgiens, in denen die deutsche Sprache keine Position der monolingualen Souveränität besitzt, nutzen multilinguale literarische Texte erstens die modifizierte Version eines deterritorialisierten Deutsch, öffnen sie sich zweitens für interlinguale Konfrontationen und Hybridisierungen und reflektieren und subvertieren sie drittens die deutsche Sprache und ihre jeweiligen kulturellen Konnotationen, teilweise auch in einer experimentellen Weise. Weder in der deutschsprachigen Gemeinschaft Belgiens noch in Luxemburg lässt sich das literarische Deutsch jedoch als Sprache einer ‚minoritären Literatur' im Sinne von Gilles Deleuze und Félix Guattari beschreiben.

Für Deleuze und Guattari lässt sich eine ‚littérature mineure' über drei Eigenschaften bestimmen: Erstens bedient sie sich aus einer deterritorialisierten Situation heraus einer ‚großen Sprache'; zweitens entwickeln die Texte über ein individualisiertes Beispiel einen politischen Gehalt; drittens produziert der jeweilige Text eine kollektive Bedeutung für die jeweilige Minorität, indem sich der Autor in eine kollektive Aussagenverkettung einschreibt. Das paradigmatische Beispiel für eine solche minoritäre Literatur sind die in der Sprache der deutschen Besatzer verfassten literarischen Texte des Prager Juden Franz Kafka (cf. Deleuze & Guattari 1971).

Auf der einen Seite ist die deutschsprachige Minorität in Belgien eine der bestgeschütztesten und privilegiertesten sprachlichen Minoritäten; sie erfüllt somit nicht das Kriterium einer benachteiligten und diskriminierten sozialen Gruppe. Zudem ist ihr Deutsch nicht mehr deterritorialisiert, sondern eher reterritorialisiert in einem allerdings liminalen Raum zwischen Deutschland, Flandern und Wallonien. Auf der anderen Seite sehen die luxemburgischen Autoren die deutsche Sprache inzwischen immer weniger als die Sprache der Besatzer, die nur in solcher Konnotation in einer ‚minoritären Weise' genutzt werden könnte. Wie würde also eine jüngere Figur von Roger Manderscheid auf die Frage antworten, ob sie eindeutig ihre Identität bestimmen könnte? „[I]ch bin nicht, je ne suis pas, ech si keen, neen, neen, neen, non, non, nein, nein, nein, no, no, no, jamais, ob keen fall, nie, nie, nix, nix, näischt, niente, niente signora" (Manderscheid 2001: 67).

Literatur

Beck, Philippe 2007: „Die deutschsprachige Literatur", in: Koll 2007: 203-223

Bhabha, Homi K. 1994: *The Location of Culture,* New York: Routledge

Bronfen, Elisabeth & Benjamin Marius 1997: Hybride Kulturen. Einleitung zur anglo-amerikanischen Multikulturalismusdebatte, in: Bronfen et al. 1997: 1-30

Bronfen, Elisabeth & Benjamin Marius & Therese Steffen (eds.) 1997: *Hybride Kulturen. Beiträge zur anglo-amerikanischen Multikulturalismusdebatte* (= Stauffenburg Discussion 4), Tübingen: Stauffenburg

Buelens, Geert & Jan Goossens & David Van Reybrouck (eds.) 2007: *Waar België voor staat. Een toekomstvisie,* Antwerpen / Amsterdam: Meulenhoff-Manteau

Carson, Lorna 2003: *Multilingualism in Europe. A Case Study,* Brüssel etc.: Peter Lang

Conter, Claude D. & Germaine Goetzinger (eds.) 2008: *Identitäts(de)konstruktionen. Neue Studien zur Luxemburgistik,* Esch-sur-Alzette: Éditions Phi

Delabastita, Dirk & Rainier Grutman 2005: „Introduction. Fictional Representations of Multilingualism and Translation", in: *Linguistica Antverpiensia* 4 (2005): 11-34

Deleuze, Gilles & Félix Guattari 1972: *Kafka. Pour une Littérature Mineure,* Paris: Minuit

Derwahl, Freddy 1996: *Das Haus im Farn. Eine Kindheit,* Eupen: Grenz-Echo

Derwahl, Freddy 2006: *Bosch in Belgien*, Eupen: Grenz-Echo
Deutscher Bundestag: *Deutsche Sprache soll Verfassungsrang bekommen*, im Internet unter http://www.bundestag.de/dokumente/textarchiv/2010/32149847_kw45_deutsch_gg/index.html [11.05.2011]
Erfurt, Jürgen 2004: „*de même I hope j'te bother pas*: Transkulturalität und Hybridität in der Frankophonie", in: Erfurt (ed.) 2004: 9-36
Erfurt, Jürgen (ed.) 2004: *Transkulturalität und Hybridität. L'espace francophone als Grenzerfahrung des Sprechens und Schreibens*, Frankfurt am Main etc.: Peter Lang
Extra, Guus & Durk Gorter 2008: „The Constellation of Languages in Europe: an Inclusive Approach, in": Extra & Gorter (eds.) 2008: 3-60
Extra, Guus & Durk Gorter (eds.) 2008: *Multilingual Europe: Facts and Policies*, Berlin/New York: Mouton de Gruyter
Fehlen, Fernand 2008: „Multilingualismus und Sprachenpolitik", in: Lorig & Hirsch (eds.) 2008: 45-61
Geisenhanslüke, Achim & Georg Mein (eds.) 2008: *Schriftkultur und Schwellenkunde*, Bielefeld: Transcript
Goetzinger, Germaine 2004: „Die Referenz auf das Fremde. Ein ambivalentes Begründungsmoment im Entstehungsprozess der luxemburgischen Nationalliteratur", in: Honnef-Becker & Kühn (eds.) 2004: 15-26
Hecking, Claus 2003: *Das politische System Belgiens*, Opladen: Leske + Budrich
Helde, Peter N. 2002: „Perspektiven einer europäischen Sprachpolitik", in: Rutke (ed.) 2002: 11-28
Helminger, Nico 2007: *now here & nowhere oder den här io ming pei hätt mueres gär krewetten*, Esch-Alzette: Éditions Phi
Hinnenkamp, Volker & Katharina Meng (eds.) 2005: *Sprachgrenzen überspringen. Sprachliche Hybridität und polykulturelles Selbstverständnis*, Tübingen: Narr
Honnef-Becker, Irmgard & Peter Kühn 2004: Interkulturalität und Hybridität in der Literatur in Luxemburg, in: Honnef-Becker & Kühn (eds.) 2004: 7-14
Honnef-Becker, Irmgard & Peter Kühn (eds.) 2004: *Literaturen in Luxemburg*, Esch/Alzette: Éditions Phi
Honnef-Becker, Irmgard 2004: „,Also, was sind Sie denn jetzt?' Die Suche nach Identität bei Roger Manderscheid", in: Honnef-Becker & Kühn (eds.) 2004: 168-204

Kessler, Michael & Jürgen Wertheimer (eds.) 1995: *Multikulturalität. Tendenzen, Probleme, Perspektiven,* Tübingen: Stauffenburg

Koll, Johannes (ed.) 2007: *Belgien. Geschichte, Politik, Kultur, Wirtschaft,* Münster: Aschendorff

Kramer, Johannes 2004: „‚Tri-Literalität' in der Literatur in Luxemburg", in: Honnef-Becker & Kühn (eds.) 2004: 27-55

Levin, Thomas Y. 1995: „Nationalitäten der Sprache – Adornos Fremdwörter. Multikulturalismus und bzw. als Übersetzung", in: Kessler & Wertheimer (eds.) 1995: 77-90

Lippert, Sarah 2008: „Sprache als identitätsbildendes Prinzip in den Romanen *schacko klak, de papagei um käschtebam* und *feier a flam* von Roger Manderscheid", in: Conter & Goetzinger (eds.) 2008: 71-92

Lorig, Wolfgang H. & Mario Hirsch (eds.) 2007: *Das politische System Luxemburgs. Eine Einführung,* Wiesbaden: VS Verlag für Sozialwissenschaften

Lützeler, Paul Michael 1997: *Europäische Identität und Multikultur. Fallstudien zur deutschsprachigen Literatur seit der Romantik,* Tübingen: Stauffenburg

Manderscheid, Roger 1988: *Schacko klack. Biller aus der kandheet,* Echternach: Éditions Phi

Manderscheid, Roger 2001: *schwarze engel. geschichten mit 23 zeichnungen vom autor,* Nospelt: Editions Ultimomondo

Manderscheid, Roger 2009: *penalty,* Sandweiler: Editions Ultimondo.

Parr, Rolf 2008: „Liminale und andere Übergänge. Theoretische Modellierungen von Grenzzonen, Normalitätsspektren, Schwellen, Übergängen und Zwischenräumen in Literatur- und Kulturwissenschaft", in: Geisenhanslüke & Mein (eds.) 2008: 11-64

Polenz, Peter von 1999: *Deutsche Sprachgeschichte vom Spätmittelalter bis zur Gegenwart. Bd. 3: 19. und 20. Jahrhundert,* Berlin/New York: De Gruyter

Rutke, Dorothea (ed.) 2002: *Europäische Mehrsprachigkeit. Analysen, Konzepte, Dokumente,* Aachen: Shaker

Schmeling, Manfred & Monika Schmitz-Emans 2000: „Einleitung", in: Schmeling & Schmitz-Emans (eds.) 2000: 7-35

Schmeling, Manfred & Monika Schmitz-Emans (eds.) 2000: *Multilinguale Literatur im 20. Jahrhundert,* Würzburg: Königshausen & Neumann

Schmitz-Emans, Monika 2004: „Literatur und Vielsprachigkeit: Aspekte, Themen, Voraussetzungen", in: Schmitz-Emans (ed.) 2004: 11-26

Schmitz-Emans, Monika (ed.) 2004: *Literatur und Vielsprachigkeit*, Heidelberg: Synchron

Seghers, Rien T. & Reinhold Viehoff 1999: „Die Konstruktion Europas. Überlegungen zum Problem der Kultur in Europa", in: Viehoff & Segers (eds.) 1999: 9-49

Sepp, Arvi 2010: *Refusing to be the Other: Interculturality as ‚Belgitude' in German-Speaking Minority Literature in Belgium*, im Internet unter http://www.inter-disciplinary.net/wp-content/uploads/2009/10/Sepp-paper.pdf [10.11.2010]

Viehoff, Reinhold & Rien T. Segers (eds.) 1999: *Kultur, Identität, Europa. Über die Schwierigkeiten und Möglichkeiten einer Konstruktion*, Frankfurt am Main: Suhrkamp

Diskursstrategische Funktionen von Sprachalternationen[1]
– verdeutlicht am Gesprächsverhalten
von jugendlichen Spätaussiedlern

Tobias Kallfell (Göttingen)

Abstract

This article deals with the question as to how contact situations in Germany, as a result of resettlement, influence the language use of young German repatriates from Eastern Europe (Spätaussiedler) who learned German as a second language after they immigrated. In order to do this, individual and group discussions with such first generation migrants were recorded and analyzed. Through the use of various examples, it can be demonstrated that instances of code-switching between Russian and German occur not only within a conversation, but rather also among utterances within a turn or even within a single utterance. The goal is to show that the alternation between languages is a context related conversational phenomenon which has the ability to fulfill certain communicative functions within the framework of bilingual language use. The psychological disposition of the conversation participants, among other factors, plays an important role.

1 Untersuchungen zum migrationsbedingten Sprachkontakt in der jüngeren Forschung

Der Erforschung von Immigrantensprachen widmete man sich in Deutschland erstmals ausführlich vor dem Hintergrund der sogenannten *Gastarbeiterlinguistik*, die verstärkt in den 70er und 80er Jahren aufkam (cf. Hinnenkamp 1998: 140). Vor allem interessierte man sich für die Prozesse der Einflussnahme der Erst- auf die ungesteuert erworbene Zweitsprache bei Arbeitsimmigranten und erörterte anhand des so genannten *Gast-*

---

1 Bei diesem Beitrag handelt es sich um eine stark gekürzte und überarbeitete Zusammenfassung eines ausführlicheren Artikels zu diesem Thema (cf. Kallfell, Tobias (in Vorb.): „Code-switching im Sprachverhalten jugendlicher Spätaussiedler. Eine Querschnittsstudie.", In: *Göttinger Beiträge zur Sprachwissenschaft* 17/18).

arbeiterdeutschs die Frage, inwieweit durch den Sprachkontakt eine eigene, simplifizierte Mischvarietät entstanden sei, die als *Pidginsprache*[2] angesehen werden könne. Inzwischen hat man sich zwar in der sprachwissenschaftlichen Forschung von dieser rein defizitorientierten Auffassung gelöst (cf. Riehl 2004: 106 f.), doch verdient der Forschungszweig der Gastarbeiterlinguistik insofern auch heute noch Beachtung, als dass durch ihn eine Hinwendung zum Thema Migration und Sprachkontakt stattgefunden hat.

In den 80er und 90er Jahren rückte dann vermehrt auch das Sprachverhalten von Arbeitsmigranten ins Zentrum des linguistischen Interesses. So wurde nicht nur die *Interkulturelle Kommunikation* zwischen Gastarbeitern und Muttersprachlern, sondern auch die Sprachpraxis von Gastarbeiterkindern der zweiten und der dritten Generation in Untersuchungen thematisiert (cf. Keim 2002: 97 f.). In Zusammenhang mit der Analyse von zweisprachig geführten Diskursen stellte man fest, dass das Sprachwechselverhalten bilingualer Sprecher „ein auffälliges sprachliches Interaktionsmerkmal" (Haust 1993: 94) darstellt. Und man erkannte, dass das so genannte *Code-switching* vor dem Hintergrund außersprachlicher Einflussfaktoren betrachtet werden muss und von kommunikativen und situativen Gegebenheiten abhängig ist. Man bewertete das Alternieren zwischen den Sprachen nicht länger nur als abnormes Sprachverhalten, sondern als kommunikative Strategie. Untersuchungen, die ihren Schwerpunkt zunehmend auch auf die Diskursebene verlagerten und den Kontext von Äußerungen in die Analyse einbezogen,[3] machten nicht zu-

---

2 Allerdings sind mit Gastarbeiterpidgins nicht die klassischen Pidginsprachen gemeint, die sich in vielen Kolonialsituationen als Verkehrssprachen herausgebildet haben. Zwar erfüllen beide Varietäten die Funktion einer Behelfssprache und weisen einige Gemeinsamkeiten auf, aber Gastarbeiterpidgins sind nicht stabil und werden von der Aufnahmegesellschaft auch nicht als Verkehrssprache akzeptiert (cf. Clyne 1975: 54 f.).

3 Diese Herangehensweise ist eng verknüpft mit den Namen Dell Hymes und John Gumperz, welche mit ihren Arbeiten die Diskussion innerhalb der Soziolinguistik stark beeinflussten. Im Sinne der Ethnographie des Sprechens (cf. Hymes 1968; cf. Gumperz / Hymes 1972) nimmt man an, dass Äußerungen innerhalb bestimmter Kontexte auftreten und erst in diesen Kontexten Sinn ergeben. Für die Analyse im Sinne der Ethnographie des Sprechens ist es wichtig, herauszufinden, welche Faktoren ein Kommunikationsereignis bedingen, aus welchen Teilen es besteht und in welcher Form es vom situativen Kontext abhängig ist.

letzt deutlich, dass das Code-switching im Rahmen von Interaktionen in mehrsprachigen Gesellschaften oder Gruppen ein universelles Verfahren bilingualer Sprachpraxis ist, welches gewissen Regelmäßigkeiten unterliegt, die sich aus einem rein monolingualen Blickwinkel nicht erschließen lassen (cf. Auer 2006: 3). Das Wechseln zwischen den Sprachen kann nicht voreilig als defizitär oder als Beweis für mangelnde Sprachkompetenz bewertet werden. Im Gegenteil: Vor dem Hintergrund einer „bilingualistischen Perspektive" (Lüdi 1996: 322), bei der die Gesamtsprachlichkeit zweisprachiger Sprecher entsprechend gewürdigt wird, muss man das Sprachwechselverhalten als Normalität bilingualer Sprachpraxis anerkennen.

2 Untersuchungen zur russisch-deutschen Sprachkontaktsituation in Deutschland

Im Zuge des Zusammenbruchs der Sowjetunion und der damit einhergehenden Lockerung der Ausreisebestimmungen nutzten immer mehr Angehörige deutscher Minderheiten die Möglichkeit zur Einreise nach Deutschland. Inzwischen leben über vier Millionen (Spät-)Aussiedler in der Bundesrepublik und bilden einen festen Bestandteil der deutschen Gesellschaft (cf. BAMF-Migrationsbericht 2008: 60). Bei einem großen Teil dieser Immigrantengruppe ist davon auszugehen, dass sie Russisch unabhängig von ihrer Herkunft meist noch auf dem Niveau einer Muttersprache sprechen, so dass das Russische aufgrund der großen Sprecheranzahl neben dem Türkischen als die meistgesprochene Immigrantensprache in der Bundesrepublik gelten kann (cf. Brehmer 2007). Darüber hinaus ist das Russische unter den slavischen Sprachen in Deutschland eine Immigrantensprache mit derzeit sehr hohem Vitalitätsgrad (cf. Achterberg 2005). Trotzdem wurde die russisch-deutsche Sprachkontaktsituation innerhalb Deutschlands erst in den letzten Jahren von der Forschung stärker beachtet und bietet immer noch Forschungsbedarf.

Insbesondere die sprachliche Situation der mitgereisten Kinder und Jugendlichen, die in den meisten Fällen – sofern sie keinen institutionalisierten Deutschunterricht im Herkunftsland besucht haben – nur geringe oder gar keine Deutschkenntnisse mitbringen (cf. Sekler 2008: 158), wurde bisher in keiner linguistischen Untersuchung berücksichtigt. Dabei handelt es sich bei den (Spät-) Aussiedlern keineswegs um eine sprachlich homogene Gruppe. So konnte Katharina Meng in ihrer Studie, in der sie sich mit der Veränderung der deutsch-russischen Zweisprachigkeit innerhalb der familiären Kommunikation bei (Spät-)Aussiedlern in Deutschland befasst und dabei mittels eines sprachbiographischen Ansatzes generationsspezifische Sprachentwicklungsverläufe nachzeichnet, zeigen, dass es aufgrund des Anpassungsdrucks in den Herkunftsländern nach dem Zweiten Weltkrieg zu einer Art sprachlichem Bruch zwischen den Generationen kam:

> Der Anteil derjenigen, die Deutsch als ihre dominante Sprache ansehen, sinkt von Generation zu Generation deutlich. Der Anteil derjenigen, die Russisch als ihre dominante Sprache ansehen, steigt von Generation zu Generation […]. Der Anteil derjenigen, die eine gleichwertige Beherrschung des Deutschen und Russischen angeben, ist bei den Urgroßeltern und Großeltern groß. Bei den jungen Eltern ist er gleich Null (Meng 2003: 43).

3 Zur Begriffsbestimmung des Code-switching

Als Code-switching bezeichnet man im Allgemeinen die diskurspragmatisch bedingte Alternation *sprachlicher Kodes*, die zu unterschiedlichen *Varietäten* gehören. Beide Kodes fungieren dabei im Sinne von austauschbaren Variablen, die gewechselt werden, um auf die Gesprächssituation oder auf einen weiteren *Interaktanten* Bezug zu nehmen. Die Bandbreite solcher *Kontextualisierungen* ist schier unbegrenzt, da sie von außersprachlichen Einflussfaktoren abhängen, die veränderlich sind. Es lässt sich aus diesem Grund auch nicht vorhersagen, dass es in Zusammenhang mit bestimmten außersprachlichen Einflussfaktoren zwangsläufig zur Sprachalternation kommt.

Syntaktisch gesehen, beruht das Alternieren zwischen den Sprachen auf einer Nebenordnung von *Syntagmen* unterschiedlicher Länge aus verschiedenen Varietäten. Zu solch einer Nebenordnung von Syntagmen kann es innerhalb einer Äußerung kommen, zwischen Äußerungen eines *Turns* bei ein und demselben Sprecher oder auch zwischen den Redebeiträgen verschiedener Interaktanten innerhalb eines Gesprächs.

Innerhalb der Forschung zum Code-switching entwickelten sich drei Forschungsrichtungen, denen gemeinsam ist, dass sie Code-switching „als ein Phänomen der Zweisprachigkeit ansehen, in der der Sprecher eine Sprachwahl treffen kann" (Haust 1993: 95). Soziolinguistische Beiträge verfolgen das Ziel, Sprachalternationen durch situative Faktoren zu erklären und beziehen dafür v. a. außersprachliche Einflussfaktoren ein, um den Zusammenhang zwischen sozialem Kontext und Code-switching aufzudecken. Grammatisch ausgerichtete Arbeiten hingegen bemühen sich darum, sprachsystematische Beschränkungen für das Code-switching herauszufinden und Regularitäten zu formulieren. Interaktionale Studien gehen letztlich auf die kommunikative Funktion ein, behandeln das Code-switching als Diskursphänomen und möchten zeigen, wie die Sprecher ihre Sprache in Abhängigkeit von verschiedenen Kontexten wechseln (cf. Riehl 2004: 21 f.). Heute ist die Forschung zum Code-switching interdisziplinär angelegt und das Alternieren zwischen den Sprachen wird zunehmend stärker auch in der Psycho- und der Neurolinguistik sowie der Psychologie zum Untersuchungsgegenstand gemacht.

Im Folgenden können die verschiedenen Ansätze nicht ausführlich dargestellt werden, denn jede der drei genannten Forschungsrichtungen zum Code-switching hat sich in Bezug auf die Theoriebildung enorm weiterentwickelt.[4] Auffällig innerhalb der gesamten Forschungsdiskussion zum Code-switching ist allerdings die Tatsache, dass bei der Begriffsbestimmung bislang kein Konsens erzielt wurde.[5] So fassen einige Forscher das Code-switching sehr weit, wie auch Földes verdeutlicht:

> Eine begriffliche Distinktion ist auch für die ‚Kode-Umschaltung' nicht unproblematisch. [...] Manche Forscher deklarieren ihn (den Terminus, T.K.) zum Oberbegriff für sämtliche Arten der Kontaktphänomene [...]. Andere er-

---

4 Insbesondere in Zusammenhang mit grammatikzentrierten Ansätzen ist die Forschungslage unübersichtlich, da verschiedene Ansichten miteinander konkurrieren und immer wieder neue Vorschläge in die Diskussion eingebracht werden. Als Beispiel könnte man die von Poplack (1980: 602) formulierten syntaktischen Beschränkungen und die Unterscheidung zwischen *intra-sentential switching* und *extra-sentential switching* anführen. Ihre Annahmen wurden innerhalb der Sprachkontaktforschung in der Folgezeit stark rezipiert, stießen aber wiederholt auf Kritik. So konnten die von Poplack formulierten syntaktischen Beschränkungen anhand anderer untersuchter Sprachenpaare bereits widerlegt werden.

5 Zu weiteren Verwechslungen kann es kommen, da das Code-switching in unterschiedlichen linguistischen Forschungsdisziplinen anders definiert wird. Während in der *Dialektologie* beispielsweise der Übergang vom Dialekt zur Hochsprache als Code-switching bezeichnet wird, versteht man in der *Stilforschung* unter Code-switching das Wechseln der jeweiligen Register in Abhängigkeit von der Situation.

klären ‚Kode-Umschaltung' zwar nicht explizit als Oberbegriff, verwenden diese jedoch in einem sehr breiten Sinne (Földes 2005: 77).

Innerhalb der Kontaktlinguistik wird das Code-switching, abhängig vom Forschungsschwerpunkt, unterschiedlich definiert. Deutlich wird dies z. B. an der vorgenommenen Unterscheidung zwischen *Code-mixing* und *Code-switching*. Einige Forscher verwenden den Begriff Code-mixing, wenn sie von einem äußerungsinternen Code-switching sprechen (cf. Appel/Muysken 1987: 118; Földes 2005: 83). Peter Auer hingegen spricht in Zusammenhang mit einer Sprachalternation innerhalb einer Äußerung allerdings von einem *Transfer* (cf. Auer 1995: 126). Ein solcher Transfer, hier verstanden als die Übernahme eines anderssprachigen Lexems in eine Äußerung, kann vereinzelt und sporadisch realisiert werden und ist kein fester Bestandteil des Lexikons der Varietät einer Sprechergemeinschaft. Auf konzeptueller Ebene hilft die Abgrenzung zwischen dem Begriff eines lexikalischen Transfers und dem Codeswitching, nicht jeden konkreten Fall eines einmalig und sporadisch realisierten lexikalischen Transfers innerhalb einer Äußerung gleichzeitig als *Ein-Wort-Code-switching* zu interpretieren.

Im Rahmen grammatikorientierter Theoriebildung ist v. a. das breit rezipierte *Matrix Language Frame Model* von Myers-Scotton (1993, 1995, 2002) zu nennen, in dem Code-switching definiert wird als

> the selection by bilinguals or multilinguals of forms from an embedded language (or languages) in utterances of a matrix language during the same conversation (Myers-Scotton 1993: 4).

Myers-Scotton fasst Code-switching-Situationen grundsätzlich als asymmetrisches Verhältnis zweier an einer Interaktion beteiligter Varietäten auf und geht in ihrer Theoriebildung von einer Matrixsprache aus, die sowohl die Abfolge der Konstituenten als auch die funktionalen Kategorien einer Äußerung dominiert und den morphosyntaktischen Rahmen für eine gemischtsprachliche Äußerung vorgibt. Darin eingebettet werden Elemente einer weiteren Varietät (cf. Riehl 2004: 21-22). Um die *Matrixsprache* in der Interaktion zu bestimmen, führt Myers-Scotton auch psycho- sowie soziolinguistische Kriterien an und geht damit über rein grammatische Aspekte hinaus. Demnach kann diejenige Sprache als Matrixsprache angesehen werden, in der ein Sprecher die besseren Kenntnisse hat, die innerhalb der Sprechergemeinschaft die dominantere Sprache ist oder die in einer Interaktion die am wenigsten markierte Variante darstellt (cf. Haust 1993: 108).

Um für die Darstellung der äußerungsinternen Sprachalternationen eine klare Trennung zwischen den verschiedenen Begrifflichkeiten aufrechterhalten zu können, sollen verschiedene Bedingungen zugrunde gelegt werden, um eine angemessene Beschreibung der Sprachbeispiele leisten zu können: 1.) Um die Problematik der Unterscheidung zwischen einem lexikalischen Transfer und einem „Ein-Wort-Code-switching" zu verhindern, soll die Bedingung zugrunde gelegt werden, dass ein äußerungsinternes Code-switching mehr als ein einzelnes Lexem umfassen muss. Darüber hinaus muss eine Matrixsprache bestimmbar sein, die den morphosyntaktischen Rahmen für eine gemischtsprachige Äußerung vorgibt. Nicht zuletzt soll das Kriterium der Bewusstheit eingeführt werden, d. h. die Alternation zwischen den Sprachen wird vom Sprecher als eine kommunikative Strategie bewusst eingesetzt. 2.) Von einem lexikalischen Transfer ist die Rede, wenn es sich um die einmalig realisierte Übernahme eines einzelnen anderssprachigen Lexems in die Äußerung handelt. Diese Übernahme wird vom Sprecher unbewusst vorgenommen und beiläufig realisiert, d.h. ohne von ihm selbst registriert zu werden. 3.) Das Code-mixing tritt sowohl in Zusammenhang mit einzelnen Lexemen als auch mit Syntagmen auf. Bei der Analyse wird in den Fällen von einem Code-mixing gesprochen, bei denen keine Matrixsprache feststellbar ist und/oder sich die Richtung eines lexikalischen Transfers nicht genau bestimmen lässt. In solchen Fällen ist dann unklar, welche der beiden Sprachen Grundlage der Kommunikation ist. Bei der Analyse der vorliegenden Sprachbeispiele haben sich diese Kriterien als praktikabel für die Abgrenzung der einzelnen Begrifflichkeiten erwiesen. Anhand weiterer Untersuchungen müsste aber überprüft werden, ob sie auch auf andere Fälle anwendbar sind.

Sprachalternationen, die nicht innerhalb einer Äußerung stattfinden, sondern zwischen Äußerungen innerhalb eines Redebeitrags oder zwischen Redebeiträgen, werden in diesem Beitrag weiterhin als Code-switching bezeichnet.

4 Die Erhebung der Sprachdaten

Die Beispiele, die im Folgenden analysiert werden, basieren auf Tonaufnahmen von Gesprächen mit vier Spätaussiedlerjugendlichen im Alter von 17-19 Jahren, die Anfang 2007 entstanden sind. In den Räumlichkeiten eines Jugendzentrums wurden in vertrauter Atmosphäre sechs Gespräche aufgenommen: Zwei Gruppengespräche und vier Einzelgespräche. Darüber hinaus kam ein Fragebogen zu den Themenbereichen Spracherwerb, -kompetenz und -gebrauch zum Einsatz, der von den Informanten direkt im Anschluss an das erste Gruppengespräch ausgefüllt wurde und bei dem das Aufnahmegerät eine halbe Stunde unbemerkt mitlief. Auf diese Weise konnte zusätzlich eine *provisorisch-verdeckte Aufzeichnung* gewonnen werden, die sich durch ein hohes Maß an Authentizität auszeichnet, da es sich bei den Ausschnitten um natürliche, nicht elizitierte und nahezu störungsfreie Gespräche zwischen den Beteiligten handelte.

Mit offen formulierten Leitfragen bemühte ich mich darum, eine symmetrische Interaktion zwischen den Gesprächsteilnehmern zu provozieren und so zu einer Erzähltätigkeit anzuregen. Dies geschah auch, um vom eigentlichen Untersuchungsgegenstand abzulenken und so den *Beobachtereffekt*[6] zu verringern. Mit Hilfe eines Fragebogens wurde darüber hinaus ein Sprecherporträt der Informanten erhoben. Es wurde z. B. nach den Erwerbsmodalitäten und auch den Sprachpräferenzen der Jugendlichen gefragt. Außerdem sollten sie angeben, in welchen Situationen, bei welchen Themen und mit welchen Personen des engeren sozialen Umfelds sie eher Russisch bzw. eher Deutsch sprechen. Darüber hinaus sollten die Jugendlichen darüber Auskunft geben, in welchem Verhältnis sie die beiden Sprachen verwenden, und einschätzen, inwieweit sie die deutsche Sprache im Vergleich zum Russischen beherrschen. Nicht zuletzt sollten die Informanten beantworten, ob sie noch regelmäßig mit russischsprachigen Medien in Kontakt kommen, und beurteilen, inwiefern sich ihre russische Sprachkompetenz seit der Einreise nach Deutschland verändert hat.

---

6 Dieser Begriff wurde von William Labov geprägt und verweist auf folgendes Paradoxon: „das Ziel der sprachwissenschaftlichen Erforschung der Gemeinschaft muß sein, herauszufinden, wie Menschen sprechen, wenn sie nicht systematisch beobachtet werden; wir können die notwendigen Daten jedoch nur durch systematische Beobachtung erhalten" (Labov 1971: 135).

Die für den Untersuchungsgegenstand relevanten Aufzeichnungen wurden basierend auf den Konventionen des Gesprächsanalytischen Transkriptionssystems 2 (GAT 2) verschriftlicht (cf. Selting et al. 2009: 353 f.), allerdings in vereinfachter und teilweise auch abgeänderter Form und angepasst an die eigenen Analysebedürfnisse. Russische Passagen werden in transliterierter Form wiedergegeben und übersetzt. Um möglichst wenige interpretative Vorentscheidungen zu treffen, habe ich mich für konsequente Kleinschreibung entschieden und auf eine ökonomische Darstellung der sprachlichen Daten beschränkt. Hier eine tabellarische Übersicht über die verwendeten Transkriptionszeichen und Siglen:

((...))	Auslassung im Transkript
=	ins Wort fallen
(.)	Mikropause (bis 0,5 Sek.)
(-)	Längere Pause (ca. 0,5 – 1 Sek.)
(X sek)	Pausenlänge ab 1 Sek.
betOnung	Majuskel steht für Betonung
:, ::, :::	Dehnung (je nach Dauer)
.hhh	auffälliges Einatmen
hhh	auffälliges Ausatmen
((lachen))	Kommentar zu para- und außersprachlichen Ereignissen und Handlungen
( ) / (unv.) / (unverständlich)	unverständliche Passagen (ggf. mit vermutetem Wortlaut)
#	Selbstkorrektur
kursiv	Übersetzung
\	Abbruch der Äußerung
~	Wortwiederholung
<<erstaunt>>	Interpretierender Kommentar mit Reichweite

Siglen				
I = Interviewer	S = Sascha	K = Konstantin	P = Paul	M = Maximilian

5 Einige Untersuchungsergebnisse[7]

Im gesamten Korpus kommt es insgesamt fünfmal zum Code-switching; viermal allein während der provisorisch-verdeckten Aufzeichnung, die von den Informanten nicht registriert wurde und während der Fragebogenerhebung stattfand. Die Vermutung liegt somit nahe, dass die Informanten in informellen Gesprächssituationen, in denen sie sich nicht beobachtet fühlen, häufiger zwischen den Sprachen alternieren. Nicht zuletzt hat die Veränderung der situativen Rahmenbedingungen während der Fragebogenerhebungen dazu geführt, dass die Sprecher andere kommunikative Bedürfnisse realisierten als zuvor. Betrachten wir zunächst die Code-switching-Passage, die sich im ersten Gespräch ereignete:

(1)
I: du wArst mal da? (-) UND (-) hat sich das verändert?
K: ja~ja so' n bisschen, aber (.) grOßstadt is so:: (-) mehr # (.) viel mehr schÖner geworden so (-) viel besser als hIEr in deutschland (.) da is der zwEIte new york so dort.
((Lautes Lachen der anderen Gesprächsteilnehmer))
K: IS doch so!
S: ty otkuda bljad' prišël?
Scheiße, woher bist du denn gekommen?
K: iz astany.
aus Astana
S: ah ne chujA! (.) zweite new york << ironisch >>(.) zAčem prišël? ((lacht))
Ah was für ein Scheiß! Zweite New York warum bist du hergekommen?
M: (-) die gebÄUdn da wird (jetzt) so viel verändert und so

Gespräch I,
Auszug IV,
Z. 35-48

Konstantin berichtet an dieser Stelle sehr positiv über seinen letzten Besuch in Kasachstan und vergleicht die kasachische Hauptstadt Astana,

---

7 Neben dem Code-switching lassen sich weitere Sprachkontakterscheinungen wie z. B. Reaktionsnachahmungen, Bedeutungsübernahmen oder Morphem-für-Morphem-Übersetzungen im Sprachgebrauch der Probanden beobachten, auf die ich im Rahmen dieses Beitrags aus Platzgründen nicht näher eingehen werde (cf. Kallfell 2007). Eine im Rahmen eines Promotionsprojekts größer angelegte Langzeituntersuchung zur Frage des Einflusses der russischen Erstsprache beim Erwerb des Deutschen als Zweitsprache wird demnächst weitere Ergebnisse zu diesem Thema erbringen.

seine Heimatstadt, wie er auf die Nachfrage von Sascha zu verstehen gibt, mit der Stadt New York, die immerhin als eine der Weltmetropolen gilt. Dem einsetzenden Lachen der anderen Gesprächsteilnehmer begegnet Konstantin mit einem Exklamativsatz, mit dem er seine emotionale Beteiligung ausdrückt und an seiner Behauptung festhält. Nun kommt es zu einem Wechsel der Matrixsprache, die mit dem Sprecherwechsel zusammenfällt. Das Umschalten erfolgt also jeweils an der Grenze der Äußerungen. Sascha fragt Konstantin auf Russisch, woher er denn kommt, erhält eine Antwort, gibt diesbezüglich einen recht groben Kommentar ab, auf den er keine Reaktion erhält, und das Gespräch wird weiter auf Deutsch fortgesetzt. Das Code-switching kann hier also als eine Art Parenthese interpretiert werden, die nur Konstantin und Sascha betrifft. Nachdem Sascha und Konstantin sich ausgetauscht haben, wird die Interaktion weiter in der Ausgangssprache, d. h. auf Deutsch, geführt.

Doch warum kommt es zum Code-switching? Einerseits wollte Sascha wohl eine zusätzliche Information erfragen, ohne den eigentlichen Gesprächsverlauf langwierig unterbrechen zu wollen, andererseits war ihm daran gelegen, einen inhaltlichen Gegensatz zum Ausdruck zu bringen. So äußert er Unverständnis bezüglich Konstantins positiver Einschätzung Kasachstans und kommentiert diese äußerst kritisch. Die starke Expressivität der Äußerung deutet auf eine hohe emotionale Beteiligung hin.[8] Anscheinend ist Sascha über die Meinung seines Gegenübers empört und gleichzeitig amüsiert, so dass er diesen Gefühlszustand auch unvermittelt zum Ausdruck bringen will. Unverblümt fragt er Konstantin sogar, warum dieser denn überhaupt nach Deutschland immigriert sei.

---

8   Sascha bedient sich hier eines Vokabulars, das in einem anderen Kontext als sehr grob eingeschätzt werden kann. So handelt es sich bei dem Lexem *bljad'* um ein Schimpfwort, das sich mit 'Hure' übersetzen lässt, und bei *chui* um einen Vulgarismus, der auf das männliche Geschlechtsteil verweist. Das Lexem *chui* lässt sich dem Wortfeld des so genannten *Mat* zurechnen, das eine Teilmenge des russisch obszönen Wortschatzes umfasst. Timroth (1983: 108) beschränkt ihn auf folgende drei Basisausdrücke und ihre Ableitungen: *ebat'* (vulg. ‚Geschlechtsverkehr haben'), *pizda* (vulg. ‚Vagina') sowie *chuj* (vulg. ‚Penis'). Die jeweilige Bedeutung der Ausdrücke ist dabei stark abhängig vom Kontext, so Timroth (1983: 151 f.). Dem Gebrauch von *Matismen* unter russlanddeutschen Jugendlichen widmet sich auch Roll (2003: 176-180). Im Internet kursieren inzwischen sogar mehr oder weniger seriöse Wörterbücher zu diesem Thema, vgl. z. B. die folgende Internetadresse: http://www.russki-mat.net/d/Russisch.htm (03.03.2012).

Hier stellt sich zwangsläufig die Frage, ob sich an der sprachlichen Oberfläche dieser Passage gar unterschiedliche soziokulturelle Orientierungen der beiden Gesprächsteilnehmer widerspiegeln. Diese Annahme ließe sich zumindest durch die Angaben der Informanten stützen. So deuten die Antworten im Fragebogen darauf hin, dass Konstantin eine stärkere Bindung an seine russischsprachige Herkunftskultur aufweist als Sascha. Er gibt an, lieber auf Russisch zu sprechen und sich auf Russisch besser ausdrücken zu können und noch täglich mit der russischen Sprache konfrontiert zu werden. Sascha äußert sich diesbezüglich nicht so deutlich. Für ihn hat das Russische nach eigenen Angaben stärker an Bedeutung verloren. Bezieht man diese Angaben als zusätzliche Indikatoren für eine mehr oder weniger stark vorhandene Identifikation mit dem Heimatland in die Analyse des Gesprächsverlaufs ein, ist die genannte Interpretation wohl nicht abwegig.

Im Folgenden werden nun einige ausgewählte Passagen zu Sprachalternationen präsentiert, die sich während der provisorisch-verdeckten Aufnahme ereignet haben. Im ersten Beispiel ist das Russische die Matrixsprache, die den morphosyntaktischen Rahmen vorgibt und in die verschiedene deutsche Lexeme übernommen werden. Die Sprachalternation vollzieht sich hier innerhalb einer Äußerung sowie zwischen den Äußerungen eines Redebeitrags:

(2)
P: čë dokladyvaem? (-) pjatnadcatyj?
Was schreiben wir? Fünfzehnte (Anm.: Frage)?
S: (1,5sek) opjat' freunde smotriš na nich (.) skol'ka tam: (.) tipa eto s drugogo landa prišli (-) fast A::lle (.) vIE:le (.) die hÄ:lfte (.) i takoe vsë vobščem.
Du schaust dir wieder an, wie viele Freunde ungefähr aus einem anderen Land hergekommen sind, Fast alle, viele, die Hälfte und das wars eigentlich   Gespräch I, Zusatz II, Z. 1-4

Paul erkundigt sich bei Sascha, was bei der fünfzehnten Frage anzugeben ist,[9] und erhält daraufhin eine russischsprachige Erklärung mit deutschen Elementen. Bis auf die hybride Bildung *landa*, bei dem es sich um ein Substantiv handelt, an dessen deutsche Wurzel {land-} ein russisches

---

9 Die Fragestellung lautet: „Wie viele dieser Personengruppen aus Ihrem Umfeld sind Einwanderer?"

Flexionsmorphem {-a} angefügt wird, lassen sich die anderen lexikalischen Elemente als direkte Zitate aus dem Fragebogen interpretieren, die bewusst vom Sprecher noch einmal aufgegriffen werden. Während *Freunde* die nachgefragte Personengruppe bezeichnet, handelt es sich bei *fast alle, viele, die Hälfte* um die entsprechenden Antwortmöglichkeiten, die es anzukreuzen gilt. Dementsprechend handelt es sich in diesen beiden Fällen um ein Code-switching, das sich das eine Mal innerhalb einer Äußerung, das andere Mal zwischen den Äußerungen innerhalb desselben Redebeitrags ereignet.

Die Verwendung der hybriden Bildung, die hier gemäß der präpositionalen Rektion sogar dem russischen Deklinationsparadigma angepasst und zusammen mit dem dazugehörigen Attribut („drugogo") im Genitiv verwendet wird, fasse ich als einen lexikalischen Transfer auf, der vom Sprecher unbewusst vorgenommen und beiläufig realisiert wird, ohne vom Sprecher selbst registriert zu werden. Wahrscheinlich verfügte Sascha im Moment des Sprechens nicht über das entsprechende russischsprachige Übersetzungsäquivalent (russ. ‚strana'), das anders als das deutsche Pendant feminin verwendet wird.

Ein ähnliches Code-switching ereignet sich in Zusammenhang mit der Beantwortung der einundzwanzigsten Frage:[10]

(3)
S: ty dEUtsch lernoval nu v kazachstane?
Hast du denn Deutsch in Kasachstan gelernt?
P: nu   Gespräch I,
Tja   Zusatz III, Z. 1

Hier wird ein Syntagma, bestehend aus dem Substantiv *Deutsch* und der hybriden Vergangenheitsform *lernoval*, die wiederum aus dem deutschen Stammmorphem {lern-} und dem russischen Derivationsmorphem {-ovat'} zusammengesetzt ist, in die russische Äußerung eingebettet. Es handelt sich also um ein äußerungsinternes Code-switching, bei dem das Russische wiederum die Matrixsprache darstellt. Sascha möchte sich bei seinem Gegenüber vergewissern, ob dieser in Kasachstan bereits Deutsch gelernt hat, und gibt die Fragestellung mit eigenen Worten wieder, ohne allerdings vollständig ins Russische zu wechseln. Dementsprechend kann

---

10 Die Fragestellung lautet: „Haben Sie in Ihrer Heimat einen deutschen Dialekt und / oder das Hochdeutsche erlernt?"

das Syntagma als eine Art Zitat angesehen werden. Sascha greift bei der Übersetzung der Frage, die von Paul anschließend mit einem unsicheren Verzögerungssignal beantwortet wird, auf die im Fragebogen vorgegebenen deutschsprachigen Elemente zurück. Es ist zu vermuten, dass er mit der Verwendung der hybriden Vergangenheitsform möglichst ökonomisch das Imperfekt ausdrücken wollte.

Bei der folgenden Interaktion zwischen Paul und Sascha kommt es in Zusammenhang mit der Bearbeitung einer Frage zum Familienstand wieder zu mehreren Sprachalternationen:

(4)
P: verhEIratet? << skeptisch >>
S: tja? << zögerlich >>
P: TY verheiratet? ty ženil\ ((lacht))?
Du verheiratet? Hast du geheiratet?
S: meine eltern PRIDUROK!
Meine Eltern du Idiot!
P: (-) GDE eltern?
Wo steht Eltern?
S: ACH SO!
P: ER is verheiratet okay ((lacht laut))   Gespräch I, Zusatz I, Z. 1-3

Folgt man den oben genannten Ausführungen zur Begriffsbestimmung des Code-Switching, dann müsste man in Zusammenhang mit den äußerungsinternen Sprachwechseln davon ausgehen, dass hier verschiedene einzelne Lexeme in die Äußerungen transferiert wurden. Dies ist aber insofern schwierig, als sich die Richtung des Transfers nicht bestimmen lässt. Wurden die russischen Lexeme nun ins Deutsche transferiert oder die deutschen Lexeme ins Russische? In dieser kurzen Unterhaltung ist es nicht möglich, die Matrixsprache zu bestimmen, in die transferiert wurde. Innerhalb der jeweiligen Äußerungen vermischen Paul und Sascha deutsche und russische Lexeme unsystematisch miteinander. Infolgedessen möchte ich die Sprachalternationen in diesem Beispiel als Code-mixing behandeln (cf. Punkt 3). Eine Ausnahme dazu bildet lediglich das Code-switching, das sich zwischen den Äußerungen des Redebeitrags von Paul ereignet, als dieser noch einmal die Fragestellung zum Familienstand ins Russische übersetzen will.

Das Alternieren zwischen den Sprachen lässt sich erklären, wenn man den situativen Kontext der Interaktion näher betrachtet. Dabei wird deutlich, dass Paul und Sascha über die neunte Fragestellung diskutieren, in der nach dem Familienstand gefragt wird. Paul stellt in diesem Zusammenhang fest, dass Sascha die Antwortmöglichkeit *verheiratet* angekreuzt hat, und will ihn auf seine Unaufmerksamkeit hinweisen, indem er die Antwort noch einmal laut zitiert. Doch Sascha weiß nicht, auf was Paul hinaus will, reagiert zunächst verhalten und antwortet mit einer hinauszögernden und skeptisch nachfragenden Interjektion. Daraufhin entschließt sich Paul, mit Hilfe des russischen Personalpronomens *ty* (dt. ‚du') zu verdeutlichen, dass die Frage an Sascha persönlich gerichtet ist, wiederholt erneut die Antwortmöglichkeit und fragt ihn mit einem ironischen Unterton, ob er bereits geheiratet habe. Die an dieser Stelle verwendeten russischen Elemente können somit als eine Art Übersetzungsversuch interpretiert werden. Paul möchte sein Gegenüber vor allem auf dessen fehlerhafte Auslegung der Frage hinweisen.

Sascha lässt sich die kritische Bemerkung aber nicht gefallen und unterstellt seinem Gegenüber eine Fehleinschätzung. So entgegnet er ihm, dass es in der neunten Fragestellung wohl weniger um ihn persönlich als vielmehr um seine Eltern geht, und bezeichnet Paul sogar seinerseits als Idioten. Mit dem russischen Lexem *pridurok*, das dem russischen *Prostorečie*[11] entstammt und in anderen Kontexten als sehr grobe Beleidigung empfunden werden kann, auf die nicht selten eine heftige Reaktion des Gesprächspartners erfolgt, drückt Sascha eine starke emotionale Färbung aus. Wie schon bei Beispiel 1 greift er auf einen expressiven Sprachstil zurück, um seiner emotionalen Beteiligung Ausdruck zu verleihen. Bezieht man die Angaben aus dem Fragebogen in die Interpretation ein, könnte man sogar den Eindruck gewinnen, dass die Verwendung derben Vokabulars in solchen Situationen typisch für seinen Sprachduktus ist. So gibt Sascha im Fragebogen an, täglich auf Russisch zu fluchen und zu schimpfen, und erläutert auch an einer Stelle im Gruppenge-

---

11 Der Begriff *Prostorečie* steht für ein sprachliches Subsystem der russischen Standardsprache, mit dem einerseits auf die Gesamtheit der groben expressiven stilistischen Ausdrucksmittel und andererseits auf einen sozial determinierten Sprecherkreis verwiesen wird. So wird das *Prostorečie* insbesondere von einfachen Leuten in den Städten verwendet, die keine Ausbildung genossen haben und der Norm der Standardsprache nicht mächtig sind. Ausführlicher behandeln Timroth (1983: 92-98) und Krysin (2003: 53-68) diese Thematik.

spräch, dass er in Zusammenhang mit Schimpfwörtern oft auf die russische Sprache zurückgreift:

(5) I: (...) Echt? wenn du gUte laune hast sprichst du deutsch? und schlEchte russisch? warum das?
S: (-) weil in russland weißte (-) da gibt's so schlimme (.) wörter weißte, so vOll vIEle weißte (.) da~da kannst du besser dich ausdrückn und so (.) weißte.
I: ach so (-) also kannst mehr flUchen und dich besser (-) abreagiern.
S: ja (.) in dEUtschland gibts so vielleicht~vielleicht so hundert schimpfwörter oder so (.) allein # in rUssland allein musst du so ein buch da bestelln.

Gespräch I, Auszug VI, Z. 6-14

Paul lässt sich aber nicht von Saschas Reaktion irritieren und fragt seinerseits, an welcher Stelle das Wort Eltern gebraucht wird. Dabei verwendet er das russische Adverb *gde* (dt. ‚wo'), um der Frage Nachdruck zu verleihen. Erst daraufhin erkennt Sascha die eigene Fehlannahme, was durch die Verwendung des Rückmeldesignals („ACH SO!") zum Ausdruck kommt, akzeptiert den bezweifelten Sachverhalt und ist bereit, die eigene Auffassung zu korrigieren. Abschließend macht sich Paul über Saschas Unaufmerksamkeit lustig und will auch die anderen Gesprächsteilnehmer über das Missverständnis informieren, was daran deutlich wird, dass er von Sascha in der dritten Person spricht.

6 Fazit

Im Rahmen meiner Untersuchung kommt es einmal während des ersten Gruppeninterviews und viermal während der Fragebogenerhebung zum Code-switching.[12] Während das Code-switching im Kontext des Gruppengesprächs die Funktion einer Parenthese übernimmt und in Form eines kurzen Nebendiskurses realisiert wird, an dessen sprachlicher Oberfläche sich unterschiedliche soziokulturelle Orientierungen zweier Informanten widerspiegeln, die sich durch Angaben aus dem Fragebogen weiter stützen lassen, bilden in allen anderen Fällen Verständnisnachfragen den Anlass für die Sprachalternationen. Insbesondere bei den Passa-

---

12 Im Rahmen dieses Beitrags wurde die Darstellung eines weiteren Beispiels aus Platzgründen ausgespart. Ich verweise an dieser Stelle auf Fußnote 1.

gen, die sich während der Bearbeitung des Fragebogens ereigneten, wird deutlich, dass die russische Erstsprache immer dann zum Einsatz kommt, wenn die Informanten Schwierigkeiten haben, etwas zu verstehen oder zu beantworten. Die Informanten unterstützen sich dann gegenseitig, indem sie ihr Gegenüber auf mögliche Fehler beim Ausfüllen des Fragebogens hinweisen, einzelne Fragestellungen teilweise ins Russische übersetzen oder russischsprachige Erläuterungen geben. Dabei werden auch deutschsprachige Elemente aus dem Fragebogen zitiert und in die Äußerungen eingebettet. Die Sprachalternationen werden damit in bestimmten Situationen zu einer kommunikativen Strategie, um so potentiellen Verständnisschwierigkeiten zu begegnen.

In allen Passagen, die während der Fragebogenerhebung verdeckt aufgezeichnet wurden, kommt es zu Verständnisnachfragen eines Gesprächsteilnehmers und zu deren Beantwortung in Form von Sprachalternationen durch ein Gegenüber. Letztlich zeigt die Analyse der Beispiele, dass die russische Ausgangssprache bei den Jugendlichen auch nach Jahren des Aufenthalts in Deutschland noch eine wichtige Rolle spielt. Insbesondere wenn es darum geht, sprachliche Probleme zu überwinden. Darüber hinaus dürfte anhand der Analyse deutlich geworden sein, dass eine Interpretation der aufgezeichneten Sprachalternationen nur mit Hilfe des Kontextes und unter Berücksichtigung externer sowie interner Einflussfaktoren angemessen geleistet werden kann. Vor allem der situative Rahmen, die kommunikativen Bedürfnisse und die psychologischen Dispositionen der Gesprächsteilnehmer spielen bei der genaueren Betrachtung der Beispiele eine wichtige Rolle. So konnte z. B. gezeigt werden, dass einige Äußerungen sehr grobes und mitunter sogar vulgäres Vokabular enthalten, welches den Aussagen vor allem eine drastisch emotionale Färbung und Expressivität verleiht. Das Russische dient dann dazu, sich emotional zu äußern.

Leider lässt sich aufgrund der begrenzten Datenmenge aber nicht beantworten, inwieweit es auch in anderen Kommunikationssituationen – z. B. in der Ingroup-Kommunikation im privaten Umfeld der Informanten – zu weiteren Sprachalternationen kommt, und ob Schimpfwörter und Vulgarismen zum allgemeinen Sprachduktus der Informanten gehören.[13] Hierzu wären weiterführende Untersuchungen notwendig.

---

13 Im vorliegenden Korpus sprechen insbesondere in Bezug auf den Informanten Sascha aufgrund seiner Angaben einige Indizien dafür, dass der Gebrauch

Literatur

Achterberg, Jörn 2005: *Zur Vitalität slavischer Idiome in Deutschland. Eine empirische Studie zum Sprachverhalten slavophoner Immigranten*, München: Sagner

Ammon, Ulrich et al. (eds.) 1988: *Soziolinguistik. Ein internationales Handbuch zur Wissenschaft von Sprache und Gesellschaft*. 2. Halbband, Berlin etc.: de Gruyter

Anstatt, Tanja (ed.) 2007: *Mehrsprachigkeit bei Kindern und Erwachsenen. Erwerb, Formen, Förderung*, Tübingen: Attempto-Verlag

Appel, René & Pieter Muysken 1987: *Language Contact and Bilingualism*, London: Edward Arnold

Auer, Peter 1995: „The pragmatics of code-switching: a sequential approach", in: Milroy & Muysken (eds.) 1995: 115-135

Auer, Peter 2006: „Bilinguales Sprechen: (immer noch) eine Herausforderung für die Linguistik", in: *Sociolinguistica* 20 (2006): 1-21

BAMF 2010: *Migrationsbericht* 2008, im Internet unter http://www.bmi.bund.de [07.10.2010]

Brehmer, Bernhard 2007: „Sprechen Sie Qwelja? Formen und Folgen russisch-deutscher Zweisprachigkeit in Deutschland", in: Anstatt 2007: 163-185

Clyne, Michael 1975: *Forschungsbericht Sprachkontakt*, Kronberg / Ts.: Scriptor

Fishman, Joshua A. (ed.) 1968: *Readings in sociology of language*, Mouton: The Hague

Földes, Csaba 2005: *Kontaktdeutsch. Zur Theorie eines Varietätentyps unter transkulturellen Bedingungen von Mehrsprachigkeit*, Tübingen: Narr

Goebl, Hans et al. (eds.) 1996: *Kontaktlinguistik. Ein internationales Handbuch zeitgenössischer Forschung*, Halbband 1, Berlin etc.: de Gruyter

Gumperz, John & Dell Hymes (eds.) 1972: *Directions in Sociolinguistics*, New York: Holt, Rinehart and Winston

Haust, Delia 1993: „Formen und Funktionen des Codeswitching", in: *Linguistische Berichte*, H. 144 (1993): 93-129

---

derben und vulgären Vokabulars sich zumindest bei ihm nicht auf die aufgezeichneten Kommunikationssituationen beschränkt.

Heidelberger Projekt Pidgin Deutsch 1975: *Sprache und Kommunikation ausländischer Arbeiter. Analysen, Berichte, Materialien*, Kronberg / Ts.: Scriptor

Hinnenkamp, Volker 1998: „Mehrsprachigkeit in Deutschland und deutsche Mehrsprachigkeit. Szenarien einer migrationsbedingten Nischenkultur der Mehrsprachigkeit", in: Kämper & Schmidt (eds.) 1998: 137-163

Hymes, Dell 1968: „The ethnography of speaking", in: Fishman (ed.) 1968: 99-138

Kallfell, Tobias 2007: *Zu russisch-deutschen Sprachkontakterscheinungen. Untersucht am Sprechverhalten russischer Immigranten in Deutschland*, Göttingen: unveröffentlichte Examensarbeit

Kallfell, Tobias (in Vorbereitung): „Code-switching im Sprachverhalten jugendlicher Spätaussiedler. Eine Querschnittsstudie", in: *Göttinger Beiträge zur Sprachwissenschaft* 17/18 (erscheint 2011)

Kämper, Heidrun & Hartmut Schmidt (eds.) 1998: *Das 20. Jahrhundert. Sprachgeschichte – Zeitgeschichte*. Berlin / New York: de Gruyter

Keim, Inken 2002: „Sprachvariation und sozialer Stil am Beispiel jugendlicher Migrantinnen türkischer Herkunft in Mannheim", in: *Deutsche Sprache* 30, H. 2 (2002): 97-123.

Klein, Wolfgang & Dieter Wunderlich (eds.) 1971: *Aspekte der Soziolinguistik*, Frankfurt am Main: Athenäum

Krysin, Leonid P. 2003: *Sovremennyj russkij jazyk: Social'naja i funkcional'naja differenciacija*. Moskva: Jazyki slavjanskoj kul'tury

Labov, William 1971: „Das Studium der Sprache im sozialen Kontext", in: Klein & Wunderlich (eds.) 1971: 111-194

Lüdi, Georges 1996: „Migration und Mehrsprachigkeit", in: Goebl et al. (eds.) 1996: 320-327

Meng, Katharina 2001: *Russlanddeutsche Sprachbiographien. Untersuchungen zur sprachlichen Integration von Aussiedlerfamilien*, Tübingen: Narr

Meng, Katharina 2003: „Sprachliche Integration von Aussiedlern – einige Ergebnisse, einige Probleme", in: Reitemeier (ed.) 2003: 37-57

Milroy, Lesley & Pieter Muysken (eds.) 1995: *One Speaker, two languages, cross-disciplinary perspectives on code-switching*, Cambrige etc.: CUP

Myers-Scotton, Carol 1993: *Duelling languages. Grammatical structure in codeswitching*, Oxford: Clarendon Press

Myers-Scotton, Carol 1995: „A lexically based model of code-switching", in: Milroy & Muysken (eds.) 1995: 233-256

Myers-Scotton, Carol 2002: *Contact Linguistics: bilingual encounters and grammatical outcomes*, Oxford etc.: OUP

Poplack, Shana 1980: „Sometimes I'll start a sentence in Spanish Y TERMINO EN ESPAÑOL: Towards a typology of Code-Switching", in: *Linguistics* 18 (1980): 581-618

Poplack, Shana & David Sankoff 1988: „Code-switching", in: Ammon et al. (eds.) 1988: 1174-1180

Riehl, Claudia Maria 2004: *Sprachkontaktforschung: eine Einführung*, Tübingen: Narr

Reitemeier, Ulrich (ed.) 2003: *Sprachliche Integration von Aussiedlern im internationalen Vergleich*, Mannheim: IDS

Roll, Heike 2003: *Jugendliche Aussiedler sprechen über ihren Alltag. Rekonstruktionen sprachlichen und kulturellen Wissens*, München: Iudicium

Selting, Margret et al. 2009: „Gesprächsanalytisches Transkriptionssystem 2 (GAT 2)", in: *Gesprächsforschung – Online-Zeitschrift zur verbalen Interaktion* 10, 353-402, im Internet unter www.gespraechs forschung-ozs.de [6. Mai 2011]

Timroth, Wilhelm von 1983: *Russische und sowjetische Soziolinguistik und tabuisierte Varietäten des Russischen*, München: Sagner

Postnationale Identitätskonstruktionen in auslandsgermanistischen Qualifikationsarbeiten

Ewald Reuter (Tampere)

Abstract

Against the background of the present debate on interculturalism, transnationalism and cosmopolitanism, this article discusses the extent to which the intercultural perceptions and experiences of international students of German philology are reflected in their final theses. Two Finnish Master's theses are used to show in detail how students overcome the pitfalls of methodological nationalism and how they construct post-national identities through analyzing intercultural experiences in a theoretically and methodologically reflective manner. Finally, suggestions are given for investigating post-national learning processes.

1 Studienziel Weltoffenheit

Vor dem Hintergrund der Theoriedebatte über Interkulturalität, Transnationalität und Kosmopolitismus einerseits und der Diskussion über das Spannungsfeld von inner- und außeruniversitärer interkultureller Praxis andererseits gehe ich in diesem Beitrag der Frage nach, inwiefern sich im Zeitalter der Globalisierung nationale Grenzen überschreitendes Denken und Handeln von Germanistikstudierenden in ihren Qualifikationsarbeiten niederschlägt. Dass Studierende bereit sind, „die eigene Kultur zu transzendieren und im konkreten Sinn weltoffen zu handeln" (Wierlacher 2003: 18), liegt auf der Hand, denn von Studienbeginn an wird das Erlernen der Fremdsprache Deutsch und das Kennenlernen der DACHL-Kulturen als zentrale Studienmotivation angegeben. Offen ist jedoch die Frage, ob Studierende von Anfang an die Tragweite ihrer selbst gewollten „Weltoffenheit" einschätzen können, und ebenso offen ist, ob bzw. inwiefern sie bei Studienabschluss ihre interkulturellen Erfahrungen und Lernprozesse theoretisch reflektiert und methodisch kontrolliert in ihren Qualifikationsarbeiten thematisieren. In diesem Beitrag versuche ich in deskriptiv-explorativer Einstellung an zwei Beispielen die Frage zu beantworten, wie Studierende das Kennenlernen anderer Kulturen in ihren Arbeiten darstellen und wie sie sich dabei im Verhältnis von Herkunfts- und Zielkultur(en) positionieren.

2 Postnationale Identitätskonstruktionen

Im Rückgriff auf einschlägige theoretische Ansätze (z. B. Berger & Luckmann 1969; Hall 1994; Joas 1989; Krappmann 2000) gehe ich davon aus, dass es sich bei der personalen Identitätsarbeit um einen lebenslangen partizipativen Prozess handelt, in dem in Interaktion mit relevanten sozialen Gruppen Selbst- und Fremdverhältnisse ausgehandelt, das heißt fortwährend konstruiert und rekonstruiert werden. Im Gegensatz zu Auffassungen, die mit der Möglichkeit einer stabilen, gleichsam naturwüchsig in sich selbst ruhenden Identität rechnen, betonen interaktionistische bzw. sozialkonstruktivistische Auffassungen den grundsätzlichen Baustellencharakter von Identitäten. Auf der Grundlage des Bedingungszusammenhanges von Identität und Alterität und von Individuum und Gesellschaft spüre ich in den studentischen Arbeiten nationale Selbst- und Fremdpositionierungen auf, um zu klären, was Studierende unter „Weltoffenheit" in Gestalt des „Kennenlernens anderer Kulturen" verstehen. Den Ausdruck *Postnationalismus* verwende ich in forschungsstrategischer Absicht als Periodenbegriff, der anzeigt, dass spätestens mit dem dritten Globalisierungsschub ab 1990 (cf. Fäßler 2007: 153 ff.) überkommene Auffassungen von Nationalstaat und Nationalkultur brüchig und seither in Alltag und Wissenschaft heftig problematisiert werden. Der Ausdruck *Postnationalismus* dient zugleich als Oberbegriff für mehr oder weniger neuartige Konzepte wie Kosmopolitismus, Transnationalismus oder Transkulturalismus, welche um die begriffliche und gegenwartsdiagnostische Durchdringung ‚postnationaler' gesellschaftlicher Verhältnisse wetteifern. Die prinzipielle diskursive Offenheit und Komplexität nationale Fixierungen überwindender Lernprozesse verdeutlicht beispielhaft die folgende Definition (Beck 2004: 113):

> Kosmopolitisierung ist ein nicht-linearer, dialektischer Prozeß, in dem das Universelle und das Kontextuelle, das Gleichartige und das Verschiedenartige, das Globale und das Lokale nicht als kulturelle Polaritäten, sondern als zusammenhängende und sich gegenseitig durchdringende Prinzipien zu entschlüsseln sind.

3 Postnationalismus am interkulturellen Campus

Im Zuge der aktuellen (europäischen) Hochschulreform, die auf die Transformation der „unvollständigen" Organisation Universität in einen „normalen" Wettbewerbsakteur abzielt, werden durch die „transnationale und organisationstypübergreifende Diffusion ‚managerieller' Steuerungsformen" (Meier 2009: 124) „Formen der Internationalisierung auf Hochschulebene" etabliert, die sich beispielsweise durch „eine erkennbare und koordinierte Internationalisierungsstrategie" auszeichnen, aber ebenso durch „ein hohes Professionalisierungsniveau in akademischen, didaktischen und organisatorischen Fragen, das über die reine Fachexpertise der jeweiligen Disziplin hinaus reicht" (Otten 2006: 252-253). So entsteht ein interkultureller Campus, an dem im Rückgriff auf standardisierte kultur- und kommunikationsreflexive Verständigungsprozeduren differente kulturelle Orientierungen und daraus resultierende Irritationen erörtert werden (Krücken et al. 2007). Internationalen Studierenden fällt es zunehmend leichter, sich zumindest zeitweilig als transnationale, multilinguale Wir-Gruppe zu positionieren. So gibt es internationale Studierende, die an der Gastuniversität problemlos ihre nationale Peergroup verlassen, Englisch sprechen und aktiv den Kontakt mit Studierenden aus dem Gastland und aus anderen Herkunftsländern suchen (cf. Nerg 2008: 67 ff.). Zumindest in Finnland scheint das ständig steigende englischsprachige Studienangebot kulturindifferente Tendenzen auf Kosten eines näheren Kennenlernens von Sprache und Kultur des Gastlandes stark zu fördern (cf. Hyvärinen 2008: 59 ff.). Wie immer öfter festgestellt wird, stellt nicht länger der interkulturelle Campus, sondern die ihn umgebende Gesellschaft die große Herausforderung für internationale Studierende dar (cf. z. B. Taajamo 2005: 75 ff.; Pietilä 2010: 159 ff.).

Spiegelbildlich treffen solche Beobachtungen auch auf einheimische Studierende zu: die einen engagieren sich am interkulturellen Campus, die anderen zeigen ihm die kalte Schulter. Einheimische Studierende fühlen sich oft auch einem besonderen Rechtfertigungsdruck ausgesetzt, da ihre Aussagen über das eigene Land und die eigenen Leute sofort vor Ort überprüft werden können. Zudem interferieren ihre aktuellen Identitätskonstruktionen mit historischem Identitätsballast, der mitunter weder für sie selbst noch für ausländische Studierende durchschaubar ist. Ein Beispiel hierfür ist die in Finnland virulente Frage, ob Finnen überhaupt Europäer sind, ob sie sich als solche begreifen dürfen und wie sie sich vor allem vom Osten, besonders von Asiaten, abgrenzen können. Dass dieses nationalistisch-rassistische Erbe im Zuge von Internationalisierung und Postnationalisierung inzwischen in sein Gegenteil verkehrt und spielerisch ‚karnevalisiert' werden kann, belegt eine studentische Äußerung, die solche Auffassungen in einer schriftlichen Hausaufgabe wie folgt kommentiert (Lehtonen et al. 2004: 215):

> Nach meiner Meinung kann man gern ein bisschen Mongole sein und zugleich Europäer, Finne, und wenn der Mensch ursprünglich aus Afrika stammt, warum nicht zugleich auch Afrikaner [...]. Die „Ursprünge" der Menschen und Völker sind sicher eine interessante Sache, aber es lohnt nicht, sich deswegen aufzuregen oder daraus eine große Nummer zu machen. Den Gedanken, dass man aus dem Baltikum stammt oder irgendwo anders her, finde ich spannend, ich meine man denkt dann wohl, dass das Baltikum irgendein Ursprungsort ist. Aber auch die Balten sind von irgendwoher nach dort gekommen. Die entscheidende Frage bleibt schließlich, wo man die Grenzen des Ursprungs zieht. Als Kompromiss könnte man meinen, dass wenn die Balten aus Asien stammen, dann kann man beides sein, und was nicht sonst noch alles;–)

Nun ist es eine Sache, wie sich Studierende in ihrer Jugend- und Studentensprache mehr oder weniger ungezwungen postnational positionieren, aber eine völlig andere, ob und wie sie ihre interkulturellen Erfahrungen in fachlich-disziplinären Kontexten artikulieren. Genau hier setzt meine Forschungsfrage an: Welche Rolle spielt „Weltoffenheit", also die Frage nach Kulturdifferenz und Kulturtranszendenz, unter den verschärften Thematisierungsbedingungen einer Qualifikationsarbeit? Auf welche Weise arbeiten sich Studierende an den bekannten Problemen des methodologischen Nationalismus ab? Wie sehen sie das Verhältnis von Partikularem und Universalem? Fallen solche Fragen voranalytisch unter den Tisch oder werden sie thematisiert? Wenn sie thematisiert werden, dann wie?

4 Postnationale Identitätskonstruktionen in zwei Magisterarbeiten

Zur Einschätzung der beiden Magisterarbeiten schicke ich voraus, dass finnische Germanistikstudierende in der Regel über solche interkulturellen Wahrnehmungen und Erfahrungen verfügen, die eine geeignete Voraussetzung dafür bilden, um im Vorgriff auf Konzepte wie Postnationalität, Transnationalität oder Kosmopolitismus, die sie oft nicht kennen, ihre Wahrnehmungen und Erfahrungen zu verarbeiten. Finnische Studierende haben die beiden Landessprachen Finnisch und Schwedisch erlernt sowie wenigstens zwei Fremdsprachen, oft Englisch und Deutsch. Bis auf wenige Ausnahmen haben sie während ihrer Schul- und Studienzeit Auslandsaufenthalte in den DACHL-Ländern oder in anderen Ländern verbracht.

Da an finnischen Universitäten meist eine Politik der offenen Tür herrscht, können Studierende sich prinzipiell von vielen Lehrkräften beraten lassen, auch über die Grenzen des eigenen Studienfaches hinaus. Das Austauschstudium wird gezielt genutzt, um sich Theorien und Methoden anzueignen, die an der eigenen Universität nicht oder nur am Rande gelehrt werden. Das Thema der Magisterarbeit wählen Studierende in Absprache mit ihren Betreuern, der Schreibprozess wird in einem eigenen Seminar begleitet, die Arbeit an der Magisterarbeit ist jedoch nicht befristet. Die eingereichte Arbeit wird in der Regel von zwei Lehrkräften begutachtet. An der Universität Tampere besteht außerdem freie Nebenfachwahl, was bedeutet, dass Studierende auch nichtphilologische, interdisziplinäre Arbeiten anfertigen können. Auf Wunsch können Studierende ihre Abschlussarbeiten über die Universitätsbibliotheken ins Internet stellen lassen.

Ausdrücklich möchte ich hervorheben, dass ich beide Arbeiten aus einem breiten Themenspektrum ausgewählt habe, und dass ich den Verfasserinnen beider Arbeiten aus einer Position des Respekts begegne.

4.1 Narrationsanalyse: Nationale Identitäten im Gespräch

In der ersten ausgewählten Magisterarbeit werden unter dem Titel *Narrative Konstruktion von nationalen Identitäten im Gespräch* (Stammeier 2006) explizit Fragen der nationalen Zugehörigkeit aufgeworfen und untersucht. In der Einleitung führt die Verfasserin, laut Selbstbezeichnung „Deutschfinnin" „der zweiten Generation" (Stammeier 2006: 6), aus, dass sie sich fortwährend vor die Aufgabe gestellt sieht, ihre „nationalkulturelle Identität" (ibd.) bzw. die „Problematik der [nationalen, E.R.] Zugehörigkeit" (ibd.) zu klären. Aus Sicht der Verfasserin besteht ein Problem ihrer Identitätsarbeit darin, dass sie sich „nicht vollkommen mit [ihren, E.R.] finnischen Freunden identifizieren konnte" (ibd.), sondern sich vornehmlich durch ihre gefühlte kulturelle „Andersartigkeit gegenüber den Finnen definiert" (ibd.) hat. Die ‚Suche nach einer deutschfinnischen Identität' bildet so den lebenspraktischen Hintergrund der Magisterarbeit, in der die Verfasserin im Rückgriff auf sozialkonstruktivistische Theorieansätze reflektieren und anhand von narrativen Interviews mit „andere[n] Deutschfinnen" (ibd.) methodisch kontrolliert untersuchen möchte, wie diese mit Fragen der nationalen Zugehörigkeit umgehen. Im Studienjahr 2002-2003 wurden insgesamt 15 Personen interviewt, die sich im Laufe ihrer Biografie in vergleichbaren interkulturellen Kontexten bewegten wie die Verfasserin. Bereits vor der Analyse erfährt der Leser in der Einleitung, dass die Interviewgespräche der Verfasserin „halfen", sich „in einer positiven Art und Weise mit einer Gruppe zu identifizieren, die einen ähnlichen komplizierten Hintergrund hatte, und meine Auffassungen über nationalkulturelle Identität allgemein zu erweitern" (ibd.). Der Leser erfährt auch, dass die Analyse der Interviews im Frühjahr 2003 unterbrochen und erst im Frühjahr 2006 wieder aufgenommen und fertiggestellt wurde. Diese Mitteilung lässt erahnen, dass die Unterbrechung der Arbeit durch die persönliche Verwicklung der Verfasserin in den „komplizierten Hintergrund" der von ihr skizzierten Wir-Gruppe verursacht wurde.

In formaler Hinsicht ist die Arbeit grob nach dem IMRD-Schema aufgebaut: Im Einleitungsteil (*Introduction*) wird die Forschungsfrage im Dialog mit dem Stand der Forschung qualifiziert, im Methodenteil (*Method*) werden Datenerhebung und analytisches Vorgehen erläutert sowie vier Interviews exemplarisch analysiert. Sodann werden die Teilergebnisse verglichen und ausgewertet (*Results*). Hierbei stellt sich heraus, dass drei Interviewte „entweder explizit (Mika) oder implizit (Ville, Annika) eine postnationale Identität ausdrücken", während die vierte Befragte mit dem Decknamen „Lotta ihre Identität mit Hilfe von Definitionen aus dem nationalkulturellen Repertoire" konstruiert (ibd.: 96). Die Rolle, die die Frage der nationalen Zugehörigkeit in den Identitätskonstruktionen der Befragten „Mika" und „Ville" spielt, wird wie folgt resümiert (ibd.: 97):

> Ihre Auffassungen über nationalkulturelle Zugehörigkeit haben sich erweitert und sie können heute leicht sagen, mit welcher Gruppe sie sich identifizieren ohne die traditionellen Defintionen „deutsch", „finnisch" oder „halbfinnisch" zu gebrauchen. Sie erklären explizit, dass sich ihre Auffassungen über Zugehörigkeit geändert haben und sie distanzieren sich diesbezüglich von ihrem

früheren Ich. Der als lebenslange Aufgabe zu betrachtende Prozess der Identitätskonstruktion hat sich durch die Konfrontation der eigenen Wertvorstellungen im Vergleich mit denen der „Anderen" und in der Auseinandersetzung mit ihnen entwickelt. Dieser Prozess wurde wiederum durch den Auslandsaufenthalt in Gang gesetzt.

Abgerundet wird die Arbeit mit einer Diskussion der Ergebnisse und einem Rückblick auf das gesamte Forschungsprojekt (*Discussion*). Rhetorisch orientiert sich die Arbeit an den Darstellungsstrategien der qualitativen Sozialforschung. Die Schilderung der Suche nach einer Antwort erzeugt erzählerische Spannung (cf. Hirsjärvi & Remes & Sajavaara 2008: 255 ff.).

Eingebettet ist der wissenschaftliche Kern der Arbeit in eine Rahmenerzählung, die in der Einleitung mit der Andeutung der persönlichen Verwicklung der Verfasserin in den „komplizierten Hintergrund" der untersuchten Wir-Gruppe begonnen und am Ende der Arbeit durch Selbstthematisierung abgeschlossen wird. Praktisch im Vorgriff auf eine Theorie des postmodernen Individualismus stellt die Verfasserin nämlich fest, dass sie sich durch die ausgiebige Beschäftigung mit dem Thema nicht nur von nationalen Loyalitätszwängen, sondern überhaupt von empfundener Fremdbestimmung, also vom Erwartungsdruck „des Professors", „der Leiterin einer Forschungsgruppe", der „Eltern" und „Freunde" (Stammeier 2006: 99) gelöst hat. Die theoretisch-methodische, vor allem aber die interviewpraktische Auseinandersetzung mit dem ‚Erzählen' habe sowohl eine Erkenntnis generierende als auch eine therapeutische Funktion gehabt:

> Diese Arbeit brachte mich also zu existenziellen Fragen und durch diesen Prozess habe ich die Bedeutung des Erzählens erkannt. Durch das Erzählen macht man nicht nur seine Welt verständlich, man kann sie und sich selbst dadurch auch besser ertragen. Wenn ich meine Erfahrungen erzählen kann, kann ich sie auch besser akzeptieren (ibd.: 100).

Im Ergebnis erzählt die Verfasserin also eine doppelte Erfolgsgeschichte, denn sie hat nicht nur die Hürden einer wissenschaftlichen Arbeit, sondern durch eben diese Studie zugleich auch persönliche Irritationen gemeistert. Im revidierten Blick auf die eigenen Selbst- und Fremdverhältnisse wird die Begegnung mit Anderen nunmehr am Konzept einer weltoffenen „Menschlichkeit" ausgerichtet; die Frage nach der Identifikation

„mit nationalkulturellen Kategorien" spielt daher eine nur noch nachrangige Rolle (ibd.: 100).

4.2 Lokalisationsanalyse: Nationale Identitäten im Fernsehformat

Im Gegensatz zur ersten Arbeit wird in der zweiten Arbeit der eigene Umgang mit Fragen der nationalen Selbstpositionierung zwar nicht explizit thematisiert, er lugt aber unverkennbar unter der Textoberfläche hervor. Die zweite Magisterarbeit thematisiert unter dem Titel *Fernsehformate als Spiegel von kulturellen Identitäten* (Likitalo 2009) Kulturunterschiede, indem sie die Lokalisierung des britischen *Farmer wants a wife*-Fernsehformats in Deutschland und Finnland untersucht, praktisch also die deutsche Sendereihe *Bauer sucht Frau* mit der finnischen Sendereihe *Maajussille morsian* vergleicht. Auch diese Arbeit ist nach dem IMRD-Schema aufgebaut, rhetorisch jedoch von Anfang an unpersönlich-objektivierend gehalten. In der Einleitung wird als medienwissenschaftliches Ziel angegeben, an den deutschen und finnischen Beispielen herauszufinden, „was passiert, wenn [...] Formate lokalisiert werden und wie [auf, E.R.] der gleichen Basis das Gefühl eines einheimischen und nationalen Programms produziert wird" (Likitalo 2009: 2). Im kritischen Rückgriff auf Theorien der Industrialisierung des Fernsehens wird im ersten Teil (*Introduction*) die besondere Relevanz der eingangs erwähnten Forschungsfrage herausgearbeitet, wonach das „Untersuchungsmaterial und die Analysemethode" (*Method*) vorgestellt werden. Unter insgesamt sechs verschiedenen Gesichtspunkten (z. B. die Rolle der Bauern und Bräute, die Darstellung von Gefühlen, die deutsche Groß- und die finnische Kleinfamilie usw.) wird das Material durchforstet und an exemplarischen kontrastiven Analysen aufgezeigt, worin Gemeinsamkeiten und Unterschiede der Lokalisierungen bestehen (*Results*). Die abschließende Einschätzung der Forschungsergebnisse (*Discussion*) lautet wie folgt (ibd.: 103 f.):

> Die zwei Lokalisierungen unterscheiden sich zwar stark voneinander, doch kann auf Grund der Episoden von „Bauer sucht Frau" oder „Maajussille morsian" nicht festgestellt werden, wie das Leben auf dem Lande in Deutschland oder in Finnland in Wirklichkeit ist. Stimmung, Modalität und Betrachtungsweise der Bauern und des Landlebens haben einen großen Einfluss auf den Inhalt der Episoden. Jedoch kann festgestellt werden, dass der medienöffent-

liche Umgang mit einem sozialen Problem, nämlich Mangel an Frauen auf dem Lande, in beiden Ländern völlig unterschiedlich ist. Während in Deutschland damit gespielt wird und die Bauern noch stärker aus der modernen Gesellschaft ausgeschlossen werden, werden in Finnland die Bauern als ein normaler Teil der Gesellschaft dargestellt. Bestimmt spielt hier die Tatsache eine Rolle, dass Finnland später urbanisiert worden ist als die anderen hoch entwickelten Länder, wie zum Beispiel Deutschland. Während in Finnland noch ganz junge Generationen Verbindung zum Landleben haben, sind in Deutschland solche Verbindungen schon seit Jahren unterbrochen.

Da im vorliegenden Fall „Postnationalität" nicht eigens thematisiert oder höchstens versteckt in impliziten Aussagen wie ‚die Fernsehwirklichkeit ist nicht die echte Wirklichkeit' zum Vorschein kommt, lässt sich nur ex negativo bestimmen, worin die besondere Vergleichsleistung der Arbeit besteht. Die Fallstricke des methodologischen Nationalismus, hier etwa in Form eines asymmetrischen Lokalisierungsvergleichs (cf. Koselleck 1979; Srubar et al. 2005), hätten beispielsweise in der Versuchung bestanden, die in den ausgewählten Sendungen dargestellten Wirklichkeiten im Verhältnis 1:1 zu vergleichen, also *den* deutschen Bauernhof mit *dem* finnischen, *die* deutsche Bäuerin mit *der* finnischen, *den* deutschen Stall mit *dem* finnischen, *die* deutsche Kuh mit *der* finnischen Kuh oder *die* deutsche Küche mit *der* finnischen Küche. Ein asymmetrischer Vergleich, der *uns* immer favorisiert und in dem *wir* immer das letzte Wort behalten, hätte leicht zu dem Ergebnis führen können, dass das finnische Landleben dem deutschen vorzuziehen sei. Doch auch bei einem gegenteiligen Befund wäre Vorsicht geboten gewesen. Im konkreten Fall führte die Einsicht, dass ein Vergleich von Unterhaltungssendungen keinen hieb- und stichfesten Landwirtschaftsvergleich liefern kann, dazu, statt der dargestellten Wirklichkeit die länder- oder kulturspezifischen Prinzipien der Wirklichkeitsdarstellung zu untersuchen. Zugespitzt besteht das Ergebnis darin, dass in beiden Ländern die bäuerliche Wirklichkeit verzerrt dargestellt wird, da in Finnland wegen der Beachtung des Prinzips der sozialen Inklusion alles eher positiv gezeichnet wird, während in Deutschland infolge der tolerierten Praktiken sozialer Exklusion der Bauer und seine Welt der Lächerlichkeit preisgegeben werden. Finnische Frauen wird das Leben auf dem Bauernhof als Paradies, deutschen Frauen dagegen als Hölle dargestellt. Die Distanzierung von der voranalytisch oft unreflektierten Treue zum Herkunftsland kann man im vorliegenden Fall auch daran erkennen, dass die Verfasserin im Zeitungsinterview (siehe Anhang) die entdeckte Schönfärberei der finnischen Lokalisierung griffig ironisieren und der deutschen Lokalisierung durch kritische Kontrastierung sogar Vorzüge abgewinnen kann:

> Das ist glänzende Unterhaltung, das Bild der Bauern ist dermaßen ins Lächerliche überzogen. Beim Ansehen der finnischen *Bauer*-Folge kann es da fast schon ängstigen, welches Bild von der Herrlichkeit des Landlebens hier eigens für die Serie geschaffen wurde.

Auch die zweite Verfasserin kann also eine doppelte Erfolgsgeschichte erzählen: Nicht nur hat sie eine Abschlussarbeit gemeistert, auf die sogar die Unipresse aufmerksam wurde, sondern im Zeitungsinterview kann sie sich überdies als eine junge Journalistin präsentieren, die akademische und berufliche Kompetenzen erfolgreich vereinen kann.

5 Ergebnisse und Forschungsdesiderate

Pars pro toto habe ich am Beispiel von zwei finnischen germanistischen Magisterarbeiten dargelegt, welche Mühen die Loslösung von den Imperativen des methodologischen Nationalismus bereiten und wie schwer es Studierenden (und vermutlich auch ihren Lehrern) fallen kann, post- bzw. transnationale Identitätskonstruktionen theoretisch reflektiert und methodisch kontrolliert in den Griff zu bekommen. Ausschnitthaft konnte nachgewiesen werden, dass Studierende der Germanistik sich im Zeitalter der Globalisierung mit Fragen von Kulturdifferenz und Kulturtranszendenz beschäftigen, und es konnte gezeigt werden, dass sie bei entsprechender Betreuung auch das Wagnis eingehen, solche Fragen zum Thema ihrer Qualifikationsarbeiten zu machen. Erkennbar ist, dass diese Mutprobe nicht allein mit den Mitteln wissenschaftlicher Textkompetenz (cf. Steinhoff 2007) zu bestehen ist, sondern dass eine erfolgreiche, den Hiatus von Erfahrung und Begriff überwindende Erfassung postnationaler Identitätskonstruktionen eine Betreuung auf Höhe der gegenwartsdiagnostischen Fachdiskussion erfordert, die – wie gesehen – Fachgrenzen überschreiten kann. Schließlich lassen die exemplarischen Analysen der beiden Magisterarbeiten vermuten, dass die Anzahl der erlernten Sprachen, also die Mehrsprachigkeit, höchstens eine notwendige, aber wohl keine hinreichende Bedingung für einen weltoffenen Umgang mit den Herausforderungen der Globalisierung darstellt. Dass es sich hierbei um keine völlig neue Erkenntnis handelt, zeigt eine Notiz des niederländischen Schriftstellers Cees Nooteboom, der den Zusammenhang von Fremdsprachenlernen und Welterfahrung wie folgt beschreibt (1993: 23 f.):

> [P]lötzlich forderten endlose Mengen fremder Wörter und Sätze Einlaß in diesen lebenden Speicher, mein Gehirn, nicht nur lateinische und griechische, sondern auch französische, deutsche, englische. Die meisten, hoffe ich, leben dort noch immer. Erst waren es nur Wörter, später wurden es Gebilde, Texte, Gedichte, Geschichten, Philosophien, und mit jedem fremden Wort ging etwas von diesem Gesamtsystem von Empfindungen und Denkweisen, von Charakter und Geschichte, das jede dieser anderen Sprachen mit sich trägt, in mich über, doch bei meinen eigenen, ersten Versuchen, die in Buchstaben gefaßte Fremdheit auszusprechen, erkannte ich bereits, denke ich, ihre Widersprüchlichkeit. Hier war nun eine geträumte Vielgestaltigkeit, doch sie blieb zweidimensional, die Wörter waren nicht frei, sie lebten nicht an ihrem angestammten Platz, nicht in freier Wildbahn, der Löwe war zwar ein Löwe, doch ohne Wüste, es waren Wörter in den Käfigen von Wörterbuch, Syntax und Grammatik, wenn ich sie kennenlernen wollte, mußte ich sie dort aufsuchen, wo sie daheim waren, ich mußte mich auf die Reise begeben.

Wie Nooteboom – und mancher vor ihm (cf. Thielking 1999) – fordert, müsste man die Lernprozesse solcher Leute, die an mehreren „Orten gleichzeitig und zugleich nirgendwo heimisch sind", „die sowohl die Einheit als auch die Vielfalt in ihr eigenes Dasein inkorporiert haben", „untersuchen" (Nooteboom 1993: 16). Trotz einiger Ansätze, die von der Erforschung von studentischen Auslandsaufenthalten (z. B. Ehrenreich et al. 2008; Berninghausen et al. 2009) bis hin zu Fragen der kulturwissenschaftlichen Verzahnung von Theorie und Praxis (z. B. Joachimsthaler & Kotte 2009, Reuter 2011) reichen, liegen bislang kaum empirische Prozessanalysen zur postnationalen oder gar kulturindifferenten Identitätsarbeit von Studierenden vor. Die Voraussetzungen und Folgen solcher Lernprozesse sind noch ziemlich unbekannt. Begegnen könnte man diesen Desideraten durch den innovativen Rückgriff auf bereits erprobte Forschungsdesigns, denen es wie im Falle der berühmten Mannheimer Stadtteilethnografie (cf. Kallmeyer 2010) gelingt, den Entwicklungsprozess vom stigmatisierten Migrantenkind zum sozial erfolgreichen, weltoffenen „türkischen Powergirl" (Keim 2007) aufschlussreich zu rekonstruieren.

Literatur

Beck, Ulrich 2004: *Der kosmopolitische Blick oder: Krieg ist Frieden,* Frankfurt am Main: Suhrkamp

Berger, Peter L. & Thomas Luckmann 1969: *Die gesellschaftliche Konstruktion der Wirklichkeit. Eine Theorie der Wissenssoziologie,* Frankfurt am Main: Fischer

Ehrenreich, Susanne & Gill Woodman & Marion Perrefort (eds.) 2008: *Auslandsaufenthalte in Schule und Studium. Bestandsaufnahmen aus Forschung und Praxis,* Münster: Waxmann

Berninghausen, Jutta & Connie Gunderson & Eva Kammler & Ulrich Kühnen & Renate Schönhagen (eds.) 2009: *Lost in Transnation. Towards an Intercultural Dimension on Campus,* Bremen: Kellner

Fäßler, Peter E. 2007: *Globalisierung. Ein historisches Kompendium,* Köln: Böhlau

Hall, Stuart 1994: „Die Frage der kulturellen Identität", in: Hall 1994: 180-222

Hall, Stuart 1994: *Rassismus und kulturelle Identität,* ed. Ulrich Mehlem (= Ausgewählte Schriften 2, Argument Sonderband 226) Hamburg: Argument-Verlag, 180-222

Hirsjärvi, Sirkka & Pirkko Remes & Paula Sajavaara [13-14]2008: *Tutki ja kirjoita* ('Forsche und schreibe'), Helsinki: Tammi

Hyvärinen, Marjo 2008: *Deutschsprachige Austauschstudenten in Finnland. Eine inhaltsanalytische Untersuchung von Erfahrungen von Studenten aus dem deutschen Sprachraum in Finnland,* Universität Tampere: Magisterarbeit im Fach Deutsche Sprache und Kultur, im Internet unter http://tutkielmat.uta.fi/pdf/gradu03075.pdf [19.04.2011]

Joachimsthaler, Jürgen & Eugen Kotte (eds.) 2009: *Theorie ohne Praxis – Praxis ohne Theorie. Kulturwissenschaft(en) im Spannungsfeld zwischen Theorie, Didaktik und kultureller Praxis,* München: Meidenbauer

Joas, Hans 1989: *Praktische Intersubjektivität. Die Entwicklung des Werks von G. H. Mead,* Frankfurt am Main: Suhrkamp

Kallmeyer, Werner 2010: „Das Projekt ‚Kommunikation in der Stadt'", in: Löffler & Hofer (eds.) 2010: 597-649

Krücken, Georg & Anna Kosmützky & Marc Torka (eds.) 2007: *Towards a Multiversity. Universities between Global Trends and National Traditions,* Bielefeld: Transcript

Keim, Inken 2007: *Die „türkischen Powergirls". Lebenswelt und kommunikativer Stil einer Migrantinnengruppe in Mannheim* (= Studien zur deutschen Sprache 39), Tübingen: Narr

Koselleck, Reinhart 1979: „Zur historisch-politischen Semantik asymmetrischer Gegenbegriffe", in: Koselleck 1979: 211-259

Koselleck, Reinhart 1979: *Vergangene Zukunft. Zur Semantik geschichtlicher Zeiten,* Frankfurt am Main: Suhrkamp

Krappmann, Lothar ⁹2000: *Soziologische Dimensionen der Identität. Strukturelle Bedingungen für die Teilnahme an Interaktionsprozessen,* Stuttgart: Klett-Cotta

Lehtonen, Mikko & Olli Löytty & Petri Ruuska 2004: *Suomi toisin sanoen* (‚Finnland mit anderen Worten'), Tampere: Vastapaino

Likitalo, Aino 2009: *Fernsehformate als Spiegel von kulturellen Identitäten. Dargestellt am Beispiel von Lokalisierungen des Formats „Bauer sucht Frau" in Deutschland und „Maajussille morsian" in Finnland,* Universität Tampere: Magisterarbeit im Fach Deutsche Sprache und Kultur, im Internet unter http://tutkielmat.uta.fi/pdf/gradu03596.pdf [11.05.2010]

Löffler, Heinrich & Lorenz Hofer (eds.) 2010: *Stadtsprachenforschung – Ein Reader* (= Germanistische Linguistik 202-205), Hildesheim etc.: Olms

Meier, Frank 2009: *Die Universität als Akteur. Zum institutionellen Wandel der Hochschulorganisation,* Wiesbaden: VS Research

Nerg, Riitta 2008: *Die Entstehung der Gemeinschaftlichkeit unter Austauschstudierenden. Dargestellt am Beispiel deutschsprachiger Studierender an der Universität Tampere,* Universität Tampere: Magisterarbeit im Fach Deutsche Sprache und Kultur, im Internet unter http://tutkielmat.uta.fi/pdf/gradu03385.pdf [19.04.2011]

Nooteboom, Cees 1993: *Wie wird man Europäer?,* Frankfurt am Main: Suhrkamp

Otten, Matthias 2004: *Interkulturelles Handeln in der globalisierten Hochschulbildung. Eine kultursoziologische Studie,* Bielefeld: Transcript

Pietilä, Irja 2010: *Intercultural Adaptation as a Dialogical Learning Process,* Tampere: Tampere University Press, im Internet unter http://acta.uta.fi/pdf/978-951-44-8089-8.pdf [19.04.2011]

Reuter, Ewald 2011: „Die Schwächen des Interkulturalismus und ihre Überwindung. Vom methodologischen Nationalismus zum methodologischen Kosmopolitismus", in: *Das Wort. Germanistisches Jahrbuch Russland 2010,* Bonn: Deutscher Akademischer Austauschdienst, 55-73, im Internet unter http://www.daad.ru/wort/wort.htm [19.04.2011]

Stammeier, Jenni 2006: *Narrative Konstruktion von nationalen Identitäten im Gespräch. Dargestellt am Beispiel von vier Interviewgesprächen mit Deutschfinnen der zweiten Generation,* Universität Tampere: Magisterarbeit im Fach Deutsche Sprache und Kultur, im Internet unter http://tutkielmat.uta.fi/pdf/gradu01489.pdf [11.05.2011]

Steinhoff, Torsten 2007: *Wissenschaftliche Textkompetenz. Sprachgebrauch und Schreibentwicklung in wissenschaftlichen Texten von Studenten und Experten,* Tübingen: Niemeyer

Taajamo, Matti 2005: *Ulkomaiset opiskelijat Suomessa. Kokemuksia opiskelusta ja oppimisesta, elämästä ja erilaisuudesta* (‚Foreign Students in Finland. Experiences of Studying and Learning, Life and Diversity'), Jyväskylä: University of Jyväskylä

Thielking, Sigrid 1999: *Weltbürgertum. Kosmopolitische Ideen in Literatur und politischer Publizistik seit dem achtzehnten Jahrhundert,* München: Fink

Wierlacher, Alois 2003: „Interkulturelle Germanistik. Zu ihrer Geschichte und Theorie. Mit einer Forschungsbibliographie", in: Wierlacher & Bogner (eds.) 2003: 1-45

Wierlacher, Alois & Andrea Bogner (eds.) 2003: *Handbuch Interkulturelle Germanistik,* Stuttgart/Weimar: Metzler

Ewald Reuter

Anhang

- Abbildung des Zeitungsinterviews mit Aino Likitalo. Aus: *Aikalainen. Tampereen yliopiston tiede- ja kulttuurilehti* („Der Zeitgenosse. Wissenschafts- und Kulturblatt der Universität Tampere') 14 (2009): 11.

Maajussit-formaatti mukautuu kansallisiin eroihin
Saksassa juroja, Suomessa suloja

- Übersetzung des o. g. Zeitungsinterviews von Ewald Reuter

Das *Bauer*-Format passt sich nationalen Unterschieden an

In Deutschland Brummbären, in Finnland Charmeure

Für die Anpassung von Formaten an deutsche und finnische Fernsehprogramme interessierte sich Aino Likitalo. Als Vergleichsmaterial und Thema ihrer Magisterarbeit [finn.: *Pro gradu Arbeit*, E.R.] dienten die *Bauer sucht Frau*-Serien [finn.: *Maajussille morsian*, E.R.], die in beiden Ländern laufen. Die international erfolgreichen Ackerbauer-Sendungen haben sowohl in Deutschland als auch in Finnland riesige Zuschauermassen angezogen.

„Aber die Deutschen haben aus dem Format eine völlig andere Bauer-Sendung gemacht als die Finnen", berichtet Likitalo. „Aus demselben Format werden ganz typische nationale Versionen geschaffen, wofür das *Bauer sucht Frau*-Format ein gutes Beispiel ist. Die Deutschen haben eine andere technische Umsetzung, da es in ihrer Sendung hauptsächlich einen Bauern und eine Frau gibt. Der Bauer möchte tatsächlich eine Bäuerin für seinen Hof finden. In der finnischen Version hingegen werben zwei Frauen um einen Mann (oder zwei Männer um eine Frau), und in den finnischen Staffeln gibt es viel Sinn für Spielerisches", meint Likitalo.

Im deutschen *Bauer sucht Frau* verströmen ländlicher Raum und Bauern einen abgestandenen, bärbeißig modrigen Duft, wogegen ihre finnischen Kollegen als aktive Mitglieder der finnischen Gesellschaft dargestellt werden.

„Die Produzenten der deutschen Version haben fast nur alte Junggesellen, die allein mit ihrer Mutter auf dem Hof leben, als Bauern ausgesucht, und die geben zu verstehen, dass sie nicht nur eine Lebensgefährtin suchen, sondern auch eine Köchin für die Küche, falls die Mutter eines Tages zu alt dafür ist", beschreibt Aino Likitalo die deutschen Lösungen. „In Finnland hat man erst seit Kurzem Land und Landleben hinter sich gelassen, so dass eine solche Darstellung der Bauern niemals durchgegangen wäre."

„An sich sind Formate sehr strikte Muster, aus denen man aber dennoch sehr unterschiedliche nationale Sendungen machen kann. Auch in Finnland hat der Einsatz von Formaten zugenommen, weil man sie der ‚einheimischen' Produktion zurechnen kann, die die Sender laut Gesetz in einem gewissen Maß liefern müssen. Doch wichtiger ist für die Produktionsfirmen, dass sie besonders kostengünstig sind", meint Likitalo.

Die Sendungen über die Partnersuche der deutschen und finnischen Landwirte haben ein Riesenpublikum erreicht, 8 Millionen Zuschauer in Deutschland und 800 000 in Finnland. In Deutschland hat die Voreingenommenheit der Serie jedoch den Präsidenten des Deutschen Bauernverbandes, Gerd Sonnleitner, in Rage gebracht. Er warf dem Programm Verleumdung vor und stellte fest, dass hohe Zuschauerzahlen nicht dazu berechtigen, eine ganze Berufsgruppe öffentlich der Lächerlichkeit preiszugeben.

„In Deutschland folgt die Serie bewusst dem *Andere auslachen-*Genre", berichtet Likitalo. „In Finnland hat das Liebeswerben der Bauern genau die entgegengesetzte Reaktion hervorgerufen. Die Landwirtschaftsministerin Sirkka-Liisa Anttila hat die Serie in der Öffentlichkeit gelobt und festgehalten, dass der Bauer nach außen gern den Chef abgeben darf, sofern im Hause des Bauernpaares Gleichberechtigung herrscht.

Wegen der Arbeit schafft es die Journalistin Likitalo kaum, viel fernzusehen, doch hat sie beim Betrachten der *Bauer*-Folgen mehr die deutsche Version amüsiert. „Das ist glänzende Unterhaltung, das Bild der Bauern ist dermaßen ins Lächerliche überzogen. Beim Ansehen der finnischen *Bauer*-Folge kann es da fast schon ängstigen, welches Bild von der Herrlichkeit des Landlebens hier eigens für die Serie geschaffen wurde."

Großer Bildtext: Ape Hakkarainen, Jani Kivilahti, Jussi Jukola, Jouni Kukkohovi und Aslak Niittyvuopio haben in den Staffeln des letzten Jahres für den Bauern eine Frau gesucht.

Kleiner Bildtext: Aino Likitalo hat in ihrer Magisterarbeit im Fach Deutsche Sprache und Kultur die deutsche und die finnische *Bauer*-Sendung verglichen.

Anschriften der Autoren

Corinna Albrecht
Universität Göttingen
Seminar für Deutsche Philologie
Abteilung Interkulturelle Germanistik
Käte-Hamburger-Weg 6
DE-37073 Göttingen
corinna.albrecht@phil.uni-goettingen.de

Dr. Julia Augart
Stellenbosch University
Departement of Modern Foreign Languages
Private Bag X1
ZA-7602 Matieland Stellenbosch, Südafrika
augart@sun.ac.za

PD Dr. Andrea Bogner
Universität Göttingen
Seminar für Deutsche Philologie
Abteilung Interkulturelle Germanistik
Käte-Hamburger-Weg 6
DE-37073 Göttingen
andrea.bogner@phil.uni-goettingen.de

Dr. Withold Bonner
Universität Tampere
Institut für Sprach- und Translationswissenschaften
Kanslerinrinne 1
FIN-33014 Tampere, Finnland
withold.bonner@uta.fi

Prof. Dr. Anita Czeglédy
Gáspár-Károli-Universität
Reviczky Str. 4
HU-1088 Budapest, Ungarn
czegledy@gmail.com

Dr. Yasemin Dayıoğlu-Yücel
Istanbul Üniversitesi
Edebiyat Fakültesi
Aleman Dili ve Edebiyati
TR-34459 Laleli-Istanbul, Türkei
ydayioglu@gmx.de

Dr. Marianne Derron
Universität Bern
Institut für Germanistik
Länggass-Str. 49
CH-3012 Bern, Schweiz
marianne.derron@germ.unibe.ch

Prof. Dr. Ana Dimova
Konstantin Preslavski Universität
Institut für Germanistik
ul. Universitetska 115
BG-9712 Shumen, Bulgarien
anadimova@shu-bg.net

Dr. Michael Dobstadt
Universität Leipzig
Herder-Institut
Beethovenstr. 15
DE-04107 Leipzig, Deutschland
michaeldobstadt@uni-leipzig.de

Dr. Johanna Domokos
Universität Bielefeld
LiLi Fakultät
Postfach 100131
DE-33501 Bielefeld, Deutschland
johanna.domokos@uni-bielefeld.de

Prof. Dr. Manfred Durzak
Unterer Muehlenberg 1
DE-24329 Grebin, Deutschland
mdur@arcor.de

Prof. Dr. Theo Elm
Universität Erlangen-Nürnberg
Dept. Germanistik und Komparatistik
Bismarckstr. 1
DE-91054 Erlangen, Deutschland
theodor.elm@ger.phil.uni-erlangen.de

Anschriften der Autoren 677

Dr. Thomas Ernst
Universität Duisburg-Essen
Fakultät für Geisteswissenschaften
Germanistik/Literatur- und Medienwissenschaft
Universitätsstr. 12
DE-45141 Essen, Deutschland
thomas.ernst@uni-due.de

Dr. Karl Esselborn
Englschalkingerstr. 282
DE-81927 München, Deutschland
karl.esselborn@web.de

Dr. Hebatallah Fathy
Tantastr. 31
12311 El Agouza
EG-Cairo, Ägypten
hebafathy72@hotmail.com

Prof. Dr. Feruzan Gündoğar
Kücük Yol Sok. No.:16
TR-Bostanci-Istanbul, Türkei
fergun1959@ttmail.com

Jacqueline Gutjahr
Georg-August-Universität Göttingen
Seminar für Deutsche Philologie
Abteilung Interkulturelle Germanistik
Käte-Hamburger-Weg 6
D-37073 Göttingen, Deutschland
jacqueline.gutjahr@phil.uni-goettingen.de

Prof. Dr. Dr. Dr. h.c. Ernest W.B. Hess-Lüttich
Universität Bern, Institut f. Germanistik
Länggass-Str. 49
CH-3000 Bern 9, Schweiz
mail: ernest.hess-luettich@germ.unibe.ch
www.germanistik.unibe.ch/personen/hess/
www.germanistik.unibe.ch/gig/

Extraordinary Prof. U Stellenbosch
Stellenbosch University
Dept. of Modern Foreign Languages
Private Bag X1, Stellenbosch 7602, South Africa
http://academic.sun.ac.za/forlang/s2main.htm

Anschriften der Autoren

Eva Maria Hrdinová
Katedra germanistiky FF OU
Reálni 5
CZ-701 03 Ostrava, Tschechien
eva.hrdinova@osv.cz

Dr. Ayalp Talun İnce
Mugla Üniversitesi Egitim Fakültesi Yabanci Diller Egitimi Bölümü
Alman Dili Egitimi Anabilim Dali
TR-48000 Kötekli-Mugla, Türkei
ayalpince@mu.edu.tr

Prof. Dr. Tamara Janßen-Fesenko
Kopernikusstraße 1
DE-26160 Bad Zwischenahn, Deutschland
tamaraalina@hotmail.com

Tobias Kallfell
Universität Göttingen
Seminar für Deutsche Philologie
Abteilung Interkulturelle Germanistik
Käte-Hamburger-Weg 6
DE-37073 Göttingen
tokall@yahoo.de

Zameer Kamble
Ghorpade Peth, PMC colony number 9/A/13
IN-411042 Pune, Maharasthra, Indien
zameerkamble@gmail.com

Prof. Dr. Mahmut Karakuş
Istanbul Üniversitesi
Edebiyat Fakültesi
Alman Dili ve Edebiyati ABD
TR-34459 Istanbul, Laleli, Türkei
mahmutkarakus@ttmail.com

Ass. Doz. Ersel Kayaoğlu
Istanbul Üniversitesi
Edebiyat Fakültesi
Alman Dili ve Edebiyati ABD
TR-34459 Istanbul, Laleli, Türkei
kayaoglu@mail.com

Anschriften der Autoren

Dr. René Kegelmann
Institut für deutsche Kultur und Sprache e.V.
an der Ludwig-Maximilians-Universität München
Halskestr. 15
DE-81379 München
kegelmannrene@gmx.net

Dr. Sidonie Kellerer
Universität zu Köln
Internationales Kolleg „Morphomata"
Albertus-Magnus Platz
DE-50923 Köln
sidonie.kellerer@uni-koeln.de

Prof. Dr. Nilüfer Kuruyazıcı
Istanbul Üniversitesi
Edebiyat Fakültesi
Alman Dili ve Edebiyatı
TR-34459 Istanbul, Laleli, Türkei
nkuruyaz@gmail.com

Prof. Dr. Ihmku Kim
University of Seoul, College of Humanities
Dept. of German Literature and Language
KR-151-742 Seoul, Korea
ihmkukim@snu.ac.kr

Dr. Mohammed Laasri
Essaada I.
Rue 30. N° 11
MA-Fes, Marokko
mlaasri@web.de

Dr. Ingrid Laurien
Stellenbosch University,
Department of Modern Foreign Languages, German Studies,
Private Bag X1, Matieland 7602, Südafrika
IL@sun.ac.za
ingrid.laurien@gmx.de

Shuangzhi Li
Nanjing Universität
Institut for Foreign Studies
Hankou Road 22
CN-210093 Nanjing, VR China
xsyyzm@yahoo.com.cn

Prof. Dr. Carlotta von Maltzan
Department of Modern Foreign Language
University of Stellenbosch
Private Bag X1
ZA-7602 Matieland / Stellenbosch, Südafrika
vmaltzan@sun.ac.za

Prof. Dr. Bernd Marizzi
Universidad Complutense de Madrid
Facultad de Filosofía, A-334/3
Departamento de Historia de la Filosofía
ES-28040 Madrid
marizzi@filol.ucm.es

Dr. Michael Ostheimer
Technische Universität Chemnitz
Professur für NDVL
Thüringer Weg 11
DE-09107 Chemnitz, Deutschland
michael.ostheimer@phil.tu-chemnitz.de

Dr. Silke Pasewalck
Lehrstuhl für deutsche Philologie
Universität Tartu
Ülikooli 17, Küütri 2
EST-51014 Tartu, Estland
silkep@ut.ee

Prof. Dr. Ewald Reuter
Universität Tampere
Institut für Sprach-, Translations- und Literaturwissenschaften
Deutsche Sprache und Kultur
Kanslerinrinne 1
FIN-33014 Tampere, Finnland
ewald.reuter@uta.fi

Dr. Renate Riedner
Universität Leipzig
Herder-Institut
Beethovenstr. 15
DE-04107 Leipzig, Deutschland
riedner@uni-leipzig.de

Anschriften der Autoren

Dr. Szilvia Ritz
Gáspár-Károli-Universität
Reviczky u. 4
HU-1088 Budapest, Ungarn
szilvia.ritz@gmail.com

Sarah Schackert
Philipps-Universität Marburg
Institut für Schulpädagogik
AG Interkulturelle Erziehung
Wilhelm-Röpke-Str. 6B
DE-35032 Marburg, Deutschland
sarah.schackert@staff.uni-marburg.de

Prof. Dr. Hinrich C. Seeba
620 Euclid Ave.
USA-94708 Berkeley, CA, USA
hcseeba@berkeley.edu

Anastassiya Semyonova
Universität Göttingen
Seminar für Deutsche Philologie
Abteilung Interkulturelle Germanistik
Käte-Hamburger-Weg 6
DE-37073 Göttingen
anastassiya.semyonova@phil.uni-goettingen.de

Dr. Gesa Singer
DAAD-Lektorin
Universität Thessaloniki
Abteilung für Deutsche Sprache und Philologie
Postfach 82
GR-54124 Thessaloniki, Griechenland

Prof. Dr. Ulrike Stamm
Humboldt-Universität zu Berlin
Institut für deutsche Literatur
Dorotheenstr. 24
DE-10117 Berlin, Deutschland
stammulr@cms.hu-berlin.de

Prof. Dr. Vibha Surana
University of Mumbai
Department of German
Kalina, Santa Cruz (E)
IN-400098 Mumbai, Indien
vibhasurana@hotmail.com

Prof. Dr. Nilüfer Tapan
Istanbul Üniversitesi
Hasan Ali Yücel Eğitim Fakültesi
Alman Dili Eğitimi ABD
TR-34116 Beyazıt-Istanbul, Türkei
ntapan@tnn.net

Prof. Dr. Pornsan Watanangura
Chulalongkorn University
Faculty of Arts, Department of Western Languages, German Section
TH-10330 Bangkok, Thailand
Pornsan.W@Chula.ac.th

Dr. Henning Westheide
Trift 15
DE-34346 Hannoversch Münden, Deutschland
HenningWestheide@t-online.de

CROSS CULTURAL COMMUNICATION

Edited by
Prof. Dr. Dr. Dr. h.c. Ernest W. B. Hess-Lüttich
Prof. Dr. Richard Watts

Vol. 1 Ajit Pradeep Dhillon: Multiple Identities. A Phenomenology of Multicultural Communication. 1994.

Vol. 2 Sämi Ludwig: CONCRETE LANGUAGE. Intercultural Communication in Maxine Hong Kingston's The Woman Warrior and Ishmael Reed's Mumbo Jumbo. 1996.

Vol. 3 Deborah M. Neil: Collaboration in Intercultural Discourse. Examples from a multicultural Australian workplace. 1996.

Vol. 4 Ernest W. B. Hess-Lüttich / Christoph Siegrist / Stefan Bodo Würffel (Hrsg.): Fremdverstehen in Sprache, Literatur und Medien. 1996.

Vol. 5 Richard J. Watts / Jerzy J. Smolicz (Eds.): Cultural Democracy and Ethnic Pluralism. Multicultural and multilingual policies in education. 1997.

Vol. 6 Song Mei Lee-Wong: Politeness and Face in Chinese Culture. 2000.

Vol. 7 Heinz-Helmut Lüger (Hrsg.): Höflichkeitsstile. 2., korrigierte Auflage. 2002.

Vol. 8 Peter Colliander (Hrsg.): Linguistik im DaF-Unterricht. Beiträge zur Auslandsgermanistik. 2001.

Vol. 9 Nóra Tátrai Infanger: Der Sprachgebrauch der Ungarn in der Schweiz. Methoden zur Untersuchung der Mehrsprachigkeit. 2003.

Vol. 10 Gudrun Held (Hrsg.): Partikeln und Höflichkeit. 2003.

Vol. 11 Claire O'Reilly: The Expatriate Life. A Study of German Expatriates and their Spouses in Ireland. Issues of Adjustment and Training. 2003.

Vol. 12 Janet Shepherd: Striking a Balance. The Management of Language in Singapore. 2005.

Vol. 13 Ernest W. B. Hess-Lüttich / Ulrich Müller / Siegrid Schmidt / Klaus Zelewitz (Hrsg.): Translation und Transgression. Interkulturelle Aspekte der Übersetzung(swissenschaft). 2009.

Vol. 14 Ernest W. B. Hess-Lüttich / Ulrich Müller / Siegrid Schmidt / Klaus Zelewitz (Hrsg.): Differenzen? Interkulturelle Probleme und Möglichkeiten in Sprache, Literatur und Kultur. 2009.

Vol. 15 Ernest W. B. Hess-Lüttich / Arupon Natarajan (Hrsg.): Der Gott der Anderen. Interkulturelle Transformationen religiöser Traditionen. 2009.

Vol. 16 Ernest W. B. Hess-Lüttich / Ulrich Müller / Siegrid Schmidt / Klaus Zelewitz (Hrsg.): Kommunikation und Konflikt. Kulturkonzepte der interkulturellen Germanistik. 2009.

Band 17 Ernest W. B. Hess-Lüttich / Peter Colliander / Ewald Reuter (Hrsg.): Wie kann man vom ‚Deutschen' leben? Zur Praxisrelevanz der interkulturellen Germanistik. 2009.

Band 18 Ernest W. B. Hess-Lüttich / Joachim Warmbold (Hrsg.): Empathie und Distanz. Zur Bedeutung der Übersetzung aktueller Literatur im interkulturellen Dialog. 2009.

Band 19 Ernest W. B. Hess-Lüttich / Anita Czeglédy / Ulrich H. Langanke (Hrsg.): Deutsch im interkulturellen Begegnungsraum Ostmitteleuropa. 2010.

Band 20 Ernest W. B. Hess-Lüttich / Nilüfer Kuruyazıcı / Şeyda Ozil / Mahmut Karakuş (Hrsg.): Metropolen als Ort der Begegnung und Isolation. Interkulturelle Perspektiven auf den urbanen Raum als Sujet in Literatur und Film. 2011.

Band 21 Gudrun Held / Uta Helfrich (cur./éds./eds.): Cortesia – Politesse – Cortesía. La cortesia verbale nella prospettiva romanistica. La politesse verbale dans une perspective romaniste. La cortesía verbal desde la perspectiva romanística. Aspetti teorici e applicazioni / Aspects théoriques et applications / Aspectos teóricos y aplicaciones. 2011.

Band 22 Ernest W. B. Hess-Lüttich / Corinna Albrecht / Andrea Bogner (Hrsg.): Re-Visionen. Kulturwissenschaftliche Herausforderungen interkultureller Germanistik. 2012.

Band 23 Djama Ignace Allaba: Literatur und Gesellschaft im interkulturellen Vergleich: Max Frischs *Die chinesische Mauer* und Ahmadou Kouroumas *Der schwarze Fürst*. 2012.

www.peterlang.de